Handbibliothek

für das

Deutsche Genossenschaftswesen.

Herausgegeben

von

Dr. Hans Crüger.

Erster Band:

Vorschuß- und Kredit-Vereine.

Berlin und Leipzig 1926

Walter de Gruyter & Co.

vormals G. J. Göschen'sche Verlagshandlung — J. Guttentag, Verlagsbuchhandlung — Georg Reimer — Karl J. Trübner — Veit & Comp.

Vorschuß- und Kredit-Vereine als Volksbanken.

Praktische Anweisung zu deren

Einrichtung und Gründung

von

Schulze-Delitzsch.

Neunte neubearbeitete Auflage

von

Dr. Hans Crüger und Reinhold Letschert.

Berlin und Leipzig 1926

Walter de Gruyter & Co.

vormals G. J. Göschen'sche Verlagshandlung — J. Guttentag, Verlagsbuchhandlung — Georg Reimer — Karl J. Trübner — Veit & Comp.

Abkürzungen.

BlfGW. = Blätter für Genossenschaftswesen.
AllgVerTag = Allgemeiner Vereins-Tag.
AllgGenTag = Allgemeiner Genossenschafts-Tag.
BGB. = Bürgerliches Gesetzbuch.
Crüger-Crecelius = Kommentar zum Genossenschaftsgesetz.
Kommentar z. Ges.
d. Ges. = des Genossenschaftsgesetzes.
DGV. = Deutscher Genossenschafts-Verband Berlin.
HGB. = Handelsgesetzbuch.
Mitteil. = Mitteilungen über die AllGenTage.
RAbgO. = Reichsabgabenordnung
WO. = Wechselordnung.

Vorwort zur ersten Auflage.

Eine vorzugsweis praktische Anweisung, welche alle einigermaßen in den Geschäften des bürgerlichen Lebens Erfahrene in den Stand setzen sollte, Vorschußvereine nach den Mustern der hier und in der Umgegend bestehenden zu gründen, wollte der Verfasser in diesem Schriftchen dem Publikum vorlegen. Das immer steigende Bedürfnis nach solchen Kreditinstituten, welches sich durch eine Menge von Anfragen kund gibt, die entschiedenen Fortschritte und überraschenden Resultate, welche sich bei den nach den hier befolgten Grundsätzen operierenden Vereinen zeigen, ließen die früheren Mitteilungen darüber als ungenügend erscheinen und verlangten ein tieferes Eingehen in die Details. Wegen der Stelle, welche die genannten Institute in dem ganzen zusammenhängenden System von Handwerker- und Arbeiter-Verbänden einnehmen, welche sich auf Anregung und zum Teil unter Leitung des Verfassers seit 1849 gebildet haben, wird dabei auf das von ihm veröffentlichte Assoziationsbuch für deutsche Handwerker und Arbeiter, Leipzig 1853 bei E. Keil, verwiesen.

Möge das Schriftchen seiner Bestimmung entsprechen und die Verbreitung so gemeinnütziger Anstalten möglichst befördern.

Delitzsch, im März 1855.

Schulze-Delitzsch.

Vorwort zur fünften Auflage.

Daß die gegenwärtige Auflage mit noch größerem Rechte als die vorige als ein neues Buch bezeichnet werden muß, ergibt schon eine flüchtige Durchsicht des Inhalts mit der völlig veränderten Anordnung des Stoffes. Seit dem Erscheinen der vierten Auflage, gleichzeitig mit dem Erlaß des ersten Genossenschaftsgesetzes, des

Preußischen im Jahre 1867, welchem im Jahre 1868 das Deutsche folgte, ist beinahe ein Jahrzehnt verflossen. Es konnte daher nicht fehlen, daß eine völlige Umgestaltung in der Organisation und Geschäftsführung der Kreditgenossenschaften angebahnt werden mußte, wollten dieselben mit dem Überkommen der großen, ihnen durch die neue Gesetzgebung verliehenen Rechte, auch den daran geknüpften Pflichten genügen. Dieser Übergang hat sich soweit vollzogen, daß sich allmählich in den Hauptpunkten bestimmte Normen für die Einrichtung und Verwaltung unserer sich immer mehr bankmäßig entwickelnden Kreditinstitute herausgebildet haben. Die Sichtung und übersichtliche Ordnung des neu gewonnenen Erfahrungs-Materials war daher eine dringende Forderung, welcher der Verfasser als Anwalt des deutschen Genossenschaftsverbandes nachzukommen um so mehr verpflichtet war, als das völlige Vergreifen der vierten Auflage des Buches damit Hand in Hand ging, welche bisher bei den betreffenden Organisationen als Leitfaden gedient hatte.

Wesentlich gestützt bei den vorliegenden, wie bei den früheren Arbeiten wurde der Verfasser durch die Verhandlungen der Allgemeinen Vereinstage der in dem bez. Verbande stehenden Vereine, wo unter dem Beirate von deren tüchtigen Leitern die wichtigsten Fragen zur Erörterung gelangten. Dazu traten in den letzten Jahren noch die Entscheidungen des Reichsoberhandelsgerichts zu Leipzig, als eines deutsch-nationalen Gerichtshofes in den Angelegenheiten unserer wahrhaft nationalen über ganz Deutschland verbreiteten Institute. Wieviel damit für die richtige Handhabung sowie die weitere Fortbildung des Genossenschaftsrechts gewonnen ist, welche in letzter Instanz nunmehr der verschiedenartigen Gerichtspraxis in den deutschen Einzelstaaten entrückt wurden: davon geben die bisher ergangenen, vom Verfasser mehrfach besprochenen Erkenntnisse das beste Zeugnis.

War durch die erwähnten Umstände eine wesentliche Veränderung des Inhalts der Auflage bedingt, so wirkte dies natürlich auf die ganze Ökonomie und Anlage derselben zurück, da die Aufgabe in einem Hauptpunkte eine andere geworden war. Wenn in den drei ersten Auflagen lediglich die Kreditgenossenschaften alten Stils zu behandeln waren, so mußte auch in der vierten Auflage noch von ihnen, als dem eigentlichen Stamme der Vereine, ausgegangen werden, da die Unterstellung unter das soeben erst erschienene Gesetz nur in sehr kleinen Dimensionen begann. Die auf den Übergang in die durch dieses Gesetz bedingten Formen bezüglichen Fragen sind daher nur beiher, anhangsweise bei den einzelnen Abschnitten behandelt. Das weitere Fortschreiten des Übergangs machte daher, besonders nachdem das Deutsche Genossenschaftsgesetz mit seinen wichtigen Verbesserungen erlassen war, mehrere Nachträge in Form von Anweisungen zur Unterstellung unter die Gesetze nötig, welche in demselben Verlage wie das Hauptbuch erschienen. Inzwischen ist aber die Sache dahin gediehen, daß die Zahl der nach dem Gesetze eingetragenen Genossenschaften die weitaus überwiegende ist, daß man sich insbesondere bei Neubegründung von Vereinen gleich dazu entschließt, und daß der noch verbliebene Restbestand des alten Systems durch Übergang sich von Jahr zu Jahr vermindert. Unter diesen Umständen mußte bei der neuen Auflage die Unterstellung unter das Genossenschaftsgesetz als die dem Sachbestande entsprechende Voraussetzung bei Bearbeitung des Stoffes zugrunde gelegt werden, so daß die nicht eingetragenen Genossenschaften direkt dabei nicht in Frage kamen. Daß dieselben aber dennoch bei den meisten Fragen sich aus dem Buche Rats erholen können, ist damit durchaus nicht ausgeschlossen. Vielmehr mögen auch sie die darin behandelten großen Fortschritte in der Genossenschafts-Organisation, wie sich dieselben ja vielfach unabhängig von der Gesetzgebung und unter ihrer eigenen Mitarbeit herausgebildet haben, recht wohl für sich nutzen und ihre Einrichtungen danach vervollkommnen. Ist dies freilich rücksichtlich der außerordentlichen Gewährschaften des Gesetzes bei Geltendmachung der Solidarhaft, bei der Verjährung sowie der Rechtsfähigkeit und Rechtsverfolgung, wie sie das Buch darlegt, nicht der Fall: so sind sie ja mit den Hilfsmitteln, welche ihnen in dieser Beziehung bleiben, durch die bisherige Praxis, besonders in Beziehung auf die Legitimation bei Rechtsgeschäften, bereits vertraut, so daß mehr als eine allgemeine Hindeutung darauf in dem Buche nicht erforderlich war. Gerade das Ungenügende derselben, die vielfachen Unzuträglichkeiten, welche ihnen dabei aufstoßen, werden aber durch die Vergleichung mit dem, was das Gesetz dafür bietet, sie um so mehr bestimmen, die zur Eintragung erforderlichen Schritte zu tun, als ohnedem an einen gesicherten Bestand und eine den Forderungen der Gegenwart entsprechende geschäftliche Entwicklung nicht zu denken ist.

Zum Schluß noch eine kurze Bemerkung, die Instruktionen betreffend. Wie notwendig solche Instruktionen sowohl für den

Vorstand wie für den Aufsichtsrat in den einzelnen Vereinen sind, teils zur Information der betreffenden Funktionäre über ihre Obliegenheiten, teils zur Feststellung ihrer Verantwortlichkeit, ist in dem Buche selbst mehrfach betont. Da sich aber die Zahl und Funktionen der betreffenden Organe in den einzelnen Vereinen, insbesondere die Buchführung, nach Umfang und Richtung der Geschäfte sehr verschieden gestaltet, die Kontrolle der Aufsichtsräte aber überall an diese speziellen lokalen Einrichtungen sich anschließen muß, und wiederum die Verteilung der vorkommenden Arbeiten vielfach durch Zahl und Kapazität ihrer Mitglieder bedingt ist, erschien die Aufstellung einer durchgreifenden Norm dafür nicht am Platze. Wieviel mehr bei den materiellen Erörterungen in den Hauptgeschäftszweigen überall die leitenden Gesichtspunkte in dem Buche klarzustellen waren, welche dabei innezuhalten sind, so war auch bei der formalen Ordnung der den bezüglichen Organen zukommenden Funktionen zu verfahren. Demnach mußte das Wesentliche, worauf es bei allen solchen den Zwecken und Interessen der Vereine entsprechenden Instruktionen ankommt, hervorgehoben und es so jedem Vereine möglich gemacht werden, dieselben nach Bedürfnis seinen Einrichtungen anzupassen. Mit Rücksicht hierauf hat sich der Verfasser nicht mit dem begnügt, was über die Obliegenheiten der Vorstände und Aufsichtsräte im allgemeinen in den betreffenden Abschnitten des sechsten Kapitels, sowie über Buchführung, Bilanz, Inventuren und Revisionen im elften Kapitel enthalten ist. Vielmehr hat er im Anhange des vierzehnten Kapitels unter Nr. VIII detaillierte Anweisungen:

a) für Vereine mit einfacher Buchführung und
b) für mehr bankmäßig entwickelte Vereine, über Bücherschluß und Inventur nebst Jahresrechnung am Ende des Geschäftsjahres

beigegeben, und ganz besonders im Musterstatut (Nr. V des Anhangs) die betreffenden Punkte so eingehend behandelt, daß bei Beachtung alles dessen die Vereine in der Regelung derselben nicht leicht fehlgreifen können.

So möge denn das Buch in seiner neuen Gestalt, gleich seinen Vorgängern, zu der äußeren Ausbreitung wie zu der inneren Kräftigung unseres echt volksmäßigen Kreditwesens das seine beitragen. Nicht die wirtschaftlichen Interessen allein, nein, unsere gesamte nationale Entwicklung fordern dringend, daß das Volk mehr und mehr selbständig für alles, was eine würdige Gestaltung des Privat- wie des öffentlichen Lebens erfordert, eintreten lerne. Und indem die Genossenschaften mit dem beginnen, was die Menschen am ersten erfaßt, mit dem materiellen Bedürfnis, mögen sie zugleich eine Vorschule sein für Autonomie und Selbstverwaltung in Gemeinde und Staat, deren Anfänge bereits gewonnen sind, und deren immer bewußteres Erfassen allein zu einem dem Wesen und der Bestimmung der deutschen Nation gemäßen Ausbau unseres jungen Staatswesens führt.

Potsdam, im Juni 1876.

Dr. Schulze-Delitzsch.

Vorwort zur achten Auflage.

Das Vorwort zur ersten und zur fünften Auflage, die erste und die letzte, die aus der Feder Schulze-Delitzsch's stammt, sollen als wertvolle Beiträge zur Geschichte des deutschen Genossenschaftswesens an dieser Stelle erhalten bleiben. Seitdem ist im Jahre 1897 die sechste, im Jahre 1904 die siebente Auflage erschienen. Hatte das Buch schon im Jahre 1897 eine weitgehende Umarbeitung erfahren müssen, weil in den zurückliegenden Jahrzehnten sich ein erheblicher Teil der Kreditgenossenschaften zu Volksbanken im wahren Sinne des Wortes entwickelt hatte und auch an neu gegründete Kreditgenossenschaften andere Anforderungen gestellt wurden, als 20 Jahre zuvor — so hat die vorliegende Auflage eine vollständige Umgestaltung erlebt. Kein Abschnitt ist unverändert geblieben, neue Teile mußten eingefügt werden. Ein Einhalten des bisherigen Umfanges war nur dadurch zu erreichen, daß aus dem Anhang eine Reihe Formulare fortgelassen wurden, die in früheren Auflagen enthalten sind. Es konnte dies geschehen mit Rücksicht darauf, daß das Buch „Musterformulare für den Geschäftsverkehr der Erwerbs- und Wirtschaftsgenossenschaften" (Verlag Walter de Gruyter u. Co., Berlin) eine vollständige Sammlung der in dem Geschäftsverkehr der Kreditgenossenschaften gebrauchten Formulare enthält.

Bei Ausbruch des Krieges war die Bearbeitung der neuen Auflage noch nicht zum Abschluß gelangt. Es lag damals nahe, die Fortsetzung der Bearbeitung auszusetzen, um die Erfahrungen der Genossenschaften während des Krieges abzuwarten. Bald stellte sich jedoch heraus, daß hierzu keine Veranlassung vorlag. Wohl verspüren auch die Kreditgenossenschaften die wirtschaftlichen Begleiterscheinungen des Weltkrieges; sie hatten in den ersten Tagen schwere Stürme zu überstehen. Doch bald trat Ruhe ein und das geschäftliche Leben nahm seinen Fortgang, so daß oft genug das Wort gehört werden konnte: wir arbeiten wie im Frieden. Freilich bezieht sich dies im wesentlichen nur auf die äußeren Umstände. Der wirtschaftliche Bau ist ein ganz anderer geworden. Während in dem Krieg 1870/71 das wirtschaftliche Leben durch den Krieg nur kurze Zeit berührt und die Kreditgenossenschaften überhaupt kaum in Mitleidenschaft gezogen wurden, hat während des jetzigen Weltkrieges das wirtschaftliche Leben Formen angenommen, die man noch nie gekannt hatte. Die Kreditgenossenschaften empfinden zu ihrem Teil die Eigenart der neuen Gestaltung. Im allgemeinen kann behauptet werden, daß die Kreditgeschäfte vielfach zum Stillstand gekommen sind, oftmals mehr und mehr zurückgehen, während auf der anderen Seite dem Passivgeschäft alle die im geschäftlichen Leben nicht gebrauchten Betriebskapitalien zufließen. Das Diskontgeschäft geht zurück — an der Stelle langfristiger Spareinlagen bilden sich kurzfristige Depositen. Die Sorge der Kreditgenossenschaften beschränkt sich wesentlich auf die Unterbringung der im eigenen Geschäftsbetrieb nicht gebrauchten Kapitalien.

Die Kreditgenossenschaften haben bisher ihre Aufgabe während der Kriegsmonate im vollen Umfange erfüllt. Auch selbst die Kreditgenossenschaften haben genügende wirtschaftliche Widerstandskraft gezeigt, die strengen Anforderungen an die Liquidität nicht entsprachen. Es sind die sogenannten Imponderabilien, die dabei eine große Rolle gespielt haben. Die Augustsiege der deutschen Heere in Frankreich befestigten überall das Vertrauen, die Wirkung auf die Spareinleger in ihrem Verhältnisse zu den Bankinstituten blieb nicht aus; bald folgten wieder Rückzahlungen und Neueinzahlungen. Durch die Verordnung des Bundesrats vom 8. August 1914 waren die Vorschriften der §§ 99, 118, 142 und 148 des Gesetzes, betreffend die Erwerbs- und Wirtschaftsgenossenschaften aufgehoben, die den Vorstandsmitgliedern in gewöhnlichen Zeiten die Folgen der Zahlungsunfähigkeit vor Augen halten. Die Vorstandsmitglieder konnten nun dort, wo das Publikum zu stürmisch war, den Zahlungsverkehr regeln durch Festsetzung bestimmter Grenzen für die Rückzahlung. Es konnten Maßnahmen ergriffen werden, die im Frieden während einer Wirtschaftskrisis undenkbar waren. Es war auch keine Wirtschaftskrisis, es war eine Kriegs-, eine Geldkrisis; die Krisis der Juli- und Augusttage hatte ihren ganz besonderen Charakter. Sie wirkte bei weitem nicht so gefährlich und tief, wie eine Wirtschaftskrisis. In dem Augenblick, als trotz der großen Gefahr des Weltkrieges die ernste Entschlossenheit Deutschlands allgemein erkannt war, den aufgedrängten Kampf aufzunehmen, durchzuführen und zum siegreichen Abschluß zu bringen, hatte die Krisis ihr Ende erreicht. Vollkommen verfehlt wäre es, daraus, daß Kreditgenossenschaften, die nicht streng die Grundsätze der Liquidität gewahrt, ebenso gut über die Augusttage hinweggekommen sind wie jene anderen, die die Liquidität niemals aus dem Auge verloren haben, den Schluß herzuleiten, daß die Grundsätze der Liquidität doch nicht die Bedeutung haben, die man ihnen früher beigelegt. Wer sich der Mühe unterziehen wollte, die Vorgänge im einzelnen nachzuprüfen, wird finden, daß dort, wo die Liquidität gewahrt worden war, die Tage leichter und mit eigenen Mitteln überwunden worden sind, als dort, wo die Liquidität zu wünschen übrig ließ.

Man kann behaupten, daß alle in den Beschlüssen der Allgemeinen Genossenschaftstage niedergelegten Grundlehren auch während der Kriegsmonate ihre volle Bestätigung erfahren haben. Dies zeigt sich insbesondere bei den Kreditgenossenschaften, die entgegen den Warnungen der Allgemeinen Genossenschaftstage sich zu stark und zu hoch auf dem Gebiet des Baugeldkredits betätigt oder Industriekredite bewilligt haben, deren Befriedigung außerhalb des Rahmens der Genossenschaft liegt.

Und wie wird sich die Zukunft gestalten? Überall im Vaterland ist man der Überzeugung, daß dieser Weltkrieg für Deutschland nur durch einen ruhmvollen Frieden sein Ende erreichen kann. Gleichzeitig aber weiß man auch, daß ein Milliardensegen dem Wirtschaftsleben keine Gefahr bringen wird, die 70er Jahre werden sich nicht wiederholen. Wir sehen vielmehr einer wirtschaftlich sehr schwierigen Zeit entgegen, die manche Verschiebung zur Folge haben wird. So ist denn auch auf allen in diesem Jahre abgehaltenen Kriegsverbandstagen des Allgemeinen Genossenschaftsverbandes den Kreditgenossenschaften der Rat gegeben, sich auf schwierigere Zeit vorzubereiten, d. h. insbesondere streng die Grundsätze der Liquidität zu beobachten. Ferner ist gewarnt vor der Ausschüttung hoher Dividenden und die Bildung von Kriegsreserven auf das dringendste empfohlen. Zur Zeit läßt sich nicht sagen, ob sich für die Kreditgenossenschaften aus dem Krieg wirtschaftliche Verluste in großem Umfange entwickeln werden. Es wird dies von der Gestaltung des wirtschaftlichen Lebens nach dem Krieg abhängen. Soviel kann allerdings heute als sicher betrachtet werden, daß wohl jede Kreditgenossenschaft auch Mitglieder haben wird, bei denen der Krieg zu einer Gefährdung der wirtschaftlichen Existenz führt. Mag daher auch heute unter dem Zeichen der Schuldnerschutzgesetzgebung vielfach die wirtschaftliche Gefahr an der Einzelexistenz vorübergehen, so muß doch mit der Möglichkeit gerechnet werden, daß sie später hervortreten wird, wenn von dem Einzelnen die gesetzlichen Schutzmaßnahmen genommen sind, das wirtschaftliche Leben wiederum seinen natürlichen Fortgang nehmen wird. Es ist wahrscheinlich, daß der Übergang des wirtschaftlichen Lebens vom Krieg in den Friedenszustand unter größeren Erschütterungen vor sich gehen wird, als sie bei der Entwicklung vom Frieden zum Krieg sich zeigten. Der Abbau der heutigen Wirtschaftsgesetzgebung wird mit der größten Vorsicht durchgeführt werden müssen.

Sollten die Kriegserfahrungen für dieses Buch verwertet werden, so hätte sein Druck auf Jahre hinausgeschoben werden müssen. Die vorhergehende Auflage war aber vergriffen. Vielleicht ist der Augenblick für das Erscheinen des Buches ein sogar sehr geeigneter. Es bietet, wenn hoffentlich in nicht zu ferner Zeit ein ruhmvoller Frieden zugunsten Deutschlands den Krieg beendet haben und das wirtschaftliche Leben in voller Kraft einsetzen wird, den Genossenschaften einen Berater für die zweckmäßige Gestaltung der vielen in Frage kommenden Geschäftszweige und ihrer Handhabung. Das Vorschußvereinsbuch gibt dem Vorstande und Aufsichtsrat Aufklärung in allen Zweifelsfragen des geschäftlichen Lebens.

Herzlichen Dank spreche ich an dieser Stelle allen denen aus, die in freundlichster Weise mich bei der Bearbeitung des Buches unterstützt haben: insbesondere den Herren Direktoren Malz, Kleemann, Brodführer, Spitz, die mir mit ihrem sachverständigen Rat vor allem bei dem Kapitel „Verkehr mit der Großbank" — „Andere Geschäftszweige" und bei der Behandlung der Geschäftsbedingungen behilflich gewesen sind.

Charlottenburg, im Juni 1915.

Dr. Hans Crüger.

Vorwort zur neunten Auflage.

Die Vorworte zur ersten, fünften und achten Auflage sind wörtlich wiedergegeben, weil sie von historischem Wert sind für alle die, die die Entwicklung der Kreditgenossenschaften zum Gegenstand des Studiums machen. Auch für die genossenschaftlichen Praktiker sind sie von Bedeutung, denn sie zeigen den Einfluß der Entwicklung der wirtschaftlichen Verhältnisse auf die Gestaltung der Kreditgenossenschaften.

Der Kriegsausgang hat einen anderen Verlauf genommen, als in dem Vorwort zur achten Auflage angenommen wurde. Die achte Auflage erschien zu einer Zeit, als die Kreditgenossenschaften sich trotz des Krieges in einem verhältnismäßig ruhigen Fahrwasser befanden. Das Kreditgeschäft hatte mehr und mehr Einschränkungen erfahren und die Kreditgenossenschaften waren vielfach zu Geldverwaltungsgenossenschaften geworden. Es folgten die schlimmen Jahre 1917 und 1918 — es folgte der Zusammenbruch. Es kam die Zeit der scheinbaren Hochkonjunktur und es folgte der Rückschlag. Dann entwickelte sich die Inflationszeit. Es kam die Stabilisierung der Währung und mit ihr entwickelte sich die Zeit der Kreditnot. Dann folgte die Zeit, in der die Papiermarkbilanzen durch die Goldmarkbilanzen ersetzt werden mußten. Die Verordnung über Goldbilanzen vom 28. Dezember 1923 brachte den Umstellungszwang der Genossenschaften auf Goldmark, wobei gleichzeitig über die Aufwertung der Geschäftsanteile zu beschließen war. Eine Billion Papiermark waren eine Goldmark — oder später Reichsmark. Die Schaffung wertbeständiger Geschäftsanteile machte gleichzeitig eine Zusammenlegung der Papiermarkgeschäftsanteile notwendig. Genossenschaften, die der Umstellung auf Goldmark nicht Folge leisteten, konnten durch das Registergericht für nichtig erklärt werden.

Die Entwicklung der Verhältnisse bedeutete für die Kreditgenossenschaften einen Rückschlag um einige Jahrzehnte. Es setzte die Zeit des Wiederaufbaues ein, und heute läßt sich bereits sagen, daß, wenn die Verhältnisse der Kreditgenossenschaften auch meist in Hinsicht des Kredits sehr angespannte sind, andererseits auch das Vertrauen der Spareinleger zurückzukehren beginnt und die eigene Vermögensbildung starke Fortschritte macht. So steht denn zu erwarten, daß die Kreditgenossenschaften in verhältnismäßig kurzer Zeit wieder ihre gesunde finanzielle Basis finden werden.

Diese eigenartigen Verhältnisse stellen an die Bearbeitung des Buches besondere Ansprüche, denen gerecht zu werden überall nicht ganz leicht war. Die alten Grundregeln sind unbedingt von den Kreditgenossenschaften aufrecht zu erhalten. Nur müssen wir auf die eigenartigen wirtschaftlichen Verhältnisse gewisse Rücksicht nehmen. Trotz dieses Zugeständnisses muß im Vordergrund der Grundsätze bleiben, daß die Kreditgenossenschaften in ihrem eigenen Interesse die Pflicht haben, sich auf die gesunden Grundgedanken einzustellen, unter deren Herrschaft sie groß und stark geworden sind, und deren Beobachtung sie befähigt hat, sich durch die verschiedenen wirtschaftlichen und politischen Umgestaltungen hindurch zu arbeiten.

In der Person des Herrn Direktor Reinhold Letschert von der Kreditbank Cassel eGmbH. ist es mir gelungen, einen Mitarbeiter zu gewinnen, der sowohl theoretisch wie praktisch in hervorragender Weise vorgebildet ist.

Berlin, im Januar 1926.

Dr. Hans Crüger.

Inhaltsverzeichnis.

Literaturverzeichnis.

Blätter für Genossenschaftswesen. Organ des Allgemeinen Verbandes deutscher Erwerbs- und Wirtschaftsgenossenschaften, e. V. LXXII. Jahrg. (Berlin, Deutscher Genossenschafts-Verlag eGmbH.) Jahrgang (52 Nummern).

Sachregister der Innung der Zukunft (1854—1865) und der Blätter für Genossenschaftswesen (1866—1900) — von Direktor H. Jäger (Berlin, Walter de Gruyter & Co., 1901).

Jahrbuch des Allgemeinen Verbandes der auf Selbsthilfe beruhenden deutschen Erwerbs- und Wirtschaftsgenossenschaften für 1897 (des Jahresberichts neue Folge) I. Jahrg. (39. Folge des Jahresberichts). Walter de Gruyter & Co., jetzt Deutscher Genossenschafts-Verlag eGmbH. Berlin 1898. III. Jahrg. 1899, IV. Jahrg. 1900, V. Jahrg. 1901, VI. Jahrg. 1902, VII. Jahrg. 1903, VIII. Jahrg. 1904, IX. Jahrg. 1905, X. Jahrg. 1906, XI. Jahrg. 1907, XII. Jahrg. 1908, XIII. Jahrg. 1909, XIV. Jahrg. 1910, XV. Jahrg. 1911, XVI. Jahrg. 1912, XVII. Jahrg. 1913, XVIII. Jahrg. 1914. (Je 10 M.) XIX. Jahrg. 1915, XX. Jahrg. 1916, XXI. Jahrg. 1917, XXII. Jahrg. 1918, XXIII. Jahrg. 1919, XXIV. Jahrg. 1920, XXV. Jahrg. 1921, XXVI. Jahrg. 1924.

Mitteilungen über die Allgem. Genossenschaftstage. (Berlin, Walter de Gruyter & Co. und Deutscher Genossenschafts-Verlag eGmbH.)

Handbibliothek für das deutsche Genossenschaftswesen. (Walter de Gruyter & Co., Berlin.) Herausgegeben von Dr. Hans Crüger.

1. Band: Vorschuß- und Kreditvereine als Volksbanken. Praktische Anweisung zu deren Einrichtung und Gründung von Schulze-Delitzsch. 9. Auflage. Neu bearbeitet von Anwalt Dr. Hans Crüger und Reinhold Letschert. 1926.

9. Band: Einführung in das deutsche Genossenschaftswesen. Von Anwalt Dr. Hans Crüger. 1907.

Genossenschaftliche Zeit- und Streitfragen. (Berlin, Walter de Gruyter & Co.)

Heft 1: Parisius, Kreditgenossenschaften nach Schulze-Delitzsch. 2. Aufl. 1898.

Heft 4: Parisius, Schulze-Delitzsch und Alwin Soergel, Beiträge zur Geschichte der deutschen Genossenschaftsbewegung. 1899.

Heft 8: Crüger, Dr. H., Kritische Bemerkungen zu Entwicklungstendenzen im deutschen Genossenschaftswesen. 1909.

Heft 9: Crüger, Dr. H., Die ersten fünfzig Vereins- und Genossenschaftstage usw. 1910.

Heft 11: Thorwart, F., Die Deutsche Genossenschaftsbank von Soergel, Parrisius & Co. und der Giroverband der deutschen Genossenschaften. 1911.

Heft 20: Letschert, R., Die Durchführung der Verbandsrevision im Deutschen Genossenschafts-Verband. 1921.

Crüger, Dr. H. und **Crecelius,** Dr. Adolf, Das Reichsgesetz, betreffend die Erwerbs- und Wirtschaftsgenossenschaften, Textausgabe mit Anmerkungen. 18. Aufl. Berlin 1925.

— (Erste Auflagen in Verbindung mit L. Parisius) Kommentar zum Reichsgesetz, betr. die Erwerbs- und Wirtschaftsgenossenschaften. 10. Aufl. Berlin 1926.

Crüger, Die Erwerbs- und Wirtschaftsgenossenschaften in den einzelnen Ländern. Jena 1892.

— Grundriß des deutschen Genossenschaftswesens (Handelshochschule Bibliothek). Leipzig 1922.

— Die deutschen Genossenschaften während des Krieges. (Jahrbücher für Nationalökonomie und Statistik.) Jena 1915.

— Die Genossenschaften während des Krieges (Archiv für Rechts- und Wirtschaftsphilosophie). Berlin 1915.

Kuckuck, E., Der Aufsichtsrat in Genossenschaften. Praktische Anweisung für die Ausübung seiner Tätigkeit. Berlin 1908.

Proebst, F. H., Schulze und Raiffeisen. Aus dem Bericht über die Generalversammlung des Bayerischen Genossenschaftsverbandes. München 1894.

Hermann Schulze-Delitzsch's Schriften und Reden. Herausgegeben von F. Thorwart-Frankfurt a. M., in Verbindung mit Genossenschaftsanwalt Dr. Crüger — Prof. Dr. Küntzel — Dr. E. Lennhoff — Dr. Fritz Schneider — Prof. Dr. Ph. Stein. Berlin, Verlag von J. Guttentag, jetzt Walter de Gruyter & Co., 5 Bände.

Schulze-Delitzsch, Assoziationsbuch für deutsche Handwerker und Arbeiter. Leipzig 1835.

Schönitz, Dr. Hans, Der kleingewerbliche Kredit in Deutschland in systematischer privat- und nationalökonomischer Darstellung. Karlsruhe i. B., G. Braun, 1912.

Schöneberger: Wirtschaftliche Betriebsführung der Kreditgenossenschaften (Heft 1 der Genoss. Praxis) — Deutscher Genoss.-Verlag.

Obst, Dr. Georg, Bankbuchhaltung. Verlag Poeschel, Stuttgart 1925.

Hasenack, Betriebskalkulation im Bankgewerbe. Berlin 1925.

— Die Preußische Zentral-Genossenschaftskasse, ihre Aufgaben und ihr Wirken. Verlag Heymann, Berlin 1922.

Im übrigen wird Bezug genommen auf das

Verzeichnis literarischer Erscheinungen im Jahrbuch des Deutschen Genossenschafts-Verbandes für 1924 S. 24 ff.

I. Kapitel.

Wirtschaftliche Grundlage und soziale Bedeutung der Kreditgenossenschaften.

Schulze-Delitzsch war im Jahre 1848 als Mitglied der preußischen Nationalversammlung Vorsitzender der von derselben eingesetzten Kommission für die Handwerkerverhältnisse geworden, er hatte hier reiche Gelegenheit, die wirtschaftliche Lage des Handwerks kennen zu lernen. Möglicherweise empfing er auch aus dieser Tätigkeit die Anregung zur Gründung von Genossenschaften. In den BlfG. 1898 S. 461 liefert Dr. Schneider einen „Beitrag zur Entstehungsgeschichte unserer Genossenschaften". Er berichtet dort über die Arbeiten jener Kommission. Bei dem Ministerium waren unter der Überschrift „Errichtung von Vorschußkassen für Handwerker" eine Reihe Anträge eingegangen. Da heißt es unter anderem: Zu den Maßregeln, durch welche den Handwerkern der Betrieb ihrer Geschäfte erleichtert werden soll, gehört die Errichtung von Vorschußkassen, aus welchen jeder Handwerker, der wegen augenblicklichen Mangels an Geldmitteln oder Kredit außerstande ist, die ihm zuteil gewordenen Bestellungen auszuführen, nach Maßgabe seines Bedürfnisses ein Darlehen unter billigen Bedingungen und gegen Verpfändung zulässiger Gegenstände einen Vorschuß erhalten kann. Durch alle Anträge zieht sich der Wunsch, daß der Staat die Vorschußkassen mit dem nötigen Betriebskapital versehe. Von verschiedenen Seiten wird die Errichtung von gemeinschaftlichen Verkaufsstätten (Vereinshallen, Industriehallen) verlangt; die Handwerker fordern eine gesetzliche Bestimmung dahin, daß wenn die Vereinshalle errichtet sei, niemand neben derselben am Orte ein Warenlager gleicher Beschaffenheit halten dürfe, selbst die Teilnehmer sollen außer den Vorräten für die Vereinshalle nur auf Bestellung, nicht auf Verkauf arbeiten. Richtig hatten die Handwerker wohl meist erkannt, daß gegenüber der Konkurrenz der Industrie das zweckmäßigste Verteidigungsmittel in der Vereinigung lag; sie glaubten jedoch nicht daran, daß sie aus eigener Kraft heraus Genossenschaften würden bilden können. Staat und Kommune sollten als Stützpunkte dienen, der Staat, indem er das Betriebskapital zur Verfügung stellte, die Kommunen, indem sie Gewerbehallen errichteten.

Das große Verdienst Schulze-Delitzsch's ist es, für die Genossenschaft der Handwerker die rechte Form gefunden zu haben, er hat die Wege gezeigt, auf denen die Genossenschaft, die organisierte Selbsthilfe, das Mittel wurde, den Handwerker selbständig zu machen und ihn befähigte, die Konkurrenz mit der „Fabrik" aufzunehmen.

Im Jahre 1853 rief Schulze-Delitzsch in seinem Assoziationsbuch den deutschen Handwerkern zu: „Wohl ist das allgemeine Gefühl, welches den ganzen Handwerkerstand gegenwärtig durchdringt: das Gefühl von der völligen Unhaltbarkeit seiner Stellung gegen die jetzt im Verkehr zur Geltung kommenden Mächte, das Kapital und die Fabrikindustrie, nur allzu begründet. Alle sind darüber einig, daß es anders werden müsse, daß man nicht so stehen bleiben könne. Allein anstatt vorwärts, jenen neuen Mitteln und Bahnen, deren sich das Gewerbe zu bemächtigen beginnt, zugewendet, will man zurück? — Das ist ebenso verkehrt als unmöglich. Anstatt sich über die Einflüsse der Fabrik und des Handels, über die Übermacht des Kapitals zu beklagen, sollte man sich lieber selbst der Vorteile der Fabrikeinrichtungen, des kaufmännischen Betriebes bemächtigen und sich das Kapital dienstbar machen. Einer Zeit, in der es vor allem gilt um gleiches Recht und gleichen Raum zu freier Tätigkeit für alle, der darf man nicht mit dem Geschrei um Schutz und Privilegien entgegentreten, ohne die eigene Unreife einzugestehen. Die Assoziation mit der ganzen Macht und Fülle ihres Prinzips sind die Innungen der Zukunft!" Fast 50 Jahre später hat der preußische Finanzminister von Miquel in einem Schreiben nach Osnabrück die Handwerker darauf aufmerksam gemacht, daß „es heute gilt für den Handwerkerstand wie für die Bauern, durch festen Zusammenschluß diejenigen Vorteile, so weit möglich, sich anzueignen, welche das Großkapital und der Großbetrieb im voraus haben. Tüchtige Vorbildung, gute Buchführung, energisches Mitarbeiten des Meisters in der Werkstatt, billiger Kredit durch Kreditgenossenschaften, unter Anlehnung an die Preußische Zentral-Genossenschafts-Kasse[1]), genossenschaftlicher Einkauf von Rohmaterialien, wo es möglich ist, genossenschaftlicher Verkauf, ja, soweit die Verhältnisse es gestatten, Bildung gemeinsamer Werkstätten unter Benutzung von Dampfmaschinen und anderen Motoren, jedenfalls Verwendung in der eigenen Werkstatt, — diese und ähnliche Mittel, welche die moderne Entwicklung darbietet, werden den Mittelstand auch heute noch erhalten und stärken, wie dies die ländlichen Genossenschaften täglich zeigen. Die Zeit der Privilegien und Monopole ist vorbei! Die durch die Gesetzgebung gegebenen Organisationsrahmen haben nur Wert, wenn sie durch Selbsthilfe und wirtschaftliche Energie ausgefüllt werden. Vorwärts, nicht rückwärts, muß der Handwerker blicken, dann wird sein Ringen auch mehr Verständnis finden, sein Wert für die heutige Gesellschaft wird besser erkannt und sein Streben mehr als bisher auch von den übrigen Klassen der Bevölkerung unterstützt werden . . ." Fast wörtlich wiederholt Miquel die Schulzeschen Ausführungen. Etwa den gleichen Gedankengang wie Miquel hat der frühere Minister und nachmalige Oberpräsident der Rheinprovinz Freiherr v. Rheinbaben im Jahre 1911 in einer Ansprache bei Eröffnung der Gewerbe-, Industrie- und Kunstausstellung in Crefeld entwickelt. Freiherr v. Rheinbaben erklärt, daß für einen allgemeinen Pessimismus kein Grund sei, die Wegstrecken, die das Handwerk namentlich am Niederrhein zurücklegt, seien durchaus erfreuliche. Drei Grundbedingungen müsse das Handwerk gerecht werden, wenn es sicher fortschreiten wolle: Erstens Selbstvertrauen, zweitens Gemeinschaftsgefühl, drittens der technische Fortschritt. Wenn die Handwerker diese drei Bedingungen erfüllen, wenn sie weiterbauen auf Selbstvertrauen, Gemeinschaftsgefühl und technischen Fortschritt, dann werde das Handwerk zweifellos in Zukunft glückliche und gedeihliche Tage sehen. — Vgl. Crüger, Einführung S. 65, 181, 287.

Bei der politischen und wirtschaftlichen Zerrissenheit Deutschlands zu jener Zeit, bei dem mangelhaft ausgebildeten Bankwesen stieß die Kreditbeschaffung schon an und für sich für den Gewerbetreibenden auf Schwierigkeiten, dem Kleingewerbetreibenden, dem

[1]) Die Preußische Zentral-Genossenschafts-Kasse ist erst im Jahre 1895 gegründet, es ist selbstverständlich, daß der Minister v. Miquel sein Werk in erster Reihe betont.

Handwerker, dem kleinen Landwirt, dem Beamten und Arbeiter boten sich überhaupt keine Kreditquellen, wenigstens keine solchen, die das Kreditbedürfnis unter angemessenen Bedingungen befriedigten. Wohl bestanden eine Anzahl Kreditvereine bereits im Jahre 1848, doch die meisten von ihnen gingen nach kurzer Zeit wieder ein und andere fristeten ein kümmerliches Dasein, ohne dem vorhandenen Bedürfnis im mindesten zu entsprechen. Dies war natürlich bei den Grundlagen, auf welchen dieselben fast überall beruhten. Es waren genau genommen nur Wohltätigkeitsanstalten. Durch Geschenke, durch Darlehen ohne Zinsen brachte man das Betriebskapital zusammen, und wie man denn mit solchen Geldern zu wirtschaften pflegt, so geschah es auch hier. Wenn schon die Empfänger der Darlehen dieselben zurückzahlen, auch wohl verzinsen mußten, machte sich doch der dem Ganzen anhaftende Charakter der Hilfe für Bedürftige überall geltend. Die Darlehen wurden meist mehr als Unterstützungen bewilligt und empfangen, bei denen man ebenso wenig seitens der Geber an eine genaue Prüfung der Zahlungsfähigkeit, wie seitens der Empfänger an pünktliche Rückzahlung dachte. Es konnte nicht fehlen, daß das Kapital mannigfache Ausfälle erlitt, welche mit den fortlaufenden Zuwendungen bald außer Verhältnis traten. Bei allen solchen Einrichtungen zeigt sich, daß, solange dieselben von der Gnade Dritter, von fremdem guten Willen abhängen, ihnen notwendig die echte Lebensfähigkeit fehlen muß, die sie nur erlangen, wenn sie durch eigene Kraft bestehen.

Schulze-Delitzsch's Grundgedanke war, die Kreditbedürftigen zu Trägern des Unternehmens zu machen — das Kreditunternehmen auf der Selbstverwaltung und Selbsthilfe aufzubauen — die Kreditbedürftigen an den Risiken teilnehmen zu lassen. Schulze-Delitzsch lehnt die finanzielle Hilfe des Staates ab. Und die Erfahrungen haben gezeigt, daß eine Kreditgenossenschaft bei richtiger Organisation, ausreichender Kreditbasis, Wahl der geeigneten Personen in die Verwaltung den ausreichenden Kredit findet und des Staatskredits entbehren kann, daß die Staatshilfe, die die Beschaffung des Kredits erleichtert, ungünstig die Bildung der Kreditbasis beeinflußt.

Vielleicht erscheint es gewagt, unter den heutigen Verhältnissen ein derartiges unbedingtes Gelöbnis zur Selbsthilfe abzugeben. Die Zeiten haben sich seit den früheren Auflagen dieses

Buches von Grund aus geändert. Je schwieriger die wirtschaftliche Lage Deutschlands wurde, desto dringlicher wurden vielfach die Forderungen auf staatliche Unterstützung, deren Bewilligungen nicht zum geringsten Teil dazu beigetragen haben, daß Deutschland in die Inflationsperiode geriet. Es folgte dann die Zeit des Wiederaufbaues auf allen Gebieten. Starke Reste der Ansprüche an die staatliche finanzielle Hilfe beim Wiederaufbau sind geblieben. Die Genossenschaften haben sich den Forderungen aus den Kreisen ihrer Mitglieder nicht ganz entziehen können. In der Zeit der Kreditnot trat die Landwirtschaft mit ihren weitgehenden Kreditansprüchen hervor. Der gewerbliche Mittelstand wollte nicht zurückbleiben und suchte dort seine Ansprüche geltend zu machen, wo anscheinend Kreditquellen für die Landwirtschaft erschlossen wurden. Die Zeit der Sonderkredite ist noch nicht vorüber (S. 206). Es ist leider nicht zu verkennen, daß die Parteien in den Parlamenten sich zum Teil förmlich in den Forderungen auf finanzielle Hilfe überboten haben. Hier ist nicht der Ort, über diese finanzielle Hilfe in Erörterungen einzutreten. Im Rahmen des Schulze-Delitzsch'schen Vorschußvereinsbuches muß aber mit aller Bestimmtheit darauf hingewiesen werden, daß die Kreditgenossenschaften sich nicht in der Handhabung des Kreditgeschäfts zu einer leichtfertigen Praxis verleiten lassen. Es ist eine alte Erfahrung, daß derartige, von oben her zur Verfügung gestellte Kredite zur leichtfertigen Kreditwirtschaft zu führen geeignet sind. Schulze-Delitzsch hat aus seiner großen Kenntnis der Menschennatur heraus sich zu dem Standpunkt der starren Selbsthilfe bekannt. Und die Menschennatur ist heute keine andere, als sie vor einem Jahrhundert war. Vielleicht könnte man annehmen, daß die Stimmung nach Staatshilfe heute sogar infolge der Gestaltung der Verhältnisse in den letzten 10 Jahren stärker geworden ist, als sie zu Schulze-Delitzsch's Zeiten war. Für jeden Staatskredit, den die Kreditgenossenschaft auf dem hier angegebenen Wege bezieht, muß sie bedacht sein, sich ganz besonders liquide zu halten. Denn selbstverständlich kommt der Zeitpunkt, in dem die Rückzahlung des Kredits erfolgen muß. Ob es sich dabei um Spareinlagen, Depositen, Kontokorrentgelder, Reichsbankkredite oder um sonstige Kredite handelt, immer muß die Kreditgenossenschaft so arbeiten, daß sie allen etwa eintretenden Kreditersschütterungen sich gewachsen zeigt.

Die Hauptgrundsätze der Kreditgenossenschaften sind:

1. die Kreditbedürftigen sind selbst Träger und Leiter des auf Befriedigung ihres Kreditbedürfnisses gerichteten Unternehmens, d. h. also Mitglieder der Genossenschaft, weshalb ihnen Risiko und Gewinn des Unternehmens gemeinsam sind;
2. der durch die Genossenschaften vermittelte Geldverkehr ist überall auf geschäftlichem Fuße (Leistung und Gegenleistung) nach den Regeln des Bankverkehrs geordnet, so daß den Vereinsgläubigern durch die Genossenschaft, sowie dieser letzteren durch die Darlehnsnehmer der marktgängige Zins nebst Provision, endlich den Geschäftsleitern und Vereinsbeamten eine ihrer Mühewaltung entsprechende Entschädigung gewährt wird;
3. durch Rücklagen aus dem Reingewinn wird ein Reservefonds gebildet, der bestimmt ist zur Deckung eines aus der Bilanz sich ergebenden Verlustes und zur Stärkung des eigenen Vereinsvermögens;
4. entweder durch sofortige Vollzahlung oder meist allmählich durch fortlaufende kleine Beisteuern der Mitglieder werden die Geschäftsguthaben derselben in der Genossenschaft gebildet, welche den Maßstab für Verteilung der Dividende abgeben und durch Zuschreibung der letzteren ein stets wachsendes Stammkapital der Genossenschaft darstellen;
5. die außerdem zum Geschäftsbetriebe erforderlichen Gelder werden anlehnsweise auf gemeinschaftlichen Kredit aller Mitglieder aufgenommen;
6. die Zugehörigkeit beschränkt sich nicht auf eine bestimmte Berufsklasse: städtische Gewerbetreibende, Beamte, Arbeiter wie Landwirte sind als Mitglieder beteiligt, und es wird auf diese Weise nicht bloß zwischen Stadt und Land, sondern allgemein zwischen allen Berufsarten ein Ausgleich zwischen Geldangebot und Geldnachfrage herbeigeführt;
7. da die Genossenschaft eine Personalgesellschaft ist, so dient sie auch nur der Befriedigung des Betriebskredits;
8. sind dementsprechend die gewährten Kredite auch in der Regel nur kurz befristet, so wird, soweit wie möglich, die Tilgung des gewährten Darlehns durch entsprechende Abschlagszahlungen zugelassen, was durch die Bildung eines

ausreichenden eigenen Vereinsvermögens und langbefristete Spareinlagen erleichtert wird;

9. mit fortschreitender Entwicklung wird die Kreditgenossenschaft für alle Geldangelegenheiten ihrer Mitglieder deren Bankier.

So unternimmt es die Kreditgenossenschaft, durch Vereinigung mehrer kleiner Kräfte, von denen viele in ihrer Vereinzelung der Aufgabe kaum annähernd gewachsen wären, eine der größten wirtschaftlichen Schwierigkeiten zu beseitigen, und den Unbemittelten den Weg zum Emporkommen zu eröffnen. Es gelingt ihr alle, die sich durch Erfüllung der übernommenen Pflichten, durch Redlichkeit und Ordnung in Haushalt und Erwerb kredit w ü r d i g zeigen, kredit f ä h i g zu machen und so dem sittlichen Halt ihrer Mitglieder die unentbehrliche wirtschaftliche Unterlage zu geben.

Die Eigenart der Kreditgenossenschaft bringt es mit sich, daß kein anderes Kreditinstitut sie auf die Dauer zu ersetzen imstande ist. Auch selbst wenn man annehmen wollte, daß die bankmäßige Entwicklung der öffentlichen Sparkassen diese schließlich befähigte, das Mittelstandskreditbedürfnis zu befrieden, so würde natürlich fehlen die Grundlage der Selbstverwaltung und der hierin liegende charakteristische Einfluß auf die betreffenden Kreise. Davon kann selbstverständlich gar keine Rede sein, daß die Großbanken mit ihrem Netz von Filialen die Kreditgenossenschaften zu ersetzen vermögen, denn der Wirkungskreis der Großbanken liegt auf ganz anderen Gebieten. Der entscheidende Widerstand würde auch von dem gewerblichen Mittelstand selbst ausgehen. Es darf gewiß behauptet werden, daß in der heutigen Zeit für die Kreditgenossenschaft und deren Tätigkeit das Bedürfnis nicht geringer geworden ist, als in der Zeit, da die ersten Kreditgenossenschaften entstanden. Vielfach wird sogar infolge der Ausgestaltung des wirtschaftlichen Lebens die Bedürfnisfrage nach gut und richtig arbeitenden Kreditgenossenschaften erheblich schärfer hervortreten.

In den letzten Jahren mit ihren schweren wirtschaftlichen Erschütterungen sind vielfach Versuche gemacht, neue genossenschaftliche Organisationen zu schaffen. Man hat z. B. die H a f t u n g s g e n o s s e n s c h a f t e n erfunden, d. h. jene Genossenschaften, bei denen die Genossenschaft nur noch in verstümmeltem Zustande erscheint. Der Gedanke ist nicht ganz neu. Schon vor Jahren wurde er von Bürgermeister Dr. Eberle in die Debatte geworfen: Die

Kreditgenossenschaften sollten auf den Sparkassen- und Depositenverkehr verzichten und dafür sich an die öffentlichen Sparkassen anlehnen. Sie sollten gewissermaßen für die von der Sparkasse gewährten Kredite die Bürgschaft übernehmen. Es braucht hier wohl nicht näher ausgeführt zu werden, daß wir bei Befolgung dieses Weges nur zu einer Verstümmelung der Genossenschaften kommen würden. (S. 155.)

In der Zeit der Inflation kam man auch in genossenschaftlichen Kreisen auf den Gedanken, sich die scheinbaren Gewinne der Millionenkurse der Aktien zu sichern und eine Anzahl Genossenschaften wandelten sich in Aktiengesellschaften um. Wohl ausnahmslos haben jene Genossenschaften diesen Schritt bereut, und zum Teil hat auch eine Rückumwandlung in die Genossenschaft stattgefunden[2]).

Als ein nicht zu unterschätzendes weiteres Gebilde sind die Girokassen zu betrachten, die zunächst nur für den Geldverkehr zwischen den Kommunen gedacht waren, sich aber mehr und mehr zu Banken entwickelten und in dieser Eigenschaft auch versuchen, die Kreditgenossenschaften zu verdrängen. (S. 154, 215.)

Also: der Kredit*würdige* soll durch die Genossenschaft kredit*fähig* werden. In diesem Rahmen nur kann sich die Kreditgenossenschaft betätigen. Sie kann ein „*Recht auf Kredit*" nicht anerkennen. Und sie dient damit am besten der Gesamtheit, denn so notwendig eine Kreditorganisation zur Befriedigung des berechtigten Kreditbedürfnisses, so verhängnisvoll ist andererseits *eine zu weitgehende Befriedigung des Kreditbedürfnisses*, die nur geeignet ist, bei dem Kreditempfänger eine gewisse Leichtfertigkeit großzuziehen.

Die Genossenschaft — richtig geleitet — hält die Mitglieder zur Ordnung und Pünktlichkeit in der Erfüllung ihrer Verpflichtungen an.

Und weiter ist die Genossenschaft auch gleichzeitig für Mitglieder und Nichtmitglieder — vor allem natürlich für erstere — eine Sparkasse, sei es, daß die Mitglieder den Geschäftsanteil bilden, sei es, daß Mitglieder und Nichtmitglieder sich der Sparkasseneinrichtung bedienen.

---

[2]) Vgl. BlfGW., Jahrg. 1923, S. 161, 192, 439; Jahrg. 1924, S. 3, 24, 255, 331.

Die Grundlage der Genossenschaft ist die Selbstverwaltung. Jedes Mitglied hat in der Generalversammlung eine Stimme, die unübertragbar ist; den Mitgliedern sind durch das Gesetz weitgehende Befugnisse, mit Bezug auf die Beeinflussung der Verwaltung eingeräumt.

Kredit beruht auf Vertrauen, und Vertrauen muß erworben werden. Schulze-Delitzsch weist darauf hin, daß Lassalle als die Aufgabe des zukünftigen Staates bezeichnet habe: durch Kapitalvorschüsse die Lage seiner Bürger zu verbessern. Dagegen beruft er sich auf Bastiat, indem er ausführt:

„Die Massen daran zu gewöhnen, den Staat für alles verantwortlich zu halten, was ihnen Gutes und Böses begegnet, dabei kann keine Regierung bestehen“[3]). Bedenkt man denn gar nicht, führt Bastiat aus, wie gefährlich es ist, wenn man der zahlreichsten Klasse der Staatsbürger so recht systematisch die Lehre beibringt, daß sie sich, ohne Unterstützung seitens des Staates, allein nicht zu helfen vermöge, also ohne Almosen nicht bestehen könne? Nichts in der Welt müßte mehr dahin führen, die Bürger zu entsittlichen oder doch ihre Tatkraft zu lähmen, als wenn sie sich auf solche Weise selbst aufgäben, und nichts wäre zugleich in seinen Konsequenzen bedenklicher für die, auf deren Unterstützung man sie verweist, da nicht abzusehen ist, wie dies auf die Dauer durchgeführt werden sollte. Gewöhne man die Menschen doch statt dessen, ihre Hilfsmittel in sich selbst zu suchen, und wer leugnen wollte, daß es unsern gewerbetreibenden und arbeitenden Klassen daran gebräche, der erklärt dieselben für bankerott. Diese vor Jahrzehnten gesprochenen Worte haben an wirtschaftlicher und sittlicher Bedeutung keine Einbuße erlitten.

Hierin liegt denn auch das soziale Moment der Schulze-Delitzsch'schen Kreditgenossenschaften. Das Moment der Selbsthilfe hat in der Zeit der weitgehenden staatlichen Fürsorge ganz besonderen erzieherischen Wert. Auf dem evangelisch-sozialen Kongreß zu Heilbronn im Jahre 1909 hat Harnack dies anerkannt; es ist damit ein Grundgedanke der Schulze-Delitzsch'schen Genossenschaften getroffen, der Jahrzehnte hindurch um Anerkennung gerungen und den man sogar schon als einen veralteten Gedanken zu

---

[3]) Lassalle hat gegen Schulze-Delitzsch die Schrift: „Herr Bastiat-Schulze von Delitzsch“ gerichtet. Schulze erwiderte in der Schrift: „Die Abschaffung des geschäftlichen Risico durch Herrn Lassalle.“ (1866.)

bezeichnen Neigung zu haben schien, seitdem man ihn seit Anfang der 90er Jahre durch staatliche Maßnahmen — fast möchte man sagen, bekämpft hatte. Das Festhalten an der unbedingten Selbsthilfe hat dem Schulze-Delitzsch'schen Verband sogar viel Mißtrauen eingetragen.

Diese zum Teil mehr theoretischen Ausführungen schienen insbesondere auch notwendig, um zu zeigen, daß die Kreditgenossenschaft in ihrer Eigenart durch ein anders gestaltetes organisatorisches Gebilde nicht ersetzt werden kann.

II. Kapitel.

Aus der Geschichte der Kreditgenossenschaften. Die von ihnen erreichten geschäftlichen Erfolge.

Der zuerst von Schulze im April 1850 in Delitzsch gegründete Vorschußverein unterschied sich anfangs von den in Berlin 1848 und 1849 in großer Zahl entstandenen, auf Unterstützung seitens der wohlhabenden Klassen mittels Geschenke und zinsfreier Darlehne berechneten, nur darin, daß er durchweg eine angemessene Verzinsung (bis 10 Prozent auf das Jahr) forderte, und von den Darlehnssuchern die Mitgliedschaft und Zahlung fortlaufender Monatsbeiträge von 1 Groschen verlangte, die für die einzelnen in der Kasse angesammelt und ihnen auf die empfangenen Darlehen zugute gerechnet wurden. Allerdings ein bedeutungsvoller Unterschied, in dem bereits der Keim der späteren Einrichtung lag, wonach die Kreditbedürftigen selbst als Träger des ganzen Unternehmens herangezogen und zur eigenen Kapitalbildung angehalten wurden. Die Erfolge waren zunächst gering, da man das Betriebskapital nur auf etwa 180—200 Taler zu bringen vermochte. Als man jedoch bei den seit 1849 von Schulze in den Städten Delitzsch und Eilenburg gegründeten Rohstoff-Assoziationen der Schuhmacher und Tischler und bei dem von Dr. Bernhardi in Eilenburg ins Leben gerufenen Vorschußverein den außerordentlichen Erfolg der solidarischen Haft der Mitglieder als Kreditbasis beobachtet hatte, wagte man dieselbe auch bei dem Vorschußverein in Delitzsch anzuwenden und erzielte hier den gleichen großen Erfolg. Schnell wuchs das notwendige Betriebskapital an. Erst im Herbst 1852 kam das System der eigenen Kapitalbildung für die Mitglieder durch Einführung der Geschäftsanteile zur Anwendung. Die Dividende wurde nach Höhe des Geschäftsguthabens verteilt, wodurch ein besonderer Anreiz zum Sparen, zur Erhöhung der Einlagen hervorgerufen wurde.

Den beiden in Delitzsch und Eilenburg gegründeten Vereinen folgte zunächst 1853 der Vorschußverein in dem benachbarten Zörbig, der, von einer Anzahl tüchtiger Handwerker geleitet, sich in kurzer Zeit gut entwickelte und weiter im Jahre 1854 die Vereine in Eisleben und Celle, im Jahre 1855 die in Meißen und Bitterfeld, von denen der Meißener durch die Tätigkeit seines Mitgründers und Leiters, Advokat Hallbauer, namentlich im Königreiche Sachsen dem Genossenschaftswesen Bahn brechen half. Alle diese Vereine bekannten sich, gleich den späteren, zu den von Schulze vertretenen Grundsätzen und hielten sich im wesentlichen an das Statut des Delitzscher Vereins. Aber erst die im Jahre 1855 veröffentlichte erste Auflage dieses Buches brachte die Bewegung vollständig zum Durchbruch und seit 1856 verbreiteten sich die Kreditvereine schnell durch ganz Deutschland (vgl. Crüger, Einführung S. 46 ff.).

Mehrere Umstände wirkten dabei mit. Zunächst entsprachen die Kreditvereine einem fühlbaren Bedürfnis und zwar nicht nur bei den Handwerkern, sondern ganz allgemein bei der Geschäftswelt.

Sodann gelang es Schulze, maßgebende Zeitungen und Zeitschriften für regelmäßige Veröffentlichungen zu gewinnen und die Resultate der Genossenschaften in den weitesten Kreisen bekannt zu machen. Auf dem ersten Kongresse deutscher Volkswirte im Herbst 1858 zu Gotha, den Schulze-Delitzsch im Vereine mit einigen Freunden ins Leben gerufen hatte, wurden die von ihm in der deutschen Genossenschaftsbewegung vertretenen Grundsätze ausdrücklich gebilligt. Bereits im Jahre 1859 wurde bei Schulze-Delitzsch aus dem Kreise der Vereine angeregt, einen Vereinstag abzuhalten, auf welchem Abgeordnete der einzelnen Vorschußvereine die gemeinsamen Interessen derselben beraten, die gemachten Erfahrungen austauschen und gemeinsame Maßregeln für gemeinsame Zwecke einleiten sollten. So kam der erste Vereinstag von Genossenschaften im Juni 1859 in Weimar zustande. Seine Frucht war die Schaffung eines Zentral-Korrespondenzbureaus, als Zentralstelle der ganzen Bewegung, woraus sich in den nächsten Jahren der Allgemeine Verband der deutschen Erwerbs- und Wirtschaftsgenossenschaften entwickelte, der durch das auf dem Vereinstage zu Mainz im August 1864 angenommene „Organische Statut" seine jetzige Gestalt erhielt. Als Organ des Allgemeinen Verbandes (seit der 1920 erfolgten Verschmelzung mit dem ehemaligen Hauptverband gewerblicher Genossenschaften Deutscher Genossenschaftsverband genannt) dienen die im Jahre 1854 begründeten Blätter für Genossenschaftswesen (früher unter dem Titel „Innung der Zukunft"), ferner gibt der Anwalt die jährlich erscheinenden „Jahrbücher"[1]) und die „Mitteilungen"[1]) über die AllgGenTage heraus. 1865 begründeten die Genossenschaften die Deutsche Genossenschafts-Bank von Soergel, Parrisius & Co. A.-G. in Berlin (seit 1871 mit der Kommandite in Frankfurt a. M.). Die Bank hatte die Aufgabe, den Genossenschaften bankmäßigen Kredit zu geben, beschränkte sich aber nicht auf den Geschäftsverkehr mit den Genossenschaften, sondern war — wie es ursprünglich ihre Aufgabe war — ein allgemeines Bankinstitut. Im Jahre 1902 sah sie sich zu erheblichen Abschreibungen gezwungen, die zum größten Teil ihren Ursprung in geschäftlichen Verbindungen mit Aktienbanken hatten, die aus Genossenschaften hervorgegangen waren. Diese Vorgänge, vor allem aber das geringe Grundkapital machten die Deutsche Genossenschaftsbank unfähig, auf die Dauer ihre Aufgabe als Zentralkreditinstitut der Schulze-Delitzschschen Genossenschaften, die in der Zwischenzeit eine bedeutende geschäftliche Ausdehnung genommen hatten, zu erfüllen. Im Jahre 1904 ging daher die Deutsche Genossenschaftsbank auf den Antrag der Dresdner Bank auf Fusion ein. Die Dresdner Bank hat in Berlin und Frankfurt a. M. besondere Genossenschaftsabteilungen ins Leben gerufen, die das Zentralkreditinstitut der Genossenschaften bilden und sich zur Aufgabe gemacht haben: die Pflege des Genossenschaftswesens, besonders die Befriedigung der berechtigten Bedürfnisse der Genossenschaften. Jeder genossenschaftlichen Abteilung ist ein Beirat aus vier bis fünf Vertretern der Genossenschaften zur Seite gestellt. Diese Beiräte sollen dazu dienen, die Bankabteilung in enger Fühlung mit den Genossenschaften selbst und dem Deutschen Genossenschaftsverband zu halten[2]). Näheres hierüber in dem Kapitel, in dem der Verkehr mit der Großbank behandelt wird.

---

[1]) Verlag von Walter de Gruyter & Co., Berlin. Ab 1920: Deutscher Genossenschafts-Verlag eGmbH. Berlin.

[2]) Thorwart, Die Deutsche Genossenschaftsbank von Soergel, Parrisius & Co. und der Giroverband der deutschen Genossenschaften, 1911.

In der Stellung der Schulze-Delitzsch'schen Genossenschaften zur Preußischen Zentral-Genossenschafts-Kasse hat sich eine Änderung vollzogen. Bei der Gründung der Preußenkasse nahm der Schulze-Delitzsch'sche Verband einmütig gegen dieses neuartige Gebilde Stellung. Auch in den folgenden Jahren entstanden nur ganz wenig und kleine Verbandskassen im Rahmen des Schulze-Delitzsch-schen Verbandes, die mit der Preußischen Zentral-Genossenschafts-Kasse zu arbeiten bereit waren. Dies Verhältnis erlitt eine weitgehende Änderung, als im Jahre 1920 der Allgemeine deutsche Genossenschaftsverband sich mit dem Hauptverband deutscher gewerblicher Genossenschaften vereinigte. Nach dem Protokoll und wie auch die Verhandlungen des Allgemeinen Genossenschaftstages zu Bad Nauheim (1920) ergeben, wurde von beiden Teilen als Grundsatz für die zugehörigen Kreditgenossenschaften festgelegt:

a) Freiheit der Genossenschaften in der Wahl ihrer Geschäftsverbindungen.
b) Grundsätzlich arbeitet die Preußenkasse mit Verbandskassen und arbeiten die Genossenschaftsabteilungen der Dresdner Bank mit Einzelgenossenschaften.
c) An den bisherigen geschäftlichen Beziehungen soll durch die Verschmelzung der Verbände nichts geändert werden. Deswegen empfiehlt es sich, zu den Verbandstagen des früheren Hauptverbandes die Preußenkasse, zu den Verbandstagen des früheren Allgemeinen deutschen Genossenschaftsverbandes die Dresdner Bank nach wie vor einzuladen. Nach einer Verschmelzung der Revisionsverbände der beiden Verbände wäre grundsätzlich das Kreditinstitut des Verbandes einzuladen, in dem der Revisionsverband aufgegangen ist.
d) Erstrebenswert ist ein Hand-in-Hand-Arbeiten der beiden Kreditinstitute.

Die schwierigen wirtschaftlichen Verhältnisse der folgenden Jahre haben die Durchführung der Fusion zum Teil recht erschwert. Der Streit um die Verbandskassenfrage ist auch heute noch nicht zum Abschluß gelangt. Es darf aber wohl die in allen maßgebenden Kreisen des Schulze-Delitzsch'schen Verbandes herrschende Überzeugung ausgesprochen werden, daß die Preußenkasse mit Hilfe der Organisation der Verbandskassen kleinen unentwickelten Kreditgenossenschaften wertvolle Dienste zu leisten vermag. Die Genossenschaftsabteilungen der Dresdner Bank dürften mehr für bankmäßig entwickelte Kreditgenossenschaften in Frage kommen, wenn auch natürlich die eben bezeichnete Differenzierung nicht ausnahmslos Geltung hat. Der heute herrschende Zustand kann als ein idealer nicht betrachtet werden, denn er verschafft der einzelnen Genossenschaft zuviel unkontrollierbare Bankkreditquellen. Es kann daher nur der Hoffnung Ausdruck gegeben werden, daß die Bemühungen, die beiden Zentralkreditinstitute in irgendeiner Weise organisch zu verbinden, Erfolg haben. Auch die Preußische Zentral-Genossenschafts-Kasse ist daran zweifellos im höchsten Maße interessiert, denn durch Wort und Schrift hat sie unaufhörlich zum Ausdruck gebracht, daß sie nicht den leicht zu erlangenden billigen Staatskredit erschließen will. Die Preußenkasse hat sich wiederholt zu den Schulze-Delitzsch'schen Grundsätzen, die im Allgemeinen deutschen Genossenschaftsverband vertreten sind, bekannt[3]). Wir kommen auf die Frage in Kapitel X zurück.

Es liegt nicht im Rahmen dieses Buches, eine Geschichte des deutschen Genossenschaftswesens zu schreiben. Infolgedessen wird auch hier auf die Raiffeisenschen Darlehnskassen nicht näher eingegangen. (Vgl. über dieselben Crüger, Einführung S. 95 ff.) Es wird hier genügen, kurz die Grundsätze der Raiffeisenschen Darlehnskassen hervorzuheben und damit die Unterschiede zwischen ihnen und den Schulze-Delitzsch'schen Genossenschaften zu bezeichnen.

Die Raiffeisensche Darlehnskasse beschränkt sich grundsätzlich für ihre Tätigkeit auf Landwirte und dehnt sich nicht über den Bezirk des Dorfes hinaus aus. Die Schulze-Delitzsch'sche Genossenschaft erstreckt sich auf alle Berufsarten und sucht dementsprechend einen ausreichend großen Wirkungskreis (vgl. hierzu die Ausführungen über die Zusammensetzung der Mitglieder S. 65 ff.). Sie soll zur wirtschaftlichen Selbständigkeit gelangen und ein selbständiges Wirtschaftsgebilde abgeben, während die Raiffeisensche Darlehnskasse zur Unselbständigkeit bestimmt und gedacht ist als Glied einer großen Genossenschaftsorganisation, in der sie wirtschaftlich vollständig aufgeht. Die Schulze-Delitzsch'sche Genossenschaft beschränkt sich auf die Befriedigung des Kreditbedürfnisses der Mitglieder, während die Raiffeisensche Darlehnskasse alle die geschäft-

[3]) Besondere Beachtung verdient hierbei ein Artikel des früheren Direktors der Preußenkasse Herrn Geheimen Finanzrat Dr. Jost über: „Die Kreditkrisis und die Genossenschaften", S. 339 der BlfGW. von 1924.

lichen Aufgaben in ihren Geschäftskreis einbezieht, die zum Erwerb ihrer Mitglieder, der Landwirte, gehören. Sie ist gleichzeitig Einkaufsgenossenschaft, wie sie der Verwertung der landwirtschaftlichen Produkte dient. Alle die übrigen Unterschiede, die namhaft gemacht werden: bei den Raiffeisenschen Darlehnskassen kein Geschäftsanteil oder nur ein geringer, bei der Schulze-Delitzsch'schen Genossenschaft ein höherer — bei der Raiffeisenschen Darlehnskasse ehrenamtliche Verwaltung, der Kassierer ist Beamter der Kasse, bei der Schulze-Delitzsch'schen Genossenschaft gilt: Leistung gegen Leistung; der Kassierer ist Mitglied des Vorstandes — alle diese Unterschiede, wie auch die, die sich auf die Befriedigung des Kredits, auf die Benutzung von Wechseln oder Schuldscheinen beziehen, sie haben ihren Ausgangspunkt mehr oder weniger in den oben festgestellten Verschiedenheiten. Der Streit zwischen Schulze-Delitzsch und Raiffeisen über gewisse Organisationsfragen ist mehr und mehr verstummt, zumal auch die Raiffeisenschen Darlehnskassen sich in mancher Richtung hin den veränderten wirtschaftlichen Verhältnissen angepaßt haben, und vor allem herrscht heute kein Streit mehr darüber, daß die Kreditgenossenschaft nur bestimmt ist, das Betriebskreditbedürfnis zu befriedigen.

Mit Bezug auf die Begrenzung des Bezirks, die Beschränkung auf Landwirte, die Vielseitigkeit des Betriebes, das Festhalten an der unbeschränkten Haftpflicht halten die Raiffeisenschen Darlehnskassen auch heute noch an dem Grundgedanken ihres Schöpfers fest, mögen sie auch sonst nach vielen Richtungen hin die Raiffeisenschen Wege verlassen haben.

Die erste Genossenschaft im eigentlichen Sinne des Wortes schuf Raiffeisen im Jahre 1864 auf der Grundlage des Heddesdorfer Darlehnskassenvereins. Erst durch Faßbender (F. W. Raiffeisen in seinem Leben, Denken und Wirken im Zusammenhange mit der Gesamtentwicklung des neuzeitlichen Genossenschaftswesens in Deutschland, 1902), ist es bekannt geworden, daß Raiffeisen die Absicht hatte, diese Genossenschaft dem Schulze-Delitzsch'schen Verbande anzuschließen. Die Raiffeisensche Richtung hat ihren eigentlichen Ausgangspunkt bei einer anderen Genossenschaft, in Anhausen. Im Jahre 1877 vereinigte Raiffeisen die nach ihm benannten Darlehnskassen zu einem Anwaltschaftsverbande, der seit dem Jahre 1888 sich Generalverband ländlicher Genossenschaften für Deutschland nennt.

Im Jahre 1883 trennte sich vom Neuwieder Verband eine Anzahl hessischer und badischer Genossenschaften und bildete unter Führung von Haas, Weidenhammer und Maerklin die „Vereinigung der deutschen landwirtschaftlichen Genossenschaften", die heute „Reichsverband der deutschen landwirtschaftlichen Genossenschaften" firmiert. Sie hatten sich bei der Gründung an Schulze-Delitzsch mit der Bitte um Rat gewandt, der ihnen die Schaffung eines besonderen landwirtschaftlichen Genossenschaftsverbandes anempfahl. Die diesem Verbande angehörigen Kreditgenossenschaften stehen vielfach auf der Grenze zwischen Schulze-Delitzsch und Raiffeisen, oder sind auch vollständig nach Schulze-Delitzsch'schen Grundsätzen organisiert. Der wesentlichste Unterschied zwischen dem Generalverband der ländlichen Genossenschaften und dem Reichsverbande der deutschen landwirtschaftlichen Genossenschaften beruht darin, daß der erstere auf der vollständig durchgeführten Zentralisation beruht, während diese im Reichsverbande nicht über gewisse Bezirke (Bundesstaaten, Provinzen) hinausgeht. Im Jahre 1905 fand eine Vereinigung der beiden Verbände statt, die aber im Jahre 1913 wieder gelöst wurde.

Zu erwähnen ist noch der „Freie Ausschuß der deutschen Genossenschaftsverbände", der im Jahre 1916 als lose Organisation gebildet wurde. Der Freie Ausschuß hat während der Kriegs- und Nachkriegszeit der Förderung des Genossenschaftswesens wertvolle Dienste erwiesen. Dem Freien Ausschuß gehören an:

1. Deutscher Genossenschaftsverband,
2. Generalverband der deutschen Raiffeisen-Genossenschaften,
3. Reichsverband der deutschen landwirtschaftlichen Genossenschaften,
4. Zentralverband deutscher Konsum-Vereine.

Im Jahre 1867 war es Schulze-Delitzsch in Preußen gelungen, das erste Genossenschaftsgesetz zu erreichen, es folgten bald einzelne andere deutsche Staaten; am 4. Juli 1868 trat an Stelle der in Norddeutschland geltenden Einzel-Genossenschaftsgesetze das norddeutsche Genossenschaftsgesetz, welches bei Errichtung des Deutschen Reichs und in den folgenden Jahren seine Wirksamkeit über ganz Deutschland erstreckte. Bald zeigte sich, daß eine Revision dieses Gesetzes infolge der Ausbreitung und Entwicklung der Genossenschaften notwendig geworden war; aber erst im Jahre

1889 durch das Gesetz vom 1. Mai 1889 kam dieselbe zum Abschluß (vgl. Crüger, Einführung S. 321 ff.).

Abgeändert wurde das Gesetz von 1889 durch die Novelle vom 12. August 1896, die einige Sonderbestimmungen für die landwirtschaftlichen Genossenschaften brachte, besonders aber bestimmt war, der weiteren Entwicklung der Konsumvereine Schranken zu ziehen. Eine Reihe weiterer Änderungen des Ges. enthielt Art. 10 des Einführungsgesetzes zum HGB. vom 10. Mai 1897. Im allgemeinen beziehen sich diese Änderungen nur auf die Anpassung des Genossenschaftsgesetzes an das neue BGB. und das neue HGB., als besondere Neuerung ist dagegen die Einführung des Nichtigkeitsverfahrens zu betrachten.

In der Kriegs- und Nachkriegszeit sind eine Reihe Novellen zum Genossenschaftsgesetz ergangen, die an den Grundgedanken des Gesetzes aber wenig geändert haben (vgl. hierzu Textausgabe und Kommentar zum Genoss.-Gesetz).

Das Genossenschaftsgesetz von 1889 ist von größerem Einfluß auf die Entwicklung des Genossenschaftswesens gewesen, als ursprünglich vorausgesetzt wurde. Es soll hier nicht untersucht werden, ob der Einfluß überall ein günstiger gewesen ist, nur einige Tatsachen sollen festgestellt werden. Zwei Momente kommen besonders in Betracht: die Zulassung von Genossenschaften mit beschränkter Haftpflicht und die Zulassung von Genossenschaften, die aus Genossenschaften gebildet werden.

Hatte man vielleicht auch geglaubt, daß die Einführung der gesetzlichen Revision der Genossenschaften zu bedeutenden Umgestaltungen im Verbandsleben führen würde, so hat sich doch gezeigt, daß dies nicht der Fall gewesen ist.

Die Zulassung von Genossenschaften mit beschränkter Haftpflicht war ein dringendes Bedürfnis (Kap. VI S. 52), freilich weniger für Kreditgenossenschaften als für andere Genossenschaftsarten; doch auch für Kreditgenossenschaften mit bedeutendem eigenen Vermögen war die Zulassung der beschränkten Haftpflicht erwünscht. Die beschränkte Haftpflicht hat im allgemeinen aber wider Erwarten auch bei den Kreditgenossenschaften in erheblichem Umfange Eingang gefunden, und ihr Anteil wird von Jahr zu Jahr größer. Selbst auf dem Lande verbreiten sich in einzelnen Bezirken die Darlehnskassen mit beschränkter Haftpflicht. Wie wir oben gesehen haben, liegt die Kreditfähigkeit der Genossenschaft in der Solidarität, in dem gegenseitigen Einstehen der Mitglieder für einander, dieses Einstehen kommt am vollkommensten zum Ausdruck in der unbeschränkten Haftpflicht. Es ist jedoch denkbar, daß auch mit der beschränkten Haftpflicht eine entsprechende Kreditunterlage geschaffen werden kann, wenn nämlich Geschäftsanteil und Haftsumme (diese Begriffe werden im IX. Kapitel erörtert werden), entsprechend hoch bemessen sind. Nun sind aber gerade Kreditgenossenschaften vielfach gegründet, bei denen man sich nicht nur mit der beschränkten Haftpflicht begnügte, sondern auch insbesondere den Geschäftsanteil sehr niedrig festsetzte. Diese Genossenschaften gehören meist zu der Gruppe derer, die glauben, der Staatshilfe zu bedürfen. Vielleicht daß auch oftmals die in Aussicht stehende Staatshilfe den Glauben erweckt, bei der Kreditbasis eine Anstrengung nicht nötig zu haben. Genossenschaften, die behaupten, daß die Selbsthilfe zur Befriedigung des Kreditbedürfnisses nicht ausreicht, daß Staatshilfe notwendig ist, werden in der Regel infolge ihrer verfehlten und mangelhaften Organisation nicht imstande sein, das notwendige Betriebskapital heranzuziehen. Das von der Preußischen Zentral-Genossenschaftskasse beobachtete System der Beleihung der „vertretbaren Haftsummen" führte zur Festsetzung sehr hoher Haftsummen, die oftmals im umgekehrten Verhältnis zur Höhe des Geschäftsanteils standen. Nicht ohne Einfluß blieb schließlich die vom Deutschen Genossenschaftsverband an diesen „Entwicklungstendenzen" geübte Kritik (vgl. hierüber die Verhandlungen Nauheim 1910 S. 186 ff.). Die Inflationszeit, insbesondere die Zeit der Kreditnot haben dann aber wieder die „beleihbaren Haftsummen" stärker in den Vordergrund treten lassen. Eine Entwicklung, der nicht schnell und energisch genug von den maßgebenden Stellen entgegengetreten werden kann. (S. 191.)

Die Zulassung der Gründung von Genossenschaften mit beschränkter Haftpflicht führte ganz naturgemäß zu einer großen Vermehrung der Genossenschaften, denn Geschäftsanteil und Haftsumme können so niedrig bemessen werden, daß sich aus der Mitgliedschaft bei der Genossenschaft ein Risiko nicht ergibt; und erfahrungsgemäß schreckt wohl die unbeschränkte Haftpflicht, aber nicht eine hohe Haftsumme.

Dazu kam nun noch als zweites Moment des Einflusses des

Gesetzes auf die Entwicklung des Genossenschaftswesens: Die Zulassung von Genossenschaften, die aus Genossenschaften bestehen. Hierauf ist eine weitgehende Zentralisation auf dem Gebiet des Genossenschaftswesens zurückzuführen. Die Frage, ob diese Zentralisation erwünscht ist oder nicht oder sogar bedenkliche Folgen hat, soll hier nicht untersucht werden. Es sei hier z. B. auf den Aufsatz: Zentralisation und Dezentralisation" in BlfGW. 1909 S. 165 verwiesen. Allgemein verurteilt wird jene Entwicklung, bei der eine Genossenschaft bei einer ganzen Anzahl von Zentralen Mitglied ist, und wo die Zentralgenossenschaften wieder beieinander die Mitgliedschaft erwerben, so daß indirekt das Mitglied einer Genossenschaft das Risiko der Beteiligung bei vielen anderen Genossenschaften trägt. Wahre „genossenschaftliche Rattenkönige" sind auf diese Weise entstanden. Während die beschränkte Haftpflicht das Risiko begrenzen soll, führt die Zentralisation oft gleichzeitig zu einer Steigerung des Risikos. Vgl. die Verhandlungen des Allg. GenTag. zu Bad Nauheim (1910 Mitt. S. 186 ff.) über „Entwicklungstendenzen" und die Verhandlungen des AllgGenTag. zu Posen (1913 Mitt. S. 183 ff.) über die Mitgliedschaft der Genossenschaft bei der Genossenschaft.

Wirkten diese Momente naturgemäß auf die Ausbreitung des Genossenschaftswesens ein, so kam vor allem noch hinzu die staatliche Förderung. Der Grundsatz „Selbsthilfe ergänzt durch Staatshilfe" wurde das Leitmotiv überall dort, wo Staatsmittel flüssig gemacht werden sollten, um Genossenschaften ins Leben zu rufen, sie mit den notwendigen Betriebskapitalien auszustatten. Es begann Preußen mit der durch Gesetz vom 31. Juli 1895 geschaffenen Preußischen Zentral-Genossenschaftskasse, deren Zweck die Förderung des genossenschaftlichen Personalkredits ist; als Grundkapital dienten der Kasse zuerst 5 Millionen Mark, heute nach der Goldumstellung 63 Millionen Reichsmark. Die übrigen deutschen Staaten folgten dem Beispiele Preußens, und viele Millionen werden heute in den einzelnen Staaten aufgewandt, um den Genossenschaften Betriebskapitalien zuzuführen. Es sind Kreditgenossenschaften gegründet ohne Rücksicht, ob ein Bedürfnis vorhanden, ob die geeigneten Kräfte zur Leitung zu finden sind. Nicht selten sind Kreditgenossenschaften sogar auf dem Papier stehen geblieben oder leihen vielleicht den ihnen von der Zentrale aus zugeführten Staatskredit an die Mitglieder aus, um damit bis auf weiteres die Tätigkeit einzustellen. Auflösungen von Genossenschaften sind vorgekommen, die ihren Geschäftsbetrieb gar nicht eröffnet haben, an anderen Stellen scheut man die Auflösung wegen der damit verbundenen Kosten.

Da nach den Grundsätzen der Preußischen Zentral-Genossenschaftskasse die finanzielle Kreditunterstützung nicht direkt an die Einzelgenossenschaft erfolgt, sondern an die „Verbandskasse" d. h. eine von den Kreditgenossenschaften gebildete Kreditgenossenschaft, so hat dieses System wesentlich die Zentralisation der Genossenschaft und die Bildung von Genossenschaften, die aus Genossenschaften bestehen, gefördert. Beschränkte Haftpflicht — Genossenschaft-Genossenschaft — staatliche Förderung haben sich gegenseitig ergänzt.

Am 1. Januar 1925 bestanden in Deutschland 21 699 Kreditgenossenschaften. Eine Statistik über die Geschäftstätigkeit aller Kreditgenossenschaften zu geben, ist nicht möglich. So mußte in den früheren Auflagen gesagt werden. Und dann folgte gleichwohl ein umfassende Statistik, die sich auf alle die Kreditgenossenschaften erstreckte — und das war die große Mehrheit — deren geschäftliche Tätigkeit durch die genossenschaftlichen Verbände statistisch erfaßt werden konnte. Die letzte Auflage brachte eine Statistik für 1913. Es war dies wohl die letzte einwandfreie Statistik. In den Kriegsjahren wandelte sich das Bilanzbild der Kreditgenossenschaften vollständig und in der Nachkriegszeit entwickelten sich Bilanzzahlen, die keinen Vergleich mit den früheren Jahren gestatteten. Wir müssen uns daher an dieser Stelle darauf beschränken, die in der vorigen Auflage wiedergegebene Statistik zu wiederholen. Wir können dies auch um so mehr tun, als das Jahr 1913 das Jahr ist, mit dessen Geschäftsresultaten die nun wieder einsetzende Genossenschaftsstatistik in Vergleich gestellt werden kann.

Um ein vollständiges Bild zu geben über die geschäftliche Tätigkeit der dem Allgemeinen deutschen Genossenschaftsverbande angehörigen Kreditgenossenschaften bringen wir auf S. 24 eine Zusammenstellung für die letzten 25 Jahre, die der Tabelle auf S. CII des Jahrbuches des Allgemeinen Verbandes für 1913 entnommen ist.

Jahr	Zahl: der bestehenden Kreditgenossenschaften	Zahl: der berichtenden Kreditgenossenschaften	Zahl: der Mitglieder	Umsatz (Einnahmen und Ausgaben zusammen) Mk.	Betrag der gewährten Kredite Mk.
1903	14 280	11 719	1 600 858	11 023 097 955 (11 567)	2 990 413 111 (4 383)
1904	15 011	12 384	1 605 793	12 736 743 324 (12 339)	3 227 124 109 (11 306)
1905	15 108	12 712	1 674 538	14 210 853 400 (12 686)	3 661 929 376 (11 586)
1906	15 602	13 470	1 783 669	14 485 712 927 (13 374)	4 137 020 973 (12 343)
1907	16 092	14 447	1 906 166	17 788 382 576	4 627 265 917 (13 264)
1908	16 655	15 049	2 080 770	18 953 807 254	4 789 700 654 (13 622)
1909	17 091	15 680	2 189 281	18 448 714 108 (15 349)	5 027 831 917 (14 204)
1910	17 493	16 238	2 302 827	21 585 736 855 (15 950)	5 530 378 413 (14 412)
1911	18 126	16 425	2 375 835	24 588 962 611 (16 195)	6 373 416 488 (14 594)
1912	18 830	17 157	2 492 205	26 798 940 415 (16 617)	7 063 741 703 (15 424)
1913	19 300	17 612	2 590 115	28 120 919 332	6 675 793 431 (11 088)
1924	Neuere Zahlen und auch die Ergebnisse für 1924 lassen sich nicht mitteilen.				

Anmerkung: Die Zahlen in Klammern bedeuten die berichtenden Genossen-

Von der Wiedergabe weiterer Tabellen mag Abstand genommen werden. Es sei verwiesen auf das Jahrbuch des Allgemeinen deutschen Genossenschaftsverbandes[4]).

Die Kreditgenossenschaften haben die Inflationszeit mit ihren schweren Erschütterungen des Wirtschaftslebens verhältnismäßig schnell überstanden. Die Zahlen per 31. Dezember 1924 legen hierfür ein beredtes Zeugnis ab. Wir entnehmen über den „Aufstieg der Kreditgenossenschaften“ den Vertraulichen Berichten der Dresdner Bank Berlin Nr. 9 vom Jahre 1925 folgende Ausführungen:

[4]) Walter de Gruyter & Co., jetzt Deutscher Genossenschafts-Verlag eGmbH.

Betrag der am Jahresschluß ausstehenden Kredite Mk.	Aktiva Mk.	Geschäftsguthaben der Mitglieder Mk.	Reservefonds Mk.	Angeliehene fremde Gelder Mk.
1 632 654 276 (10 678)	2 068 705 629 (11 633)	200 710 071	91 871 376	1 765 667 632 (10 753)
1 715 352 876 (11 318)	2 251 049 677 (12 308)	199 269 336	97 096 052	1 771 575 017
1 861 777 457 (11 646)	2 408 857 571 (12 620)	216 960 768	104 837 606	1 914 861 203
2 115 001 585 (12 369)	2 665 530 160 (13 374)	232 264 922	116 681 814	2 335 018 516 (12 439)
2 442 671 731 (13 264)	3 040 036 656 (14 374)	244 925 274	129 439 126	2 656 981 195 (13 337)
2 725 500 166 (13 847)	3 426 487 055 (14 963)	275 739 337	150 871 344	3 067 717 079 (13 893)
3 018 409 984 (14 524)	3 867 146 287 (15 641)	290 728 524	162 844 408	3 284 569 182 (14 524)
3 168 660 055 (14 603)	4 311 895 104 (16 213)	317 938 486	182 198 572	3 618 524 258 (15 097)
3 439 341 993 (14 725)	4 648 149 858 (16 401)	327 560 507	192 610 013	3 908 353 233
3 982 704 337 (16 767)	5 001 148 001 (16 814)	343 129 952	207 465 033	4 385 699 902
4 286 153 284 (17 285)	5 311 545 165	360 151 630	226 557 218	4 609 480 906

schaften. —

„Bereits in dem seitens der Genossenschafts-Abteilung erstatteten Bericht des Giroverbandes der Dresdner Bank war der Nachweis geführt worden von dem erfreulichen Aufschwung, den die Kreditgenossenschaften im Jahre 1924 erreicht haben. Es konnte festgestellt werden, daß der Wiederaufbau der Kreditgenossenschaften in einem Maße gelungen ist, den man zu Beginn des Jahres 1924 kaum für möglich gehalten hätte. Diese Folgerungen stützen sich auf die Zahlen, wie sie sich aus den Zwischenbilanzen einer Reihe maßgebender Genossenschaften ergaben. Das dabei zur Beurteilung vorliegende Material war selbstverständlich nur ein beschränktes, da die Genossenschaften im allgemeinen Zwischenbilanzen nicht aufzustellen pflegen. In der Zwischenzeit sind eine große Zahl von

Die Geschäftsergebnisse der Genossenschaften in den Jahren 1885, 1890, 1895, 1900, 1905, 1910 und 1913.

	Rechnungsjahr						
	1885	1890	1895	1900	1905	1910	1913
1. Zahl der Genossenschaften, welche Abschlüsse eingereicht haben	896	1 072	1 068	870	921	939	963
2. Mitgliederzahl	458 080	518 003	525 748	511 061	539 993	600 387	637 329
3. Gewährte Kredite u. Prolongat.:							
a) Gesamtsumme . . . . . . ℳ	1 533 840 929	1 641 574 191	1 659 305 785	2 276 855 864	2 934 318 336	4 015 920 815	5 409 660 000
b) Durchschnittsbetrag für die einzelne Genossenschaft . . . „	1 711 876	1 531 319	1 552 657	2 617 071	3 186 013	4 276 806	5 594 000
4. Ausstände auf gewährte Kredite am Jahresschluß . . . . „	467 165 107	538 412 010	569 364 402	672 231 131	899 300 310	1 201 862 882	1 366 247 980
5. Bilanzsumme, Aktiva . . . . „	544 386 551	619 558 988	666 166 437	805 843 108	1 109 089 454	1 477 195 299	1 680 235 454
6. Eigenes Vermögen:							
a) Geschäftsguthaben d. Mitgl. „	107 841 112	117 079 868	125 791 326	133 264 449	165 797 202	216 330 103	241 615 581
b) Reserven . . . . „	21 581 595	28 475 181	37 693 574	44 987 176	66 435 941	94 187 564	111 934 417
c) Gesamtsumme von beiden . „	129 422 707	145 555 249	163 484 900	178 261 625	232 233 143	310 517 667	353 549 998
d) Durchschnittsbetrag für die einzelne Genossenschaft . . „	144 445	135 779	153 076	204 898	252 153	330 690	365 686
7. Von den Genossenschaften aufgenommene fremde Gelder:							
a) Anlehen von Privaten . . . „	389 949 579	438 274 821	453 893 666	585 762 350	835 825 060	1 113 561 776	1 250 376 252
b) Kredite v. Banken u. Vereinen „	11 851 804	15 551 435	13 229 375	24 163 708	23 162 914	31 452 912	34 661 724
c) Spareinlagen . . . . „	[5] —	—	—	—	—	—	—
d) Gesamtsumme a bis c . . . „	401 801 383	453 826 256	467 123 041	609 926 058	858 987 974	1 145 014 688	1 285 037 976
e) Durchschnittsbetrag für die einzelne Genossenschaft . . „	448 439	423 345	437 381	701 064	932 669	1 219 398	1 334 411
8. Durchschnittlicher Prozentsatz des eigenen Vermögens vom fremden Kapital . . . . %	32,21	32,07	34,99	29,23	27,04	27,12	27,51
9. Umsatz . . . . ℳ	—	—	—	—	9 882 020 493	12 912 128 660	17 171 545 000

[5]) Die Ziff. 7a und c mußten zu einer Ziffer vereinigt werden, da einerseits die Beträge in Ziff. 7c nicht mehr ausschließlich Spareinlagen enthielten, sondern auch hier Kontokorrentschulden u. a. enthalten waren, anderseits aber nach und nach Ziff. 7a den größeren Teil der Spareinlagen in sich aufgenommen hatte, in dem Maße, wie die Kündigungsfristen für diese Spareinlagen ausgedehnt wurden.

Geschäftsberichten, vor allen Dingen der wichtigsten Kreditgenossenschaften herausgekommen, und das dabei sich ergebende Bild zeigt mit Deutlichkeit, daß die Behauptung, die im Februar d. Js. auf dem Giroverbandstag auf Grund beschränkten tatsächlichen Materials aufgestellt worden ist, im vollen Umfange zutreffend ist. Dabei ergibt sich aus dem Material, daß diese Entwicklung eine durchaus gleichmäßige ist und sowohl auf kleine, wie mittlere und große Genossenschaften zutrifft. Wir beobachten eine starke Erhöhung des eigenen Vermögens, der anvertrauten fremden Gelder und damit verbunden eine starke Erhöhung der Außenstände. Allerdings geht Hand in Hand mit dieser erfreulichen Erhöhung auch eine sehr starke Erhöhung der Bankverbindlichkeiten. Es spiegelt sich dieses auch wieder in der Gesamtsumme der Kredite der Dresdner Bank, die diese an Genossenschaften gegeben hat, und die seit dem Februar d. Js. sich um über 50% erhöht hat. So erfreulich die Bilanzen als solche erscheinen, geben sie doch vielfach kein unbedingt sicheres Bild über die innere Lage der Genossenschaften, weil vor allen Dingen bei den anvertrauten Geldern vielfach eine Scheidung zwischen den kurzfristigen Einlagen und den langfristigen Spargeldern nicht vorgenommen worden ist. Diese in den Friedensjahren durchaus übliche und wünschenswerte Scheidung muß auch künftighin wieder eingeführt werden, wenn die Bilanzen einen klaren Einblick in die innere Lage geben sollen.

Die Nachprüfung bei denjenigen Genossenschaften, welche eine solche Scheidung vorgenommen haben, ergibt aber, daß der überwiegende Teil der anvertrauten Gelder kurzfristige sind. Wo vereinzelt die Spargelder die kurzfristigen Einlagen übersteigen, ergibt die nähere Nachprüfung, daß es sich dabei um Genossenschaften handelt, die dem Spargeschäft eine ganz besonders intensive Aufmerksamkeit zugewendet haben und dabei mit gutem Erfolge vorwärts gekommen sind.

Die Liquidität bei den Genossenschaften dürfte sich gleichfalls gebessert haben, denn ausweislich der Bilanzen erfolgt die Ausleihung der Außenstände in starkem Umfange in der Wechselform, allerdings gibt es noch vereinzelte Genossenschaften, die nahezu ihre gesamten Außenstände im Kontokorrent haben und kaum ein Wechsel-Portefeuille unterhalten. In welcher Weise solche Genossenschaften bei starken Abhebungen ihre Außenstände flüssig machen wollen, ist nicht ersichtlich. Hierin liegt zweifellos eine starke Gefährdung bei den noch immer möglichen wirtschaftlichen Schwankungen.

Die Außenstände setzen sich im allgemeinen aus kleinen Krediten zusammen. Näheres Material über diese Zusammensetzung werden wir in einem der nächsten Berichte bringen auf Grund der statistischen Erhebung, die seitens der Dresdner Bank darüber veranstaltet worden ist. Ein großer Teil der Kredite entfällt, wie bereits in der Sitzung des Beirates der Dresdner Bank am 1. Mai angeführt worden ist, auf Kredite unter tausend Mark. Kredite über zehntausend Mark sind selbst bei großen Genossenschaften verhältnismäßig selten. Aus dieser Statistik ist mit Klarheit zu ersehen, daß die Kreditgenossenschaften reine Mittelstandskreditinstitute sind und nicht über den Rahmen ihrer grundsätzlichen Aufgaben hinausgegangen sind.

Zahlenmäßig stellt sich die Entwicklung auf Grund der Bilanzen per 31. Dezember 1924 in Gegenüberstellung der Goldmarkbilanzen per 1. Januar 1924 wie folgt:

Bei einer Genossenschaft ergaben sich folgende Durchschnittszahlen:

	per 1. 1. 24		per 31. 12. 24	
Ausgeliehene Gelder	70 000	GM.	450 000	RM.
Eigene Mittel	51 000	„	113 000	„
Anvertraute fremde Gelder	72 000	„	354 000	„
Gesamtbilanzsumme	135 000	„	502 000	„

Die Zahlen, die auf Grund eines sehr umfassenden Bilanzmaterials, das von der Genossenschafts-Abteilung der Dresdner Bank gesammelt und bearbeitet worden ist, aufgenommen sind, sind der beste Beweis für die Erstarkung der Kreditgenossenschaften."

Über die Tätigkeit der „Kreditgenossenschaften als Mittelstandsbanken" gibt der Artikel in den „Vertraulichen Berichten" der Dresdner Bank Berlin Nr. 10 von 1925 interessanten Aufschluß.

Während der Drucklegung dieses Buches sind das Jahrbuch des Deutschen Genossenschaftsverbandes für 1924 und die Veröffentlichung des genossenschaftlichen Giroverbandes der Dresdner Bank, betitelt: „Die genossenschaftlichen Volksbanken 1925" erschienen, aus denen folgende statistische Zahlen mitgeteilt seien:

1. Aus dem Jahrbuch des Deutschen Genossenschaftsverbandes für Ende 1924:

Stand von 1075 (1913 = 1493) berichtenden bei 1271 im Jahre 1924 und 1538 im Jahre 1913 angeschlossenen Kreditgenossenschaften.

Vermögen	1913 in Mill. M.	%	1924 in Mill. RM.	%
Flüssige Mittel	142,89	6,6	41,30	10,5
Wertpapiere	126,06	5,8	5,60	1,4
Kreditgeschäfte	1791,15	82,4	306,60	77,8
Immobilien u. Inventar	77,80	3,6	25,78	6,5
Avale u. Sonstiges	32,11	1,6	14,62	3,8
Vermögen insges.	2170,01	100,0	393,90	100,0

Kapital	1913 in Mill. M.	%	1924 in Mill. RM.	%
Eigenkapital	430,94	19,8	80,77	20,5
Fremde Gelder	1612,89	74,4	238,10	60,4
Bank-Verbindlichkeiten	80,27	3,7	56,88	14,4
Avale u. Sonstiges	45,91	2,1	18,15	4,7
Kapital insgesamt	2170,01	100,0	393,90	100,0

Mitgliederbestand von 1075 Kreditgenossenschaften Ende 1924 983 919 (1921 als letztes stat. Berichtsjahr 869 736 Mitgl. bei 1203 bericht. Kreditgenossenschaften); eigene Mittel in % des Betriebskapitals 1913 19,8 und 1924 20,5; auf eine Genossenschaft entfallen an Betriebskapital (in Tausend RM.) 1913 1453,5, 1924 366,45, an „Eigenen Mitteln" 1913 288,6, 1924 75,1; Geschäftsguthaben 1913 auf eine Genossenschaft 199,8, 1924 37,8 Tauf. RM., Reserven 1913 88,8 und 1924 37,3 Tauf. RM., Spareinlagen 1913 961,0, 1924 81,7, Kontokorrente 1913 119,2, 1924 139,9 Tauf. RM., diskontierte Wechsel 1913 530,9, 1924 74,0 Tauf. RM., Kontokorrent Kredite 1913 475,7, 1924 207,7 Tauf. RM. Der Rohertrag belief sich 1924 auf 83,567 Mill. RM. (1913 127,017), der Reinertrag auf 16,532 Mill. RM. (1913 30,334). Auf eine Genossenschaft entfallen 1924 (in Tauf. RM.) Rohertrag 77,7 (1913 = 85,1), vereinnahmte Zinsen und Provisionen 71,1 (79,1), gezahlte Zinsen und Provisionen 32,4 (48,4), Verwaltungsunkosten 27,2 (12,8), Reingewinn 15,3 (20,3). Der Reingewinn wurde mit 70,4 v. H. (1913 = 36,7) den Reserven zugeführt, 12,7 (53,7) v. H. gelangten als Dividende zur Verteilung, 14,2 (9,6) v. H. wurden für sonstige Zwecke verwendet. Der Reingewinn betrug 1924 20,4 v. H. (1913 = 7,0) des Eigenkapitals und 4,2 (1,4) des Betriebskapitals. Der

Gesamtumsatz betrug 1924 3,5, 1913 22,2 Milliarden RM. An sofort greifbaren Mitteln standen in Millionen RM. 1924 125,5 (1913 = 730,9) den innerhalb 3 Monate fälligen Verbindlichkeiten von 279,7 (1913 550,2) gegenüber. Das sind 45,2 RM. flüssige Mittel auf 100 RM. Verbindlichkeiten.

2. Aus den Mitteilungen des Giroverbandes:

Bei einer Kreditgenossenschaft belief sich im Durchschnitt:

		1. 1. 1924	31. 12. 1924	30. 9. 1925
Das Geschäftsguthaben	rd.	14000 GM.	53000 RM.	83000 RM.
die Reserven	„	31000 „	48000 „	54000 „
die eigenen Mittel	„	45000 GM.	101000 RM.	137000 RM.
die anvertrauten fremden Gelder (Spargelder)	rd.	56000 GM.	313000 RM.	498000 RM.
die Außenstände (Ktokorr.- u. Diskontkredite)	rd.	53000 GM.	380000 RM.	604000 RM.

Gesamtsumme der den städt. und ländl. Kreditgenossenschaften anvertrauten Gelder 30. September 1925 rd. 500 Mill. RM. (vor dem Kriege rd. 4 Milliarden M., mithin 12,5% des Friedensstandes). Bei den Sparkassen waren vor dem Kriege 20 Milliarden M. angesammelt, heute 2 Milliarden RM., es sind also nur 10% des Friedensstandes erreicht; gesamte Mittelstandskredite 90 Millionen RM., davon durch Dresdner Bank 13,1 Millionen RM.; Bankschulden der Genossenschaften bei der Dresdner Bank Mai 1925 35 Millionen RM., 31. Dezember 1925 70 Millionen RM.; bei 300 berichtenden Kreditgenossenschaften ergab sich auf Rundfrage, daß von 93 143 laufenden Krediten 69 647 auf Kredite unter 1000 RM. (75%) entfallen, 19 462 unter 5000 RM. (20%), 3470 unter 10 000 RM. (3,5%) und 1564 über 10 000 RM. (1,5%).

Aus der Entwicklung des Giroverbandes: In Frankfurt a. M. und Berlin eingereichte Wechsel und Schecks 1913 885 177 Stück im Ges.-Betr. von 366 Mill. M., 1924 665 522 Stück (229,6 Mill. RM.), 1925 1 366 810 Stück (469,2 Mill. RM.); davon Schecks 1913 42 v. H., 1924 85,5 v. H., 1925 76,85 v. H.; Inkassoscheckverkehr (die Kassen sind Einlösungsstellen für die auf die Mitglieder des Giroverbandes gezogenen Schecks) 1913 132 879 Stück 58,3 Mill. M., 1924 66 820 Stück 16,25 Mill. RM., 1925 112 331 Stück 27,75 Mill. RM. Dem Giroverbande sind Ende 1925 928 Genossenschaften als Giromitglieder angeschlossen.

III. Kapitel.

Die gesetzlichen Erfordernisse bei Errichtung der Kreditgenossenschaft.

Maßgebend ist das Reichsgesetz, betreffend die Erwerbs- und Wirtschaftsgenossenschaften vom 1. Mai 1889, abgeändert durch Gesetz vom 12. August 1896, und durch Art. 10 des Einf.-Ges. zum HGB. vom 10. Mai 1897, in neuer Fassung bekannt gemacht durch den Reichskanzler unter dem 14. Juni 1898 in Nr. 25 des RGBl. S. 810 ff. — falls die Genossenschaft sich diesem Gesetz unterstellen will, denn ein Zwang dazu besteht nicht[1]). In der Nachkriegszeit mit ihren wirtschaftlichen Begleiterscheinungen wurden einige weitere Änderungen zum GenGes. notwendig. Es erschienen die Novellen vom 1. Juli 1922 und 12. Mai 1923, 27. Dezember 1923, 4. Februar 1925 sowie vom 19. Januar 1926.

[1]) Zu dem Gesetz ist erschienen in 10. Auflage: „Das Reichsgesetz betreffend die Erwerbs- und Wirtschaftsgenossenschaften, Kommentar zum praktischen Gebrauch für Juristen und Genossenschaften", von Dr. Hans Crüger und Dr. Crecelius (Berlin 1926, Walter de Gruyter & Co., Verlagsbuchhandlung) und ferner dasselbe Gesetz, „Textausgabe mit Anmerkungen und Sachregister", 18. Auflage, von Dr. Hans Crüger und Dr. Crecelius (Berlin 1925, Walter de Gruyter & Co., Verlagsbuchhandlung). In der 5. Auflage (1876) schrieb Schulze: „Die erste bei Gründung eines Vorschuß- und Kreditvereins sich aufdrängende Frage, ob dazu eine Genehmigung seitens der Staatsbehörden notwendig sei, ist gegenwärtig in sämtlichen deutschen Staaten, wenn auch nicht ohne mancherlei Kämpfe, zugunsten der Freiheit entschieden. In der Tat konnte dies auch nicht anders geschehen, da diese Vereine, man mag sie als Sozietäten, gewerbliche und Handelsgesellschaften oder als Vereine im eigentlichen Sinne auffassen, ihrem Gegenstande nach einen durchaus erlaubten und rein privaten Zweck verfolgen, zu dessen Erreichung sich Staatsbürger jeder Zeit, ohne einer Konzession zu bedürfen, verbinden können. Selbst das 1850 von der vormaligen deutschen Bundes-Zentralstelle ausgegangene Vereinsgesetz fordert doch nur bei solchen Gesellschaften, welche sich mit politischen oder religiösen Gegenständen beschäftigen, oder eine Einwirkung auf öffent-

Wir haben es hier mit den eingetragenen Genossenschaften zu tun, d. h. denen, die nach dem Genossenschaftsgesetz in das Genossenschaftsregister eingetragen sind, und es wird schwerlich auch heute noch eine Kreditgenossenschaft gegründet werden, die sich nicht unter das Genossenschaftsgesetz stellt. Das Gesetz bietet insbesondere folgende Vorteile:

1. Die eingetragene Genossenschaft hat als solche ihre Rechte und Pflichten, sie kann Eigentum und andere dingliche Rechte an Grundstücken erwerben, vor Gericht klagen und verklagt werden, sie gilt als Kaufmann im Sinne des Handelsgesetzbuches mit allen Rechten und Pflichten eines solchen (z. B. formlose Abschließung von Handelsgeschäften, Buchführung); — der nicht eingetragenen Genossenschaft fehlen diese Rechte, ihr Vorstand handelt als Vertreter der Genossenschaft nur beschränkt; wichtige Rechtshandlungen müßten die Vorstandsmitglieder auf ihren eigenen Namen vornehmen; der Verein kann nicht klagen, kann auf seinen Namen keine Grundstücke erwerben.

2. Da die eingetragene Genossenschaft rechtliche Selbständigkeit besitzt, haftet deren Gläubigern auch zunächst

---

liche Angelegenheiten bezwecken, die Genehmigung, nach Befinden die Anzeige bei der Behörde. Daß aber die Aufgabe, sich die zu seinem Geschäfte oder zu seiner Wirtschaft nötigen Geldmittel zu verschaffen, welche unsere Vereine für ihre Mitglieder zu lösen suchen, zu den allerprivatesten Angelegenheiten derselben gehört und völlig der Sorge und dem freien Ermessen der einzelnen überlassen werden muß, steht ebenso fest, als daß der Staat durch jede Einmischung und Bevormundung hierbei sich nur ein für ihn unlösbares Problem und eine ungeheure Verantwortlichkeit aufbürden würde. War aber hiernach die Errichtung und die Existenz unserer Vereine als erlaubter Privat-Gesellschaften dem öffentlichen Rechte gegenüber freigegeben, so blieb dagegen ihre privatrechtliche Stellung, ihre Vermögensfähigkeit und Rechtsverfolgung, noch in mehr als einer Rücksicht zweifelhaft, und sie befanden sich in ziemlich ungünstiger Lage, indem die bisherige Zivil-Gesetzgebung bei ihrer Kodifizierung des Gesellschaftsrechts sie gar nicht kannte und daher nicht im entferntesten auf ihre Bedürfnisse dabei Rücksicht nehmen konnte. Diese Lage besserte sich auch durch die Einführung des Allgemeinen deutschen Handelsgesetzbuches nicht, da dasselbe die ganze Genossenschaftsbewegung, trotz der bedeutenden Ausdehnung, welche dieselbe inzwischen gewonnen hatte, ebenfalls vollständig übersah und nur die Handels- oder kaufmännischen Gesellschaften in erschöpfender, dem praktischen Bedürfnisse entsprechender Weise behandelte." Erst die spezielle Genossenschaftsgesetzgebung, welche das ureigenste Werk Schulzes ist, sicherte auch die privatrechtliche Stellung der Genossenschaften.

nur das Vermögen der Genossenschaft, und die Geltendmachung der persönlichen Haftpflicht der Mitglieder ist gesetzlich, unter möglichster Schonung der Mitglieder, geregelt — bei der nicht eingetragenen Genossenschaft fehlt für die Mitglieder diese Rechtssicherheit.

3. Die eingetragene Genossenschaft kann die persönliche Haftpflicht der Mitglieder beschränken — bei der nicht eingetragenen Genossenschaft ist die Zulassung einer solchen Beschränkung jedenfalls zweifelhaft.

4. Die Verhältnisse der eingetragenen Genossenschaften, wie die von Vorstand, Aufsichtsrat und Mitgliedern untereinander sind gesetzlich geordnet — für die nicht eingetragene Genossenschaft fehlen entsprechende Vorschriften, da die Gesellschaft des BGB. keine volle Rechtspersönlichkeit besitzt.

Setzen nun die nachfolgenden Abschnitte auch eine eingetragene Genossenschaft voraus, so sind sie zum größten Teil für nicht eingetragene Genossenschaften nicht bedeutungslos, da deren Geschäftsbetrieb im wesentlichen nach den für die eingetragenen Genossenschaften geltenden Grundsätzen geleitet wird.

Die Erfordernisse, denen die Genossenschaften genügen müssen, um die Eintragung in die öffentlichen Register, und damit die angegebenen Vorteile zu erlangen, bestehen der Hauptsache nach:

1. in schriftlicher Abfassung des Statuts (Gesellschaftsvertrags);
2. in der Aufnahme gewisser Normativ-Bestimmungen in das Statut, der Innehaltung gewisser Regeln und Übernahme gewisser Verpflichtungen dem Registergericht gegenüber;
3. in der Anmeldung des Gesellschaftsvertrags und späterer Abänderungen desselben, sowie der Vorstandswahlen beim Registergericht behufs der Eintragung in das Genossenschaftsregister.

Die Unterstellung unter das Gesetz wahrt den Kreditgenossenschaften ihren streng privatrechtlichen Charakter, das Genossenschaftsgesetz ist für dieselben maßgebend.

Der Verkehr mit dem Gericht gestaltet sich an der Hand der gebotenen Hilfsmittel so einfach, daß ein jeder sich in denselben hineinfinden kann[2]). Die durch die Unterstellung unter das Gesetz entstehenden Kosten beschränken sich, insoweit nicht gerade Bekanntmachungen erforderlich werden, auf die geringen Schreibgebühren und Portoauslagen, da alle Eintragungen und Verhandlungen in erster Instanz über dieselben für die Genossenschaften gebührenfrei sind.

---

[2]) Den Genossenschaften ist für den Verkehr mit dem Gericht das „Formularbuch zum Reichsgesetz, betreffend die Erwerbs- und Wirtschaftsgenossenschaften", von Parisius und Crüger (Verlag von Walter de Gruyter & Co., Berlin), dritte Auflage, 1900, zu empfehlen.

IV. Kapitel.

Die Gründung der Genossenschaft und ihre Eintragung in das Genossenschaftsregister.

Die Gründung.

Keine Handelsgesellschaft — und die eingetragene Genossenschaft gilt als solche, obgleich ihr der Charakter der Erwerbsgesellschaft fehlt — ist so leicht zu gründen, wie die eingetragene Genossenschaft; sie braucht kein Grundkapital, hat keine berufsmäßig vorgebildeten Vorstandsmitglieder, fängt im denkbar bescheidensten Umfange das Geschäft an, das wächst und sich ausdehnt mit den zufließenden Mitteln. Aus kleinsten Anfängen heraus haben sich Kreditgenossenschaften entwickelt, deren Vermögen in die Millionen geht und deren Geschäft äußerlich den Eindruck eines Bankgeschäfts macht, — freilich nur äußerlich, denn dem Wesen und der Eigenart nach braucht der genossenschaftliche Charakter mit der Ausdehnung durchaus nicht verloren zu gehen.

Die vorstehenden den früheren Auflagen entnommenen Sätze bedürfen vielleicht im gewissen Sinne einer Richtigstellung. So einfach wie in früheren Zeiten gestaltet sich die Gründung einer Kreditgenossenschaft heute nicht immer. Die starke Konkurrenz der Sparkassen, Girokassen und ähnlicher Unternehmungen läßt es zuweilen erforderlich erscheinen, daß die Kreditgenossenschaft gleich mit einem bankmäßig entwickelten Apparat in Erscheinung tritt. Die Kreditgenossenschaft wird dann natürlich ohne berufsmäßig ausgebildete Vorstandsmitglieder nicht auskommen, sondern wird zunächst wenigstens ein mit allen Zweigen des Bankgeschäfts vertrautes Vorstandsmitglied anstellen müssen. Der Gewerbetreibende von heute stellt andere Ansprüche an sein Kreditinstitut als die Gewerbetreibenden vor 50 Jahren. Er wird von vornherein sich nur eines Kreditinstituts bedienen wollen, das ihm in den verschiedenen Geschäftszweigen der Banktätigkeit zu dienen imstande ist. Die Verhältnisse liegen in den einzelnen Orten natürlich verschieden. Vielfach entwickeln sich auch heute noch die Kreditgenossenschaften aus den kleinsten Verhältnissen heraus.

Von den lokalen Verhältnissen wird es abhängen, in welcher Weise die Gründung einer Kreditgenossenschaft einzuleiten ist. In der Regel wird man zunächst die öffentliche Meinung dem Unternehmen günstig zu stimmen suchen, durch Vorträge wird das Publikum aufgeklärt, dann läßt man in einer größeren Versammlung eine Kommission zur Bearbeitung des Statuts einsetzen, diese entwirft das Statut, ladet die zu einer Versammlung ein, die bereit sind, der zu gründenden Genossenschaft beizutreten, und legt dieser Versammlung das Statut zur Annahme vor. Über das Statut siehe Formular I[1]). Ist das Statut in derselben durchberaten, so wird unmittelbar darauf zur Unterzeichnung des Statuts aufgefordert. Das Statut ist recht umfangreich. Dabei ist von dem Gedanken ausgegangen, daß die Mitglieder der Genossenschaft, die mit dem Gesetz nicht vertraut sind, durch das Statut ihre Rechte und Pflichten kennen lernen. Das Statut einer Genossenschaft hat für die Mitglieder eine wesentlich höhere Bedeutung als das Statut einer Aktiengesellschaft für die Aktionäre. Das zu unterzeichnende Statut braucht nicht geschrieben zu sein, es kann gedruckt[2]) sein; die Unterschriften sind nicht zu beglaubigen, es genügt für das Statut die schriftliche Form ohne Beglaubigung oder sonstige Erschwernisse (§ 5 d. Ges.). Mit der Unterzeichnung beginnen Rechte und Pflichten aus dem Gesellschaftsverhältnis.

Im unmittelbaren Anschluß an die Unterschrift des Statuts haben die Wahlen der Vorstands- und Aufsichtsratsmitglieder zu erfolgen, und zwar ist dabei nach den Vorschriften des eben angenommenen Statuts zu verfahren. Die Leitung der Versammlung bleibt zunächst noch bei dem, der bis dahin den Vorsitz geführt hat.

---

[1]) Es ist auch eine Konzession an die neue Zeit, wenn wir für das Musterstatut die beschränkte Haftpflicht als Basis wählen (vgl. hierüber Anhang).

[2]) Im Interesse der Kostenersparnis empfiehlt es sich, eine größere Anzahl Exemplare des Statutenentwurfs zur Verteilung drucken, den Satz aber stehen zu lassen, um etwaige Änderungen ohne größere Kosten vornehmen zu können; der Satz muß dann bis nach der Eintragung des Statuts in das Genossenschaftsregister stehen bleiben, da die endgültige Herstellung des Statuts durch Druck erst dann erfolgen kann. Der Deutsche Genossenschafts-Verlag eGmbH., der die Musterstatuten vorrätig hat, nimmt auch Druckaufträge entgegen.

Es muß nun zunächst der Aufsichtsrat bestellt werden, die Wahl erfolgt nach § 19 des Statuts. Nach vollzogener Wohl konstituiert sich der Aufsichtsrat nach Maßgabe des Statuts. Nach dem neuen Musterstatut bestellt der Aufsichtsrat den Vorstand, während früher der Vorstand auf Vorschlag des Aufsichtsrates durch die Generalversammlung gewählt wurde. Wird letzteres Verfahren gewählt, so muß sich der Aufsichtsrat in der Gründungsversammlung über die Vorschläge zu den einzelnen Vorstandsstellen schlüssig machen. Selbstverständlich wird man sich schon vor der Versammlung über die Vorschläge verständigt haben. Darauf übernimmt der Vorsitzende des Aufsichtsrates den Vorsitz in der Generalversammlung und schlägt namens des Aufsichtsrates die Kandidaten für den Vorstand vor. Über das Wahlverfahren siehe unten VIII. Kap. Ist auch die Wahl der Vorstandsmitglieder erfolgt, so hat sich die Genossenschaft mit ihren Organen konstituiert, die Versammlung kann geschlossen werden und der Vorstand hat die Anmeldung nach § 11 d. Ges. zum Genossenschaftsregister zu bewirken. Bemerkt sei noch, daß auf die Fassung des Statuts die größte Sorgfalt zu verwenden ist, denn würde die Eintragung beanstandet und müßten Änderungen vorgenommen werden, so könnten diese nur von denen beschlossen werden, die das Statut unterzeichnet haben; die sich vielfach findende Schlußbestimmung des Statuts, nach welcher Vorstand und Aufsichtsrat ermächtigt werden, die Änderungen selbständig vorzunehmen, von welchen das Gericht die Eintragung abhängig macht, ist ungültig, da nach § 16 d. Ges. nur die Generalversammlung Änderungen des Statuts beschließen kann.

Über die Gründung und Konstituierung der Genossenschaft, sowie die Wahl von Vorstand und Aufsichtsrat ist ein Protokoll aufzunehmen, daß nach Maßgabe des Statuts zu unterzeichnen ist. Das Statut ist als Anlage zu dem Protokoll zu nehmen und muß wie dieses gezeichnet werden, damit die Identität feststeht. Ausdrücklich sei noch darauf hingewiesen, daß das Statut von denen zu unterschreiben ist, die sich an der Gründung beteiligen, und zwar mit Vor-, Zunamen, Wohnort, Wohnung, Beruf (Ehefrauen mit Zufügung des Geburtsnamens). Diese Unterschrift ist nicht gleichbedeutend mit der des Protokolls und der protokollarischen Zeichnung des Statuts. Protokollarische Feststellung der Annahme des Statuts ersetzt nicht die Unterzeichnung des Statuts. Vgl. Formular 4, Anhang.

Die Anmeldung zur Eintragung und die Eintragung.

Der Vorstand ist verpflichtet, nach Maßgabe des § 11 d. Ges. das Statut, sowie die Mitglieder des Vorstandes zur Eintragung in das Genossenschaftsregister anzumelden. Die Anmeldung ist durch **sämtliche** Mitglieder des Vorstandes persönlich zu bewirken oder schriftlich einzureichen, dann müssen jedoch die Unterschriften beglaubigt sein; die Beglaubigung kann durch den Gemeindevorsteher oder die Polizeibehörde erfolgen.

Der Anmeldung ist beizufügen:

1. Das unterschriebene Original-Statut und eine einfache unbeglaubigte Abschrift desselben. Wie das Original-Statut, so kann auch die „Abschrift" durch Druck hergestellt sein; die Abschrift braucht nicht unterschrieben zu sein;
2. eine Liste der Genossen, welche das Statut unterzeichnet haben; die Liste braucht nicht alphabetisch geordnet zu sein, zweckmäßig ist es, die Liste nach dem Formular aufzustellen, welches der Bekanntmachung, betr. die Führung des Genossenschaftsregisters vom 22. November 1923 beigegeben ist, jedenfalls ist jedes Mitglied mit Vor- und Zunamen und Wohnort aufzuführen;
3. eine einfache unbeglaubigte Abschrift des Protokolls über die Wahlen der Vorstands- und Aufsichtsratsmitglieder.

Erfolgt die Anmeldung persönlich, so haben die Mitglieder des Vorstandes zugleich ihre Unterschrift vor dem Gericht zu zeichnen; bei schriftlicher Anmeldung muß die Zeichnung wie die Anmeldung selbst beglaubigt sein, beides kann verbunden werden.

Hierauf erfolgt die Eintragung; dem Vorstand geht von dem Gericht die beglaubigte Abschrift des Statuts mit der Bescheinigung der erfolgten Eintragung zu. Mit der Eintragung hat die Genossenschaft die Rechte einer eingetragenen Genossenschaft erworben (vgl. § 13 d. Ges.).

Für die Richtigkeit der Anmeldungen und Einreichungen sind die Vorstandsmitglieder dem Gerichte bei Strafe verantwortlich (§ 147 d. Ges.).

Über Anmeldungen, Anzeigen und Erklärungen zum Gericht vgl. § 6 und § 7 der Bekanntmachung vom 22. November 1923[3]).

---

[3]) Formulare zu Anmeldungen usw. sind in dem Formularbuch von

Nach § 30 d. Ges. hat der Vorstand ein „Verzeichnis der Genossen" zu führen, das mit der von dem Registergerichte geführten Liste der Genossen in Übereinstimmung zu halten ist, infolgedessen hat der Vorstand das Verzeichnis nach dem Formular anzulegen, welches in der Bekanntmachung, betr. Führung des Genossenschaftsregisters für die Gerichte vorgeschrieben ist. In dieses Verzeichnis sind die Mitglieder unter den Nummern einzutragen, unter denen sie von dem Gerichte eingetragen sind und welche von dem Gericht der Genossenschaft mitgeteilt werden.

Außer diesem Verzeichnis hat der Vorstand noch ein Verzeichnis der Mitglieder anzulegen, in das diese in alphabetischer Reihenfolge eingetragen werden, um die Auffindung der Mitglieder zu erleichtern. Größere Genossenschaften werden zweckmäßig eine Mitgliederkartei anlegen.

Notwendig ist auch die Anlegung eines besonderen Aktenstückes zur Aufnahme der gerichtlichen Benachrichtigungen über die Eintragungen in die Liste der Genossen, der Todesanzeigen usw.

Parisius u. Crüger enthalten. — Das eingetragene Statut ist von dem Gericht im Auszug zu veröffentlichen.

Die Veröffentlichung muß enthalten:

1. das Datum des Statuts;
2. die Firma und den Sitz der Genossenschaft;
3. den Gegenstand des Unternehmens;
4. die Zeitdauer der Genossenschaft, falls diese auf eine bestimmte Zeit beschränkt ist.

Die Bilanz ist alljährlich zu veröffentlichen. Kleinere Genossenschaften sind hiervon entbunden (§ 33). Es genügt Einsendung einer Abschrift an das Gericht. — Die weiteren Bekanntmachungen gemäß § 16 und 29 sowie 131 und 134 des Gesetzes haben durch Novelle vom 12. 5. 23 eine Einschränkung erfahren.

Statutenänderungen sind gleichfalls vom Gesamtvorstand mit beglaubigten Unterschriften zur Eintragung in das Genossenschaftsregister anzumelden. Am besten stellt man mit der Schreibmaschine drei Exemplare der Statutenänderung her; ein Stück nimmt man mit denselben Unterschriften wie das Protokoll als Anlage zum Generalversammlungsprotokoll, während die beiden andern als unbeglaubigte Abschrift des Generalversammlungsprotokolls ans Gericht gehen, das eins mit dem Eintragungstermin versehen zurückgibt.

V. Kapitel.

Erwerb der Mitgliedschaft und Ausscheiden.

Aufnahme.

Mitglieder können nicht bloß physische Personen werden, sondern auch Korporationen (z. B. Gemeinden), Genossenschaften, Handelsgesellschaften, alle Personenvereine, die sich Dritten gegenüber zu verpflichten imstande sind (§§ 9, 43 d. Ges.).

Die Bestimmung des Genossenschaftsgesetzes von 1889, die die Bildung von Genossenschaften, die nur aus Genossenschaften bestehen, zugelassen hat, hat einen großen Einfluß auf die Entwicklung des Genossenschaftswesens ausgeübt, vgl. II. Kap. S. 18, daselbst auch die Bedenken dagegen.

Die Beitrittserklärung gibt bei einem Verein, einer Gesellschaft das Organ ab, welches die Gesellschaft Dritten gegenüber vertritt, und zwar in der für solche Rechtshandlungen nach Statut, Gesetz oder Verfassung vorgeschriebenen Form. Besondere Aufmerksamkeit ist dem Beitritt von „offenen Handelsgesellschaften“ zu schenken. Diese können als solche sich verpflichten, es besteht aber die Gefahr, daß die wohlhabenden Gesellschafter ausscheiden, an ihre Stelle weniger sichere Personen treten, so daß schließlich die Genossenschaft an Stelle eines solventen ein schwaches Mitglied hat. Deswegen empfiehlt es sich, nicht bloß die offene Handelsgesellschaft als Mitglied aufzunehmen — dies ist erforderlich, um mit derselben Kreditgeschäfte zu machen — sondern auch zu fordern, daß die Inhaber für ihre Person außerdem die Mitgliedschaft erwerben. Diese werden um so weniger Bedenken tragen, die Forderung zu erfüllen, als sie ja als Gesellschafter der offenen Handelsgesellschaft für deren Verbindlichkeiten unbeschränkt einzutreten haben.

Legt die offene Handelsgesellschaft Wert darauf, im Aufsichtsrat der Genossenschaft einen Vertreter zu haben, so kann dies auch nur erfolgen, wenn einer der Gesellschafter für seine Person die Mitgliedschaft bei der Genossenschaft erworben hat, denn offene Handelsgesellschaften oder ähnliche Gesellschaften können als solche nicht in den Aufsichtsrat gewählt werden.

Bemerkt sei noch, daß es in der Rechtsprechung für unzulässig erklärt ist, daß ein Kaufmann unter seiner „Einzelfirma“ den Beitritt erklärt.

Über den Beitritt von Analphabeten, Blinden usw. vgl. Crüger-Crecelius, Kommentar § 15 Anm. 4.

Zu dem Beitritt zur Genossenschaft durch Ausstellung einer Beitrittserklärung[1]) muß natürlich die Aufnahme in die Genossenschaft hinzukommen, indem die unbedingte Zulassung eines jeden in manchen Fällen doch den Reihen der Mitglieder Persönlichkeiten zuführen möchte, welche dem Kredit wie den Zwecken der Genossenschaft in keiner Weise förderlich sein würden. Die Entscheidung hierüber wird am besten dem Vorstand und Aufsichtsrat überlassen. Der Beschluß über die Aufnahme oder Ablehnung ist in das Sitzungsprotokoll aufzunehmen. Den Abgewiesenen Berufung an die Generalversammlung zu geben, empfiehlt sich nicht, da es mit der Verantwortung und der Stellung der beiden Organe unvereinbar wäre, wenn sie durch die Generalversammlung gezwungen werden könnten, gegen ihren Willen jemand als Mitglied aufzunehmen. Über die Eintragung in die Liste der Genossen vgl. unten S. 45 ff.

Ausscheiden zum Schluß des Geschäftsjahrs.

1. Der freiwillige Austritt. Nach der Natur der Genossenschaft nimmt der freiwillige Austritt eine wichtige Stelle ein und muß mit großer Vorsicht geordnet werden, soll das Bestehen der Genossenschaft nicht Gefahren ausgesetzt werden. Bei den gewöhnlichen Handelsgesellschaften wird vielfach der Gesellschaftsvertrag auf eine bestimmte Zeit geschlossen, und die Gesellschafter, ja selbst ihre Erben und Rechtsnachfolger, bleiben dann

---

[1]) Es empfiehlt sich, Formulare für die Beitrittserklärungen drucken zu lassen, und zwar immer je zwei verbunden, und dann zwei Erklärungen unterschreiben zu lassen, von denen eine dem Gericht einzureichen (§ 15 d. Ges.), die andere zu den Genossenschaftsakten zu nehmen ist.

gebunden. Bei den Kreditgenossenschaften ist dies nicht anwendbar. Sie dienen weder der Ausbeutung vorübergehender Konjunkturen, noch dem speziellen Interesse gewisser Personen, sondern dem dauernden Bedürfnisse ganzer Bevölkerungs- oder Erwerbsklassen. Man muß daher die Genossenschaft als dauernd, ohne jede Zeitbestimmung, als ein von dem bleibenden Gesamtinteresse großer, sich stetig ergänzender Gruppen getragenes Institut hinstellen, dabei dann aber den einzelnen den Ein- und Austritt freigeben. Und ist das Unternehmen nur im Kerne gesund und auf wahre Bedürfnisse einer Menge berechnet, so findet jeder Abgang seinen Ersatz. Das versteht sich indessen von selbst: daß dem freiwilligen Austritte eine Kündigung, und zwar eine schriftliche vorhergehen muß, soll der Verein nicht jeden Halt in sich selbst verlieren und zu einem losen Gefüge von willkürlich Ab- und Zulaufenden, ohne die Möglichkeit einer organischen Gliederung und geordneten Geschäftsverwaltung, herabsinken. Man ist seitens der Genossenschaft genötigt, Verbindlichkeiten gegen Dritte einzugehen, z. B. Darlehen aufzunehmen und gewisse Fristen dabei innezuhalten. Ist aber die Abwicklung der Geschäfte der Genossenschaft an solche Termine gebunden, so muß es auch das Ausscheiden des Mitgliedes sein. Aus diesen Gründen darf der Austritt aus der Genossenschaft erst nach Ablauf einer Kündigungsfrist erfolgen, binnen welcher es derselben möglich ist, die alten Verbindlichkeiten, wenn nötig, zu regeln und sich auf den neuen Mitgliederstand einzurichten. Nach § 65 d. Ges. muß die Kündigung mindestens drei Monate betragen und kann nur zum Schluß des Geschäftsjahres erfolgen; durch das Statut kann eine längere, jedoch höchstens zweijährige Kündigungsfrist festgesetzt werden. Durch Beschluß des AllgGenTages zu München (1912) ist den Genossenschaften, die gezwungen sind, auf längere Frist Kredit zu geben, der Rat erteilt, die Kündigungsfrist zu verlängern auf mindestens 6 Monate. Die sich aus der Umstellung der Genossenschaften auf Goldmark ergebenden Verhältnisse haben es notwendig gemacht, die Kündigungsfrist noch weiter auszudehnen. Man wird dies allerdings als eine Übergangsmaßnahme betrachten müssen (S. 140).

Nicht allein die Kündigung, sondern auch den Ausschluß, überhaupt das Ausscheiden läßt das Gesetz nur zum Schluß des Geschäftsjahres zu (§ 70); ausgenommen ist der Fall, daß der Austritt durch Übertragung des Geschäftsguthabens erfolgt (§ 76).

Die Kündigung kann auch durch einen Gläubiger des Mitgliedes erfolgen, wenn derselbe sich das Geschäftsguthaben hat gerichtlich überweisen lassen und nach § 66 d. Ges. verfahren ist.

2. Der Ausschluß. Der Ausschluß von Mitgliedern muß selbstverständlich statthaft sein. Die der Regel nach große Zahl der Mitglieder, die Art, wie man grundsätzlich jeden zuläßt, bei dem gewisse, allgemeine Voraussetzungen zutreffen, welche ihn nicht ungeeignet für die Zwecke des Vereins erscheinen lassen, erfordert die Möglichkeit des Ausschlusses. Es wird der Ausschluß erfolgen müssen sowohl bei Nichterfüllung übernommener Verbindlichkeiten, wie bei einzelnen Handlungen oder einer Lebenshaltung, die den Interessen der Genossenschaft zuwiderlaufen oder die sittlichen und wirtschaftlichen Grundlagen antasten, die die Genossenschaft für ihre gesunde Entwicklung nicht entbehren kann.

§ 68 d. Ges. führt als gesetzliche Gründe zum Ausschluß an: Verlust der bürgerlichen Ehrenrechte, Mitgliedschaft in einem anderen Vorschuß- und Kreditverein. Es soll durch den letzteren Ausschließungsgrund Kreditverschleierungen vorgebeugt werden, zu denen die mehrfache Mitgliedschaft leicht benutzt werden kann. Es hat daher der AllgGenTag in Baden-Baden (1901) den Kreditgenossenschaften empfohlen, mit den Nachbargenossenschaften einen Austausch der Mitgliederlisten herbeizuführen (vgl. S. 73).

Gezwungen zum Ausschluß wegen mehrfacher Mitgliedschaft ist nach dem Gesetz die Genossenschaft nicht; es ist von Fall zu Fall nach der Sachlage zu entscheiden. In der Regel wird man die mehrfache Mitgliedschaft nicht dulden, doch sind natürlich Fälle denkbar, die die mehrfache Mitgliedschaft erklärlich machen.

Diese Ausschließungsgründe muß das Statut ergänzen (§ 3 des Musterstatuts); Vermögensverfall und insbesondere Konkurs des Mitgliedes müssen schon aus dem Grunde als Ausschließungsgrund bezeichnet sein, damit in diesem Falle die Genossenschaft die Möglichkeit hat, das Geschäftsguthaben zur Aufrechnung mit Forderungen der Genossenschaft freizubekommen.

„Verlegung des Wohnsitzes" ist als Ausschließungsgrund wichtig, weil bei jeder Genossenschaft einmal der Fall vorkommt, daß ein Mitglied mit unbekanntem Wohnsitz verzieht; es muß dann die Genossenschaft die Möglichkeit haben, in irgendeiner Form die Beziehungen zu diesem Mitglied zu lösen.

Auflösung einer Gesellschaft, die Mitglied der Genossenschaft ist, wird als Ausschließungsgrund vorgesehen werden müssen, weil nach der Rechtsprechung die Auflösung der Gesellschaft für die Beendigung der Mitgliedschaft nicht die gleiche Wirkung hat wie der Tod einer physischen Person; vgl. unten.

Die Entscheidung über den Ausschluß wird am besten, wie die Aufnahme, Vorstand und Aufsichtsrat überlassen bleiben, ohne daß dem Ausgeschlossenen ein Beschwerderecht an die Generalversammlung gegeben wird.

Die Ausschließung ist stets sorgfältig mit Angabe des Grundes zu protokollieren.

Der Beschluß über die Ausschließung ist durch den Vorstand dem Ausgeschlossenen an dessen letzte dem Vorstand bekannt gewordene Adresse durch eingeschriebenen Brief mitzuteilen; von dem Zeitpunkt der Absendung des Briefes an kann der Genosse nicht mehr an der Generalversammlung teilnehmen, auch nicht Mitglied des Vorstandes oder Aufsichtsrates sein (§ 68 d. Ges.). Der Ausschluß kann nur zum Schluß des Geschäftsjahres erfolgen

3. Ausscheiden der physischen Personen durch Tod — der Gesellschaften durch Auflösung. Stirbt ein Mitglied, so gilt es nach § 77 d. Ges. mit dem Schlusse des Geschäftsjahres als ausgeschieden, in dem der Tod erfolgte, auch wenn dieser erst später zur Kenntnis des Vorstandes kommt. Die Mitgliedschaft ist nicht vererblich. Die Genossenschaft kann nur im Statut bestimmen, daß für gewisse Erben, z. B. Witwe, Sohn, die Aufnahme erleichtert wird, etwa in der Art, daß das Eintrittsgeld erlassen wird.

Welche Wirkung die Auflösung einer Gesellschaft, die Mitglied einer Genossenschaft ist, auf die Mitgliedschaft hat, sagt das Gesetz nicht. Nun ist aber rechtlich und wirtschaftlich die Auflösung für die Gesellschaft gleichbedeutend mit dem Tod für die physische Person, sie hat mit der Auflösung aufgehört, rechtlich und wirtschaftlich zu existieren, sie besteht nur noch zum Zweck der Liquidation fort und die Folge davon müßte sein, daß die Mitgliedschaft mit dem Schluß des Geschäftsjahres ihr Ende erreicht, in dem die Auflösung erfolgt. Die Rechtsprechung ist jedoch eine andere.

4. Ausscheiden infolge Verlegung des Wohnsitzes. Es sei schließlich noch — nur der Vollständigkeit halber — einer weiteren Art des Ausscheidens gedacht, die weniger für die Schulze-Delitzsch'schen Kreditgenossenschaften als die Raiffeisenschen Darlehnskassen bestimmt ist. Falls nämlich durch das Statut die Mitgliedschaft an den Wohnsitz innerhalb eines bestimmten Bezirkes geknüpft ist (§ 8 Ziff. 2 d. Ges.), kann ein Genosse, welcher den Wohnsitz im Bezirke aufgibt, ohne Einhaltung einer Kündigungsfrist zum Schlusse des Geschäftsjahres seinen Austritt schriftlich erklären; auch kann die Genossenschaft dem Genossen schriftlich erklären, daß er am Schlusse des Geschäftsjahres auszuscheiden habe (§ 67, § 70 d. Ges.). Es ist hierbei also vorausgesetzt, daß die Genossenschaft statutarisch nur Mitglieder aus einer bestimmten Gemeinde, Pfarrei, einem Kreise usw. aufnimmt, wie es bei den Raiffeisenschen Kassen üblich ist. Man hat bei den Genossenschaften geglaubt, die Bestimmung auch auf den Fall der Verlegung des Wohnsitzes anwenden zu können, indem man statutarisch die Mitgliedschaft an den Wohnsitz im Deutschen Reich knüpfte, um sich so von Mitgliedern zu befreien, die, ausgewandert, lange Jahre niemals etwas von sich hören ließen. Das entspricht nicht dem Sinne des Gesetzes. Das gleiche Resultat läßt sich erreichen, wenn Auswanderung oder Verlegung des Wohnsitzes als Ausschließungsgrund in das Statut aufgenommen wird (vgl. S. 41).

Auseinandersetzung.

Die vorstehend behandelten Fälle des Ausscheidens: Kündigung, Ausschluß, Tod, Verlegung des Wohnsitzes mit entsprechender Erklärung des Ausscheidens führen zu einer vollständigen Auseinandersetzung zwischen der Genossenschaft und dem Ausgeschiedenen, die auf Grund der Bilanz erfolgt. Es ist das „Geschäftsguthaben" des Mitgliedes festzustellen, wie es sich nach der Vermögenslage der Genossenschaft aus den Einzahlungen des Mitgliedes auf Geschäftsanteil, den zugeschriebenen Dividenden und den abgeschriebenen Verlusten ergibt. Dieses Geschäftsguthaben ist dem Ausgeschiedenen binnen 6 Monaten nach seinem Austritt auszuzahlen (§ 73 d. Ges.)[2]). Nun kann die Bilanz aber auch

[2]) Wenn jedoch binnen 6 Monaten nach dem Ausscheiden die Genossen-

eine Überschuldung ergeben, indem Reservefonds und Geschäftsguthaben zur Deckung der Schulden nicht ausreichen, dann hat einmal das ausgeschiedene Mitglied seine Einzahlungen auf Geschäftsanteil und diesem Konto zugeschriebene Dividenden verloren und es muß ferner von dem Fehlbetrage den ihn treffenden Anteil an die Genossenschaft zahlen, der in Ermangelung einer anderen Bestimmung des Statuts nach der Kopfzahl der Mitglieder berechnet wird (§ 73 d. Ges.); für eine Genossenschaft mit beschränkter Haftpflicht erreicht dieser Anteil am Verlust seine Grenze in der Haftsumme, doch müßte dann der Konkurs eröffnet werden, zu dem es nach § 140 d. Ges. bei Genossenschaften mit beschränkter Haftpflicht bereits kommt, wenn die Überschuldung ein Vierteil des Betrages aller Haftsummen übersteigt.

Zur Beseitigung der Mißstände, welche die Verpflichtung der Genossenschaft, nicht abgehobene Geschäftsguthaben ausgeschiedener, namentlich verstorbener Genossen bis zum Ablauf der ordentlichen Verjährung zur Verfügung zu halten, mit sich führt, bestimmt § 74 d. Ges.: die Klage des ausgeschiedenen Genossen auf Auszahlung des Geschäftsguthabens verjährt in zwei Jahren[3]).

Ausscheiden durch Übertragung des Geschäftsguthabens.

Zu den vier Fällen (S. 39 ff.) des Ausscheidens ist durch das Gesetz von 1889 noch ein weiterer gekommen: Ausscheiden zu jeder Zeit (also nicht bloß zum Schluß des Geschäftsjahres) durch Übertragung des Geschäftsguthabens (§ 76 d. Ges.), sofern der Erwerber an Stelle des Austretenden Genosse wird, oder, sofern er schon Genosse ist, dessen bisheriges Guthaben mit dem ihm zuzuschreibenden Betrage den Geschäftsanteil nicht übersteigt[4]).

Diese Übertragung des Geschäftsguthabens zum Zweck des Ausscheidens kann das Statut ausschließen oder an weitere Vor-

schaft aufgelöst wird, so gilt das Ausscheiden als nicht erfolgt, bereits ausgezahlte Geschäftsguthaben sind zurückzuerstatten, Kündigung usw. sind dadurch mit rückwirkender Kraft aufgehoben (§ 75 d. Ges.).

[3]) Über die Verjährung des Anspruches auf Dividende vgl. Crüger-Crecelius, Kommentar zum GG., 10. Auflage, § 48, BGB. §§ 224, 225.

[4]) Bei Genossenschaften mit beschränkter Haftpflicht: Die der höchsten Zahl der statutarisch zugelassenen Geschäftsanteile entsprechende Gesamtsumme nicht übersteigt (§ 138 d. Ges.).

aussetzungen knüpfen. Es ist nicht zu verkennen, daß diese Art des Austritts, bei der keine Kündigungsfrist einzuhalten ist, für die Mitglieder sehr wertvoll sein kann, z. B., wenn ein Mitglied seinen Wohnsitz aufgibt, wenn es auswandert, sein Gut verkauft usw. Jedoch sollte im Statut stets bestimmt sein, daß zu der Übertragung die Genehmigung von Vorstand und Aufsichtsrat einzuholen ist. Mit dieser Maßgabe hat der AllgGenTag zu Baden-Baden (1901) die Zulassung des Ausscheidens durch Übertragung des Geschäftsguthabens empfohlen.

Entstehung und Verlust der Mitgliedschaft.

Das Gesetz will eine Sicherheit dafür schaffen, daß alle in der Mitgliederliste aufgeführten Personen wirklich als Genossen haften, und anderseits alle haftpflichtigen Genossen wirklich in der Liste aufgeführt sind. Zu diesem Zweck legt das Gesetz die Führung der maßgebenden Liste in die Hände des Gerichts und knüpft Entstehung und Verlust der Mitgliedschaft an die Eintragung in die gerichtliche Liste. Die Urkunden über den Erwerb der Mitgliedschaft (Beitrittserklärung), über Ausscheiden (Kündigung, Abschrift des Ausschließungsbeschlusses usw.) sind dem Gericht einzureichen[5]), welches danach den Erwerb oder Verlust der Mitgliedschaft in die Liste der Genossen einträgt (§ 15, §§ 69, 76 Abs. 2 d. Ges.). Die Mitgliedschaft entsteht mit dem Tage der Eintragung des Erwerbs. Die Mitgliedschaft endigt bei Kündigung, Ausschluß, Ausscheiden, Verlegung des Wohnsitzes nach Maßgabe des § 67 d. Ges. mit dem in der Liste vermerkten Jahresschluß, wenn jedoch die Eintragung erst im Laufe eines späteren Geschäftsjahres erfolgt, mit dem Schlusse des letzteren (§ 70 d. Ges.) — bei Ausscheiden durch Übertragung des Geschäftsguthabens mit dem Tage der Eintragung (§ 76 Abs. 3 d. Ges.). Nur in dem Falle des Todes endigt die Mitgliedschaft ohne Rücksicht auf die Eintragung stets mit dem Schlusse des Geschäftsjahres, in welchem der Tod erfolgt ist, und es ist auch dieser Zeitpunkt selbst bei einer erst in späteren Jahren

[5]) Vgl. § 31 der Bekanntmachung, woselbst die Urkunden aufgeführt sind, welche in den verschiedenen Fällen des Ausscheidens dem Gericht einzureichen sind. Die Einreichung erfolgt durch den Vorstand in der für die Abgabe von Erklärungen des Vorstandes vorgeschriebenen Form.

erfolgten Anzeige an das Gericht in die Liste der Genossen als Tag des Ausscheidens einzutragen (§ 77 d. Ges.); jedoch behält für die Haftpflicht der Erben des verstorbenen Mitgliedes die Eintragung noch eine gewisse Bedeutung (§ 125 Abs. 2 d. Ges.).

Im Falle der Verheiratung einer Frau, die Mitglied ist, oder Wiederverheiratung einer Witwe ist die Änderung des Namens dem Gericht anzuzeigen.

Ähnlich wie die Entstehung der Mitgliedschaft von der Eintragung in die Liste der Genossen abhängig gemacht ist, ist für die Genossenschaft mit beschränkter Haftpflicht der Erwerb eines weiteren statutarisch zugelassenen Geschäftsanteils an die Eintragung in die Liste der Genossenschaft gebunden (§ 137 Abs. 3 d. Ges.).

Über den Mitgliederbestand hat der Vorstand ein Verzeichnis der Genossen zu führen, das mit der vom Gericht geführten Liste der Genossen in Übereinstimmung gehalten werden muß.

Es empfiehlt sich, für den Verkehr mit dem Gericht und die Führung des Mitgliederverzeichnisses — für welches man am besten das gleiche Formular anwendet, wie das Gericht für die Liste der Genossen, das in der mehrfach bereits erwähnten Bekanntmachung über die Führung des Genossenschaftsregisters vom 1. Juli 1899 in der neuen Fassung vom 22. November 1923 zum Ges. abgedruckt ist — folgende auf dem AllgGenTag zu Freiburg i. B. (1890) aufgestellten Grundsätze zu beobachten:

die ordnungsmäßig vollzogenen Beitrittserklärungen sind mindestens einmal in jedem Monate dem Gerichte an einem mit dem Gerichte vereinbarten Tage einzureichen,

die zum Austritt am Schlusse des Geschäftsjahres rechtzeitig eingekommenen Aufkündigungen aber sind erst gegen Ende des Geschäftsjahres und mindestens sechs Wochen vor dem Ende des Geschäftsjahres einzureichen[6]),

die Anzeige von dem Tode eines Genossen ist unverzüglich, sobald der Vorstand davon Kenntnis erhalten hat, einzureichen (§ 77 d. Ges.),

auf Grund der Benachrichtigungen der Gerichte über die in der Liste der Genossen vorgenommenen Eintragungen sind zur Gleichstellung des von dem Vorstande geführten Mitgliederverzeichnisses die erforderlichen Eintragungen vorzunehmen[7]) und

die Benachrichtigungen der Gerichte sind sorgsam aufzubewahren.

---

[6]) Es kommt zuweilen vor, daß das Mitglied die Kündigung zurücknehmen

Eine Änderung wird vielleicht die im ersten Absatz vorgesehene Frist erfahren. Nach dem Kapitalverkehrsteuergesetz sind Beitrittserklärungen von Genossenschaften, deren Geschäftsbetrieb über den Kreis der Mitglieder hinausgeht, stempelpflichtig. Der Stempel wird jedoch gemäß 90b des Gesetzes in der Fassung der II. StNV. bis auf weiteres nicht erhoben. Durch das Reichsschatzamt (Erlaß vom 11. Februar 1914, BlfGW. 1914 S. 133) ist festgestellt, daß nicht die einzelne Beitrittserklärung, sondern die Einreichung von Beitrittserklärungen stempelpflichtig ist. Diese nach dem Reichsstempelgesetz bestehende Rechtslage hat auch nach einer Verordnung des Reichsministers der Finanzen vom 12. August 1923 (BlfGW. 1923 S. 368) für die Gesellschaftssteuer des neuen Kapitalverkehrsteuergesetzes Geltung behalten. Infolgedessen werden die Genossenschaften, deren Beitrittserklärungen stempelpflichtig sind — also nur unter der angegebenen Voraussetzung — die Beitrittserklärungen seltener einreichen, vielleicht nur alle 3 Monate. Es ist jedoch stets darauf zu achten, daß die Einreichung so zeitig geschieht, daß die Eintragung noch in dem betreffenden Geschäftsjahre erfolgt. Es ist dies wichtig wegen der Berechnung des Geschäftsguthabens (vgl. § 19 d. Ges.) als Maßstab für den Anteil am Gewinn.

Die angemeldeten Mitglieder können in der Zwischenzeit für den Geschäftsverkehr als Mitglieder behandelt werden. § 8 Abs. 3 d. Ges. bestimmt: „Als Ausdehnung des Geschäftsbetriebes (auf andere Personen außer den Mitgliedern) gilt nicht der Abschluß von Geschäften mit Personen, welche bereits die Erklärung des Beitritts

---

will, daher ist es zweckmäßig, mit der Einreichung an das Gericht so lange zu warten, als es das Gesetz gestattet (§ 69 d. Ges.).

[7]) Zur Erklärung sei bemerkt, daß das Gericht von den Eintragungen in die Liste der Genossen sowohl den Vorstand, wie die betreffenden Mitglieder zu benachrichtigen hat; da nun das von dem Vorstande zu führende Mitgliederverzeichnis mit der Liste der Genossen sich in Übereinstimmung befinden muß, so kann der Vorstand die Eintragungen erst vornehmen, wenn er die Benachrichtigung von dem Gericht erhalten hat. Verschiedene Landesbehörden haben die Gerichte veranlaßt, im Interesse der Kosten- und Arbeitsersparung darauf hinzuwirken, daß die Mitglieder auf die ihnen zustehende Benachrichtigung (Beitritt und Ausscheiden) verzichten. Der Freie Ausschuß hat sich hierzu ablehnend verhalten und erklärt, daß aus Gründen der Rechtssicherheit auf die Benachrichtigungen aus dem Genossenschaftsregister nicht verzichtet werden könne (vgl. auch Komm. z. GenGes., 10. Aufl., § 15).

zur Genossenschaft unterzeichnet haben und von derselben zugelassen sind" (vgl. S. 65).

Veröffentlichung des Mitgliederbestandes, der Geschäftsguthaben und der Haftsummen.

Der Vorstand hat die Zahl der im Laufe des Jahres eingetretenen oder ausgeschiedenen, sowie die Zahl der am Jahresschlusse der Genossenschaft angehörigen Genossen (gleichzeitig mit der Bilanz) zu veröffentlichen (§ 33 d. Ges.), und die Vorstandsmitglieder sind von dem Gerichte durch Ordnungsstrafen dazu anzuhalten (§ 160 d. Ges.). Dabei war nach der Rechtsprechung zunächst davon ausgegangen, daß die *mit* Jahresschluß ausscheidenden Mitglieder an dem Tage des Geschäftsjahres noch Mitglieder, folglich auch als solche mitzuzählen sind. Das Reichsgericht hat in dem Urteil vom 11. Jan. 1904 (RG. 56, 425, BlfGW. 1904 S. 135) sich dahin ausgesprochen: „*Bei Angabe des Bestandes der Mitglieder, die am Jahresschluß der Genossenschaft angehören, sind auch diejenigen ausgeschiedenen Mitglieder nicht mitzuzählen, deren Ausscheiden erst „zum Schlusse" des Geschäftsjahres* §§ 65, 67, 68, oder, wie es in § 77 für den Fall des Todes heißt, „mit dem Schlusse" des Geschäftsjahres *erfolgt* ist." Auf den gleichen Standpunkt hat sich das Kammergericht in dem Beschluß vom 7. März 1907 (Johow **34**, 206) gestellt.

Muster einer Veröffentlichung:

Am Anfang des Geschäftsjahres 1924 Mitgliederzahl			630
Nachträglich als verstorben gemeldet			8
			622
Während des Geschäftsjahres neu eingetreten			33
			655
1. Zum Schlusse des Geschäftsjahres ausgeschieden:			
a) freiwillig	12		
b) durch Tod im Berichtsjahr	5		
c) durch Ausschluß	7	24	
2. Durch Übertragung des Geschäftsguthabens ausgeschieden		4	28
Mithin Mitgliederzahl am Schluß des Geschäftsjahres 1924			627

Für Genossenschaften mit beschränkter Haftpflicht hat sich diese Veröffentlichung nach § 139 d. Ges. auch auf den Gesamtbetrag, um welchen in diesem Jahre die Geschäftsguthaben, sowie die Haftsummen der Genossen sich vermehrt oder vermindert haben und den Betrag der Haftsummen zu erstrecken, für welche am Jahresschluß alle Genossen zusammen aufzukommen haben. Die Aufstellung nach § 139 d. Ges. für Ende 1925 z. B. würde folgende sein:

Betrag der Geschäftsguthaben Ende des Geschäftsjahres 1924 ... RM.
" " " " " " 1925 .... "

Vermehrung (oder Verminderung) während des Jahres 1925 ... RM.
Betrag der Haftsummen Ende des Geschäftsjahres 1924 .... "
" " " " " " 1925 .... "

Vermehrung (oder Verminderung) während des Jahres 1925 .... RM.

Die Veröffentlichung hätte dann zu lauten:

Die Geschäftsguthaben haben sich von 1924 auf 1925 um ... RM. vermehrt (vermindert), die Haftsummen in der gleichen Zeit um ... RM. vermehrt (vermindert). Am Jahresschluß haben die Genossen für ... RM. Haftsummen aufzukommen.

VI. Kapitel.

Haftpflicht.

Umfang der Haftpflicht.

Wir müssen unterscheiden die Haftbarkeit der Mitglieder mit ihren Einzahlungen auf den Geschäftsanteil und ihre persönliche Haftpflicht für den Fall, daß das Vermögen der Genossenschaft nicht zur Befriedigung der Gläubiger reicht.

Die Einzahlungen auf den Geschäftsanteil stehen statutarisch[1]) fest (§ 7 Abs. 2 d. Ges.), sie bilden einen Teil des Vereinsvermögens, das den Gläubigern für die Verbindlichkeiten der Genossenschaft haftet; insoweit die Einzahlungen zur Deckung von Verlusten nicht in Anspruch genommen werden, sind sie den Mitgliedern nach ihrem Ausscheiden zurückzuzahlen (§ 73 d. Ges.).

Die persönliche Haftpflicht der Mitglieder ist nach zwei Richtungen hin zu erörtern: nämlich dem Umfange nach und dann der Art nach, in der sie durch die Gläubiger (oder die Genossenschaft) geltend gemacht wird.

Das Genossenschaftsgesetz enthält drei Haftarten: die unbeschränkte Haftpflicht, die unbeschränkte Nachschußpflicht, die beschränkte Haftpflicht.

Die ersten Genossenschaften entstanden im Gebiete des preußischen Allgemeinen Landrechts, ihre Mitglieder hafteten grundsätzlich nach Lage der Gesetzgebung für die Rechtsgeschäfte der Genossenschaft direkt, unbeschränkt und solidarisch. Sehr bald nach Entstehen der ersten Genossenschaften zeigte sich, daß diese weitestgehende Haftpflicht der Mitglieder die geeignete Kreditbasis war, fremde Kapitalien in entsprechender Höhe heranzuziehen (vgl. S. 11, 59).

---

[1]) Nur im Falle des § 50 d. Ges. unterliegt die Festsetzung der Einzahlungen der Beschlußfassung durch die Generalversammlung.

Die unbeschränkte Haftpflicht ging in das Preußische Genossenschaftsgesetz vom 27. März 1867 und von dort in das Deutsche Genossenschaftsgesetz vom 4. Juli 1868 über. Nur Bayern und Sachsen hatten zunächst für ihre Sondergesetzgebung eine Ausnahmestellung für Zulassung der beschränkten Haftpflicht neben der unbeschränkten Haftpflicht eingenommen, mußten dieselbe aber zugunsten der einheitlichen Reichs-Genossenschafts-Gesetzgebung aufgeben. Bis zu dem Gesetz von 1889 blieb dann die unbeschränkte Haftpflicht die allein zulässige Haftart der Genossenschaften. Sie hatte aber dadurch, daß die Genossenschaften die Rechtspersönlichkeit erlangt hatten, einen anderen Charakter angenommen. Aus der unbeschränkten direkten, von jedem Gläubiger gegen jedes Mitglied — es fehlte die Rechtspersönlichkeit — geltend zu machenden Haftpflicht war durch das Gesetz eine bürgschaftsartige Haftpflicht geworden; die Gläubiger mußten sich zunächst an das Vermögen der Genossenschaft halten und konnten deren Mitglieder nur insoweit in Anspruch nehmen, als sie in dem Genossenschaftsvermögen nicht Befriedigung fanden. Durch das Gesetz vom 4. Juli 1868 wurde noch die weitere Verbesserung dadurch getroffen, daß zur Vermeidung der Regreßprozesse unter den Mitgliedern wegen ihrer an die Gläubiger geleisteten Zahlungen ein Umlageverfahren zur Aufbringung des zur Deckung eines von den Gläubigern im Konkurse der Genossenschaft erlittenen Ausfalls vorgesehen wurde.

Die Entwicklung der Kreditgenossenschaften auf der Grundlage eines bedeutenden eigenen Vereinsvermögens, das immer stärkere Hervortreten von Genossenschaften mit geringen Kreditbedürfnissen, die in einzelnen Landesteilen durch Zusammenbrüche großer Kreditgenossenschaften hervorgerufene Furcht vor der unbeschränkten Haftpflicht, die in Aussicht stehende Revision des Genossenschaftsgesetzes, welche von konservativer Seite (Antrag Ackermann) benutzt werden sollte, um die Genossenschaften unter Kommunalaufsicht zu stellen, schließlich die Lösung der Frage, wie die persönliche Haftpflicht mit der beschränkten Haftpflicht zu verbinden sei unter voller Erhaltung der Genossenschaft als Personalgesellschaft — alle diese Umstände führten dahin, daß die Genossenschaften selbst im Jahre 1881 die Zulassung der beschränkten Haftpflicht neben der unbeschränkten Haftpflicht durch das erwartete Genossenschaftsgesetz billigten. Schulze hatte sich schon früher in diesem Sinne geäußert, sein Widerstand galt hauptsächlich einer Beschränkung der Haftpflicht auf die Geschäftsanteile, was allerdings mit einer „Kapitalhaft ohne Haftkapital“ gleichbedeutend wäre. Schulze sprach seine Ansicht über die Wirkung der Zulassung der beschränkten Haftpflicht auf die Weiterentwicklung der Genossenschaften dahin aus,

> daß nicht nur die Genossenschaften mit unbeschränkter Haftpflicht in ihrer bisherigen Wirksamkeit und ihrem Bestande sich behaupten und weiteren Bildungen nach ihrem Muster nach wie vor hervorrufen werden,
>
> sondern auch, daß sich zwischen ihnen und den neu zuzulassenden sehr bald das Bewußtsein der gleichen Ziele und Bedingungen ihrer Wirksamkeit entwickeln und sie zu gemeinsamem Vorgehen in der Pflege der gemeinsamen Interessen bestimmen wird.

Der im Jahre 1888 dem Reichstage vorgelegte Entwurf des neuen Genossenschaftsgesetzes enthielt zwei Haftarten:

die unbeschränkte Haftpflicht und
die beschränkte Haftpflicht.

Die Verhandlungen im Reichstage führten zur Aufnahme noch einer, der dritten Haftart:

der unbeschränkten Nachschußpflicht.

Diese letztere Haftart ist auch eine unbeschränkte Haftpflicht insoweit, als die Mitglieder unbeschränkt persönlich haftbar sind; sie unterscheidet sich von der Genossenschaft mit unbeschränkter Haftpflicht nur durch die verschiedene Art der Geltendmachung der Haftpflicht, worauf wir unter „Haftvollzug“ zu sprechen kommen.

Betrachten wir nun das Wesen der drei Haftarten im einzelnen:

1. Die unbeschränkte Haftpflicht. Die unbeschränkte Haftpflicht bedeutet, daß ein jedes Mitglied sowohl der Genossenschaft wie deren Gläubigern für die Verbindlichkeiten der Genossenschaft persönlich, unbeschränkt und solidarisch mit seinem ganzen Vermögen haftbar ist (§ 2 Nr. 1, § 120, § 122, § 125 d. Ges.). Da nun aber die Genossenschaft Rechtspersönlichkeit besitzt, so muß der Gläubiger sich stets zunächst an die Genossenschaft halten. Die persönliche Haftpflicht tritt in Gestalt der Zahlungspflicht nur in zwei Fällen in Wirksamkeit: entweder, daß ein Genosse ausscheidet und sich eine Unterbilanz herausstellt, dann muß der Ausscheidende nach § 73 d. Ges. den ihn treffenden Anteil

am Verlust an die Genossenschaft zahlen, oder die Genossenschaft gerät in Konkurs. Darüber siehe unten S. 55 „Haftvollzug".

2. Die beschränkte Haftpflicht. Auch hier haben wir eine persönliche, solidarische — fälschlich wird von „Teilhaft" gesprochen — Haftpflicht der Mitglieder der Genossenschaft und den Gläubigern gegenüber. Vgl. unten S. 55 bei „Haftvollzug" über die Geltendmachung der persönlichen, beschränkten Haftpflicht. Die Mitglieder sind außer mit ihren statutenmäßig geleisteten Einzahlungen wie bei der unbeschränkten Haftpflicht sowohl der Genossenschaft wie den Gläubigern verhaftet, jedoch, da die persönliche Haftpflicht „beschränkt" ist, nicht über eine im Statut festgesetzte Grenze hinaus. Die Grenze ist die „Haftsumme"; „Haftsumme" also bedeutet die Begrenzung der persönlichen Haftpflicht, die Grenze, bis zu welcher ein Genosse außer mit seinen statutarischen Einzahlungen auf Geschäftsanteil für die Verbindlichkeiten der Genossenschaft in Anspruch genommen werden kann.

Dort also unbeschränkte — hier beschränkte, persönliche Haftpflicht der Mitglieder. Das ist der einzige Unterschied zwischen beiden Haftarten, denn die für die Haftarten geltenden besonderen Bestimmungen ergeben sich sämtlich ausschließlich aus diesem verschiedenen Umfang der Haftpflicht.

Nicht zu verwechseln ist folglich auch „Geschäftsanteil" und „Haftsumme". Der Geschäftsanteil begrenzt die Einzahlungen, die ein Mitglied zur Bildung eines Teils des Vereinsvermögens zu leisten verpflichtet ist — die Haftsumme begrenzt die persönliche Haftpflicht des Mitgliedes für die Verbindlichkeiten der Genossenschaft, insoweit deren Vereinsvermögen, zu welchem ja auch die Einzahlungen auf Geschäftsanteil gehören, nicht reicht.

Ein Zusammenhang zwischen Geschäftsanteil und Haftsumme besteht nur insoweit, als die Haftsumme, welche bei Errichtung der Genossenschaft durch das Statut bestimmt sein muß, nicht niedriger als der Geschäftsanteil sein darf. Bestimmt z. B. das Statut, das der Geschäftsanteil 1000 RM. betragen soll, so kann dasselbe auch für die Haftsumme keinen niedrigeren Betrag als 1000 RM. festsetzen. Nehmen wir an, daß die Haftsumme ebenfalls mit 1000 RM. festgesetzt ist, so ergibt sich für die Mitglieder

a) sie müssen nach Maßgabe des Statuts auf den Geschäftsanteil von 1000 RM. Einzahlungen leisten, und diese Einzahlungen bilden einen Teil des Vereinsvermögens, haften also für die Verbindlichkeiten der Genossenschaft;

b) sie können außerdem, wenn sich bei ihrem Ausscheiden eine Unterbilanz ergibt oder die Genossenschaft in Konkurs gerät, zur Deckung des Ausfalls bis zur Höhe von 1000 RM. aus ihrer persönlichen Haftpflicht in Anspruch genommen werden.

Hat ein Mitglied auf seinen Geschäftsanteil die regelmäßigen Einzahlungen geleistet und ist dabei z. B. bis auf 545 RM. gekommen und es tritt einer der Fälle zu b ein, so muß das Mitglied sich darauf gefaßt machen, nicht nur seine bis dahin fälligen oder geleisteten Einzahlungen auf Geschäftsanteil — eine weitere Einforderung von Einzahlungen auf Geschäftsanteil findet nicht statt — zu verlieren, sondern außerdem auch zur Deckung des Ausfalls bis zu einem Betrage von 1000 RM. (der Haftsumme) in Anspruch genommen zu werden.

Als wesentliche Besonderheiten gegenüber der unbeschränkten Haftpflicht weist die beschränkte Haftpflicht, abgesehen von der Begrenzung der Haftpflicht, nur auf

a) daß das Statut den Erwerb mehrerer Geschäftsanteile zulassen kann (§ 134 d. Ges.), während bei der Genossenschaft mit unbeschränkter Haftpflicht ein Genosse nicht auf mehr als einen Geschäftsanteil beteiligt sein darf (§ 119 d. Ges.);

b) daß das Konkursverfahren nicht nur im Falle der Zahlungsunfähigkeit, sondern auch bei bestehender Genossenschaft stattfindet, wenn die Überschuldung „ein Vierteil des Betrages der Haftsummen aller Genossen übersteigt" (§ 140 d. Ges.), während die Genossenschaft mit unbeschränkter Haftpflicht, so lange sie nicht aufgelöst ist, auch wegen Überschuldung nicht gezwungen ist, in Konkurs zu gehen.

Ist durch das Statut der Erwerb mehrerer Geschäftsanteile zugelassen, und ein Mitglied hat mehrere Geschäftsanteile erworben, so erhöht sich auch seine persönliche Haftpflicht, nämlich „auf das der Zahl der Geschäftsanteile entsprechende Vielfache der Haftsumme" (§ 135 d. Ges.); z. B. der Geschäftsanteil beträgt nach dem Statut 500 RM., die Haftsumme 1000 RM., zugelassen ist der Erwerb von 5 Geschäftsanteilen — die Haftung eines Mitgliedes, das 3 Geschäftsanteile erworben hat, beträgt dann 3 × 1000 Mark = 3000 RM.

3. Die unbeschränkte Nachschußpflicht. Die persönliche Haftpflicht der Mitglieder ist wie bei der unbeschränkten, eine unbedingt solidarische. Nur die Haftpflicht der Ausgeschiedenen und die Geltendmachung der Haftpflicht ist anders geordnet (§ 128 d. Ges.).

Ehe wir zu der Frage Stellung nehmen, welche Haftpflicht für die Kreditgenossenschaft die zweckmäßigere ist, wollen wir den „Haftvollzug" besprechen.

Haftvollzug.

Der Haftvollzug, d. h. die Geltendmachung der persönlichen Haftpflicht, lag bis zur Genossenschaftsgesetzgebung vollständig in der Hand der Gläubiger. Jeder Gläubiger konnte für seine fälligen Ansprüche an die Genossenschaft jedes Mitglied derselben in Anspruch nehmen. Es war dies die unmittelbare, unbeschränkte, persönliche Haftpflicht. Dadurch, daß die eingetragenen Genossenschaften von der Gesetzgebung als selbständige Rechtspersonen anerkannt wurden, nahm, wie schon bemerkt ist, die persönliche Haftpflicht der Mitglieder einen bürgschaftsartigen Charakter an; die Gläubiger mußten zunächst Befriedigung in dem Vereinsvermögen suchen und konnten nur wegen ihres Ausfalles, der durch den Konkurs über die Genossenschaft festzustellen war, auf deren Mitglieder zurückgehen. Hieran änderte auch das Gesetz vom 4. Juli 1868 nichts, doch brachte es insofern eine wesentliche Neuerung und Verbesserung, als es Vorschriften gab, wie die Mitglieder untereinander im Wege des Umlageverfahrens den zur Deckung des Ausfalles der Gläubiger erforderlichen Betrag aufzubringen hätten. Dadurch sollte den Gläubigern die direkte Inanspruchnahme einzelner erspart, die Mitglieder vor derselben geschützt und endlich den sich aus der Inanspruchnahme einzelner ergebenden Regreßprozessen unter den Mitgliedern vorgebeugt werden. Bei der Neuheit dieser gesetzlichen Regelung sehr leicht erklärliche Fehler in dem Gesetze ließen jedoch nur selten das Ziel erreichen.

Eine der wesentlichsten Aufgaben der Revision des Gesetzes war es, hier Besserung zu bringen.

Der Entwurf des neuen Gesetzes enthielt eine vollständige, zum Teil auf anderer rechtlicher Grundlage getroffene Neuordnung des Umlageverfahrens, trotzdem war aber auch die direkte Inanspruchnahme der Mitglieder durch die Gläubiger beibehalten.

Gegen die weitere Zulassung dieses sogenannten „Einzelangriffes“ erhob sich seitens eines großen Teiles der Genossenschaften lebhafter Widerspruch. In dem Reichstage kam es zu einem Kompromiß, dessen Resultat die Einführung einer dritten Haftart, der unbeschränkten Nachschußpflicht, war, für welche der „Einzelangriff“ unter anderer Gestaltung des Umlageverfahrens beseitigt wurde.

Danach ergibt sich für die Geltendmachung der persönlichen Haftpflicht zur Deckung von Verlusten, welche das Vereinsvermögen übersteigen, folgendes:

1. Bei bestehender Genossenschaft kann auf die persönliche Haftpflicht nur in einem Falle zurückgegriffen werden. Scheidet ein Mitglied aus der Genossenschaft aus und das Vermögen der Genossenschaft reicht nach der Bilanz (einschließlich des Reservefonds und aller Geschäftsguthaben der Mitglieder) zur Deckung der Schulden nicht aus, so hat der Ausgeschiedene von dem Fehlbetrage den ihn treffenden Anteil an die Genossenschaft zu zahlen — bei beschränkter Haftpflicht nicht über die Haftsumme hinaus; der Anteil wird in Ermangelung einer anderen Bestimmung des Statuts nach der Kopfzahl der Mitglieder berechnet (§ 73 d. Ges.).

2. Im übrigen kann die persönliche Haftpflicht der Mitglieder nur in Anspruch genommen werden, wenn es zum Konkurse über die Genossenschaft gekommen ist, dann ist für die Behandlung zu unterscheiden zwischen der unbeschränkten Haftpflicht und der beschränkten Haftpflicht einerseits und der unbeschränkten Nachschußpflicht andererseits.

a) Die unbeschränkte und beschränkte Haftpflicht. Das Verfahren zur Geltendmachung der persönlichen Haftpflicht ist folgendes:

Der Konkursverwalter hat, nachdem die Konkursbilanz auf der Gerichtsschreiberei niedergelegt ist, sofort zu berechnen, wie viel zur Deckung des in der Bilanz bezeichneten Fehlbetrages die Genossen vorschußweise beizutragen haben. In der Berechnung sind die sämtlichen Genossen zu bezeichnen und auf sie die Beiträge zu verteilen. Die Berechnung ist dem Konkursgericht mit dem Antrage einzureichen, dieselbe für vollstreckbar zu erklären (§ 106 d. Ges.). Das Gericht bestimmt zur Verhandlung über die Berechnung einen Termin, welcher nicht über zwei Wochen hinaus anberaumt werden darf (§ 107 d. Ges.). Das Gericht entscheidet über die erhobenen Einwendungen, berichtigt bzw. ordnet die Berichtigung der Berechnung an und erklärt dieselbe für vollstreckbar (§ 108 d. Ges.). Nunmehr zieht der Konkursverwalter ohne Verzug die umgelegten Beiträge von den Genossen ein (§ 109 d. Ges.) und hinterlegt dieselben (§ 110 d. Ges.). Ausfälle usw. sind von dem Konkursverwalter in der gleichen Weise im Wege einer Zusatzberechnung umzulegen (§ 113 d. Ges.). Sobald mit dem Vollzuge der Schlußverteilung im Konkurse der Genossenschaft begonnen wird, hat der Konkursverwalter endgültig festzustellen, wie viel die Genossen zur vollständigen Befriedigung der Konkursgläubiger aufzubringen haben (§ 114 d. Ges.), das Gesetz nennt diese Berechnung im Gegensatze zu den ersten Vorschußberechnungen die Nachschußberechnung, mit derselben ist in gleicher Weise wie mit jenen zu verfahren, sie ist dem Gericht zur Vollstreckbarkeitserklärung einzureichen usw. Sobald diese Nachschußberechnung von dem Gericht für vollstreckbar erklärt ist, hat der Konkursverwalter den hinterlegten Bestand zur Verteilung an die Konkursgläubiger zu bringen und später einkommende Beiträge im Wege der Nachtragsverteilung unter die Gläubiger zu verteilen (§ 115 d. Ges.).

Gläubiger, welche dann nach Ablauf von 3 Monaten seit dem Termin, in welchem die Nachschußberechnung für vollstreckbar erklärt ist, noch nicht befriedigt sind, haben das Recht, wegen ihres Ausfalles die einzelnen Genossen solidarisch in Anspruch zu nehmen (§ 122 d. Ges.). Gegen Genossen, welche in den letzten zwei Jahren vor der Eröffnung des Konkurses aus der Genossenschaft ausgeschieden sind, können die Gläubiger gleichfalls wegen ihres im Konkurse der Genossenschaft erlittenen Ausfalles direkt vorgehen, jedoch dürfen sie ihren Anspruch erst nach Ablauf von sechs Monaten seit dem Termine, in welchem die Nachschußberechnung für vollstreckbar erklärt ist, erheben und ferner erstreckt sich der Anspruch nur auf die Verbindlichkeiten, welche vor dem Zeitpunkte des Ausscheidens der Genossen aus der Genossenschaft eingegangen sind (§ 125 d. Ges.).

Bei den Genossenschaften mit beschränkter Haftpflicht kann der einzelne Genosse selbstverständlich über seine Haftsumme hinaus weder auf Leistung von Nachschüssen noch von den Konkursgläubigern in Anspruch genommen werden (§ 141 d. Ges.).

b) Die unbeschränkte Nachschußpflicht. Das Umlageverfahren geht in der gleichen Weise vor sich, wie es zu a) dargestellt ist. Der Einzelangriff der Gläubiger aber ist nicht zulässig. Statt dessen greift ein neues Umlageverfahren Platz. Ist nämlich nach Ablauf von drei Monaten seit dem Termine, in welchem die Nachschußberechnung für vollstreckbar erklärt ist, die Befriedigung oder Sicherstellung der Konkursgläubiger noch nicht erfolgt, so sind die hierzu erforderlichen Beiträge von den innerhalb der letzten achtzehn Monate vor der Eröffnung des Konkursverfahrens ausgeschiedenen Genossen im Wege des Umlageverfahrens einzuziehen (§§ 128 ff. d. Ges.).

Wahl der Haftart.

Nunmehr fragt es sich, welche Haftart die Kreditgenossenschaft wählen soll.

Am 1. Januar 1914 haben 19 300 Kreditgenossenschaften bestanden: 16 794 mit unbeschränkter, 2457 mit beschränkter Haftpflicht, 49 mit unbeschränkter Nachschußpflicht[2]).

Von der unbeschränkten Nachschußpflicht ist also nur sehr selten Gebrauch gemacht, was erklärlich ist, da unter ihr die ausgeschiedenen Genossen den Gläubigern der Genossenschaft haftbar bleiben für Rechtsgeschäfte, die innerhalb 18 Monaten nach ihrem Austritt eingegangen sind, also zu einer Zeit, in der sie auf die Geschäftsführung keinen Einfluß mehr haben. Es kommen daher hauptsächlich in Frage die unbeschränkte oder beschränkte Haftpflicht.

Bereits oben S. 18 haben wir uns über die Folgen der Zulassung der Gründung von Genossenschaften mit beschränkter Haftpflicht auf die Entwicklung des Genossenschaftswesens überhaupt und der Kreditgenossenschaften insbesondere ausgelassen.

Für eine neu zu gründende Genossenschaft verdient ohne Zweifel die unbeschränkte Haftpflicht den Vorzug, da

---

[2]) Neuere statistische Angaben über die Haftpflicht liegen nicht vor. Die Inflation hat auch hier eine große Lücke gerissen.

sie erfahrungsgemäß die zuverlässigste Kreditbasis bietet und es der Leitung am leichtesten ermöglicht, aus dem Umkreise der Genossenschaft die notwendigen fremden Gelder als Spareinlagen oder Depositen zur Verstärkung des Betriebskapitals heranzuziehen. Dieser Satz gilt grundsätzlich auch heute noch trotz der veränderten wirtschaftlichen Verhältnisse, denen wir in diesem Buche dadurch Rechnung getragen haben, daß wir, wie an anderer Stelle bereits betont ist, das Musterstatut für Kreditgenossenschaften auf der beschränkten Haftpflicht aufgebaut haben.

Die beschränkte Haftpflicht sollte wesentlich für die Kreditgenossenschaften in Betracht kommen, die ein genügend großes Vereinsvermögen besitzen, um auf Grund desselben die Befriedigung des eigenen Kreditbedürfnisses erwarten zu können. Wo aus besonderen Gründen: z. B. weil von einem früheren Zusammenbruch einer Genossenschaft am Orte oder in der Nachbarschaft her in weiteren Kreisen Furcht vor der unbeschränkten Haftpflicht herrscht — oder wenn sonst wohl der Boden für eine lebensfähige Kreditgenossenschaft vorhanden ist, aber durchaus keine Neigung für die Gründung auf der unbeschränkten Haftpflicht besteht, da soll man dann die beschränkte Haftpflicht annehmen, aber Geschäftsanteil und Haftsumme so hoch bestimmen, daß immerhin eine genügende Kreditbasis geboten wird. Die Genossenschaft ist kein Spielzeug. Wer kein Risiko übernehmen will, soll fern bleiben, und fehlt es dann an der nötigen Beteiligung, so soll die Gründung unterbleiben, bis sich das Bedürfnis noch lebhafter zeigen wird. Ganz verfehlt wäre es, in solchen Fällen mit Subvention und Staatskredit nachzuhelfen — das ergibt nicht die richtige Grundlage, auf der sich ein solides Kreditinstitut entwickeln kann. Es darf dabei aber auch nicht alles Schwergewicht auf die Haftsumme gelegt werden, sondern Haftsumme und Geschäftsanteil müssen, worauf schon hier hingewiesen werden mag, in einem richtigen Verhältnis zueinander stehen (Kap. IX).

Bei dem Übergang zur geringeren Haftpflicht sind die Folgen stets mit größter Sorgfalt zu prüfen, denn es muß auch mit schwierigen Zeiten gerechnet und daher untersucht werden, ob die beschränkte Haftpflicht selbst für solche ausreichend erscheint, um das Vertrauen der Gläubiger zu erhalten, da man anderenfalls den

Mitgliedern mit der Annahme der geringeren Haftpflicht einen sehr schlechten Dienst erweisen würde. Hier ist natürlich nur an wirtschaftliche Schwierigkeiten gedacht und einen sich etwa hieran anschließenden Sturm der Spareinleger — Kriegszeiten bieten nur bedingt und nach bestimmten Richtungen Normen für das wirtschaftliche Leben. Vielleicht ist es überhaupt unter den heutigen Verhältnissen nicht möglich, bestimmte Normen aufzustellen. Es muß aber doch wieder mit der Rückkehr normaler Zeiten gerechnet werden. Das vorliegende Buch muß in erster Reihe den Kreditgenossenschaften ein Wegweiser für normale Zeiten sein. Der Genossenschaft kann nicht dringend genug vorgehalten werden, daß, wenn außergewöhnliche Zeiten auch vielleicht hier und da außergewöhnliche Einrichtungen und Maßnahmen erfordern, doch stets Grundsätze der soliden Geschäftsführung auch in außergewöhnlichen Zeiten, und vielleicht gerade in diesen, am meisten als Maßstab zu dienen bestimmt sind.

Auch das reichste Mitglied haftet bei der Genossenschaft mit beschränkter Haftpflicht nur bis zur Höhe der Haftsumme; die Zugehörigkeit wohlhabender Personen schafft daher bei der Genossenschaft mit beschränkter Haftpflicht nicht die gleiche Kreditunterlage wie bei der Genossenschaft mit unbeschränkter Haftpflicht. Jedenfalls sollte niemals für den Übergang zur beschränkten Haftpflicht die Erwägung bestimmend sein, daß unter deren Geltung große Industrielle usw. beitreten würden und der Genossenschaft eine bedeutende Erweiterung ihres Geschäftsbetriebes nach dieser Richtung hin in Aussicht stehen möchte. Nichts ist für die Solidität einer Genossenschaft verhängnisvoller als das Streben nach „großen Geschäften", es entspricht dies auch wenig der Aufgabe der Kreditgenossenschaft, das Kreditbedürfnis des mittleren und kleinen Gewerbestandes wie des Bauernstandes möglichst billig zu befriedigen.

Zuweilen sind Kreditgenossenschaften zur beschränkten Haftpflicht übergegangen, weil begüterte Mitglieder mit dem Austritt aus der Genossenschaft mit unbeschränkter Haftpflicht drohten oder weil sie erwarteten, bei der beschränkten Haftpflicht den Mitgliederkreis erheblich zu erweitern; die Erfahrung hat gezeigt, daß in der Regel die Kreditgenossenschaft aus der Annahme der beschränkten Haftpflicht einen nicht gerade erheblichen Vorteil nach dieser Richtung hin gezogen hat. Einer mit bedeutendem eigenen Vereinsvermögen und besonders großen Reserven ausgestatteten, bankmäßig entwickelten Kreditgenossenschaft ist es nicht zu verdenken, wenn sie zur beschränkten Haftpflicht übergeht — dort aber, wo selbst das Verhältnis des eigenen zum fremden Vermögen ein ungünstiges und vielleicht auch außerdem noch die Liquidität mangelhaft ist, soll man den Schritt nur tun, wenn zwingende Gründe vorliegen. Ganz besonders Obacht zu geben ist auf die Liquidität, deren Bedeutung naturgemäß mit der Schwäche der Kreditbasis wächst. Oft beruft sich die Verwaltung darauf: der Übergang zur beschränkten Haftpflicht werde ohne jede Störung des Geschäftsbetriebes vor sich gehen; und wenn dann die beschränkte Haftpflicht angenommen ist, weist man mit Genugtuung darauf hin, daß keine fremden Gelder gekündigt wurden. Es ist entschieden unrichtig, aus solchen Beobachtungen den Schluß zu ziehen, daß der Übergang zur beschränkten Haftpflicht auch durchaus zweckmäßig war, denn in der Regel stützt sich das Vertrauen der Gläubiger unter normalen Verhältnissen nicht auf die Haftpflicht der Mitglieder, sondern auf die Verwaltung der Genossenschaft, der letzteren wird das Vertrauen entgegengebracht. Ganz anders gestalten sich die Verhältnisse, wenn unruhige Zeiten eintreten, und in der Verwaltung der Genossenschaft nicht mehr die angesehenen Männer sitzen, die allein schon den Gläubigern Bürgschaft genug waren. Und daher soll man gerade bei der Wahl der Haftpflicht nicht bloß die augenblicklich günstigen Verhältnisse berücksichtigen, sondern auch die Zukunft mit all ihren Unsicherheiten ins Auge fassen[3]). Über den Einfluß der beschränkten Haftpflicht auf die Entwicklung des Genossenschaftswesens vgl. oben S. 18 und 52.

Übergang von einer Haftart zu einer anderen.

Es ist zu unterscheiden, ob die Kreditgenossenschaft von der umfassenderen zu der beschränkteren Haftpflicht übergeht, oder das Umgekehrte wählt. Nach dem Umfang der Haftpflicht folgen die

---

[3]) Vgl. Diehl in den BlfGW. 1909, S. 807; 1910, S. 64 und in seiner Schrift: „Welche Gesichtspunkte sind beim Übergang zur beschränkten Haftpflicht zu beachten?" (Verlag von Thomasius, Darmstadt 1913) — Seibert in den BlfGW. 1913, S. 753.

unbeschränkte Haftpflicht, die unbeschränkte Nachschußpflicht, die beschränkte Haftpflicht.

Soll die bisherige Haftpflicht durch eine weitergehende ersetzt werden, so bedarf es nur einer Statutenänderung, welche nach § 144 d. Ges. mit einer Mehrheit von drei Vierteilen der in der Generalversammlung erschienenen Genossen zu beschließen ist, falls nicht nach dem Statut noch weitere Erschwernisse vorgeschrieben sind, wie z. B., daß die Generalversammlung für die Beschlußfassung über eine Statutenänderung nur beschlußfähig ist, wenn eine bestimmte Anzahl Mitglieder anwesend sind.

Außer der Umwandlung müssen dann noch die durch die veränderte Haftpflicht notwendig gewordenen Statutenänderungen, z. B.: Änderung der Firma, Änderung der Bestimmung des Statuts über die Haftpflicht der Mitglieder beschlossen werden.

Die sämtlichen Statutenänderungen sind nach Maßgabe des § 16 d. Ges., d. h. unter Beifügung einer einfachen, unbeglaubigten Abschrift zur Eintragung in das Genossenschaftsregister anzumelden. Mit der Eintragung haben die Umwandlung und die beschlossenen Statutenänderungen rechtliche Wirkung erlangt.

Größere Schwierigkeiten macht der Übergang zur geringeren Haftpflicht, weil hier auf die Interessen der Gläubiger Rücksicht zu nehmen ist. Es kann die Auflösung der bestehenden und Neugründung einer Genossenschaft mit der für die Zukunft beabsichtigten Haftpflicht beschlossen werden, doch wird man dies wegen der damit verbundenen Kosten, Verluste und Weitläufigkeiten vermeiden und vorziehen, die Umwandlung nach § 143 d. Ges. im Wege der Statutenänderung durchzuführen.

Zu diesem Zweck ist zunächst die Umwandlung wie eine Statutenänderung zu beschließen. Der Beschluß ist vom Vorstande dreimal mit der Aufforderung an die Gläubiger, sich zu melden, in den für die Bekanntmachungen der Genossenschaft statutarisch bestimmten Blättern zu veröffentlichen. Die sich hierauf meldenden Gläubiger sind, insoweit sie der Annahme der geringeren Haftpflicht widersprechen, zu befriedigen oder sicherzustellen. In der Zwischenzeit sind die durch die Umwandlung weiter erforderlichen Statutenänderungen zu beschließen. Nach Ablauf eines Jahres seit der dritten Bekanntmachung über die beschlossene Umwandlung ist diese nebst den Statutenänderungen — unter Einreichung einer einfachen Abschrift der betreffenden Generalversammlungsbeschlüsse und Abgabe der schriftlichen Versicherung, daß die Gläubiger, welche sich bei der Genossenschaft gemeldet und der Herabsetzung nicht zugestimmt haben, befriedigt oder sichergestellt sind — vom Vorstand zur Eintragung in das Genossenschaftsregister anzumelden; mit der Eintragung erlangen die Umwandlung und die vorgenommenen Statutenänderungen rechtliche Wirkung.

Es handelt sich nur um eine Statutenänderung, der Beschluß auf Umwandlung bedarf folglich auch nicht der Unterschrift aller Mitglieder; der Beschluß ist in das Protokollbuch aufzunehmen und das Protokoll in der durch das Statut vorgeschriebenen Weise zu unterschreiben.

Für die Beschlußfassung über eine Änderung des Statuts ist § 16 d. Ges. maßgebend. Der Beschluß bedarf demnach einer Mehrheit von drei Vierteilen der erschienenen Genossen, falls nicht das Statut noch weitere Erschwernisse aufstellt.

Zwangsvergleich zur Abwendung des Konkurses.

An dieser Stelle möge noch mit wenigen Worten des gerichtlichen Zwangsvergleichs zur Abwendung des Konkurses Erwähnung getan werden. Die anwachsende Strömung, die sich die Einführung eines Konkursabwendungsvergleichs für notleidende, aber an sich lebensfähige wirtschaftliche Existenzen zum Ziele gesetzt hat, hat zunächst im Beginn des Krieges zu der Bekanntmachung betr. die Anordnung einer Geschäftsaufsicht zur Abwendung des Konkursverfahrens vom 8. August 1914 und weiter zu der heute noch geltenden Verordnung über die Geschäftsaufsicht zur Abwendung des Konkurses vom 14. Dezember 1916 mit ihren Änderungen von 1924 geführt. Ist eine eingetragene Genossenschaft infolge der Kriegs- oder Nachkriegsverhältnisse in Schwierigkeiten geraten, so kann die Geschäftsaufsicht beantragt werden. Diese Verordnung hat für eingetragene Genossenschaften im Geschäftsaufsichtsverfahren den Stundungsvergleich gebracht. Dieser darf gemäß § 35 Abs. 2 der Verordnung vom 14. Dezember 1916 nur auf Stundung allein oder in Verbindung mit einem Erlasse von Zinsen für die Dauer der Stundung gerichtet sein. Auf einen Kapitalerlaß darf ein Vergleich bei der Geschäftsaufsicht einer Genossenschaft also nicht gerichtet sein. Hierin liegt trotz der Verschiedenheit der Materien eine gewisse Durchbrechung des Prinzips des § 116 des GenGes., wonach eine Aufhebung des Konkursverfahrens durch Zwangsvergleich nicht stattfindet. Die Frage, ob auch für Genossenschaften ein Erlaßvergleich zugelassen werden soll, ist im Augenblick gelegentlich der Beratungen des Gesetzentwurfs über das Vergleichsverfahren zur Abwendung des Konkurses Gegenstand lebhafter Erörterung.

Bei der Neuregelung des Zwangsvergleichs der Genossenschaften, mag es sich um den Zwangsvergleich zur Abwendung des Konkurses oder den Zwangsvergleich im Konkursverfahren handeln, muß unbedingt darauf gesehen werden, daß die persönliche Haftpflicht in ihrem Umfange und bei der Vollstreckung nicht beeinträchtigt wird. Die Kreditbasis der Kreditgenossenschaften könnte dadurch gefährdet werden. Auch für das den Genossenschaften eigne Sanierungsverfahren würde eine die Haftpflicht beeinträchtigende Regelung von nachteiligem Einfluß sein[4]).

---

[4]) Vgl. Blf.GW. 1925 S. 629, 1926 S. 55, 99, 146, Vertrauliche Berichte der Dresdner Bank 1926 Nr. 1, 2, 4, 6.

VII. Kapitel.

Zusammensetzung der Mitgliedschaft und Geschäfte mit Nichtmitgliedern.

Unter den bei der Organisation einer Kreditgenossenschaft in Betracht kommenden Fragen ist eine der wichtigsten: auf wen soll die Tätigkeit der Genossenschaft ausgedehnt werden?

Der Charakter der Genossenschaft spricht für die Beschränkung der Tätigkeit auf die Mitglieder; es liegt in der Natur der Genossenschaft, daß, wer die Vorteile der Genossenschaft genießen will, als Mitglied an dem Risiko mittragen muß. Darin liegt gerade die Eigenart der Kreditgenossenschaft, daß die Kreditbedürftigen die Träger des Unternehmens sind. Die Genossenschaft ist eine Personalgesellschaft. Dazu kommt nun noch § 8 Abs. 2 d. Ges., wo bestimmt ist, daß eine Kreditgenossenschaft ihren Geschäftsbetrieb, insoweit er in der Gewährung von Darlehen besteht, nicht auf andere Personen außer den Mitgliedern ausdehnen darf. Der Gesetzgeber hat diese Beschränkung getroffen, weil er annahm, daß Geschäfte mit Nichtmitgliedern die Ursache für den Zusammenbruch von Kreditgenossenschaften gewesen sind. Durch bestimmte Vorgänge läßt sich dies kaum erweisen, aber die AllgGen-Tage haben auch die Beschränkung gefordert. Eine Anzahl Kreditgenossenschaften, die ihre Einrichtungen auf den Verkehr mit Nichtmitgliedern getroffen hatten, ging infolge des Verbots zur Aktiengesellschaft über. So groß, wie es zuweilen behauptet wurde, ist die Zahl nicht gewesen.

Unter das gesetzliche Verbot der Gewährung von Darlehen an Nichtmitglieder fallen nicht Kreditgeschäfte, die nur die Anlegung von Geldbeständen bezwecken. Eine Ausnahme des Verbots läßt das Gesetz noch in § 8 zu, nämlich für neu beitretende Genossen, indem als Ausdehnung des Geschäftsbetriebes auf Nichtmitglieder nicht der Abschluß von Geschäften mit Personen gilt, welche bereits die Erklärung des Beitritts zur Genossenschaft unterzeichnet haben und von derselben zugelassen sind, jedoch noch nicht von dem Gericht in die Liste der Genossen eingetragen sind.

Zu beachten ist ferner, daß nicht der Abschluß eines einzelnen Kreditgeschäfts mit Nichtmitgliedern verboten ist, sondern die gewerbsmäßige Ausdehnung des Geschäftsbetriebs nach dieser Richtung hin.

Was ist nun aber unter „Beschränkung der Tätigkeit auf die Mitglieder" zu verstehen? Es soll die Tätigkeit insoweit auf den Kreis der Mitglieder beschränkt werden, als es sich um Geschäfte handelt, die den Zweck des Unternehmens ausmachen. Es soll also die Kreditgewähr auf den Kreis der Mitglieder beschränkt werden. Handelt es sich um die Heranziehung von Spareinlagen und Depositen, so kann dieser Geschäftszweig auch auf Nichtmitglieder erstreckt werden — ja er wird diese Erweiterung sogar in der Regel erfahren, da die von den Mitgliedern der Genossenschaft zur Verfügung gestellten Kapitalien meist nicht ausreichen werden, um das Kreditbedürfnis der Mitglieder zu befriedigen (S. 153). Die sogen. Nebengeschäfte (Effektengeschäft usw.) können auch mit Nichtmitgliedern gemacht werden. Die Genossenschaft wird es überall dort unterlassen, wo sich aus dieser Ausdehnung des Geschäftsbetriebs die Steuerpflicht ergibt (S. 67, 281). Der Geschäftsbetrieb mit Nichtmitgliedern macht die Genossenschaft unbeschränkt körperschaftssteuerpflichtig.

Das Gesetz untersagt die gewerbsmäßige Darlehnshingabe an Nichtmitglieder, d. h. die Zulassung der Teilnahme von Nichtmitgliedern an dem Zweck der Genossenschaft, der in der Darlehns-(Kredit-)gewährung besteht (vgl. hierüber die ausführlichen Darlegungen bei Crüger-Crecelius, Kommentar zum Ges., 9. Aufl., § 8 Anm. 16 ff.

Die Geldhingabe an ein Nichtmitglied stellt dann ein Darlehen im Sinne dieser Vorschrift dar, wenn das Geld im wesentlichen Interesse des Empfängers diesem gegeben wird.

Erlaubt mit Nichtmitgliedern sind alle Geschäfte, welche nicht Darlehen sind oder Darlehnscharakter haben: Die Diskontierung von Wechseln (falls kein Kreditgeschäft vorliegt), An- und Verkauf von Wertpapieren usw., Übernahme von Wechseln zur Einziehung.

Ausgeschlossen sind u. a. folgende Geschäfte mit Nichtmitgliedern: die Eröffnung einer laufenden Rechnung mit Kreditbewilligung, die Gewährung eines Darlehns unter den gewöhnlichen Vorschußbedingungen (ob gegen Unterpfand oder sonstige Sicherheit ist unerheblich), die Diskontierung von Wechseln, im Fall hierunter nur eine Form der Kreditgewährung zu sehen ist.

Von größter Wichtigkeit ist weiter die Frage, von welchen Voraussetzungen man die Zulassung zur Mitgliedschaft abhängig machen soll. Da ist zunächst das Eintrittsgeld (vgl. auch S. 126), das man früher als Entgelt betrachtete für den Anteil, den der Beitretende an den Reserven gewinnt. Diese Auffassung ist fallen gelassen, nachdem heute wohl der Fall nicht mehr eintritt, daß eine Kreditgenossenschaft aufgelöst wird, um nur die Reserven zu verteilen. Ein mäßiges Eintrittsgeld von einigen Mark mag erhoben werden. Der AllgVerTag in München (1875) hatte 5 Mk. in Vorschlag gebracht. Ein hohes Eintrittsgeld ist wirtschaftlich und sozial gleich verkehrt. Es hält wohlhabende Geschäftsleute fern, denen sich andere Kreditgelegenheiten bieten, so daß sie es nicht nötig haben, sich erst noch die Gelegenheit zu erkaufen, und es wirkt natürlich den Minderbegüterten gegenüber unsozial. Will man es verhindern, daß jemand, der ein Kreditgeschäft erledigt hat, aus der Genossenschaft auch wieder austritt in dem Gedanken, daß er das nächste Mal wieder beitreten kann, so lehne man sein Aufnahmegesuch in diesem Falle ab!

Außerdem ist es für die Kreditgenossenschaft sehr wichtig, die Sympathien der Bevölkerung zu gewinnen.

„Halten wir daher — wie Schulze-Delitzsch sagt —, um das Rechte zu treffen, die einzige Schranke im Auge, welche die Natur der Sache selbst ergibt. Um einer Genossenschaft anzugehören, die auf Selbsthilfe, die eigene Kraft der Mitglieder, gegründet ist, muß man in sittlicher Beziehung, im Charakter und Lebenswandel makellos und muß man wirtschaftlich eben noch in der Lage sein, sich selbst helfen zu können. Auf den Kreditpunkt angewendet will dies sagen, daß die Verhältnisse des Aufzunehmenden von der Art sein müssen, daß ihm Darlehen von irgendwelchem Belang mit der wahrscheinlichen Aussicht auf Wiedererstattung anvertraut werden können. Wer soweit heruntergekommen ist, daß er sich durch ein verhältnismäßiges Darlehen, unter der Bedingung der Verzinsung und Rückzahlung, nicht wieder emporzuhelfen vermag, dem muß die Mitgliedschaft versagt werden. Denn die Vorschußvereine dürfen, wenn sie dauernden Bestand gewinnen sollen, durchaus nicht mit Almosenanstalten vermengt werden, da sie nicht bestimmt sind, Arme zu unterstützen, sondern — was viel wichtiger ist — der Verarmung vorzubeugen. So lange jemand noch den eigenen und der Seinigen Unterhalt, sei es auch kümmerlich, durch Arbeit zu erschwingen imstande ist, nehme man ihn auf; sobald ihm aber diese Eigenschaft abgeht, ist er für die Kreditgenossenschaft tot und fällt der öffentlichen oder Privatmilde anheim, deren Pflege nicht im Bereich der Genossenschaft liegt."

Die Kreditgenossenschaften (Schulze-Delitzsch'schen Systems) beschränken sich in der Regel nicht auf eine bestimmte Berufsklasse, vielmehr finden wir Handwerker, Landwirte, Kaufleute, Fabrikanten, Beamte, Arbeiter usw. in derselben Genossenschaft als Mitglieder. Damit erfüllen die Kreditgenossenschaften zunächst einmal eine soziale Aufgabe, denn sozial wirken wirtschaftliche Unternehmungen, in denen wirtschaftliche Gegensätze der verschiedenen Berufsklassen möglichst vor der gemeinsamen Verfolgung des einen Zieles zurücktreten, in welchem sich die Solidarität der Interessen zeigt. Dazu kommt, daß die Vereinigung aller Berufsarten zur Kreditgenossenschaft einen gewissen Ausgleich von Geld-Angebot und -Nachfrage zwischen Stadt und Land, zwischen den verschiedenen Berufsarten zur Folge hat: ein Ausgleich, der noch dadurch an Bedeutung gewinnt, daß das Zusammenwirken der verschiedenen Berufsklassen zu einer Verringerung des Risikos führt. Und endlich vom wirtschaftlichen Standpunkte aus führt das Zusammenwirken zu einer wesentlichen Steigerung der Liquidität. (Vgl. Ehlers, Kreditgenossenschaftliche Probleme, Jena 1906. Wuttig, Die Organisation des genossenschaftlichen Geldausgleichs, Jena 1914, S. 6, 20.)

Die Bestrebungen, Sonderkreditgenossenschaften für das Handwerk zu gründen, wie sie für die Befriedigung des Betriebskredits der Landwirtschaft bestehen, sind vollständig fehlgeschlagen, weil die Momente, die eine nur aus Landwirten bestehende Kasse lebensfähig erhalten, dort fortfallen, wo die Mitglieder ausschließlich Handwerker sind[1]).

Es war daher nur richtig, als der preußische Minister für Handel und Gewerbe unter dem 25. Juni 1902 in einem das Genossenschaftswesen betreffenden Erlaß unter anderem folgendes ausführte:

„Dabei wird aber das Hauptgewicht nicht etwa auf Vereinigung der Handwerker zu besonderen Handwerkergenossenschaften, sondern darauf zu legen sein, daß ihnen die Teilnahme an zweckentsprechenden genossenschaftlichen Organisationen in möglichst großem Umfang und auf die einfachste und vorteilhafteste Weise vermittelt wird. Soweit es daher die Natur der zu befriedigenden wirtschaftlichen Bedürfnisse nicht mit sich bringt, daß die Handwerker — wie bei Rohstoff-, Magazin- und Werkgenossenschaften — zu besonderen Handwerkergenossenschaften zusammengeschlossen werden müssen, wird in erster Linie der Anschluß an die bereits vorhandenen Kreditorganisationen des kleingewerblichen Mittelstandes — in überwiegend ländlicher Umgebung auch wohl an die ländlichen Darlehnskassen — ins Auge zu fassen sein. Die Bildung besonderer Kreditgenossenschaften wird sich — im Hinblick auf die Höhe der Verwaltungskosten, die wirtschaftliche Schwäche der meisten der anzuschließenden Handwerker und die damit in Zusammenhang stehende geringere Neigung der wohlhabenden Handwerker, solchen Organisationen beizutreten — nur unter besonderen Umständen und insbesondere da empfehlen, wo die vorhandenen Kreditgenossenschaften sich gegen die Aufnahme kleinerer Handwerker ablehnend verhalten, oder an erschwerende Bedingungen knüpfen, oder wo die Art ihrer Geschäftsführung die Gewährung eines billigen, tunlichst gleichmäßigen Zinsfußes nicht erwarten läßt. In allen Fällen wird es zweckmäßig sein, den Versuch zu machen, zunächst auf die bestehenden Kreditvereine im Sinne der begründeten Wünsche der Handwerker einzuwirken."

Der AllgGenTag zu Freiburg (1909) hat sich mit Recht gegen die Gründung von Hausbesitzer-Kreditgenossenschaften ausgesprochen, da in den ersten Jahren nach 1900 gerade eine Anzahl Hausbesitzer-Kreditgenossenschaften ins Leben gerufen wurden. Der AllgGenTag zu Posen 1913 lehnte die Errichtung besonderer Schifferkreditkassen ab, da durch umfangreiche Erhebungen festgestellt ist, daß die Schiffer den benötigten Kredit bei den bestehenden Kreditinstituten, insbesondere bei den Schulze-Delitzsch-Genossenschaften, in ausreichender Weise bisher erhalten haben. Gerade in der letzten Zeit aber werden wiederholt Schiffer-

[1]) Vgl. im übrigen ein Flugblatt, das vom Allgemeinen Deutschen Genossenschaftsverband über diese Frage im Jahre 1897 verbreitet wurde, vgl. auch die versch. Artikel in den BlfGW. — auch 1906 S. 521.

kreditgenossenschaften ins Leben gerufen, nachdem jahrelang diese Sonderbestrebungen nicht bestanden.

Beachtung sollte überall der nachstehende Beschluß des AllgGenTages zu Rostock (1897) finden:

„1. ......

2. Die Beteiligung von Mitgliedern verschiedener Berufsarten — Landwirten, Gewerbetreibenden, Angehörigen der arbeitenden Klassen — an der Kreditgenossenschaft bietet die beste Gewähr für die dauernd billigste Befriedigung des Kreditbedürfnisses, sie wirkt ausgleichend auf die Befriedigung des Geldbedürfnisses der einzelnen Berufsstände, sie führt zur Verteilung des mit der Gewährung von Personalkredit verbundenen Risikos und schafft den möglichst großen Schutz für jeden einzelnen Berufsstand gegen die Folgen wirtschaftlicher Krisen."

Trotzdem die Erfahrungen der Praxis vollkommen übereinstimmen mit den hier erwähnten Beschlüssen der AllgGenTage, suchen doch immer wieder einzelne Berufsarten Sonderkreditgenossenschaften zu bilden. So bestehen Kreditgenossenschaften der Ziegeleibesitzer, der Abdeckereibesitzer, der Privatbeamten, der Frauen usw. — —.

Eine Gruppe der Sonderkreditgenossenschaften, die besonders stark hervortrat, sind die Beamtenkreditgenossenschaften oder Beamtenbanken. Die Bestrebungen zur Gründung derartiger Sonderkreditgenossenschaften gehen aus von dem Beamtenwirtschaftsbund, der auch über eine Beamtengenossenschaftsbank als Zentrale verfügt mit dem Sitz in Berlin. Diese Zentrale hat kürzlich ihre Firma abgeändert in Zentralbank für Beamtengenossenschaften als AG. Sie dient nunmehr als Zentrale für die gesamten dem Beamtenwirtschaftsbund angeschlossenen Organisationen, zu denen außer Beamtenbanken auch Beamtenkonsumvereine und Beamtenbaugenossenschaften gehören. Alle diese Organisationen sind auch zu einem Beamtengenossenschaftsverband mit dem Sitz in Berlin zusammengeschlossen. Im ganzen bestehen zur Zeit etwa 80 Beamtenbanken in Deutschland. Wenn auch eine Anzahl Beamten-Kreditgenossenschaften sich zur Blüte entwickelt haben, so kann doch der vorstehend eingenommene Standpunkt nicht als widerlegt gelten. Die Verhältnisse bei den Beamtengenossenschaften sind besonderer Art. Die Beamten-Kreditgenossenschaften pflegen zum Teil mit Geschick den eigenartigen Verhältnissen der Beamten gerecht zu werden. Die Natur der Verhältnisse bringt es mit sich, daß die Beamten-Kreditgenossenschaften auf den

Konsumkredit eingestellt sind, während bei den allgemeinen Kreditgenossenschaften naturgemäß der Produktivkredit die Richtschnur gibt. Eine weitere Gruppe der Kreditgenossenschaften stellen die Hansabanken dar, eine Bewegung, die den früheren konservativen Spar- und Vorschußkassen ähnlich scheint, denn in den Hansabanken dürfte die christlich-katholische Richtung für die Mitgliedschaft eine Rolle spielen. Auch für die Hansabankenbewegung bestand eine Zentrale in München. Diese Bewegung hat aber in letzter Zeit entschieden nachgelassen, denn Hansabanken wurden seit Monaten nicht mehr errichtet. Auch einige völkische Kreditgenossenschaften traten ins Leben, deren Betrieb aber unbedeutend blieb. Weiter hat sich in der großen genossenschaftlichen Organisation des Kolonialwarenhandels eine Sonderkreditgenossenschaftsorganisation herausgebildet. Gefördert von der Edekaorganisation, besteht die Edeka-Zentrale mit einer ganzen Reihe über Deutschland verbreiteter Filialen (Edekabanken), die die finanziellen Geschäfte für den Kolonialwarenhandel und die Kolonialwarenhandelsgenossenschaften besorgen. Auch der Gedanke besonderer Bäckerbanken tauchte auf und in Nürnberg besteht eine solche Kreditgenossenschaft für Bäcker, die der Eigenart der Bäckerorganisationen entsprechend sich rentieren soll. Im ländlichen Kreditgenossenschaftswesen bilden die Landbundkreditgenossenschaften, welche Kreisorganisationen darstellen sollen, gleichfalls eine Nebenbewegung der ländlichen Kreditgenossenschaften.

Alle diese Unternehmungen sind mehr oder weniger das Ergebnis der eigenartigen Gestaltung der wirtschaftlichen Verhältnisse, zumal auch der Kreditnot. Es ist hier nicht der Ort, eingehendere Kritik an diesen Unternehmungen zu üben. Es mag bei der Feststellung verbleiben, daß die möglichst weitgehende Zusammensetzung der Mitglieder aus allen Berufskreisen die sicherste Basis für die Schulze-Delitzsch'schen Kreditgenossenschaften abgibt.

Die hier erörterten Grundsätze gelten natürlich in der gleichen Weise für Genossenschaften mit beschränkter Haftpflicht wie für Genossenschaften mit unbeschränkter Haftpflicht. Aus der statutarischen Festsetzung der „Haftsumme" folgt nicht ohne weiteres, daß bis zu dieser Grenze auch alle Mitglieder eintretenden Falles zahlungsfähig sein müssen, ebensowenig wie aus der Höhe des Geschäftsanteils zu schließen ist, daß der volle Betrag jederzeit von jedem Mitgliede aufgebracht werden könnte. Die „Haftsumme" begrenzt nur die persönliche Haftpflicht auch der wohlhabenden Mitglieder nach oben hin — weiter bedeutet sie nichts. Wollte man bei der Genossenschaft mit beschränkter Haftpflicht die Aufnahme davon abhängig machen, daß der sich Meldende für die volle Haftsumme „gut" ist, so würde einer solchen Genossenschaft das Gepräge einer Kapitalgesellschaft gegeben sein, es würden gerade die wirtschaftlich schwächeren Klassen ferngehalten werden, denen die Genossenschaft doch in erster Reihe dienen soll.

Zum Teil lassen die Kreditgenossenschaften nur solche Personen zur Mitgliedschaft zu, die auch mit der Genossenschaft Geschäfte machen werden, sei es, daß sie Geld anlegen bei der Genossenschaft, sei es, daß sie Kredit in Anspruch nehmen. Es ist nicht zu verkennen, daß eine solche Beschränkung unter Umständen erhebliche Vorteile hat, besonders sichert sich die Genossenschaft nach Möglichkeit gegen das Eindringen sogenannter „Dividendenjäger" (S. 133). Es wird aber wohl nur die Genossenschaft sich eine solche Abschließung erlauben dürfen, die schon über einen bedeutenden Mitgliederbestand verfügt; einer neu gegründeten Kreditgenossenschaft werden unter Umständen auch solche Mitglieder recht willkommen sein, die nur ihre Namen hergeben und mit der Genossenschaft weiter keine Geschäfte machen, vielleicht weil die Genossenschaft gar nicht imstande ist, die Geldgeschäfte dieser Mitglieder zu besorgen — für die Genossenschaft ist, wie gesagt, möglicherweise schon der Name der Mitglieder von Wert, deren Mitgliedschaft bei der Genossenschaft das Vertrauen in die Genossenschaft in den Kreisen der Gläubiger stärkt.

Daß übrigens von jedem Mitgliede die rechtliche Selbständigkeit erfordert wird, versteht sich von selbst. Unter Vormundschaft oder väterlicher Gewalt stehende Personen können daher ohne die durch die Gesetze erforderliche Genehmigung ihrer Vormünder und Väter nicht Mitglieder werden. Und der Vormund bedarf sogar der gerichtlichen Genehmigung (Crüger-Crecelius, Kommentar, 9. Aufl., § 15 Anm. 5). Ehefrauen sind nach den Bestimmungen des BGB. rechtsfähig und können daher selbständig die Mitgliedschaft bei der Genossenschaft erwerben. Gleichwohl wird zu empfehlen sein, in der Regel die Ehefrau nur mit Genehmigung des Ehemannes aufzunehmen, weil das Güterrecht unter Umständen dem Gläubiger der Ehefrau es außerordentlich erschwert, zu seinem Recht zu kommen. Ist die Ehefrau Handelsfrau, betreibt sie selbständig ein Handelsgewerbe, dann steht natürlich ihrer Aufnahme als selbständiges Mitglied in die Genossenschaft nichts im Wege. Ist Mann und Frau Mitglied bei der Genossenschaft, so wird, dies mag schon hier bemerkt werden, für die Kreditgewährung, wenn die Verhältnisse nicht ganz besonderer Art sind, daran festzuhalten sein, Mann und Frau nur als vermögensrechtliche Einheit zu betrachten. Eine Ausnahme möchte dann gelten, wenn Mann und Frau, was aber gewiß selten der Fall sein wird, getrennt Geschäfte betreiben, oder wenn der Mann ein Geschäft betreibt und die Frau ein bedeutendes Vorbehaltsgut ihr Eigen nennt. Jedenfalls ist in allen Fällen Vorsicht dringend geboten.

Heiratet ein weibliches Mitglied der Genossenschaft, so ändert dies an seiner Mitgliedschaft nichts, es ist nur durch den Vorstand die Namensänderung zur Eintragung in die Liste der Genossen anzuzeigen. Ob es zweckmäßig ist, in der Kreditgewährung an das nun verheiratete weibliche Mitglied Änderungen eintreten zu lassen, ob man fordern soll, daß auch der Ehemann Mitglied wird und dieser statt der Frau den Kredit nimmt, das hängt von der Sachlage im einzelnen Falle ab.

In der Regel wird man auch Personen nicht aufnehmen, die bereits Mitglied einer anderen Kreditgenossenschaft sind, da die gleichzeitige Mitgliedschaft bei mehreren Kreditgenossenschaften leicht zu Täuschungen über die Vermögenslage benutzt werden kann (vgl. hierüber S. 41). Oben S. 15 bei der Besprechung der Unterschiede zwischen den Genossenschaftsformen ist hervorgehoben, daß die Schulze-Delitzsch'schen Kreditgenossenschaften den Wirkungskreis grundsätzlich soweit erstrecken, daß aus dem Geschäftsbetrieb sich die Lebensfähigkeit der Genossenschaft ergibt. Ein zu weitgehender Bezirk ist unverträglich mit dem Grundgedanken der Genossenschaft, daß die Mitglieder in der Generalversammlung persönlich ihre Rechte wahrzunehmen haben. Gleichwohl sind Genossenschaften gegründet, die sich über ganz Deutschland erstrecken. Nur selten hat sich dies bewährt.

VIII. Kapitel.

Die Organe der Kreditgenossenschaft und deren Zuständigkeit.

Daß die Mitglieder jeder Genossenschaft zu gemeinsamem Raten und Taten als Generalversammlung zusammentreten müssen, weil sie nur so in den Stand gesetzt werden, als konstituierte Gesamtheit ihre Interessen bei dem Unternehmen wahrzunehmen, dessen Träger sie sind, versteht sich von selbst. Doch reicht dies für einen geordneten geschäftlichen Verkehr nicht aus; vielmehr bedarf die Genossenschaft zur Leitung und Verwaltung ihrer Angelegenheiten im einzelnen, zu ihrer Vertretung nach außen, sowie zur Kontrolle der Leitung bestimmter Organe. Das Genossenschaftsgesetz fordert daher: Generalversammlung (§§ 43 ff.), Vorstand (§§ 24 ff.) und Aufsichtsrat (§§ 36 ff.). Die Begrenzung der Zuständigkeit jedes dieser Organe ist eine Aufgabe von größter Wichtigkeit, da das gehörige Ineinandergreifen ihrer Obliegenheiten einen geordneten Geschäftsgang bedingt. Es versteht sich zwar von selbst, daß keine Schablone gegeben werden kann für die Obliegenheiten der einzelnen Organe, jedoch müssen bei deren Bestimmung gewisse durchgreifende Gesichtspunkte festgehalten werden, wobei insbesondere in Betracht kommt, daß das Gesetz nach bestimmten Grundsätzen die Zuständigkeit der Organe zu einander durch Zuweisung bestimmter Rechte und Pflichten abgrenzt.

Bei der statutarischen Ordnung der Angelegenheit ist vor allem zu beachten, daß die betreffenden Bestimmungen klar und deutlich gefaßt sind, denn nichts gibt soviel Streit unter den Organen, als wenn nach der Fassung des Statuts Zweifel darüber entstehen können und entstehen, welches der Organe für die betreffenden Obliegenheit zuständig ist. Solange der Gang des Geschäfts ein guter ist und keine außergewöhnlichen Vorgänge vorliegen — solange alle Beteiligten Hand in Hand arbeiten, spielt freilich Statut und Geschäftsverteilung eine untergeordnete Rolle. In dem Augenblick aber, da sich nach der einen oder der anderen Richtung hin Schwierigkeiten zeigen, treten die Mängel der Organisation scharf hervor. Die Organisation muß in ruhiger Zeit so ausgestaltet sein, daß sie auch unter schwierigen Verhältnissen sich bewährt. Dies ist um so mehr notwendig, als die Grenzen der Zuständigkeit der einzelnen Organe natürlich flüssig sind.

Für die Geschäftsverteilung ist von dem Grundgedanken auszugehen, daß die Geschäftsführung bei dem Vorstand — die Kontrolle bei dem Aufsichtsrat — die konstituierende und normgebende Gewalt bei der Generalversammlung liegt. Das Nähere hierüber ist in den folgenden Abschnitten enthalten.

Die Generalversammlung.

„Die Rechte, welche den Genossen in den Angelegenheiten der Genossenschaft, insbesondere in bezug auf die Führung der Geschäfte zustehen, werden in der Generalversammlung durch Beschlußfassung der erschienenen Genossen ausgeübt". So bestimmt es § 43 d. Ges. Und wenn es dann weiter heißt: „Jeder Genosse hat eine Stimme", so wird damit einmal der korporative Charakter der Genossenschaft und dann die Eigenart der Personalgesellschaft scharf zum Ausdruck gebracht[1]). Nimmt man noch hinzu, daß die Kreditgenossenschaft den wesentlichsten Teil ihres Geschäftsbetriebes, das Kreditgeschäft, auf den Kreis der Mitglieder nach § 8 d. Ges. zu beschränken verpflichtet ist, so tritt klar hervor, wie grundsätzlich verschieden die Genossenschaft von allen anderen Gesellschaften ist. Ist doch die Kreditkund-

[1]) In gewissem Maße hat die Novelle vom 1. Juli 1922 allerdings zu einem Einbruch in diesen Grundsatz geführt. Auf diese Novelle ist der § 43a d. Ges. zurückzuführen, der bestimmt, daß bei Genossenschaften mit mehr als 10000 Mitgliedern die Generalversammlung aus Vertretern der Genossen sich zusammensetzt. Das Statut kann diesen Modus schon bei mehr als 3000 Mitgliedern vorschreiben. Das Statut hat auch die näheren Bestimmungen über Konstituierung und Zusammensetzung der Vertreterversammlung zu enthalten. Durch Novelle vom 19. Januar 1926 sind die mitgeteilten Zahlen auf 3000 bzw. 1500 herabgesetzt. Im Anhang ist ein Musterstatut für Genossenschaften mit Vertreterversammlung mitgeteilt. Ob sich die Vertreterversammlung praktisch bewähren wird, bleibt noch abzuwarten, da sich trotz mancher Fortschritte auch gewichtige Bedenken gegen sie erheben lassen, auf die an dieser Stelle nicht näher eingegangen werden kann (vgl. BlfG. 1926 S. 49, 114, 167, 289).

schaft identisch mit den Trägern des Unternehmens! Um so bedeutungsvoller sind die Rechte der Mitglieder — sind die Entschließungen der Generalversammlung.

Das den Kreditgenossenschaften zugrunde liegende Prinzip der Selbsthilfe und der Selbstverwaltung bedingt mithin nicht bloß das passive Eintreten der Mitglieder in die Gesamthaft als Kreditbasis der Genossenschaft, sondern auch ihre möglichst aktive Beteiligung bei der Ordnung und höchsten Entscheidung der Vereinsangelegenheiten; sie üben dieselbe in der Generalversammlung aus. Die eingetragene Genossenschaft hat rechtliche Selbständigkeit, sie bedarf daher einer gesetzlichen Vertretung und diese ist ihr durch das Gesetz in dem Vorstand gegeben; wenn nun der Vorstand auch nach außen Dritten gegenüber die Genossenschaft unbeschränkt vertritt und diese Vertretungsbefugnis nicht einmal beschränkt werden kann, so bleibt doch die Generalversammlung das oberste und für den inneren Geschäftsverkehr der Genossenschaft entscheidende Organ. Der Generalversammlung ist vorzubehalten

> die oberste konstituierende und normgebende — sozusagen gesetzgebende — Gewalt, d. h. die Bestimmung über die rechtliche und geschäftliche Grundlage, Zweck und Ausdehnung der Genossenschaft. Daraus ergibt sich, daß der Generalversammlung obliegt die Festsetzung der maßgebenden Grundsätze für die Verwaltung und die oberste Aufsicht über dieselbe, die in der Genehmigung der Bilanz besteht.

Natürlich wird sich die Sache im einzelnen bei den Genossenschaften verschieden gestalten und manches hier der Generalversammlung überwiesen werden, was man dort dem Vorstande und Aufsichtsrat selbständig überläßt, wobei stets aber daran festzuhalten ist, daß der Vorstand die Geschäftsführung, der Aufsichtsrat die Kontrolle hat, und gewisse Rechte allein zur Zuständigkeit der Generalversammlung gehören. Art des Geschäftsbetriebs, Zusammensetzung der Mitglieder, Mitgliederzahl sind dabei von entscheidender Bedeutung. Mit der Entwicklung der Kreditgenossenschaften haben sich tatsächlich die Grenzen für die Obliegenheiten der Generalversammlung verschoben. Rechtlich sind sie die gleichen geblieben. So war es in der ersten Zeit meist üblich, der Generalversammlung die Genehmigung der Geschäftsbedingungen, der Geschäftsanweisungen für Vorstand und

Aufsichtsrat zu übertragen — während man heute diese Angelegenheiten nicht mehr vor die Generalversammlung bringt. Die komplizierteren geschäftlichen Verhältnisse der Genossenschaften lassen es zum mindesten zweifelhaft erscheinen, ob eine große Versammlung[2]), die vielleicht nur zum kleinsten Teil aus Personen besteht, die für die Beurteilung der Vorlagen das richtige Verständnis haben, zuständig für derartige Angelegenheiten ist. Dazu kommt die erhebliche Vermehrung der Zahl der Mitglieder in vielen Genossenschaften, so daß die Entscheidung in solchen die Geschäftsführung indirekt betreffenden Fragen von Zufallsmehrheiten abhängig gemacht wird, wenn man die Regelung an die Genehmigung der Generalversammlung bindet. Mit der Vergrößerung der Mitgliederzahl ist endlich vielfach auch das genossenschaftliche Band gelockert, worauf wieder von großem Einfluß ist der Wirkungskreis der Genossenschaft. Die Beziehungen unter den Mitgliedern sind in Kleinstädten erklärlicherweise engere als in den Großstädten, wo für den Erwerb der Mitgliedschaft die Erledigung der Geschäfte mit der Genossenschaft allein ausschlaggebend ist und sonst keinerlei Beziehungen zur Genossenschaft und deren Leitung bestehen. Unrichtig wäre es, Genossenschaften, auf die diese Erwägungen zutreffen, den genossenschaftlichen Charakter etwa vollständig abzusprechen. Es bleibt für die Selbstverwaltung der Mitglieder noch ein weiter Spielraum, wenn nur die Mitglieder die ihnen durch das Gesetz zugewiesenen Rechte auch wirklich wahrnehmen. Eine zu weitgehende Ausschaltung der Generalversammlung hat zur Folge, daß die Genossenschaft einen wichtigen Teil der Aufgaben des Genossenschaftswesens verfehlt. Dieser besteht, wie Schulze-Delitzsch ausführt, darin, „daß die Mitglieder der Genossenschaft zur Einsicht in die Bedingungen und Aufgaben des gemeinsamen Geschäfts herangebildet und auf diese Weise mehr und mehr zum Eintritt in die Verwaltung fähig gemacht werden, was nur durch Verhandlung der wichtigsten Geschäftsfragen in den Generalversammlungen möglich wird. Für sich selbst sorgen und arbeiten lernen, sich lebendig bei dem Geschäfte betätigen, welches bestimmt ist, das so wichtige Kreditbedürfnis seiner Mitglieder zu befriedigen, darauf kommt es an. Die Fernhaltung der Generalversammlung rächt sich besonders dann, wenn Schwierigkeiten eintreten und bedeutendere Anforderungen an Ver-

---

[2]) Vgl. hierzu die Anmerkung auf S. 75.

ständnis und Opferwilligkeit der Mitglieder gestellt werden. Will man sich bei allen Vorkommnissen auf die Mitglieder verlassen können, so muß man sie auch einen Einblick in die Geschäfte gewinnen lassen. Dazu kommt noch, daß die durch ein solches Verfahren erzielte Öffentlichkeit der Bestrebungen auch sonst außerordentlich förderlich ist. Durch nichts — dies hat eine vielfältige Erfahrung bewiesen — vermögen nämlich die Genossenschaften sich das Vertrauen in die Solidität ihrer Verwaltungsgrundsätze und Redlichkeit ihrer Geschäftsführung sowohl bei ihren Mitgliedern wie beim Publikum wirksamer zu sichern, als durch eine offene Darlegung, in der die Beweggründe für die zu ergreifenden Maßregeln in überzeugender Weise erörtert, der Stand der Geschäfte und des Vermögens ohne Scheu zur öffentlichen Kenntnis gebracht wird". Also bei der Regelung der Zuständigkeit der Generalversammlung lasse man nicht außer Betracht, daß die Genossenschaft neben der geschäftlichen Aufgabe einen wichtigen erzieherischen Zweck hat und daß ihr Grundgedanke die Selbstverwaltung der Mitglieder ist.

Zu den häufigen Klagen der Verwaltungen gehört die über den schlechten Besuch der Generalversammlungen, und leider ist diese Klage nur allzu oft auch berechtigt. Es mag sich freilich aber auch die Verwaltung der Genossenschaft stets fragen, ob sie nicht einen Teil der Schuld an dem schlechten Besuch der Generalversammlung trägt. Wenn z. B. in der Generalversammlung den Mitgliedern nur eine Menge trockenen Zahlenmaterials vorgetragen wird, das von einzelnen gar nicht aufgefaßt und verstanden werden kann — wenn dann in aller Eile die verschiedenen Punkte der Tagesordnung Erledigung finden, dann braucht sich die Verwaltung nicht darüber zu wundern, daß die Mitglieder in Zukunft fortbleiben und sich zufrieden geben, wenn ihr Kreditbedürfnis ausreichend befriedigt wird und eine angemessene Dividende zur Verteilung gelangt. Die Verwaltung muß es verstehen, die Mitglieder für die Angelegenheiten der Genossenschaft zu interessieren, sie muß die Generalversammlung ordnungsmäßig durch Verteilung eines leicht verständlichen Geschäftsberichts vorbereiten, sie muß Themata auf die Tagesordnung setzen, die das Interesse der Mitglieder in Anspruch nehmen.

An Stoff zu Verhandlungen wird es nicht fehlen. So hat sich z. B. bei Genossenschaften mit ländlicher Bevölkerung sehr gut bewährt, wenn allgemeine landwirtschaftliche Fragen auf die Tagesordnung gesetzt werden. Es mag die Generalversammlung der Kreditgenossenschaft dazu benutzt werden, um den Gewerbetreibenden die Aufgaben anderer Genossenschaftsarten klarzumachen. Es mögen in der Generalversammlung die Mitglieder aufgeklärt werden über Ziele und Bestrebungen des Genossenschaftswesens überhaupt. Auch selbst Vorträge in der Generalversammlung über Zweck und Ziel der Kreditgenossenschaft werden großen Wert haben, denn ganz gewiß gibt es in jeder Kreditgenossenschaft Mitglieder, die z. B. über die vielfachen Möglichkeiten, aus der Geschäftsverbindung mit der Genossenschaft Nutzen zu ziehen, wenig unterrichtet sind. Die Mitteilungen über die AllgGenTage und Verbandstage, die Blätter für Genossenschaftswesen, die Jahrbücher bieten Anregungen genug. Bereits der AllgVerTag zu Eisenach (1878) hat es für eine Pflicht der Vorstände und Aufsichtsräte erklärt, die Beschlüsse und Verhandlungen der Allgemeinen Vereinstage sowie der Unterverbandstage in den Generalversammlungen zur Kenntnis und Besprechung der Mitglieder zu bringen, um der vielfach auftretenden Gleichgültigkeit der Mitglieder entgegenzuwirken, und der AllgVerTag zu Karlsruhe (1885) hat die Besprechung allgemeiner genossenschaftlicher Angelegenheiten empfohlen. Die Leitung der Genossenschaft muß die Generalversammlung sorgfältig vorbereiten und für eine Abwicklung der Tagesordnung sorgen, die geeignet ist, das allgemeine Interesse wach zu halten — dann werden auch die Klagen über den schwachen Besuch der Generalversammlungen, die heute nur leider zu oft gehört werden, vielleicht verstummen. Sorge man für inhaltvolle Verhandlungen, verschone die Mitglieder möglichst mit dem Vortrage von trockenem Zahlenmaterial und stelle den Besuch der Generalversammlung als eine Pflicht hin, die die Mitglieder mit ihrem Beitritt zur Genossenschaft übernommen haben, dann werden die Bemühungen der Verwaltung um guten Besuch der Generalversammlung seltener erfolglos sein.

§§ 43 ff. d. Ges., §§ 26 ff. des Statuts (siehe Anhang) ordnen Einberufung, Abhaltung und Obliegenheiten der Generalversammlung.

Nach dem Gesetz (§ 44) wird die Generalversammlung durch den Vorstand berufen und § 38 d. Ges. macht dem Aufsichtsrat die Berufung zur Pflicht, wenn es das Interesse der Genossenschaft erfordert. Berücksichtigt man, daß der Aufsichtsrat gewissermaßen der Vertrauensausschuß der Mitglieder ist, so wird es den Verhältnissen wohl am meisten entsprechen, wenn im Statut in erster Reihe dem Aufsichtsrat die Berufung zugewiesen wird. Die Generalversammlung muß nach § 45 d. Ges. berufen werden, wenn der 10. Teil oder der im Statut hierfür bezeichnete geringere Teil die Einberufung ordnungsmäßig verlangt. Dabei ist aber wohl zu beachten, daß der Aufsichtsrat oder der Vorstand gute Gründe haben können, dem Verlangen der Mitglieder nicht zu entsprechen. Um nicht die Entscheidung vollkommen der Willkür von Vorstand und Aufsichtsrat zu überlassen, bestimmt das Gesetz in § 45 Abs. 3, daß, wenn dem Verlangen der Mitglieder nicht entsprochen wird, das Gericht die Genossen, welche das Verlangen gestellt haben, zur Berufung der Generalversammlung (oder zur Ankündigung des Gegenstandes der Tagesordnung) ermächtigen kann. Das Gericht ist keineswegs verpflichtet, dem Antrag der Mitglieder zu entsprechen, es darf vielmehr füglich von jedem Gericht erwartet werden, daß, ehe es dem Antrage der Mitglieder nachkommt, es Vorstand und Aufsichtsrat hört, so daß, wenn es sich davon überzeugt, es handle sich um Schikanen, es dem Antrage der Mitglieder nicht entspricht.

Wie die Generalversammlung zu berufen ist, soll das Statut bestimmen (§ 6 Abs. 3, § 46 d. Ges.), dabei ist allgemein zu empfehlen: Berufung durch das in den Kreisen der Mitglieder gelesenste Blatt. In der Regel wird dann ausreichen, daß das Statut ein Blatt für die Bekanntmachungen bestimmt, nötigenfalls sind mehrere Blätter zu bezeichnen. In der Regel wird es auch genügen, wenn das Statut einmalige Einladung verordnet, wobei es den Organen der Genossenschaft unbenommen bleibt, mehrmals die Einladung bekannt zu geben, wenn es sich um sehr dringende Angelegenheiten handelt. Fordert das Statut mehrmalige Einladung, so ist die statutenmäßige Frist (§ 26 des Musterstatuts; siehe Anhang) von der letzten Bekanntmachung ab zu rechnen.

Zu jeder gültigen Beschlußfassung wird erfordert:

1. daß die Gegenstände der Verhandlung bei der Berufung als Tagesordnung bekanntgemacht worden sind, und
2. daß sich die Mehrheit der in der Versammlung Erschienenen über die Angelegenheit einigt.

Die Tagesordnung muß so gefaßt sein, daß aus jedem Punkte derselben der Verhandlungsgegenstand zu erkennen ist. So genügt es z. B. nicht, auf die Tagesordnung zu setzen „Statutenänderung", sondern es muß zum mindesten der Paragraph des Statuts bezeichnet sein, der abgeändert werden soll.

Aufzustellen und bekanntzumachen ist die Tagesordnung von dem Organ, das die Generalversammlung beruft, wobei dann aber auch die Anträge des anderen Organs aufzunehmen sind und ferner die Anträge, welche der zehnte Teil der Genossen oder der im Statut hierfür bezeichnete geringere Teil der Genossen einbringen. Wird dem Verlangen der Genossen nicht stattgegeben, so kann das Registergericht die Genossen, welche das Verlangen gestellt haben, zur Ankündigung des Gegenstandes ermächtigen (§ 45 Abs. 3 d. Ges.). Das Gericht hat in solchem Fall ebenso zu verfahren wie bei dem Antrage von Mitgliedern auf Ermächtigung zur Einberufung der Generalversammlung.

Bei der Festsetzung der Tagesordnung hüte man sich, die Gegenstände zu allgemein zu fassen, denn einmal kann die allgemeine Fassung eines Gegenstandes es zweifelhaft machen, ob eine gültige Beschlußfassung über einen bestimmten Gegenstand herbeigeführt werden kann, dann aber vor allem gibt sie den Mitgliedern allzu sehr Gelegenheit, sich in ihren Ausführungen zu verlieren und Gegenstände in die Erörterung hineinzuziehen, die nicht zur Tagesordnung gehören. Daher ist z. B. unter allen Umständen zu vermeiden, auf die Tagesordnung zu setzen: „Geschäftliche Mitteilungen", „Beschwerden" oder ähnliches.

Als Frist für die Einladung der Generalversammlung, mit der die Tagesordnung bereits nach Möglichkeit zu verbinden ist, schreibt das Gesetz eine Zeit von mindestens einer Woche vor (§ 46 d. Ges.), das Statut kann auch eine längere Frist — aber keine kürzere — bestimmen. Nach BGB. § 187 wird bei der Berechnung der Frist der Tag nicht mitgerechnet, auf welchen das Ereignis oder der Zeitpunkt fällt, es müssen daher volle 7 Tage zwischen dem Tage der Berufung und dem Tage der Generalversammlung liegen; dabei ist maßgebend der Tag der Zeitung (das Datum) und nicht etwa die früher erfolgende Ausgabe der Zeitung; vgl. Crüger-Crecelius, Kommentar z. Ges. § 46 Anm. 1.

Meist wird die Tagesordnung für die Generalversammlung mit der Einladung bekanntgegeben werden, es kann sich aber auch in der Zeit bis zur Generalversammlung noch die Ergänzung der Tagesordnung als erforderlich ergeben, oder Mitglieder treten noch mit Anträgen hervor. Für diese Fälle bestimmt das Gesetz (§ 46), daß die Gegenstände noch mindestens drei Tage vor der Generalversammlung angekündigt sein müssen.

Über nicht ordnungsmäßig bekannt gegebene Angelegenheiten kann ein Beschluß nicht gefaßt werden, hiervon sind ausgenommen Beschlüsse über Anträge auf Berufung einer außerordentlichen Generalversammlung und über die Leitung der Versammlung.

Die Leitung der Verhandlungen in der Generalversammlung wird man im allgemeinen dem Organ zusprechen, von welchem die Berufung ausgeht. Wird die Generalversammlung auf gerichtliche Ermächtigung durch die Mitglieder berufen, so haben diese den Vorsitzenden zu wählen. Sachgemäß hat das Gesetz (§ 46) der Versammlung selbst den Beschluß über die Leitung zugewiesen, auch wenn dies vorher auf der Tagesordnung nicht gestanden hat, weil unter Umständen nach dem Gange der Verhandlungen die Leitung unmöglich Vorstand und Aufsichtsrat überlassen werden kann. Nach § 6 Abs. 3 d. Ges. muß das Statut eine Bestimmung über den Vorsitz in der Generalversammlung enthalten. § 30 des Statuts regelt die Leitung der Generalversammlung.

Für die Leitung der Versammlung gelten[3]), falls nicht eine besondere Geschäftsordnung vorhanden ist, was sehr selten der Fall sein dürfte, die parlamentarischen Gebräuche.

Die für den Beschluß zu erfordernde Mehrheit ist verschieden je nach der Angelegenheit, um die es sich handelt. So schreibt das Gesetz bereits für eine Anzahl Fälle als Mindesterfordernis eine $^3/_4$-Mehrheit vor, nämlich bei der Beschlußfassung

1. über die Abänderung des Statuts (§ 16 d. Ges.);
2. über die Abänderung des Gegenstandes des Unternehmens (§ 16 d. Ges.);
3. über die Erhöhung des Geschäftsanteils (§ 16 d. Ges.);
4. über den Widerruf der Bestellung zum Mitgliede des Aufsichtsrats (§ 36 d. Ges.);
5. über die Auflösung der Genossenschaft (§ 78 d. Ges.)[4]);

---

[3]) Vgl. die Broschüre „Die Generalversammlung der Genossenschaft" von Otto Ibscher (Deutscher Genossenschafts-Verlag, Berlin W9).

[4]) Vgl. auch die Sonderbestimmungen in § 78a über die Auflösung von

6. über die Erhöhung der Haftsumme (§ 132 d. Ges.); (gilt natürlich nur für Genossenschaften mit beschränkter Haftpflicht);
7. über Umwandlung einer Genossenschaft mit unbeschränkter Nachschußpflicht in eine solche mit unbeschränkter Haftpflicht oder einer Genossenschaft mit beschränkter Haftpflicht in eine solche mit unbeschränkter Haftpflicht oder mit unbeschränkter Nachschußpflicht (§ 144 d. Ges.).

Nicht vorgeschrieben ist die Aufstellung einer Präsenzliste. Es ist aber dafür Sorge zu tragen, daß nur zur Teilnahme befugte Personen in den Saal kommen. Zu diesem Zweck wird am Eingange des Saales Kontrolle geübt. Jeder Eintretende hat sich z. B. durch sein Mitglieder-Geschäftsguthabenbuch zu legitimieren. Zweckmäßigerweise wird in der Berufung der Generalversammlung darauf aufmerksam gemacht werden.

Bei besonders wichtigen Gegenständen, z. B. bei der Beschlußfassung über Auflösung, hat sich als zweckmäßig erwiesen, noch ein Erschwernis einzuführen, nämlich die Beschlußfähigkeit der Generalversammlung von der Anwesenheit einer bestimmten Anzahl Mitglieder, z. B. $^1/_4$, abhängig zu machen. Um aber auch die Beschlußfassung nicht über Gebühr zu erschweren, unter Umständen sogar unmöglich zu machen, ist dann eine Bestimmung erforderlich, daß, wenn die erforderliche Anzahl der Genossen in der Generalversammlung nicht anwesend ist, eine zweite Generalversammlung, die mit einem im Statut näher zu bestimmenden Zwischenraum zur Erledigung derselben Tagesordnung anberaumt wird, ohne Rücksicht auf die Zahl der anwesenden Genossen gültig beschließen kann. Das Musterstatut verlangte früher eine gewisse Beschlußfähigkeit der Generalversammlung auch für Statutenänderungen; es ist diese Beschränkung fallen gelassen, da sie besonders bei Genossenschaften mit großer Mitgliederzahl unnötigerweise Statutenänderungen erschwert und zuweilen die Verwaltung von nötigen Änderungen des Statuts zurückschreckt.

Für Kreditgenossenschaften kommen noch die Sonderbestimmungen der §§ 78 a und b sowie §§ 93a ff. in Betracht, deren wesentlicher Inhalt folgender ist:

Über die Auflösung eines als eingetragene Genossenschaft bestehenden Vorschuß- und Kreditvereins kann nur von einer aus-

Kreditgenossenschaften und Sonderbestimmungen über Verschmelzung von Genossenschaften in § 93a des Gesetzes.

schließlich zu diesem Zwecke einberufenen Generalversammlung beschlossen werden.

Vor der Beschlußfassung ist der Revisionsverband, dem die Genossenschaft angeschlossen ist, oder, falls sie gegenwärtig einem Revisionsverbande nicht angehört, innerhalb der letzten drei Jahre angeschlossen war, darüber zu hören, ob die Auflösung mit dem Interesse des Mittelstandes vereinbar ist.

Das Gutachten des Revisionsverbandes ist in jeder über die Auflösung beratenden Generalversammlung zu verlesen. Dem Revisionsverband ist Gelegenheit zu geben, das Gutachten in der Generalversammlung zu vertreten.

Widerspricht die Auflösung der Genossenschaft nach dem Gutachten des Revisionsverbandes dem Interesse des Mittelstandes, so bedarf der Beschluß, die Genossenschaft aufzulösen, unbeschadet weiterer Erschwerungen durch das Statut einer Mehrheit von drei Vierteilen der Genossen in zwei mit einem Abstand von mindestens einem Monat aufeinanderfolgenden Generalversammlungen.

Die Verschmelzung einer Genossenschaft (aufgelöste Genossenschaft) mit einer anderen Genossenschaft, die die gleiche Haftform hat (übernehmende Genossenschaft) ist nur auf Grund von Beschlüssen der Generalversammlungen beider Genossenschaften zulässig. Die Beschlüsse bedürfen unbeschadet weiterer Erschwerungen durch das Statut einer Mehrheit von drei Vierteilen der in der Generalversammlung erschienenen Genossen; die Vorschriften der §§ 78a und 78b d. Ges. finden keine Anwendung.

Die Verschmelzung ist durch die Vorstände beider Genossenschaften gemeinschaftlich ohne Verzug zur Eintragung in das Genossenschaftsregister des Sitzes der beiden Genossenschaften anzumelden.

Mit der Eintragung der Verschmelzung in das Genossenschaftsregister des Sitzes der aufgelösten Genossenschaft gilt die Auflösung und der Übergang des Vermögens dieser Genossenschaft einschließlich der Schulden auf die übernehmende Genossenschaft als erfolgt; die Firma der aufgelösten Genossenschaft erlischt.

Groß ist die Zahl der Kreditgenossenschaften, die so viele Mitglieder haben, daß sie gar keinen Saal finden, der alle Mitglieder faßt. Wie dann? Die Verwaltung wird in solchem Falle den größten und geeignetsten Saal nehmen. Die Mitglieder, die nun nicht zur Teilnahme an der Generalversammlung gelangen können, sind ihres Stimmrechts beraubt, ohne daß sie aber in der Lage sind, die Beschlüsse anzufechten. Einen gewissen Schutz bietet der § 43a d. Ges., der die Vertreter generalversammlung bei großen Genossenschaften vorschreibt (vgl. Anm. S. 75).

Die Art der Abstimmung muß durch das Statut bestimmt werden, wobei man in der Regel mit Abstimmung durch Aufheben der Hände auskommen wird; nur für Wahlen dürfte an der geheimen Abstimmung festzuhalten sein. Eine Auswahl läßt das Musterstatut zu.

Eine Bestimmung für die Beurkundung der Beschlüsse muß das Statut nach § 6 Ziff. 3 d. Ges. enthalten. Bei der Beurkundung der Beschlüsse ist selbstverständlich größte Sorgfalt geboten. Vgl. im Anhang Muster für das Protokoll einer Generalversammlung.

Bei Wahlen ist der Wahlgang genau anzugeben; handelt es sich um Vorstandswahlen, die nach dem Statut auf Vorschlag des Aufsichtsrats erfolgen[4a]), so ist der Vorschlag des Aufsichtsrats anzuführen und genau das Stimmenverhältnis mitzuteilen; bei Abstimmungen über Bilanzen ist zu unterscheiden zwischen der Genehmigung der Bilanz, der Erteilung der Entlastung und der Beschlußfassung über Verteilung von Gewinn und Verlust.

Für die Ausübung des Stimmrechts bestimmt, wie erwähnt, § 43 d. Ges.: „Jeder Genosse hat eine Stimme". Das Mitglied muß in der Lage sein, von der Handhabung der Geschäftsführung Kenntnis zu nehmen und in der Generalversammlung eine Einwirkung auf dieselbe ausüben zu können.

Weder kann einem Genossen dies Stimmrecht entzogen, noch kann ihm mehrfaches Stimmrecht eingeräumt werden. Nur der Ausgeschlossene verliert sein Stimmrecht nach § 68 d. Ges., und der Genosse darf sein Stimmrecht nicht ausüben, der durch die Beschlußfassung entlastet (z. B. Vorstandsmitglieder) oder von einer Verpflichtung befreit werden oder mit dem ein Rechtsgeschäft abgeschlossen werden soll. Das allgemeine gleiche Stimmrecht gilt auch für die Genossenschaften mit beschränkter Haftpflicht, wenn ein Mitglied mehrere Geschäftsanteile erworben hat. Diese Bestimmung ist die notwendige Folge des Personalcharakters der Genossenschaft und der Solidarhaft der Mitglieder.

[4a]) Das Musterstatut geht von der Wahl und Anstellung durch den Aufsichtsrat aus.

Das Stimmrecht ist nur in den im Gesetz vorgesehenen Ausnahmen übertragbar, woraus eine gewisse räumliche Begrenzung der Genossenschaft folgt.

Durch andere (Genossen oder Nichtgenossen) kann das Stimmrecht ausgeübt werden, wenn der Genosse handlungsunfähig oder eine Korporation, Handelsgesellschaft, Genossenschaft oder ein Personenverein ist. Das Stimmrecht wird dann durch den gesetzlichen Vertreter (oder die gesetzlichen Vertreter) oder einen Bevollmächtigten der Gesellschaft oder des gesetzlichen Vertreters des handlungsunfähigen Genossen ausgeübt. Außerdem können weibliche Mitglieder ihr Stimmrecht einem Bevollmächtigten zur Wahrnehmung ihrer Rechte in der Generalversammlung übertragen, wenn das Statut die Teilnahme von Frauen an der Generalversammlung ausschließt. Ein triftiger Grund für eine derartige Ausschließung ist nicht zu erkennen. Ein Bevollmächtigter kann nicht mehr als einen Genossen vertreten.

Auf diese Fälle beschränkt sich die Vertretung durch einen Bevollmächtigten.

Natürlich kann auch ein Mitglied Bevollmächtigter oder gesetzlicher Vertreter sein, in welchem Falle er doppeltes Stimmrecht hat.

Vorstand und Aufsichtsrat in ihrer gegenseitigen Stellung.

Durch die Bestimmung des Gesetzes (§ 17), daß die Genossenschaften als Kaufleute im Sinne des Handelsgesetzbuches gelten und die Anerkennung der Genossenschaft als Rechtsperson, vermöge deren sie Eigentum erwerben, vor Gericht klagen und verklagt werden kann, sind die Genossenschaften in vieler Hinsicht in das System des Handelsrechts eingeordnet. Es ist ein im Handelsgesetzbuch durchgeführter und auch in das Genossenschaftsgesetz (§§ 24, 26, 27 d. Ges.) übernommener Grundsatz: daß jede zu einem eigentlichen Geschäftsbetrieb vereinigte Gesellschaft durch ihre Vorstände dritten Personen gegenüber unbedingt vertreten und verpflichtet wird, und daß alle im Gesellschaftsvertrag enthaltenen Beschränkungen den Vorstand nur der Gesellschaft gegenüber verpflichten, nicht aber das ohne ihre Beachtung abgeschlossene Geschäft Dritten gegenüber ungültig machen.

Der Grund dafür liegt darin, daß ein gesunder, nach allen Seiten hin gedeihlicher Handel vor allem Einfachheit und Sicherheit in seinen Rechtsformen erfordert, folglich also schwierige Informationen über die Legitimation der Parteien, von der die Rechtsverbindlichkeit der Geschäftsabschlüsse abhängt, nicht erforderlich sein dürfen.

Diese in dem Genossenschaftsgesetze den Vorständen verliehene Machtvollkommenheit haben die Genossenschaften wohl zu berücksichtigen und in ihren Einrichtungen Vorsorge gegen den etwaigen Mißbrauch derselben zu treffen. Man hat daher, wie das Musterstatut (§§ 21 ff.) und die Geschäftsanweisung ergeben, zum Schutze gegen den Mißbrauch dieser Befugnisse wirksame Hilfsmittel nach verschiedenen Richtungen hin gesucht, die wesentlich auf Einführung einer durchgreifenden, mit entscheidenden Befugnissen ausgestatteten Kontrolle hinauslaufen. Sie liegen zum Teil innerhalb des Vorstandes, zum Teil bestehen sie für den Aufsichtsrat dem Vorstand gegenüber.

Selbstverständlich beruhen diese Kontrollen nicht in dem Mißtrauen einem Vorstandsmitgliede gegenüber, denn wo Mißtrauen besteht und gerechtfertigt ist, muß das betreffende Vorstandsmitglied sofort entfernt werden. Diese hier vorgeschlagenen Kontrollen folgen zum Teil daraus, daß das Gesetz aus dem erwähnten Grunde eine Kontrolle vorschreibt, zum Teil sind sie darauf zurückzuführen, daß die Genossenschaft fremde Gelder verwaltet. Für die Genossenschaft aber sind sie auch deswegen ganz besonders wichtig, weil die Geschäftsführung der Kreditgenossenschaft vielfach — was in den Verhältnissen begründet ist — nicht in den Händen von Fachleuten liegt.

Zunächst also handelt es sich um die gegenseitige Kontrolle der Vorstandsmitglieder untereinander, die man am besten dadurch erreicht, daß man zu jedem Geschäftsabschluß, namentlich zur Zeichnung von verpflichtenden Urkunden, die Mitwirkung von mindestens zwei Vorstandsmitgliedern erfordert und vorschreibt, daß alle Geldgeschäfte (Ein- und Auszahlungen) nur in Anwesenheit von zwei Vorstandsmitgliedern während der Geschäftsstunden vorgenommen werden dürfen. Auf diese Weise entzieht man die Geschäfte der Willkür eines einzelnen. Weiteres hierüber in dem von dem Vorstand handelnden Abschnitt S. 90.

Von der größten Wichtigkeit ist daneben die richtige Bemessung der dem eigentlichen Kontrollorgane, dem Aufsichtsrate, zu übertragenden Rechte und Pflichten, mittels deren man die wirksame Beaufsichtigung der Verwaltung durch ihn sichert.

Nach §§ 24 ff. d. Ges. ist die Vertretung der Genossenschaft und der Abschluß von Geschäften für sie in die Hände des Vorstandes gelegt, der in dieser Tätigkeit nur durch Beamte oder Bevollmächtigte, niemals aber durch den Aufsichtsrat ersetzt werden kann. Der Aufsichtsrat nimmt die ihm durch das Gesetz zugewiesene Stellung als Kontrollorgan ein. Danach hat derselbe nicht die Geschäfte zu führen, sondern die gesamte Geschäftsführung des Vorstandes zu überwachen, sowie das ganze Kassen- und Rechnungswesen unter steter Aufsicht zu halten; er kann die Vorstandsmitglieder vorläufig von der Geschäftsführung entheben, und hat dann wegen deren Fortführung die nötigen Anordnungen zu treffen (§ 40 d. Ges.)[5]).

Hieraus ergibt sich mit Notwendigkeit die strenge Scheidung beider Organe. Soll der Aufsichtsrat die Verwaltung überwachen, so darf er selbst nicht mitverwalten.

Nach § 27 d. Ges. können nicht mit Wirkung Dritten, sondern nur der Genossenschaft gegenüber — dem Vorstand Beschränkungen in der Geschäftsführung auferlegt werden, er kann für gewisse Geschäfte an die Genehmigung der Generalversammlung oder des Aufsichtsrates gebunden werden. Es kann vorgeschrieben werden, daß gewisse Angelegenheiten in gemeinsamen Sitzungen des Aufsichtsrates und Vorstandes behandelt und erledigt werden sollen. Niemals aber darf die Abstimmung in diesen Sitzungen dann in der Art stattfinden, daß nach Köpfen abgestimmt wird, so daß für die Abstimmung nur die Anzahl der aus beiden Organen anwesenden Personen gezählt wird, vielmehr haben Vorstand und Aufsichtsrat getrennt abzustimmen, so daß ein Beschluß nur dann zustande gekommen ist, wenn er sowohl die Mehrheit der Vorstandsmitglieder wie der Aufsichtsratsmitglieder gefunden hat. In eigentlichen Verhaltungsmaßregeln, bei Angelegenheiten der Geschäftsführung darf

[5]) Nur in den Fällen der Prozeßführung gegen die Vorstandsmitglieder und bei den mit ihnen abzuschließenden Verträgen tritt der Aufsichtsrat als Vertreter der Genossenschaft auf (§ 39 d. Ges.).

niemals dem Aufsichtsrate eine positive Einwirkung insoweit gegeben werden, daß er etwa in die Lage kommen kann, den Vorstand zur Vornahme derselben zu zwingen. Das Recht des Aufsichtsrates bei den Angelegenheiten, die Vorstand und Aufsichtsrat gemeinsam übertragen sind, beschränkt sich auf ein „Veto", d. h. er kann die Ausführung verhindern, indem er dagegen stimmt, aber er kann sie nicht veranlassen. Es darf nicht dazu kommen, daß der Aufsichtsrat, der über die größere Anzahl Mitglieder verfügt, den Vorstand überstimmt. Denn sobald er Geschäftsabschlüsse gegen den Willen des Vorstandes durch dessen Majorisierung bei der Beschlußfassung oder durch selbständige Anordnung herbeiführen kann, würde auf seiner Seite die Kontrolle, auf seiten des Vorstandes die Verantwortlichkeit dafür aufhören.

„Andererseits," heißt es zutreffend in der Begründung des Gesetzes, „empfiehlt es sich hier ebensowenig wie bei den Aktiengesellschaften, den Aufsichtsrat ausschließlich auf eine kontrollierende Tätigkeit im engsten Sinne zu beschränken, d. h. ihm jede entscheidende Mitwirkung bei der inneren Verwaltung schlechthin zu entziehen. Als nur beobachtendes Organ und ohne jedes maßgebende Bestimmungsrecht würde derselbe leicht das Interesse an der Kontrolle und die Befähigung zu dieser selbst verlieren. Auch an sich ist es zweckmäßig, den Vorstand über besonders wichtige Angelegenheiten nicht allein entscheiden zu lassen." Ein Organ, das der Verwaltung völlig fern steht, kann in dieselbe einen Einblick nur schwer gewinnen und wird seine Aufsicht meist auf die formale Geschäftsführung beschränken, deshalb aber kaum in der Lage sein, Mißgriffen des Vorstandes rechtzeitig vorzubeugen.

Wie sich hiernach die Befugnisse des Vorstandes und Aufsichtsrates regeln, ergibt sich nach den aufgestellten Sätzen von selbst. Verwaltungshandlungen und Geschäftsabschlüsse, die irgendwie bei leichtsinnigem oder gar pflichtwidrigem Verhalten der Vorstandsmitglieder mit einem Risiko für den Verein verbunden sind, dürfen der Verantwortung des Vorstandes zwar nicht entzogen werden, niemals aber ohne oder gar gegen den Willen des Aufsichtsrates ausgeführt werden. Zwei Wege bieten sich. Entweder wird bestimmt, daß der Vorstand zu den Angelegenheiten, bei denen er beschränkt werden soll, die Genehmigung des Aufsichtsrates einholt —

oder die Angelegenheit wird der gemeinsamen Beratung vorbehalten; in dem letzteren Fall ist die Abstimmung eine getrennte.

Handelt es sich um Grundsätze, Geschäftsanweisungen und Geschäftsbedingungen, nach welchen in der Geschäftshandhabung überhaupt verfahren werden soll, dann wird man am zweckmäßigsten die Angelegenheiten der gemeinsamen Beratung der beiden Organe (bei getrennter Abstimmung) übertragen. Über die Behandlung des wichtigsten Geschäftszweiges, der Kreditgewähr, und die Mitwirkung des Aufsichtsrates vgl. Kap. XIII.

Oft wird die Frage aufgeworfen: Was wird, wenn Vorstand und Aufsichtsrat sich über eine Angelegenheit, die ihnen zur gemeinsamen Erledigung überwiesen ist, nicht verständigen können? Die Antwort ist sehr einfach: es ist dann kein Beschluß zustande gekommen und die Sache muß zunächst auf sich beruhen. Wie aber, wenn sie dringend ist? Dann muß nochmals die Verständigung versucht werden — und schließlich kommt es zum Konflikt, in dem aber die Generalversammlung meist nicht direkt Schiedsrichter sein kann, denn auch sie kann nicht ohne weiteres über ihre Zuständigkeit hinaus. Schwere Konflikte pflegen ihre Entscheidung in der Amtsniederlegung zu finden. Dann kommt, sofern der Aufsichtsrat in Frage steht, die Entscheidung der Generalversammlung in Betracht. Für den Vorstand ist entscheidend, ob er durch die Generalversammlung oder durch den Aufsichtsrat gewählt wird. In jedem Falle liegt aber das letzte Wort bei der Generalversammlung.

Daß bei der Wahl in den Vorstand und Aufsichtsrat nach Möglichkeit zu nahe verwandtschaftliche Beziehungen unter den Vorstands- und Aufsichtsratsmitgliedern zu vermeiden sind, ist selbstverständlich. Das Gesetz besagt hierüber nichts, und auch in das Musterstatut ist keine Bestimmung aufgenommen, die zu nahe Verwandtschaft oder Schwägerschaft zwischen Vorstands- und Aufsichtsratsmitgliedern ausschließt, weil in kleinen Orten sich oft dies gar nicht wird umgehen lassen.

Der Vorstand.

Die Mitglieder des Vorstandes müssen Genossen sein (§ 9 d. Ges.). Sie sollen die Folgen des Gebrauchs ihrer Machtvollkommenheit selbst mit tragen.

Nicht notwendig ist, daß aus den Mitgliedern gewählt wird, es genügt, wenn der Gewählte bei seiner Anmeldung zur Eintragung in das Genossenschaftsregister Mitglied der Genossenschaft ist, und es reicht sogar aus, wenn dann gleichzeitig die Beitrittserklärung zur Eintragung in die Liste der Genossen dem Gericht vorgelegt wird.

Vorstandsmitglieder können nur physische Personen sein, also z. B. nicht Gesellschaften. Daß Frauen in den Vorstand gewählt werden können, ist selbstverständlich. Gewisse körperliche Gebrechen machen die Ausübung der Vorstandstätigkeit unmöglich, z. B. Blindheit. Beschränkte Geschäftsfähigkeit genügt. Es wird aber schwerlich eine Genossenschaft jemanden in den Vorstand — oder Aufsichtsrat — wählen, der nicht vollständig geschäftsfähig ist. Ist eine Genossenschaft Mitglied einer Genossenschaft, so können Mitglieder der ersteren in den Vorstand gewählt werden, ohne daß sie für ihre Person noch die Mitgliedschaft erwerben müssen (§ 9 d. Ges.). Die gleichen Grundsätze gelten durchweg für die Wahlen in den Aufsichtsrat.

Warnten wir vor zu nahen verwandtschaftlichen Beziehungen zwischen Vorstands- und Aufsichtsratsmitgliedern, so gilt dies natürlich noch um so mehr für verwandtschaftliche Beziehungen unter den Vorstandsmitgliedern. Es gibt freilich Genossenschaften, bei denen Vater und Sohn, Vater und Tochter dem Vorstand angehören und die zu den bestgeleiteten gehören. Derartige Ausnahmen können selbstverständlich nicht den Grundsatz ändern. Vgl. die Qualifikation S. 100.

Für die Wahl ist im Gesetz nicht vorgeschrieben, von wem sie vorgenommen werden soll. Wenn wir sie bisher der Generalversammlung übertragen haben, so folgte dies aus der weitgehenden Machtvollkommenheit des Vorstandes. Die Gesamtheit der Mitglieder — soweit von solcher in der Generalversammlung gesprochen werden kann — soll über die Personen entscheiden, welche sie an die Spitze der Genossenschaft gestellt sehen will, denen sie eine so große Gewalt einräumt, daß gewissenloser Gebrauch die schwersten Folgen für die Genossenschaft wie für jedes einzelne Mitglied herbeiführen kann.

In der Praxis ist man allerdings in der neueren Zeit mehr und mehr dazu übergegangen, daß die Wahl der Vorstandsmitglieder durch den Aufsichtsrat erfolgt. Diese Regelung ist auch in dem neuen Musterstatut vorgesehen. Es hat sich vielfach gezeigt, daß bei der Wahl des Vorstandes durch die Generalversammlung, wenn auch auf Vorschlag des Aufsichtsrates, sich Kliquen-Intrigen bemerkbar machten.

Für die Genossenschaften, die der Wahl der Vorstandsmitglieder durch die Generalversammlung den Vorzug geben, zumal aus der Erwägung heraus, daß bei der Wahl durch den Aufsichtsrat sich möglicherweise eine zu weitgehende Abhängigkeit der Vorstandsmitglieder vom Aufsichtsrat ergibt, sei hier noch folgendes zum Ausdruck gebracht: Es ist dringend notwendig, daß dann die Wahl der Vorstandsmitglieder an den Vorschlag des Aufsichtsrates gebunden ist und zwar derart, daß nur der vom Aufsichtsrat vorgeschlagene Kandidat gewählt werden kann. Die Generalversammlung kann nur zu den vom Aufsichtsrat vorgeschlagenen Persönlichkeiten durch Annahme oder Ablehnung Stellung nehmen. Der Aufsichtsrat muß es dann darauf ankommen lassen, ob er mit dem gleichen Vorschlag in einer weiteren Generalversammlung einen besseren Erfolg erzielt, oder ob es sich empfiehlt, nach einem der Generalversammlung genehmeren Kandidaten Umschau zu halten.

Die früher übliche Wahl *auf eine bestimmte Anzahl von Jahren* ist fast durchweg ersetzt durch die *Wahl auf Kündigung*, um die Vorstandsmitglieder unabhängig zu machen von den Zufälligkeiten einer Wahl — sie unabhängiger zu stellen.

Die *Kündigung ist dann eine gegenseitige.* Für die Genossenschaft wird dieselbe durch den Aufsichtsrat ausgeübt, doch muß gegen die Kündigung entweder dem Vorstandsmitgliede Berufung an die Generalversammlung gewährt werden, oder man läßt die Kündigung allgemein auf Antrag des Aufsichtsrates durch die Generalversammlung beschließen. Würde man die Kündigung allein in das Ermessen des Aufsichtsrates stellen, so würde dadurch die Stellung des Vorstandes dem Aufsichtsrate gegenüber nachteilig beeinflußt werden.

Es ist natürlich zuzugeben, daß hierin eine Beschränkung der Generalversammlung liegt, diese ist aber durch die Verhältnisse geboten. Man wird nicht leicht Berufs-Vorstandsmitglieder finden, die sich von Zeit zu Zeit einer Wahl unterziehen müssen, denn dadurch wird ihre Stellung unsicher. Die Genossenschaft ist tatsächlich durch das Recht der Kündigung genügend geschützt.

Die Bestimmung der Zahl der Vorstandsmitglieder stellt das Gesetz mit der Maßgabe in das Belieben der Genossenschaft, daß der Vorstand nicht aus weniger als zwei Mitgliedern bestehen darf (§ 24 d. Ges.), diese Einschränkung ergibt sich aus der Bestimmung in § 25 d. Ges., daß im Statut weniger als zwei Vorstandsmitglieder zur Zeichnung für die Genossenschaft nicht bestimmt werden dürfen. Demnach ist die Zahl der Vorstandsmitglieder im Musterstatut (§ 9) auf mindestens zwei festgesetzt. In der Praxis wird es zweckmäßig sein, den Vorstand aus drei Mitgliedern zusammenzusetzen, weil bei einem zweigliedrigen Vorstand infolge der Doppelzeichnung leicht Schwierigkeiten entstehen können. Wo nur zwei Vorstandsmitglieder vorhanden sind, wird bei jeder Verhinderung eines Vorstandsmitgliedes die Doppelzeichnung unmöglich, das Geschäft gerät ins Stocken und man muß, vielleicht für wenige Tage, eine mit Weitläufigkeiten und Kosten verbundene förmliche Stellvertretung einleiten. Dem wird durch die Wahl von drei Vorstandsmitgliedern möglichst vorgebeugt, von denen zwei als die Mehrheit ausreichen, die Genossenschaft zu vertreten, so daß die augenblickliche Behinderung eines Vorstandsmitgliedes den Geschäftsgang nicht unterbricht. Auch wegen der erforderlich werdenden Abstimmungen und Beurlaubungen von Vorstandsmitgliedern verdient die Dreizahl den Vorzug.

Zu warnen ist vor einem zu großen Vorstand, weil dabei die Verwaltung schwerfällig wird. Wenn beispielsweise fünf Vorstandsmitglieder vorhanden sind, so würde die Zeichnung und somit die Übereinstimmung von mindestens dreien, als der Mehrheit, zur Ausführung jedes Geschäfts erforderlich sein, da man bei einem fünfgliedrigen Vorstand nicht zweien gestatten kann — als der Minderheit — ohne oder gegen den Willen der anderen Rechtshandlungen vorzunehmen und die Genossenschaft zu verpflichten. Auch drei Vorstandsmitglieder werden bei kleineren Genossenschaften nicht viel Beschäftigung finden. Die laufenden Geschäfte werden von zwei Vorstandsmitgliedern besorgt werden. Dann muß das dritte Vorstandsmitglied aber dauernd von allen wichtigen Geschäftsvorgängen, insbesondere Kreditgewähr und Anlage von Geldern Kenntnis nehmen. Dasselbe trägt auch für Ordnungsmäßigkeit der Buchführung die volle Verantwortung (§ 33 d. Ges.), es hat die Bilanz mit zu unterschreiben. Zuweilen findet man für das dritte Vorstandsmitglied die Bezeichnung „Stellvertreter", um zum Ausdruck zu bringen, daß dasselbe für die Fälle der Behinderung eines Vorstandsmitgliedes zur Vertretung verpflichtet ist. Diese Bezeichnung entlastet aber das Vorstandsmitglied nicht von der Verantwortung für die Obliegenheiten, für die der gesamte Vorstand einzustehen hat (vgl. § 33 d. Ges.: Buchführung, Richtigkeit der Bilanz). Bei den meisten Kreditgenossenschaften werden die Geschäfte allein durch die Vorstandsmitglieder erledigt, — höchstens daß außer dem Vorstand ein Kassenbote vorhanden ist.

Bei großen Kreditgenossenschaften begegnet man zuweilen einem zweigliedrigen Direktorium, das für die Vertretung der Genossenschaft unterstützt wird durch „Bevollmächtigte" oder „Stellvertreter". Häufig erhalten dann einzelne Bevollmächtigte die Bezeichnung „stellvertretendes Vorstandsmitglied". In dem ersteren Fall richten sich die Befugnisse nach dem Umfang der Vollmacht, die sich nicht auf die Vertretung dem Registergericht gegenüber erstrecken kann (§ 157 d. Ges.), weswegen dann bei Behinderung eines Vorstandsmitgliedes nach dieser Richtung hin leicht Schwierigkeiten entstehen können. Die „stellvertretenden Vorstandsmitglieder" genügen auch für diesen Verkehr. Der Nachteil ergibt sich aus ihrer Stellung dem „Direktorium" gegenüber, als dessen Untergebene sie sich zu betrachten haben, obgleich sie nach dem Gesetz vielfach die gleiche Verantwortung zu tragen haben (vgl. §§ 35, 33 d. Ges.). Ferner ist zu bedenken, daß ein Mitglied des Vorstandes den Betrieb durch passives Verhalten zum Stillstand bringen kann.

Gegen einen zu großen Vorstand spricht auch die Notwendigkeit der Besoldung der Vorstandsmitglieder. In der ersten Zeit wird freilich die Verwaltung der Genossenschaft im wesentlichen eine ehrenamtliche sein. Sobald aber die Verhältnisse es gestatten, soll der Grundsatz: Leistung gegen Leistung zur Anerkennung kommen — im Interesse der Genossenschaft. Es handelt sich um ein geschäftliches Unternehmen, bei dem die ehrenamtliche Verwaltung nur so lange am Platze ist, als die Mittel zur Bezahlung fehlen. Die Verhältnisse können es sogar mit sich bringen, daß eine neugegründete Kreditgenossenschaft sich gleich auf den volksbankmäßigen Standpunkt stellt und mit Berufsvorstandsmitgliedern ins Leben tritt. Dann wird die Zweizahl statutarisch zu wählen sein und um die oben erwähnten Schwierigkeiten zu vermeiden, wird ein stellvertretendes Vorstandsmitglied vorzusehen sein.

Ehrenamtliche Vorstandsmitglieder erweisen der Genossenschaft durch unbezahlte Arbeit eine Gunst; sie wenden Zeit und Kraft in den Vereinsgeschäften aus sogenanntem guten Willen auf, stehen der Genossenschaft als Wohltäter gegenüber, und es ist überaus schwierig, ihnen eine strenge Geschäftsordnung vorzuschreiben, sie mit Nachdruck zur Erfüllung ihrer Pflichten anzuhalten, und für Fehler und Versäumnisse verantwortlich zu machen. Selbstredend braucht die Entschädigung nicht hoch zu sein, sie kann sich in bescheidenen Grenzen halten (vgl. S. 102).

Über die Anmeldung der Wahl beim Registergericht und zugleich der Zeichnung vgl. S. 36. Nur Neuwahlen sind zur Eintragung in das Genossenschaftsregister anzumelden. Nach der Novelle vom 12. Mai 1923 ist von einer Veröffentlichung des Vorstandes abgesehen, die früher bei jedem Wechsel im Vorstand notwendig war.

Zur Zeichnung des Vorstandes und Stellvertretung ist noch folgendes hervorzuheben:

Die Zeichnung durch die Vorstandsmitglieder, also die Handlung, durch die die Genossenschaft rechtlich verpflichtet wird, muß bei allen Geschäften in einer und derselben Art geschehen. Die Zeichnung geschieht nach § 25 d. Ges. in der durch das Statut bestimmten Weise und es müssen, wenn es an einer abweichenden Bestimmung fehlt, sämtliche Vorstandsmitglieder mitwirken (Kollektiv-Vertretung). Weniger als zwei Vorstandsmitglieder dürfen nach dem Gesetz hierfür nicht bestimmt werden. Von dieser Vorschrift kann im Statut auch nicht für eine Gattung von Geschäften abgegangen, und, z. B. etwa für Annahme von Spareinlagen nur eine Unterschrift, die des Kassierers gefordert werden. Über die Vollmachtserteilung vgl. weiter unten.

Unzulässig ist nach dem Gesetz die Beschränkung eines Vorstandsmitgliedes auf die Zeichnung gewisser Rechtshandlungen oder gar der Ausschluß eines Vorstandsmitgliedes von der Zeichnung, denn „gegen dritte Personen hat eine Beschränkung der Befugnis des Vorstandes, die Genossenschaft zu vertreten, keine rechtliche Wirkung" (§ 27 d. Ges.).

Die Doppelzeichnung erlangt ihre wirkliche Bedeutung jedoch erst dann, wenn die Vorstandsmitglieder die Zeichnung unter gegenseitiger Kontrolle abgeben, d. h. in den Geschäftsstunden, worauf wir sogleich zu sprechen kommen.

Vorsorge zu treffen ist im Statut für den Fall dauernder oder längerer Behinderung von Vorstandsmitgliedern oder deren Amtsenthebung. § 37 d. Ges. gibt nicht etwa dem Aufsichtsrat Recht und Pflicht, im Falle der Behinderung der Vorstandsmitglieder das Erforderliche zu veranlassen, sondern bestimmt nur, daß der Aufsichtsrat einzelne seiner Mitglieder zu Stellvertretern von behinderten Vorstandsmitgliedern bestellen kann, und daß während dieses Zeitraumes und bis zur erteilten Entlastung des Vertreters dieser eine Tätigkeit als Mitglied des Aufsichtsrats nicht ausüben kann. — § 40 d. Ges. regelt den Fall der Amtsenthebung von Vorstandsmitgliedern und bestimmt, daß alsdann der Aufsichtsrat „wegen einstweiliger Fortführung der Geschäfte das Erforderliche zu veranlassen" hat. Für alle übrigen Fälle der Behinderung muß das Statut Vorsorge treffen, das Musterstatut gibt dem Aufsichtsrate Recht und Pflicht, Vertreter zu bestellen.

Die Stellvertreter — ganz gleich, ob sie für ein behindertes Vorstandsmitglied oder ganz allgemein als solche bestellt sind — müssen als Vorstandsmitglieder zur Eintragung in das Genossenschaftsregister angemeldet werden und die Eintragung hat ohne Beschränkung ihrer Vertretungsbefugnis zu erfolgen. Es kann aber dem Vorstandsmitglied bei der Eintragung die Bezeichnung „Stellvertreter" gegeben werden. Die „Stellvertreter" sind also nach dem Gesetz vollberechtigte und vollverpflichtete Vorstandsmitglieder. Nach § 27 d. Ges. gilt die Wirkungslosigkeit einer Beschränkung der Befugnis des Vorstandes, die Genossenschaft zu vertreten, insbesondere für den Fall, daß die Vertretung „nur unter gewissen Umständen oder für eine gewisse Zeit stattfinden soll". So sind denn zwar solche Stellvertreter jederzeit befugt, als Vorstandsmitglieder aufzutreten, dem entsprechend tragen sie aber auch die Verantwortung für die dem Gesamtvorstande nach dem Gesetz obliegenden Pflichten, sie hätten z. B. die Bilanz mit zu unterzeichnen, bei allen Anmeldungen zum Genossenschaftsregister mitzuwirken. Es ist S. 94 bereits darauf hingewiesen, daß auch das Vorstandsmitglied, das als „Stellvertreter" bestellt ist, sich infolge seiner weitgehenden Verantwortung über den Geschäftsgang genau unterrichtet halten muß.

Es gilt die Kollektiv-Vertretung (S. 95). Die Geschäftsführung muß eine kollegialische sein. Zu diesem Zwecke finden regelmäßige Sitzungen statt, die am besten ein für allemal festgesetzt sind, unter der Leitung des Vorsitzenden. Hier werden die laufenden Geschäfte nach Stimmenmehrheit (bei zwei Vorstandsmitgliedern Stimmeneinheit) erledigt. Bei Berufung einer außerordentlichen Sitzung ist die Bekanntmachung der Gegenstände mit der Einladung zu verbinden; für die regelmäßigen Sitzungen ist dies nicht erforderlich. Derartige Sitzungen werden insbesondere in der ersten Zeit nach der Gründung der Genossenschaft erforderlich sein. Später werden die regelmäßigen Geschäfte in den Geschäftsstunden besprochen. Sitzungen sind vor allem dort erforderlich, wo mit „stellvertretenden Vorstandsmitgliedern" gearbeitet wird, weil sonst sich für diese schwer Gelegenheit bietet, sich über den Geschäftsgang unterrichtet zu halten.

Die Obliegenheiten des Vorstandes im einzelnen werden durch eine von Vorstand und Aufsichtsrat aufzustellende Geschäftsanweisung geregelt. Auf diese Geschäftsanweisung (vgl den Entwurf im Anhang) muß der größte Wert gelegt werden, besonders für kleine und mittlere Genossenschaften, für die sie so recht geeignet ist, die Vorstandsmitglieder mit ihren Obliegenheiten vertraut zu machen und an eine geordnete Verwaltung zu gewöhnen. Recht schwierig gestaltet sich, zumal bei kleinen Genossenschaften, die Innehaltung bestimmter Geschäftsstunden, innerhalb deren die Vorstandsmitglieder im Vereinslokal anwesend sind, um die vorkommenden Geschäfte zu erledigen, Zahlungen zu leisten oder anzunehmen (S. 87). Wo die Erledigung der Geschäfte **einem** Vorstandsmitgliede überlassen ist, da ist bald das ganze Geschäft in den Händen eines Vorstandsmitgliedes (meist ist es der Kassierer). Zunächst wird wohl auch bei Zahlungen die zweite Unterschrift eines weiteren Vorstandsmitgliedes eingeholt, die zwar auch keinen besonderen Wert hat, da das zweite Vorstandsmitglied gar nicht in der Lage ist, sich persönlich von der Zahlung zu überzeugen. Bald unterbleibt vereinzelt die Einholung der zweiten Unterschrift, bis ganz allgemein die Unterschrift des Kassierers allein als genügend betrachtet wird. Und dieses Vorstandsmitglied ist es dann auch, das selbständig alle sonstigen Geschäfte erledigt. Es ist richtig, daß unter gewissen Verhältnissen die Abhaltung regelmäßiger Geschäftsstunden unter Anwesenheit von zwei Vorstandsmitgliedern auf Schwierigkeiten stößt. Ist der Umfang des Geschäfts gering, so läßt sich die regelmäßige Anwesenheit zweier Vorstandsmitglieder dadurch erreichen, daß die Geschäftsstunden beschränkt werden, auf einige Stunden am Tage oder sogar nur auf einige Stunden an einigen Tagen; das reicht für den Anfang vollständig aus, und die Erfahrung hat ergeben, daß die Mitglieder sich sehr bald an die Einhaltung der Geschäftsstunden gewöhnen. Es sollte unter keinen Umständen geduldet werden, daß der Kassierer jederzeit den Mitgliedern zur Verfügung steht, denn dann hört jede wirksame Kontrolle auf und das Geschäft wird allein vom Kassierer geführt.

Die Genossenschaften, die keine regelmäßigen Geschäftsstunden glauben einführen zu können, haben nun die verschiedenartigsten Kontrollmaßregeln geschaffen. So muß bei einer Genossenschaft jeder Geldempfänger oder Spareinleger zum Kontrolleur, der über die einzunehmenden und auszugebenden Beträge genau Buch führt und die Eintragungen in die Sparbücher macht, die Schuldscheine ausstellt oder schriftliche Anweisung zur Auszahlung gibt. Der Kassierer nimmt nur Geld, nachdem er sich vergewissert hat, daß der Kontrolleur seine Notizen gemacht hat, und zahlt nur auf Anweisung des Kontrolleurs. Dadurch sind die Mitglieder und Gläubiger der Genossenschaft daran gewöhnt, bei allen Einlagen zwei Unterschriften zu erhalten und eine Abweichung von dieser Gewohnheit würde auffallen. Der Kontrolleur vergleicht wöchentlich die Einnahmen und Ausgaben des Kassierers mit seinen Büchern. Zu vervollständigen wäre diese Einrichtung noch dadurch, daß in Verhinderung des Kontrolleurs der Direktor dessen Amt ausüben müßte. Bei anderen Genossenschaften besteht bezüglich der Vorschüsse folgende ähnliche Einrichtung. Es muß jede Anweisung zur Geldauszahlung von mindestens zwei Vorstandsmitgliedern außer dem Kassierer unterschrieben sein, sonst zahlt der Kassierer nicht aus.

Ganz besonders zu empfehlen ist allen Kreditgenossenschaften, aber vor allem denen, bei welchen nicht während bestimmter Geschäftsstunden zwei Vorstandsmitglieder anwesend sind, die Einführung von Kassenbelegen, sowohl für Ein- wie Auszahlungen. Dann ist der Kontrolleur in der Lage, auf Grund der Belege das Kontrollbuch zu führen und das Kassenbuch zu kontrollieren. Auch gegen diese Einrichtung gibt es natürlich viele Einwände; es kommen ja nicht nur Kontoinhaber — es kommen Leute, die die Tragweite der Erklärung nicht verstehen usw. Alles zugegeben, so haben wir es doch mit einer sehr zweckmäßigen Kontrollmaßregel zu tun. Erwähnt sei auch, daß sich mehr und mehr der Gebrauch einbürgert, auch für den Sparkassen- und Depositenverkehr halbjährlich oder jährlich den Saldo zur Kenntnis der Kontoinhaber zu bringen und wie im Kontokorrent Anerkenntnis zu fordern.

Besondere Maßregeln sind auch zur Verhinderung von Veruntreuungen für den Geldvermittelungsverkehr mit der Post anzuwenden[6]).

Mit bezug auf die Verantwortlichkeit des Vorstandes seien die Strafbestimmungen erwähnt.

Es kommen zunächst die umfangreichen Strafbestimmungen der §§ 146 ff. d. Ges. in Betracht. Die Mitglieder des Vorstandes machen sich strafbar, wenn sie absichtlich zum Nachteile der Genossenschaft handeln (§ 146); in den von ihnen dem Gericht zu machenden Anmeldungen, Anzeigen und Versicherungen wissentlich falsche Angaben machen (§ 147); in ihren Darstellungen, ihren Übersichten über den Vermögensstand der Genossenschaft, über die Mitglieder und die Haftsummen, oder in den in der Generalversammlung gehaltenen Vorträgen den Stand der Verhältnisse der Genossenschaft wissentlich unwahr darstellen (§ 147); entgegen den Vorschriften in §§ 99, 118, 140 den Antrag auf Eröffnung des Konkursverfahrens zu stellen unterlassen (§ 148).

Besondere Beachtung verdient auch die Strafandrohung im § 149, nach der die Vorstandsmitglieder bestraft werden: „wenn ihre Handlungen auf andere als die im § 1 erwähnten geschäftlichen Zwecke gerichtet sind, oder wenn sie in der Generalversammlung die Erörterung von Anträgen gestatten oder nicht hindern, welche

[6]) Die größte Sicherheit gewährt die Einrichtung der Post, für Genossenschaften, welche Girokonto bei der Reichsbank oder Postscheckkonto haben, die eingehenden Zahlungen nicht direkt an die Genossenschaft zu leisten, sondern auf Girokonto bei der Reichsbank oder Postscheckkonto einzuzahlen. Vgl. BlfGW. 1902 S. 253. Für das Verfahren hat die Post besondere Bestimmungen herausgegeben.

auf öffentliche Angelegenheiten gerichtet sind, deren Erörterung unter die Gesetze über das Versammlungs- und Vereinsrecht fällt."

Etwaiger geringer Bildungsgrad des Vorstandsmitgliedes gilt nach der neuesten Rechtsprechung nicht als Strafausschließungsgrund, wenn das Vorstandsmitglied gegen die vorstehend besprochenen Gesetzesbestimmungen verstoßen hat. Bei dem Material, das heute den Vorstandsmitgliedern zur Information zur Verfügung steht, und zumal durch die Ausgestaltung der „Revision" ist auch jedes Vorstandsmitglied sehr wohl in der Lage, sich mit seinen Obliegenheiten genau vertraut zu machen.

Von besonderer Bedeutung für die Verantwortlichkeit des Vorstandes ist die Aufstellung der Bilanz und die Sorge für eine gehörige Buchführung. Auch ohne die besondere Verweisung des § 33 d. Ges. darauf würden diese Verpflichtungen den Vorstand nach dem Handelsgesetzbuch treffen, das für die Genossenschaften als Kaufleute im allgemeinen durch § 17 d. Ges. gilt. Aus diesem Grunde schon haben sie auch den Bestimmungen dieses Gesetzbuchs über die berührten Punkte zu genügen. Das zu beobachtende Verfahren, bei welchem neben den Bücherabschlüssen ganz besonders die Inventur in Betracht kommt, findet sich, unter Berücksichtigung der eingreifenden Tätigkeit des Aufsichtsrates, in dem Kapitel über die Buchführung besonders behandelt.

Von wesentlicher Bedeutung für die Verantwortlichkeit der Vorstände sind sodann die §§ 27 und 34 d. Ges., die gewissermaßen der Machtvollkommenheit derselben, durch ihre Handlungen die Genossenschaft Dritten gegenüber unbedingt zu verpflichten, als Gegengewicht dienen. Danach ist der Vorstand der Genossenschaft gegenüber zur Beobachtung aller durch Statut und Generalversammlungsbeschlüsse gezogenen Beschränkungen bei eigener Verantwortlichkeit verpflichtet; und Mitglieder desselben, welche die im Statut und die in den Beschlüssen der Generalversammlung festgesetzten Grenzen ihrer Befugnisse überschreiten, haften persönlich und solidarisch für den dadurch entstandenen Schaden. Daß dies ebenfalls bei einem Zuwiderhandeln der Vorstandsmitglieder gegen die ihnen erteilten Geschäftsanweisungen (oben S. 97) und mit ihnen abgeschlossenen Verträge eintritt, ist selbstverständlich.

Über die von den Vorstandsmitgliedern bei der Ausführung

ihrer Obliegenheiten wahrzunehmende Sorgfalt bestimmt das Gesetz in § 34:

„Die Mitglieder des Vorstandes haben die Sorgfalt eines ordentlichen Geschäftsmannes anzuwenden.

Mitglieder, welche ihre Obliegenheiten verletzen, haften der Genossenschaft persönlich und solidarisch für den dadurch entstandenen Schaden[7])".

Die Verantwortlichkeit ist überall eine weitgehende. Dabei ist es gleichgültig, ob das Vorstandsmitglied eine Vergütung bezieht oder nicht.

Mit der Verantwortlichkeit stehen die Vorschriften des Gesetzes über Entlassung und Enthebung der Vorstandsmitglieder vom Amte (§§ 24, 40 d. Ges.) im Zusammenhang. Um sich vor den Folgen pflichtwidrigen Verhaltens des Vorstandes zu schützen, hat man nicht bloß an den Ersatz von bereits verursachten, sondern ebenso sehr an die Abwendung von Schäden zu denken, die der Genossenschaft vielleicht in nächster Zukunft drohen. Letzteres ist jedenfalls wirkungsvoller. Sobald der Aufsichtsrat von der Unfähigkeit, Gewissenlosigkeit oder Nachlässigkeit der Vorstandsmitglieder hinreichende Beweise hat, muß deren sofortige Entlassung erfolgen, da das Gesetz ihre Stellung als zu jeder Zeit widerruflich erklärt (§ 24 d. Ges.). Es ist dem Aufsichtsrat im Gesetz (§ 38) die Befugnis beigelegt: Vorstandsmitglieder vorläufig, bis zur Entscheidung der ohne Verzug zu berufenden Generalversammlung von ihren Geschäften zu entheben und wegen einstweiliger Fortführung der Geschäfte das Erforderliche zu veranlassen.

Den Schluß der vorstehend erörterten Sicherheitsmaßnahmen bildet die Kautionsbestellung, die freilich nicht überall von sämtlichen Vorstandsmitgliedern verlangt wird, sondern oft allein vom Kassierer, dem Vorstandsmitgliede, durch dessen Hände die Einnahmen und Ausgaben gehen. Die Kautionsbestellung hat aber in der Regel den Wert nicht, der ihr vielfach beigemessen wird; Staat wie Kommune sehen heute vielfach von der Verpflichtung zur

---

[7]) Bei Auszahlung von Gewinn oder Geschäftsguthaben entgegen den Vorschriften im § 19 und § 22 d. Ges. sind die Vorstandsmitglieder zum Ersatz der Zahlung an die Genossenschaft verpflichtet, ohne daß ein Schadensnachweis erbracht zu werden braucht (§ 34 Abs. 3 d. Ges.).

Die Ersatzansprüche gegen die Vorstandsmitglieder verjähren in 5 Jahren (§ 34 Abs. 4 d. Ges.).

Kautionsbestellung ab. Ob die Kaution in Hypotheken, Wertpapieren oder barem Gelde, welches dann zinsbar außerhalb des Vereinsgeschäfts unterzubringen ist, bestellt werden soll, richtet sich nach den gegebenen Verhältnissen. Wird eine Kaution von den Vorstandsmitgliedern gestellt, so sollte dieselbe dem Aufsichtsrat zur Aufbewahrung übergeben werden, der sie unter besonderen Verschluß zu nehmen hat. Fehlt es an einem solchen im Geschäftslokal der Genossenschaft, so wird man am besten die Kaution in die Verwahrung der Reichsbank oder der Dresdner Bank Genossenschafts-Abteilung geben. Selbstverständlich ist Vorsorge zu treffen, daß der Vorstand nicht allein sich in den Besitz der Kaution setzen kann.

Daneben ist den Genossenschaften die Möglichkeit geboten, durch die Abteilung „Versichertenschutz" des Deutschen Genossenschaftsverbandes Versicherungen gegen Veruntreuungen der Angestellten der Genossenschaft einzugehen.

Von größter Wichtigkeit ist die richtige Besoldung der Vorstandsmitglieder; bereits oben (S. 94) ist die Notwendigkeit der Besoldung als Grundsatz aufgestellt. Sobald die Geschäftsführung eine fachmäßige Bildung der Vorstandsmitglieder erfordert und deren Zeit und Kraft erheblich in Anspruch zu nehmen beginnt, ist den Vorstandsmitgliedern ein der Leistungsfähigkeit der Genossenschaft entsprechendes Gehalt zu bewilligen. Neben demselben kann eine geringe Tantieme vom Reingewinn des Geschäfts als Nebenbezug in Betracht kommen. Diese Tantieme darf natürlich nicht so hoch sein, daß sie die Vorstandsmitglieder veranlassen könnte, die Geschäfte der Genossenschaft zur Erzielung hoher Gewinne zu entwickeln. Es liegt aber auch nicht im Interesse des Vorstandes, ihn hauptsächlich auf Tantieme zu stellen, denn in einem verlustreichen Jahre könnte es geschehen, daß der Vorstand für seine Mühewaltung nichts erhält. Außerordentlich bedenklich ist es, wenn zur Vermeidung einer solchen Lage die Tantieme vom Bruttogewinn oder gar vom Umsatz berechnet wird. Das heißt eine Prämie darauf setzen, die Geschäfte in ungesunde Bahnen hinüberzuführen.

Im Genossenschaftsgesetz fehlen Bestimmungen über die Tantiemeberechnungen, wie sie das HGB. für Aktiengesellschaften enthält; für letztere bestimmt HGB. § 237: „Wird den Mitgliedern des Vorstandes ein Anteil am Jahresgewinn gewährt, so ist der Anteil von dem nach Vornahme sämtlicher Abschreibungen und Rücklagen verbleibenden Reingewinn zu berechnen". Unter Rücklagen sind hierbei selbstverständlich auch die Überweisungen zum Reservefonds zu verstehen, es fallen dahin auch die bei guten Abschlüssen gemachten Rücklagen, auf die man in späteren weniger günstigen Jahren zurückgreifen will. Unbedingt muß den Kreditgenossenschaften empfohlen werden, bei der Tantiemeberechnung der Vorstandsmitglieder die gleichen Grundsätze anzuwenden.

Ein weiterer Nachteil des zu großen Interesses des Vorstandes an der Tantieme ist, daß nicht die notwendigen Abschreibungen vorgenommen werden.

Die Gehaltsfrage ist im Anstellungsvertrage zu regeln, der niemals fehlen sollte. Die Genossenschaft wird bei dem Abschluß des Anstellungsvertrages durch den Aufsichtsrat vertreten (§ 39 d. Ges.). Ob der Aufsichtsrat dabei die Genehmigung der Generalversammlung, insbesondere für die Festsetzung des Gehalts einzuholen hat, hängt von dem Statut ab. Das Musterstatut überläßt diesen Abschluß der Vereinbarung zwischen Vorstandsmitglied und Aufsichtsrat. Insbesondere ältere Kreditgenossenschaften sollten in dieser Weise verfahren.

Eine Frage von großer Bedeutung ist die Beurlaubung der Vorstandsmitglieder; es müßte als Grundsatz gelten, daß jedes Vorstandsmitglied für eine gewisse Zeit im Laufe des Jahres auf Urlaub geht und zwar im eigenen Interesse der Genossenschaft, denn in der Beurlaubung der Vorstandsmitglieder liegt vielleicht die beste und zuverlässigste Kontrollmaßregel.

Das Gesetz überträgt dem Vorstande eine Anzahl Obliegenheiten: der Vorstand hat für die nach den §§ 14, 15, 16 Abs. 3, 28, 33 Abs. 2 (§ 139), 51 Abs. 4, 63 Abs. 2, 69, 76 Abs. 2, 77 Abs. 2, 78 Abs. 2, 79 Abs. 2, 84 Abs. 1, 133 Abs. 2, 143 Abs. 3, 157 Abs. 2 d. Ges. notwendigen Anmeldungen, Anzeigen an das Gericht und für die vorgeschriebenen Veröffentlichungen über die daselbst bezeichneten Gegenstände zu sorgen, auch die ihm in den §§ 8 Abs. 2, 30, 33 Abs. 2, 47, 48 Abs. 2, 51 Abs. 3, 61 Abs. 2, 63 Abs. 1 d. Ges. auferlegten Verpflichtungen zu erfüllen, widrigenfalls ihn die in § 160 d. Ges. auf die Unterlassung gesetzten Strafen treffen.

Die nach den Bestimmungen in §§ 11, 14, 16, 28, 78, 79, 84, 85 Abs. 2, 133 d. Ges. vorgeschriebenen Anmeldungen zum

Genossenschaftsregister müssen durch sämtliche Mitglieder des Vorstandes persönlich bewirkt oder in beglaubigter Form eingereicht werden. Bei den sonstigen Anzeigen, Einreichungen und Erklärungen zum Genossenschaftsregister oder zu der Liste der Genossen bedarf es weder der Mitwirkung sämtlicher Vorstandsmitglieder nach der beglaubigten Form, sie sind aber in der für die Willenserklärungen der Vorstandsmitglieder vorgeschriebenen Form zu erstatten (§ 157 d. Ges.).

Von den gesetzlichen Obliegenheiten des Vorstandes ist von besonderer Wichtigkeit die Veranlassung der Revision nach Maßgabe der §§ 53 ff. d. Ges.

§ 53 d. Ges. bestimmt: „Die Einrichtungen der Genossenschaft und die Geschäftsführung derselben in allen Zweigen der Verwaltung sind mindestens in jedem zweiten Jahre der Prüfung durch einen der Genossenschaft nicht angehörigen, sachverständigen Revisor zu unterwerfen[8a])."

Gehört die Genossenschaft keinem Revisionsverbande an, so hat der Vorstand nach § 61 d. Ges. zu handeln, der vorschreibt:

„Für Genossenschaften, welche einem Revisionsverbande (§§ 55 bis 57) nicht angehören, wird der Revisor durch das Gericht (§ 10) bestellt.

Der Vorstand der Genossenschaft hat die Bestellung zu beantragen.

Die Bestellung erfolgt, nachdem die höhere Verwaltungsbehörde über die Person des Revisors gehört ist. Erklärt die Behörde sich mit einer von der Genossenschaft vorgeschlagenen Person einverstanden, so ist diese zum Revisor zu bestellen."

Die Ansprüche, die die Genossenschaften an die Vorstandsmitglieder stellen, wachsen von Jahr zu Jahr, und nicht bloß die Ansprüche steigern sich, auch die Verantwortung der Vorstandsmitglieder wird eine immer größere und so haben die Genossenschaften das lebhafteste Interesse daran, tüchtige Kräfte sich zu erhalten und im Falle eines Wechsels im Vorstand neue tüchtige Kräfte zu gewinnen. An den Gehältern zu sparen, wäre durchaus verfehlt. Aber da die Genossenschaft sich in den Grenzen halten muß, die sich durch ihre Ausbreitungsmöglichkeit und ihre Rentabilität ergeben, werden sie nur selten den Vorstandsmitgliedern hohe Gehälter bieten können. Die Genossenschaften des Deutschen Genossenschaftsverbandes haben, um den Vorstandsmitgliedern und Angestellten der Genossenschaften die Fürsorge für die Tage des Alters oder

---

[8a]) Durch Verordnung vom 27. Dezember 1923 ist die Revisionsfrist auf drei Jahre verlängert worden.

etwaiger Invalidität sowie für die Familie zu erleichtern, als Nachfolgerin der Allgemeinen Versorgungskasse die „Vorsorge" Versicherungsbank Deutscher Genossenschaften a. G. gebildet.

Bezüglich der Krankenversicherungspflicht der Vorstandsmitglieder hat die Reichsversicherungsordnung vom 19. Juli 1911 eine Veränderung gebracht. Bisher war es bestritten, ob neben den Angestellten auch die Vorstandsmitglieder krankenversicherungspflichtig seien — überwiegend wurde die Frage verneint. Das zweite Buch der Reichsversicherungsordnung, das seit dem 1. Januar 1914 in Kraft ist, hat in der Fassung vom 15. Dezember 1924 (Krankenversicherung), den Kreis der Versicherten erweitert und die Versicherungspflicht in Übereinstimmung mit den Bestimmungen der Invalidenversicherung gebracht — es sind also nunmehr alle hauptberuflich gegen Entgelt beschäftigten Vorstandsmitglieder bis zu einem Gehalt von 2700 RM. krankenversicherungspflichtig (§ 165 Abs. 1 Ziffer 2, Abs. 2 der RVO., RGBl. 1925 S. 2).

Von der Invalidenversicherung sind die Vorstandsmitglieder als gesetzliche Vertreter der Genossenschaften wie alle anderen kaufmännischen Angestellten befreit. Die Doppelversicherung in der Invaliden- und Angestelltenversicherung ist nach den neuen gesetzlichen Bestimmungen mit dem 1. Januar 1923 in Fortfall gekommen.

Für das Versicherungsgesetz für Angestellte fallen die Vorstandsmitglieder unter die versicherungspflichtigen Angestellten in leitender Stellung, wenn sie im Hauptberuf beschäftigt sind. Nach der Verordnung vom 23. April 1925 erstreckt sich die versicherungspflichtige Jahresarbeitsverdienstgrenze auf 6000 RM. Eine Darstellung der Versicherungs-Bestimmungen findet sich in den BlfGW. 1925 S. 334. Die Sachlage ist hiernach die, daß allerdings Vorstandsmitglieder wie auch Handlungsgehilfen sowohl der Krankenversicherung wie der Angestelltenversicherung unterliegen.

Der Aufsichtsrat.

Der Aufsichtsrat besteht, sofern nicht das Statut eine höhere Zahl festsetzt, aus drei von der Generalversammlung zu wählenden Mitgliedern (§ 36 d. Ges.). Die Wahl kann nach dem Gesetz nur durch die Generalversammlung erfolgen; so ist insbesondere Kooptationswahl unzulässig. Weniger als 5 Mitglieder sollte der Aufsichtsrat nicht haben. Die Zahl sollte aber auch nicht zu groß sein, da dann erfahrungsgemäß — abgesehen davon, daß ein zu großer Aufsichtsrat zu schwerfällig ist — leicht der eine sich auf den anderen verläßt. Wie die Vorstandsmitglieder, müssen auch die Aufsichtsratsmitglieder Genossen sein (§ 9 d. Ges.). Daß dieselben nicht gleichzeitig dem Vorstande angehören dürfen (§ 37 d. Ges.), ist bereits erwähnt (S. 96).

Zu diesen von der Generalversammlung gewählten Aufsichtsratsmitgliedern treten nach § 4 des Gesetzes über die Entsendung von Betriebsratsmitgliedern in den Aufsichtsrat vom 15. Februar 1922 bei Genossenschaften, die mehr als 20 Arbeitnehmer beschäftigen (§ 1 des Betriebsrätegesetzes) die vom Betriebsrat in den Aufsichtsrat zu entsendenden Mitglieder, deren Zahl 1 oder 2 beträgt. Die dem Aufsichtsrat angehörenden Betriebsratsmitglieder brauchen nicht, können aber die Mitgliedschaft erwerben. Mit der Einführung des Betriebsrätegesetzes haben eine Reihe größerer Kreditgenossenschaften es für richtig gehalten, innerhalb des Aufsichtsrates besondere Ausschüsse zu bilden.

Sehr wichtig ist die Auswahl der Personen für das Gedeihen und die gesunde Entwicklung der Genossenschaft. Der Aufsichtsrat soll eine sachgemäße Kontrolle der Geschäftsführung ausüben, er hat aber auch eine besondere Vertrauensstellung. Gelingt es der jungen Genossenschaft, angesehene Personen in den Aufsichtsrat zu bekommen, so wird dies viel dazu beitragen, daß ihr Betriebskapital zur Verfügung gestellt wird und ihr tüchtige Gewerbetreibende beitreten. Notwendig ist bei dem Aufsichtsrat große Personenkenntnis. Es sollen möglichst alle für den Geschäftsbetrieb der Genossenschaft in Betracht kommenden Berufsklassen ihre Vertreter im Aufsichtsrate haben, ganz besonders gilt dies für Handwerk und Landwirtschaft. Wenn irgend möglich sollten kaufmännisch geschulte Kräfte dem Aufsichtsrat angehören. Für volksbankmäßig entwickelte Genossenschaften ist dies sogar Erfordernis (Beschluß des AllgGenTages zu Cassel 1906, Mitt. S. 159). Bricht eine Genossenschaft infolge schlechter Geschäftsführung zusammen, so wird auch stets ein völliges Versagen des Aufsichtsrates festzustellen sein. Durchaus unzweckmäßig ist es, Stellvertreter für behinderte

Aufsichtsratsmitglieder zu wählen, da der Wahl der Stellvertreter wenig Aufmerksamkeit geschenkt wird und sich leicht der Mißstand einbürgert, daß der Stellvertreter glaubt, ein Recht auf Nachfolge zu haben. Natürlich nicht im rechtlichen Sinne, sondern tatsächlich. Der Aufsichtsrat besteht meist aus soviel Mitgliedern, daß er auch arbeitsfähig bleibt, wenn ein Aufsichtsratsmitglied stirbt oder an der Ausübung seines Amtes behindert wird. Und eiligenfalls muß eine Ersatzwahl vorgenommen werden. Nachwahlen erfolgen für den Rest der Wahlperiode.

Die Statuten pflegen zu bestimmen, daß die Aufsichtsratsmitglieder wiederwählbar sind. Dagegen wird sich gewiß nichts einwenden lassen, es erscheint sogar ganz selbstverständlich, daß tüchtige Kräfte dem Aufsichtsrat erhalten werden. Doch hat es auch seine Schattenseiten, wenn jahraus, jahrein der Aufsichtsrat aus denselben Personen besteht. Sind Unregelmäßigkeiten in der Geschäftsführung vorgekommen und einmal übersehen, dann ist ihre Entdeckung um so weniger zu erwarten, wenn dieselben Personen immer wieder die Kontrolle ausüben. Auch noch etwas anderes kommt in Betracht. Ein solcher Aufsichtsrat wird mit den Jahren für Neuerungen und Verbesserungen schwer zugänglich, er hat sich in die Verhältnisse eingelebt, findet sie gut und verhältnismäßig selten erlangt ein von dritter Seite ausgehender Rat Beachtung. Diesem Übelstande haben verschiedene Genossenschaften dadurch vorzubeugen gesucht, daß sie die Wiederwahl eines Aufsichtsratsmitgliedes für gewisse Zeit verbieten, um neues Blut in den Aufsichtsrat zu bringen. Nicht nur verhindern sie damit die bezeichneten Mißstände, sondern es werden auch im Laufe der Jahre ein großer Teil der Mitglieder zur Verwaltung herangebildet und es wird ein Stamm Mitglieder herangezogen, die auch als einfache Mitglieder imstande sind, der Verwaltung mit Verständnis zu folgen. Allerdings läßt sich eine solche Praxis wohl in der Regel nur bei größeren Genossenschaften durchführen, wo unter den Mitgliedern die geeigneten Personen für die Besetzung der Aufsichtsratsstellen leicht zu finden sind.

Die Wahlperiode wird man nicht zu kurz und nicht zu lang bemessen. Drei Jahre hat sich als angemessen ergeben. Es ist aber Vorsorge zu treffen, daß die Aufsichtsratsmitglieder nicht alle gleichzeitig sich der Wahl zu unterziehen haben, damit nicht etwa ein vollständig neu zusammengesetzter Aufsichtsrat aus der

Wahl hervorgeht, dem jeder Zusammenhang mit der bisherigen Verwaltung fehlen würde, wodurch der Geschäftsgang erheblich gestört werden möchte.

Für die Wahl ist absolute Mehrheit zu fordern, damit nicht infolge Stimmenzersplitterung Personen in den Aufsichtsrat gelangen, die die große Mehrheit der Mitglieder für ungeeignet hält. Die Wahlperiode läßt man von Generalversammlung zu Generalversammlung laufen und wählt in der Generalversammlung, mit der die Wahlperiode zu Ende geht.

Die Wahl sämtlicher Mitglieder wird in einem und demselben Wahlgange vorzunehmen sein, da es sich nicht, wie beim Vorstande, um verschiedene Funktionen der einzelnen Mitglieder handelt, vielmehr alle gleichmäßig zur Mitwirkung bei den ihnen gemeinsam übertragenen Geschäften berufen werden. Nach der Wahl erfolgt die Konstituierung durch Wahl eines Vorsitzenden und Schriftführers und nach Befinden von Stellvertretern.

Die Geschäftsbehandlung ist eine kollegialische, der Aufsichtsrat erledigt seine Geschäfte in regelmäßigen oder außerordentlichen Sitzungen, die durch den Vorsitzenden berufen werden. Die Abhaltung regelmäßiger Sitzungen ist durchaus geboten, soll der Aufsichtsrat ordnungsmäßig seine Obliegenheiten erfüllen und dauernd die Kontrolle ausüben. Einer gewissen Anzahl der Mitglieder des Aufsichtsrates sowie dem Vorstande steht das Recht zu, jederzeit die Berufung einer solchen Sitzung zu fordern. Die zur Beschlußfähigkeit erforderliche Zahl ist durch das Statut zu bestimmen (§ 36 d. Ges.).

Auch sind stets Protokolle über die Sitzungen aufzunehmen, die sicher aufbewahrt werden müssen. Darin sind aufzuführen:

a) die Beschlüsse in genauer Fassung;
b) die Namen der in den Sitzungen Anwesenden, nebst Feststellung der Beschlußfähigkeit;
c) der Vermerk über die entschuldigt Ausgebliebenen;
d) bei außerordentlichen Sitzungen der Nachweis der ordnungsmäßigen Berufung.

Auf die sorgfältige Protokollierung der Beschlüsse ist großer Wert zu legen, einmal, weil in gewissen Fällen die Legitimation des Aufsichtsrates auf die Beschlüsse zurückzuführen ist, dann aber auch vor allem wegen der Verantwortlichkeit der Aufsichtsratsmitglieder.

Unterzeichnung des Protokolls durch alle in der Sitzung Erschienenen ist erforderlich. Haben die Vorstandsmitglieder der Sitzung beigewohnt, wird man auch durch sie das Protokoll unterzeichnen lassen.

Eine Enthebung der Aufsichtsratsmitglieder vom Amte kann auch vor Ablauf der Wahlperiode durch die Generalversammlung jederzeit erfolgen und ist nicht von dem Vorliegen gesetzlich oder statutarisch bestimmter Gründe abhängig. Es kann auch die Enthebung nicht nach dem Gesetz an bestimmte Gründe gebunden werden, eine entsprechende statutarische Bestimmung würde gesetzwidrig sein. Der Beschluß bedarf einer Mehrheit von drei Vierteilen der erschienenen Genossen, Erschwernisse oder Erleichterungen für die Beschlußfassung durch das Statut einzuführen, ist unzulässig. Der Antrag auf Enthebung kann vom Vorstande, vom Aufsichtsrate oder den Mitgliedern in der für die Antragstellung der Mitglieder erforderlichen Anzahl (vgl. S. 81) ausgehen.

Die Besoldung der Aufsichtsratsmitglieder wird in den einzelnen Genossenschaften sehr verschieden gehandhabt. In den ersten Jahren wird die Tätigkeit eine rein ehrenamtliche sein. Später erhält der Aufsichtsrat dann eine Vergütung, die bald in Sitzungsgeldern, bald in einem bestimmten Betrag besteht. Bei einzelnen Genossenschaften erhält der Aufsichtsrat den gesamten Betrag überwiesen, und es ist ihm überlassen, denselben unter seine Mitglieder zu verteilen, bei anderen Genossenschaften wird die Vergütung für jedes Mitglied festgestellt. Nicht immer ist die Vergütung für alle Mitglieder gleich, sondern sie wird nach dem Umfang der Tätigkeit der einzelnen Mitglieder bemessen.

Bei großen Kreditgenossenschaften, bei denen die Verantwortung des Aufsichtsrates neben der Arbeitslast eine sehr große ist, ist eine angemessene, sich aber in mäßigen Grenzen haltende Entschädigung wohl am Platz. Freilich darf die Entschädigung nie so hoch sein, daß sie für Mitglieder als Anreiz dienen kann, sich um die Stelle eines Aufsichtsratsmitgliedes zu bewerben.

§ 36 d. Ges. verbietet die Zusicherung einer im voraus nach dem Geschäftserträgnis bemessenen Vergütung (Tantieme); es wäre aber statthaft, in der Jahresgeneralversammlung jedesmal beschließen zu lassen, daß ein bestimmter Prozentsatz des Reingewinns dem

Aufsichtsrate zugute kommt, doch entspricht es dem Wesen der Kreditgenossenschaft mehr, im voraus eine Summe zu bestimmen, die der Aufsichtsrat für seine Bemühungen erhält.

Nur in den in § 39 d. Ges. bestimmten Fällen liegt dem Aufsichtsrate eine Vertretung der Genossenschaft ob: bei dem Abschluß von Verträgen mit den Vorstandsmitgliedern — bei der Führung von Prozessen gegen Vorstandsmitglieder, die die Generalversammlung beschlossen hat. Ferner steht dem Aufsichtsrat die Genehmigung von Krediten an Mitglieder des Vorstandes zu, „soweit letztere nicht durch das Statut an noch andere Erfordernisse geknüpft oder ausgeschlossen sind." Das gleiche gilt, „von der Annahme eines Vorstandsmitgliedes als Bürgen für eine Kreditgewährung". Der Aufsichtsrat hat nach § 40 d. Ges. die Befugnis der vorläufigen Amtsenthebung der Vorstandsmitglieder „bis zur Entscheidung der ohne Verzug zu berufenden Generalversammlung". Er hat „wegen einstweiliger Fortführung der Geschäfte das Erforderliche zu veranlassen". Wie weit dies zu gehen hat, hängt von der Sachlage ab. Unter Umständen ist notwendig, daß er für das vom Amte enthobene Vorstandsmitglied einen Stellvertreter bestellt, der in das Genossenschaftsregister einzutragen ist. Die Anmeldung erfolgt aber nicht durch den Aufsichtsrat, sondern durch den Vorstand; bei der Anmeldung hat der berufene Stellvertreter mitzuwirken (§ 157 d. Ges.). Wie streng das Gesetz die Geschäftsführung des Vorstandes von der Kontrolle der Verwaltung getrennt wissen will, geht daraus hervor, daß nach § 37, wenn der Aufsichtsrat den Stellvertreter für das Vorstandsmitglied aus seiner Mitte bestellt, dieser in dem Aufsichtsrate erst dann wieder seine Tätigkeit aufnehmen kann, wenn ihm für die Zeit seiner Stellvertretung von der Generalversammlung Entlastung erteilt ist. Überhaupt ist der Aufsichtsrat bei der Bestellung der Stellvertreter aus seiner Mitte durch § 37 beschränkt, indem der Aufsichtsrat nur für einen im voraus begrenzten Zeitraum einzelne seiner Mitglieder zu Stellvertretern von behinderten Mitgliedern des Vorstandes bestellen kann.

Oben S. 86 ff. ist die Zuständigkeit des Aufsichtsrats gegenüber dem Vorstande vom grundsätzlichen Standpunkt aus behandelt.

Die wichtigsten regelmäßig wiederkehrenden Obliegenheiten des Aufsichtsrates liegen in der Kontrolle, in der dauernden Überwachung der Geschäftsführung des Vorstandes. Das Gesetz erteilt dem Aufsichtsrate zu diesem Zweck in § 38 d. Ges. die weitestgehenden Befugnisse[8]). Dabei ist wohl zu beachten, daß der Aufsichtsrat als solcher die Befugnisse hat und nicht das einzelne Aufsichtsratsmitglied, das mithin Kontrollmaßregeln nur immer kraft eines Aufsichtsratsbeschlusses ausüben darf.

In der Erteilung dieser Befugnisse[9]) liegt zugleich die Verpflichtung zu deren zweckentsprechendem Gebrauch.

War bei dem Vorstande die Aufstellung einer Geschäftsanweisung für notwendig erklärt, so gilt dies noch mehr für den Aufsichtsrat, in den vielfach Personen eintreten mit geringer Kenntnis ihrer Obliegenheiten, für die eine möglichst bestimmte Anweisung über Art und Umfang der Obliegenheiten erforderlich ist. Die Geschäftsanweisung muß von den Aufsichtsratsmitgliedern unterzeichnet sein. Es würde hier zu weit führen, die Obliegenheiten im einzelnen zu behandeln. Bei der großen Wichtigkeit einer sachgemäßen Ausübung der Kontrolle sei verwiesen auf das Buch von Kuckuck: „Der Aufsichtsrat in Genossenschaften. Praktische Anweisung für die Ausübung seiner Tätigkeit". (1908)[10]).

Kein Aufsichtsratsmitglied sollte es unterlassen, sich mit dem Inhalt dieses Buches vertraut zu machen. Jedem Aufsichtsratsmitgliede sollte bei der Unterzeichnung der Geschäftsanweisung das Buch übergeben werden. Ferner sei hier verwiesen auf das In-

---

[8]) § 38 d. Ges. Abs. 1 u. 2 lautet: Der Aufsichtsrat hat den Vorstand bei seiner Geschäftsführung in allen Zweigen der Verwaltung zu überwachen und zu dem Zweck sich von dem Gange der Angelegenheiten der Genossenschaft zu unterrichten. Er kann jederzeit über dieselben Berichterstattung von dem Vorstande verlangen und selbst oder durch einzelne von ihm zu bestimmende Mitglieder die Bücher und Schriften der Genossenschaft einsehen, sowie den Bestand der Genossenschaftskasse und die Bestände an Effekten, Handelspapieren und Waren untersuchen. Es hat die Jahresrechnung, die Bilanzen und die Vorschläge zur Verteilung von Gewinn und Verlust zu prüfen und darüber der Generalversammlung vor Genehmigung der Bilanz Bericht zu erstatten. Er hat eine Generalversammlung zu berufen, wenn dies im Interesse der Genossenschaft erforderlich ist.

[9]) Über die Mitwirkung des Aufsichtsrates bei der Kreditgewährung und über die Kreditgewährung an Aufsichtsratsmitglieder vgl. Kap. XI u. XIII.

[10]) Verlag von Walter de Gruyter & Co., Berlin.

venturprotokoll (Kap. XVI). Über den Umfang der kalkulatorischen Bilanzrevision vgl. weiter unten.

In den Sitzungen des Aufsichtsrates müssen auf dessen Erfordern die Mitglieder des Vorstandes erscheinen, um Auskunft zu erteilen. Die meisten Angelegenheiten werden in den gemeinschaftlichen Sitzungen beider Organe, die von dem Vorsitzenden des Aufsichtsrates zu leiten sind, erledigt werden. Für die Abstimmung in diesen Sitzungen ist zu beachten, was oben S. 88 gesagt ist.

Fassen wir die Tätigkeit des Aufsichtsrates zusammen, so ergibt sich folgendes:

Man kann von drei Hauptfragen sprechen:

1. was soll der Aufsichtsrat revidieren,
2. wann und wie oft soll er revidieren,
3. wer von dem Aufsichtsrat soll revidieren.

Die Beantwortung der Frage: was soll der Aufsichtsrat revidieren hängt ab von Art und Umfang des Geschäftsbetriebes der Genossenschaft. Der Maßstab ist ein anderer bei ländlichen kleinen Vereinen und bei volksbankmäßig entwickelten Kreditgenossenschaften. Im allgemeinen kann man sagen, daß die Kontrolltätigkeit des Aufsichtsrates nach folgender Richtung hin geht:

a) Bestandsrevision,
b) kalkulatorische Revision,
c) materielle Revision.

Die Bestandsrevision erstreckt sich auf Kasse, Wechsel, Effekten. Zu ihr gehört vor allem die Inventuraufnahme am Jahresschluß.

Unbedingt muß sich der Aufsichtsrat an der Inventur am Jahresschluß beteiligen.

Der AllgGenTag zu Stettin (1893) erklärt:

„Nach der Bestimmung in § 38 des Reichs-Genossenschaftsgesetzes hat der Aufsichtsrat die Jahresrechnung, die Bilanzen und die Vorschläge zur Verteilung von Gewinn und Verlust zu prüfen und darüber der Generalversammlung vor Genehmigung der Bilanz Bericht zu erstatten.

Dieser Verpflichtung kann der Aufsichtsrat nur genügen, wenn er durch Mitwirkung bei der Inventur am Jahresschlusse von deren ordnungsmäßiger Aufnahme und von dem wirklichen Bestande des Vermögens der Genossenschaft sich überzeugt hat.....

Der Genossenschaftstag empfiehlt deshalb,

die Genossenschaften sollen daher für die dem Geiste des Gesetzes nach gebotene Mitwirkung ihrer Aufsichtsräte bei der Inventur am Jahresschlusse besorgt sein, und überall da, wo Geschäftsanweisungen für den Aufsichtsrat nach den Beschlüssen der Vereinstage zu Wiesbaden und Eisenach, welche die Beteiligung des Aufsichtsrates bei der Inventur vorschreiben, noch fehlen, solche baldmöglichst einführen."

Vgl. im Kap. XVI das Inventurprotokoll, das eine zweckmäßige Anleitung für die Aufnahme der Inventur gibt.

Die Kassenrevision muß in erster Reihe eine unangemeldete sein. Bei der Wechselrevision ist u. a. auch zu kontrollieren, welche Wechsel weiter gegeben sind, ob die Wechsel dem Gesetz entsprechen. Bei der Revision der Effekten ist zu unterscheiden zwischen eigenen und fremden Effekten. Ganz besondere Aufmerksamkeit ist der Führung des Depotbuches zuzuwenden. Die Inventuraufnahme am Jahresschluß umfaßt die Aktiv- und die Passivseite. Für die Aktivseite erstreckt sich die Feststellung darauf, ob Ist- und Sollbestand übereinstimmt. Die Revision der Passivseite bringt naturgemäß gewisse Schwierigkeiten mit sich, weil wohl das Soll festgestellt werden kann, aber nicht das Ist. Ganz besondere Aufmerksamkeit ist zuzuwenden der Revision des Sparkassenverkehrs (vgl. oben S. 162).

Über die kalkulatorische Revision hat sich der AllgGenTag zu München (1912) wie folgt geäußert:

„Der Allgemeine Genossenschaftstag hält eine sorgfältige Prüfung der Geschäftsführung in allen Zweigen der Verwaltung, namentlich auch eine sorgfältige Prüfung der Jahresrechnung und Bilanz, sowie des Verzeichnisses der Genossen, selbstverständlich für erforderlich. Er erklärt aber — falls nicht besondere Verdachtsgründe vorliegen — die erforderliche Sorgfalt für angewendet, wenn der Aufsichtsrat im Laufe des Jahres durch sachgemäße, stichprobenweise vorgenommene Prüfungen der Geschäftsführung einschließlich der Buchführung, der Belastungsliste, der Urkunden und Wertbestände und durch regelmäßige Vorträge des Vorstandes über den Gang und Stand der Geschäfte, sowie durch Teilnahme an der Jahresinventur, durch genaue Prüfung der Buchauszüge einschließlich deren Additionen und Vergleichung der Bilanzziffern mit der Inventur und den Abschlüssen im Hauptbuch die Überzeugung gewonnen hat, daß der Vorstand die ihm zugewiesenen Funktionen gewissenhaft erfüllt, daß also die Geschäftsführung eine geordnete ist, wenn er, falls er Anstände findet, mit allen Mitteln auf Abstellung drängt."

Nach diesem Beschluß hat der Aufsichtsrat, wenn besondere Verdachtsgründe vorliegen, eine vollständige kalkulatorische Nachprüfung vorzunehmen oder zu veranlassen. In allen anderen

Fällen sind bei der Revision die im Beschluß bezeichneten Grundsätze anzuwenden. Die kalkulatorische Revision ist hiernach eine „stichprobenweise". Die „Stichproben" müssen aber sachgemäß vorgenommen werden, d. h. nach Grundsätzen, die die Möglichkeit bieten, daß der Aufsichtsrat auf Grund des Befundes bei den Stichproben ein sachverständiges Urteil über die Richtigkeit der Buchungen abzugeben in der Lage ist. Auszugehen ist bei der Anordnung der Stichproben von bestimmten Zeitabschnitten. Die stichprobenweise Revision hat sich zu erstrecken auf die Belege, auf Übertragungen, auf Personalkonten, auf die Korrespondenz, auf die Eintragung in das Hauptbuch, auf die Bilanzzahlen. Im übrigen ist mit der kalkulatorischen Nachprüfung der Bilanz durch den Aufsichtsrat die kontrollierende kalkulatorische Tätigkeit des Aufsichtsrats sicher nicht erschöpft, sie muß vorbereitet und ergänzt werden durch kalkulatorische Revisionen im Laufe des Jahres.

Ganz besondere Aufmerksamkeit ist zuzuwenden der Prüfung der Korrespondenz, insbesondere der Korrespondenz mit den Bankverbindungen. Eine Durchsicht dieser Korrespondenz kann den Aufsichtsrat, falls der Vorstand sich auf Geschäfte eingelassen hat, die er vermeiden sollte, am ehesten auf die richtige Fährte bringen. Die Prüfung der Korrespondenz ist notwendig, um etwaige fingierte Konten aufzudecken.

Zur kalkulatorischen Revision gehört eine Feststellung der Saldoanerkenntnisse. Dies ist von ganz besonders großer Bedeutung. An anderer Stelle ist schon darauf hingewiesen, daß erfreulicherweise die Zahl der Kreditgenossenschaften wächst, die auch im einfachen Sparkassenverkehr Saldoanerkenntnisse fordern. Kunden der Genossenschaft, die durchaus nicht zu bewegen sind, das Anerkenntnis abzugeben, muß, wenn es nicht anders geht, mit dem Abbruch der Geschäftsverbindung gedroht werden.

Zur kalkulatorischen Revision gehört die Revision der Bankauszüge.

Wir kommen zur materiellen Revision. Sie erstreckt sich auf den Wert der einzelnen Posten und ist insbesondere am Jahresschluß vorzunehmen, wenn der Aufsichtsrat die Bilanz auf ihre Richtigkeit hin einer Nachprüfung unterzieht. Die Konten müssen so angelegt werden, daß eine entsprechende Nachprüfung dem Aufsichtsrat möglich ist. An dieser Stelle sei bereits hingewiesen auf die Belastungsliste (Kap. XIII), die eine Übersicht der verschiedenen Kreditbelastungen der einzelnen Mitglieder gewähren soll, und die allein dem Aufsichtsrat die Möglichkeit bietet, sich über die Belastung der einzelnen Mitglieder ein klares, zuverlässiges Bild zu machen.

Die Frage, **wann und wie oft** die Revision vorzunehmen ist, kann dahin beantwortet werden, daß einerseits keine übergroße Belästigung des Verkehrs stattfinden soll, daß anderseits aber die Revision so oft und so umfassend vorgenommen werden muß, daß der Aufsichtsrat ein sachverständiges Urteil abzugeben in der Lage ist. Hierher gehört die Revision der Monatsbilanzen.

Die Frage, **wer** von dem Aufsichtsrat revidieren soll, ist zunächst dahin zu beantworten, daß das einzelne Aufsichtsratsmitglied an sich keinerlei Revisionsrechte hat (vgl. oben S. 111). Jedes Aufsichtsratsmitglied handelt nur im Auftrage des Aufsichtsrates. Nun kann in der Regel nicht die Rede davon sein, daß bei einer Revision der gesamte Aufsichtsrat mitwirkt. Es würde nur einer dem anderen im Wege sein. Zweckmäßig ist es daher, den **Aufsichtsrat in Kommissionen zu gliedern** und die Revisionstätigkeit unter die Kommissionen zu verteilen. Dabei ist dann noch folgendes zu beachten. Es sollen die Kommissionen nicht immer aus denselben Mitgliedern zusammengesetzt sein, denn dies hat leicht zur Folge, daß die Kommissionen einseitig werden und nach einer bestimmten Schablone arbeiten, so daß es dem Vorstande, der die Kommission täuschen will, ein leichtes ist, dies zu erreichen. Innerhalb der verschiedenen Kommissionen muß von Zeit zu Zeit ein Wechsel stattfinden.

Wenn der Aufsichtsrat nach diesen Grundsätzen seine Tätigkeit entwickelt, wird er in alle Winkel des Geschäfts hineinleuchten.

Erscheint die Lage der Genossenschaft dem Aufsichtsrat irgend bedenklich, oder fehlt es ihm an hinlänglich geübten Mitgliedern, so muß er einen kaufmännischen Bücherrevisor[11]) zuziehen, insbesondere ist dies notwendig, wenn es sich um Veruntreuungen oder sonstige durch gewissenlose Verwaltung veranlaßte Schäden handelt.

Bei großen Kreditgenossenschaften, wo der Aufsichtsrat außerstande ist, selbst umfassende kalkulatorische Revisionen der Bücher vorzunehmen, wird es sich empfehlen, zum Zweck dieser Revisionen einen Bücherrevisor anzustellen.

---

[11]) Genossenschaften, die einem **Revisionsverbande** angehören, wenden sich zweckmäßig an den Verbandsdirektor, der dann den Verbandsrevisor schickt.

Wir wenden uns nun zu der wichtigsten Frage der Verantwortlichkeit der Mitglieder des Aufsichtsrates.

Das Gesetz bestimmt in § 41:

„Die Mitglieder des Aufsichtsrates haben die Sorgfalt eines ordentlichen Geschäftsmannes anzuwenden.

Mitglieder, welche ihre Obliegenheiten verletzen, haften der Genossenschaft persönlich und solidarisch für den dadurch entstandenen Schaden.

Insbesondere sind sie in den Fällen des § 34 Abs. 3[12]) zum Ersatz der Zahlung verpflichtet, wenn diese mit ihrem Wissen und ohne ihr Einschreiten erfolgt ist.

Die Ansprüche auf Grund der vorstehenden Bestimmungen verjähren in fünf Jahren.

Für die Haftbarkeit der Mitglieder des Aufsichtsrates ist einmal ihre kollegialische Stellung, dann der Kreis der dem Einzelnen zugewiesenen Obliegenheiten entscheidend. Im allgemeinen wird man ferner zu beachten haben, daß die bei den fraglichen Obliegenheiten Beteiligten, ebenso wie die, welche sich dabei pflichtmäßig hätten beteiligen sollen, dies aber ohne hinreichenden Grund unterlassen haben, in gleichem Maße regreßpflichtig sind.

Wer der Mitwirkung bei den Obliegenheiten sich entzieht, handelt ebenso pflichtwidrig, wie die, welche bei schädlichen Beschlüssen und Maßnahmen mit tätig sind, da er solche durch seine Teilnahme an den betreffenden Beratungen hätte hindern können und sollen. Die Genossenschaft hat nachzuweisen, daß und welche Pflichten dem Aufsichtsratsmitgliede in der betreffenden Angelegenheit obliegen, daß zwischen diesen Pflichten und dem Schaden ein Kausalzusammenhang vorhanden ist, und es ist Sache des Aufsichtsratsmitgliedes, die Erfüllung seiner Verpflichtungen oder solche Umstände darzulegen, welche ihm die Erfüllung unmöglich gemacht haben. Bitten und Ermahnungen und Äußerung von Bedenken gegenüber dem Vorstand werden in der Regel zur Entlastung nicht für genügend angesehen werden. Für die Ausführung der dem Aufsichtsrat als Organ übertragenen Obliegenheiten (§ 38 d. Ges.) sind alle Mitglieder desselben verantwortlich, d. h. die sämtlichen Mitglieder des Aufsichtsrates sind außer den in § 41 ausdrücklich hervorgehobenen Fällen dafür verantwortlich, daß die für die Überwachung der Geschäftsführung des

---

[12]) § 34 Abs. 3 lautet: „Insbesondere sind sie (die Vorstandsmitglieder zum Ersatze der Zahlung verpflichtet, wenn entgegen den Vorschriften in §§ 19 22 der Gewinn oder das Geschäftsguthaben ausgezahlt wird.“

Vorstandes erforderlichen Maßnahmen getroffen sind und ausgeführt werden — daß die Jahresrechnung, die Bilanzen und die Vorschläge zur Verteilung von Gewinn und Verlust geprüft sind und zwar mit der Sorgfalt eines „ordentlichen Geschäftsmannes"; infolgedessen sind sie auch verantwortlich für die Richtigkeit der Bilanz, sowohl nach der kalkulatorischen wie nach der materiellen Seite hin.

Schließlich ist noch die Mitwirkung des Aufsichtsrates[13]) bei der nach Maßgabe der §§ 53 ff. d. Ges. vorzunehmenden Revision durch einen der Genossenschaft nicht angehörigen sachverständigen Revisor zu erwähnen (vgl. Kap. XVIII). Nach § 63 d. Ges. ist der Aufsichtsrat zu dieser Revision zuzuziehen, d. h. der Vorstand hat den Vorsitzenden des Aufsichtsrates zu benachrichtigen, wann die Revision stattfindet. Nicht notwendig erscheint es, daß der Aufsichtsrat dann vollzählig sich bei der Revision einfindet, wohl aber ist er verpflichtet, in einer Sitzung diejenigen seiner Mitglieder zu bestimmen, welche der Revision beiwohnen sollen. Der Geschäftsverkehr soll durch die Revision nicht unterbrochen, möglichst nicht gestört werden. In den Genossenschaften, die den Unterverbänden des Deutschen Genossenschaftsverbandes angehören, findet nach durchgeführter Revision eine gemeinschaftliche Sitzung von Vorstand und Aufsichtsrat statt, und hier vollzählig zu erscheinen, ist Pflicht des Aufsichtsrates; nur aus ganz zwingenden Gründen darf ein Aufsichtsratsmitglied fern bleiben, denn diese Sitzung kann für die Entwicklung und Gestaltung der Genossenschaft von der größten Bedeutung sein, hier erfahren die Aufsichtsratsmitglieder möglicherweise schwerwiegende Vorkommnisse, die ihnen selbst entgangen sind, aus diesen Sitzungen endlich können sie mindestens viel Belehrung schöpfen. Der AllgGenTag zu Neustadt (1898) hat den Genossenschaften angeraten, über die Verhandlungen dieser Sitzungen ein Protokoll aufzunehmen. Als eine gesetzliche Pflicht des Aufsichtsrates kommt dann noch hinzu, in der auf die Revision folgenden Generalversammlung „sich über das Ergebnis der Revision zu erklären". Diese Aufgabe wird in der Regel dem Vorsitzenden des Aufsichtsrates zufallen. Es ist

---

[13]) Vgl. Reinh. Letschert: „Die Durchführung der Verbandsrevision im Deutschen Genossenschafts-Verband" (Deutscher Genossenschafts-Verlag, Berlin W 9).

nicht der Revisionsbericht vorzutragen, sondern über das Ergebnis ist zu berichten; und nur auf Beschluß der Generalversammlung würde der Bericht zu verlesen sein. Der AllGenTag zu Baden-Baden (1901) hat es für notwendig erachtet, daß die nach Maßgabe des § 63 d. Ges. von dem Aufsichtsrat über das Ergebnis der Revision abzugebende Erklärung zu dem Protokoll der Generalversammlung genommen wird. Es soll hiermit dem Aufsichtsrate und dessen Berichterstatter vor der Generalversammlung klar zum Bewußtsein gebracht werden, welche Verantwortlichkeit mit dieser Berichterstattung verbunden ist. Wissentlich unwahre Darstellung ist nach § 147 d. Ges. strafbar.

Beamte und Bevollmächtigte. — Der Kassenbote.

Der § 42 d. Ges. verordnet:

„Der Betrieb von Geschäften der Genossenschaft sowie die Vertretung der letzteren in bezug auf diese Geschäftsführung kann auch sonstigen Bevollmächtigten oder Beamten der Genossenschaft zugewiesen werden. In diesem Falle bestimmt sich die Befugnis derselben nach der ihnen erteilten Vollmacht; sie erstreckt sich im Zweifel auf alle Rechtshandlungen, welche die Ausführung derartiger Geschäfte gewöhnlich mit sich bringt.

Die Bestellung von Prokuristen oder von Handlungsbevollmächtigten zum gesamten Geschäftsbetriebe findet nicht statt.“

Durch den zweiten Absatz ist eine Streitfrage entschieden. Schulze-Delitzsch hatte sich auf Grund des Gesetzes von 1868 gegen die Zulassung der Bestellung von Prokuristen erklärt, sowohl aus rechtlichen Gründen, wie deswegen, weil ein praktisches Bedürfnis der Zulassung von Prokuristen nicht vorlag. Trotz der Entwickelung der Genossenschaften hat sich ein wirkliches Bedürfnis nach Prokuristen wohl nicht herausgestellt.

Zugelassen ist die Bestellung von Bevollmächtigten und Beamten.

Nicht der Betrieb der Geschäfte der Genossenschaft, d. h. der Geschäftsbetrieb der Genossenschaft überhaupt, sondern: der Betrieb von Geschäften der Genossenschaft; nicht die Vertretung der Genossenschaft in Beziehung auf die Geschäftsführung, sondern: die Vertretung „in bezug auf diese Geschäftsführung“ soll nach dem Gesetz Bevollmächtigten oder Beamten zugewiesen werden können. Dabei soll sich „die Befugnis derselben nach der ihnen erteilten Vollmacht“ bestimmen, und „sich im Zweifel auf alle Rechtshandlungen erstrecken, welche die Ausführung derartiger (nicht der) Geschäfte gewöhnlich mit sich bringt". Nur vom Betriebe einzelner Geschäfte oder Geschäftszweige ist demnach hier die Rede; nur von der Vertretung der Genossenschaften in diesen speziellen Geschäften oder Geschäftszweigen, keineswegs von Leitung des Vereinsgeschäfts im ganzen, von Vertretung der Genossenschaft in allen zu deren Geschäftsbetrieb überhaupt gehörigen Angelegenheiten. Die Befugnis dieser Bevollmächtigten und Beamten bewegt sich daher lediglich innerhalb der ihnen ausdrücklich vom Vorstande erteilten Vollmacht, und nur wenn diese in einem Punkte Zweifel übrig läßt, erstreckt sie sich auf Vornahme aller Handlungen, welche die Ausführung derartiger Geschäfte, d. h. von Geschäften, wie sie ihnen speziell übertragen sind, erfordert.

Welche Mitwirkung auch im Statut bei der Bestellung von Bevollmächtigten den übrigen Organen der Genossenschaft zugesichert sein mag, so kommt die Bestellung Dritten gegenüber doch nur durch Vornahme der bezüglichen Handlung seitens des Vorstandes zur Ausführung und rechtlichen Geltung. Erst die vom Vorstande in gehöriger Form gezeichnete Vollmacht oder Bestellung verleiht den Bevollmächtigten die Vertretungsbefugnis. Sie kann auch allein vom Vorstande widerrufen werden. Ob bei Erteilung oder Zurücknahme der Vollmachten der Vorstand die im Statut bestimmte Mitwirkung der übrigen Vereinsorgane, z. B. der Generalversammlung oder des Aufsichtsrates, beachtet oder sich darüber hinwegsetzt, ist für die Gültigkeit der Handlungen gegen Dritte ohne Einfluß.

Bei Abschließung der ihnen übertragenen Geschäfte müssen die Beamten und Bevollmächtigten die Formen, besonders bei der Zeichnung, beobachten, welche ihnen ihre Vollmacht vorschreibt.

Als Bevollmächtigter kann auch ein Vorstandsmitglied vom Vorstand bestellt werden, in welchem Falle sich seine Rechte ebenso wie die jedes anderen Bevollmächtigten nach der Vollmacht richten. Dieses Vorstandsmitglied tritt dann nicht als Vorstandsmitglied, sondern als Bevollmächtigter der Genossenschaft auf.

In vielen Fällen werden Bevollmächtigte gar nicht zu entbehren sein, z. B. wenn die Genossenschaft Prozesse zu führen hat; dann wird der Vorstand in der Regel einen Rechtsanwalt mit der Führung des Prozesses beauftragen, oder der Vorstand wird auch einem seiner Mitglieder die Vollmacht hierzu erteilen.

Fast überall finden wir die Bevollmächtigung eines Vorstandsmitgliedes zur Wahrnehmung gerichtlicher Geschäfte. Eine solche Vollmachtserteilung hat etwas Besonderes nicht an sich, sie ist in der Natur der Verhältnisse begründet, da sich nicht zwei Vorstandsmitglieder während der Geschäftsstunden auf das Gericht begeben können, ohne daß der Geschäftsbetrieb gestört wird. Ausgeschlossen ist die Bevollmächtigung, wo das Gesetz ein persönliches Handeln der Vorstandsmitglieder erfordert, wie z. B. bei den Anmeldungen zum Genossenschaftsregister.

Am häufigsten sind Bevollmächtigte bestellt zur Annahme und Quittierung von Spareinlagen und Einzahlungen auf Geschäftsanteil, wobei zwei Buchhalter als Kassierer und Kontrolleur fungieren. Für den Empfang der Postsachen halten auch große Genossenschaften an der Zeichnung des Vorstandes fest, andere haben einem Angestellten in der Weise Postvollmacht erteilt, daß derselbe berechtigt ist, in Gemeinschaft mit einem Vorstandsmitgliede über die Postsachen zu quittieren[14]).

Für den Kassenverkehr wird gegen die Zeichnung zweier Bevollmächtigter, d. h. ohne Zuziehung eines Vorstandsmitgliedes, nichts einzuwenden sein, wenn die nötigen Kontrollmaßregeln getroffen werden. Volksbankmäßig entwickelte Kreditgenossenschaften pflegen zur Entlastung des Vorstandes den Kassenverkehr Bevollmächtigten zu übertragen.

Bei einzelnen Genossenschaften findet sich die Vollmachtserteilung in der Art, daß einem Buchhalter Vollmacht erteilt ist, in Gemeinschaft mit einem Vorstandsmitgliede Quittungen, Briefe und Wechsel zu unterzeichnen, so daß also ein Vorstandsmitglied und ein Bevollmächtigter die Unterschrift zu leisten haben.

In den einzelnen Fällen ist der Umfang natürlich verschieden bestimmt; so bevollmächtigt eine Genossenschaft „zur Unterschrift von Briefen, Wechseln und Quittungen, welche für die Genossenschaft ausgestellt werden".

Auch die bei der Reichsbank üblichen Vollmachtsformulare werden zuweilen verwendet.

Wenn eine Genossenschaft einem Angestellten Vollmacht erteilt

---

[14]) Vgl. S. 99 über Postgiroverkehr.

„in allen die Geschäfte des Vereins betreffenden Angelegenheiten mit Ausnahme von An- und Verkauf von Grundstücken und Erteilung von Prozeßvollmacht", so gibt diese Vollmacht die Stellung des Prokuristen und würde daher im Widerspruch mit § 42 Abs. 2 stehen. Die Vollmacht muß eine beschränkte sein, sie muß erkennen lassen, auf welche Geschäfte und Geschäftszweige sie sich erstrecken soll; § 42 Abs. 1 läßt auch mit dieser Einschränkung noch einen sehr weiten Spielraum für die Anstellung von Bevollmächtigten.

Allen gehobenen Beamten wird zweckmäßigerweise der Erwerb der Mitgliedschaft bei der Genossenschaft zur Pflicht gemacht werden.

Für die Anstellung von Beamten wird in der Regel statutarisch die Genehmigung des Aufsichtsrates vorgeschrieben werden, dagegen wird man die Entlassung von Beamten allein dem Vorstand übertragen müssen, weil dieser schließlich in erster Reihe für das Tun und Lassen der Angestellten verantwortlich ist.

Zu beachten ist der 6. Abschnitt des 1. Buches des HGB., der die Rechtsverhältnisse der Handlungsgehilfen und Handlungslehrlinge behandelt, der eine Reihe zwingender Vorschriften mit bezug auf die Schutzbestimmungen (§§ 62—64), die Kündigungsfristen (§§ 66—72), die Regelung des Lehrlingsverhältnisses (§§ 76—82) enthält.

Besondere Berücksichtigung verdient der § 63 des HGB., der lautet: „Wird der Handlungsgehilfe durch unverschuldetes Unglück an der Leistung der Dienste verhindert, so behält er seinen Anspruch auf Gehalt und Unterhalt, jedoch nicht über die Dauer von 6 Wochen hinaus. Der Handlungsgehilfe ist nicht verpflichtet, sich den Betrag anrechnen zu lassen, der ihm für die Zeit der Verhinderung aus einer Kranken- oder Unfallversicherung zukommt. Eine Vereinbarung, welche dieser Vorschrift zuwiderläuft, ist nichtig." Es ist streitig, ob Abs. 1 zwingendes Recht enthält. Die Genossenschaften, die ihren sozialen Charakter gewiß nicht verleugnen werden, werden sowohl Abs. 1 wie Abs. 2 berücksichtigen.

Hingewiesen mag werden auf BGB. § 616 Satz 1, der bestimmt: „Der zur Dienstleistung Verpflichtete wird des Anspruchs auf die Vergütung nicht dadurch verlustig, daß er für eine verhältnismäßig nicht erhebliche Zeit durch einen in seiner Person liegenden Grund ohne sein Verschulden an der Dienstleistung verhindert wird."

Zum Schlusse dieses Abschnittes gedenken wir noch der besonderen Stellung eines Beamten, der fast bei allen Kreditgenossenschaften vorkommt, des Kassendieners. Außer der Einziehung der Mitgliederbeiträge und der Einholung von Unterschriften besteht eine seiner Hauptverrichtungen in dem Austragen der Geld- und Wertsendungen zur Post, dem Inkasso von Wechseln, so daß bei größeren Genossenschaften, welche regelmäßigen Bankverkehr unterhalten, oft bedeutende Beträge durch seine Hände laufen. Eine strenge Überwachung ist hier doppelt geboten. Die letztere kann kaum anders als von den Kassenbeamten selbst, also dem Vorstande oder besonderen Kassenbeamten, ausgehen, weil sie Zug um Zug erfolgen muß. Für das Dienstverhältnis sind maßgebend die §§ 611 ff. BGB.

IX. Kapitel.

Beschaffung des Betriebskapitals. Eigenes Vermögen.

Zur Eigenart der Genossenschaft gehört, daß sie zum Unterschied von der Kapitalgesellschaft in der Regel ohne Betriebskapital ins Leben tritt. Jedenfalls fehlt ihr das eigene Vermögen, das Grundkapital. Die finanzielle Grundlage der Genossenschaft bildet zunächst die persönliche Haftpflicht der Mitglieder. Sie ist nach den gemachten Erfahrungen durchaus imstande, der Genossenschaft Betriebskapital zuzuführen, besonders wenn die Verwaltung Vertrauen genießt. Aber diese Tatsache darf nicht darüber hinwegtäuschen, daß die Genossenschaft auf die Dauer nicht allein auf Kredit gegründet sein kann, sie muß auch ein eigenes Vermögen schaffen, das den Kredit stützt. Wenn schon jedes andere geschäftliche Unternehmen ohne Einsatz eines eigenen Kapitals des Unternehmers nicht bestehen kann, so gilt dies in besonderem Maß von einem Kreditinstitut, das die Gewährung von Barmitteln zur Aufgabe hat. Die bloße Haftpflicht kann die bereiten Zahlmittel nicht ersetzen. Es ist falsch, sich einzubilden, daß ein genossenschaftliches Unternehmen von dem entbinde, was zur soliden Begründung eines Geschäfts überhaupt gehört. Daher muß eine Genossenschaft von der Gründung an auf die Bildung eigenen Vermögens hinarbeiten.

Soll eine Kreditgenossenschaft den Schwankungen des Geldmarktes, den mancherlei politischen und wirtschaftlichen Ereignissen, die auf Angebot und Zurückziehen fremder Gelder Einfluß üben, auf die Dauer gewachsen sein, so muß ihr eigenes Vermögen im richtigen Verhältnis zu dem fremden Kapital stehen. Sie muß ein Vermögen haben, das ihr verbleibt, auch wenn das fremde Kapital sich zurückzieht. Freilich — darauf mag gleich hier hingewiesen werden: auch das Geschäftsguthaben ist nach seiner Natur eine veränderliche Größe, und sicheres Grundkapital liegt allein in den Reserven.

Die Höhe des eigenen Vermögens und sein Verhältnis zum fremden Kapital fällt besonders dann ins Gewicht, wenn die Genossenschaft Kredit sucht. Namentlich die Reichsbank, aber auch die andern Banken beurteilen die Kreditfähigkeit der Genossenschaft in erster Linie nach dem eingezahlten eigenen Vermögen, wenn sie auch die Solidarhaft teils mehr, teils weniger je nach Lage des Falles in Betracht ziehen (S. 179, 187 ff.).

Das Verhältnis zwischen dem eigenen Vermögen und den fremden Geldern ein für allemal durch einen festen Satz zu bestimmen, hat seine Schwierigkeiten. Die Dinge liegen bei den Genossenschaften nicht überall gleich, und es ist anzunehmen, daß Umstände wie der Umfang und die Möglichkeit der Deckung des Geldbedürfnisses, der Charakter des Kundenkreises wesentlichen Einfluß ausüben. Dennoch ist es wünschenswert, bestimmte Richtlinien aufzustellen.

Zu berücksichtigen ist dabei, daß das eigene Kapital bei der Genossenschaft sich überhaupt erst allmählich im Laufe der Jahre bildet und in der ersten Zeit nach ihrem Entstehen nur Anfänge vorhanden sein können. Hier sogleich hohe Anforderungen stellen, d. h. verlangen, daß die Mitglieder auf Geschäftsanteil hohe Einzahlungen leisten, hieße die Genossenschaft abschließen gegenüber den Minderbegüterten und die Gewerbetreibenden, die in der Auswahl des Kreditinstituts nicht beschränkt sind, zur Konkurrenz treiben.

In Berücksichtigung dieser Verhältnisse haben sich in der Praxis bei den im Deutschen Genossenschaftsverbande stehenden Genossenschaften die nachfolgenden Sätze ergeben, die auf den AllgVerTagen zu Potsdam (1862) und zu Stuttgart (1879) zum Beschlusse erhoben wurden: in der ersten Zeit nach der Entstehung einer Kreditgenossenschaft etwa 10% der aufgenommenen fremden Gelder an eigenem Vermögen, nach 2—3 Jahren Steigerung auf 20—25%, bei älteren Genossenschaften bis auf 50% des fremden, also auf ein Drittel des gesamten Betriebskapitals.

Dieser Maßstab hat auch nach der Inflation seine Bedeutung nicht verloren. Der Wiederaufbau der Genossenschaften erfordert es, daß das eigene Vermögen jeder älteren Genossenschaft zunächst wenigstens $^1/_4$ der fremden Gelder beträgt. Gerade dann, wenn Bankkredit in Anspruch genommen werden soll, stellt sich diejenige Genossenschaft am besten, die das stärkste eigene Vermögen besitzt.

Die beiden Hauptbestandteile des eigenen Vermögens der Genossenschaft sind die Reserven und die Geschäftsguthaben. Betrachten wir zunächst die Reserven.

Die Reserven.

Es darf wohl behauptet werden, daß die Kreditgenossenschaften auf Bildung eines den berechtigten Ansprüchen genügenden Reservefonds stets bedacht gewesen sind. Man hat erkannt, daß ein derartiger Grundstock vorzugsweise geeignet ist, den Bestand der Kreditgenossenschaft ohne Rücksicht auf den Wechsel der Mitglieder zu sichern. Das Vorhandensein eines ausreichenden Reservefonds, an dem die Ausscheidenden keinen Anteil haben, der den Mitgliedern der Genossenschaft ganz verbleibt, beugt nicht bloß einem Austritte vor, sondern bestimmt zum Eintritt und bietet der Genossenschaft in jeder Beziehung eine sichere Grundlage, hebt ihr Ansehen. Und weiter: Der Reservefonds bildet nicht nur unentziehbares Betriebskapital, sondern dient gleichzeitig als das billigste Betriebskapital. Es entsprach daher vollständig den Grundsätzen und Forderungen der Genossenschaften, daß § 7 Ziff. 4 d. Ges. vorschreibt: das Statut muß die Bildung eines Reservefonds bestimmen, der zur Deckung eines aus der Bilanz sich ergebenden Verlustes zu dienen hat. In den Kreisen der Genossenschaften bestanden hierüber keine Meinungsverschiedenheiten.

Die größte Beachtung verdient nach wie vor der Beschluß des AllgGenTages zu Gotha (1894), der den Kreditgenossenschaften empfiehlt: „Den Jahresgewinn mehr zu angemessenen Zuwendungen zum Reservefonds und zur Bildung von Spezialreserven zu bestimmten Zwecken als zur Gewährung hoher, den landesüblichen Zinsfuß weit übersteigenden Dividenden an die Genossen zu verwenden."

Zwar muß in einer Zeit anormal hoher Zinssätze wie der jüngsten auch die Dividende über das früher üblich gewesene Maß hinausgehen, schon deshalb, um einen Anreiz zur freiwilligen Einzahlung auf den Geschäftsanteil zu bieten. Jemand, der keinen

Kredit benötigt, wird nur dann Mitglied einer Genossenschaft werden und Einzahlungen auf Geschäftsanteil leisten, wenn ihm seine Einzahlung eine höhere Rente als für Kündigungsgelder bringt, zumal er auch eine Haftpflicht übernimmt. Daher wird sich auch heute die Dividende soweit möglich dem landesüblichen Zinsfuß anpassen müssen. Aber jedes Übermaß ist zu vermeiden. Wie bei neuen Genossenschaften von der ersten Organisation, so hängt bei älteren Genossenschaften in den ersten Jahren nach der Umstellung auf die neue Währung sehr viel von der Dividendenpolitik ab. Es ist leichter und frommt der Genossenschaft mehr, von vornherein die Dividende zu beschränken und höhere Beträge an den Reservefonds zu überweisen, als nach Jahren höherer Dividenden eine vermehrte Stärkung der Reserven auf Kosten der Dividende durchsetzen zu müssen. Nach alter Erfahrung versuchen die Mitglieder immer wieder aus den Überschüssen der Genossenschaft höhere Ausschüttungen zu erlangen, während sie für die Bildung von Rücklagen wenig Verständnis zeigen, ein Standpunkt, der sich letzten Endes auch gegen sie selbst richtet. Ist doch nichts so sehr geeignet, das in der Mitgliedschaft und der Haftpflicht für die Mitglieder liegende Risiko abzuschwächen wie starke Rücklagen. Darum muß sich jede Verwaltung einer Genossenschaft immer von neuem vor Augen halten, daß die Schaffung angemessener Rücklagen eine ihrer wichtigsten Aufgaben ist. Dies muß angesichts der heute besonders großen Unsicherheit unserer wirtschaftlichen Zukunft jetzt doppelt unterstrichen werden (vgl. S. 328).

Wir unterscheiden nach dem Grund ihrer Bildung einen gesetzlichen Reservefonds und freiwillige Rücklagen, oder nach ihrer wirtschaftlichen Bedeutung echte Rücklagen und Wertberichtigungskonten und schließlich nach der Art ihrer Verbuchung offene (bilanzmäßige) und stille Rücklagen.

Nach § 7 Ziff. 4 d. Ges. hat das Statut den Mindestbetrag des Reservefonds zu bestimmen, bis zu dessen Erreichung eine ebenfalls im Statut festzulegende Mindestzuweisung aus dem jährlichen Reingewinn zu erfolgen hat. Hier handelt es sich um den gesetzlichen Reservefonds, oft auch ordentlicher oder Hauptreservefonds genannt. In ihn fließen nach dem Musterstatut auch die Eintrittsgelder der neuen Mitglieder. Das Eintrittsgeld ist keine aus dem Geschäftsbetrieb erzielte Einnahme, sondern gewissermaßen eine Einstandszahlung des neuen Mitgliedes und folglich dem Reservefonds zu überweisen.

In der Praxis hat sich als der einfachste und zweckmäßigste Maßstab ergeben, den Reservefonds in ein bestimmtes Verhältnis zum Betriebskapital zu bringen, da aus dessen Verwendung die Verluste entstehen können; man ist dabei zu einem Satze von 10% des (aus Geschäftsguthaben, Reserven und fremden Geldern) bestehenden Betriebskapitals gekommen (Beschluß des AllgGenTags Kreuznach 1902). Die entsprechend den älteren Beschlüssen der AllgVerTage noch zum Teil vorkommende Festsetzung eines Verhältnisses zwischen Reserve und Geschäftsguthaben ist als überholt zu betrachten. Jene Mindestgrenze bezieht sich nur auf den gesetzlichen Reservefonds, nicht etwa auf die gesamten Reserven.

Solange der gesetzliche Reservefonds die statutarische Mindesthöhe nicht erreicht hat, müssen also jährliche Zuweisungen aus dem Reingewinn erfolgen, die meistens auf 5—10% des Reingewinns festgelegt sind. Diese Zuweisung muß auch die Generalversammlung ohne weiteres genehmigen, was gegenüber einer verteilungssüchtigen Generalversammlung recht angenehm ist. Anderseits spricht die beschränkte Verwendungsfähigkeit des gesetzlichen Reservefonds (siehe unten) dafür, die Zuweisungen an ihn in Grenzen zu halten und dafür die freiwilligen Rücklagen mehr zu stärken. Ganz allgemein ist für junge Genossenschaften zu sagen, daß sie den Gewinn des ersten Geschäftsjahres möglichst nur zu Reservestellungen verwenden.

Wie soll der Reservefonds angelegt werden? Viele industrielle Gesellschaften hatten früher den Reservefonds aus dem Geschäft herausgezogen und in sichern leicht greifbaren Werten angelegt, die besonders verwaltet wurden. Auch bei manchen Genossenschaften kannte man in der Vorkriegszeit den Aktivposten „Effekten des Reservefonds". Ob man ein Aktivum als „Anlage des Reservefonds" bezeichnet, ist an sich unerheblich, wenn die Genossenschaft den zur Erhaltung der Zahlungsbereitschaft (vgl. S. 194 ff.) notwendigen Bestand an jederzeit greifbaren Werten nicht unter die Höhe des gesetzlichen Reservefonds fallen läßt, was je nach der Höhe des Reservefonds durchaus erwünscht sein muß. — Die greifbaren Werte dienen der Liquidität, nicht der Verlustdeckung, die sich nur in der buchmäßigen Abschreibung auf Reservefondskonto äußern kann. Im Falle der Anlage muß der Reservefonds und die Anlage sich wie immer aus der Bilanz ergeben, denn es handelt sich um Vermögensbestandteile der Genossenschaft.

Der gesetzliche Reservefonds darf nach der gesetzlichen Bestimmung nur zur Deckung eines sich aus der Bilanz ergebenden Verlustes dienen, also eines Verlustes, zu dessen Deckung der Geschäftsertrag nicht ausreicht. Infolgedessen ist auch die Verteilung einer Dividende bei gleichzeitigem Angriff auf den gesetzlichen Reservefonds unmöglich. Auf die Geschäftsguthaben wird man erst nach völliger Erschöpfung aller Reserven zurückgreifen; doch steht es der Generalversammlung auch frei, die Verluste aus den Geschäftsguthaben ganz oder teilweise zu decken und den Reservefonds unberührt zu lassen (§ 48 d. Ges.). Maßgebend ist dafür in erster Reihe das Statut.

Aus dieser engbegrenzten Verwendung des gesetzlichen Reservefonds hat sich die Notwendigkeit ergeben, außer ihm freie Rücklagen für bestimmte Zwecke zu bilden. Solche freien Rücklagen, über deren Verwendung mangels statutarischer Bestimmung die Generalversammlung zu entscheiden hat, pflegen unter allen möglichen Namen vorzukommen: Spezial- oder Hilfsreserve, Wertpapier-, Grundstücks-, Delkredere-, Steuer-, Ruhegehalts-, Dividende- usw. Rücklage. Ihr Zweck geht schon aus dem Namen hervor. Eine allzu große Zersplitterung der Rücklagen ist jedoch nicht zweckmäßig; an sich würde ein einziger Spezialreservefonds durchaus genügen, da er bei seiner Begründung für verschiedene Zwecke bestimmt werden kann. Nur die Ruhegehaltsrücklage sollte man aus Zweckmäßigkeitsgründen immer getrennt führen. Ein Unterschied liegt höchstens insofern vor, als die nach Beschluß der Generalversammlung für ganz bestimmte Zweck gebildete Rücklage für diese Zwecke ohne weiteres — natürlich unter Nachweisung im Geschäftsbericht — verwandt werden kann, während sonst die Genehmigung der Generalversammlung zu allen Entnahmen aus den Reserven einzuholen ist (vgl. S. 325). Aber der Name tut nichts zur Sache, Hauptsache ist, daß auch genügend freie Rücklagen vorhanden sind. Darauf muß nach dem Zusammenbruch der letzten Jahre mehr denn je gesehen werden.

Als freie Rücklage und zwar im weitesten Sinne ist auch der Gewinnvortrag auf das neue Geschäftsjahr zu betrachten.

Wenn vorstehend eine möglichste Zusammenfassung der freiwilligen Rücklagen verteidigt ist, so ist von der Annahme ausgegangen, daß alle diese Rücklagen *echte* Rücklagen sind im Gegensatz zu *Wertberichtigungskonten*. Wenn der *Delkredererücklage (Rücklage für zweifelhafte Ausstände)* entsprechende zweifelhafte Ausstände unter den Aktiven gegenüberstehen — was nicht immer der Fall zu sein braucht, in welchem Falle man dann allerdings besser nur von einer Rücklage für *Ausstände* spricht — oder wenn die *Grundstücksrücklage* eine zu hohe Bewertung der *Grundstücke*, die *Wertpapierrücklage* einen Minderkurswert der inventarisierten *Wertpapiere* ausgleichen soll, so handelt es sich um *Wertberichtigungskonten*, die als solche in der Bilanz kenntlich sein müssen. Wenn auch in bestimmten Fällen nicht anders vorgegangen werden kann und die bilanzmäßige Wirkung die gleiche ist, so muß doch gesagt werden, daß die richtige Bewertung der Aktiven gleich auf der *Aktivseite* den Vorzug vor diesem Verfahren der Wertberichtigungskonten verdient, abgesehen davon, daß solche Bilanzen in der für die Genossenschaften so wichtigen Statistik zu einem falschen Bilde führen können.

Eine besondere Rolle spielen seit der Umstellung auf die neue Währung die *Umstellungs-* oder *Aufwertungsrücklagen*. Sie sind gebildet aus einem Teil des *Vermögensüberschusses* der *Goldmarkeröffnungsbilanz* sowie auch aus *späteren Gewinnzuweisungen* und sollen seinerzeit zu einer Aufwertung der alten Papiermarkgeschäftsguthaben und -einlagen dienen. Es kann hier nicht zu dem Aufwertungsproblem im einzelnen Stellung genommen werden. Der Grundgedanke dieser Aufwertungsrücklage ist aber richtig. Man hat durch sie die Möglichkeit der Aufwertung von Geschäftsguthaben und Einlagen geschaffen, ohne der Entwicklung der Aufwertungsfrage vorzugreifen, und hat die nach der Goldmarkumstellung besonders notwendige Erhaltung des eigenen Vermögens wenigstens vorübergehend gefördert. Einer allzu langen Verschleppung der endgültigen Regelung der Aufwertung durch die Genossenschaften kann aber nicht das Wort geredet werden. Sobald es die Vermögenslage der Genossenschaft gestattet, wird man die Aufwertungsrücklage ihrer Zweckbestimmung zuführen müssen (vgl. S. 151).

Die bisher genannten Rücklagen erscheinen sämtlich mit Namen in der Bilanz. Man nennt sie daher auch bilanzmäßige oder offene Rücklagen. Demgegenüber gelten als stille Rücklagen solche, die für den Außenstehenden nicht oder nicht ohne weiteres aus der Bilanz ersichtlich sind. Wenn Grundstücke, Wertpapiere und andere Aktiven unter ihrem Tageswert in die Bilanz aufgenommen sind, oder wenn vorerhobene Zinsen zu hoch eingestellt, wenn Gewinne aus abgewickelten Geschäften absichtlich unverrechnet auf das neue Jahr übernommen werden, wenn in den Kreditoren irgendwelche nichtbeanspruchte Rücklagen enthalten sind, so spricht man von stillen Rücklagen. Abgesehen davon, daß nach der Vorschrift des § 261 HGB., der auch für die Genossenschaften zu gelten hat, bei Aktiengesellschaften Wertpapiere nur zum Einkaufspreis, höchstens dem Tageskurs in der Bilanz bewertet werden dürfen, daß ferner der Wert eines Geschäftsgrundstückes nicht über dem Anschaffungspreis erscheinen darf, ist lange darüber gestritten worden, ob stille Rücklagen rechtlich zulässig sind. Man hat geltend gemacht, daß sie der Bilanzwahrheit widersprechen. Aber die Praxis hat, wirtschaftlichen Bedürfnissen folgend, ihre Berechtigung längst anerkannt, so daß auch den Genossenschaften geraten werden muß, solche stillen Rücklagen zu bilden. Dabei muß abgewogen werden, ob im gegebenen Falle der Genossenschaft mehr mit der Bildung einer offenen oder einer stillen Rücklage gedient ist. Im Geschäftsbericht und in der Generalversammlung ist die Schaffung stiller Rücklagen dann wenigstens anzudeuten, was dadurch geschehen kann, daß z. B. gesagt wird, „bei vorsichtiger Bewertung der Aktiven“ oder „nach inneren Rückstellungen“ beläuft sich der Reingewinn auf RM. . .“. Wie hoch die stillen Rücklagen selbst sind, wird dabei nicht angegeben.

Die Frage, ob der Vorstand von sich aus stille Rücklagen dem Aufsichtsrat unter allen Umständen bekanntgeben muß, wird im allgemeinen zu bejahen sein. Eine solche Verpflichtung besteht für den Vorstand zweifelsohne dann, wenn der Aufsichtsrat den Vorstand nach dem Vorhandensein stiller Rücklagen befragt, da der Vorstand dem Aufsichtsrat jede verlangte Auskunft über den Geschäftsstand geben muß.

Über die Abschreibung stiller Rücklagen vgl. S. 325.

Ausscheidende Mitglieder haben auf die Reserven keinen Anspruch (§ 73 d. Ges.).

Bleibt bei Auflösung der Genossenschaft nach Abwicklung aller Verbindlichkeiten der Reservefonds noch ganz oder zum Teil übrig, so geht § 91 d. Ges. von dem Grundsatze aus, daß „Überschüsse nach Köpfen unter die Mitglieder zu verteilen sind". Es entspricht dies der unbeschränkten Haftpflicht der Mitglieder. Dabei ist zu beachten, daß der Gesamtbetrag der Geschäftsguthaben der Mitglieder natürlich zunächst zu berücksichtigen ist.

Führt die unbeschränkte Haftpflicht zur Verteilung nach Köpfen, so führt die beschränkte Haftpflicht zur Verteilung nach Haftsummen, d. h. nach dem Umfang der persönlichen Haftpflicht, mit der die Mitglieder für die Verbindlichkeiten der Genossenschaft haften. Allerdings wird auch dies der Verteilung nach Köpfen überall dort gleichkommen, wo bei der Genossenschaft mit beschränkter Haftpflicht nur der Erwerb eines Geschäftsanteils zugelassen ist, oder von den Mitgliedern ausnahmslos nur ein Geschäftsanteil erworben ist, da dann auch die Haftsumme (der Umfang der persönlichen Haftpflicht) für alle Mitglieder gleich groß ist. Der AllgGenTag zu Baden-Baden (1901) hat daher den eingetragenen Genossenschaften mit beschränkter Haftpflicht, die den Erwerb mehrerer Geschäftsanteile zulassen, empfohlen, „für die Verteilung des Vereinsvermögens im Falle der Auflösung der Genossenschaft und für die Heranziehung der Mitglieder zur Verlustdeckung aus ihrer persönlichen Haftpflicht das Verhältnis der Haftsummen zugrunde zu legen". Dabei ist ohne weiteres klar: legt man die Haftsummen als Maßstab der Verteilung des Vereinsvermögens zugrunde, so muß der gleiche Maßstab auch für die Verlustverteilung gelten, soweit die persönliche Haftpflicht dabei in Frage kommt, und das ist der Fall beim Ausscheiden der Mitglieder (S. 44, 57), und ferner im Konkurse der Genossenschaft im Nachschußverfahren (S. 44, 57).

Geschäftsanteil der Mitglieder.

Die Reservebildung geht stets langsam vor sich. Um das eigene Vermögen schneller anwachsen zu lassen, bedarf die Genossenschaft der Ansammlung angemessener Geschäftsguthaben der Mitglieder.

Unter Geschäftsanteil ist der Betrag zu verstehen, bis zu dem sich ein Mitglied mit Einzahlungen beteiligen kann — oder mit Einzahlungen zu beteiligen verpflichtet ist. Der Geschäftsanteil ist gewissermaßen die Höchstgrenze für die kapitalistische Beteiligung des Mitglieds, die ihm neben der persönlichen Haftpflicht obliegt. Der Geschäftsanteil ist mithin nur ein Begriff. Während bei kapitalistischen Gesellschaften die Aktie im vollen Betrage auf der Passivseite zum Ausdruck zu bringen ist und der auf die Aktie noch nicht gezahlte Betrag auf der Aktivseite erscheint, kommt der Geschäftsanteil des Mitglieds für die Bilanz der Genossenschaft nicht weiter in Frage. Die Verpflichtung zur weiteren Einzahlung auf die Aktie bleibt unter allen Umständen bestehen. Die Verpflichtung zur Einzahlung auf Geschäftsanteil aber bleibt nur bestehen, solange das Mitglied der Genossenschaft angehört. Scheidet das Mitglied aus, so hört auch seine Verpflichtung zur Einzahlung auf Geschäftsanteil auf, und es hat sogar den Anspruch auf Auszahlung des Geschäftsguthabens. Es wäre folglich vollkommen unzulässig, für die Bilanz die Summe zugrunde zu legen, die sich aus der Multiplikation des Geschäftsanteils mit der Zahl der Mitglieder ergibt. Für die Bilanz kommt vielmehr in Frage das Geschäftsguthaben. Unter Geschäftsguthaben ist der Betrag zu verstehen, der sich ergibt aus den Einzahlungen auf Geschäftsanteil und den zugeschriebenen Dividenden, gegebenenfalls nach Entnahmen zur Deckung von Verlusten, da nach § 48 d. Ges. die Generalversammlung die Abschreibung von Geschäftsguthaben zur Deckung von Verlusten beschließen kann. Daß das Geschäftsguthaben auch von einer Geldentwertung ergriffen werden kann, hat sich in den letzten Jahren gezeigt, die von den Papiermarkgeschäftsguthaben nichts übrig gelassen haben. — Die neuen Geschäftsguthaben lauten auf Reichsmark.

Wenn eine Genossenschaft gedeihen soll, muß auf die Ansammlung der Geschäftsguthaben ebensolches Gewicht gelegt werden wie auf die Bildung der Rücklagen. Es wäre falsch, wenn man die Bildung der Geschäftsguthaben vernachlässigen wollte. Zwar muß zugegeben werden, daß die Rücklagen der Genossenschaft nichts kosten, während die Geschäftsguthaben eine Dividende beanspruchen. Ein verhältnismäßig zu schnelles Steigen der Geschäftsguthaben hat daher in früheren Jahren eine Genossenschaft mitunter beengt, insofern als sie vor die Wahl gestellt wurde, entweder den Dividendensatz zu ermäßigen oder eine Dividende in üblicher Höhe auf Kosten der Reservespeisung durchzuhalten, was sich schließlich rächen muß. Man kam aus diesem Grunde auch in vielen Genossenschaften dazu, die Einzahlungen auf Geschäftsanteil nach oben zu begrenzen und sogen. Dividendenjäger von der Mitgliedschaft fernzuhalten, d. h. solche Leute, die, ohne der Genossenschaft andere Geschäfte zuzuweisen, in Erwartung hoher Dividenden lediglich Mitglied wurden und Einzahlungen auf Geschäftsanteil leisteten. Wenn ein solches Vorgehen zu einer Zeit, wo die Beteiligung bei einer Genossenschaft eine beliebte Kapitalanlage war, seine Berechtigung gehabt hat, so müssen derartige Beweggründe heute solange zurücktreten, wie der Genossenschaft eine Erhöhung ihrer Haftbasis und ein rascheres Anwachsen der Geschäftsguthaben erwünscht sein muß. Das ist aber nach dem durch die Geldentwertung eingetretenen Verlust der Geschäftsguthaben der Fall, um so mehr, als viele bisherige Mitglieder durch die Inflation selbst so mitgenommen sind, daß sie ihrer Einzahlungspflicht nur langsam nachkommen können. Die Dividendenjäger dürfen natürlich nicht die Macht über die Genossenschaft gewinnen (S. 72). Schulze-Delitzsch hat bei seinem Vorschlage für die Festsetzung des Geschäftsanteils und die Bildung des Geschäftsguthabens insbesondere auch an den Sparzwang gedacht. So schreibt er: „Das erste ist, daß ein Kreditbedürftiger d u r c h S p a r e n die nötige Garantie für seine Kreditwürdigkeit bietet. Und damit stehen wir vor einer Hauptforderung jeder genossenschaftlichen Gestaltung. Gerade das Ermannen, das Sichzusammenfassen, das dazu gehört, gibt der Kapitalbildung noch einen anderen als den bloß materiellen Wert. Je mehr man besonders während der ersten Anfänge in den materiellen Geschäftsunterlagen zurücksteht, um so mehr muß die s i t t l i c h e Basis der Einigung gepflegt werden. Und dies geschieht eben durch die Nötigung, die sich jeder Beitretende zu regelmäßigen Beiträgen selbst auferlegt. Im voraus für die Aufbringung des Geldes sorgen, um in der Reihe der Genossen in Erfüllung der übernommenen Pflicht nicht zurückzustehen, sich, wenn es darauf ankommt, einen auch erlaubten Genuß für den Augenblick zu versagen, um einen Halt für die Zukunft zu gewinnen, das erfordert Einsicht und Energie, und ohne die Pflege dieser beiden, ohne das Vorhandensein einer solchen sittlichen Grundlage im Kreise der ihr Angehörigen gedeiht selten eine Genossenschaft. Hier seine Befähigung durch die Tat zu beweisen und somit die Probe der Tauglichkeit für seine Zulassung abzulegen, dazu bietet dem einzelnen nichts eine bessere Gelegenheit, als die Einrichtung dieser regelmäßig wiederkehrenden Ratenzahlungen, die zugleich an Ordnung und Pünktlichkeit im eigenen Haushalt gewöhnen. Wer sie nicht leisten will, dem gebricht es an den sittlichen, dem, der es nicht kann, an den wirtschaftlichen Voraussetzungen, ohne welche die Selbsthilfe durch die Genossenschaft nicht zu realisieren ist".

Es entspricht daher vollkommen den Anschauungen der Schulze-Delitzsch'schen Genossenschaften, wenn nach § 7 Ziff. 2 d. Ges. das Statut bestimmen muß „den Betrag, bis zu welchem sich die einzelnen Genossen mit Einlagen beteiligen können (Geschäftsanteil), sowie die Einzahlungen auf Geschäftsanteil, zu welchen jeder Genosse verpflichtet ist"; und es müssen nach der gleichen Vorschrift diese Einzahlungen bis zu einem Gesamtbetrage von mindestens einem Zehntel des Geschäftsanteils nach Betrag und Zeit bestimmt sein. Nur in dem Fall des § 50 d. Ges. unterliegt die Festsetzung der Einzahlungen der Beschlußfassung durch die Generalversammlung; sie kann niemals durch Statut Vorstand und Aufsichtsrat überlassen werden.

Bei der Festsetzung der Höhe des Geschäftsanteils und noch mehr der Pflichteinzahlungen auf den Geschäftsanteil ist auf eine möglichst schnelle Kapitalbildung Rücksicht zu nehmen, so zwar, daß dem Wenigerbemittelten der Beitritt zur Genossenschaft nicht unmöglich gemacht, der Begüterte nicht abgeschreckt wird. Das eigene Vermögen soll in ein angemessenes Verhältnis zu den fremden Geldern kommen. Auch ist der Geschäftsanteil so zu bestimmen, daß ohne Steigerung des Zinsfußes für ausgeliehene Gelder eine angemessene Dividende zur Verteilung gebracht werden kann. Dabei sei aber ausdrücklich daran erinnert, daß Zweck der Kreditgenossenschaft ist, das Kreditbedürfnis der Mitglieder billig zu befriedigen, nicht aber hohe Dividenden zu verteilen — und ferner, daß Dividendejäger in der Genossenschaft keinen entscheidenden Einfluß gewinnen dürfen.

Es handelt sich bei der Begrenzung des Geschäftsanteils darum, zwei entgegengesetzte Gesichtspunkte gegeneinander abzuwägen:

die solide Begründung des Geschäfts durch angemessene Steigerung des eigenen Vermögens,

die Rentabilität der Genossenschaft durch entsprechende Heranziehung fremden Kapitals, dergestalt, daß beide Gesichtspunkte gleichmäßig zur Geltung kommen. Hiermit hängen die auf Schulze-Delitzsch zurückgehenden Vorschläge in bezug auf das Verhältnis des eigenen zum fremden Kapital zusammen (vgl. S. 124). Demnach würde sich die äußerste Grenze für die Höhe des Geschäftsanteils etwa dahin ergeben, daß man bei Veranschlagung des je nach dem Umfange des Geschäfts erforderlichen Betriebskapitals und der wahrscheinlichen Mitgliederzahl diese Anteile so bestimmt, daß ihre Gesamtsumme die eine Hälfte des ganzen Betriebsfonds darstellt, die andere aber für das fremde Kapital offen gelassen wird. Dieses Soll, d. h. der höchste zulässige Betrag sämtlicher Geschäftsanteile, ist als idealer Maßstab gedacht, der in der Praxis wohl nicht oft verwirklicht wird wegen des fortwährenden Austritts alter Mitglieder, die ihre Anteile herausziehen, und des stetigen Eintritts neuer, die mit der Ansammlung immer wieder von vorn beginnen.

Der AllgGenTag Wiesbaden (1896) hat den Kreditgenossenschaften empfohlen, den Geschäftsanteil auch bei kleinen Genossenschaften mindestens auf 300 Mark festzusetzen. Darüber hinaus hat der AllgGenTag Westerland (1905) für Genossenschaften mit beschränkter Haftpflicht einen Geschäftsanteil von mindestens 500 Mk. verlangt. Diese Grenze wird man nach der Umstellung auf die neue Währung erst recht als unterste Grenze ansehen müssen; ein Geschäftsanteil von 300 RM. dürfte heute für eine Genossenschaft nicht mehr als ausreichend zu betrachten sein.

Die Mindesteinzahlungen auf den Geschäftsanteil sind mit 2 RM. monatlich nicht zu hoch gegriffen. Zu empfehlen ist, daß Kreditnehmer darüber hinaus im Rahmen der zugelassenen Geschäftsanteile einen weiteren Beitrag zu leisten haben, der statutarisch vielleicht auf 1—2% des Kredits jährlich zu bemessen ist. Freilich darf dies nicht dazu führen, daß der Kredit alsdann entsprechend höher gegriffen wird und die Bildung der Geschäftsguthaben insoweit nur auf dem Papier steht. Die schärfere Heranziehung der kreditnehmenden Mitglieder ist durchaus angebracht und ein Mittel zur schnelleren Ansammlung der Geschäftsguthaben, was bei der heutigen Kapitalknappheit der Genossenschaft sehr erwünscht sein muß. Die Belastung ist in dem besagten Umfang für die Kreditnehmer auch sehr wohl tragbar, zumal die Sollzinssätze der Genossenschaften in der Regel unter den bankúblichen

Sätzen bleiben und die Mitglieder im Normalfall für ihre Geschäftsguthaben auch eine Dividende erhalten.

Die Einzahlungen auf den Geschäftsanteil müssen nach der Vorschrift d. Ges. in bar geleistet werden. Dieser Forderung ist natürlich auch dann entsprochen, wenn der Pflichtbeitrag an einem Spar- oder laufenden Guthaben des Mitgliedes abgeschrieben, oder einem nicht vollbeanspruchten Kredit zur Last geschrieben wird. Dagegen kann diese buchmäßige Umschreibung nicht gutgeheißen werden, wenn sie eine Kontoüberziehung verursachen würde. Eine solche Geschäftsguthabenbildung müßte irreführend wirken. Bei Sanierung (S. 140) ist stets Bareinzahlung zu verlangen.

Die Höhe des Geschäftsanteils bei einer Kreditgenossenschaft hat zuweilen die Frage aufwerfen lassen, wie kann ein wenig bemittelter Gewerbetreibender sich an einem Kreditinstitut beteiligen, „das einen so hohen Geschäftsanteil hat"? Dabei wird übersehen, daß für die Frage, ob die geforderten Leistungen hoch oder niedrig sind, nicht entscheidend ist der Betrag des Geschäftsanteils, sondern der der Einzahlungen auf Geschäftsanteil.

§ 50 d. Ges. sieht vor, daß die Festsetzung der Einzahlungen auf Geschäftsanteil der Beschlußfassung durch die Generalversammlung unterliegt — soweit das Statut die Genossen zu Einzahlungen auf Geschäftsanteil verpflichtet, ohne dieselben nach Betrag und Zeit festzusetzen. Von dieser Bestimmung aber sollte nur bei sehr hohen Geschäftsanteilen Gebrauch gemacht werden. In der Regel ist vorzuziehen, daß schon im Statut die Mitglieder zu regelmäßigen Einzahlungen nach Betrag und Zeit angehalten werden bis zur Erreichung des Geschäftsanteils. Es ist bereits darauf hingewiesen, daß hierin keine besondere Last für die Mitglieder liegt, da diese nicht im Augenblick größere Leistungen aufzubringen, sondern nur die regelmäßigen Leistungen auch weiterhin fortzusetzen haben.

Kann ein Mitglied, das höhere Einzahlungen auf Geschäftsanteil geleistet hat, als das Statut verlangt, sich die Mehrleistung für später auf die Einzahlungspflicht anrechnen lassen? Dies wird im Regelfall zu verneinen sein.

Ein Erlaß oder eine Stundung von Einzahlungen ist laut § 22 Abs. 2 d. Ges. unzulässig, was besonders jetzt wichtig ist, nachdem viele ältere Mitglieder infolge der Vermögensentwertung nicht imstande sind, die Pflichteinzahlungen ganz oder auch nur zum Teil zu leisten. Die Genossenschaftsverwaltung wird hier zu prüfen haben, ob sie solchen Mitgliedern nicht den Austritt aus der Genossenschaft nahezulegen hat. Daß man hierbei in der Übergangszeit gegenüber langjährigen treuen Mitgliedern eine gewisse Nachsicht walten lassen kann, wird man aus praktischen Gründen zugeben müssen. Vorstand und Aufsichtsrat müssen sich aber vor Augen halten, daß sie hierbei auf persönliche Verantwortung handeln.

Zu den regelmäßigen Einzahlungen auf Geschäftsanteil tritt für die Bildung des Geschäftsguthabens die Dividende, d. h. der Anteil am Reingewinn. Auch hier ist mangels anderer Statutbestimmung die Dividende bis zur Erreichung des vollen Geschäftsanteils dem Geschäftsguthaben zuzuschreiben. Eine frühere Auszahlung der Dividende muß im Statut vorgesehen sein. Ob diese Erleichterung zugestanden werden kann, hängt von den gegebenen Verhältnissen ab.

Für Genossenschaften mit beschränkter Haftpflicht läßt das Gesetz es zu, daß das Statut die Beteiligung der Genossen auf mehrere Geschäftsanteile, unter Festsetzung der höchsten Zahl derselben, gestattet (§ 134 d. Ges.). Der Umfang der persönlichen Haftpflicht (der Haftsumme) der Mitglieder richtet sich nach der Höhe des Geschäftsanteils; die Zulassung des Erwerbs mehrerer Geschäftsanteile soll die Beteiligung der Mitglieder nach ihrer Leistungsfähigkeit ermöglichen. Den Genossenschaften mit beschränkter Haftpflicht ist zu empfehlen, von dieser Freiheit Gebrauch zu machen und im Statut anzugeben, wieviel Geschäftsanteile ein Mitglied erwerben kann. Jedes Mitglied ist verpflichtet, einen Geschäftsanteil zu erwerben, es steht ihm frei, weitere Einzahlungen zu leisten, um dadurch sich mit weiteren Geschäftsanteilen zu beteiligen; es kann auch die Befriedigung des beanspruchten Kredits von dem Erwerb weiterer Geschäftsanteile abhängig gemacht werden.

Nach dem Beschluß des AllgGenTags Westerland (1905) soll die Haftsumme nicht mehr als das Dreifache des Geschäftsanteils betragen und es sollen höchstens drei Geschäftsanteile zugelassen werden. Man wird heute die Zahl der Anteile aber ohne Bedenken auf fünf erhöhen können.

Wenn das Statut nichts anderes vorschreibt, sind die Pflichteinzahlungen auch auf die übernommenen weiteren Geschäftsanteile zu leisten. Soll dies vermieden werden, so müßte im Statut gesagt werden, daß die Pflichtbeiträge nur solange bezahlt werden müssen, bis der erste Geschäftsanteil, bei hohem Geschäftsanteil vielleicht sogar ein gewisser Teil des ersten Geschäftsanteils erreicht ist. Zweckmäßigerweise wird man die Kreditnehmer von einer solchen Vergünstigung ausnehmen.

In der Praxis findet man Kreditgenossenschaften m. b. H. mit geringem Geschäftsanteil und außergewöhnlich hoher Haftsumme, wenn auch die krassen Fälle heute vielleicht nicht mehr so häufig sind wie früher. Das Gesetz schreibt vor, daß die Haftsumme nicht niedriger sein soll als der Geschäftsanteil. Haftsumme ist die Begrenzung der persönlichen Haftpflicht. Diese Bestimmung ist getroffen, um zu verhindern, daß die persönliche Haftpflicht verschwindet und die Genossenschaft mit beschränkter Haftpflicht sich zur Kapitalgesellschaft entwickelt (S. 52). Das Gesetz enthält keine Vorschrift, die nach der anderen Richtung hin der Haftsumme eine Grenze zieht, so daß es heute möglich ist, den Geschäftsanteil auf 10 RM. — und die Haftsumme auf 10 000 RM. festzusetzen. Namentlich bei Verbandskassen findet man auch heute noch, daß die angeschlossene Genossenschaft nur einige Tausend Reichsmark auf den Geschäftsanteil einzahlt, aber eine Haftsumme von mitunter Hunderttausend Reichsmark übernimmt. Diese Entwicklung war zweifelsohne begünstigt durch das System der Haftsummenbeleihung der Preußischen Zentralgenossenschaftskasse (Preußenkasse). Der Allgemeine Verband hat diese Entwicklung wegen der in ihr schlummernden Gefahr von Anfang an bekämpft und u. a. auf dem AllgGenTag Bad Nauheim (1910) hiergegen Stellung genommen[1a]) Weitere Darlegungen vgl. S. 19, 190.

[1a]) Der Beschluß, soweit er hier in Frage kommt, lautet: „Vorgänge im deutschen Genossenschaftswesen veranlassen den AllgGenTag. zu folgenden Feststellungen:

1. Die durch das Ges. von 1889 zugelassene Bildung von eingetragenen Genossenschaften mit beschränkter Haftpflicht und von Genossenschaften, deren Mitglieder Genossenschaften sind, hat oftmals eine Zentralisation zur Folge gehabt, deren bedeutungsvolle Merkmale erscheinen: als ein Verstoß gegen den der Genossenschaft eigenen Charakter der lokalen Begrenzungen ihrer geschäftlichen Tätigkeit durch weitgehendste territoriale Ausdehnung — als ein Verstoß

Dringend muß davor gewarnt werden, eine Haftsumme zu wählen, die für die meisten Mitglieder eine unbeschränkte Haftpflicht bedeutet, weil die Haftsumme ihre Leistungsfähigkeit erreicht oder gar überschreitet. Es wäre falsch, den Anschauungen vieler Mitglieder entgegenzukommen, die eher vor hohen Geschäftsanteilen zurückschrecken als vor niederem Geschäftsanteil und hoher Haftsumme, da ihnen die kapitalistische Beteiligung näher liegt, als die Gefahr, aus der persönlichen Haftpflicht (Haftsumme) in Anspruch genommen zu werden. Erst später erkennen dann die Mitglieder die Gefahr, in die sie sich begeben haben.

Auch die Raiffeisengenossenschaften, die, allerdings bei unbeschränkter Haftpflicht, nur einen Geschäftsanteil von wenigen Mark hatten, bekennen sich heute mehr zu dem Grundsatz, daß die Genossenschaft durch Festsetzung höherer Geschäftsanteile die Grundlage für ein dem Geschäftsumfang entsprechendes eigenes Vermögen bilden muß, sich also nicht fast ausschließlich auf die Haftpflicht aufbauen soll.

Es entspricht vollständig den Verhältnissen der Genossenschaft, wenn § 22 d. Ges. bestimmt: „Das Geschäftsguthaben eines Genossen darf, so lange er nicht ausgeschieden ist, von der Genossenschaft nicht ausgezahlt werden." Es sind sogar besondere Vorsichtsmaßregeln wegen der Rückgewähr an die Ausscheidenden getroffen. Der Austritt ist an eine Kündigungsfrist geknüpft und nur mit *Ende des Geschäftsjahres* zulässig, um die Veränderungen im Mitgliederbestande und die daran sich knüpfenden Kassenverpflichtungen längere Zeit vorher zu übersehen (S. 39).

---

gegen den der beschränkten Haftpflicht eigenen Charakter der Beschränkung der Haftpflicht durch Ausdehnung der Haftpflicht auf Beträge, die der Beschränkung der Haftpflicht ihren Zweck nehmen — als ein Verstoß gegen das Gebot der Übersichtlichkeit und Klarheit geschäftlicher Verpflichtungen durch die wechselseitige Mitgliedschaft von Genossenschaften.

2. Die Bemessung des Geschäftsanteils auf eine minimale Höhe und Festsetzung der Haftsumme auf einen Betrag, der zu der Höhe des Geschäftsanteils außer Verhältnis steht, unter gleichzeitiger Zulassung des Erwerbs einer großen Anzahl Geschäftsanteile hat sich als eine Gefahr für die Mitglieder, als ein ungesunder Anreiz zur Ausdehnung der geschäftlichen Tätigkeit der Genossenschaft und zur Anwendung der genossenschaftlichen Organisation auf wirtschaftliche Unternehmungen, für deren Betrieb die genossenschaftliche Organisation nicht geeignet ist, erwiesen. . . ."

Diese Kündigungsfrist, die im Statut festzulegen ist, kann zwischen 3 Monaten und 2 Jahren betragen. Mit der Umstellung auf die neue Währung haben viele Genossenschaften die Kündigungsfrist, die früher meist 3—6 Monate betrug, auf 1—2 Jahre ausgedehnt, um hierdurch für die Übergangszeit einen Schutz gegen Massenaustritte aus der Genossenschaft zu schaffen. Man wird später hier wieder auf eine Frist von mehreren Monaten zurückgehen können, auch um den Zugang neuer Mitglieder nicht zu erschweren (S. 40). Treten massenhafte Abmeldungen der Mitglieder ein, so hat man in der Auflösung der Genossenschaft das Mittel in der Hand, die Absichten der Kündigung zu durchkreuzen und die Abgemeldeten bei der Verlustdeckung mit ihren Geschäftsguthaben und der persönlichen Haftpflicht voll zu beteiligen; § 75 d. Ges. schreibt vor: „Wird die Genossenschaft binnen 6 Monaten nach dem Ausscheiden des Genossen aufgelöst, so gilt dasselbe als nicht erfolgt."

Der Gesetzgeber ist bestrebt gewesen, die wirtschaftlichen Gefahren, die sich aus der Natur der Genossenschaft als Personalgesellschaft ergeben, nach Möglichkeit abzuschwächen, die Bestimmungen haben sich in der Praxis durchaus bewährt.

Das Gesetz sieht die Möglichkeit einer Erhöhung des Geschäftsanteils und der Einzahlungen auf Geschäftsanteil im Wege der Statutenänderung vor (§ 16 d. Ges.). Die Eigenart der Genossenschaft gestattet dies. Wir haben es hier mit der sogenannten „genossenschaftlichen Duldungspflicht" zu tun, die der Genossenschaft ihr ganz besonderes Gepräge verleiht. Während bei den Kapitalgesellschaften die Beteiligten nicht gezwungen werden können, wider ihren Willen ihre Leistungen zu erhöhen, besteht diese Möglichkeit bei der Genossenschaft (vgl. darüber Crüger-Crecelius, Kommentar zum Ges., 9. Aufl., § 16). Diese genossenschaftliche Duldungspflicht, die auch unter Umständen für die Betroffenen natürlich gewisse Gefahren in sich schließt, hat u. a. den Vorteil, daß sie eine Sanierung der Genossenschaft wesentlich erleichtert, indem die Genossenschaft in der Lage ist, durch Neubildung von Vereinsvermögen Verluste zu decken, die über das vorhandene eigene Vermögen hinausgehen. Infolgedessen hat auch die Überschuldung bei der Genossenschaft nicht wie bei anderen Gesellschaften ohne weiteres einen Konkurs zur Folge. Auch bei in guter Entwicklung befindlichen Genossenschaften tut diese genossenschaftliche Duldungspflicht ihre guten Dienste. Auf die Erhöhung des Geschäftsanteils insbesondere kann dann zurückgegriffen werden, wenn die Entwicklung der Genossenschaft sich wesentlich gesteigert hat und infolgedessen auch eine Vergrößerung des eigenen Vermögens erforderlich erscheint. Die Zulässigkeit der Erhöhung des Geschäftsanteils bietet endlich auch die Möglichkeit einer Korrektur von Fehlern, die bei der Gründung vorgekommen sind, was in den vergangenen Jahrzehnten unter dem Einfluß der staatlichen finanziellen Förderung der Genossenschaften öfter der Fall war insofern, als man den Geschäftsanteil ganz niedrig gehalten hatte. Die Genossenschaft muß dann den Versuch machen, auf dem Wege der Statutenänderung die notwendige Erhöhung durchzusetzen. Natürlich ist dies meist nicht ganz leicht, besonders dann, wenn mehrere Geschäftsanteile zugelassen sind. Es gibt Genossenschaften, die bei niedrigem Geschäftsanteil den Erwerb von 100 und mehr Geschäftsanteilen gestatten. Hat hier ein Mitglied eine größere Anzahl Geschäftsanteile erworben, so bedeutet die Erhöhung des Geschäftsanteils für dieses, daß es alle Geschäftsanteile (wenn auch nach und nach) auf den erhöhten Betrag bringen muß. Ist damit noch gar eine Erhöhung der Haftsumme verbunden, so ist der Widerstand solcher Mitglieder gewiß erklärlich. Und wird der Widerstand überwunden, dann läuft die Genossenschaft Gefahr, daß die Mitglieder ausscheiden und ihr Geschäftsguthaben überhaupt herausziehen.

Eine Reihe fortgesetzter Erhöhungen des Geschäftsanteils haben die letzten Inflationsjahre gebracht. Mit dem Anwachsen der fremden Gelder konnten die Geschäftsguthaben nicht gleichen Schritt halten, so daß zuletzt oft jährlich zweimal Erhöhungen des Anteils beschlossen wurden mit dem Erfolg, daß diese Beschlüsse meist schon wieder in dem Augenblick überholt waren, in dem sie bei Gericht eingetragen wurden. Wenn die Schwierigkeiten der Anteilerhöhung bei vielen Geschäftsanteilen eines Mitgliedes hier zuletzt nicht mehr sehr bemerkbar waren, so lag dies daran, daß die Einzahlungen in immer mehr entwertetem Gelde geleistet wurden.

Die Erhöhung des Geschäftsanteils bedeutet eine Erhöhung des eigenen Vermögens der Genossenschaft selbstverständlich nur dann, wenn zugleich auch die Einzahlungspflicht der Mitglieder erhöht wird.

Besonders geregelt ist in § 22 d. Ges. die Herabsetzung

des Geschäftsanteils, für die mit Rücksicht auf die Gläubiger ein ererschwertes Verfahren bestimmt ist. Es erübrigt sich hier, das Verfahren näher zu erörtern (vgl. Crüger-Crecelius, Kommentar zum Ges., 9. Aufl., § 22).

Völlig anderer Art war die Zusammenlegung der Papiermarkgeschäftsanteile bei der Umstellung der Genossenschaften, für die § 47 der 2. Durchführungsverordnung zur Goldbilanzverordnung vom 28. 3. 24 besondere Vorschriften erlassen hat, hauptsächlich dahingehend, daß die Vorschriften d. Ges. über die Herabsetzung des Geschäftsanteils und der Haftsumme für die Umstellung selbst — aber auch nur für diese — außer Kraft gesetzt wurden. Nach anfänglichem Streit hat schließlich die Rechtsprechung diese Zusammenlegung für zulässig erklärt (vgl. BlfGW. 1924 S. 286, 1925 S. 74). Ohne eine solche Zusammenlegung der Papiermarkgeschäftsanteile wäre ein Wiederaufbau der Genossenschaften nur mit größten Schwierigkeiten durchführbar, wenn nicht unmöglich gewesen. Die Festsetzung des neuen Goldmark(jetzt Reichsmark-)geschäftsanteils bedeutete in allen Fällen eine wesentliche Erhöhung des Geschäftsanteils, so daß jedes Mitglied mit mehreren Anteilen — und das waren schließlich die meisten Mitglieder — nach und nach alle diese neuen Anteile hätten einzahlen müssen, was praktisch meist unmöglich gewesen wäre. Die Mitglieder hätten also zunächst ausscheiden und dann ohne Übernahme weiterer Anteile wieder der Genossenschaft beitreten müssen. Gegenüber diesem zum mindesten lästigen Umweg bot die Zusammenlegung der Papiermarkgeschäftsanteile eines Mitgliedes einen großen Vorzug. Demzufolge legten die meisten Genossenschaften die mehreren Anteile in einen Anteil zusammen, wobei der Erwerb weiterer Geschäftsanteile — natürlich nur in beschränkter Zahl — erneut zugelassen wurde. Näheres über das Verfahren vgl. BlfGW. 1924 S. 175, 209, 244, 286, 514, 1925 S. 70, 105).

Gleichzeitig mit der Neufestsetzung der Geschäftsanteile wurde auch die Mindesteinzahlung auf Goldmark, jetzt Reichsmark festgelegt. Wenn unter der Herrschaft der alten Markwährung abgeschriebene Geschäftsguthaben nach der Rechtsprechung des Reichsgerichts nicht neu einzuzahlen waren, die Genossenschaft die Mitglieder zu neuen Einzahlungen also nur durch Erhöhung des Geschäftsanteils zwingen konnte, so liegen die Dinge nach der herrschenden Meinung für die Umstellung anders. Zwar ist auch hier das Geschäftsguthaben durch die Geldentwertung verloren gegangen, aber die Neufestsetzung des Anteils in Goldmark wird gegenüber dem Papiermarkanteil als eine Anteilerhöhung aufgefaßt, die die erneute Einzahlungspflicht der Mitglieder nach sich zieht. Anders wäre eine Neubildung der Geschäftsguthaben auch gar nicht durchzuführen gewesen (vgl. Citron, BlfGW. 1925, S. 15, 50, 358 und 659).

Auf die Frage, ob Einzahlungen auf Geschäftsanteil während der Liquidation und während des Konkurses der Genossenschaft zu leisten sind, braucht hier nicht näher eingegangen zu werden (vgl. Crüger-Crecelius, Kommentar zum Ges. § 7).

Die Frage, ob eine Genossenschaft zur Aufwertung der Papiermarkgeschäftsguthaben verpflichtet ist, wird von der Literatur überwiegend bejaht, wobei die Geschäftsguthaben als Anspruch aus einem Beteiligungsverhältnis den Vorschriften des § 63 des Aufwertungsgesetzes vom 16. 7. 25 unterworfen, also zu denjenigen Ansprüchen gerechnet werden, über deren Aufwertungshöhe letzten Endes der Prozeßrichter zu entscheiden hat. Letzteres dürfte aber nur für die vor dem Umstellungsbeschluß ausgeschiedenen Genossen gelten, während die übrigen Mitglieder durch den Umstellungsbeschluß der Generalversammlung gebunden sind, sofern dieser Beschluß mit dreiviertel Mehrheit zustandegekommen ist, in welchem Falle eine spätere Anfechtung des Aufwertungsmaßstabs ausgeschlossen ist (vgl. Citron, BlfGW. 1925 S. 474).

Der Maßstab der Aufwertung muß für alle Mitglieder der gleiche sein. Wenn die Aufwertung nicht sofort bei der Umstellung auf Goldmark erfolgt ist, kann sie nur aus der damals gebildeten Aufwertungs- oder Umstellungsrücklage (vgl. S. 129, 151) geschehen.

Im übrigen sei über die Aufwertung der Papiermarkgeschäftsguthaben nur soviel gesagt, daß sie nur unter Wahrung der Leistungsfähigkeit der Genossenschaft vorgenommen werden kann, die unter allen Umständen als wichtigstes Ziel der Genossenschaft aufrechterhalten bleiben muß.

Die Geschäftsguthaben dienen nur mit einer Beschränkung der Genossenschaft als festes Kapital. Im Gegensatze zu dem Reservefonds müssen sie den Ausscheidenden, insoweit sie nicht bei Deckung von Verlusten verloren gegangen sind, zurückgezahlt werden (§ 73

d. Ges.). Es folgt aus dem Begriffe des Geschäftsguthabens und seiner Bestimmung, daß die Mitgliedschaft mit dem Geschäftsguthaben verbunden ist.

Das Geschäftsguthaben ist ein Vermögensbestandteil des Mitglieds, d. h. eine bedingte und befristete Forderung. Das Geschäftsguthaben wird erst ausgezahlt nach dem Ausscheiden des Mitglieds. Seine Höhe bestimmt sich nicht nur nach den Einzahlungen auf Geschäftsanteil und den zugeschriebenen Dividenden, sondern wird unter Umständen auch berührt von Verlusten, die die Genossenschaft betroffen haben. Maßgebend ist die von der Generalversammlung genehmigte Bilanz (§ 73 Ges.), so daß die Auszahlung des Geschäftsguthabens erst nach der auf das Ausscheiden des Mitgliedes folgenden ordentlichen Generalversammlung erfolgen kann. Lediglich die Übertragung des Geschäftsguthabens (§ 76, 134 d. Ges.) kann unter den im Gesetz und Statut vorgesehenen Voraussetzungen im Laufe des Geschäftsjahres stattfinden.

Ein Mitglied, das mehrere Geschäftsanteile besitzt, kann nur mit dem ganzen Geschäftsguthaben ausscheiden, also nicht nur z. B. einen Geschäftsanteil zurückziehen, während es noch mit den übernommenen anderen Anteilen Mitglied bleibt. Das Geschäftsguthaben bildet ein untrennbares Ganzes, ohne Rücksicht auf die Zahl der erworbenen Anteile.

Das Gesetz verbietet im § 22, daß das Geschäftsguthaben von der Genossenschaft im geschäftlichen Betriebe zum Pfande genommen wird. Damit soll zum Ausdruck gebracht werden, daß das Geschäftsguthaben nicht bei der Kreditgewähr als eine besondere Sicherstellung benutzt wird. Mit Recht, denn das Geschäftsguthaben, das wohl zu dem Vermögen des Mitglieds gehört, ist in erster Reihe doch Vermögensbestandteil der Genossenschaft. Immerhin schließt natürlich das Geschäftsguthaben für etwaige Forderungen der Genossenschaft an das Mitglied eine Sicherheit in sich, denn wenn die Genossenschaft in dem Zeitpunkt, in dem sie das Geschäftsguthaben an das Mitglied auszahlen soll, ihrerseits Forderungen an das Mitglied hat, wird sie von dem Recht der Aufrechnung Gebrauch machen. Nun kommt der Fall vor, daß das Geschäftsguthaben von dem Gläubiger des Mitglieds gepfändet wird oder daß das Mitglied in Konkurs gerät. Wie gestalten sich dann die Rechte der Genossenschaft auf das Geschäftsguthaben wegen ihrer Forderungen? Mit Rücksicht darauf, daß dieser Fall verhältnismäßig oft vorkommt, mögen hier einige Bemerkungen über das Verhalten der Genossenschaft im Konkurse des Mitglieds folgen.

I. Hat die Genossenschaft an das Mitglied keine Forderung, so wird sie auch von dessen Konkurs schwerlich berührt. Sie hat nur infolge des von dem Konkursverwalter über das gesamte Vermögen des Gemeinschuldners verhängten offenen Arrestes dem Konkursverwalter von dem Vorhandensein des Geschäftsguthabens Anzeige zu machen und kann im übrigen abwarten, ob das Mitglied oder der Konkursverwalter diejenigen Schritte unternehmen, welche erforderlich sind, um das Ende der Mitgliedschaft herbeizuführen, denn der Konkurs des Mitgliedes beendigt nicht die Mitgliedschaft und bei bestehender Mitgliedschaft kann die Auszahlung des Geschäftsguthabens nicht erfolgen (§ 22 d. Ges.).

Ihrerseits aber hat die Genossenschaft die auf den Geschäftsanteil während des Konkursverfahrens fällig werdenden Einzahlungen zur Konkursmasse anzumelden. Dies darf nicht übersehen werden.

II. Wenn die Genossenschaft an das Mitglied Forderungen hat, so ist zu unterscheiden:

1. Bei Eröffnung des Konkursverfahrens ist der Gemeinschuldner nicht mehr Mitglied, hat aber sein Geschäftsguthaben noch nicht erhalten.

2. Bei Eröffnung des Konkursverfahrens ist der Gemeinschuldner noch Mitglied. Es ist jedoch bereits einer der Gründe für die Beendigung der Mitgliedschaft (z. B. Ausschluß) eingetreten.

Diese beiden Fälle können gleichmäßig behandelt werden. Früher wurde die Ansicht vertreten, daß die Genossenschaft dem Konkursverwalter das Vorhandensein des Geschäftsguthabens anzuzeigen, gleichzeitig ihre Forderungen anzumelden und in ihrer Höhe das Aufrechnungsrecht mit dem Geschäftsguthaben zu beanspruchen hat. Es kann weiter gegangen werden. Die Genossenschaft ist befugt, ihre ganze Forderung anzumelden und das Geschäftsguthaben aufzurechnen gegen den Ausfall, den sie im Konkurse des Mitglieds erleidet (vgl. hierüber BlfGW. 1914 S. 68 und Crüger-Crecelius, Kommentar zum Ges., 9. Aufl., § 73).

3. Der Gemeinschuldner ist Mitglied, es ist aber noch keiner der das Ende der Mitgliedschaft herbeiführenden Gründe eingetreten. Es ist in diesem Falle zweifellos, daß die Genossenschaft ihre volle Forderung im Konkurse des Mitglieds anzumelden berechtigt ist, um später erforderlichenfalls, wenn das Geschäftsguthaben zur Auszahlung gelangt, dies um den Ausfall zu kürzen. Auch der im Konkurs des Mitglieds abgeschlossene Zwangsvergleich kann hieran nichts ändern. (Vgl. BlfGW. 1914 S. 68, 1913 S. 451.)

In der Regel wird der Konkursverwalter eingreifen und von seinem Kündigungsrecht für das Mitglied Gebrauch machen. Dies ändert an der Sachlage sehr wenig; nur ist die Genossenschaft verpflichtet, das vorhandene Geschäftsguthaben anzugeben, sie wird aber gleich auf ihr Aufrechnungsrecht hinweisen.

Im Falle einer Beschlagnahme des Geschäftsguthabens durch Dritte ist für die Aufrechnung der Genossenschaft § 392 BGB. zu beachten, wonach die Aufrechnung nur dann unzulässig ist, wenn die Genossenschaft ihre Forderung erst nach der Beschlagnahme erworben hat, oder wenn ihre Forderung n a ch der Beschlagnahme und später als das Geschäftsguthaben des Schuldners fällig geworden ist.

Besondere Erwähnung verdient hier noch der durch B ü r g - s ch a f t gesicherte Kredit. Es ist nämlich die Ansicht verbreitet, daß der Bürge einen Anspruch auf das Geschäftsguthaben erlangt, wenn er die Genossenschaft befriedigt. Diese Ansicht ist irrig. Will die Genossenschaft dem Bürgen das Geschäftsguthaben des Mitglieds als Deckung zukommen lassen — es kann dies natürlich nur dringend empfohlen werden — so muß die Genossenschaft bereits bei der Geltendmachung ihrer Forderung für sich auf das Vorhandensein des Geschäftsguthabens Rücksicht nehmen, d. h. den Bürgen nur insoweit in Anspruch nehmen, als sie nicht durch das Geschäftsguthaben gedeckt ist. Die Genossenschaft wird sich selbstverständlich ihre Rechte gegenüber dem Bürgen solange vorbehalten, bis sie vollständig zu ihrem Geld gekommen ist.

Es sei hier noch erwähnt die Beurkundung der Einzahlungen auf Geschäftsanteil. Die meisten Genossenschaften pflegen ein G e - g e n b u ch herauszugeben. Es empfiehlt sich, in dieses Gegenbuch keine besonderen Bedingungen hineinzuschreiben, damit es auch seinen Charakter als Quittungsbuch über Einzahlungen auf Geschäftsanteil behält. Es können sonst leicht Schwierigkeiten bei der Auszahlung des Geschäftsguthabens sich ergeben, wenn das Geschäftsguthaben-Gegenbuch verloren gegangen ist. In diesem Falle empfiehlt es sich, daß die Genossenschaft von dem Mitglied in der Quittung über das Geschäftsguthaben die Nichtablieferung des Gegenbuches bescheinigen und sich einen Revers ausstellen läßt, kraft dessen das Mitglied für alle Folgen aufkommt, die aus der Nichtablieferung des Gegenbuches allenfalls entstehen könnten. Nach unserer Auffassung ändert es allerdings an dem Charakter des Gegenbuchs als Quittungsbuch nichts, wenn etwa vorgeschrieben ist, daß die Auszahlung des Geschäftsguthabens nur gegen Aushändigung des Geschäftsguthabenbuchs erfolgt. Derartige Vorschriften haben keine Rechtsbedeutung.

In einzelnen Gebieten verbreitet sind die „Geschäftsanteilscheine". Das sind Urkunden, die den Aktien nachgebildet sind und die ausgehändigt werden, wenn der Geschäftsanteil voll eingezahlt ist. Diesen Anteilscheinen sind in der Regel numerierte Dividendenscheine beigegeben, die jedoch nicht auf den Inhaber gestellt werden dürfen (§ 795 BGB.).

X. Kapitel.

Beschaffung des Betriebskapitals. Fremdes Kapital.

Allgemeines.

Die Beschaffung der zum Betriebskapital erforderlichen fremden Gelder ist eine der wichtigsten Aufgaben der Kreditgenossenschaft, denn diese ist vor allem in der ersten Zeit nach der Gründung fast ausschließlich auf das fremde Geld angewiesen. Das eigene Vermögen wird erst im Laufe der Jahre gebildet. Muß sich die Kreditgewähr auf die Mitglieder beschränken, so werden fremde Gelder auch von Nichtmitgliedern angenommen. Schon bei der Gründung muß sich die Genossenschaft nicht nur über die wahrscheinlich sofort hervortretenden Kreditansprüche, sondern auch über ihre Kreditquellen im klaren sein, da von diesen natürlich wesentlich der Umfang bestimmt wird, in dem die Kreditansprüche der Mitglieder befriedigt werden können. Um gleich dies vorweg zu nehmen: es wäre im höchsten Maße bedenklich, wenn die junge Genossenschaft sich auf Bankkredit verlassen wollte. Bankkredit ist Kreditreserve, Bankkredit ist kein dauerndes Betriebskapital. Die Genossenschaft aber hat sich bei der Erfüllung ihrer Aufgaben im Rahmen des dauernd ihr zur Verfügung stehenden Betriebskapitals zu halten. Und als dauernd ist das Betriebskapital zu betrachten — neben dem eigenen Vermögen mit der für das Geschäftsguthaben oben erörterten Beschränkung — das ihr in Form von Spareinlagen und Depositen, Anleihen oder in ähnlichen Geschäftszweigen zur Verfügung gestellt wird.

Auf die Giroverbindlichkeiten wird unten bei der Besprechung des Bankkredits zurückzukommen sein.

Über die Kreditquellen, auf welche die Genossenschaft angewiesen ist, schrieb Schulze-Delitzsch an dieser Stelle:

„Es ist Aufgabe der Genossenschaft, sich zum Mittelpunkte für das Zusammenströmen von Geldern zu machen, welche Anlagen suchen und ohne ihre Dazwischenkunft nutzlos für den Verkehr liegen würden. Man muß sich ebensogut für das Angebot von Kapitalien, wie für die Nachfrage danach eine feste Kundschaft zu verschaffen wissen, Leute an sich zu fesseln verstehen, die Geld bringen, so gut wie solche, die Geld holen, sich für den Abfluß so gut wie für den Zufluß regelmäßig Kanäle offen halten."

Die Ansicht wurde auch in die späteren Auflagen übernommen. Es ist dabei der Grundgedanke, daß die Kreditgenossenschaft der „wirtschaftliche Mittelpunkt" eines gewissen Teils des Geldverkehrs wird. Es bestehen auch heute noch eine große Anzahl von Kreditgenossenschaften, die den wirtschaftlichen Mittelpunkt für den Kreis abgeben, in dem sie arbeiten. In den letzten Jahrzehnten aber haben sich doch bedeutungsvolle Verschiebungen zugetragen. Heute besteht wohl in jedem Dorf eine Darlehnskasse — die Großbanken haben in die kleinsten Städte Depositenkassen hineingelegt, von denen zwar nach den Inflationsjahren wieder manche infolge mangelnder Rentabilität aufgehoben worden sind — die Zahl der Privatbanken ist seit den Inflationsjahren mächtig gewachsen — Banken für bestimmte Fachgruppen haben sich aufgetan — Deutschland ist mit einem Netz öffentlicher Sparkassen überzogen — die Errichtung von Kommunalbanken nimmt immer mehr zu, kurz, es ist auf der ganzen Linie ein scharfer Wettbewerb um die Einlagen entbrannt. Die heutige Kapitalarmut zwingt auch jede Kreditgenossenschaft dazu, alle Mittel aufzubieten, um Spareinlagen aus ihrem Geschäftsbezirk an sich zu ziehen, hatten doch alle Kreditgenossenschaften ebenso wie alle anderen Banken durch die Inflation mehr oder weniger ihre ganzen Einlagen verloren. Anderseits meldet sich ein Kreditbedürfnis der Mitglieder, das stärker denn je ist und dem die Kreditgenossenschaften niemals gerecht werden können, wenn sie nicht genügend fremde Gelder gewinnen. Auf die Dauer würde das den Tod der Genossenschaften bedeuten. Erfreulicherweise sind viele von den Kreditgenossenschaften, deren Geschäftsbetrieb zur Zeit der Einführung der neuen Währung nahezu eingeschlafen war, durch Kapitalzufluß wieder zu neuem Leben erwacht. Der genossenschaftliche Gedanke regt sich allenthalben und bewährt seine alte Kraft aufs schönste. Wenn auch die Kapitalzufuhr in Form des Bankkredits seit der Stabilisierungsperiode besondere Bedeutung erlangt hat, so muß doch festgestellt werden, daß die Einlagen überall wachsen. Wenn die Organisation die richtige ist, die Kreditbasis ausreicht und angesehene Männer an der Spitze der Kreditgenossenschaft stehen, so wird es der Kreditgenossenschaft gelingen, die alte Anziehungskraft auf die Einleger auszuüben und das Betriebskapital mehr und mehr zu vergrößern.

Eine volkswirtschaftliche und ethische Aufgabe hat die Genossenschaft zugleich hierbei zu erfüllen. Durch die Geldentwertung ist der Sparsinn in weitesten Kreisen erstickt worden. Man hält es für zwecklos, zu sparen und gibt lieber sein Geld für Tand und Vergnügen aus, als es der vermeintlichen Gefahr einer neuen Inflation auszusetzen. Hier muß die Kreditgenossenschaft einsetzen und den Spartrieb wieder zu erwecken suchen. Unser Volk muß wieder sparen und den Pfennig ehren lernen. Die weitverbreitete Ansicht, daß es keinen Zweck hat, kleine und kleinste Beträge zurückzulegen, muß bekämpft werden. Viele wenig geben auch ein Viel!

Ebenso ist das Publikum und besonders die Geschäftswelt dahin zu erziehen, daß alle auch nur vorübergehend verfügbaren Gelder nicht brach in der Schublade oder dem Geldschrank liegen bleiben, sondern auf Bankkonto eingezahlt werden. Gerade den Genossenschaften als Banken des Mittelstandes erwachsen hier besondere Aufgaben. Flugschriften, Vorträge, Presseberichte, Rundfunkvorträge, Filme, namentlich aber auch persönliche Belehrung müssen den Bank- und Sparverkehr wieder fördern helfen (vgl. BlfGW. 1925 S. 499).

Ein Hindernis für die Heranziehung fremder Gelder ist in der nach dem Krieg erfolgten Aufhebung des Bankgeheimnisses zu sehen. Die Bestimmungen der Reichsabgabenordnung vom 13. Dezember 1919 sind zwar inzwischen in einem wesentlichen Punkt gemildert worden (Wegfall der Kundenverzeichnisse), und die Bank braucht dem Finanzamt nur auf bestimmte Fragen hinsichtlich eines bestimmten Kunden und nur dann Auskunft zu geben, wenn bestätigt wird, daß die Verhandlungen mit dem Steuerpflichtigen selbst zu keinem Ergebnis geführt haben (§ 209 RAbgO.); allein die Auskunftspflicht geht heute immer noch weiter als früher, wo für die Banken im wesentlichen nur eine Auskunftspflicht in Strafsachen bestanden hat (vgl. BlfGW. 1925 S. 183, 230).

Nicht zuletzt spielt der Stand der Aufwertungsfrage eine große Rolle bei der Werbung um neue Einlagen. Die Entwertung der Spareinlagen wird selbstverständlich auch von den

Genossenschaften als ein nationales Unglück angesehen, sind doch durch diese Entwertung viele Einleger um ihre sauer ersparten Groschen und um die Früchte ihrer Lebensarbeit gekommen. Nachdem das Aufwertungsgesetz vom 16. Juli 1925 unzweideutig ausspricht, daß die Einlagen bei Banken, denen die Genossenschaften in diesem Falle gleichgestellt sind, nicht der Aufwertung unterliegen, fragt es sich, ob die Genossenschaften freiwillig im Rahmen ihrer Überschüsse eine Aufwertung der Einlagen vornehmen sollen. Diese Frage muß hinsichtlich der wirklichen Spareinlagen und Kündigungsgelder bejaht werden, während eine Aufwertung aller laufenden Rechnungen, auch wenn sie vielleicht als Sparkonto geführt sein sollten, abzulehnen sein wird. Eine Aufwertung der reinen Spareinlagen und Kündigungsgelder wird sich um so mehr empfehlen, als die öffentlichen Sparkassen nach jenem Gesetz zu einer Aufwertung von mindestens 12½ % verpflichtet sind. Daß diese Aufwertung den öffentlichen Sparkassen in Anbetracht der geringen Substanzrettung großenteils nur auf Grund von Zuschüssen der Garantieverbände möglich sein wird, beleuchtet die Sachlage; es ist auch noch nicht abzusehen, in welcher Weise die Aufwertung der öffentlichen Sparkassen vor sich gehen wird. Wie dem aber auch sei, werden die Genossenschaften gut tun, möglichst bald die Aufwertungsfrage zum Abschluß zu bringen. Soweit es ihnen möglich ist, werden sie, obwohl sie gesetzlich nicht hierzu verpflichtet sind (siehe oben), auf Grund ihrer Aufwertungsrücklagen (vgl. S. 129, 143) aus der Goldmarkeröffnungsbilanz eine Aufwertung vornehmen, die freilich nach Lage der Dinge bei allen Vorkriegsgenossenschaften eine bescheidene bleiben wird. Bei aller Rücksicht auf die schwer getroffenen Einleger dürfen die Genossenschaften keineswegs ihre eigene Zukunft bei der Regelung der Aufwertungsfrage aus dem Auge lassen. Sie können unmöglich bei ihrer geschwächten Grundlage ihre Überschüsse auf lange Jahre hinaus zur Aufwertung alter Einlagen bestimmen, ohne gleichzeitig für genügende Stärkung ihrer eigenen Rücklagen zu sorgen. Die Aktionskraft der Genossenschaft muß erhalten und gefördert werden, das ist die erste Forderung, die berücksichtigt werden muß, denn damit wird die Genossenschaft ihren Mitgliedern, die vielfach dieselben Personen wie die Einleger sind, und ihren Wirtschaftskreisen am besten dienen. Dies muß besonders betont werden, so sehr anderseits zuzugeben ist, daß eine befriedigende Aufwertung das beste Mittel zur

Gewinnung neuer Einlagen ist. Die Genossenschaftsleitung wird vorsichtig und von Fall zu Fall alle Für und Wider abwägen müssen, wie weit sie mit dem Aufwertungssatz gehen kann. Darin, daß die Genossenschaften die Aufwertung schon sofort vornehmen können, liegt für sie ein Vorsprung gegenüber den öffentlichen Sparkassen, die infolge der gesetzlichen Bestimmungen wahrscheinlich erst in Jahren die Aufwertung regeln können. Damit bieten die Genossenschaften ihren Einlegern in der jetzigen Zeit der Kapitalnot einen großen Vorteil, der nicht niedrig veranschlagt werden darf. Auf weitere Einzelheiten des Aufwertungsproblems kann hier nicht eingegangen werden, vgl. auch S. 129, 143.

Wenden wir uns nun zu den einzelnen Geschäftszweigen.

Spareinlagen.

Unter Spareinlagen versteht man Rücklagen aus Wirtschaft und Erwerb, die der eigenen Wirtschaft entzogen und zinsbar angelegt werden, damit man im Alter oder im Fall der Not auf sie zurückgreifen kann. Eine genauere Begriffsbestimmung läßt sich nicht geben. Die Grenze zwischen *Spareinlagen* und *Depositen* ist sehr flüssig; auch in der Gesetzgebung ist keine klare Grenze gezogen, so spricht das Reichsgesetz vom 26. Juni 1925 von „Depot- und Depositengeschäften", wobei natürlich ebenso an die Annahme von Spareinlagen wie überhaupt von fremden Geldern jeder Art gedacht ist. Vollends schwankt der Sprachgebrauch bei den Genossenschaften, der eine genaue einheitliche Unterscheidung der Einlagen vermissen läßt. Übereinstimmend als Spareinlagen erscheinen hier nur diejenigen Einlagen, die auf ein „Sparbuch" eingezahlt sind. Zur Verwischung der Grenze mag viel beigetragen haben, daß früher die öffentlichen Sparkassen und ihnen folgend auch viele Genossenschaften den Betrag der Einlagen auf ein Sparbuch nach oben begrenzt haben. Spareinlagen waren die bescheidenen Rücklagen des „kleinen Mannes". Diese Beschränkung ist schon seit Jahren fast überall gefallen. Der Sparverkehr ist ein unbeschränkter; Kaufleute, Beamte machen von ihm öfters Gebrauch und leisten auf Sparkonto Einzahlungen, die vielleicht schon nach kurzer Zeit ganz oder teilweise abgehoben werden, benutzen also den Sparverkehr keineswegs zum „Sparen", es handelt sich hierbei vielmehr oft nur um einen laufenden Rechnungsverkehr, wenn auch unter Verwendung eines Sparbuches. Daher leisten Kreditgenossenschaften ebenso wie die öffentlichen Sparkassen Auszahlungen auf Sparbücher heute in der Regel ohne jede Kündigung, obwohl in den Sparbedingungen auch heute noch eine Kündigungsfrist vorgesehen ist, und wie gleich hier bemerkt sei, auch vorgesehen werden muß. In früheren Jahrzehnten pflegte man die Einhaltung der Kündigungsfrist bei den Spareinlagen auch in der Praxis zu verlangen.

Das Depot- und Depositenannahmerecht der Banken, in der Nachkriegszeit durch das Kapitalfluchtgesetz beschränkt, ist zuletzt durch das Gesetz über Depot- und Depositengeschäfte vom 26. Juni 1925 geregelt, das am 31. Dezember 1926 außer Kraft treten soll, so daß alsdann für den Bankverkehr wieder die volle Gewerbefreiheit eingeführt werden wird[2]). Soweit die Genossenschaften schon nach dem Kapitalfluchtgesetz vom 26. Januar 1923 (§ 10) Depot- und Depositengeschäfte betreiben durften, bleibt dieses Recht bestehen. Im übrigen gehören zu den „Depositenbanken" im Sinne jenes neuen Gesetzes alle Genossenschaften, die einem Revisionsverband angeschlossen sind und nur Geschäfte mit Mitgliedern betreiben, auch wenn sie nach dem festgesetzten Stichtag — 16. Januar 1920 — gegründet sind. Bei Neugründungen ist Anzeige an die oberste Landesbehörde (in Preußen Regierungspräsident) mit Nachweis der Berechtigung zu erstatten. Dieser Stelle haben alle Depositenbanken Änderungen in der Zusammensetzung des Vorstandes anzuzeigen. Die Beschränkung des Geschäftsverkehrs der Genossenschaften auf den Kreis der Mitglieder ist aber nicht so zu verstehen, daß eine Genossenschaft nur von Mitgliedern Einlagen annehmen dürfte (vgl. S. 66). Wie nach der Steuergesetzgebung, so liegt auch nach diesem Gesetz ein Hinausgehen des Geschäftsverkehrs über den Kreis der Mitglieder nicht vor, wenn die Genossenschaft Gelder von Nichtmitgliedern entgegennimmt, vorausgesetzt, daß diese Gelder zur Befriedigung des Kreditbedürfnisses der Mitglieder dienen sollen (vgl. BlfGW. 1925 S. 357, 504).

Die Kreditgenossenschaften haben schon seit Jahren Angriffe gegen ihre Eigenschaft als Sparinstitute abzuwehren. Die Allgemeinen Genossenschaftstage mußten sich wiederholt mit dieser Frage beschäftigen. Zuerst nahm der AllgGenTag Rostock (1897) zu ihr

---

[2]) Vgl. BlfGW. 1925 S. 26, 1926 S. 257.

Stellung. Es drohte damals eine staatliche Aufsicht für den Sparkassenverkehr der Kreditgenossenschaften. Während der Verhandlungen erklärte der anwesende Regierungsvertreter, daß die Behörden nicht an die Einführung einer solchen Aufsicht dächten —worauf über den Antrag zur Tagesordnung übergegangen wurde. Im Jahre 1903 sah sich der AllgGenTag zu Danzig veranlaßt, gegen jene Bestrebungen Stellung zu nehmen, die darauf gerichtet waren, den Kreditgenossenschaften das Recht der Pflege des Sparkassenverkehrs unter der Bezeichnung „Sparkasse" zu entziehen; einstimmig wurde damals eine derartige Beschränkung für rechtlich unzulässig und wirtschaftlich von den schwersten Nachteilen für das Genossenschaftswesen erklärt. Auch 1904 in Breslau wurde wiederholt, bei Annahme eines weitergehenden Antrages, gegen derartige Bestrebungen Verwahrung eingelegt. 1911 in Stettin faßte dann der AllgGenTag einen Beschluß, in dem er nochmals Einspruch dagegen erhebt, daß den Genossenschaften das Recht beschränkt wird, ihre Sparkasseneinrichtungen als solche zu bezeichnen und dies in der Firma zum Ausdruck zu bringen.

Über die Berechtigung der Kreditgenossenschaften, sich auch als Sparkassen zu bezeichnen, dürfte heute kaum mehr ein Streit bestehen, zumal der gesetzlich vorgeschriebene Zusatz e. G. m. u. H. oder e. G. m. b. H. in der Firma klar erkennen läßt, daß es sich um eine eingetragene Genossenschaft handelt.

Auch der Sprachgebrauch des Ges. läßt unbedingt darauf schließen, daß die Genossenschaften ein verbrieftes, gesetzlich verbürgtes Recht darauf haben, sich des Wortes „Sparkasse" zu bedienen. Es sei hier nur hingewiesen auf § 49 d. Ges., wo es heißt, daß die Generalversammlung den Gesamtbetrag festzusetzen hat, welchen Anleihen der Genossenschaft und „Spareinlagen" bei derselben nicht überschreiten sollen.

Die oben genannten früher lange hervorgetretenen Bestrebungen der Sparkassen, die den gesetzlichen Schutz des Wortes „Sparkasse" für sich erreichen wollten, sind zurückgetreten, nachdem die öffentlichen Sparkassen sich mehr und mehr der Pflege des Bankgeschäftes widmen. Sie dringen unmittelbar in die Sphäre der Banken und Kreditgenossenschaften ein, geben Kontokorrentkredite, diskontieren Wechsel, pflegen den Giroverkehr und befassen sich mit sonstigen rein bankmäßigen Geschäften. Angesichts dieser Entwicklung ist die Frage berechtigt, ob den öffentlichen Sparkassen länger das Privileg der Mündelsicherheit belassen werden darf, ein Vorzug, den sie in ihrer Werbetätigkeit von jeher ganz besonders betonen. Auch müssen die steuerlichen und sonstigen behördlichen Vergünstigungen der öffentlichen Sparkassen gegenüber den Genossenschaften fallen.

Gegen eine ungesunde bankmäßige Ausdehnung der Sparkassen wendet sich der Erlaß des Preußischen Ministers des Innern vom 23. Mai 1924 — IV b 2087 — (BlfGW. 1925 S. 285).

Die Verdienste, die sich die Genossenschaften um die Förderung des Sparsinnes in jahrzehntelanger Arbeit erworben haben, werden heute mehr anerkannt als früher; auch kann nach den seit dem Jahre 1924 erreichten Erfolgen nicht bezweifelt werden, daß die Kreditgenossenschaften sich ihrer Aufgabe zur Hebung des Sparsinnes nach wie vor bewußt sind.

Freilich fehlt es deshalb heute nicht an anderen offenen oder versteckten Angriffen, die die Genossenschaften gegenüber den Sparkassen zurückdrängen möchten.

Wenn seitens der Girozentralen in neuester Zeit versucht wird, die Genossenschaften zu Haftungsgenossenschaften herabzudrücken, die kein selbständiges Einlagegeschäft betreiben können, vielmehr nur an ihre Mitglieder die von der Girozentrale kommenden Gelder auf eigene Gefahr ausleihen, so muß hiergegen aufs schärfste Stellung genommen werden. Auf solche Weise muß jede Selbständigkeit der Genossenschaften verloren gehen. Der AllgGenTag in Freudenstadt (1925) wandte sich mit aller Entschiedenheit gegen dieses Vorgehen der Girozentralen und Sparkassen (vgl. S. 7).

Es heißt für die Kreditgenossenschaften auf der Hut zu sein und ihr Feld zu behaupten, das ihnen als Mittelstandsbanken zukommt. Sie können und wollen deshalb doch mit den Sparkassen in Frieden leben, wie es erfreulicherweise in vielen Bezirken der Fall ist.

Über das Thema „Kreditgenossenschaften und Sparkassen" wird noch im Kapitel XI „Die Kreditgewähr" einiges zu sagen sein.

Unter den Bedingungen für den Spareinlagenverkehr spielt die Kündigungsfrist eine Hauptrolle. Der alte Grundsatz, daß die Genossenschaft sich Spareinlagen auf längere Zeit sichern soll, muß wieder voll zur Geltung kommen. Die Befristung der fremden Gelder und die Kreditgewähr stehen, wie noch später zu behandeln sein wird, in innigem Zusammenhang. Das Kreditgeschäft läuft heute tatsächlich mehr denn je auf längere Fristen, mag auch im einzelnen für die bewilligten Kredite eine kürzere Rückzahlungsfrist bedungen sein. Mag es sich um laufende Kredite, Vorschüsse oder um Wechsel handeln: ohne eine Verlängerung wird in vielen Fällen nicht auszukommen sein, weil es die allgemeine Knappheit der Betriebsmittel bei der engen Verflechtung der ganzen Wirtschaft dem Schuldner trotz ausreichender Vermögenswerte nicht selten unmöglich machen wird, seine Verpflichtungen auf den ersten gestellten Termin zu erfüllen. Besonders gilt dies für Genossenschaften, die in größerem Umfang mit landwirtschaftlichen Schuldnern zu tun haben, da die Landwirtschaft schon immer mit langfristigeren Krediten rechnen muß. Der AllgGenTag München 1892 hat daher erklärt:

„Die nach den besonderen Verhältnissen des landwirtschaftlichen Betriebes in vielen Fällen erforderlichen geräumigen Zahlungsfristen können nur diejenigen Genossenschaften gewähren, die ein ausreichendes eigenes Vermögen in Geschäftsguthaben und Reserven besitzen oder bei den zu ihrem Geschäftsbetriebe aufgenommenen fremden Geldern entsprechend längere Kündigungsfristen sich ausbedungen haben.

Unter Hinweis auf den Beschluß des AllgVerTages in Wiesbaden vom Jahre 1877 wird deshalb den Kreditgenossenschaften empfohlen: neben der Erhöhung ihres eigenen Vermögens immer mehr darauf bedacht zu sein, bei der Aufnahme fremder Gelder zu Vereinszwecken möglichst geräumige Kündigungsfristen zu erlangen."

Im Jahre 1912 wurde der Beschluß auf dem AllgGenTag zu München bestätigt, in dem die Bedeutung der langfristigen Spareinlagen für die Befriedigung des landwirtschaftlichen Kreditbedürfnisses betont wurde.

Ganz allgemein muß die Genossenschaft bestrebt sein, sich gegen plötzliche Rückforderung der fremden Gelder nach Möglichkeit zu schützen. Das kann nur durch die Festlegung von Kündigungsfristen für die Einlagen geschehen. Mag die Genossenschaft bei normalem Geldverkehr dann auch Auszahlung auf Sparkonto leisten, ohne auf die Einhaltung der bedungenen Kündigungsfrist zu sehen, mag sich auch besonders bei lokalen Krisen eine sofortige Auszahlung der zurückgeforderten Einlagen öfters bewährt haben, so ist die Genossenschaft durch die Kündigungsfrist doch auf alle Fälle rechtlich geschützt. Die Erfahrungen aus dem letzten Krieg sprechen im gleichen Sinne. Tatsächlich liegen heute die Dinge bei Genossenschaften und öffentlichen Sparkassen allerdings so, daß eine sofortige gebührenfreie Auszahlung auf Sparbücher — wir wollen diese Einlagen gewöhnliche Spareinlagen nennen — die Regel bildet, auch wenn in den Sparbedingungen eine Kündigungsfrist festgelegt ist. Das mag von dem Standpunkt der Genossenschaft aus zu bedauern sein, ist aber angesichts der Konkurrenz der öffentlichen Sparkassen nicht zu ändern und hängt zweifelsohne auch mit dem schon besprochenen verschiedenartigen Charakter der sog. Spareinlagen zusammen (S. 152).

Die Kündigungsfrist für die auf Sparbücher eingezahlten Spareinlagen setzt man in den Sparbedingungen auf etwa 1 bis 3 Monate fest. Selbstverständlich kann man auch Spareinlagen mit verschiedenen Kündigungsfristen aufnehmen, also mit 14 tägiger, monatlicher, 3, 6 bis 12 monatlicher Kündigung, die bei der ersten Einzahlung ausdrücklich vereinbart wird. Freilich ist eine 6 bis 12 monatliche Kündigungsfrist, die in der Vorkriegszeit oft vorkam, vorerst noch kaum durchzusetzen, weil das Publikum sich nach den Erfahrungen der Inflationszeit nicht so lange binden will. Die fortschreitende Beruhigung muß auch hier eine Rückkehr zu normalen Verhältnissen bringen (S. 165).

Bei den von Fall zu Fall besonders vereinbarten Kündigungsfristen wird aber im Gegensatz zu den gewöhnlichen Spareinlagen die Einhaltung der vereinbarten Kündigungsfrist zu verlangen sein. Viele Genossenschaften pflegen solche Einlagen unter anderem Namen, wie Anlehen usw. zu behandeln (S. 165).

Die einstens an manchen Orten gebräuchliche automatische Abstufung der Kündigungsfristen nach der Höhe des einzelnen Einlagebestandes oder der Höhe der Abhebung ist als überholt anzusehen.

Der Zinssatz für die Spareinlagen bemißt sich einerseits nach der Lage des Geldmarktes, anderseits nach dem Vorgehen der Sparkassen und Banken. Laufen Spareinlagen mit verschiedenen Kündigungsfristen, so findet auch eine Abstufung des Zinssatzes hiernach statt. Je länger die Kündigungsfrist, um so höher ist der Zinsfuß (vgl. Beschluß des AllgGenTages Hannover 1900). Weil die gewöhnlichen Spareinlagen auf Verlangen meist sofort zurückgezahlt werden, auch eine Gebühr für die Nichteinhaltung der nach den Allgemeinen Bedingungen bestehenden Kündigungsfrist nicht üblich ist, erscheint eine Gleichstellung des Zinsfußes für solche gewöhnlichen Spareinlagen mit dem Zinssatz für laufende Guthaben wirtschaftlich berechtigt. Wenn der Spareinlagen-Zinsfuß trotzdem vielfach etwas höher gehalten wird, so geschieht dies zur Hebung des Sparverkehrs, an dem sich bei den Kreditgenossenschaften vornehmlich die kleineren Leute und Privatleute beteiligen. Auch muß es gutgeheißen werden, wenn dieser Zinsfuß für die Spareinlagen nicht gar zu oft geändert wird, weil dadurch die sehr oft gegeschäftlich ungeschulten Einleger leicht beunruhigt werden. Freilich wäre es falsch, wenn nun eine Genossenschaft die Marktlage bei der Bemessung des Zinssatzes ganz außer Betracht lassen wollte.

Eine Zinstreiberei ist zu vermeiden; sie liegt nicht im genossenschaftlichen Interesse, daher haben die Genossenschaften die seit Herbst 1924 eingesetzten Bestrebungen der Reichsbank zur Senkung des allgemeinen Zinsniveaus unterstützt. Aber die genossenschaftlichen Gesichtspunkte dürfen dabei nicht notleiden. Die Genossenschaften haben ein Recht darauf, daß ihre Eigenart berücksichtigt wird. So ist auch gegenüber den öffentlichen Sparkassen zu betonen, daß es durchaus angebracht und kein Konkurrenzmanöver ist, wenn die Genossenschaften ihren Einlagenzinsfuß etwas höher halten als die Sparkassen, solange diese das Vorrecht der Mündelsicherheit genießen.

Bei der Kapitalarmut, mit der wir in Deutschland noch auf lange hinaus zu rechnen haben, muß die Zinsbemessung auch mehr als vordem auf die Rente Rücksicht nehmen, die aus der Anlage in guten festverzinslichen Wertpapieren zu erzielen ist; es müßte sonst ein größerer Abzug von Geldern für solche Zwecke befürchtet werden. Damit soll aber nicht gesagt werden, daß die Genossenschaft ihren Zinssatz nur nach rein privatwirtschaftlichen Gesichtspunkten bestimmen soll. Verlangen dringende volkswirtschaftliche Gründe eine Zinsänderung, so darf mit ihr nicht gezögert werden; zwangsläufige Entwicklungen lassen sich nicht aufhalten. Freilich darf gerade in der jetzigen Übergangszeit der Stabilisierungsperiode nicht außer acht gelassen werden, daß es zur Heranziehung von Einlagen mehr als früher eines gewissen Zinsanreizes auf das Publikum bedarf. Eine zu starke Senkung des Einlagenzinsfußes müßte nachteilig wirken, nicht nur für die einzelnen Genossenschaften und Sparkassen, sondern auch für die Volkswirtschaft, da die dem Sparverkehr fernbleibenden Gelder ungenützt im Lande liegen bleiben würden.

Die ungeheuere Verknappung des Geldmarktes in den Jahren 1924/25 mit ihren anormalen Zinssätzen und Zinsschwankungen hat gezeigt, welch besondere Überlegung die Bemessung der Zinssätze heute erfordert. Wenn bei festvereinbarten Kündigungsfristen Genossenschaften und Einleger für die Dauer der Kündigungsfrist an den festgesetzten Zinssatz gebunden sind, so könnte bei einer allgemein starken Zinssenkung und längerer Laufzeit die Genossenschaft leicht zu Schaden kommen, weil sie anderseits mit ihrem Sollzinsfuß der Marktlage und der Konkurrenz folgen muß. Es war daher verständlich, daß in jenen Jahren auch vom Standpunkt der Genossenschaft aus die Annahme von Einlagen mit 6 und 12 monatlicher Kündigungsfrist Bedenken begegnete und nur möglich war, wenn die Genossenschaft das Recht hatte, den Zinsfuß jederzeit oder wenigstens mit kurzer Sicht ändern zu können. Nach der inzwischen eingetretenen starken Zinssenkung ist jene Gefahr für die Genossenschaften jedoch viel kleiner geworden. Infolgedessen muß jede Genossenschaft jetzt wieder bestrebt sein, aus Gründen der Liquidität möglichst langfristige Gelder heranzuziehen. Gleichwohl ist nach wie vor darauf zu achten, daß eine kurzfristige Zinsfußänderung vorbehalten wird. Für die gewöhnlichen Spareinlagen wird dies überhaupt in den Allgemeinen Bedingungen festzulegen sein. Die Genossenschaft hat es im Falle einer Zinsermäßigung dann immer noch in der Hand, die Ermäßigung von einem späteren Zeitpunkt ab in Kraft zu setzen.

Niemals sollte eine Genossenschaft die kleinen Spareinlagen schlechter stellen als die großen, denn zu den Aufgaben der Kreditgenossenschaften gehört es, den Sparsinn zu pflegen und ihm Gelegenheit zur Betätigung zu geben, die kleinen in Wirtschaft und Erwerb gemachten Ersparnisse von Mitgliedern und Nichtmitgliedern zu sammeln.

Es wurde schon gesagt, daß die *sofortige Auszahlung* gewöhnlicher Spareinlagen ohne Abzug von Gebühren Übung geworden ist. Handelt es sich dagegen um die vorzeitige Rückzahlung von Geldern, die auf besonders vereinbarte Kündigungsfristen und daher zu höherem Zinsfuß angelegt sind, so ist eine Gebührenberechnung angebracht. Über Art und Höhe der Gebühren bestehen keine einheitlichen Richtlinien (vgl. BlfGW. 1914 S. 451). Die einen geben für die abgehobenen Beträge für die Dauer der Kündigungsfrist nur den Zinsfuß für täglich fällige Gelder. Andere berechnen nach dem Beispiel der Banken den Zinsunterschied, der sich für die Kündigungsdauer ergibt zwischen dem Sollzinssatz und dem vereinbarten Zinsfuß, so daß die Abhebung gewissermaßen zunächst als Darlehn behandelt wird. Wieder andere erheben für jeden nichtgekündigten Monat eine Provision, die vor dem Kriege 1 bis 2‰ betrug und den jetzigen Zinsverhältnissen anzupassen wäre.

Für den Sparkassenverkehr werden Sparbücher ausgegeben, in die Ein- und Auszahlungen, vom Vorstande ordnungsmäßig bescheinigt, eingetragen werden. Nimmt die Genossenschaft Spareinlagen unter verschiedenen Kündigungsfristen auf, so müssen auch verschiedene Sparkonten geführt werden. Die Sparbücher werden heute im Gegensatz zu früher von vielen Genossenschaften kostenlos verabfolgt. Sie unterliegen in Preußen auch keinem Stempel, wenn sie den landesgesetzlichen Vorschriften entsprechen.

Bei dem Anwachsen des Sparkassenverkehrs ergibt sich, daß die Genossenschaft nicht jedesmal den Vorzeiger des Sparbuches, auf das eine Abhebung erfolgen soll, einer Legitimationsprüfung unterziehen kann. Die Genossenschaft muß sich daher gegen etwaige Regreßansprüche dadurch zu decken suchen, daß sie sich für berechtigt erklärt, an jeden Vorzeiger des Sparbuchs Zahlungen zu leisten. Das Sparbuch wird damit kein Inhaberpapier, da sich die Genossenschaft nicht zur Zahlung an den Inhaber verpflichtet.

Die Sparbücher der Kreditgenossenschaften sind Legitimationspapiere im Sinne des § 808 BGB.; allerdings muß die Genossenschaft die Sorgfalt eines ordentlichen Geschäftsmannes bei der Auszahlung anwenden. Hat sie begründeten Verdacht, daß der Vorzeiger des Sparbuches nicht rechtmäßig in den Besitz des Buches gekommen ist, so darf sie nicht ohne weiteres auszahlen.

Um dem Einleger einen Schutz dafür zu bieten, daß nicht an jeden Vorzeiger des Sparbuches Auszahlungen geleistet werden — wozu die Genossenschaft nach obigen Darlegungen sonst berechtigt wäre — kann der Einleger bei der Genossenschaft ein Stichwort hinterlegen, das nur in den Büchern der Genossenschaft vermerkt wird und vom Vorzeiger des Buches jeweils zu nennen ist. Diese Sparbücher müssen einen besonderen sofort sichtbaren Sperrvermerk (am besten einen Stempel) tragen, so daß die Genossenschaft nicht übersieht, bei der Auszahlung das Stichwort zu verlangen. Früher war es üblich, für ein Stichwort eine besondere Gebühr zu verlangen, die heute aber meist gefallen ist.

Macht der Einleger die Einlage nicht auf seinen Namen, sondern z. B. auf den Namen seines Patenkindes, so ist mangels ausdrücklicher oder stillschweigender Abmachung zwischen ihm und der Genossenschaft der Einleger Gläubiger der Einlage geworden. Der Bezeichnete kann nur dann Ansprüche auf das Sparguthaben erheben, wenn ihm dieses durch eine nachträgliche Verfügung übertragen worden ist. In diesem Sinne hat das OLG. Frankfurt in Übereinstimmung mit RG. Bd. 73 S. 220 entschieden (vgl. Alberti in BlfGW. 1911 S. 366).

Es bleibt aber zu beachten, daß die Anlegung eines Sparkontos auf einen fingierten Namen — was früher nicht selten vorkam — nach § 165 der RAbgO. vom 13. Dezember 1919 nicht zulässig ist. Die Genossenschaft ist nach den bestehenden Vorschriften verpflichtet, sich über die Person des Verfügungsberechtigten bei der Kontoeröffnung zu vergewissern. Durch diese Maßnahme soll der Steuerflucht entgegengewirkt werden.

Bewährt hat sich eine Einrichtung, wonach die Namen und genauen Anschriften, oft auch der Geburtstag der Inhaber neu angelegter Sparkonten, gegebenenfalls auch das Stichwort (S. 160) in der Reihenfolge der Nummern der Sparbücher in einem besonderen Buch vermerkt werden, das also neben dem Kontobuch oder den Kontokarten der Zeitfolge nach Auskunft über die Namen der Einleger gibt. Manchenorts ist es üblich, in diesem Buch gleichzeitig die Einleger zur Festlegung ihrer Unterschrift die Richtigkeit der Eintragung bescheinigen zu lassen. Statt der Bücher lassen sich natürlich ebenso lose Karten verwenden, die alphabethisch geordnet werden, während die Kontokarten der Kontonummer nach — oder umgekehrt — aufbewahrt werden (S. 333).

Um für die Kontrolle der Eintragungen in die Bücher der Genossenschaft Belege zu besitzen, ist es zu empfehlen, den Spareinleger über jede Zahlung einen Beleg ausstellen zu lassen, nicht nur Quittungen für ausgezahlte Beträge. Natürlich müssen die Belege fortlaufend numeriert sein, soll die Kontrolle möglich sein. Der Beleg wird unterzeichnet von dem, der die Einlage macht oder die Abhebung empfängt. Diese Belege sind ganz besonders wichtig bei den Genossenschaften, bei denen die Geschäftsführung entgegen allen Ratschlägen in den Händen eines Vorstandsmitgliedes liegt. Fehlen hier diese Belege, so fehlt auch z. B. für das zweite Vorstandsmitglied die Möglichkeit, Kassenein- und Ausgänge zu kontrollieren. Die Praxis zeigt die Möglichkeit der Durchführung dieser Maßnahmen.

In der letzten Auflage war zur Vermeidung des damals bestehenden Quittungsstempels der Rat gegeben, in den Sparbedingungen zu sagen, daß über das Guthaben nur im Wege der Barabhebung verfügt werden kann und Zahlungen aus dem Guthaben ausschließlich gegen Vorlage des Sparbuches behufs Eintragung der Abhebung durch die Genossenschaft erfolgen dürfen. Durch den Wegfall des Quittungsstempels ist diese Bestimmung hinsichtlich der Barverfügung zwar als Mußvorschrift gefallen, es empfiehlt sich aber auch heute noch, die Abhebungen möglichst auf den Barverkehr zu beschränken. Auf jeden Fall darf eine Auszahlung nur gegen Vorlage des Sparbuches möglich sein. Zur Prüfung des Kontostandes ist jedes Sparbuch bei Vorlage mit den Büchern der Genossenschaft zu vergleichen, zum mindesten vor jeder Auszahlung.

Der Sparkassenverkehr ist einer ganz besonders sorgfältigen Kontrolle zu unterwerfen, weil hier anders als bei der Kontrolle der Aktivseite eine jederzeitige Kontrolle des Sollbestandes mit dem Istbestand natürlich nicht möglich ist. Der AllgGenTag zu Berlin (1899) hat den Genossenschaften empfohlen, Einrichtungen zu treffen, die eine Vergleichung der Sparkonten auf ihre Übereinstimmung mit den Sparbüchern durch den Aufsichtsrat ermöglichen. Für die Auswahl des Mittels sind lokale Verhältnisse entscheidend. Als sehr zweckmäßig hat sich folgender Weg gezeigt: in den ersten Wochen des Geschäftsjahres, wenn die Spareinleger zur Genossenschaft kommen, um die Zinsen abzuheben, muß täglich während der Geschäftsstunden ein Aufsichtsratsmitglied anwesend sein, das dann die von den Spareinlegern vorgelegten Sparbücher auf die Übereinstimmung mit den Büchern der Genossenschaft vergleicht. Die Einrichtung kann so getroffen werden, daß die Kontrolle bei den Einlegern keine Beunruhigung hervorruft. Vielfach wird nach Schluß des Geschäftsjahres eine tabellarische Zusammenstellung aller Spareinlagen mit Angabe der

Nummer und des Guthabens jedes einzelnen Sparkontos angefertigt und im Geschäftslokal zur Einsicht der Spareinleger ausgelegt, damit diese sich von der Richtigkeit des Sparkontos überzeugen können. Die zuerst erwähnte Maßnahme verdient den Vorzug. Wählt der Aufsichtsrat den letzteren Weg zur Kontrolle, so ist zu berücksichtigen, daß es sich nur um eine stichprobenweise Kontrolle handelt, weil nur ein Teil der Spareinleger sich bei Beginn des Jahres im Kassenlokale einfindet. Wo die Genossenschaft die Zinsen nur auf ausdrückliche Anweisung des Einlegers kapitalisiert, liegt hierin ein wirksames Mittel, die Einleger zur Vorzeigung der Sparbücher zu veranlassen. Die beste Kontrolle für den Sparkassenverkehr liegt zweifellos in Anerkenntnissen, wie sie bei dem Kontokorrentverkehr allgemein üblich sind. Gewiß ist es nicht leicht, die Spareinleger daran zu gewöhnen, ein Anerkenntnis zu geben, wenn sie über den Stand benachrichtigt werden. Die praktische Durchführbarkeit aber hat sich erwiesen. Die Einführung des Anerkenntnisses hat den Vorzug, daß die sämtlichen Spareinlagen dauernd auf ihren Bestand festgestellt werden. Die Einführung dieser Kontrolle bei einer älteren Genossenschaft wird meist ergeben, daß die Inhaber einer ganzen Anzahl von Konten nicht mehr auffindbar sind.

Endlich sei auch noch eine Kontrollmaßnahme erwähnt, die darin besteht, daß der Einleger bei jeder Ein- und Auszahlung die Richtigkeit seines Kontostandes bestätigt. Voraussetzung ist natürlich, daß der Einleger persönlich an der Kasse erscheint.

Jedenfalls gibt es eine ganze Anzahl wirksamer Kontrollmaßnahmen.

Außer durch Stichwort (S. 160) können Sparbücher derart gesperrt werden, daß Abhebungen erst bei Eintritt eines gewissen Ereignisses oder nach Ablauf einer bestimmten Zeit erfolgen können. Die Bücher erhalten auf dem Titelblatt den Vermerk: „Gesperrt" und die Angabe, wann bzw. wodurch die Sperre beseitigt werden soll. Die Beschränkung tritt stets außer Kraft, wenn der, zu dessen Gunsten das Buch gesperrt ist, stirbt. Für die Genossenschaft bieten diese gesperrten Sparkassenbücher den Vorteil, auf längere Zeit über die Einlagen verfügen zu können, ohne einer Kündigung ausgesetzt zu sein. Bedeutung haben diese gesperrten Sparbücher aber erst erlangt, seitdem durch das Reichseinkommensteuergesetz von 1920 die Steuerfreiheit für gewisse Einzahlungen auf gesperrten Sparkonten eingeführt wurde. Hierüber bestimmt § 17 des Einkommensteuergesetzes vom 10. August 1925, daß Spareinlagen in Verbindung mit Versicherungsbeiträgen und Lebensversicherungsprämien in Höhe von jährlich 480 RM. von der Einkommensteuer befreit sind, sofern die Kapitalrückzahlung nur für den Todesfall oder für den Fall des Erlebens innerhalb einer Zeit von nicht weniger als 20 Jahren vereinbart ist und gleichzeitig diese Vereinbarung unter Verzicht beider Vertragsteile auf eine Abänderung oder Aufhebung dem für den Steuerpflichtigen zuständigen Finanzamt angezeigt wird. Der Betrag erhöht sich für die zur Haushaltung des Steuerpflichtigen zählende Ehefrau sowie für jedes minderjährige Kind um je 100 RM.; nach § 112 des gleichen Gesetzes können sich unter bestimmten Voraussetzungen weitere Erhöhungen dieses Steuerabzuges ergeben. Die Einführung solcher steuerfreien Sparkonten ist ein vorzügliches Mittel zur Hebung des Sparverkehrs.

Auch die Einrichtung einer Pfennigsparkasse kann in Erwägung gezogen werden. Um für kleinere Beträge eine bequeme Spargelegenheit zu schaffen, gibt die Genossenschaft Sparmarken und Sparkarten aus, welche im Vereinslokal sowie bei einer Anzahl von Kaufleuten und anderen geeigneten Personen zu haben sind; es werden dann Sparkarten, die mit 10 Sparmarken beklebt sind, als Spareinlagen ebenso wie bares Geld angenommen. Es muß aber Vorsorge getroffen werden, daß keine gefälschten Sparmarken in Umlauf kommen.

Eine neuere Art, den Sparsinn anzuregen und zu fördern, ist die Heim- oder Haussparkasse, deren Einführung den Genossenschaften auf der Revisorenkonferenz gelegentlich des AllgGenTages zu Frankfurt a. M. (1908) empfohlen ist. Auch Schulsparkassen sind hier zu nennen. Die Heimsparbüchsen können nur von der Genossenschaft geöffnet werden; sie haben sich als ein vorzügliches Mittel zur Förderung des Sparsinnes erwiesen.

Depositen und Anlehen.

Es ist oben (S. 152) versucht, den Sparkassenverkehr begrifflich festzulegen und zugleich bemerkt, daß die Praxis in der Bezeichnung der verschiedenartigen Einlagen nicht gleichmäßig verfährt. Man will allen populären Bezeichnungen Rechnung tragen. Der Depositenverkehr im engsten Sinne des Worts unterscheidet sich äußerlich von dem Sparkassenverkehr dadurch, daß es sich in der Regel um größere Summen und kürzere Kündigungsfristen handelt. Der Gläubiger will vorübergehend freie Gelder zinsbar anlegen. Daher stammen die Depositen vielfach aus der Geschäftskundschaft, sie können aber ebenso von privaten Kapitalisten kommen. Da es sich um größere Beträge handelt, erfordert die Pflege dieses Geschäftszweiges seitens der Genossenschaft eine besondere Schulung. Falsche Dispositionen bei der Bestimmung des Zinssatzes oder der Anlage der Gelder können für die Genossenschaft mit erheblichen Verlusten verbunden sein.

Viele Genossenschaften pflegen die Depositen als „Anlehen" zu führen, eine Bezeichnung, die es im privaten Recht allerdings nicht gibt. § 49 d. Ges. spricht von „Anleihen" und „Spareinlagen". Dem praktischen Brauche folgend, mag der Ausdruck „Anlehen" hier beibehalten werden. Unter diesen Anlehen erscheinen vornehmlich auch die langfristigen Gelder, denen besondere Bedeutung zukommt und die in vielen Genossenschaften früher einen erheblichen Teil des Betriebskapitals gebildet haben. Heute müssen diese Gelder erst wieder herangeholt werden, und auch die Kündigungsfristen müssen erst nach und nach mit der zunehmenden Konsolidierung der Verhältnisse weiter ausgedehnt werden (S. 157). Die Zusammensetzung der Anlehen nach Höhe der Beträge, Kündigungsfrist und Art der Gläubiger erfordert heute mehr denn je die Aufmerksamkeit der Genossenschaftsleitung. Was bei den Depositen über die richtige Anlage der Gelder gesagt wurde, gilt auch hier, zumal in der jetzigen Übergangszeit, wo auch die Anlehen vielfach nur mit kurzen Kündigungsfristen laufen. Namentlich große Einzelposten können der Genossenschaft im Falle der Rückforderung sehr unbequem werden, so daß bei der Annahme großer Anlehensbeträge vorsichtig vorgegangen werden muß. Wenn die Genossenschaft voraussichtlich nur kurze Zeit über die Gelder verfügen kann, eine gewinnbringende Anlage in jederzeit greifbaren Aktiven aber nicht möglich ist, wird die Genossenschaft mitunter sogar besser auf die Hereinnahme großer Einzelkapitalien verzichten, wenn sie nicht aus anderen geschäftlichen Gründen einen vorübergehenden Zinsverlust auf sich nehmen will. Die Unterbringung großer Einzelanlehen im Kreditgeschäft hat stets ihre Gefahr, weil sich die Genossenschaft im Falle der Rückforderung der Gelder seitens der Gläubiger möglicherweise die Gelder nicht beschaffen kann. Ob sie nun durch Kreditkündigung Schuldner in Verlegenheit bringt, oder ob sie selbst ihre Verpflichtungen nicht pünktlich erfüllen kann, ist beides recht schlimm. Große Einzelanlehen haben daher nicht immer zum Glück einer Genossenschaft beigetragen.

Die Festsetzung des Zinsfußes ist bei langfristigen Geldern von besonderer Tragweite. Solange wir wie jetzt mit anormalen Zinsverhältnissen rechnen müssen, die größere Schwankungen durchaus möglich erscheinen lassen, erfordert es die geschäftliche Vorsicht, daß die Genossenschaft sich das Recht vorbehält, jederzeit oder wenigstens mit kürzerer Frist den Zinssatz herabzusetzen. Sie wird dann umgekehrt in gleicher Weise auch eine Zinserhöhung zugestehen müssen (S. 159).

In manchen Bezirken gaben die Genossenschaften bis zum Krieg Schuldscheine für die aufgenommenen Anlehen aus, ein Geschäftszweig, der besonders am Mittelrhein blühte. Diese Schuldscheine haben sich vor dem Krieg im allgemeinen als mehr oder weniger dauernde Anlage erwiesen, weil die Gläubiger nur selten diese Schuldscheine angegriffen haben. Die veränderten Verhältnisse seit der Inflationszeit haben diese Art der Einlagen noch nicht wieder eingebürgert.

Bei der Einrichtung des Depositen- und Anlehenverkehrs sind die landesgesetzlichen Vorschriften über die Stempelsteuer zu berücksichtigen. Die vorgenannten Schuldscheine unterliegen z. B. in Preußen dem hohen Schuldverschreibungsstempel; wer ihn vermeiden will, muß zu anderen Bescheinigungen greifen, also entweder zu Gegenbüchern oder zu Quittungen, die auch in Form eines Rechnungsauszugs gehalten werden können.

Was in dem Abschnitt „Spareinlagen" über Legitimationsprüfung, Kontrolle usw. gesagt ist, gilt unter entsprechender Anwendung auch für den Depositen- und Anlehenverkehr. Saldoanerkenntnisse sind im Depositenverkehr heute schon an vielen Plätzen eingeführt.

Kontokorrentverkehr.

Die Rechtsgrundlage für den Kontokorrentverkehr finden wir

in den §§ 355 bis 357 des HGB.[3]). Das entscheidende Merkmal des Kontokorrents, einerlei ob mit oder ohne Kreditgewährung, ist, daß durch den Kontoabschluß die einzelnen Soll- und Habenposten in dem Saldo aufgehen, der als Vortrag die neue Rechnungsperiode eröffnet. Die Anerkennung des Saldos bildet daher einen selbständigen Verpflichtungsgrund. Vom Kontokorrent ist nach der Rechtssprache zu unterscheiden die sogenannte uneigentliche laufende Rechnung, die dann vorliegt, wenn nur auf der einen Seite Forderungen entstehen und die Leistungen der anderen Seite nur in deren allmählicher Tilgung bestehen. Der Sprachgebrauch der Genossenschaften macht im allgemeinen aber keinen Unterschied zwischen Kontokorrent und laufender Rechnung. Diese Gepflogenheit soll auch hier maßgebend sein.

Wir kennen Kontokorrentverkehr mit und ohne Kredit; die Kreditgewährung ist in Kapitel XI bis XIII behandelt. Hier haben wir nur das kreditorische, das Guthabenkonto des Kunden zu betrachten. Vielfach wird es auch Scheckkonto genannt, selbst wenn der Kunde tatsächlich keine Schecks auf die Genossenschaft ausschreibt. Dieses Scheckkonto hat eine gewisse Ähnlichkeit mit dem Depositenkonto, das von den Genossenschaften ebenso wie das Sparkonto vielfach in Kontokorrentform geführt wird, d. h. es erscheint Soll- und Habenumsatz getrennt, und es werden beim Abschluß die Ein- und Auszahlungen einschließlich Zinsen saldiert, der Saldo alsdann aufs neue vorgetragen. Die obigen Ausführungen über Eröffnung des Kontos, Legitimationsprüfung, Kontrolle usw. (S. 161 ff.) finden daher auch beim Scheckkonto und überhaupt beim Kontokorrentkonto Anwendung. Dem Sparverkehr gegenüber ist aber hier die Rechtslage anders. Während die Genossenschaft den Vorzeiger eines Sparbuches, d. h. eines Legitimationspapiers, als abhebungsberechtigt ansehen darf (S. 160), muß der Kontoinhaber im Kontokorrentverkehr eine Auszahlung nur dann gegenüber sich gelten lassen, wenn sie an ihn selbst oder seinen Bevollmächtigten geleistet ist. Daher sind zum Schutze der Genossenschaft besondere Maßnahmen notwendig, wie dies aus den im Anhang abgedruckten Bedingungen für den Scheckverkehr hervorgeht. Hinzu kommen weitere Sicherungen.

---

[3]) Vgl. S. 252.

Um die Unterschrift des Kontoinhabers jederzeit prüfen zu können, ist es erforderlich, daß dieser bei Eröffnung des Kontos eine Unterschriftsprobe abgibt, am besten auf einer Unterschriftskarte, auf der auch die Unterschriften aller sonstigen Verfügungsberechtigten (mehrere Gesellschafter und Geschäftsführer, Prokuristen, kaufmännische Bevollmächtigte) zu finden sein müssen, und die man nach der Kontonummer oder dem Alphabet aufhebt.

Wenn die Ehefrau oder sonst jemand neben dem Kontoinhaber verfügungsberechtigt sein soll, hat der Kontoinhaber eine besondere Vollmacht auszustellen. Für Prokuristen und Handlungsbevollmächtigte eingetragener Firmen ist dies natürlich nicht nötig, doch empfiehlt es sich, auf der Unterschriftskarte den Kontoinhaber erklären zu lassen, daß die der Genossenschaft gemeldeten Unterschriften solange in Kraft bleiben, bis sie schriftlich widerrufen werden.

Führt eine Ehefrau auf ihren persönlichen Namen eine laufende Rechnung, so muß der Ehemann sich der Genossenschaft gegenüber hiermit schriftlich einverstanden erklären, es sei denn, daß die Eheleute in Gütertrennung leben, oder die Ehefrau mit Genehmigung ihres Mannes ein selbständiges Gewerbe betreibt, dessen Zwecken das Konto dient.

Das Saldoanerkenntnis ist im Kontokorrentverkehr zu einer selbstverständlichen Einrichtung geworden; ebenso haben sich Einzahlungsbelege, d. h. vom Kontoinhaber bzw. dem Einzahler unterschriebene Belege über die geleisteten Einzahlungen mehr und mehr eingebürgert.

Viele Genossenschaften geben für ihre laufenden Rechnungen und Scheckkonten kleine handliche Gegenbücher aus, die aber nicht wie das Sparbuch bei jeder Zahlung unbedingt vorgelegt werden müssen, sondern die der Kontoinhaber nach Bedarf zum Beischreiben einreicht, in denen auch über erfolgte Einzahlungen Quittung (statt einer besonderen Quittung) geleistet werden kann, und die vielfach auch zum Kontoabschluß dienen, so daß der Kunde zum Abschluß dann nur noch eine Zinsrechnung erhält. Vorzuziehen ist aber die Erteilung eines Rechnungsauszugs. Auf jeden Fall muß dem Kontoinhaber der Kontoabschluß durch Zusendung der Zinsrechnung usw. mitgeteilt werden, auch ohne daß er hierzu sein Kontogegenbuch einreichen muß. Mit der Einführung von Buchungsmaschinen geht man zweckmäßig sogar dazu über, dem

Kontoinhaber bei jeder Kontoveränderung einen kleinen Auszug über die neuen Umsätze unter Angabe des Kontostandes zu übersenden, dem beim Kontoabschluß die Zinsrechnung beigefügt wird.

Während beim Sparkonto und dem Depositenkonto der Verkehr auf der Sollseite reiner Barverkehr ist, ausgenommen vielleicht Belastungen für gekaufte Wertpapiere und dgl. und die Art der Gutschriften eine begrenzte zu sein pflegt, können über die laufende Rechnung Umsätze aller Art geführt werden.

Guthaben auf Scheck- und Kontokorrentkonto werden je nach Lage des Geldmarktes verzinst. In der Regel vergütet die Genossenschaft für täglich fällige Einlagen und Scheckgelder denselben Zinssatz, oder der Scheckzinsfuß ist etwas niedriger. Auch war früher der Guthabenzinsfuß für die provisionspflichtige laufende Rechnung oft eine Kleinigkeit höher als der Scheckzinsfuß. Heute wird für reine Guthabenkonten, auch wenn ein Kredit zugesagt sein sollte, eine Umsatzprovision meist nicht mehr berechnet; sie ist auch nicht zu empfehlen, sofern nicht das Konto durch große Umsätze und in anderer Weise bei geringem Guthaben besondere Arbeit verursacht.

Scheckverkehr. — Überweisungsverkehr.

Wesen und Zweck des Scheckverkehrs können wir auch heute nicht besser wiedergeben als mit den Worten, mit denen die Oldenburgische Spar- und Leihbank derzeit den Scheckverkehr eingeführt hat:

„Der vornehmlichste Zweck des Scheckbureaus besteht darin, von den einzelnen privaten Kassen alle diejenigen Gelder in sich aufzunehmen, welche nur kurze Zeit, auf einzelne Wochen oder Monate, verfügbar sind. Der Kaufmann, Handwerker, Fabrikant, der zur bestimmten Zeit Wechsel zu decken oder sonst größere Zahlungen zu leisten hat, führt die inzwischen erfolgenden Eingänge eines Tages oder einer halben Woche in das Scheckbureau ab, um sie nach Bedarf wieder abzuheben; der Beamte, Offizier, Rentner bringt nach Empfang des Gehaltes, der Zinsen oder sonstiger Einnahmen die betreffenden Summen dem Scheckbureau und behält nur kleine Beträge zur Deckung des täglichen Handbedarfs zurück. Bei richtiger Ausnutzung ist beinahe für jedermann das Halten irgend größerer Kassenbestände entbehrlich.... Macht die Hausfrau aus der Stadt oder vom Lande größere Einkäufe in der Stadt, so nimmt sie kein Geld, sondern das Scheckbuch mit und füllt an Ort und Stelle den Scheck mit dem Betrage der bewußten Einkäufe aus, so daß das lästige, zeitraubende Geldzählen für alle Teile hinfällig wird. Der Kaufmann oder Handwerker präsentiert seinerseits die erhaltenen Schecks der Bank und läßt sich den Betrag auszahlen oder auf seinem Scheckkonto gutschreiben. So vollziehen sich, wenn erst eine breite Kundschaft dem Scheckverkehr erworben ist, ungemein zahlreiche kleinere und größere Umsätze, die sonst nur mittels umständlichen Barausgleichs bewirkt sein würden, durch einfache Ab- und Zuschreibung in den Büchern der Bank. Und nicht bloß die Umständlichkeit der Operation des Geldzählens und Empfangens, sondern auch die Gefahren des Verlustes, Verzählens und Versehens werden vermieden."

Mit dem Erlaß des Scheckgesetzes vom 11. März 1908 ist der Scheckverkehr[4]) gesetzlich geregelt.

Der Scheck muß nach § 1 des Scheckgesetzes enthalten:

1. die in den Text aufzunehmende Bezeichnung als Scheck oder wenn der Scheck in einer fremden Sprache ausgestellt ist, einen jener Bezeichnung entsprechenden Ausdruck in der fremden Sprache;

2. die an den Bezogenen gerichtete Anweisung des Ausstellers, aus seinem Guthaben eine bestimmte Geldsumme zu zahlen;

3. die Unterschrift des Ausstellers;

4. die Angabe des Ortes und des Tages der Ausstellung.

Als Guthaben ist der Geldbetrag anzusehen, bis zu welchem der Bezogene nach dem zwischen ihm und dem Aussteller bestehenden Rechtsverhältnis Schecks einzulösen verpflichtet ist.

Wegen der Einzelheiten muß hier auf das Scheckgesetz verwiesen werden.

Der Scheck kann an Order oder Überbringer lauten. Beim Orderscheck, der fast nur im Auslandsverkehr vorkommt, muß der Scheck giriert sein, und die bezogene Bank hat genau wie beim Wechsel vor der Einlösung zu prüfen, ob die Girokette ununterbrochen ist. Diese Verpflichtung besteht beim Inhaberscheck nicht. Daher lauten die inländischen Schecks fast aller Banken auf Überbringer. Es wird der einlösenden Genossenschaft empfohlen, aber auch hier den Vorzeiger den Scheck an sie girieren oder quittieren zu lassen. Um die Verantwortung für Mißbrauch der ausgegebenen Scheckhefte auf den Kontoinhaber abzuwälzen, hat der Kontoinhaber beim Empfang eines neuen Scheckheftes besondere Scheckbedingungen zu unterzeichnen. (Vgl. Anhang.) Diese Freizeichnung enthebt die Genossenschaft aber nicht der Pflicht, im Scheckverkehr die Sorgfalt eines ordentlichen Geschäftsmannes anzuwenden. Grobe Fahrlässigkeit bei der Auszahlung usw. hat sie zu vertreten. Das erste Scheckheft liefert man grundsätzlich nur an den Kontoinhaber selbst aus; wo dies nicht möglich ist, wird das

---

[4]) Vgl. hierzu die Verhandlungen der AllgGenTage Rostock (1897), zu Westerland (1905), zu Leipzig (1907).

Scheckheft „eingeschrieben" an den Kontoinhaber gesandt. Späterhin kann man das Scheckheft dem Überbringer der vom Kontoinhaber unterzeichneten Quittung übergeben, die sich am Schluß des alten Scheckheftes findet, und auf der auch die oben genannten Bedingungen stehen.

Bei Auszahlungen an Boten gegen schriftlichen Auftrag des Kontoinhabers trägt die Genossenschaft allein die Verantwortung für die Ordnungsmäßigkeit des Auftrags. Daher wird empfohlen, solche Auszahlungen entweder nur gegen Schecks zu leisten, oder für solche Zwecke besondere Quittungshefte auszugeben, die genau wie Scheckhefte numeriert und behandelt werden. (Siehe oben.)

Die Genossenschaften pflegen eingelöste Schecks ihrer Kundschaft auf den Tag des Vorkommens zu belasten, nicht den Tag der Ausstellung, wie es vielfach bei den Banken üblich ist. Dadurch kommt der Kontoinhaber in den Zinsgenuß des Geldes für die Dauer des Scheckumlaufs.

Die Genossenschaft gelangt durch den Scheckverkehr zu billigem Gelde. Nicht jede Genossenschaft ist aber in der Lage, den Scheckverkehr einzuführen, dazu bedarf es einer tüchtigen, banktechnisch geschulten Verwaltung. Die selbstverständliche Voraussetzung ist die Abhaltung regelmäßiger Geschäftsstunden, freilich eine Bedingung, der jede Kreditgenossenschaft entsprechen müßte. Nicht notwendig ist, daß für den Scheckverkehr ein besonderes Konto geführt wird.

Die Kreditgenossenschaften dürfen es als ein besonderes Verdienst in Anspruch nehmen, für die Einführung des Scheckverkehrs sehr viel getan zu haben. Damit erfüllen die Genossenschaften eine bedeutende wirtschaftspolitische Aufgabe. Und die Kreditgenossenschaft erscheint ganz besonders geeignet, diesen Geschäftszweig zu pflegen, da sie durch ihre Verbindung mit allen Volkskreisen diese am besten für die Benutzung des Schecks beeinflussen kann.

Unter der Herrschaft des Scheckstempels (1909—1916), der ein Hindernis für die Ausbreitung des Scheckverkehrs war, hatten viele Genossenschaften für den Ortsverkehr den Scheck durch die nicht stempelpflichtige Platzanweisung ersetzt. Sie ist mit der Aufhebung des Scheckstempels wieder verschwunden.

Nachdem während des Weltkrieges unter Führung der Reichsbank eine besonders eifrige Propaganda für die Ausbreitung der bargeldlosen Zahlung betrieben worden war, wurde der

Scheck- und Überweisungsverkehr durch die Geldentwertung fast völlig unterbunden. Diese kannte je länger je mehr nur reine Bargeldzahlung und schaltete zuletzt die Bank als Vermittlerin von Zahlungen überhaupt aus. Mit der Währungsstabilisierung haben die Genossenschaften die Pflege des Scheckverkehrs von neuem übernommen. Sie werden diesem Feld genau wie früher ihre Aufmerksamkeit zuwenden, damit der bargeldlose Zahlungsverkehr sich wieder mehr einbürgert.

Ein Scheck, der bar eingelöst wird, hat seinen Zweck verfehlt. Der Scheck soll den Gebrauch von Bargeld ersetzen. Diese Aufgabe kann nur der Verrechnungsscheck erfüllen, d. h. der Scheck, der durch Übertragung von Konto zu Konto vom Bezogenen eingelöst wird. Der Scheck, richtig angewandt, hat nur eine beschränkte Verwendungsfähigkeit. Es bedeutet eine Verschwendung von Zeit und Geld und dient nicht zur Popularisierung des Schecks, wenn z. B. jemand einen Scheck auf einen kleinen Platz im Westen nach dem Osten sendet, von wo er vielleicht durch Postauftrag eingezogen wird, weil eine Verrechnungsmöglichkeit nicht besteht. Der Scheck soll in erster Linie dem lokalen Zahlungsverkehr dienen. Den Zahlungsausgleich zwischen entfernt liegenden Plätzen kann er nur dann bequem regeln, wenn er auf Zentralplätze gezogen oder an solchen zahlbargestellt ist. Daher haben die Genossenschaften für ihre Schecks Zahlstellen an mehreren großen Plätzen geschaffen, als welche die Zentralkreditinstitute — Dresdner Bank, Preußenkasse — die gegebenen Stellen sind. Die Schecks sammeln sich dort und werden den bezogenen Genossenschaften zur Einlösung und Gutschrift zugesandt (S. 311).

Die Scheckvereinigung des Deutschen Genossenschaftsverbandes verfolgt das gleiche Ziel. Sie ist aus dem Giroverband (S. 282) entstanden. Die Deutsche Genossenschaftsbank von Soergel, Parrisius u. Co., die Vorläuferin der Genossenschaftsabteilungen der Dresdner Bank, hat sich um ihre Entwicklung wie um die Pflege des Scheckverkehrs großes Verdienst erworben. Die Bedingungen der Scheckvereinigung sind folgende:

1. Die Schecks werden von den Genossenschaften, die sich dazu bereit erklärt haben, nach vorheriger Feststellung ihrer Ordnungsmäßigkeit kostenfrei eingelöst.
2. Diese Feststellung erfolgt durch Anfrage bei dem bezogenen Verein, was zirka 3 Tage Zeit in Anspruch nimmt.

3. Es kann durch vorheriges Avis der bezogenen Genossenschaft, welcher zu diesem Zweck von der Ausgabe des Schecks Mitteilung zu machen ist, eine bestimmte Zahlstelle zur Honorierung des Schecks auch angewiesen werden.
4. Schecks, welche außerhalb kostenfrei eingelöst worden sind, werden dem Kontoinhaber auf den Tag der Präsentation bei der Zahlstelle belastet.
5. Der Scheck wird von der Genossenschaft, die Zahlung leisten wird, der Genossenschaft, auf die der Scheck lautet, mit der Bitte um Gutschrift auf Girokonto bei der Dresdner Bank auf den Tag der Präsentation zugeschickt. Der Scheck wird zu diesem Zweck mit dem Stempelaufdruck: „Nur zur Verrechnung" versehen.
6. Die Ausgleichung über Girokonto bei der Dresdner Bank kann nur erfolgen, wenn der bezogene Verein über ein Guthaben daselbst verfügt.

Nach der Fusion der Deutschen Genossenschafts-Bank mit der Dresdner Bank hat diese den Scheckverkehr wie den Giroverkehr übernommen und weiter ausgebaut.

Allerdings wird die Scheckvereinigung heute nicht mehr in dem früheren Maße oder fast gar nicht mehr benutzt, der Scheckeinzug erfolgt vielmehr häufiger auf dem Wege über die Zentralkreditinstitute. Der Scheckinhaber gibt den Scheck meist zur Gutschrift an seine Bank, die ihn ihrer Bankverbindung zum Einzug weitergibt, oder ihn der Zahlstelle zur Einlösung einreicht, oft auch der Bezogenen selbst zur Überweisung des Gegenwertes einsendet.

Die Einzugsmöglichkeiten für den Scheck bedeuten nicht selten einen Umweg gegenüber der Überweisung. Der vollendetste bargeldlose Zahlungsausgleich findet eben durch die Überweisung statt. Ob Übertragung von Konto zu Konto bei der Genossenschaft, ob Reichsbankgiroüberweisung, ob Postschecküberweisung: allemal vollzieht sich der Zahlungsausgleich auf kürzestem Wege.

Für den lokalen Verkehr kommt natürlich hauptsächlich die Kreditgenossenschaft in Betracht. Die Gewerbetreibenden, die Mitglieder der Genossenschaft sind, brauchen daher keine Betrachtungen darüber anzustellen, welcher Weg der richtige ist, sondern für sie gilt das Konto bei der Kreditgenossenschaft. Die Kreditgenossenschaft wird ganz gewiß sehr wirksam in ihrem eigenen Interesse handeln, wenn sie weiteren Kreisen klar vor Augen führt, welche Vorteile der Überweisungsverkehr bei der Kreditgenossenschaft für die Gewerbetreibenden hat. Ganz besonders in kleinen und mittleren Städten, wo der größte Teil der Bevölkerung der Kreditgenossenschaft angehört, dürften viele Zahlungen beim Kaufmann, viele Mietszahlungen usw. usw. einfach ausgeglichen werden können durch Überweisung von Konto zu Konto bei der Kreditgenossenschaft. Die Kreditgenossenschaft sollte ihre Mitglieder anhalten, auf ihren Rechnungen und Geschäftsbogen das Konto der Genossenschaft anzugeben mit dem Ersuchen, alle Zahlungen auf dieses Konto zu leisten.

Es ist erfreulich, daß der Überweisungsverkehr neuerdings wieder bedeutend zugenommen hat.

Natürlich hat auch der Überweisungsverkehr ebenso wie der Scheckverkehr seine Grenzen, d. h. man wird nicht, wenn man 5 Mk. zu bezahlen hat, einen Scheck ausstellen oder eine Überweisung aufgeben. Zu kleine Schecks und zu kleine Überweisungen sind geeignet, die Kreditgenossenschaften so stark zu belasten, daß die Freude an der Pflege von Scheck- und Überweisungsverkehr beeinträchtigt werden könnte. Es mag daher, um dem Mißbrauch zu begegnen, die Kreditgenossenschaft die geringsten Beträge für den Scheck- und Überweisungsverkehr begrenzen. Ganz besonders ist dies notwendig für den Scheck- und Überweisungsverkehr nach außerhalb. Es könnte sonst unter Umständen sogar eine Postanweisung billiger und schneller zum Ziele führen.

Dem Überweisungsverkehr der Kreditgenossenschaften wie überhaupt aller Banken und Sparkassen ist in dem Postscheckverkehr ein ernster Rivale entstanden, besonders seit dem Höhepunkt der Inflationsperiode. So erfreulich das Anwachsen der Kontenzahl und des Umsatzes der Postscheckämter vom volkswirtschaftlichen Standpunkt aus ist, so muß doch gesagt werden, daß die immer mehr zunehmende Zentralisation vieler Wirtschaftsgelder bei den Scheckämtern und der Reichspostverwaltung kein Vorteil für den Mittelstand ist, weil die überschüssigen Gelder der Postverwaltung nicht dem Kreditbedürfnis des Mittelstandes, aus dem ein großer Teil der Gelder stammt, dienstbar gemacht werden. Daran können auch die neuerdings in Aufnahme gekommenen Sonderkreditaktionen nichts ändern, zu denen die Post großenteils oder ganz die Gelder hergegeben hat. Die Kreditgenossenschaften müssen daher sowohl in ihrem eigenen Interesse als auch in ihrer Eigenschaft als Mittelstandsbanken darauf sehen, daß sie ihre Kundschaft zur Überweisung verfügbarer Gelder an sie selbst erzieht.

Der kleine Zahlungsverkehr soll deshalb doch nach wie vor auf dem Postscheckwege erledigt werden, der sich in dieser Beziehung sicherlich bewährt hat. Die Kreditgenossenschaften sollen ihre Kunden anleiten, Überweisungen über eine gewisse Höhe hinaus durch die Genossenschaft ausführen zu lassen und die Einzahlungen an sie zu leisten, auch verfügbare Guthaben auf Postscheckkonto dem Postscheckkonto der Kreditgenossenschaft zu überweisen[5]). Die Kreditgenossenschaften müssen und können ihre Bedingungen so abstellen, daß ein solcher Verkehr für die Kundschaft lohnend wird. Die Zinslosigkeit der Postscheckguthaben kommt den Kreditgenossenschaften bei diesen Bestrebungen zu Hilfe; an ihr muß im Interesse einer gesunden Kreditpolitik auch festgehalten werden, eine Forderung, die die Genossenschaften von jeher vertreten haben.

Öffentliche Gelder,

d. h. Gelder von öffentlich-rechtlichen Korporationen, von Kommunen, Versicherungsgesellschaften usw. machen naturgemäß unter dem Betriebskapital der Kreditgenossenschaften nicht viel aus, auch die Mündelgelder nicht. Die Genossenschaften legen aber großen Wert darauf, solche zu erhalten, weil dies ihr Ansehen in der öffentlichen Meinung erhöht.

Es würde hier zu weit führen, zu untersuchen, wie weit die Genossenschaften überhaupt darauf rechnen können, öffentliche Gelder zu erhalten, denn für deren Anlage gelten meist besondere Bestimmungen.

Es ist hier nicht der Platz, auf alle Einzelheiten einzugehen. Die Anlegung von Gemeindegeldern bei Genossenschaften ist zusammenfassend für die verschiedenen Staaten behandelt in BlfGW. 1908 S. 135. Weiter ist die Frage besprochen BlfGW. 1906 S. 305, 329, 360, 421; 1907 S. 663; 1908 S. 63, 88; 1910 S. 354; 1911 S. 438; 1913 S. 899. Die Anlegung bzw. Zurückziehung von Geldern der Versicherungsvereine von Genossenschaften war Gegenstand der Besprechung in den BlfGW. 1905 S. 592, 631; 1909 S. 325 — weiter die Anlegung von Kirchenkassengeldern, 1912 S. 764, 786; 1913 S. 599.

Mit der Gründung der Girozentralen, den Spitzenbanken der öffentlichen Geldinstitute, hat bewußt eine Konzen-

[5]) Geeignete Werbezettel liefert der Deutsche Genossenschafts-Verlag, Berlin.

tration der öffentlichen Gelder bei den öffentlichen Geldinstituten eingesetzt, eine Bewegung, die noch nicht als abgeschlossen betrachtet werden kann, und die es den Kreditgenossenschaften noch schwerer als früher macht, öffentliche Gelder heranzuziehen. An manchen Plätzen aber, besonders wenn sie keine örtlichen Sparkassen haben, werden die Genossenschaften sich aber auch heute noch mit Erfolg um Gemeindegelder, u. a. von gewerblichen Werken, bemühen können.

Mündelgeld wird bei den Genossenschaften immer nur in Ausnahmefällen angelegt werden. Die Frage wird im allgemeinen geregelt durch das BGB. §§ 1807, 1808, 1811. Es kommt insbesondere in Betracht die Bestimmung des § 1811, der lautet: „Das Vormundschaftsgericht kann aus besonderen Gründen dem Vormund eine andere Anlegung als die in den §§ 1807, 1808 vorgeschriebene gestatten.“ Tatsächlich wird hiervon zugunsten der Genossenschaften Gebrauch gemacht. Zu beachten ist, daß nach wiederholten gerichtlichen Entscheidungen die gesetzlichen Bestimmungen nur auf solche Gelder zur Anwendung kommen, die während des Mündelfalles anzulegen sind.

Über die Anlegung von Mündelgeldern bei Kreditgenossenschaften ist eingehend verhandelt auf dem AllgGenTag zu Kreuznach (1902) („Mitteilungen“ S. 200 ff.); es sei hier auf diese Verhandlungen Bezug genommen sowie auf die Aufsätze in den BlfGW. 1901 S. 345, 1902 S. 42, 1906 S. 189, 1912 S. 249, 1913 S. 235, 1914 S. 154.

Das wenig entgegenkommende Verhalten einzelner Behörden in dieser Beziehung war Gegenstand der Verhandlungen auf verschiedenen AllgGenTagen, vgl. „Mitteilungen“ über die AllgGenTage 1905 S. 50, 1906 S. 51, 1907 S. 75 ff.

In Kreisen der ländlichen Darlehnskassen ist wiederholt die Anregung gegeben, den Genossenschaften das Privileg der Mündelsicherheit zu verschaffen, doch aus erklärlichen Gründen haben die Bemühungen keinen Erfolg gehabt. Die Genossenschaften sind auch zu verschiedenartig, um ihnen die Mündelsicherheit ganz allgemein zubilligen zu können.

Bankkredit.

Wenn es ein Gebiet des genossenschaftlichen Lebens gibt, auf dem die alten Schulze-Delitzsch'schen Anschauungen und Grundsätze sich heute anscheinend überlebt haben, so ist es der Bankkredit. Dieses „anscheinend" soll aber von vornherein betont werden. Um die Schulze-Delitzsch'schen Grundsätze, wie sie der frühere Allgemeine Verband vertreten hat, in voller Schärfe vor uns erstehen zu lassen, sollen im folgenden zunächst die Ausführungen der letzten (8.) Auflage (von 1915) über dieses Kapitel im Wortlaut wiedergegeben werden. Es wird dann zu zeigen sein, ob und inwieweit die Entwickelung der jüngsten Zeit über diese Grundsätze hinweggeschritten ist und welcher Weg als der richtige anzusehen ist.

Die 8. Auflage sagt über den Bankkredit:

„Zu den frühesten Sorgen Schulze-Delitzsch's gehörte, seine Kreditgenossenschaften mit dem Geldmarkt in Verbindung zu bringen. Thorwart hat darüber in seiner Schrift: ‚Die Deutsche Genossenschaftsbank von Soergel, Parrisius & Co. und der Giroverband der deutschen Genossenschaften' (Verlag de Gruyter & Co., Berlin 1911) berichtet. Auch auf die Schrift von Dr. Eugen Baer: ‚Zur Vorgeschichte der deutschen Kreditgenossenschaften, (Heidelberg 1907) und dessen Aufsatz in den BlfGW. 1907, S. 57 sei hier verwiesen. Die Schwierigkeiten lagen nicht etwa darin, daß den Kreditgenossenschaften geringes Vertrauen entgegengebracht wurde, sondern vor allem in dem Mangel der Rechtsform. Schließlich kam es im Jahre **1864** zur Gründung der Deutschen Genossenschaftsbank von Soergel, Parrisius & Co. Es ist auch für die heutige Zeit noch außerordentlich interessant zu erfahren, wie sich damals die Genossenschaften zu dieser Gründung stellten, d. h. mit welchen Erwartungen sie dieselbe begrüßten und wie die Erwartungen erfüllt wurden. Die Kenntnis jener Vorgänge ist deswegen auch außerordentlich wichtig, weil der „Bankkredit" auch heute noch immer ein viel erörtertes Thema bei den Kreditgenossenschaften ist und von Zeit zu Zeit neue Pläne für die Befriedigung des Bankkredits der Kreditgenossenschaften auftauchen. Bereits auf dem nächsten Vereinstag nach der Gründung der Deutschen Genossenschaftsbank nahm Schulze-Delitzsch Stellung zu den aus den Kreisen der Genossenschaften laut gewordenen Beschwerden. Die Antwort von Schulze-Delitzsch soll hier im Wortlaut folgen, denn sie enthält gewissermaßen ein Programm, aus dem sich Schulze-Delitzsch's Ansichten über Zweck und Aufgabe des Bankkredits ergeben:

„Man müsse sich vor allen Dingen über die Grundsätze der Kreditvermittlung, welche überall dieselbe Gestaltung hätten, klar werden. Was wolle denn überhaupt eine Bank? Angebot und Nachfrage von Kapital vermitteln. Man müsse Kunden haben, die Geld bringen, und solche haben, die Geld brauchen; man müsse in seinem lokalen Umkreise den nötigen Kredit sich zu beschaffen wissen, sonst werde der Kredit ein ungesunder. Unterstütze man einen solchen ungesunden Kredit, so sei schließlich bei vorkommenden Verkehrsstockungen oder Verwicklungen die Verlegenheit um so größer. Man müsse nur ja nicht den Vereinsleitern die Beschaffung von Geld gar zu sehr erleichtern; es möge ihnen gewiß manchmal Kopfschmerzen machen, den nötigen Betriebsfonds herbeizuschaffen. Das sporne aber zur Tätigkeit an und veranlasse die Vorsteher zu ernsten Bemühungen, in ihren Lokalkreisen Kreditquellen zu eröffnen. Eine Bank aber, die sich das nötige Geld immer nur wieder von einer anderen Bank beschaffe, verfehle ihren Zweck; denn sie vermittle nicht Nachfrage und Angebot von Kapital, sie sei unselbständig und mehr eine Agentin der Bank, von welcher sie sich das Geld holt."

Die Worte Schulze-Delitzsch's haben unbedingt auch heute noch volle Gültigkeit. Stellt man sich auf den soliden kaufmännischen Standpunkt, so kann an seinen Ansichten auch für die heutige Zeit nichts, rein nichts geändert werden, denn gerade die letzten Monate haben gezeigt, wie richtig es gewesen ist, daß der Präsident der Reichsbank seit Jahren unermüdlich bestrebt war, den Bankkredit einzudämmen. Leider hat aber gerade in der Mitte der 90er Jahre bei den Kreditgenossenschaften eine Bewegung eingesetzt, die auf Erleichterung des Bankkredits drängte. Wir denken dabei an die finanzielle Förderung des Genossenschaftswesens durch den Staat, die wesentlich aufgebaut war auf Bankkredit, der billig und umfangreich den Kreditgenossenschaften zur Verfügung gestellt werden sollte. Hiergegen richtet sich auch der Beschluß des AllgGenTages. zu Neustadt a. H. (1898), in dem ausgesprochen wird: ‚Das vielfach hervortretende Bestreben, Kreditgenossenschaften auf Bankkredit hin zu begründen und den Geschäftsbetrieb wesentlich auf Bankkredit hin zu erweitern, sei unvereinbar mit der gesunden Entwicklung der Kreditgenossenschaften. Der AllgGenTag. erklärt für dieselben als Bedingung: Beschaffung von regelmäßig zur Verfügung stehendem Betriebskapital und Benutzung des Bankkredits nur zur Deckung des vorübergehenden Kreditbedürfnisses".

Bei der Besprechung der Liquidität ist auseinandergesetzt, daß Bankkredit nur die Kreditreserve darstellen soll. Einer der schwersten Fehler, der sich unbedingt rächen muß, wird von der Kreditgenossenschaft gemacht, wenn sie den Geschäftsbetrieb unter voller Ausnutzung des Bankkredits ausbreitet.

Dabei ist allerdings von der größten Wichtigkeit für die Kreditgenossenschaft, daß sie des Bankkredits sicher ist, dessen sie nach ihrer geschäftlichen Lage bedarf. Hierbei ist nun allerdings wieder nicht auszugehen von der geschäftlichen Ausbreitungsmöglichkeit der Genossenschaft, sondern von der in ihr ruhenden geschäftlichen Leistungsfähigkeit, die ganz allein den Maßstab für die Ausbreitung des Geschäfts abgeben soll.

Für die Bemessung des Bankkredits einer Kreditgenossenschaft gelten freilich weiterhin nicht die gleichen Momente, wie sie bei der Einschätzung einer kapitalistischen Gesellschaft für den Bankkredit maßgebend sein müssen, bei denen sich der Bankkredit in erster Reihe naturgemäß nach der Höhe des eigenen Vermögens richtet. Gewiß, auch bei der Genossenschaft ist für die Bemessung des Bankkredits das eigene Vermögen nicht gleichgültig; aber die Haftpflicht kommt hinzu.

In einem an den Anwalt des Allgemeinen Verbandes, Dr. Crüger, gerichteten Schreiben vom 17. November 1896 äußert sich der Präsident der Reichsbank, Dr. Koch, über die Kreditpraxis der Reichsbank gegenüber den Genossenschaften wie folgt:

„Wenn die Reichsbank davon ausgeht, daß nur das Vermögen der Genossenschaft, d. h. das Mitgliederguthaben und der angesammelte Reservefonds die Grundlage für die Kreditgewährung bilden und daß die Solidarhaft diese nur verstärken könne, so befindet sie sich überdies in Einklang mit dem Begründer des Genossenschaftswesens in Deutschland (vgl. Schulze-Delitzsch, Vorschuß- und Kreditvereine als Volksbanken, Leipzig 1876, S. 84).... Gern erkenne ich an, worauf Sie hinweisen, daß die Kreditgenossenschaften fortgesetzt bemüht sind, ihrer sozialen und wirtschaftlichen Aufgabe nach den Grundsätzen der Selbsthilfe gerecht zu werden. In diesem Streben sind sie von der Reichsbank in den hier durch das Gesetz gezogenen Grenzen stets unterstützt worden. Weiter zu gehen, aber verbietet ihr die Rücksicht auf ihre Solidität und auf das eigene Interesse der Genossenschaften."

Die persönliche Haftpflicht der Mitglieder kann selbstverständlich bei der Bemessung des Bankkredits nicht ganz unberücksichtigt bleiben, andernfalls würde eine neugegründete Kreditgenossenschaft ja überhaupt bei einer Bank keinen Kredit erhalten können, und noch auf Jahre hinaus würde der Bankkredit sich nur in den allerengsten Grenzen halten können. So ist es nicht gemeint. Allerdings, Schulze-Delitzsch selbst wollte die persönliche Haftpflicht der Mitglieder anscheinend für den Bankkredit kaum berücksichtigt wissen, jedoch sollte dies dahin verstanden werden, daß nicht eine weitgehende persönliche Haftpflicht der Mitglieder für die Genossenschaft auch schon einen Anspruch auf Bankkredit bedeutet. Schulze-Delitzsch hat sich mit aller Entschiedenheit gegen jedes Schema bei der Bestimmung des Bankkredits ausgesprochen. Dazu kommt, daß bei der Erörterung dieses Themas früher offenbar nicht scharf genug die verschiedenen Arten des Bankkredits unterschieden sind. Es ist natürlich ein Unterschied, ob eine neu gegründete Kreditgenossenschaft einen Barkredit beansprucht, für den sie keine besondere Sicherstellung leisten kann, oder ob sie den Wechseldiskontkredit in Anspruch nehmen will. Viele Mißverständnisse würden in den oft geführten Auseinandersetzungen vermieden sein, wenn man immer genügend scharf die Bankkreditart unterschieden hätte.

Die Kreditgenossenschaften bilden eine Gruppe von Kreditinstituten für sich. Es ist daher durchaus verständlich, daß in den Kreisen der Kreditgenossenschaften frühzeitig der Gedanke eines Geschäftsverkehrs untereinander zur gegenseitigen Hilfe und Förderung besprochen wurde. Wir finden in alten Statuten der Revisionsverbände die Bestimmung, daß der Verband die Aufgabe hat, geschäftliche Beziehungen unter den Genossenschaften zu pflegen. Das lag auch zweifellos im Sinne jener Zeit, in der die Verbände entstanden. Gerade Schulze-Delitzsch aber ist auch stets eifrig bemüht gewesen, jedes geschäftliche Moment nach Möglichkeit aus der Verbandsorganisation auszuschalten. So entstand denn auch die Deutsche Genossenschaftsbank von Soergel, Parrisius & Co. nicht als ein Glied des Allgemeinen deutschen Genossenschaftsverbandes, sondern vollkommen unabhängig von ihm. Der Verkehr unter den Kreditgenossenschaften konnte zu Schulze-Delitzsch's Zeit immer nur ein ganz loser sein, denn die Mitgliedschaft der Genossenschaft bei der Genossenschaft, insbesondere die Bildung von Verbandskassen war nach Lage der Gesetzgebung ausgeschlossen. Es ist bekannt, wie Schulze-Delitzsch gegen die entsprechenden Bestrebungen Raiffeisens Stellung nahm. Und Raiffeisen selbst hat dann auch schon frühzeitig erkannt, wie Wuttig in seiner Schrift: „Die Organisation des genossenschaftlichen Geldausgleichs" (Verlag von Gustav Fischer in Jena, 1914) darlegt, daß die Form der Genossenschaft sich nicht eigne für ein

Zentralkreditinstitut der Genossenschaften. Raiffeisen ging bald zur Gründung der Aktiengesellschaft über. Bis zum Jahre 1889 hatte wohl niemand an die Gründung von Verbandskassen der Kreditgenossenschaften in der Form der Genossenschaft ernstlich gedacht. Selbst in der Begründung des Genossenschaftsgesetzes von 1889, das die Mitgliedschaft der Genossenschaft bei der Genossenschaft zuerst zuläßt, findet sich kaum eine Andeutung, daß diese Zulassung den Kreditgenossenschaften besondere Neuorganisationen schaffen soll. Die Verbandskassenfrage ist erst in Fluß gekommen durch die Preußische Central-Genossenschafts-Kasse, das Institut, das bestimmt ist, mit staatlichen Mitteln den genossenschaftlichen Personalkredit zu fördern. Die Preußische Central-Genossenschafts-Kasse gewährt nicht Kredit an einzelne Genossenschaften, sondern nur an Verbandskassen von Genossenschaften.

Schulze-Delitzsch wollte die Mitgliedschaft der Genossenschaft bei der Genossenschaft gesetzlich verboten wissen. Schulze-Delitzsch hat die Gefahren sehr richtig erkannt, die sich aus einer solchen Zusammenfassung von Genossenschaften ergeben können — ja vielleicht ergeben müssen. Vom Standpunkt der Bank aus, z. B. der Preußischen Central-Genossenschafts-Kasse, ist es natürlich nur zu begrüßen, wenn sie nicht mit den einzelnen Genossenschaften, sondern mit Verbandskassen zu arbeiten braucht. Einmal wird die Arbeit dadurch wesentlich erleichtert, wenn man statt mit 5000 Genossenschaften mit vielleicht nur 10 Verbandskassen zu arbeiten braucht — vor allem aber bedeutet die Verbandskassenbildung eine sehr starke Risikoentlastung für das kreditgebende Institut. Die Verbandskasse ist eine Art Pufferinstitut zwischen der Genossenschaft und der Bank. Durch die Verbandskasse werden alle Genossenschaften zur Tragung des Risikos, das sich aus der Einzelgenossenschaft ergibt, mit herangezogen. Der Verlust bei der einzelnen Genossenschaft wird nicht von der Bank getragen, sondern von der Verbandskasse und durch diese von den verbundenen Genossenschaften. Es ist unbegreiflich, daß diese Erkenntnis nicht schon allgemein geworden ist, sondern immer erst mit teurem Lehrgeld erkauft wird (vgl. AllgGenTag. Posen 1913, Mitt. S. 183).

Dazu kommt bei der Preußischen Central-Genossenschafts-Kasse noch, daß sie die persönliche Haftpflicht gewissermaßen schematisch als Kreditgrundlage nimmt. In der letzten Auflage konnte wohl gesagt werden, daß die Preußische Central-Genossenschafts-Kasse energisch entgegentritt den vielfach auftretenden Bestrebungen, die Haftsumme bei den Genossenschaften in die Höhe zu setzen und damit den Kredit zu erhöhen. Erfolg hat die Preußische Central-Genossenschafts-Kasse mit der Bekämpfung dieser Bestrebungen jedenfalls nicht gehabt. Es haben sich Riesenhaftsummen und genossenschaftliche Rattenkönige unter dem System der Preußischen Central-Genossenschafts-Kasse entwickelt, die für die Zukunft der beteiligten Genossenschaften außerordentlich gefährlich werden können. Die Preußische Central-Genossenschafts-Kasse hat als neues Moment in den Bankkredit der Kreditgenossenschaften eingeführt die Beleihung der persönlichen Haftpflicht nach bestimmten Grundsätzen. Hierdurch ist dem Bankkredit seine Eigenart als Kreditreserve genommen, und hat der Bankkredit den Charakter des Betriebskapitals gewonnen. Bei vielen dieser Genossenschaften zeigen sich dann auch deutlich genug die nachteiligen wirtschaftlichen Folgen, indem die Genossenschaften die Bildung des eigenen Vermögens vernachlässigen und auch selbst um die Heranziehung von Spareinlagen und Depositen sich nicht so sehr zu bemühen brauchen — steht ihnen ja der Bankkredit zur Verfügung, um den sie sich nicht weiter zu sorgen haben, sondern der automatisch gewährt wird. Die Preußische Central-Genossenschafts-Kasse verstößt mit der Praxis der Bemessung des Bankkredits gegen geschäftliche Grundsätze, die für die Kreditgenossenschaften von besonderer Bedeutung sind, und sie sucht den Ausgleich in einem starren Formalismus, einer weitgehenden Bevormundung, die dann wieder die Entwicklung der Genossenschaft hemmen.

Die Kritik, die wiederholt gerade auch in der von der Preußischen Central-Genossenschafts-Kasse herausgegebenen Genossenschaftsstatistik an der Entwicklung der Haftsummen geübt ist, hat an Richtigkeit noch nichts eingebüßt. So heißt es denn in einer dieser Statistiken: „Diese Zahlenbilder (Geschäftsanteile der Zentralkassen) weisen manche Seltsamkeiten auf. Die Statistik hat ihre Schuldigkeit getan, wenn sie darauf hinweist, weiteres darf den Genossenschaftspolitikern überlassen bleiben."

Zugegeben ist, daß es Genossenschaften gibt, die ein Mittelglied zwischen Genossenschaft und Geldmarkt nicht entbehren können. Es sind dies die kleinen Dorfkassen (Neuwieder System), die gar nicht berufen sind, selbständige Wirtschaftsgebilde zu werden, sondern die Glieder einer großen Zentralorganisation bleiben sollen. Es ist hier nicht der Ort, der Frage nachzugehen, wie sich die dabei für das „Mittelglied" ergebenden Schwierigkeiten beseitigen lassen.

Ein Wort über die Bedeutung der Höhe des Bankzinses. Faßt man den Bankkredit so auf, wie es hier geschehen ist, so wird man nicht den entscheidenden Wert darauf legen, daß der Bankkredit billig zur Verfügung gestellt wird, sondern daß überhaupt nur die Kreditgenossenschaft sicher ist, jederzeit über den notwendigen, ihrer Leistungsfähigkeit entsprechenden Bankkredit verfügen zu können. Ja, von den oben behandelten allgemeinen Gesichtspunkten aus, muß sogar gesagt werden, daß der Bankkredit naturgemäß teurer sein muß als der Sparkassen- und Depositenverkehr, denn andernfalls kommt die Kreditgenossenschaft in die Versuchung, mit Rücksicht auf die Billigkeit den Sparkassenverkehr durch den Bankkredit zu ersetzen — daß es jedenfalls ein banktechnischer Fehler mit bedenklichen Wirkungen sein würde, wenn etwa künstlich der Bankzins zugunsten der Kreditgenossenschaft niedrig gehalten würde. Die Höhe des Zinses für den Bankkredit spielt für die Genossenschaft keine Rolle, wenn sich der Bankkredit in dem bezeichneten Umfange hält, denn ob für einen Kredit, der nur vorübergehend in Anspruch genommen wird, ½% mehr oder weniger vergütet wird, ist für die gesamte Zinspolitik der Kreditgenossenschaft selbstverständlich unerheblich.

Im Zusammenhang hiermit ist noch die Frage zu behandeln, ob es im Interesse der Genossenschaften liegt, ein Bankinstitut zu besitzen, das ausschließlich für die Genossenschaften arbeitet.

Auch hier soll Schulze-Delitzsch wieder zum Wort kommen. Er meinte: „Es liege ein großes Bedenken darin, daß eine solche Zentralbank für Rechnung sämtlicher beteiligter Vereine geführt werden muß, welche Gefahr und Gewinn davon übernehmen, daß man also auf diese Weise den einzelnen Verein noch außer dem eigenen in das Risiko eines zweiten Bankgeschäfts verwickelt. Ohne ein dringendes Bedürfnis, welches auf eine andere Weise nicht befriedigt werden kann, dürfte die Gründung eines solchen Instituts also kaum rätlich erscheinen."

Überzeugend ist von Thorwart in der oben erwähnten Schrift „Die deutsche Genossenschaftsbank von Soergel, Parrisius & Co. und der Giroverband der Deutschen Genossenschaften," dargelegt, welche geschäftlichen und volkswirtschaftlichen Gründe ein selbständiges Bankinstitut unmöglich machen, das sich ausschließlich auf den Verkehr mit Genossenschaften beschränkt. Ein solches Kreditinstitut kann immer nur wieder ein Mittelglied zwischen Genossenschaft und Großbank sein.

Zwei Grundsätze für die Beziehungen unter den Genossenschaften zum Bankkredit mögen hier betont werden:

1. Der Kreditgeber muß stärker sein als der Kreditnehmer.
2. Der Kreditnehmer darf nicht mit dem Schicksal des Kreditgebers verbunden sein.

Dies erscheint so selbstverständlich — und doch finden wir gegen diese Grundsätze vielfach einen schweren Verstoß bei den Verbandskassen und ähnlichen Organisationen.

Während noch im Jahre 1905 in der Denkschrift über das zehnjährige Bestehen der Preußischen Central-Genossenschafts-Kasse dem Allgemeinen deutschen Genossenschaftsverband zum Vorwurf gemacht wurde, daß er seine Genossenschaften von der Preußischen Central-Genossenschafts-Kasse fernhalte, hat der Präsident der Preußischen Central-Genossenschafts-Kasse, Dr. Heiligenstadt, auf dem AllgGenTag zu Leipzig (1907) sich wie folgt dazu geäußert:

„Ich nehme gar keinen Anstand, in dieser Versammlung hier zu erklären, daß nach meiner Überzeugung für eine ganze Reihe Schulze-Delitzsch'scher Genossenschaften eine Vereinigung zu Verbandskassen keinen erheblichen Zweck hätte, sie kann eben nicht die wirtschaftlichen Vorteile bringen, die man erhofft, wenn auch die Vorteile, die man doch haben kann, nicht geringe sind."

Bei den Verhandlungen über den Etat der Preußenkasse im Jahre 1914 äußerte der Vertreter der Regierung sein Bedauern darüber, daß die Genossenschaften mit privatkapitalistischen Großbanken in Verbindung stehen. Auf die Verwahrung des Anwalts des Allgemeinen deutschen Genossenschaftsverbandes schränkte er seine Erklärung dahin ein, „daß, wenn eine genossenschaftliche Organisation in sich so fest und leistungsfähig ist, daß sie eine starke gemeinnützige Kreditanstalt entbehren kann, nicht das geringste Bedenken besteht, so daß für den Allgemeinen Verband der Schulze-Delitzsch'schen Vereine zweifellos die Verhältnisse anders liegen als für die ländlichen in sich doch auf einer schwachen Basis stehenden Organisationen."

Auch der stellvertretende Generaldirektor des Generalverbandes ländlicher Genossenschaften, Dr. Wuttig, geht in seiner Schrift „Die Organisation des genossenschaftlichen Geldausgleichs" (Verlag von Gustav Fischer, Jena, 1914) bei der Behandlung der Leistungen der deutschen Geldausgleichsorganisationen von der Voraussetzung aus, daß für die Schulze-Delitzsch'schen Genossenschaften ein Bedürfnis nach derartigen Geldausgleichstellen nicht besteht.

Die Inanspruchnahme des Bankkredits seitens der Genossenschaft ist noch unter einem besonderen Gesichtspunkt zu betrachten. § 49 des Ges. schreibt vor:

„Die Generalversammlung hat festzusetzen den Gesamtbetrag, welchen Anleihen der Genossenschaft und Spareinlagen bei derselben nicht überschreiten sollen." „Anleihe" und „Spareinlage" ist nicht so aufzufassen, wie es nach dem Wortlaut den Anschein hat. Der Zweck der Bestimmung ist, daß die Generalversammlung die Höhe des Betriebskapitals bestimmen soll. Bankkredit, wenn er nach richtigen Grundsätzen in Anspruch genommen wird, gehört nicht zu dem Betriebskapital. Bakkrnedit aber, mit dem dauernd gearbeitet wird, ist ein Teil des Betriebskapitals. Dies gilt auch von dem Bankkredit, der in der Bilanz gar nicht in die Erscheinung tritt, weil er auf der Weiterdiskontierung von Wechseln beruht. So hat denn der AllgGenTag. zu Cassel (1906, Mitt. S. 147ff.) folgendes beschlossen:

1. Die Giroverbindlichkeiten sind nicht in die Bilanz einzustellen, wohl aber im Geschäftsbericht, und zwar getrennt nach Verbindlichkeiten:

a) aus Geschäftswechseln,

b) aus Primadiskonten

aufzuführen.

2. Wird durch die Weiterbegebung von Geschäftswechseln für die Genossenschaft regelmäßig Betriebskapital beschafft, so sind die daraus entstehenden Giroverbindlichkeiten als Betriebskapital aufzufassen und als solches bei Berechnung des Verhältnisses der Reserven zum Betriebskapital in Ansatz zu bringen.

Dieser Beschluß ist von außerordentlich großer Wichtigkeit. Die Ausführung setzt voraus, daß über die Giroverbindlichkeiten ordnungsmäßig Buch geführt wird, und daß die Giroverbindlichkeiten mit der Bilanz veröffentlicht werden. Hierauf ist vom Allgemeinen Verband von jeher hingewirkt worden. Der Reichsbankpräsident Havenstein hat gelegentlich der letzten Reichsbankenquete ganz besonders anerkannt, daß die Schulze-Delitzsch'schen Genossenschaften in der Beziehung für so weitgehende Veröffentlichungen sorgen.

Endlich ist dann noch an dieser Stelle die Frage zu behandeln, ob die Genossenschaften als Zentralkreditinstitut ein staatliches Kreditinstitut nötig haben. Wir wollen auch hier die „Selbsthilfe" ganz aus dem Spiel lassen und von dem rein geschäftlichen wirtschaftlichen Standpunkt aus auch diese Frage behandeln.

Weswegen wird die Frage aufgeworfen? Die Freunde der Preußischen Central-Genossenschafts-Kasse weisen, um die Annahme zu belegen, daß ein staatliches Zentralkreditinstitut notwendig ist, auf die Krisis hin, die die Landwirtschaftliche Zentraldarlehnskasse für Deutschland durchgemacht hat — auf den Zusammenbruch von Zentralkassen des Reichsverbandes in Darmstadt — und endlich auf die Fusion der Deutschen Genossenschaftsbank von Soergel, Parrisius & Co. mit der Dresdner Bank.

Weder die Krisis der Landwirtschaftlichen Zentraldarlehnskasse für Deutschland, noch der Zusammenbruch von Zentralkassen des Reichsverbandes in Darmstadt läßt einen Schluß darauf zu, daß das Genossenschaftswesen so schwach ist, daß es ein staatliches Kreditinstitut nicht entbehren kann. Der beste Beweis dagegen ist, daß die Landwirtschaftliche Zentraldarlehnskasse gerade während ihrer schweren Krisis den Geschäftsverkehr mit der Preußischen Central-Genossenschafts-Kasse abbrach und zur Dresdner Bank überging, bei der sie auch sogar während des Krieges geblieben ist. Dieser Hinweis allein dürfte genügen, um zu beweisen, daß bei jener Behauptung der Wunsch der Vater des Gedankens ist.

Die Ereignisse in Darmstadt sind nicht zurückzuführen auf die Schwäche des Genossenschaftswesens, sondern auf bodenlosen Leichtsinn bei der Geschäftsführung. Nichts ist verfehlter, als aus jenen Vorgängen irgendwelche Schlüsse zu ziehen auf die Schwäche des Genossenschaftswesens, das der staatlichen Stütze bedürfe. Will man Folgerungen ziehen, so können es nur die sein, die oben in den beiden Grundsätzen festgelegt sind. Der Zusammenbruch der Darmstädter, Zentralkasse der Reichsgenossenschaftsbank, z. B. würde sich nicht so fühlbar gemacht haben, wenn nicht dort die Kreditnehmer, d. h. die Genossenschaften, mit dem Schicksal des Kreditgebers, d. h. der Zentralkasse, aufs engste verbunden gewesen wären.

Und was dann endlich die Fusion der Deutschen Genossenschaftsbank mit der Dresdner Bank anlangt, so ist es wohl richtig, daß die Deutsche Genossenschaftsbank am Anfang des Jahrhunderts sich zu größeren Abschreibungen gezwungen gesehen hat. Diese Abschreibungen waren aber zum größten Teil gerade auf Geschäfte zurückzuführen, die ihren Ursprung hatten in Geschäftsverbindungen mit Genossenschaften, aus denen in den 90er Jahren Aktiengesellschaften geworden waren. Kein Aktionär, kein Gläubiger hat bei der Deutschen Genossenschaftsbank auch nur einen Groschen verloren. Es war sehr erwünscht für die Schulze-Delitzsch'schen Kreditgenossenschaften, daß die Fusion vorgenommen wurde, denn eine Bank von dem Umfange der Deutschen Genossenschaftsbank wäre niemals imstande gewesen, den Genossenschaften die Kredite zu gewähren, die während der Kriegszeit von den Genossenschaften beansprucht und ihnen bewilligt wurden. Die Organisation der Dresdner Bank wird in dem besonderen Abschnitt „Verkehr mit der Großbank" behandelt werden.

Hier nur noch eine Bemerkung über den Verkehr unter den Genossenschaften, der der Ausgangspunkt dieser Betrachtungen war. Es liegt gewiß nahe, wenn die kreditbedürftige Genossenschaft sich unter den Brudergenossenschaften umsieht, ob sie nicht hier einen Kredit unter günstigen Bedingungen erhält — und die Genossenschaft, die Geldüberfluß hat, leiht gern davon einer anderen Genossenschaft, nicht um dieser eine Wohltat zu erweisen, sondern weil sie dann meist einen höheren Zinsfuß erhält, als im regelmäßigen Bankverkehr. Insoweit wäre ja alles ganz gut, wenn nicht die Medaille eine Kehrseite hätte. Und diese Kehrseite besteht darin, daß in sehr vielen Fällen die Genossenschaft, die das Geld empfangen hat, es als Betriebskapital verwendet und daher nicht so ohne weiteres dasselbe in dem Augenblick zurückzahlen kann, in dem die kreditgebende Genossenschaft es braucht. Kommt nun aber der Fall vor, daß die kreditnehmende Genossenschaft in Schwierigkeiten gerät, dann sind die beteiligten Genossenschaften erfahrungsgemäß die ersten, die ihr Geld in Sicherheit bringen wollen und damit die Schwierigkeiten der Brudergenossenschaft noch vergrößern. Immerhin sind Fälle denkbar, in denen ein solcher Verkehr sein Gutes hat. Beide Teile, kreditnehmende und kreditgebende Genossenschaft aber müssen sich vollständig über die Folgen klar sein. So ist man denn im Verband Thüringischer Vorschußvereine auf Anregung des Anwalts des Allgemeinen Deutschen Genossenschaftsverbandes Dr. Crüger zur Aufstellung von Grundsätzen gekommen, die im Jahre 1914 dem Mainzer Genossenschaftstag vorgelegt werden sollten. Die Grundsätze lauten:

„Zur Befriedigung des Bankkredits von Kreditgenossenschaften ist erforderlich, daß das kreditgebende Institut in der Lage ist, auch unter schwierigen wirtschaftlichen Verhältnissen der kreditnehmenden Genossenschaft den bewilligten Kredit aufrecht zu erhalten — möglicherweise sogar zu erhöhen. Der zur Verfügung gestellte Kredit darf nicht beeinflußt sein durch Rücksichten auf Geldüberfluß oder Geldknappheit bei dem kreditgebenden Institut.

Der geschäftliche Verkehr unter den Kreditgenossenschaften kann hiernach nur insoweit gebilligt werden, als die kreditnehmende Genossenschaft mit Sicherheit darauf rechnen kann, daß sie nach diesen Grundsätzen auf Kredit bei der kreditgebenden Genossenschaft zählen kann.

Dies ist um so mehr zu beachten, als die kreditnehmende Genossenschaft im Falle eines starken Kreditbedürfnisses oder eines plötzlichen Versagens der kreditgebenden Genossenschaft nicht erwarten kann, daß die Dresdner Bank Genossenschafts-Abteilung oder eine andere Bank an die Stelle der kreditgebenden Genossenschaft tritt.

Die Außerachtlassung dieser an sich scheinbar selbstverständlichen geschäftlichen Erwägung hat zur Folge, daß die kreditnehmende Genossenschaft sich der Gefahr aussetzt, zu einer Zeit des Bankkredits verlustig zu gehen, in der das Bedürfnis nach Bankkredit bei ihr besonders stark hervortritt.

Für die kreditgebende Genossenschaft ergibt sich hieraus, daß, sollen nicht der kreditnehmenden Genossenschaft erhebliche Schwierigkeiten entstehen, aus dem gelegentlichen Geschäftsverkehr jederzeit ein dauerndes Kreditverhältnis werden kann; dabei ist es unerheblich, ob es sich um Lombard, Wechsel oder eine andere Kreditart handelt; die geschäftlichen Wirkungen sind für beide Teile die gleichen.

Insoweit der Verkehr unter den Kreditgenossenschaften die Wirkung hat, daß die kreditnehmende Genossenschaft ihn benutzt, um ihr Betriebskapital zu verstärken, führt er überdies leicht zu einer geschäftlichen Entwicklung sowohl der geldgebenden wie der geldnehmenden Genossenschaft, die soliden geschäftlichen Grundsätzen widerspricht und daher früher oder später große finanzielle Schwierigkeiten nach sich zieht."

Wenn nach Maßgabe dieser Grundsätze der Verkehr unter den Genossenschaften gepflegt wird, dürften ernstliche Einwände nicht zu erheben sein — allerdings ist wohl zu erwarten, daß er dann auch gleichzeitig außerordentlich eingeschränkt wird."

Ein Vergleich der *tatsächlichen* Verhältnisse von heute und der Zeit vor dem Weltkrieg zeigt, daß der Bankkredit gegenwärtig für alle Kreditgenossenschaften eine viel größere Bedeutung gewonnen hat als ehedem. Der Anteil der Bankschulden und Giroverbindlichkeiten an den gesamten fremden Geldern der Genossenschaft ist gegenüber früher stark gewachsen. Woher kommt dies? Mit dem Ende der Geldentwertungsperiode waren die

Kreditgenossenschaften sowohl von eigenen Mitteln als auch von fremdem Kapital sozusagen völlig entblößt, so daß der Geschäftsbetrieb ins Stocken geraten und bei vielen kleineren Genossenschaften sogar eingeschlafen war, zumal auch die Deckung der Unkosten immer größere Schwierigkeiten bereitet hatte. Anderseits war die Markstabilisierung von einem Kapitalhunger sondergleichen begleitet. Wenn die Kreditgenossenschaften ihre Aufgaben als Mittelstandsbanken erfüllen wollten, wenn ihr Geschäftsbetrieb neu aufleben, ihr Wiederaufbau sofort beginnen sollte, so mußten sie dieses Kreditbedürfnis ihrer Mitglieder wenigstens zu einem Teil befriedigen können. Nur so konnten die erwerbstätigen Mitglieder zusammengehalten, nur so konnten für die Genossenschaften Verdienstmöglichkeiten geschaffen werden. Das Ankurbeln des Geschäftsbetriebs war aber ohne fremde Hilfe — eben den Bankkredit — nicht möglich. Der durch die Inflation entstandenen lebenbedrohenden Blutleere mußte durch künstliche Blutzufuhr in Gestalt des Bankkredits entgegengewirkt werden. Dieser Zustand besteht auch heute noch, wenn auch durch die inzwischen eingetretene erfreuliche Zunahme der Einlagen in vermindertem Grade. Daher können die Kreditgenossenschaften auch heute noch nicht ohne jeden Bankkredit auskommen. Aber diese Verhältnisse dürfen nur als ein Übergangszustand betrachtet werden. Zwar werden die Einlagen bei den Genossenschaften angesichts der allgemeinen Kapitalarmut vorerst nur langsam wachsen können; dessenungeachtet muß es das Ziel einer jeden Kreditgenossenschaft sein, sich vom Bankkredit freizumachen und ihr dauerndes Betriebskapital aus ihrem Kundenkreis heranzuziehen. So wohltuend und bequem der Bankkredit im Augenblick seiner Hergabe wirken mag, so dürfen doch seine Gefahren nicht übersehen werden, Gefahren, die heute in höherem Maße vorhanden sind als in früheren ruhigeren Zeiten. Jeder Kredit muß einmal zurückgezahlt werden. Der Bankkredit ist ein kurzfälliger Kredit, der vielleicht gerade in einem Augenblick zurückgefordert wird, der der Genossenschaft am wenigsten genehm ist. Vollends gilt dies von dem Wechselkredit, dessen Gefahren, weil latent vorhanden, am ersten unterschätzt werden. Wie will eine Kreditgenossenschaft die weiterdiskontierten Wechsel einlösen, wenn die Bezogenen und Einreicher es nicht können, ihr ein neuer Wechselkredit aber verweigert wird und auch ihre sonstigen Kreditquellen verstopft sind? Im Gegensatz zum offenen Buchkredit ist hier nicht einmal eine Kündigung nötig, um den Kredit, dessen Verfall allerdings bekannt ist, fällig zu machen. Weil der Bankkredit heute überwiegend in Form von Wechseldiskontierungen gegeben wird, muß jede Genossenschaft seine Kehrseite besonders im Auge behalten. Die Anlaufsperiode nach der Stabilisierung konnte zwar ohne Bankkredit nicht auskommen, er erschien gegenüber dem sonst drohenden Untergang als das kleinere Übel. Die gegen ihn bestehenden Bedenken werden deshalb aber nicht kleiner. Es ist und bleibt auch für die Zukunft richtig, was schon seit Schulze-Delitzsch's Zeiten über den Bankkredit gesagt ist: jede Genossenschaft begibt sich in Gefahr, die den Bankkredit bis zur letzten Mark als dauerndes Betriebskapital ausnützt. Ein Bankkredit soll nur vorübergehend beansprucht werden, er soll nur eine Kreditreserve sein. Daher beanspruchen die oben wiedergegebenen Ausführungen der 8. Auflage mehr als historisches Interesse. (Vgl. hierzu die Verhandlungen des AllgGenTages Freudenstadt 1925.)

Die Kreditfähigkeit einer Kreditgenossenschaft wird heute im großen und ganzen nach denselben Grundsätzen wie früher beurteilt. Einerlei ob die Reichsbank, die Dresdner Bank oder eine andere Bank als Kreditgeber auftreten, entscheidend ist das tatsächlich vorhandene eigne Vermögen der Genossenschaft an Geschäftsguthaben und Rücklagen, wobei die Bewertung der Aktiven, insbesondere der etwaigen Grundstücke nicht unberücksichtigt bleiben wird. Dieser Grundsatz gilt bis zu gewissem Grade auch von der Preußenkasse. Die Mitgliederhaftpflicht wird von den einzelnen Kreditinstituten allerdings unterschiedlich bewertet, wenn sie überhaupt in Betracht gezogen wird. Den schärfsten Standpunkt nimmt die Reichsbank ein, die bis zuletzt die Haftpflicht der Mitglieder bei der Krediteinschätzung der Genossenschaft außer Betracht gelassen hat (vgl. BlfGW. 1924 S. 353). Erst in jüngster Zeit hat das Reichsbankdirektorium auf Veranlassung der Genossenschaftsverbände ein Entgegenkommen in Aussicht gestellt, doch hat diese Konzession zu praktischen Auswirkungen bei den Bankanstalten in der Provinz bisher erst in bescheidenem Maße geführt. Allzu große Hoffnungen dürften die Genossenschaften hierauf bei der derzeitigen, in erster Linie von währungspolitischen Gesichtspunkten beherrschten Kreditpolitik der Reichsbank auch nicht setzen. Empfehlen dürfte es sich aber auf alle Fälle, wenn die Genossenschaften die zuständige Reichsbankanstalt über ihre Vermögenslage durch Vorlage von Bilanz, Zwischenbilanzen und anderen Unterlagen fortlaufend unterrichten, ein Verfahren, das auch im Verkehr mit anderen Bankgläubigern angebracht und von Nutzen sein wird.

Wenn der Kreditgeber die Haftpflicht völlig unberücksichtigt läßt, so ist das nicht richtig. Eine neubegründete Genossenschaft könnte sonst überhaupt keinen Kredit erhalten. Tatsächlich wohnt doch der Haftpflicht ein Vermögenswert inne, der sich im Ernstfalle realisieren läßt, was erfahrungsgemäß nicht nur im Konkursfalle möglich ist. Wenn die Mitglieder zur Sanierung ihrer Genossenschaft fast immer der Erhöhung des Geschäftsanteils und gegebenenfalls der Haftsumme zugestimmt haben, so entschließen sie sich hierzu hauptsächlich im Hinblick auf ihre Haftpflicht. Ebenso bedeutet jede andere Erhöhung des Geschäftsanteils, die aus sonstigen Gründen vorgenommen wird und theoretisch jederzeit durch Generalversammlungsbeschluß möglich ist, insoweit eine Umsetzung der Haftpflicht.

Die Frage ist nur, wieweit die Beleihung der Haftpflicht gehen darf, ohne das Interesse des Kreditgebers und des Kreditnehmers zu verletzen. Denn eine zu weit gehende Beleihung der Haftpflicht liegt auch nicht im Interesse der Genossenschaft. Am weitesten gegangen ist in dieser Beziehung von jeher die Preußenkasse, die Kredite auf Grund der „Vertretbarkeit der Haftsumme" gewährt (Kap. II S. 19, unten S. 190). Ihre Vertreter haben aber in den letzten Jahren zu wiederholten Malen erklärt, daß sie sich bei der Kreditgewährung an die Genossenschaften von denselben allgemeinen Gesichtspunkten leiten lassen wie die Genossenschaftsabteilungen der Dresdner Bank, wie überhaupt die beiden Kreditinstitute in gutem Einvernehmen nebeneinander arbeiten. Eine Kreditüberspannung wird auch von der Preußenkasse verurteilt.

Durch die im Jahre 1920 erfolgte Verschmelzung des Hauptverbandes deutscher gewerblicher Genossenschaften mit dem Deutschen Genossenschaftsverband (vgl. Mitteilg. Bad Nauheim 1920) ergab sich eine Veränderung der Stellungnahme des Verbandes gegenüber der Preußenkasse insofern, als die Preußenkasse, die bereits das Zentralkreditinstitut des Hauptverbandes war, neben den Genossenschaftsabteilungen der Dresdner Bank für die Schulze-Delitzsch'schen Genossenschaften als gleichberechtigtes Zentralkreditinstitut anerkannt wurde (S. 14). Nach wie vor ist aber jede Einzelgenossenschaft in der Wahl ihrer Bankverbindung vollkommen selbständig. Wer Kredit von der Preußenkasse haben will, muß sich einer Verbandskasse anschließen, da die Preußenkasse den Genossenschaften nach wie vor Kredit nur auf dem Wege über eine Verbandskasse gewährt. Diese Verbandskassen sind in der Regel gebildet aus Genossenschaften im Bezirke eines oder mehrerer Revisionsverbände und bestehen meist als e. G. m. b. H., hier und da auch als Aktiengesellschaft.

Die Verbandskassenfrage ist nach der Inflation infolge der großen Kapitalnot besonders akut geworden. Eine Anzahl neuer Zentralkassen wurde von Schulzeschen Genossenschaften in den verschiedensten Landesteilen gegründet, und viele Kreditgenossenschaften schlossen sich bereits bestehenden Verbandskassen an, weil im Frühjahr 1924 die Preußenkasse auf Grund der ihr zur Verfügung stehenden öffentlichen Gelder offenbar dem starken Kreditbedürfnis der Kreditgenossenschaften (vgl. S. 186) mehr entgegenkommen konnte als die Dresdner Bank, die wie alle anderen Großbanken durch die Inflation gelitten hatte und gezwungen war, die Kreditrestriktionspolitik der Reichsbank durch Beschränkung der eignen Kreditgewährung zu unterstützen, wovon sie auch die Genossenschaften nicht ausnehmen konnte. Von einer absichtlichen Vernachlässigung der genossenschaftlichen Ansprüche konnte bei ihr keine Rede sein. Sie hat in der Folge durch ihre Ausleihungen bewiesen, daß sie sich ihrer Aufgabe als Zentralkreditinstitut der Genossenschaften durchaus bewußt ist und die Genossenschaften mit erheblichem Kredit unterstützt. Daß die Preußenkasse während des ersten Aufbaujahres 1924 den Genossenschaften wertvolle Hilfe geleistet und besonders viele kleinere und mittlere Genossenschaften hierdurch geradezu vom Untergang gerettet hat, muß rückhaltlos anerkannt werden.

Die Anhänger der Verbandskassen betonen, daß der Zusammenschluß der Genossenschaften zu Verbandskassen ein Akt der Selbsthilfe sei und sie von der Großbank unabhängig mache, also eine Vervollkommnung der genossenschaftlichen Organisation darstelle. Es mag zugegeben werden, daß die Verbandskassenbildung nach der Stabilisierung der Währung für viele Genossenschaften notwendig war, damit sie überhaupt Kredit erhielten und so erst die Möglichkeit gewannen, die Übergangskrise zu überwinden. Auch muß gesagt werden, daß viele Genossenschaften an die Hilfskredite des Reiches und der Länder besonders zu Anfang der Stabilisierungszeit nur auf dem Wege über eine Verbandskasse gelangen konnten. Aber es muß die Frage aufgeworfen werden, ob die Verbandskassen auf die Dauer segensreich für die Genossenschaften wirken können. Es ist kein Vorteil, wenn der Genossenschaft die Erlangung eines Bankkredits gar zu leicht gemacht ist, weil die Gefahr besteht, daß einerseits die Heranziehung von eignem Kapital und Einlagen vernachlässigt, anderseits mit Hilfe des Bankkredits das Kreditgeschäft ungesund ausgedehnt wird. Dem unbefangenen Beobachter muß sich die Überzeugung aufdrängen, daß die Verbandskassen ungewollt die Überspannung des genossenschaftlichen Bankkredits begünstigen. Die Genossenschaften werden dazu erzogen, daß sie einen Anspruch auf Bankkredit zu haben glauben, ohne Rücksicht darauf, ob ihre Vermögenslage und die allgemeinen Verhältnisse die Gewährung eines Bankkredits rechtfertigen. Ein Zuviel an Bankkredit muß aber einer Genossenschaft mehr schaden als ein Zuwenig. Die Kreditgenossenschaften wären zweifelsohne von der Krise des Frühjahrs 1924 härter betroffen worden, wenn sie mehr Gelder zur Verfügung gehabt hätten. Die Beschränktheit der Mittel hat sie davon abgehalten, Kredite zu gewähren, die für sie und ihre Mitglieder zu Verlustgeschäften geworden wären. Vollends die Gründung neuer Genossenschaften auf Grundlage des Kredits bei einer Verbandskasse muß zu Fehlschlägen führen, weil der gesunde Unterbau der Genossenschaft fehlt und jede künstliche Befruchtung des Geschäftsbetriebs einer Genossenschaft durch allzu willigen Bankkredit sich früher oder später rächen muß.

Die Grundlage für die Bemessung des Kredits, den die Einzelgenossenschaft von der Preußenkasse durch die Verbandskasse erhalten kann, bildet die Haftpflicht der Mitglieder der Einzelgenossenschaft. Diese Haftpflicht — bei Genossenschaften m. b. H. also die Haftsumme — wird nach einem bestimmten Schema gewertet. Das Ergebnis, die sogen. „vertretbare Haftsumme", wird beliehen. Daß diese schematische Beleihung Gefahren in sich birgt und zur Festsetzung einer möglichst hohen Haftsumme anreizt, bedarf keiner Frage. Gewiß kann man bei der Beurteilung der

Kreditfähigkeit einer Genossenschaft die Haftpflicht nicht völlig unberücksichtigt lassen (S. 188), aber es kann der genossenschaftlichen Entwicklung nicht förderlich sein, wenn das Schwergewicht auf die Haftsumme gelegt und die Bildung des eigenen Vermögens vernachlässigt wird. Nur ein durch Selbsthilfe geschaffenes eigenes Vermögen der Genossenschaft ist der feste Boden, auf dem sich ein gesunder Aufbau der Genossenschaft vollziehen kann. Die Beleihbarkeit der Haftsumme ist zu sehr geeignet, die Genossenschaften von dieser Bahn abzulenken, so daß nach wie vor gegen das System der Beleihung der vertretbaren Haftsumme Stellung genommen werden muß (S. 19, 180).

Ein Weiteres ist zu beachten. Der Kredit bei der Preußenkasse kann, wie oben bemerkt, nur erkauft werden durch den Beitritt zu einer Verbandskasse, die meist als e. G. m. b. H. besteht. Die Zwischenschaltung der Verbandskasse schafft für die Preußenkasse als Kreditgeberin natürlich eine erhöhte Sicherheit, die bei dem unmittelbaren Verkehr zwischen Kreditgeber und Kreditnehmer, wie es zwischen Großbank und Genossenschaft der Fall ist, wegfällt. Die Genossenschaft übernimmt aber damit ein Risiko, und zwar um so mehr, je mehr Kredit sie beansprucht, da die Verbandskasse entsprechend der Höhe des Kredits Zeichnung von Geschäftsanteil und Haftsumme verlangt. Der Geschäftsanteil der Verbandskassen beträgt meist 1000 bis 3000 RM., die Haftsumme in der Regel das Zehnfache des Anteils; es kommen auch höhere Haftsummen vor. Eine Genossenschaft, die Kredit von der Verbandskasse erhält, belastet sich demnach mit einer Haftsumme, die mitunter in die Hunderttausende geht. Hierin liegt ein nicht zu unterschätzendes Risiko, und die Verquickung der in der Verbandskasse vereinigten Genossenschaften untereinander kann recht weitgreifende Folgen haben, wie die Vergangenheit gelehrt hat. Das Haftpflichtprinzip ist gesund, solange die Haftpflicht l o k a l und auf den E i n z e l f a l l beschränkt bleibt. Wo aber ein ganzes Haftpflichtsystem aufeinander aufgebaut wird und eine weitgehende Zentralisation letzten Endes die Existenzen der Genossenschaftsmitglieder eines weiteren Bezirks durch den Zusammenschluß ihrer Genossenschaften in einer Verbandskasse miteinander verkettet, liegt eine Überspannung des Haftpflichtgedankens vor. Die Bedenken, die der frühere Allgemeine Verband gegen diese Verschachtelung erhoben hat, bestehen heute noch unvermindert fort. Die Verbandskassen in ihrer jetzigen Ausdehnung werden ihre Belastungsprobe erst noch zu bestehen und zu erweisen haben, daß sie eine scharf rückläufige Konjunktur mit Verlusten ohne Gefährdung ihrer Existenz zu überstehen vermögen, wobei zu beachten ist, daß sie im Gegensatz zu einer festgefügten Großbank und im Vergleich zu ihren ausstehenden Krediten ein tatsächliches eigenes Vermögen erst in bescheidenem Umfang angesammelt haben, so daß sie ein größerer Verlust ungleich schwerer treffen muß als eine Großbank. Die Katastrophe einer Verbandskasse würde jedenfalls ein Schlag für das ganze Genossenschaftswesen werden. Jede Genossenschaft, die einer Verbandskasse beitritt, muß sich ihres Risikos bewußt sein und erwägen, ob sie ein solches übernehmen kann, ob Risiko und Vorteil im Verhältnis zueinander stehen. Daher wird man auch sagen müssen, daß die Bedeutung der Verbandskassenfrage zum mindesten für die größeren und mittleren Genossenschaften ihren Höhepunkt überschritten haben wird, sobald es den Genossenschaften dauernd möglich sein wird, genügenden Kredit zu ähnlichen Bedingungen ohne Anschluß an eine Verbandskasse zu erhalten, oder sobald der Bankkredit seine jetzige Bedeutung für die Genossenschaften verloren haben wird. Denn die alte Regel, daß die Genossenschaften höchstens nur vorübergehend Bankkredit beanspruchen, im allgemeinen aber ein Bankguthaben unterhalten sollen, wird sich in absehbarer Zeit wieder durchsetzen müssen. Ob die Verbandskasse als Schuldner der Genossenschaften für ihre Mitglieder noch besonderes Interesse haben wird, wird von den Vorteilen abhängen, die sie bieten kann. Nach den Erfahrungen aus der Vorkriegszeit wird man hier gewisse Zweifel hegen dürfen. Allerdings muß vorausgesetzt werden, daß die Genossenschaften einen jederzeitigen Rückhalt bei ihrer Bankverbindung haben und dort im Notfall den berechtigten Kredit finden. Bei gesunden Verhältnissen wird man dies annehmen können.

Besteht die Verbandskasse in der A k t i e n f o r m , so fällt zwar für die Einzelgenossenschaft eine persönliche Haftpflicht fort, jedoch muß die Genossenschaft dann die Aktien der Verbandskasse wenigstens zum Teil übernehmen, also Kapital binden, was in einer kapitalarmen Zeit ins Gewicht fällt.

Die ganze Verbandskassenfrage kann und muß genau wie die Auswahl der Bankverbindung nur nach g e s c h ä f t l i c h e n Gesichtspunkten und auf Grund der praktischen Erfahrungen geprüft werden. Jede andere Erwägung muß vom richtigen Wege abführen und den Blick trüben.

Überdies sollte der ursprüngliche Grundgedanke der Verbandskassen der Geldausgleich unter den angeschlossenen Genossenschaften sein, wobei eine Kreditgewährung nur in beschränktem Umfang möglich sein konnte. Mehr und mehr ist aber das Schwergewicht auf die Erschließung des Kredits bei der Preußenkasse gelegt worden.

Ungesund in höchstem Maße ist es, wenn eine Genossenschaft an vielen Stellen gleichzeitig Bankkredit in Anspruch nimmt. Darin liegt nicht nur für ihre Kreditgeber, sondern auch für sie selbst eine Gefahr. Durch die vermehrte Bildung von Verbandskassen ist die Gefahr mehrseitiger Inanspruchnahme von Bankkredit erhöht worden. Dies gilt nicht allein in dem Sinne, daß die Zahl der Kreditgeber sich um die Verbandskasse vermehrt hat, sondern es mag auch Fälle geben, wo der Wettbewerb unter den verschiedenen Kreditgebern zu einer Überspannung des Bankkredits führt, ohne das es die Kreditgeber wollen. Auf die Selbstzucht der betreffenden Genossenschaftsleitung werfen allerdings solche Fälle kein günstiges Licht. Im Interesse aller Teile muß sehr bald die Frage entschieden werden, ob die Verbandskassen und die Dresdner Bank es in ihrem eigenen Interesse verantworten können, daß sie nebeneinander ein und derselben Genossenschaft Kredit geben.

Eine Kreditgewährung zwischen Genossenschaften untereinander kommt heute im Gegensatz zu früher wohl nur selten vor, weil es nur wenige Genossenschaften geben dürfte, die bereits wieder über so viele flüssige Mittel verfügen, daß sie diese in ihrer Kundschaft nicht unterbringen könnten. Eine Kreditgenossenschaft, die heute trotzdem von einer andern Kreditgenossenschaft Kredit erhält, muß sich darum aber auch mehr denn je sagen, daß ihr dieser Kredit jeden Tag entzogen werden und sie in Verlegenheit bringen kann. Umgekehrt hat die ausleihende Genossenschaft nicht die Gewähr wie bei einer Großbank, daß sie ihr Guthaben im gegebenen Augenblick pünktlich zurückerhält.

Nicht unerwähnt soll bleiben die Aufnahme von sogen. „täglichem Geld“. Größere Banken an Provinzplätzen und besonders an Plätzen, wo eine Abrechnungsstelle der Reichsbank besteht, pflegen gegenseitig Gelder auf täglichen Abruf herzuleihen. Wer Bedarf hat, leiht bei der Bank, die Überschuß hat, was durch Umfrage festgestellt wird. Diese Gelder, die je nach Lage der Verhältnisse verschieden — heute etwa höchstens zum Reichsbanksatz — verzinst werden, sind täglich kündbar oder auf sofortigen Abruf rückzahlbar. Dieses Geschäft setzt ein besonderes Vertrauensverhältnis der Banken untereinander voraus und kann sich nur da einführen, wo die unbedingte Gewähr besteht, daß die hergeliehenen Gelder pünktlich zurückfließen. Soweit eine Genossenschaft in diesen Kreis einbezogen wird, kann sie solche Gelder natürlich nur dann aufnehmen, wenn sie sicher ist, solche jeden Tag zurückzahlen zu können. Das Geschäft hat Ähnlichkeit mit der Aufnahme „täglicher Gelder" an der Börse, oder wie es zuweilen genannt wird, mit dem „Scheckstausch". Hierfür gelten die örtlichen Börsen- oder besonderen Vorschriften.

Liquidität.

Die Kreditgenossenschaft zieht Betriebskapital heran, um das Kreditbedürfnis der Mitglieder zu befriedigen. Darin eingeschlossen ist natürlich auch die Sorge um die Befriedigung des noch weiter hervortretenden Kreditbedürfnisses. Die Gesichtspunkte, die hierbei zu beobachten sind, werden weiter unten behandelt werden.

Früher war es Tatsache, daß gutgeleitete Kreditgenossenschaften oft einen Überfluß an Betriebsmitteln hatten, der so groß war, daß es der Genossenschaft schwer fiel, das Kapital im regelmäßigen Geschäftsverkehr unterzubringen. So erklärt es sich auch, daß die ersten Vereinstage sich nicht mit den Geldsorgen der Kreditgenossenschaften zu beschäftigen hatten, sondern mit dem Geldüberfluß und seinen Folgen. Der AllgGenTag zu Konstanz (1873) sah sich veranlaßt, verschiedene Grundsätze für die Anlegung von Geldern aufzustellen, die nicht im Betrieb gebraucht werden. Und die Sorge um die Liquidität zieht sich wie ein roter Faden durch die Verhandlungen der AllgGenTage und die Revisoren-Konferenzen[6]).

[6]) Über die Anlage müßiger Gelder, Aufnahme fremder Gelder, Liquidität der Kreditgenossenschaften vgl. BlfGW. 1898, S. 265; 1901, S. 205; 1904, S. 125; 1907, S. 413; 1908, S. 554; 1909, S. 358; 1914 S. 645 und 663; 1925, S. 602, 625. Ferner die Verhandlungen der AllgGenTage in den „Mitteilungen" über dieselben 1901, S. 167ff.; 1904, S. 206ff.; 1906, S. 159ff.; 1910, S. 262ff.; 1912, S. 328ff., 1925, S. 625, die zum Teil direkt, anderseits nebenher sich mit der Frage beschäftigen. In den Verhandlungen der Revisoren bei Gelegenheit der AllgGenTage wurde wiederholt hierzu Stellung genommen — vgl. „Mitteilungen" über die AllgGenTage 1899, S. 305ff.; 1900, S. 421ff.; 1911, S. 288ff.

Heute kann von Kapitalfülle oder Überfluß keine Rede sein. Im Gegenteil, überall tritt Kapitalmangel zutage. Nichtsdestoweniger oder gerade deswegen ist die Liquidität von der größten Bedeutung. Die kurzfristigen Einlagen bilden heute einen weit größeren Teil des Betriebskapitals als ehedem. Auch müssen die Kreditgenossenschaften heute weit mehr als früher damit rechnen, daß die Einlagen tatsächlich nur vorübergehend bei ihr stehen bleiben, schon aus dem Grunde, weil jeder Kapitalbedarf hat. Die Geldbewegung ist relativ viel stärker geworden. Dazu kommt, daß ab und zu immer wieder Gerüchte von einer drohenden neuen Inflation umlaufen, Gerüchte, die bei der gegenwärtigen Verfassung der Reichsbank haltlos sind. Aber die durch die hinter uns liegende Geldentwertung geschädigten und nervös gewordenen Einleger werden hierdurch ständig in Atem gehalten und sind bereit, beim ersten wirklich ernst erscheinenden Anlaß ihr Geld abzuheben. Um so mehr heißt es für die Kreditgenossenschaften zahlungsbereit zu sein. Freilich erreicht die Liquidität heute nirgendwo den früher gewohnten Grad. Das liegt einmal an der allgemeinen Kapitalnot, zum andern aber auch an der starken Unkostenbelastung, die zur Erhöhung der Einnahmen zwingt (S. 322). Liquide Aktiven pflegen im allgemeinen nämlich nicht die höchste Rente zu bringen.

Nicht zu übersehen ist sodann, daß die ausstehenden Kredite der Genossenschaft trotz kürzerer Befristung heute tatsächlich mehr festliegen als früher, zu erheblichem Teile sogar „eingefroren" sind. Auch die Verschiebung in der Verwertbarkeit der Bestände hat die Liquidität nachteilig beeinflußt. Wie dem aber auch sei, die Genossenschaft muß unbedingt über einen angemessenen Bestand flüssiger Mittel verfügen, wenn ihre Vermögenslage gesund sein soll.

Liquidität, d. h. die Fähigkeit, jederzeit den im Augenblick möglichen Ansprüchen der Gläubiger gerecht werden zu können, ist kein Schlagwort. Die Liquidität gibt den *Gradmesser für die Umsicht der Verwaltung in der Leitung der Geschäfte.*

Wir haben oft genug erlebt, in welche Schwierigkeiten Kreditinstitute geraten sind, die sich auch nur einer stärkeren Rückforderung der Spareinlagen nicht gewachsen zeigten — zumal derartige Kreditinstitute dann gewöhnlich auch schon den *ganzen verfügbaren Bankkredit* voll in Anspruch genommen hatten, so daß sich kaum eine weitere Kreditquelle bot. Wenn auch der etwa noch offenstehende Bankkredit nicht zu den liquiden Mitteln gerechnet werden kann, so wird natürlich die Lage des Kreditinstituts um so gefährdeter, je stärker im gegebenen Augenblick der Bankkredit bereits in Anspruch genommen ist.

Zuweilen begegnet man einer Verwechselung mit dem Verhältnis des eigenen zum fremden Kapital. Das sind zwei ganz verschiedene geschäftliche Vorgänge, die in gar keiner Beziehung zueinander stehen. Das Verhältnis des eigenen zum fremden Kapital kann sehr günstig sein — die Genossenschaft kann gleichwohl illiquid sein. Auch der umgekehrte Fall ist möglich.

Die Frage der Liquidität regelt gleichzeitig die Frage der Kreditbefristung. Wird gegen den Grundsatz verstoßen, daß man auf nicht längere Frist Geld ausleihen darf, als man selbst von dem Gläubiger bei der Aufnahme des Geldes erhalten hat — so entwickelt sich ganz von selbst die Illiquidität.

Bei der Behandlung der Vereinbarung längerer Kündigungsfristen für Spareinlagen ist darauf hingewiesen, daß diese deswegen schon notwendig werden, weil die Kreditgewähr der Genossenschaften oft längere Fristen erfordert. Wenn auch für die Liquidität der Kreditgenossenschaften die gleichen Grundsätze gelten wie für die der Banken, muß doch bei Feststellung des Maßstabes auf die Wesensart der Kreditgenossenschaft Rücksicht genommen werden.

Welche Werte sind liquide, also jederzeit realisierbar?

Sind die Ansichten über diese Frage schon vor dem Kriege auseinandergegangen, so scheint die Nachkriegszeit manche Begriffe hierüber geradezu umgestoßen zu haben. Nicht mit den Einwirkungen der Inflationszeit auf die Liquidität müssen wir uns hier befassen, jener Inflation, die nachgerade Sachwerte am liquidesten erscheinen ließ. Selbst heute nach der Währungsbefestigung liegen die Dinge noch in mancher Hinsicht anders als einst. Vor allem zwingt die Kreditkontingentierung der Reichsbank[7]), d. h. die Festsetzung einer Kredithöchstgrenze für die einzelne Bankanstalt

[7]) Diese Kontingentierung besteht theoretisch auch jetzt noch weiter, obwohl sie seit Ende 1925 nicht mehr effektiv ist; sie könnte aber jederzeit wieder praktisch werden.

und die einzelnen Kontoinhaber, zu einer Revision der alten Ansicht. Solange nicht die Reichsbank die eingereichten Wechsel nur nach der Bonität und dem zugrundeliegenden Geschäft beurteilt, also keine Gewähr dafür besteht, daß eine Bank jeden guten Warenwechsel bei der Reichsbank weiterdiskontieren kann, die Reichsbank also nicht uneingeschränkt wie früher die Bank der Banken ist, solange sind Wechsel keine unbedingt flüssigen Mittel. Das gilt auch von Bankakzepten, die früher eine beliebte, jederzeit greifbare Geldanlage gebildet haben, in den letzten Jahren aber als Finanzwechsel von der Diskontierung ganz ausgeschlossen waren und auch heute noch nur unter bestimmten Voraussetzungen diskontiert werden. Der Wechselbestand machte aber von jeher einen wesentlichen Teil der flüssigen Mittel aus, was heute erst recht zutrifft.

Vorschußwechsel, d. h. Wechsel über gegebene Vorschüsse können heute natürlich ebensowenig wie früher als liquide gelten.

Wertpapiere, die einstens eine sehr verbreitete Anlage bildeten, sind als flüssige Mittel zu betrachten, sofern die Papiere börsenmäßig gehandelt und jederzeit verkauft werden können. Zur Lombardierung bei der Reichsbank sind auch nur solche Papiere zugelassen. Die Lombardbedingungen der Reichsbank sind nach dem Wegfall der Darlehnskassen erschwert, wenn auch seit Frühjahr 1926 Erleichterungen eingetreten sind. Aktien werden nicht beliehen; sie eignen sich auch nicht als Anlage für die Genossenschaften, stellen vielmehr — namentlich als Industrieaktien — ein Spekulationspapier dar, von dem sich die Genossenschaft fernzuhalten hat. Wenn die Genossenschaft in der Inflationszeit zur Erhaltung des Vermögens zum Erwerb von Aktien schreiten mußte, so ist das etwas anderes und heute ein überholter Standpunkt. Zudem ist gerade die Rente der Industrieaktien vorerst eine recht unsichere, woraus allein sich schon größere Kursschwankungen ergeben können. Auch die Kurse der festverzinslichen Wertpapiere sind heute nichts weniger als stabil, so daß ihr Besitz größere Kursverluste bringen kann. Aus diesem Grunde und auch nach den bösen Erfahrungen der Kriegs- und Nachkriegszeit steht man heute dem Erwerb von festverzinslichen Wertpapieren nicht sehr sympathisch gegenüber. Immerhin bilden wertbeständige Anleihen, vorsichtig ausgewählt und zu günstigen Kursen gekauft, eine gutverzinsliche liquide Anlage, wenn sie den weiter oben genannten Bedingungen entsprechen. Es sind auch nur solche Papiere zu wählen, die bei der Reichsbank beleihbar sind, damit sie bei vorübergehendem Geldbedarf nicht verkauft werden müssen. Alte Markanleihen können hier außer Betracht bleiben, da sie in der Hauptsache keine Zinsen tragen, im Kurse mehr schwanken und zudem durch die Aufwertung meist als solche verschwinden werden.

Devisen, d. h. Wechsel, Schecks und Guthaben in ausländischer Währung, sind jederzeit realisierbar, vorausgesetzt, daß es sich um Hauptländer handelt. Devisenbestände von Belang werden für die Genossenschaften heute kaum in Betracht kommen; sie sind auch Kursschwankungen unterworfen und schon deshalb mit Vorsicht zu betrachten, abgesehen davon, daß internationale Verwicklungen Schwierigkeiten bringen können. Auch ist der Zinsertrag hochwertiger Devisen kleiner als bei inländischen Anlagen.

Zinsscheine und Sorten zählen ebenfalls zu den liquiden Mitteln, vor allen Dingen aber der Kassenbestand, dem man Giroguthaben bei der Reichsbank und Abrechnungsbanken sowie auf Postscheckkonto gleichstellt. Die Unsicherheit der allgemeinen Verhältnisse erfordert es, daß vorerst ein höherer Kassenbestand als früher gehalten wird, weil auf ihn am schnellsten zurückgegriffen werden kann. Von sehr großer Bedeutung für die Genossenschaften sind die Bemühungen der Reichsbank um die Steigerung der Liquidität der Kreditinstitute gewesen. Der Geschäftsbetrieb der Genossenschaften ist ganz sicher günstig durch jene Bestrebungen beeinflußt worden. Die letzten Forderungen, die die Reichsbank vor Ausbruch des Krieges stellte, zielten auf eine Stärkung der Barreserven ab. Zu den Barreserven sollten gerechnet werden: Kassen- und Giroguthaben bei der Reichsbank. Bei den Großbanken wünschte die Reichsbank eine Barreserve von 10% des Betriebskapitals — es wurde aber bald bekannt gegeben, daß den Provinzbanken gegenüber solche hohen Ansprüche nicht würden gestellt werden. Anderseits wurden auch Ansichten laut, daß die Genossenschaften dabei gar nicht in Betracht kommen sollten. Darauf sich zu verlassen, wäre für die Genossenschaften recht bedenklich gewesen. Und schließlich erfordert es ihre eigene Sicherheit, daß sie auf möglichst weitgehende Liquidität ausgehen. Bei der Stärkung der Barreserven ist der leitende Gesichtspunkt, daß jedes Kreditinstitut für die Liquidität nach Möglichkeit auf sich selbst gestellt sein soll.

Liquide ist ferner das Bankguthaben, jedoch nur bei solchen Banken, deren Zahlungsfähigkeit über jeden Zweifel erhaben (S. 293, 305) und durch Bilanzveröffentlichung nachzuprüfen ist. In erster Linie sind also hier die Zentralkreditinstitute zu nennen.

Als liquide Mittel sind unter gewissen Bedingungen auch Lombardkredite zu nennen, dann nämlich, wenn die Genossenschaft das Recht und die Möglichkeit hat, die verpfändeten Wertpapiere in kürzester Frist zu verkaufen.

Hypotheken sind keine flüssigen Mittel, wie die Erfahrung der letzten Jahre beweist. Entschieden zu verwerfen ist die Ansicht, daß der offene Bankkredit zu den liquiden Mitteln zu zählen ist. Gewiß, man rechnet im äußersten Notfalle, daß die befreundete Zentralbank helfend beispringen wird, aber deswegen gehört der Bankkredit noch nicht zu den liquiden Mitteln. Und dann hierbei eine noch ganz besonders wichtige Erwägung: Auf zugesagte Kredite kann man nicht für ewige Zeiten rechnen; das hat sowohl der Krieg wie auch die Nachkriegszeit bewiesen.

Die Verbindlichkeiten, die durch die liquiden Mittel gedeckt werden sollen, ergeben sich aus der Bilanz. Es sind von täglich fälligen Verpflichtungen: Kontokorrent- und Scheckgelder, gegebenenfalls Bankschulden, ferner in gewissem Sinne (S. 157) auch Spareinlagen. Von befristeten Verbindlichkeiten kommen hauptsächlich in Betracht: kündbare Einlagen, Depositen und Anlehen, Akzepte, Avale. Auch die Giroverbindlichkeiten müssen berücksichtigt werden. Natürlich ist auch Vorsorge zu treffen, daß für Spareinlagen mit längerer Kündigungsfrist für den Fall der Kündigung bereite Mittel geschaffen werden können. Das Aktivgeschäft muß beweglich sein. Es muß die Möglichkeit bestehen, schlimmstenfalls auch Kredite zu kündigen und das Geld hereinzubekommen. Ist auch hierfür gesorgt, so bieten die langfristigen Spareinlagen selbstverständlich weitgehende Sicherheit unter dem Gesichtspunkt der Liquidität.

Eine allgemein gültige Norm für das Liquiditätsverhältnis besteht nicht, jedoch muß dieses Verhältnis als erfahrungsgemäß unbefriedigend bezeichnet werden, wenn die Summe der flüssigen Mittel nicht wenigstens $1/3$—$1/2$ der gesamten Verbindlichkeiten deckt, ohne daß diesem Satz eine generelle Bedeutung zugesprochen werden soll. Die Dinge können von Fall zu Fall recht verschieden liegen.

Die Kreditgenossenschaften müssen um ihrer selbst willen auf eine angemessene Liquidität halten. Damit begegnen sie auch am besten etwaigen Bestrebungen nach einer gesetzlichen Regelung des Sparkassen- und Depositenwesens. Solche Bestrebungen sind in der Vergangenheit wiederholt hervorgetreten, und es sind früher gerade im Hinblick auf die Genossenschaften Forderungen gestellt worden, deren Verwirklichung das Ende der Genossenschaften bedeutet haben würde.

Wiederholt haben sich AllgGenTage mit der gesetzlichen Regelung des Sparkassen- und Depositenverkehrs beschäftigt. Bereits 1904 in Breslau wurde gegen den zuerst von Prof. Warschauer in den Conradschen Jahrbüchern aufgestellten Plan einer „Reichsdepositenbank" Stellung genommen. Warschauer wollte in seinen „Verstaatlichungsplänen" des Depositenverkehrs den Kreditgenossenschaften mit unbeschränkter Haftpflicht nur bis zur Höhe des von den Genossenschaftern bar eingezahlten Betriebskapitals die Annahme von Spardepositen zugestehen; Kreditgenossenschaften mit beschränkter Haftpflicht sollte die Annahme von Spareinlagen überhaupt untersagt sein. Warschauers Vorschläge, die in der Presse seinerzeit lebhaft besprochen wurden, waren in einigen größeren Verlusten begründet und bezweckten, im Interesse des gesamten Nationalvermögens den Schwachen Schutz zu gewähren. Der AllgGenTag legte gegen die Forderung der gesetzlichen Beschränkung der von Kreditgenossenschaften anzunehmenden Spardepositen Verwahrung ein. Es wurden dann einige Jahre später wieder Stimmen laut, welche der gesetzlichen Regelung des gesamten Depositenwesens das Wort redeten — die Reichsregierung sah sich schließlich veranlaßt, der im Frühjahr 1908 zusammengetretenen Bankenquetekommission diese Frage zur Begutachtung vorzulegen; hier gingen die Ansichten der Sachverständigen weit auseinander. Der Reichstag beschäftigte sich 1909 mit der gesetzlichen Regelung der Depositenfrage — die Frage eines Reichsaufsichtsamts für Bankwesen kam zur Sprache. Wollte man auch nur die unreellen Bankgeschäfte treffen, so lag doch auch eine außerordentliche Gefahr in der gesetzlichen Regelung für die Kreditgenossenschaften. Der AllGenTag zu Freiburg i. B. (1909) erklärte, daß zum Erlaß gesetzlicher Bestimmungen über das Depositenwesen der Geschäftsverkehr der Genossenschaften keinen Anlaß gebe und daß es dem öffentlichen Interesse zuwiderlaufen würde, wenn dem Sparkassenwesen und Depositenverkehr der Kreditgenossenschaften Beschränkungen auferlegt würden. Im gleichen Sinne sprachen sich die AllgGenTage zu Bad Nauheim (1910) und zu Stettin (1911) aus.

Wenn auch gegenwärtig nichts von einer gesetzlichen Regelung des Depositenwesens selbst etwas verlautet, so zeigt das Gesetz über die Depot- und Depositengeschäfte (S. 153) doch, daß der Gesetzgeber diese Frage im Auge behält, wenn auch jene Beschränkung der Gewerbefreiheit der Banken nach dem Krieg auf andere Gründe zurückzuführen ist und in absehbarer Zeit wieder fallen soll. Die Genossenschaften tun daher in ihrem eigenen Interesse gut, wenn sie aus eigenem Antrieb ihre Liquidität so gestalten, daß sie jeder öffentlichen Kritik standhält.

Die Höhe und Art der flüssigen Mittel darf von dem Zinsertrag allein nicht abhängig gemacht werden. Obwohl die Genossenschaften heute mehr als früher bestrebt sein müssen, ihre Gelder gewinnbringend anzulegen (S. 322), so steht doch die Forderung nach einer ausreichenden Liquidität obenan. Die Kosten hierfür müssen getragen werden wie Versicherungsprämien und andere Unkosten.

Die Frage, wie sich eine Genossenschaft gegen einen zu starken Zufluß fremder Gelder schützen soll, ist im allgemeinen einstweilen mehr von theoretischem Interesse; immerhin ist es aber wichtig, auf die auch heute noch maßgebende Schulze-Delitzsch'sche Auffassung hinzuweisen, die in dem Beschluß des AllgVereinsTags zu Konstanz (1873) zum Ausdruck kommt:

„Sobald durch einen dauernden Geldandrang das Betriebskapital sich so anhäuft, daß es im regelmäßigen Geschäftskreise der Vereine in keiner Weise mehr Verwendung findet, bleibt das altbewährte Verfahren, wonach man die Zinsen sowohl der Gläubiger wie der Schuldner (Geschäftskunden) herabsetzt und die Kündigungsfristen der ersteren verlängert, als das zur Herbeiführung des Ausgleichs zwischen Geldangebot und Geldnachfrage natürlichste Mittel immer zumeist zu empfehlen."

Die Regelung mit Hilfe des Zinssatzes wird freilich ihre Grenze finden müssen in dem Verhalten der Konkurrenz, denn die Genossenschaft könnte es nicht ruhig mit ansehen, daß ihre Gläubiger sich andere Verbindungen suchen. Vor allem sollte der Rat befolgt werden: Vorsicht gegenüber großen Kapitalangeboten, die auch zuweilen den Genossenschaften schon dadurch gefährlich geworden sind, daß die Rückforderung Ungelegenheiten bereitet hat (S. 165).

XI. Kapitel

Die Kreditgewähr.

Allgemeines.

Fassen wir die oben erörterten allgemeinen Grundsätze über die wirtschaftliche und soziale Bedeutung der Kreditgenossenschaft unter dem Gesichtspunkt der Kreditgewähr zusammen, so ergibt sich folgendes:

Die Kreditgenossenschaft soll das Kreditbedürfnis der Mitglieder billig befriedigen. Es ist der organisierte Kredit, der in der Kreditgenossenschaft zum Ausdruck kommt. Die Befriedigung des Kreditbedürfnisses ist nicht Geschäft, wenn sie auch natürlich ein Rechtsgeschäft darstellt. Das Band der Mitgliedschaft, das zwischen Genossenschaft und Kreditnehmer besteht, gibt dem „Kreditgeschäft" einen besonderen Charakter. Die Genossenschaft bringt dem Kreditnehmer ein über das „Kreditgeschäft" hinausgehendes Interesse entgegen. Das hat gewisse Rücksichten zur Folge, die sonst nicht zum Bankbetrieb gehören. Die Kreditgenossenschaft dient grundsätzlich dem Kreditbedürfnis des gewerblichen Mittelstandes in Stadt und Land, ohne sich aber notwendigerweise darauf zu beschränken. Sie soll auch dem kleinsten und geringsten Kreditbedürfnis genügen, wie sie anderseits, wenn es ihr ihre Mittel gestatten, über den Mittelstand hinausgeht und eine volksbankmäßige Gestaltung annimmt. Die Kreditgenossenschaft beschränkt sich auf den produktiven Kredit, ohne aber den konsumtiven Kredit grundsätzlich auszuschließen. Auch für die Beamten ist daher Raum in der Kreditgenossenschaft. Die Kreditgenossenschaft soll alle Berufsarten umfassen. Mit Unrecht pflegt man von der Schulze-Delitzsch'schen Kreditgenossenschaft als einer „städtischen" Genossenschaft zu sprechen, denn ungefähr ⅓ der Mitglieder und oft noch erheblich mehr gehört der Landwirtschaft an.

Der Gegenstand des Unternehmens hat sich mit der allgemeinen Entwicklung des wirtschaftlichen Lebens ausgestaltet. Ursprünglich diente die Genossenschaft dem gewöhnlichen

Vorschußgeschäft und entsprach dabei der wirtschaftlichen Lage jener Zeit. Inzwischen haben Handel und Gewerbe andere Formen angenommen. Auch das Kleingewerbe stellt andere Kreditansprüche wie vor einem halben Jahrhundert. Zum Teil handelt es sich dabei um eine Rückwirkung der Kreditgenossenschaft, deren Aufgabe es ist, Handwerk und Kleinhandel zur kapitalistischen Betriebsweise zu erziehen. Der Entwicklung mußten sich die Kreditgenossenschaften anpassen. So entstand die volksbankmäßig entwickelte Kreditgenossenschaft.

Bereits in der ersten Auflage (1855) führte Schulze-Delitzsch's praktische Anleitung zur Gründung und Einrichtung von Kreditgenossenschaften den Titel: „Vorschuß- und Kreditvereine als Volksbanken". Schulzes Vorschußvereine wurden bald wirkliche „Volksbanken". Schon 1870 hatte Parisius in der von ihm herausgegebenen und von Schulze-Delitzsch zur Verbreitung empfohlenen kleinen Schrift: „Vorwärts, vorwärts, ihr deutschen Genossenschaftsmänner! Sieben Flugblätter für die Deutschen Vorschuß- und Kreditvereine" entwickelt, was ein guter Vorschußverein leisten könne, was er leisten müsse, sobald er die in gut organisierten Genossenschaften üblichen Geschäftszweige sämtlich bei sich einführe und nach volkswirtschaftlich richtigen Grundsätzen betreibe. Die Genossenschaft müsse dann nicht bloß dem städtischen Gewerbetreibenden den ihm nötigen Kredit verschaffen, sondern auch das Bedürfnis des Landwirts nach Personalkredit vollständig befriedigen; sie müsse gleich den schottischen Banken durch laufende Rechnung (Kontokorrent mit Scheckbuch) allen Gewerbetreibenden in Stadt und Land das zeitweise überflüssige Geld verwahren und nutzbringend verwalten; sie biete die besten und sichersten Sparkassen für Arbeiter, Dienstboten usw.; sie müsse mit Hilfe des von der Deutschen Genossenschaftsbank Soergel, Parrisius & Co. gegründeten Giroverbandes den Gewerbetreibenden ihre Geschäftswechsel diskontieren und Zahlungen nach anderen deutschen Plätzen vermitteln; endlich müsse sie die wirtschaftliche und sittliche Erziehung ihrer Mitglieder dadurch fördern, daß sie nach den strengen Grundsätzen Schulze-Delitzsch's nur dem gesunden Kredit diene. Das war schon die Auffassung über die Aufgaben der Kreditgenossenschaften im Jahre 1870.

Der AllgGenTag zu Rostock (1897) hat den Kreditgenossenschaften empfohlen: „Auf eine der wirtschaftlichen Entwicklung des gewerblichen Lebens entsprechende Vervollständigung und Vervollkommnung der verschiedenen Geschäftszweige auf solider Grundlage bedacht zu sein; und wo in der Mitgliederbewegung ein Stillstand oder gar Rückschritt eingetreten ist, nach Erforschung der Ursachen die Vergrößerung des Mitgliederbestandes mit den geeigneten Mitteln anzustreben."

Wie ein roter Faden zieht sich denn auch durch die Verhandlungen der Allgemeinen Genossenschaftstage der Rat, die Kreditgenossenschaften sollen sich den heutigen Verhältnissen und Bedürfnissen anpassen. Zuweilen begegnet man der Ansicht, es entspreche den Anschauungen Schulze-Delitzsch's, die Kreditgenossenschaft auf das einfache Vorschußgeschäft zu beschränken; gerade Schulze-Delitzsch aber ist stets dafür eingetreten, daß die Genossenschaft mitgehe mit den Bedürfnissen der Zeit. Und dies ist Lebensfrage für die Genossenschaft, denn tut sie es nicht, verliert sie den Boden und wird von anderen Instituten verdrängt. Die Kreditgenossenschaft würde unter Umständen an Leistungsfähigkeit im Interesse der Kleingewerbetreibenden verlieren, wenn sie sich der bankmäßigen Entwicklung verschließen wolle. Selbstverständlich muß sie sich dabei im Rahmen ihrer Leistungsfähigkeit halten. Die Kreditgenossenschaft, die sich „volksbankmäßig" entwickelt hat, hört damit durchaus nicht auf, „Genossenschaft" zu sein. Dem kleinsten Kredit muß die gleiche Aufmerksamkeit geschenkt werden wie dem großen Kreditgeschäft. Und dabei darf die solide geschäftliche Grundlage nicht aus den Augen verloren werden. Nichts wäre verderblicher für die Genossenschaft und ihre Mitglieder, als wenn die Verwaltung das richtige Augenmaß für die Leistungsfähigkeit verliert.

Dies gilt namentlich jetzt, nachdem die Genossenschaften auf den Trümmern der Inflation ihr Geschäft neuaufbauen müssen. Die Aufgabe ist gestellt, den schwerleidenden Mittelstand mit Betriebskredit zu unterstützen, eine Aufgabe, die angesichts der herrschenden Kapitalnot restlos vorerst kaum oder nicht gelöst werden kann, ebensowenig wie die deutsche Wirtschaft überhaupt heute den vollen Kredit finden kann, der erforderlich wäre, um alle Maschinen voll laufen zu lassen. Selbst wenn dies aber möglich wäre, würde der Absatz für die erzeugten Waren fehlen, was bald zu einer neuen Krise führen müßte. Darum muß sich heute jeder nach der Decke strecken, nicht zuletzt auch die Genossenschaften. Im Rahmen der ihnen zur Verfügung stehenden Mittel werden sie Segen genug für den Mittelstand stiften und diesem die Möglichkeit bieten können, sich im Wettbewerb zu behaupten und sich wieder emporzuarbeiten. Daraus wird sich umgekehrt auch eine Erstarkung der Genossenschaften ergeben. Die Wege der genossenschaftlichen Arbeit mögen mit der Zeit eine Änderung erfahren haben, aber ihr Ziel ist dasselbe geblieben. Die genossenschaftliche Organisation hat sich ebenso bewährt wie der genossenschaftliche Gedanke, der heute immer weitere Kreise erfüllt, eben weil er einen gesunden Kern in sich birgt und praktisch erprobt ist.

Demgegenüber ist es von den Sozialisierungsideen, die in der ersten Zeit nach dem Umsturz bei uns die Öffentlichkeit so sehr beschäftigten, bald still geworden. Man mußte sich unter dem Zwang der Verhältnisse davon überzeugen, daß von solchen Methoden eine Gesundung und Wiederaufrichtung unserer Wirtschaft nicht zu erwarten sei.

Nicht verschwunden sind die Kommunalisierungsbestrebungen. Vornehmlich ist in den letzten Jahren das deutliche Bestreben zu erkennen, unsere Geldwirtschaft immer mehr in den öffentlich-rechtlichen Geldinstituten zusammenzufassen und zu kommunalisieren. Zum Beweise braucht nur auf die Zunahme der kommunalen Geld- und Bankinstitute, die Ausdehnung der Girozentralen und Landesbanken sowie auf die Gründung der sogen. Haftungsgenossenschaften (S. 155) verwiesen zu werden. Ein Blick auf die zahlreichen Mißerfolge der öffentlichen Geldanstalten seit der Markstabilisierung genügt aber auch, um festzustellen, welche Verluste es für unsere Volkswirtschaft bedeutet, wenn die Gelder zu sehr in den öffentlichen Geldanstalten zusammengeballt werden und von dort in die Kanäle der Wirtschaft geleitet werden sollen. Eine gesunde Geld- und Kreditverteilung hat sich auf diesem Wege bisher nicht erzielen lassen. Die öffentlichen Geldanstalten können nicht die Tätigkeit der Banken ausschalten, sie können auch niemals die Arbeit der Kreditgenossenschaften als Mittelstandsbanken im allgemeinen wie auf dem Gebiete des Personalkredits im besonderen ersetzen, eine Arbeit, die der Individualität und dem Vorwärtsstreben des einzelnen volle Freiheit läßt, aber in der Zusammenfassung der Kräfte nach wirtschaftlichen Grundsätzen größtmögliche Leistungen für die angeschlossenen Mitglieder und den ganzen Mittelstand vollbringt.

Die soziale Grundlage der Kreditgenossenschaft darf aber nicht dazu führen, daß ein Recht der Mitglieder auf Kredit anerkannt wird. Bei aller sozialen Einstellung kann die Genossenschaft das Kreditgeschäft nur nach geschäftlichen Richtlinien betreiben. Nur die Genossenschaftsverwaltung kann und darf entscheiden, wem, wann und unter welchen Bedingungen sie Kredit geben kann.

Wurde schon vor dem Krieg mitunter von einer Mittelstandskreditnot gesprochen und der Staat zur Abhilfe angerufen, so haben sich im Zeichen der jetzigen wirklichen Kapitalarmut die Rufe nach Staatshilfe bedenklich vermehrt. Immer neue Sonderkredite werden vom Reich und den Ländern für den Mittelstand verlangt. In besondern Notlagen mögen staatliche Hilfskredite am Platze sein, aber sie müssen auf außergewöhnliche Fälle beschränkt bleiben. Diejenigen, die immer nach Staatskrediten verlangen, verkennen die wirtschaftliche Grundlage des Kredits, der nur dann angebracht ist, wenn er mit den eignen Kräften des Kreditnehmers im Einklang steht, wenn er in angemessener Frist zurückgezahlt werden kann und produktiven Zwecken dient, die dem Rahmen der gesamten Wirtschaft angepaßt sind. Jedes Übermaß von Kredit, jeder falsch benutzte Kredit muß schädlich wirken, und es fördert den Kreditnehmer nicht, wenn er zu leicht Kredit erhält. Vor allem wird durch die Vielzahl dieser Hilfskredite in den mittelständischen Erwerbskreisen gar zu leicht der falsche Glaube erweckt, als ob dem einzelnen ein Anspruch auf diese Kredite zustände und es sich um eine Beihilfe, eine Wohlfahrtsmaßnahme des Staates handle, Rückzahlung des Kredits zum mindesten gute Weile habe und die ausgestellten Wechsel beliebig verlängert werden müßten. Anderseits kann der Staat heute bei der Beschränktheit seiner Mittel selbst der Kreditnot gar nicht wirksam abhelfen. Vergl. hierzu BlfGW 1925 S. 282 sowie die Verhandlungen des AllgGen-Tags Freudenstadt (1925) (vgl. auch S. 5).

Höhe der Kredite.

Die Höhe der Kredite wird einerseits vom Bedürfnisse der Mitglieder, anderseits von den Mitteln abhängen, über welche die Genossenschaft verfügt.

Als Grenze ist unter allen Umständen von den Genossenschaften festzuhalten, daß sie weder über ihre finanziellen Kräfte im besonderen, noch über die Verkehrsgrenzen, welche den genossenschaftlichen Volksbanken im allgemeinen vermöge ihrer Einrichtung und Bestimmung gezogen sind, hinausgehen.

Man wird das Risiko, welches man einem Kunden gegenüber eingeht, nie so weit ausdehnen dürfen, daß bei dem immerhin möglichen Verluste eines solchen einzelnen Postens die Genossenschaft in ihrem Fundamente erschüttert wird. Sehr bedenklich wirkt es schon, wenn der gesamte Reinertrag des Geschäfts verloren geht. Muß aber auf den Reservefonds bis zu dessen Erschöpfung und außerdem gar noch auf die Geschäftsguthaben der Mitglieder zurückgegriffen werden, so ist die Genossenschaft im Bestande gefährdet. Die Arbeiten und Opfer von Jahren, die mühsamen Ersparnisse unbemittelter Handwerker und Arbeiter sind mit einem Schlage verloren, das Vertrauen der Mitglieder wie des Publikums ist erschüttert, der ganze Boden für die volkstümliche Organisation im lokalen Umkreise solcher Katastrophen auf lange hinaus verdorben — und nicht nur in lokalem Umkreise wirken solche Krisen, sondern sie ziehen ihre Kreise weit darüber hinaus, so daß selbst fernliegende Genossenschaften in Mitleidenschaft gezogen werden.

Zu der Rücksicht auf die Leistungsfähigkeit jeder einzelnen Genossenschaft tritt aber auch noch die in der Bestimmung und Organisation der Kreditgenossenschaften überhaupt gezogene Grenze. Die Genossenschaften haben nicht den Zweck, dem Großverkehr zu dienen, sie verdanken ihre Entstehung dem Geldbedürfnisse des kleinen und zum Teil des mittleren Gewerbestandes; und wenn auch einzelne Genossenschaften nach der Höhe ihres Vereinsvermögens, nach ihren geschäftlichen Einrichtungen wohl zu größeren Bankinstituten gezählt werden können und dementsprechend berechtigt sind, ihren Geschäftsbetrieb auf eine Kundschaft auszudehnen, die erhebliche Ansprüche an die Leistungsfähigkeit des Bankinstituts stellt, so sind dies doch Ausnahmen, und Genossenschaften, *bei denen diese Voraussetzungen fehlen*, dürfen unter keinen Umständen ihnen folgen wollen. Wenn jene Genossenschaften ihre Aufgaben im Kleinverkehr gewissenhaft erfüllen, sind sie ein Beweis genossenschaftlicher Kraft. Verdient ihre Leitung die vollste Anerkennung für ihr treues Festhalten an den sozialen und wirtschaftlichen Grundsätzen der Genossenschaften, so ist um so mehr die Leitung von Genossenschaften zu verurteilen, die Geschäftsverbindungen anknüpft, aus denen ein die Verhältnisse übersteigendes Risiko erwächst. Der Vorstand einer kleineren und mittleren Genossenschaft, an die ein Industrieller mit großem Kreditbedürfnis herantritt, sollte sich stets die Frage vorlegen: versagen hier die alten Verbindungen, und weshalb? Kommt nun gar noch hinzu, daß ein solcher Kunde nicht einmal im Orte, wo die Genossenschaft ihren Sitz hat, sondern an einem größeren Handelsplatze wohnt, oder wenigstens seinen Hauptverkehr nach dort hat, seine Wechsel dorthin zieht, so wird die Vermutung, daß das ganze Verhältnis faul ist und die Genossenschaft nur in große Verluste stürzen wird, wohl in den meisten Fällen zutreffen. Unter allen Umständen haben daher die Vorstandsmitglieder die Verhältnisse der genauesten Prüfung zu unterziehen; ohne genügende Sicherstellung und Begrenzung des gesuchten Kredits dürfen sie sich auf keine derartigen Geschäfte einlassen.

In kapitalhungrigen Zeiten, wie wir sie jetzt erleben, erwacht bei vielen, die sonst von Genossenschaften nichts wissen wollen, das genossenschaftliche Interesse, in der Hoffnung, daß sie von der Genossenschaft Kredit erlangen, den sie anderswo nicht erhalten können. Die Genossenschaften müssen gegenüber dem Andrang solcher kreditbedürftigen Freunde mißtrauisch sein und nicht nur die Spreu vom Weizen scheiden, sondern auch vom Gesichtspunkte der eigenen Leistungsfähigkeit aus und im Hinblick auf die Ansprüche der altbewährten Kundschaft prüfen, ob sie überhaupt neue Kreditsuchende als Mitglieder aufnehmen sollen.

Eine Kreditgenossenschaft aber, in welcher dem von dem kleinen Handwerker oder Landwirt beanspruchten Kredit nicht die gleiche Aufmerksamkeit geschenkt wird, wie dem Kredite des begüterten Mannes, *eine solche Kreditgenossenschaft hat den Anspruch verwirkt, sich noch weiter Genossenschaft nach Schulze-Delitzsch'schem System nennen zu dürfen.* Freilich darf der Genossenschaftsleiter, wie schon oben gesagt, durch die soziale Auffassung nicht die geschäftlichen Erwägungen zurückdrängen lassen. Die jetzige starke Unkostenbelastung macht es der Geschäftsführung zur besonderen Pflicht, für eine gesunde Mischung der Mitglieder zu sorgen, damit das Kleingeschäft den Unkostenkoeffizienten nicht übergebührlich beeinträchtigt.

Um eine *Entartung* der Genossenschaft zu vermeiden, um den Grundsatz der *Selbstverwaltung der Mitglieder* in den Vordergrund zu stellen, ist eine besondere Vorsichtsmaßregel getroffen. Man läßt die Generalversammlung von Zeit zu Zeit die Summe bestimmen, welche die gleichzeitig bei einem Kunden ausstehenden Kredite zusammen nicht übersteigen dürfen. Als maßgebend für die Bestimmung dieser Summe wird ein gewisser Teil des Reservefonds anzunehmen sein, indem dadurch das Verhältnis eines jeden einzelnen Risikos zu den Kräften der Genossenschaft den Mitgliedern am besten zum Bewußtsein gebracht wird.

Allerdings läßt sich damit nicht ein Normalsatz für alle Genossenschaften bestimmen: eine neugegründete Genossenschaft mit einem kleinen Reservefonds wird über denselben bei der Kreditgewährung hinausgehen müssen, und bei entwickelter Genossenschaft darf der große Reservefonds nicht die Veranlassung sein, zu hohe Kredite zu gewähren. Nur als Richtschnur gilt, daß der Reservefonds den Maßstab für die Bestimmung der Grenze der Kreditgewährung an ein Mitglied abgeben soll.

Diesen stets den Kreditgenossenschaften empfohlenen Ratschlägen entspricht die Bestimmung in § 49 d. Ges.:

Die Generalversammlung hat festzusetzen
die Grenzen, welche bei Kreditgewährungen an Genossen eingehalten werden sollen.

Der AllgGenTag zu Gotha (1894) hat den Kreditgenossenschaften empfohlen:

„die nach der Bestimmung in § 47 (jetzt § 49) d. Ges. durch die Generalversammlung für die Kreditgewährung an Genossen festzusetzende Grenze in der Regel nicht über den Betrag des Reservefonds der Genossenschaft zu bemessen".

Besondere Berücksichtigung verdient hierbei der nachstehende Beschluß der Revisorenkonferenz zu Wiesbaden (1896):

„Es ist darauf zu achten, daß
1. sowohl der Gesamtbetrag für die fremden Gelder, als auch
2. die Grenzen, welche bei Kreditgewährungen an Genossen eingehalten werden sollen,

von der Generalversammlung ziffernmäßig, und zwar zu 1. nur nach dem bestehenden Bedürfnis, zu 2. im allgemeinen nach der ungefähren Höhe der vorhandenen Reserven festgesetzt werden.

Unter den fremden Geldern sind dabei alle aufgenommenen Betriebsmittel zu berücksichtigen, welche nicht in die Reserven, reservierten Beträge und in die Geschäftsguthaben gehören.

Sind oder werden für die Einzelkredite verschiedene Grenzen in den einzelnen Geschäftszweigen bestimmt, dann erscheint die Fixierung der zulässigen Gesamtbelastung eines einzelnen Genossen erforderlich. Bei Feststellung dieser Gesamtbelastungsgrenze findet eine Unterscheidung zwischen gedeckten und ungedeckten Krediten nicht statt.

Die Einbeziehung der übernommenen Bürgschaften ist zu widerraten, dafern hieraus ein Grund hergeleitet wird, die Gesamtbelastungsgrenze höher zu normieren, als dies sonst der Fall sein würde.

Die alljährliche Vornahme der Grenzfestsetzungen in beiderlei Richtung ist mangels eines Bedürfnisses zur Erweiterung oder Einengung der Begrenzungen gesetzlich nicht erforderlich."

In die Höchstgrenze fallen alle Kredite mit Ausnahme der Bürgschaften. Die Generalversammlung kann für die verschiedenen Kreditarten, z. B. für die Beleihung von Wertpapieren, verschiedene Grenzen bestimmen. Ob sie hiervon Gebrauch macht, ist eine Zweckmäßigkeitsfrage. Sie muß aber für die Gesamtbelastung des Einzelmitgliedes eine Höchstgrenze festsetzen, wobei die Kräfte der Genossenschaft nicht überschritten werden dürfen. Überschreitungen der von der Generalversammlung festgesetzten Höchstkreditgrenze machen die Vorstands- und Aufsichtsratsmitglieder persönlich verantwortlich.

Über die Verteilung der Kredite beim Wechseldiskont vgl. S. 248.

Pflicht von Vorstand und Aufsichtsrat ist es, unter Berücksichtigung der vorstehenden Grundsätze die Mitglieder über die Bedeutung der Festsetzung der Grenze für die Kreditgewährung aufzuklären. Pflicht ist es, bei der Kreditgewährung nicht die eigene Leistungsfähigkeit aus dem Auge zu verlieren. Es ist S. 187 dargelegt, wie gefährlich es für die Genossenschaft ist, etwa sich auf Grund des Bankkredits auszubauen. Nichts gefährlicher, als wenn die Verwaltung das Augenmaß für die Leistungsfähigkeit der Genossenschaft verliert. Größenwahn hat die traurigsten Folgen gehabt. Die Verwaltung der Genossenschaft muß auch imstande sein — ein Geschäft nicht zu machen, selbst wenn es durchaus sicher erscheint, aber die Mittel der Genossenschaft nicht ausreichen! Dies gilt ganz besonders für Baugelder und Industriekredite. Es seien hier einige sehr wichtige Beschlüsse von Genossenschaftstagen erwähnt:

Der AllgGenTag zu Westerland (1905, „Mitteilungen", S. 221) empfahl den Kreditgenossenschaften, bei der Gewährung von Baugeldkrediten die

Beobachtung großer Vorsicht. Unerläßliche Bedingung für diesen Geschäftszweig sei unter allen Umständen, daß die Höhe des eigenen Vermögens und der ihr auf längere Frist zur Verfügung stehenden fremden Gelder die Pflege desselben unbedenklich erscheinen lasse. Der Kreditnehmer müsse mit Rücksicht auf Persönlichkeit und Vermögenslage die Gewähr für die richtige Verwendung des geliehenen Geldes bieten — die hypothekarische Beleihung des Grundstücks nach Bauvollendung dürfe nicht zweifelhaft sein —, der Kredit, der durch Hypothek oder sonstwie sicher zu stellen ist, müsse innerhalb der für Hypothekenbanken festgesetzten Höchstbeleihungsgrenze liegen. Die Hingabe des Baugeldes solle entsprechend dem Fortschreiten des Baues — der durch Sachverständige hierauf zu kontrollieren sei — in Raten erfolgen. Die Versicherung des Gebäudes gegen Feuersgefahr habe dauernd zu erfolgen.

Auch für die industrielle Kreditgewährung empfahl der AllGenTag zu Frankfurt a. M. (1908, „Mitteilungen", S. 302) größte Vorsicht und nicht zu hohe Kredite. Als Sicherstellung sollen sich die Kreditgenossenschaften nicht mit Hypotheken auf Fabrikgrundstücken begnügen, sondern daneben weitere Sicherheiten verlangen — zu warnen sei vor der Erwerbung industrieller Unternehmungen zur Rettung gefährdeter Forderungen.

Vor allem ist bei diesem Beschluß und der Warnung vor Erwerbung bzw. starker Beteiligung an industriellen Unternehmungen, an Schneidemühlen Ziegeleien, Eisenwerke, Sägewerke, Brauereien, Steinbrüche, Fabriken gedacht, die schon vielen Genossenschaften gefährlich wurden.

Verstoß gegen die hier festgelegten Grundsätze hat noch stets Verluste zur Folge gehabt. Es ist ein schwerer Fehler, wenn etwa Bankkredit in Anspruch genommen wird, um derartige Geschäfte zu machen. Bei dem Industriekredit muß sich die Verwaltung auch klar sein über die Entwicklung des Unternehmens, sie muß prüfen, ob die Genossenschaft auch einem Anwachsen des Kreditanspruchs genügen kann — und vor allem, ob die Genossenschaft einen Verlust aus diesem Kredit vertragen kann. Darüber muß sich die Verwaltung von Anbeginn einig sein, daß der Erwerb des Unternehmens für eigenen Betrieb nicht in Frage kommen kann. Man muß imstande sein, rechtzeitig abzubrechen, und die Konsequenzen zu tragen. Und was den Baugeldkredit anlangt, so haben die Genossenschaften seit 1907 gelernt, daß der Satz, den man früher oft hörte, an Grundstücken ist kein Geld zu verlieren, wenn man nur warten kann — falsch ist. Verletzung einer dieser Pflichten macht die Mitglieder des Vorstandes und Aufsichtsrates verantwortlich.

Solange die derzeitigen Geld- und Kapitalverhältnisse keine durchgreifende Besserung erfahren, solange insbesondere der Realkreditmarkt nicht sicher funktioniert und keine Gewähr für Erlangung erster Hypotheken besteht, muß das Baugeldgeschäft für die Genossenschaften ein **noli me tangere** bleiben.

Was den Industriekredit anbelangt, so hüte man sich vor allem vor der Anknüpfung neuer Kreditverbindungen. Die Unsicherheit über die Zukunft der deutschen Industrie ist so groß, daß die durch die Geldentwertung geschwächten Genossenschaften sich in der Gewährung von Industriekrediten besondere Zurückhaltung auferlegen müssen.

Hier sei auch noch verwiesen auf die Ausführungen S. 135, daß es im allgemeinen nicht richtig ist, die Höhe der Kredite der Mitglieder von der Höhe ihrer Geschäftsguthaben abhängig zu machen. Daß das Verhalten eines Mitgliedes zu den Einzahlungen auf den Geschäftsanteil bei der Krediterteilung nicht unberücksichtigt bleiben kann, weil es einen Schluß auf Pünktlichkeit und Ordnung in seinen Geschäften zuläßt, ist gewiß. Wer die Kreditgewährung im höchst zulässigen Maße beansprucht, von dem ist es nicht zuviel gefordert, daß er seinen Geschäftsanteil voll einzahlt oder sein Geschäftsguthaben auf ein gewisses Verhältnis zum Kredit bringt. Es mag auch angebracht sein, einen bestimmten Prozentsatz — vielleicht 1 oder 2% — des beanspruchten Kredits zur Bildung des Geschäftsanteiles einzubehalten, wenn das Geschäftsguthaben noch nicht den statutarischen Betrag erreicht hat. Niemals aber darf dies dazu führen, daß der Kredit entsprechend dem zu bildenden Geschäftsguthaben des Mitgliedes höher bemessen wird, was eine Scheinbildung von Geschäftsguthaben bedeuten würde (S. 136).

Befristung.

Zu den wichtigsten und schwierigsten Kreditfragen gehört die Befristung des Kredits. Es muß das Bedürfnis der Kreditnehmer mit der Leistungsfähigkeit der Genossenschaft in Übereinstimmung gebracht werden. Man hat dabei zu unterscheiden zwischen dem Immobiliarrealkredit und dem Betriebskredit. Ersterer ist der langfristige Kredit, der in Anspruch genommen wird z. B. zum Erwerb von Immobilien. Ihm nähert sich der Meliorationskredit. Das investierte Kapital muß für lange Zeit dem Unternehmer zur Verfügung gestellt werden, der nicht der Gefahr ausgesetzt sein darf, daß es ihm mit kurzer Frist entzogen wird. Erst im Laufe vieler Jahre wird dies Kapital wieder von dem Unternehmen losgelöst werden. Die zweckmäßigste Form ist in der Regel der Amortisationskredit, der es dem Kreditnehmer gestattet, in kleinen Raten, die im voraus bestimmt sind, das Kapital zurückzuzahlen. Zur Befriedigung dieses Kreditbedürfnisses eignet sich selbstverständlich die Kreditgenossenschaft als Personalgesellschaft nicht. Nicht einmal ihr eigenes Vermögen, wenigstens insoweit es aus Geschäftsguthaben besteht, läßt es zu, derartige Kredite zu gewähren. Der Betriebskredit, der dem geschäftlichen Unternehmen zur Verfügung gestellt wird, dient den laufenden Ausgaben, er wird infolgedessen umgesetzt. Er tritt ergänzend zum eigenen Kapital, soll aber nicht dauernd das Betriebskapital erhöhen. Ist das geschäftliche Unternehmen richtig geleitet, dann muß von Zeit zu Zeit der Unternehmer nicht nur nicht im Kreditverhältnis bei seinem Bankier stehen, sondern er muß sogar über ein Guthaben auf seinem Konto verfügen.

Dieser Grundsatz muß besonders betont werden in einer Zeit, in der wie jetzt die ganze Wirtschaft in hohem Maße auf Kredit gegründet ist und die Gefahr naheliegt, daß die Kredite sich verewigen, „einfrieren".

Es ist heute ein in der Theorie nicht mehr bestrittener Grundsatz, daß die Kreditgenossenschaft Immobiliarrealkredit zu gewähren nicht imstande ist. Die drei großen Genossenschaftsverbände haben durch Beschluß der Genossenschaftstage zu der Frage Stellung genommen. Der Allgemeine deutsche Genossenschaftsverband faßte auf seinem Genossenschaftstag zu München (1912) folgenden Beschluß:

„Die Gründung von Garantiegenossenschaften zum Zweck der Erweiterung des Hypothekarkredits verstößt gegen den Grundsatz, dessen Richtigkeit heute von keinem der Genossenschaftsverbände in Zweifel gezogen wird, daß die auf dem Gesetz von 1889 beruhenden Genossenschaften nicht geeignet sind, das Immobiliar-Realkreditbedürfnis zu befriedigen."

Der „Reichsverband" faßte auf seiner Tagung in Dresden (1912) nachstehenden Beschluß:

Die Geldknappheit sowohl im Jahre 1907 als in der Gegenwart hat sich da am fühlbarsten gezeigt, wo die Zentral-Geldausgleichstelle und die ihr angeschlossenen Einzelgenossenschaften durch Hingabe von langfristigen Darlehen und Belehnung von Hypotheken ihre Mittel zu sehr festlegten und damit ihre Liquidität herunterdrückten.... Es kann daher nach wie vor nur Aufgabe der Spar- und Darlehnskassen sein, an der Regelung des ländlichen Realkredits nur insoweit mitzuwirken, als hierdurch ihre Liquidität nicht beeinträchtigt wird und die dazu erforderlichen Mittel, durch besondere Maßnahmen, wie z. B. das Güterzertrümmerungsgesetz in Bayern, sichergestellt werden.

Auch der „Generalverband" beschäftigte sich auf seiner Tagung in Königsberg i. Pr. (1912) mit der Frage und faßte folgenden Beschluß:

1. Aufgabe der Darlehnskassen ist die Befriedigung des Betriebskreditbedürfnisses ihrer Mitglieder.

2. Zur Befriedigung des Realkreditbedürfnisses sind die Darlehnskassen a) gemäß ihrer ganzen Zusammensetzung und rechtlichen Grundlage ungeeignet; b) gemäß ihrer wirtschaftlichen Kraft unzureichend.

3. Die Gewährung festliegenden realen Kredits — also auch eine derartige Anlage überschüssiger Einlagen — bildet eine Gefahr für die Liquidität der Darlehnskassen, wie die Erfahrung schon oft zum Schaden der Betroffenen gezeigt hat.

4. Auf dem Gebiete des Realkredits kommen die Darlehnskassen zum Zwecke der Herbeiführung eines geordneten und regulierten an Stelle des „wilden" Hypothekarkredits nur in Frage: a) als Vermittler oder Vertreter (Agenturen, Inkassostellen) gegenüber den berufenen Instituten (Landesbanken, Landeskreditinstitute, Rentenbanken); b) als mitwirkende Organe bei dem Problem der Entschuldung.

Dieser Auffassung entspricht dann auch, daß das Hypothekenbankgesetz den Betrieb des Hypothekenbankgeschäfts im Sinne des Hypothekenbankgesetzes, d. h. also mit Ausgabe von Pfandbriefen, durch Genossenschaften ausschließt.

Die eben dargelegten Grundsätze haben auch heute nichts von ihrem Wert verloren. Wenn trotzdem im Zeichen der jetzigen Kreditnot manche Kredite gegen den Willen der Genossenschaften weiter nichts sind als verkappte Hypotheken, so ist das ein Zustand, der die Liquidität der Genossenschaft ernstlich bedroht und dringend der Abhilfe bedarf. Um so mehr muß gefordert werden, daß diejenigen Kreditanstalten, die nach ihrer Zweckbestimmung berufen sind, das Realkreditgeschäft zu pflegen, sich dieser Aufgabe wieder mehr als gegenwärtig zuwenden und die Hergabe des Betriebskredits den hierfür geeigneten und bestimmten Stellen überlassen. Hauptsächlich die öffentlichen Sparkassen haben entgegen aller Tradition das Schwergewicht ihres Aktivgeschäfts nach dieser Richtung hin verrückt. Die alte gesunde Aufgabenteilung, daß die Kreditgenossenschaften für den Mittelstand auf dem Gebiete des Betriebskredits wirken, die Sparkassen den Realkredit geben sollen, ist auf seiten der Sparkassen heute vollkommen beiseitegeschoben. Es mag zugegeben werden, daß der Bestand an langfristigen Einlagen der Sparkassen heute noch nicht genügend groß ist, um die Ausleihung von Hypotheken in größerem Umfang wieder aufzunehmen; auch die Sparkassen müssen gewisse Liquiditätsgrundsätze wahren. Ob aber die ausgeliehenen Personalkredite heute tatsächlich weniger festliegen als Hypotheken? Es ist offenbar, daß die Sparkassen heute das Realkreditgeschäft geflissentlich vernachlässigen und, unterstützt durch die ihnen aus den erhöhten Steuern und anderen Quellen zufließenden reichlichen öffentlichen Gelder, bewußt auf eine Ausdehnung ihres Personalkreditgeschäftes hinarbeiten, wie ihre Werbe- und Pressetätigkeit beweist. Sie spielen sich im Widerspruch zu den Verhältnissen unter Außerachtlassung der genossenschaftlichen Tätigkeit geradezu als **die** Mittelstandskreditinstitute auf und greifen damit — es muß dies leider gesagt werden — in die Rechte der Kreditgenossenschaften in einer Weise ein, die vom volkswirtschaftlichen Standpunkt aus nicht gutgeheißen werden kann, und gegen die die Genossenschaften sich wehren müssen.

Gegen diese Entwickelungstendenzen der Sparkassen hat neuerdings auch der Reichsbankpräsident Stellung genommen; in gleichem Sinne hat sich der Bankiertag 1925 in Berlin ausgesprochen. Auch der bereits S. 155 erwähnte Erlaß des Preuß. Ministers des Innern — IV b 2087 — (vgl. BlfGW. 1924 S. 285) befaßt sich eingehend mit dem Kreditgeschäft der Sparkassen und legt diesem Beschränkungen auf. Nicht zuletzt hat der AllgGenTag Freudenstadt (1925) zu dieser Frage Stellung genommen, indem er sagt:

„Der Deutsche Genossenschaftstag erklärt, daß eine vertrauensvolle Zusammenarbeit zwischen Sparkassen und Kreditgenossenschaften im Interesse der deutschen Wirtschaft, insbesondere aber des gewerblichen Mittelstandes, dringend erwünscht ist. Dies hat zur Voraussetzung, daß beide Teile bemüht sind, das Arbeitsgebiet des andern zu achten. Es erscheint im Interesse einer Behebung der herrschenden Kreditnot wie zur Belebung der Bautätigkeit dringend geboten, daß die Sparkassen wieder in größerem Maße den Realkredit pflegen, wodurch auch die früher bestehende klare Arbeitsteilung zwischen den den Personalkredit pflegenden Genossenschaften und den auf dem Gebiete des Realkredits tätigen Sparkassen wieder herbeigeführt würde."

Es ist bedauerlich, daß der Gegensatz zwischen Sparkassen und Genossenschaften sich in der Neuzeit in dieser Beziehung verschärft hat. An sich wäre für beide Teile ein genügendes Arbeitsfeld vorhanden, wenn sich die Sparkassen auf ihr ursprüngliches Arbeitsgebiet zurückziehen wollten. Aber die ganze Entwicklungstendenz geht bei den Sparkassen in anderer Richtung, und ist, wie wohl gesagt werden darf, nicht zuletzt bestimmt von dem Bestreben, für sich und die Kommunen größere Überschüsse herauszuwirtschaften. (Weiteres vgl. Kapitel X S. 153 ff.).

Es wäre zu wünschen, daß der von den Spitzenverbänden der Genossenschaften und Sparkassen im Jahre 1925 geschlossene Burgfrieden ein dauernder Frieden würde. Die Genossenschaften ihrerseits werden den Sparkassen nicht in den Weg treten, solange ihre berechtigten Interessen von den Sparkassen nicht verletzt werden.

Wie oben (S. 156) ausgeführt ist, muß die Rückzahlungsfrist für die Einlagen und für die ausgeliehenen Gelder der Kreditgenossenschaft im richtigen Verhältnis zueinander stehen. Wo es hieran fehlt, liegt ein Verstoß gegen den Grundsatz der Liquidität vor, die eingehend oben behandelt ist (S. 194 ff.). Das Kreditgeschäft der Genossenschaft ist an sich schon zuweilen recht langfristig. Die Genossenschaft muß sich lange Kündigungen für die Spareinlagen sichern, um hierin einen Ausgleich für die Schwierigkeiten ihres eigenen Kreditgeschäfts zu finden.

Welche Grundsätze gelten für die Fristen des Betriebskredits? Bei den Schulze-Delitzsch'schen Kreditgenossenschaften müssen wir unterscheiden zwischen Vorschüssen, Diskontwechseln und Kontokorrentkrediten. Die Vorschüsse wurden früher bei den Schulzeschen Genossenschaften in der Regel auf 3 Monate gegeben, wobei unter entsprechenden Abzahlungen diese Frist jeweils auf Verlangen verlängert zu werden pflegte. Das Vorschußgeschäft ist unter der Einwirkung der Geldverhältnisse und anderer Umstände zugunsten des Diskontwechsel- und des Kontokorrentgeschäftes zurückgedrängt und vielfach völlig unterbunden. Solange die Einlagen der Genossenschaft nicht wenigstens auf dreimonatige Kündigung gegeben werden, ist eine Vorschußbewilligung auf 3 Monate auch unmöglich. Mit der wünschenswerten Ausdehnung der Kündigungsfrist für die Einlagen (S. 157, 165) steht einer Aufnahme des Vorschußgeschäftes in altem Rahmen und mit entsprechender Frist nichts im Weg, es verdient sogar in vielen Fällen bei der Natur der genossenschaftlichen Ausleihungen den Vorzug vor dem

Kontokorrentkredit, der das Festliegen der Forderung begünstigt, wenn die Genossenschaft nicht auf Umsatz und Vermeidung von Kontoüberziehungen hält.

Unbedingt zu empfehlen ist die bestimmte Frist für die Rückzahlung. Sie verdient den Vorzug vor der Vereinbarung über ratenweise Rückzahlung des Darlehns in mehreren Terminen oder gar vor der Hingabe des Darlehns gegen Kündigung. Sowohl in dem einen wie dem anderen Falle wird aus dem Kredit leicht eine feste Anlage. Es ist dies einer der Umstände, der die großen Vorzüge des Wechsels vor dem Schuldschein erkennen läßt.

Die Kontokorrentkredite können heute in der Regel mit Frist von 8 Tagen oder weniger gekündigt werden; auch ist mitunter bei Vereinbarung einer ganz kurzen Kündigungsfrist die Gewährung auf einen Monat üblich, indem der Kredit von Monat zu Monat stillschweigend oder durch besondere Vereinbarung verlängert werden kann. Der Kreditgeber sichert sich so die Möglichkeit, in kurzen Zeitabständen das Kreditverhältnis einer erneuten Prüfung zu unterziehen, eine Maßnahme, die bei den gegenwärtigen schwankenden Verhältnissen besonders geboten erscheint und auch im Hinblick auf die schweren Zinslasten der Kredite vonnöten ist.

Im Wechseldiskontverkehr, der heute eine Hauptrolle spielt, hat nach längerer Unterbrechung entsprechend den Diskontbestimmungen der Reichsbank der Dreimonatswechsel wieder Eingang gefunden.

Hat schon die Befristung des Kredits bei dem gewerblichen Kredit eine viel erörterte Frage abgegeben — so noch weit mehr für den landwirtschaftlichen Kredit. Es hat lange gewährt, bis den Schulze-Delitzsch'schen Kreditgenossenschaften öffentlich zugesprochen wurde, daß sie bei ihrer Organisation imstande sind, das landwirtschaftliche Kreditbedürfnis zu befriedigen (vgl. S. 15 und BlfGW. 1896 S. 341). Der beste Beweis dafür, daß sie es vermögen, liegt wohl darin, daß die Gründung von vielen Tausenden ländlicher Darlehnskassen nicht vermocht hat, die Mitgliederzahl der Schulze-Delitzsch'schen Kreditgenossenschaften aus ländlichen Kreisen zu verringern. Diese ist vielmehr von Jahr zu Jahr gestiegen.

Die Zahl der Beschlüsse der Genossenschaftstage, die sich mit dem landwirtschaftlichen Kredit befaßt haben, ist außerordentlich groß. Maßgebend hierfür muß unter den veränderten Verhältnissen auch jetzt noch sein, daß die Gewährung des Erstkredits grundsätzlich nicht über die Zeit bis zur nächsten Ernte hinaus reichen darf. Etwa notwendige Verlängerungen müssen alle drei Monate nachgesucht und dürfen nur dann bewilligt werden, wenn die Zinsen regelmäßig bezahlt und angemessene Kapitalabträge geleistet werden. Für die Gewährung solcher Kredite kommt nur das eigene Vermögen der Genossenschaft und fremdes Kapital mit mehr als dreimonatiger Kündigungsfrist in Betracht; doch muß davon abgeraten werden, von dem eignen Vermögen mehr als die Hälfte in langfristigen Krediten anzulegen. Auch ist es ratsam, die Kündigungsfrist für die Mitgliedschaft mindestens auf 6 Monate festzusetzen (S. 40); vgl. Beschluß des Bad Nauheimer GenTages 1910.

Dieser Beschluß lehnt sich an den oben bei der Besprechung des Sparkassenverkehrs (S. 156) erwähnten Beschluß an, durch den den Kreditgenossenschaften empfohlen wird, sich die Spareinlagen mit längerer Kündigungsfrist zu sichern, um ihrerseits auf längere Fristen Kredit gewähren zu können. Wohlgemerkt geht aber auch der Bad Nauheimer Beschluß von dem Grundgedanken aus, daß die Kreditgenossenschaft den landwirtschaftlichen Kredit so befristet, daß entsprechend den ländlichen Verhältnissen mit einem Umsatz gerechnet werden kann.

Zum Teil etwas anders zu behandeln ist die Gewährung eines Kredits, der z. B. dem Landwirt zur Verfügung gestellt wird zur Regulierung der Hypotheken. Das sind Ausnahmefälle, die nach Lage der Verhältnisse und der Leistungsfähigkeit der Genossenschaft behandelt werden müssen. Es braucht aber wohl kaum besonders hervorgehoben zu werden, daß dieser Kredit stets nur vorübergehender Natur sein darf, und daß sich die Kreditgenossenschaft nicht etwa verleiten läßt, die Hypotheken für sich abzulösen.

Die schwierige Lage, in die die Landwirtschaft seit der Markstabilisierung durch die starke kurzfristige Verschuldung geraten ist, eine Lage, aus der sie auch die Rentenbankkreditanstalt trotz weitgehender Hilfe nur zum Teil befreien konnte, bestätigt die dargelegten Grundsätze und sollte die Genossenschaften zur Vorsicht mahnen.

Der AllgGenTag München (1912) hat sich gegen die Bildung von Hypothekengarantiegenossenschaften ausgesprochen.

Die Gründung von Garantiegenossenschaften zum Zweck der Erweiterung des Hypothekarkredits verstößt gegen den Grundsatz, dessen Richtigkeit heute von keinem der Genossenschaftsverbände in Zweifel gezogen wird, daß die auf dem Gesetz von 1889 beruhenden Genossenschaften nicht geeignet sind, das Immobiliar-Realkreditbedürfnis zu befriedigen.

Der Allgemeine Genossenschaftstag hält es auch für nicht minder bedenklich, wenn Genossenschaften Bürgschaften für Kredite übernehmen, die zu gewähren sie selbst nach ihrer Geschäftslage, nach ihrer Rechts- und Wirtschaftsnatur außerstande sind, wie dies bereits vom AllgGenTag zu Frankfurt a. M. (1908) ausgesprochen ist.

Es mag nützlich sein, auf diesen Beschluß hinzuweisen, zumal durch die Geldentwertung der alten Hypotheken das Hypothekenrisiko verwischt ist, der Gedanke dieser Art der Hypothekensicherung angesichts der Hypothekennot aber neubelebt werden könnte.

Man hat sich bei diesen Genossenschaften damit zu sichern gesucht, daß die Garantie befristet wird. Diese Sicherung aber muß zwecklos sein, denn der Fall ist kaum denkbar, daß die Genossenschaft, die einmal eine Hypothekengarantie übernommen hat, von derselben frei kommt. Die Verhältnisse müßten sich schon ganz wunderbar gestaltet haben, wenn die Hypothekengläubiger auf diese Sicherheit verzichten wollten.

Nicht unerwähnt bleiben darf der Ankauf von Güterzielern, auch Steigschillinge oder Restkaufschillinge genannt. Es ist ein Geschäftszweig, der von den Genossenschaften mit ländlichen Mitgliedern vor allem in West- und Süddeutschland vor dem Kriege vielfach betrieben wurde und später wohl auch wieder aufgenommen werden wird. Zur Erläuterung mag hier folgendes gesagt werden: Der Verkäufer von Grundstücken findet schwer einen Käufer, wenn Barzahlung als Bedingung gestellt wird. Daher wird gegen Ausstand auf mehrere Jahre und ratenweise Abzahlung des Kaufpreises verkauft. Wir haben es hier mit einer besonderen Art des Restkaufgeldes zu tun. Während allerdings sonst das Restkaufgeld die Form einer gewöhnlichen kündbaren Hypothek annimmt, wird das Restkaufgeld hier gestundet gegen ratenweise Abzahlung, die an bestimmten Tagen (Martini, Neujahr usw.) fällig ist.

Der Zielerwerber pflegte für die sofortige Barzahlung an den Verkäufer eine Provision zu fordern, um die er den Kaufpreis kürzte. Er zog die Kaufschillinge mit Zinsen bei Fälligkeit von dem Käufer des Landes ein. Als Sicherheit diente neben dem Verkäufer das Grundstück, mitunter auch noch eine Bürgschaft. In verschiedenen Landesteilen, wie z. B. in Hessen, war die Abtretung gegen Zahlung einer Provision nicht üblich, sie gehörte hier vielmehr zu den Seltenheiten; wohl aber wurde regelmäßig die Bedingung aufgenommen, daß eine Anzahlung, und zwar meist in Höhe des ersten Zieles, sofort bei Übergabe des Kaufbriefes oder im ganzen nach dem ersten Termin zu zahlen war. Die Risikoprämie gegen etwaige Unsicherheit der Forderung lag in der höheren Verzinsung auf mehrere Jahre, weshalb diese Geschäfte auch sehr beliebt waren.

Der Ankauf von solchen Forderungen durch die Kreditgenossenschaften trug zweifellos auf dem Lande einem lebhaften Bedürfnis Rechnung, indem dabei von den Verkäufern von Grundstücken das Kaufgeld flüssig gemacht wurde, auf dessen Eingang sie sonst jahrelang hätten warten müssen, sofern sie nicht vorzogen, gewerbsmäßigen Ankäufern eine mehr oder weniger hohe Vergütung zu zahlen.

Gegen diesen Geschäftszweig können grundsätzlich natürlich keine Bedenken erhoben werden, sobald die Genossenschaft wieder über genügende flüssige Mittel verfügt. Einstweilen muß abgewartet werden, bis die Voraussetzungen für dieses Geschäft wieder gegeben sind.

Eine vorsichtige Kreditgenossenschaft sollte auch später wieder Kaufgeldforderungen *ohne Anzahlung* nur dann erwerben, wenn entweder die Person des Schuldners alle Garantien bietet, oder eine geeignete Bürgschaft mindestens für das *erste Ziel* geleistet wird, etwa durch den als zahlungsfähig und gut bekannten Verkäufer selbst, der in eigenem Interesse gern hierzu bereit sein wird. Andernfalls bildet der Erwerb solcher Forderungen eine gewisse Gefahr für die Kreditgenossenschaft, die sich mit jedem Neuerwerb steigert.

Kreditverlängerung.

Bei den meisten Krediten wird die Genossenschaft von vornherein mit der Verlängerung rechnen müssen. Das liegt in den Zeitumständen sowohl als auch in den wirtschaftlichen Verhältnissen der Genossenschaftskunden begründet (S. 216). Bei allen Genossenschaften ist die Verlängerung einmal bewilligter Kredite — jedesmal natürlich höchstens auf dieselbe Frist, auf die der erste Kredit bewilligt ist —, zugelassen. Die Zulassung der Prolongation hat vor der entsprechend längeren Kreditbefristung bei der Kreditgewähr den Vorteil, daß mit Eintritt des ersten Zahlungstermins die Verhältnisse des Geldmarktes wie der Genossenschaft einerseits und die der Schuldner anderseits einer wiederholten Prüfung unterworfen werden können. Auf Bewilligung der Prolongation hat der Darlehnsnehmer selbstverständlich kein Recht.

Neben der Rücksicht auf die Genossenschaft kommt diejenige auf den Bürgen in Frage. Unzweifelhaft läuft der Bürge ebensogut wie die Genossenschaft bei unbefristeten Krediten oder bei langer Fristerteilung, innerhalb deren sich die Verhältnisse der Schuldner zu ihrem Nachteil ändern können, eine größere Gefahr als bei kürzeren Rückzahlungsterminen. Auf unbestimmte Zeit oder auf ein Jahr hinaus wird jemand viel weniger geneigt sein, eine Bürgschaft zu übernehmen als auf 3 Monate, selbst wenn er von vornherein in Betracht zieht, daß er die Bürgschaft wird verlängern müssen.

Das Verfahren bei der Verlängerung der verschiedenen Kreditarten wird später besprochen werden (S. 242 ff.).

Persönliche Beschränkung der Kreditgewährung durch Gesetz und Statut.

Nach § 8 des Gesetzes darf die Genossenschaft Kredite nur an Mitglieder gewähren. Wer die Mittel der Genossenschaft in Anspruch nehmen will, muß auch zu seinem Teil Träger der Genossenschaft werden, damit sie die Mittel zur Kreditbefriedigung der Mitglieder erhält. Dieses Grundprinzip duldet keine Durchbrechung. Zwar kommt es auch vor, daß die Genossenschaft Gelder in Geschäften mit Nichtmitgliedern anlegt, Primadiskonten kauft, Lombardvorschüsse gewährt, wie überhaupt jede Ausleihung von Geldern, auch an Banken, eine Kreditgewährung im weitesten Sinne darstellt. Aber hier handelt es sich um ein Geschäft, das die Genossenschaft zur Anlage ihrer müßigen Gelder oder zur Gewinnung leicht realisierbarer Werte abschließt, was in der Regel schon äußerlich darin zum Ausdruck kommt, daß die Initiative hierzu von der Genossenschaft ausgeht, während die Bewilligung eines Kontokorrentkredites, eines Vorschusses auf einen Antrag des Kreditnehmers zurückgeht. Auf diese letzteren Kredite im engern Sinne des Worts kann daher auch nur jene Gesetzesbestimmung Anwendung finden. Die früher häufiger vorkommenden Diskont- und Lombardgeschäfte mit Nichtmitgliedern müssen natürlich ausscheiden, solange die jetzige Kapitalarmut anhält, ausgenommen natürlich Geschäfte mit Banken. Auch kann das Finanzamt in solchen Geschäften mit Nichtmitgliedern ein Hinausgehen über den Kreis der Mitglieder erblicken, wodurch die Genossenschaft als Erwerbsgesellschaft körperschaftssteuerpflichtig wird. Solche Diskont- und Lombardgeschäfte sind mit Nichtmitgliedern überhaupt nur „zur Anlage müßiger Gelder" zulässig, nicht aber dann, wenn sie Kreditgeschäfte im obigen engeren Sinne darstellen (S. 66).

Für die Kreditgewährung an Vorstandsmitglieder schreibt das Gesetz Genehmigung durch den Aufsichtsrat vor. Es ist natürlich, daß der Vorstand sich nicht selbst Kredite bewilligen kann. Viele Genossenschaften schließen die Gewährung von Krediten an Vorstandsmitglieder sogar statutarisch — dem Musterstatut des Verbandes (s. Anhang) folgend — völlig aus und tun zweifelsohne gut daran. Es liegt die Gefahr nahe, daß ein Vorstandsmitglied, das für sich selbst den Kredit in Anspruch nimmt, es an Strenge und Unparteilichkeit bei der Kreditgewährung an die Mitglieder fehlen läßt, da es gewärtig sein muß, von diesen zu hören, daß es gegen sich selbst weniger streng als gegen andere ist! Es ist leicht möglich, daß ein Vorstandsmitglied bei der Aufnahme der Inventur die nötigen Abschreibungen unterläßt, wenn es vielleicht bei seinen eigenen Schulden damit anfangen müßte! Man kann einwenden: Die Gewährung des Kredits hängt aber von der Genehmigung des Aufsichtsrats ab, das Vorstandsmitglied darf bei der Entscheidung des Vorstandes über den Kreditantrag nicht mitwirken. Dabei werden dann aber die Beziehungen zwischen Vorstand und Aufsichtsrat nicht genügend gewürdigt. Auch die Aufsichtsratsmitglieder werden Kredit beanspruchen — wo bleibt dann ihre Selbständigkeit den kreditbegehrenden Vorstandsmitgliedern gegenüber? Werden sie sich nicht von dem Gedanken leiten lassen, daß ein Entgegenkommen ihrerseits mit entsprechender Rücksichtnahme bei dem Vorstande wird vergolten werden? Und — tritt der Fall ein, daß ein Vorstandsmitglied für den empfangenen Kredit unsicher wird — dann werden die Kollegen und der Aufsichtsrat zunächst alles tun, um nichts davon in die Öffentlichkeit gelangen zu lassen; der Kredit wird noch vergrößert in der Hoffnung, die alte Forderung zu retten, und der Schaden für die Genossenschaft erfährt noch eine Steigerung. Hätten in solchem Falle noch alle Beteiligten die Energie, einzuschreiten — aber freundschaftliche, verwandtschaftliche, gesellige Beziehungen, ja auch die Rücksicht auf das Gerede, den Ruf der Genossenschaft lassen den entscheidenden Schritt immer weiter hinausschieben, bis es zu ihm überhaupt zu spät ist.

Freilich sind Fälle denkbar, daß eine Genossenschaft ohne Kredite an Vorstandsmitglieder nicht auskommen kann, dort nämlich, wo Vorstandsmitglieder im Nebenamt bei der Genossenschaft tätig sind, die nebenher ein eigenes Geschäft betreiben. Durch das strenge Verbot jeder Kreditgewährung an Vorstandsmitglieder würde sich die Genossenschaft unter Umständen der Möglichkeit berauben, tüchtige Kaufleute für ihren Vorstand zu gewinnen.

Auch entbehrt der oft gehörte Einwand, daß man die Vorstandsmitglieder in dieser Beziehung nicht schlechter stellen solle als jedes andere Mitglied, nicht einer gewissen Berechtigung, ebenso wie derjenige, daß es besser sei, wenn etwaige Kredite der Vorstandsmitglieder — wie auch der Angestellten — bei der Genossenschaft selbst laufen als bei anderen Banken und so der Kontrolle des Aufsichtsrates unterstehen. Von diesem Gesichtspunkt gehen auch viele Banken aus, die von ihren Vorstandsmitgliedern und Angestellten eine Verpflichtung dahin verlangen, daß sie Effekten- und Kreditkonten bei anderen Banken nicht führen. Aber sicher ist, daß ein nicht mit Kredit belastetes Vorstandsmitglied am unabhängigsten dasteht, weshalb ein Vorstandsmitglied selbst wünschen muß, von Krediten frei zu sein. Wie überall, so kommt es auch hier mehr auf die Selbstzucht der Personen und eine gründliche Überwachung der Geschäftsführung an als auf starre Vorschriften; es wird in manchen Fällen genügen, wenn die Entscheidung hierüber von Fall zu Fall dem Aufsichtsrat überlassen bleibt. Immerhin läßt sich nicht verkennen, daß das statutarische Verbot der Kreditgewährung an Vorstandsmitglieder eine durchaus wünschenswerte Schutzmaßnahme gegen unberechtigte Kreditansprüche von Vorstandsmitgliedern sein kann.

Dem gleichen Zweck dient die unten (S. 225) erwähnte Einschätzungskommission.

Hinsichtlich der Mitglieder des Aufsichtsrates ist die Kreditentnahme, wenn auch nicht zu verbieten, doch zu beschränken. Da die Mitglieder des Aufsichtsrates bei der Kreditgewährung (Genehmigung oder Aufstellung der Kreditfähigkeitsliste) mitwirken sollen, bedarf ihre eigene Kreditfähigkeit einer genauen und besonderen, nicht bloß von den einzelnen unter ihnen, sondern vom Aufsichtsrat unabhängigen Feststellung.

Das Musterstatut (§ 42) sieht zur Feststellung der den Aufsichtsratsmitgliedern zu gewährenden Höchstkredite eine besondere Einschätzungskommission vor. Der AllgGenTag zu Berlin (1899) hat folgenden Beschluß gefaßt.

„Zu den Aufgaben der für die Krediteinschätzung der Aufsichtsratsmitglieder eingesetzten Einschätzungskommission gehört neben der Einschätzung der Aufsichtsratsmitglieder die Prüfung, ob die gezogenen Grenzen bei der Kreditgewährung von dem Vorstand eingehalten werden.

Der Vorstand entscheidet im Rahmen der von der Einschätzungskommission aufgestellten Kreditfähigkeitsliste selbständig über die Kreditansprüche der Aufsichtsratsmitglieder.

Eine Mitwirkung des Aufsichtsrats bei Kreditgewährung an seine Mitglieder ist dadurch ausgeschlossen, ihm bleibt aber die sich aus seinen allgemeinen Kontrollbefugnissen ergebende Prüfung der Sicherheit der Außenstände der Genossenschaft, auch bei den an Mitglieder des Aufsichtsrats gewährten Krediten nnd er ist befugt, von der von der Einschätzungskommission aufgestellten Liste Einsicht zu nehmen."

Innerhalb dieser von der Einschätzungskommission aufgestellten Kreditfähigkeitsliste hat der Vorstand freie Hand; selbstverständlich entbindet die Einschätzung den Vorstand nicht von der Prüfung in jedem Falle; die Einschätzung hat für ihn nur die Bedeutung, daß er über sie bei der Kreditgewährung nicht hinausgehen darf. Die Einschätzungskommission hat von Zeit zu Zeit — etwa alle sechs Monate — die Liste zu revidieren und zu berichtigen und muß ferner eine Kontrolle darüber ausüben, daß der Vorstand die gezogenen Grenzen einhält. Die Einschätzungskommission wählt ihren Vorsitzenden und Schriftführer und führt über ihre Sitzungen und die in ihnen gefaßten Beschlüsse Protokoll.

Die Einführung der Einschätzungskommission ist vielfach auf Widerstand gestoßen. Die Einwendungen sind nicht stichhaltig. Man kann gewiß nicht behaupten, daß sie auf Mißtrauen gegen den Aufsichtsrat beruht — daß der Aufsichtsrat nun schlechter gestellt wird als die Mitglieder, davon ist nach obiger Begründung ganz sicher keine Rede. Sie beruht auf der Eigenart der Verhältnisse. Und wenn die Genossenschaft Aufsichtsratsmitglieder hat, die gar nicht oder nur in geringem Umfange Kredit in Anspruch nehmen, dann ist diese Zeit gewiß gerade geeignet, die Einrichtung zu treffen, denn ein stark belastetes Aufsichtsratsmitglied wird ganz sicher nicht für die Einschätzungskommission zu haben sein. Die Einrichtung kann auch sehr wohl eine Rückenstärkung der Vorstandsmitglieder sein, die sonst möglicherweise im Hinblick auf ihre Stellung geneigt sein könnten, Kreditansprüchen einzelner Aufsichtsratsmitglieder mehr entgegenzukommen, als es der Genossenschaft frommt. Schwierigkeiten ergaben sich aus der Stellung der Einschätzungskommission zu den anderen Organen der Genossenschaft. Diese sind wohl behoben durch die in der Revisoren-Konferenz zu Leipzig (1907) (Mitteil. S. 306 ff.) beschlossene Geschäftsanweisung, die lautet:

Geschäftsanweisung für die Einschätzungskommission des

§ 1.

Die Kommission für Krediteinschätzung der Aufsichtsratsmitglieder besteht aus den Mitgliedern des Vorstandes und .... Genossen, letztere werden in der ..... Generalversammlung nach absoluter Stimmenmehrheit der in der Generalversammlung anwesenden Genossen in einem Wahlgang gewählt.

Wenn hierbei mehr Personen, als zu wählen sind, die absolute Mehrheit erhalten, so sind diejenigen gewählt, welche die meisten Stimmen erhalten haben. Wird dagegen die absolute Mehrheit beim ersten Wahlgange nicht erreicht, so kommt von denen, welche die meisten Stimmen erhalten haben, die doppelte Zahl der noch zu Wählenden auf die engere Wahl und wird mit der engeren Wahl in derselben Art so lange fortgefahren, bis für alle zu Wählenden eine absolute Stimmenmehrheit erzielt ist. Bei Stimmengleichheit entscheidet das Los.

§ 2.

Die Kommission hat die Pflicht, erforderlichenfalls die Krediteinschätzung der Aufsichtsratsmitglieder durch Aufstellung einer Kreditfähigkeitsliste vorzunehmen, innerhalb deren Rahmen der Vorstand selbständig über die Kreditansprüche der Aufsichtsratsmitglieder entscheidet.

Außerdem steht der Kommission das Recht der Prüfung zu, ob die durch die Kreditfähigkeitsliste gezogenen Grenzen vom Vorstand bei der Kreditgewährung eingehalten werden.

§ 3.

Die Sitzungen werden im Geschäftslokal der Genossenschaft abgehalten. Sie sind teils ordentliche, teils außerordentliche. Die ordentlichen Sitzungen finden alljährlich zweimal statt, und zwar innerhalb einer Woche nach erfolgter Wahl der Kommission sowie nach Ablauf des .. Vierteljahrs. Außerordentliche Sitzungen werden nach Bedarf einberufen.

Die Einladungen gehen in der Regel vom Vorsitzenden der Kommission aus, können aber auch durch den Vorstand erfolgen.

§ 4.

Die Kommission wählt aus ihrer Mitte einen Vorsitzenden als Verhandlungsführer und einen Schriftführer, der das Protokoll zu führen hat.

Die Kommission ist beschlußfähig, wenn mindestens die Hälfte ihrer Mitglieder anwesend ist. Sie faßt ihre Beschlüsse nach Stimmenmehrheit der in der Sitzung erschienenen Mitglieder; bei Stimmengleichheit gilt ein Antrag als abgelehnt.

§ 5.

Die Beschlüsse werden in ein Protokollbuch eingetragen, das von den anwesenden Kommissions- und Vorstandsmitgliedern zu unterschreiben ist. Die Einsicht dieses Buches steht dem Aufsichtsrat offen.

§ 6.

Jedem Mitglied der Kommission ist eine Abschrift der Geschäftsanweisung auszuhändigen.

Ob die Einschätzungskommission mehr als eine Geste ist und nicht nur ein Schattendasein führt, hängt von den Persönlichkeiten der Verwaltung und der Kommission ab. Die Kreditgewährung an Vorstands- und Aufsichtsratsmitglieder kann in einer Genossenschaft ohne Einschätzungskommission untadelig sein, wie umgekehrt auch schon Fälle zu verzeichnen waren, wo Vorstand und Aufsichtsrat ihre Genossenschaft trotz Bestehens einer Einschätzungskommission ausgebeutet haben. Nicht zuletzt liegt hier auch eine wichtige Aufgabe der Verbandsrevision.

Sicherstellung des Kredits.
Allgemeines.

Es bedarf gewiß nicht näherer Begründung, daß Kredit nur an kreditwürdige Personen gewährt werden darf. Einmal darf die Genossenschaft nicht Personen unterstützen, von denen sie annehmen kann, daß diese den Kredit zu unreellen Geschäften mißbrauchen könnten (z. B. Wucher). Das ist selbstverständlicher Grundsatz, den die Genossenschaft schon im Interesse ihres Ansehens aufs strengste durchzuführen hat. Auch dürfen nur Kredite gegeben werden, die nicht gegen das volkswirtschaftliche Interesse verstoßen. Dann aber darf auch die Genossenschaft nicht jemand Kredit geben, der ihr für seine Person nicht kreditfähig erscheint, der aber etwa einen guten Bürgen beibringt; zum mindesten muß die Genossenschaft den Bürgen über ihre Beobachtung aufklären.

Die erste Frage ist: **muß** überhaupt eine besondere Sicherstellung gefordert werden? Auch dann, wenn das Mitglied durchaus kreditwürdig ist und die Genossenschaft nicht daran zweifelt, daß der Schuldner seinen Verpflichtungen wird nachkommen können? Es muß heute wieder der Grundsatz gelten: Kredite in der Regel nur gegen Sicherstellung! In der Inflationszeit war dieser Grundsatz mehr und mehr verlassen worden. Ob dies richtig war, braucht hier nicht untersucht zu werden. Aber heute muß die Zeit einer Blankokreditgewähr großen Stils vorbei sein. Es besteht für eine Genossenschaft gar keine Veranlassung mehr, Blankokredit zu gewähren. Vor allem müssen große Blankokredite ausgeschlossen sein. Wenn dieser Grundsatz schon vor dem Kriege vertreten wurde, so gilt dies erst recht für die durch die Geldentwertung geschwächten Genossenschaften. Wenn eine Bank Blankokredite gibt, so ist die Bewilligung und Überwachung der Kredite mit Kautelen verknüpft, für deren Durchführung entweder der Genossenschaftsverwaltung die Erfahrung mangelt, oder für die die Kundschaft nicht die nötigen Unterlagen (z. B. Bilanzen) beibringen kann. Ohne Bilanzprüfung gibt eine Bank überhaupt keinen Blankokredit. Daß Bilanzen auch täuschen können, hat die Vergangenheit mehr als einmal gelehrt. Besonders gefährlich wird der Blankokredit dann, wenn der Kreditnehmer bei verschiedenen Stellen Kredit beansprucht, so daß eine fortgesetzte Kontrolle nach dieser Richtung hin besonders notwendig ist, eine Kontrolle, die aber recht schwierig ist. Ein Blankokredit kann bei mehrfacher Kreditverbindung keinesfalls verantwortet werden, welchen Standpunkt auch die Bankwelt einnimmt. Für die Genossenschaften kommt hinzu, daß sie in den Reihen ihrer Mitglieder leicht Unzufriedenheit erregen, wenn der eine einen Kredit ohne Sicherstellung erhält, der andere aber Deckung geben muß. Gerade in kleineren Orten bleiben solche Einzelheiten oft nicht unbekannt. Die Genossenschaft, deren Kreditnehmer zugleich ihre Mitglieder sind, also zu den Trägern der Genossenschaft gehören, steht zu ihrer Kundschaft in einem anderen Verhältnis als eine Bank.

Die Frage, ob eine Genossenschaft nun jeglichen Blankokredit vermeiden soll, kann nur nach Lage des Falles entschieden werden. Wenn eine Genossenschaft über starke Rücklagen verfügt, Vorstand und Aufsichtsrat genügende Erfahrung und Schulung besitzen, so wird gegen eine nach Einzelbetrag und Gesamtsumme engbegrenzte Blankokreditgewähr bei Beachtung der vorgenannten

Grundsätze nichts einzuwenden sein. Die örtlichen Verhältnisse spielen natürlich eine Rolle. Der Vorstand hüte sich aber, durch Rücksichten auf die Konkurrenz weiterzugehen als nützlich ist. Es ist auch hier für die Genossenschaft besser, wenn sie auf ein Geschäft verzichtet, als die bewährten Grundsätze außer acht zu lassen. Immer aber kann es sich nur um kleine Beträge handeln, die selbst bei größeren Genossenschaften im einzelnen vielleicht nicht über 1000 RM. hinausgehen. Auch können nur vorübergehende Kredite in Frage kommen. Ungedeckte Kredite von längerer Dauer müssen ausgeschlossen bleiben. Kleinere oder junge Genossenschaften müssen sich grundsätzlich von solchen Geschäften fernhalten.

An Vorstands- und Aufsichtsratsmitglieder, sofern sie laut Statut überhaupt Kredit erhalten können, darf Blankokredit keinesfalls gegeben werden.

Die Bewilligung von Blankokredit erfordert von Fall zu Fall besonders eingehende Prüfung der Kreditwürdigkeit des Kreditsuchenden und fortlaufende besondere Überwachung, etwa derart, daß diese Blankokredite einstimmiger Genehmigung von Vorstand und Aufsichtsrat bedürfen und allmonatlich neu zu prüfen sind.

Zu erwähnen ist hier die Guthabenbeleihung, nach der die von den Mitgliedern auf Geschäftsanteil geleisteten Einzahlungen (Geschäftsguthaben) als Sicherheit für die von ihnen entnommenen Kredite betrachtet werden, so daß man von jeder weiteren Sicherstellung bis zur Höhe dieser Guthaben absehen zu können glaubt. Schon der Begriff eines Geschäftsguthabens, unter dem ein Teil des Vereinsvermögens zu verstehen ist (vgl. S. 132), steht der Beleihung desselben zugunsten des Inhabers entgegen, denn die Einlage wird dadurch ihrer ursprünglichen Bestimmung entzogen. Das Vereinsvermögen dient den Vereinsgläubigern gegenüber als Unterlage und würde seinem Zweck entzogen werden, wenn es der Genossenschaft als Sicherheit dienen müßte für eine Forderung, die mangels dieses Geschäftsguthabens nicht beibringlich wäre. Die Sicherheit für die Gläubiger der Genossenschaft würde so im entscheidenden Augenblick versagen. Es entspricht daher vollständig der Rechtslage und den den Genossenschaften bereits durch Beschluß des AllgVerTages zu Neustadt a. H. (1869) erteilten Ratschlägen, wenn das Gesetz in § 22 bestimmt: „Das Geschäftsguthaben eines Genossen darf, solange er nicht ausgeschieden ist, von der Genossenschaft nicht ausgezahlt oder im geschäftlichen Betriebe zum Pfande genommen werden."

Das gesetzliche Aufrechnungsrecht der Genossenschaft mit dem Geschäftsguthaben auf ihre fälligen Forderungen, die entstanden sind, ehe ein Dritter ein Recht auf das Geschäftsguthaben erworben hat, wird davon natürlich nicht berührt (vgl. S. 144 ff.).

Die Mitglieder sind von Anbeginn an daran zu gewöhnen, daß Kreditgesuche nie anders als unter angemessener Sicherstellung angebracht werden können. Diese ist in allen Fällen, wenn der Kunde nur irgend in seiner wirtschaftlichen und sittlichen Haltung Sicherheiten bietet, erfahrungsgemäß auch für die am wenigsten bemittelten Mitglieder zu beschaffen, nämlich durch Bürgschaft.

Dabei ist freilich zu beachten, was hier nochmals besonders betont sein mag, daß diese Art der Sicherheitsleistung nicht dahin führen darf, den Kredit allein nach ihr zu bemessen und einem nicht genügend Kreditwürdigen z. B. nur mit Rücksicht auf den guten Bürgen den beanspruchten Kredit zu bewilligen. Dadurch würde die Stellung des Bürgen als weitere Sicherheit aufgehoben werden, was weder mit den Interessen des Bürgen noch denen der Genossenschaft vereinbar ist.

Die Sicherstellung der Kredite kann durch Bürgschaft oder ein Pfand erfolgen. Es empfiehlt sich, alle Urkunden entweder im Beisein eines Vorstandsmitgliedes oder eines Vertrauensmannes vollziehen zu lassen; andernfalls ist beglaubigte Unterschrift zu verlangen.

Bürgschaft.

Die Bürgschaft ist, wie Schulze-Delitzsch treffend bemerkt, der unentbehrliche Schlußstein bei der Organisation des persönlichen Kredits in der Kreditgenossenschaft. Die Bürgschaft bietet neben der Sicherstellung eine überaus wertvolle Kontrolle über die Kreditwürdigkeit des Schuldners. Freilich muß die Bürgschaft richtig behandelt werden. Es darf, wie bereits bemerkt, z. B. dem Bürgen nicht bei der Übernahme der Bürgschaft verschwiegen werden, wenn die Genossenschaft der Kreditwürdigkeit des Mitgliedes Mißtrauen entgegenbringt — es muß insbesondere auch bei der Prolongation auf die geschäftliche Lage Rücksicht genommen werden

(S. 220). Man braucht nicht grundsätzlich die Bürgschaft zu verwerfen, weil aus ihr leicht eine gegenseitige Bürgschaft sich entwickelt. Gewiß kann dadurch die Sicherheit beeinträchtigt werden, aber es bleibt noch immer die gegenseitige Kontrolle, wenn nur die beiden Bürgen ehrenwerte, zuverlässige Personen sind. Und das ist natürlich Vorbedingung für die Kreditgewährung. Es mag sein, daß es den Gewerbetreibenden, zumal den Anfängern, heute schwerer wird, einen guten Bürgen zu beschaffen, als in der ersten Zeit der Kreditgenossenschaft; aber wer die Verhältnisse kennt, weiß, daß der Bürgschaftskredit eine große Bedeutung behalten hat, auch in der Nachkriegszeit und besonders in ländlichen Vereinen.

Aus diesen Erwägungen ergibt sich, wie wichtig das Bürgschaftssystem für die Kreditgenossenschaften ist, die daher auch die Pflicht haben, die Bürgen nach Möglichkeit zu schonen und zu schützen. Ein Bürge, der für den Schuldner zahlen muß, kann für den Ruf der Genossenschaft gefährlich werden.

Nicht zu empfehlen ist die sogenannte Ausfall- oder Schadlosbürgschaft, die die Haftung des Bürgen auf den Ausfall des Gläubigers beschränkt. Der Ausfallbürge kann also erst in Anspruch genommen werden, wenn der Ausfall an der Forderung gegenüber dem Hauptschuldner feststeht, setzt demnach die vorherige Durchführung des Beitreibungsverfahrens gegenüber dem Hauptschuldner voraus. Die Bürgschaft soll grundsätzlich eine selbstschuldnerische sein. Mehrere Bürgen haben als Solidarbürgen zu unterzeichnen.

Abzulehnen ist auch eine befristete Bürgschaft, die die Gläubigerrechte an die Wahrung der gestellten Frist bindet.

Über die Einwilligung der Bürgen bei Verlängerungen der Hauptschuld vgl. S. 244 ff.

Ein Vordruck für Bürgschaften findet sich im Anhang.

Pfandbestellung.

Es kommt in erster Reihe in Betracht die Verpfändung beweglicher Sachen, die einen Marktwert haben. Dahin gehören Inhaberpapiere, die einen Börsenpreis haben, ferner marktgängige Waren, die keiner Mode oder Verderbnis ausgesetzt sind. Allerdings setzt die Beleihung von Waren gründliche Warenkenntnis voraus; ohne solche Kenntnisse kann das Warenlombardgeschäft leicht zu Verlusten führen.

Der Sicherstellung dienen ferner Forderungen, z. B. Sparkassenforderungen. Bevorzugt sind hypothekarisch gesicherte Forderungen. Im Kontokorrentverkehr kommt häufig die Höchstbetragshypothek (§ 1190 BGB.) vor, oft auch Kautionshypothek genannt, sowie neuerdings die Grundschuld. Es ist natürlich streng zu unterscheiden zwischen dem hypothekarisch gesicherten Betriebskredit und dem Immobiliarkredit. (Über letzteren vgl. S. 212.) Wenn die Grundschuld weiterverpfändet werden soll, muß dieses Recht dem Gläubiger ausdrücklich eingeräumt sein.

Die Verpfändung von Buchhypotheken muß, um rechtsgültig zu sein, im Grundbuch eingetragen werden. Bei Verpfändung von Briefhypotheken genügt zwar Übergabe des Hypothekenbriefs mit schriftlicher Verpfändung, doch empfiehlt es sich, auch hier die Verpfändung im Grundbuch eintragen, mindestens aber die Unterschrift beglaubigen zu lassen.

Bei der Verpfändung sonstiger Forderungen, auch solchen aus Sparbüchern und Lebensversicherungspolizen, ist die Vorschrift des § 1280 BGB. zu beachten, wonach der Schuldner die Verpfändung dem Drittschuldner, z. B. der Sparkasse, Lebensversicherungsgesellschaft, anzeigen muß.

In früheren Jahren ist die Sicherstellung mit Buchforderungen Gegenstand eingehender Erörterungen gewesen. Der AllgGenTag Freiburg (1909) hat den Beschluß gefaßt:

„Diejenigen Kreditgenossenschaften, die sich zur Pflege der Diskontierung von Buchforderungen veranlaßt sehen, sollen diesen Geschäftszweig nur unter der Voraussetzung einführen, daß die zu ihrer Sicherung gegenüber dem Buchgläubiger wie gegenüber dem Buchschuldner erforderlichen Maßregeln vorgesehen werden, insbesondere entweder die Buchschuldner von der erfolgten Diskontierung benachrichtigt oder sonstige Vorkehrungen getroffen werden, die eine Verfügung über die Forderung zum Nachteile der Genossenschaft ausgeschlossen erscheinen lassen."

Die Bedeutung dieser Sicherungsart ist seit der Währungsumstellung zurückgegangen, besonders seitdem der Wechselverkehr in einem so großen Umfang zugenommen hat. Zweifelsohne ist der Wechsel ein besser wirksames Kreditinstrument als solche Abtretungen. Eine Abtretung von Forderungen, die einem Gewerbetreibenden gegenüber einem Verbraucher zusteht, ist jedenfalls völlig ungeeignet zur Sicherstellung der Forderung einer Genossenschaft.

Erwähnt sei hier, daß die in den Allgemeinen Geschäftsbedingungen zu findende Bestimmung, wonach mit der Wechseldiskontierung die dem Wechsel zugrunde liegende Forderung als abgetreten gilt, in dieser generellen Form nicht genügend schützt, es muß vielmehr, wo auf diese Abtretung Wert gelegt wird, empfohlen werden, daß der Wechseleinreicher die Abtretung in dem Einreichungsschreiben für die einzelnen Wechsel besonders erklärt.

Zu den Forderungen gehören, wie bereits bemerkt, die Ansprüche aus Lebensversicherungen. Als Beleihungswert kann hier niemals die Versicherungssumme, sondern nur der Rückkaufswert in Frage kommen, der von der Höhe der eingezahlten Prämie abhängt (höchstens 2/3 der Einzahlungen, bei jungen Versicherungen noch weniger). Oft ist für den Pfandnehmer hiermit die Gefahr verbunden, für den in Vermögensverfall geratenen Schuldner die Prämie zahlen zu müssen, wenn der Pfandnehmer diese Verpflichtung nicht von vornherein ausgeschlossen hat. Ganz zu verwerfen ist die Verbindung der Lebensversicherung mit der Kreditgewähr, indem zur Erlangung des Kredits eine Lebensversicherung für den Zweck der Sicherstellung des Kredits eingegangen wird. Es mag hier verwiesen werden auf eine Kundgabe des Aufsichtsamts für Privatversicherung.

Das Aufsichtsamt für Privatversicherung hat unter dem 9. April 1914 an die größeren Lebensversicherungsunternehmungen ein Rundschreiben, betreffend die Bekämpfung der gewerbsmäßigen Vermittlung von Lebensversicherungsanträgen in Verbindung mit Darlehnsgeschäften, gerichtet; darin heißt es:

„Auf Grund von Revisionen, Beschwerden und sonstigen Wahrnehmungen hat das Amt den Eindruck gewonnen, daß neuerdings die Darlehnsvermittlung oder Darlehnsgewährung durch Versicherungsvermittler in Verbindung mit ihrer Werbetätigkeit größeren Umfang angenommen hat...

Das eigene Interesse der Lebensversicherungsgesellschaften, nicht nur das der Versicherten, erfordert eine ganz entschiedene Bekämpfung dieses Mißstandes; eine solche erfolgt anscheinend nicht überall mit dem wünschenswerten Nachdruck..."

Häufiger findet sich heute die Sicherungsübereignung von Waren und anderen Sachen.

Die Rechtsprechung hat lange geschwankt, ob eine derartige Sicherheitsstellung im Wege des Kaufs überhaupt rechtsgültig ist. Die Praxis kam immer wieder auf eine derartige Sicherungsübereignung zurück, die schließlich aus Furcht vor der Ungültigkeitserklärung die kompliziertesten Formen annahm.

Das Reichsgericht hatte zunächst, trotz des lebhaften Streits, der in der Literatur dieses Gebiet erfüllt, es in ständiger Rechtsprechung als gültig anerkannt, wenn eine Forderung durch Übertragung des Eigentums an Sachen sichergestellt wird — vgl. die in den BlfGW. 1910, S. 510ff. besprochenen Entscheidungen vom 8. November 1904 und vom 23. Februar 1910, wo die Frage der Sicherungsübereignung im übrigen ausführlich erörtert ist. Später hat das Reichsgericht die Gültigkeit sog. Sicherungsübereignungsverträge in verschiedenen Fällen verneint. Dem trat auch das Oberlandesgericht Naumburg am 11. Juli 1914 bei und erklärte einen derartigen Vertrag für „sittenwidrig", der jede Rücksicht auf andere Gläubiger vermissen lasse; vgl. auch BlfGW. 1914, S. 508.

Die Rechtsprechung macht sogar den Gläubiger, der sich die ganzen Aktiven seines Schuldners übereignen läßt, den andern Gläubigern schadenersatzpflichtig.

Auch der 31. Deutsche Juristentag (Wien 1912) hielt die Sicherungsübereignung für bedenklich und beriet über Schutzmaßnahmen, um weiteren Schädigungen durch unreelle Sicherungsübereignungen entgegenzutreten[1]).

Die Handelsvertretungen haben sich wiederholt mit dem Thema beschäftigt, so zuletzt noch der Großhandelsverband, der für eine Registerpflicht der Sicherungsübereignung eintritt[2]).

Die Sicherungsübereignung zum Schutze des Gläubigers kann nach § 930 des BGB. nur in der Weise geschehen, daß zwischen dem Gläubiger und dem Schuldner ein Rechtsverhältnis vereinbart wird, wodurch der Erwerber den mittelbaren Besitz erlangt. Dieser mittelbare Besitz zugunsten des Gläubigers ist bei Gebrauchsgegenständen wie folgt zu schaffen: der durch den Vertrag zum Eigentümer Gewordene beläßt dem Sicherungsübereigner das Recht, die übereigneten Gegenstände in Leihe oder Miete bis auf Widerruf, oder bis zu einem gewissen Zeitpunkte zu benutzen. Auf diese Weise erlangt der Gläubiger als neuer Eigentümer Sicherheit, während der Schuldner den Gebrauch der Sache behält.

Die Sicherungsübereignung hat, solange sie als Rechtsinstitut nicht gesetzmäßig festgelegt ist, ernste Bedenken gegen sich. Vollends die Übereignung künftiger Lagerzugänge erscheint von zweifelhaftem Wert. Eine Sicherungsübereignung sollte man daher

---

[1]) Vgl. auch über diese Frage BlfGW. 1903, S. 158; 1911, S. 639, 794; 1912, S. 434; 1913, S. 359; 1914, S. 51; 1925, S. 380.

[2]) Inzwischen wurde ein Initiativantrag im Reichstag auf Einführung des Registerpfandes eingebracht.

nur notfalls oder nur als Zusatzsicherheit annehmen und nicht ohne Zuziehung eines erfahrenen Juristen abschließen. Auch ist zu beachten, daß der Grundstückseigentümer unter Umständen ein Vorzugspfandrecht an den eingebrachten Sachen des Mieters hat.

Entschieden zu warnen ist vor der Beleihung von Maschinen, weil bei dem Versuch, dies Pfandrecht zu realisieren, sich in der Regel Schwierigkeiten dadurch ergeben, daß der Hausbesitzer oder der Hypothekengläubiger die Maschinen als wesentliche Bestandteile oder Zubehörstücke für sich und seine Ansprüche reklamiert.

Daß das Inventar der Werkstatt sowie Hausrat keine geeignete Sicherheit bieten, braucht sicher nicht näher begründet zu werden.

Als Sicherheit kann weiter in Frage kommen die Verpfändung von Waren durch Übergabe von indossierten Dokumenten, Lagerscheinen usw. (Rembourskredite), doch erfordert dieses Geschäft eine besondere Sachkenntnis.

Hingewiesen soll schließlich noch werden auf verschiedene Vorschläge, die namentlich in der Vorkriegszeit auf eine Erweiterung des Mittelstandskredits abgezielt haben und wieder auftauchen können oder schon aufgetaucht sind.

Empfohlen wurde die Einrichtung von Einziehungsämtern.

Insofern hierin eine Beleihung von Buchforderungen liegt, kann auf die Ausführungen S. 266 Bezug genommen werden. Im übrigen aber dient die Errichtung von Einziehungsämtern im wesentlichen der Bekämpfung der Borgwirtschaft, erweitert nicht die Kreditgewähr, sondern im Gegenteil, soll dem Gewerbetreibenden sein eigenes Betriebskapital vermehren.

Die Bekämpfung der Borgwirtschaft wird nachgerade von neuem eine dringende Notwendigkeit.

Ob die Kreditversicherung als eine neue Sicherstellung in den Kreisen des gewerblichen Mittelstandes Aussicht hat, Boden zu gewinnen, muß in höchstem Maß zweifelhaft erscheinen und vielleicht sogar aussichtslos, insoweit es sich um die Geldkreditversicherung handelt. (Vgl. hierüber BlfGW. 1911, S. 41; 1912, S. 488; ferner Dr. Crüger: „Die Verlustversicherung". Leipziger Zeitschrift Nr. 2 vom 15. 1. 1919).

Dagegen ist neuerdings im Warenhandel eine „Delkredereversicherung" in der Zunahme begriffen. Ihr Erfolg bleibt abzuwarten. Auch schweben gegenwärtig Pläne zur Schaffung einer vom Reich unterstützten „Exportkreditversicherung“. Auch dabei handelt es sich also nur um die Versicherung von Warengeschäften.

Bürgschaftsgenossenschaften, Hypothekengarantiegenossenschaften, die den Mitgliedern die Befriedigung des Kreditbedarfs bei andern Kreditinstituten erleichtern sollen, und zum Teil unter Mitwirkung der Gemeinden gegründet sind, haben bisher keine Bedeutung zu erlangen vermocht, was beweist, daß diese Art der Kreditbefriedigung ein Umweg ist, den nur solche beschreiten, die das zweifelhafteste Risiko darstellen. Die genossenschaftliche Form ist für solche Zwecke die denkbar ungeeignetste. (S. 219.)

XII. Kapitel.

Die Arten der Kreditgewährung.

Die Kreditgewährung kommt bei den Kreditgenossenschaften in folgenden Formen vor:

I. Darlehen auf Schuldschein oder Wechsel,
II. Diskontierung (auch Ankauf genannt) von Geschäftswechseln,
III. Beleihung von Wertpapieren usw. (Lombardierung),
IV. Kredit im Kontokorrent,
V. Akzeptkredit,
VI. Kautionskredit,
VII. Beleihung und Einzug von Forderungen.

In den folgenden Abschnitten werden die wichtigsten geschäftlichen Grundsätze behandelt. Im übrigen sollte sich jede Genossenschaft möglichst an die im Anhange mitgeteilten Muster-Geschäftsbedingungen halten, deren Einzelbestimmungen hier nicht erörtert werden können.

I. Darlehen auf Schuldschein oder Wechsel. Vorschußgewährung.

Das Vorschußgeschäft hat seit Jahrzehnten zu den wichtigsten Aktivgeschäften der Kreditgenossenschaften gehört und ist nur in einzelnen Bezirken von dem Kontokorrentgeschäft übertroffen worden. Seit der Inflation ist hierin ein Wandel eingetreten, der eine einseitige Bevorzugung des Kontokorrentverkehrs, neuerdings eine überragende Bedeutung des Diskontgeschäfts gebracht, dagegen das eigentliche Vorschußgeschäft in der früheren Form zum Erliegen gebracht hat. Für viele Kredite der Genossenschaften ist aber der Vorschuß auf Wechsel oder Schuldschein nach wie vor die gegebene

Form, nämlich überall da, wo der Kreditnehmer nur Zins und Abtrag zahlt, also einen Kontokorrentumsatz nicht unterhält. Daher ist dringend zu wünschen, daß die Kreditgenossenschaften die Vorschüsse, die heute fälschlich als Kontokorrentforderungen erscheinen, wieder als solche behandeln, was bei mangelndem Umsatz wegen der Zinseszinsenfrage auch aus rechtlichen Gründen geboten ist. Ebensowenig wird der Vorschuß, wenn er in der Form des gezogenen Wechsels auftritt, zu einem Geschäftswechsel. Die alten Empfehlungen für den Vorschuß gelten auch heute noch.

Bereits auf dem AllgGenTage zu Stettin (1865) wurde den Kreditgenossenschaften empfohlen, sich in allen Fällen, wo es sich um ein einfaches Darlehen an die Mitglieder handelt, des trockenen (eigenen) Wechsels, zu bedienen[1]). Seine Vorzüge bestehen in der „Wechselstrenge"; der Wechsel, richtig angewendet, sichert Pünktlichkeit in Erfüllung von Verpflichtungen und rasche Rechtshilfe. Dazu kommt dann seine leichte Übertragbarkeit. Nur vereinzelt besteht noch eine gewisse Abneigung gegen den Wechsel, der man bei kleinen Beträgen besonders dann nachgeben kann, wenn damit Stempelkosten erspart werden. Überhaupt wird die Frage der Stempelpflichtigkeit für die Wahl der Urkunde nicht ganz bedeutungslos sein, man wird z. B. den Lombardschein da, wo auf ihn die Voraussetzungen der Stempelfreiheit zutreffen, dem Wechsel vorziehen, und es ist dies in der Regel auch deswegen unbedenklich, weil, wie z. B. im preußischen Stempelsteuergesetz, die Stempelfreiheit davon abhängig ist, daß das Darlehen innerhalb Jahresfrist rückzahlbar gestellt ist.

Selten begegnet man noch der Forderung, daß Kleingewerbetreibenden und Landwirten die Wechselfähigkeit genommen wird. Derartige Wünsche beruhen auf veralteten und wirtschaftlich rückständigen Anschauungen. Es kann sich nicht darum handeln, den Handwerkern und Landwirten die Wechselfähigkeit zu nehmen, sondern im Gegenteil, man soll bestrebt sein, den Handwerkern und Landwirten die Fähigkeit beizubringen, von dem Wechsel den rich-

---

[1]) Ein Nachteil des eigenen Wechsels ist, daß er sich nicht zur Weiterdiskontierung eignet. Dieser Umstand wird gerade in einer Zeit wie der jetzigen, die besonders zur Flüssigmachung von Ausständen zwingt, einer breiteren Verwendung des eigenen Wechsels entgegenstehen und hat tatsächlich zur vermehrten Ausstellung gezogener Wechsel geführt. Reine Vorschußwechsel sind zwar nie reguläres Diskontmaterial.

tigen Gebrauch zu machen, denn auch diese Berufsstände werden mehr und mehr in das wirtschaftliche Leben hineingezogen, sie müssen kaufmännisch ihre Geschäfte betreiben und werden nur dann allen an sie herantretenden Anforderungen und Ansprüchen gerecht werden, wenn sie auch vollkommen mit dem modernen Geschäftsverkehr vertraut sind. Es ist eine der wichtigsten indirekten Aufgaben der Kreditgenossenschaften, diese Kreise an die kapitalistische Wirtschaftsführung zu gewöhnen.

Freilich haben die Genossenschaften in einer Zeit der Überflutung mit Wechseln in ihren Kreisen auch dafür zu sorgen, daß der Wechselverkehr nicht ausartet und nicht Wechsel in Umlauf gesetzt werden von Leuten, die besser nicht querschreiben würden. Gerade in den Übergangsjahren 1924/25 haben viele Akzeptanten besonders auch aus der Landwirtschaft, die Kehrseite des Wechsels zu ihrem Schaden kennen gelernt.

Den Vorzug des abgekürzten Verfahrens hat zum großen Teil auch der Schuldschein. Gleichwohl kann nur empfohlen werden, den Wechsel zu benutzen, da die Erfahrung gelehrt hat, um wieviel mehr er geeignet ist, die Mitglieder zur Pünktlichkeit in der Erfüllung ihrer Verbindlichkeiten anzuhalten als der Schuldschein. Es kommt dabei insbesondere die Zinsenzahlung und die Abschlagszahlung bei Prolongationen in Betracht. Der Wechsel enthält kein Zinsversprechen, die Zinsen müssen daher im voraus bezahlt werden, bei Ausstellung des Wechsels; der Wechselanspruch verjährt in erheblich kürzerer Zeit als die Forderung aus dem Schuldschein, die Genossenschaft muß daher darauf bedacht sein, daß das Mitglied die Schuld in einer bestimmten Zeit abträgt. Es hat sich gezeigt, daß in den Gegenden, in welchen der Schuldschein für die einfachen Darlehen noch vorzugsweise in Gebrauch gewesen ist, die Zinsenrückstände und die Verlängerung der Zahlungsfrist ohne angemessene Abschlagszahlungen viel bedeutender gewesen sind als dort, wo der Wechsel üblich geworden ist.

Um die aus jenen Mißständen sowohl für die Genossenschaften wie nicht minder für deren Mitglieder sich ergebenden Nachteile zu beseitigen, hat der AllgGenTag Gotha (1894) empfohlen, die Zinszahlung vierteljährlich vorauszahlbar auszubedingen und die Verlängerung der Rückzahlung stets nur gegen angemessene Abzahlung zu bewilligen. Vgl. wegen der Zinsrückstände das XV. Kap.

Für den Vorschußwechsel empfiehlt sich, wie gesagt, der trockene (eigene) Wechsel (vgl. aber Fußnote S. 237).

Die Gründe dafür sind folgende:

1. Zunächst entspricht diese Form des Wechsels dem geschäftlichen Vorgange, aus dem die Zahlungsverpflichtung herrührt, und somit dem Bewußtsein des Schuldners von seiner Verpflichtung, indem er einfach die Rückzahlung eines empfangenen Darlehens an den verspricht, von dem er es erhalten hat. Dabei ist freilich nicht zu verkennen, daß, wenn die Genossenschaft sich auf die in ihrem Besitz befindlichen Wechsel Geld beschaffen will, sie dies leichter erreicht, wenn sie von ihren Mitgliedern gezogene Wechsel hat, denn in der Regel pflegen die Banken nur diese zu diskontieren. Freilich die Reichsbank pflegt die Diskontierung der „Finanzwechsel" oder „Bürgschaftswechsel" abzulehnen, und auch die Banken verhalten sich heute ablehnend gegenüber Finanzwechseln. Auch soll die Genossenschaft die aus dem einfachen Vorschußgeschäft stammenden Wechsel nicht zur Geldbeschaffung weiter begeben, denn sie hat darauf Rücksicht zu nehmen, daß diese Wechsel in der Regel prolongiert werden müssen.

2. Es bedarf bei eigenen Wechseln zur Erhaltung des Wechselrechts gegen die Aussteller weder der Präsentation des Wechsels am Zahlungstage noch der Proteserhebung; vielmehr kann gegen diese binnen der ganzen dreijährigen Verjährungsfrist auch nach dem Verfalltage die Zahlung eingefordert und wechselmäßig vorgegangen werden, was bei gezogenen Wechseln nur hinsichtlich des Akzeptanten, nicht hinsichtlich des Ausstellers und des Giranten gilt (Art. 100, 77, 44 der WO.).

Der Grund liegt in der verschiedenen rechtlichen Stellung beider bei gezogenen Wechseln. Der Akzeptant eines gezogenen Wechsels hat mit dem Aussteller eines eigenen Wechsels die gleiche Stellung, indem beide als Hauptverpflichtete gelten. Dagegen gilt der Aussteller eines gezogenen Wechsels als Nebenverpflichteter, wenn auch alle Wechselverpflichteten gleichmäßig in Anspruch genommen werden können (Art. 49). Nach der Wechselordnung sind Präsentation und Protest nur zur Ausübung des Regresses gegen die Nebenverpflichteten erforderlich für den Fall, daß der Hauptverpflichtete ausfällt (Art. 41), nicht zur Erhaltung des Anspruchs an diesen selbst (Art. 44), woraus sich ergibt, daß beide Akte bei eigenen Wechseln nur dann vorzunehmen sind, wenn Indossanten vorhanden sind, gegen welche man sich den Regreß sichern will, diese gelten als Nebenverpflichtete. Dies gilt nach der Protestnovelle jetzt im Gegensatz zu früher auch für Domizilwechsel[1a]), einerlei, ob es sich um gezogene oder eigene Wechsel handelt (Art. 44, 99 WO.).

[1a]) Domizilwechsel ist ein Wechsel, der einen vom Wohnorte des Bezogenen (beim eigenen Wechsel vom Wohnort des Ausstellers) verschiedenen Zahlungsort (d. h. Ortschaft, nicht bloß Wohnung, Straße) hat (Art. 24 WO.). Über die für den Domizilwechsel geltenden Protestbestimmungen vgl. Art. 43, 99 WO. Ist der Domiziliat benannt, so ist gegen ihn zu protestieren. Der Domiziliat muß eine zur Zahlung befähigte Person (Firma) sein; „zahlbar im Kassenlokale der ..." ist nicht für eine genügende Bezeichnung des Domiziliaten erachtet.

Die Ausstellung von Domizilwechseln wird man in der Regel vermeiden können. Wenn nämlich der Aussteller nicht am Vereinsort wohnt, so bietet die Bestimmung Art. 97 der WO. das geeignete Auskunftsmittel. Man läßt den Wechsel am Orte, wo die Genossenschaft ihren Sitz hat, ausstellen und von ihm datieren; dieser Ort gilt dann als Zahlungs- und Wohnort des Ausstellers, so daß dieser hier Zahlung leisten muß und verklagt werden kann, wobei zu seiner genaueren Bezeichnung seiner Unterschrift immerhin der eigentliche Wohnort, etwa so: „A. U. aus N.", beigefügt werden kann.

Nach diesen Ausführungen hängt die Erhaltung des Wechselrechts gegen die Aussteller der eigenen Wechsel von der Präsentation am Zahlungstage nicht ab, vielmehr bleibt das Wechselrecht bis zum Ablauf der dreijährigen Verjährungsfrist bestehen, während der der wechselmäßige Anspruch jederzeit erhoben werden kann. Dagegen ist die Präsentation des Wechsels unerläßlich, um den Schuldner in Verzug zu setzen (Art. 39, 98, Nr. 5 WO.), denn der Wechselschuldner ist nur gegen Aushändigung des Wechsels zu zahlen verpflichtet, was voraussetzt, daß ihm der Wechsel zur Zahlung vorgezeigt werden muß. Die Präsentation muß am Zahlungsort, und zwar im Geschäftslokal oder in Ermangelung eines solchen in der Wohnung des Schuldners geschehen. Wenn man das Geschäftslokal der Genossenschaft als Zahlungsstelle in den Wechseln bezeichnet, so gilt dies als Verzicht auf die Präsentation seitens des Gläubigers, mit der Wirkung, daß nun der Gläubiger — also hier die Genossenschaft — behufs der Präsentation am Verfalltage sich nicht in das Lokal des Schuldners, vielmehr dieser sich in das Lokal der Genossenschaft begeben und hier gegen Vorzeigung und Aushändigung des Wechsels Zahlung leisten muß, widrigenfalls ihn die Folgen des Verzugs, insbesondere auch die Protestkosten treffen.

3. Diese Erleichterungen treten auch bei der Wechselbürgschaft ein.

Die WO. enthält über die Bürgschaften nur die Bestimmung im Art. 81 (98 Nr. 10), daß der Aussteller, Akzeptant und Indossant, überhaupt jeder Unterzeichner eines Wechsels, Akzepts oder Indossaments, selbst dann wechselmäßig verpflichtet wird, wenn er sich dabei nur als Bürge benannt hat, so daß sich der Wechselinhaber wegen seiner ganzen Forderung an jeden einzelnen halten kann und die Wahl hat, welchen darunter er zuerst belangen will. Es ist sogar zu empfehlen, den Wechselbürgen sich ausdrücklich als „Bürgen" auf dem Wechsel bezeichnen zu lassen, um das Rechtsverhältnis unter den Ausstellern klarzustellen [2]).

---

[2]) Vgl. hierzu die in den BlfGW. 1903, S. 179 mitgeteilte Entsch. d. RG. (Entsch. d. RG. Bd. 51, S. 69). Es kam in Frage, ob der aus dem gezogenen Wechsel in Anspruch genommene Bürge dem ihn in Anspruch nehmenden Bürgen den Einwand aus dem Bürgschaftsverhältnis entgegenhalten kann. Nach dem BGB. (§ 426) haften Gesamtschuldner einander nur zu gleichen Anteilen. Ist also bei der Wechselzeichnung zwischen zwei Personen vereinbart, daß sie beide als Bürgen den Wechsel zeichnen wollten, so könnte unzweifelhaft der von dem einen Bürgen wegen der ganzen Wechselsumme in Anspruch genommene Mitbürge den Einspruch erheben, daß er nur zum gleichen Anteil, zur Hälfte hafte. Zweifelhaft wird die Zulässigkeit des Einwands aus der Gesamtschuld, wenn mehrere Personen den Wechsel als Bürgen, jeder einzeln ohne vorgängige Vereinbarung unabhängig von den anderen auf Ansuchen des Schuldners ge-

Indem die Bürgen den Wechsel selbst mit unterzeichnen und so als Mitaussteller, trotz ihrer beigefügten Bezeichnung als Bürgen, nach Art. 81 eintreten, bedarf es weder der Präsentation noch des Protestes gegen sie, vielmehr geht, wenn die Zahlung im Geschäftslokal bestimmt wird, auch diese Verpflichtung von selbst auf sie mit über. Da es indessen im Interesse der Genossenschaft liegt, die Bürgen so viel wie möglich zu schonen, läßt man die Zwangsvollstreckung in der Regel zuerst gegen den Schuldner allein ausführen und nimmt die Bürgen erst nach deren fruchtlosem Verlaufe in Anspruch, wenn eine andere Deckung nicht zu erreichen ist[3]).

Ist auch der eigene Wechsel die Urkunde, die dem einfachen Vorschußgeschäft entspricht, so war doch auch wie bemerkt (S. 239) bei vielen Vorschußvereinen für den Vorschußverkehr die Tratte — der gezogene Wechsel — im Gebrauch. Der gezogene Wechsel beeinflußt infolge der regelmäßig bei Prolongationen erforderlichen Erneuerung des Wechsels die Ordnung günstig; regelmäßige Abzahlung bei Prolongation, pünktliche Zinszahlung, Zustimmung des Bürgen bei Prolongation werden durch den gezogenen Wechsel besser gewährleistet als durch den eigenen Wechsel.

Bedient sich die Genossenschaft der gezogenen Wechsel für das Vorschußgeschäft, so sollten diese Wechsel jedenfalls von den wirklichen Geschäftswechseln, die diskontiert werden, streng getrennt gehalten werden, denn allein die letzteren gehören allenfalls zu den liquiden Mitteln (S. 197).

Hat die Genossenschaft einen domizilierten Wechsel genommen, so ist stets zu empfehlen, den Akzeptanten zu benachrichtigen, um etwaigen Wechselfälschungen auf die Spur zu kommen.

Zum Schluß noch die Mahnung an die pünktliche Beobachtung der Stempelsteuervorschriften des Wechselstempelsteuergesetzes.

Der Wechsel soll schon vor der Übergabe verstempelt sein; dies wird sich zuweilen nicht durchführen lassen, denn die Personen, die den eigenen Wechsel ausstellen, werden vielleicht nicht imstande sein, die Stempelmarke zu kassieren. In allen solchen Fällen wird das Vorstandsmitglied der Genossenschaft die Marke im Beisein

---

zeichnet haben. Das Reichsgericht nahm früher den Standpunkt ein, daß auch in diesem Fall der Einwand zulässig wäre. Dieser Standpunkt ist in der erwähnten Entscheidung des Reichsgerichts teilweise aufgegeben, das Reichsgericht hält den Einwand nur dann für zulässig, wenn die Eigenschaft der Wechselzeichner als Bürgen auf dem Wechsel zum Ausdruck gekommen ist.

[3]) Eine solche, wenn auch nur teilweise Deckung wird aber meist durch das Geschäftsguthaben des Schuldners zu erlangen sein (vgl. S. 144).

eines Verpflichteten für diesen und in seinem Auftrag kassieren (Vordatierung unzulässig!), ehe es den Wechsel entgegennimmt.

Auch Wechsel, die bei der Annahme noch nicht alle Erfordernisse eines solchen enthalten, bei denen z. B. das Datum offen gelassen ist, um dieses dann bei dem Gebrauch auszufüllen, sind stempelpflichtig.

Weiter sind folgende Bestimmungen hervorzuheben:

Tritt die Verfallzeit eines auf einen bestimmten Zahlungstag gestellten Wechsels oder eines Sichtwechsels später als 3 Monate nach dem Ausstellungstag ein, so ist auf die Zeit bis zum Verfalltag für die ersten neun Monate und für je fernere auch nur angefangene sechs Monate je eine weitere Abgabe in Höhe des bisherigen Wechselstempels zu entrichten.

Bei Wechseln mit bestimmtem Zahlungstage darf die erste dreimonatige Frist, ohne die Erhebung der weiteren Wechselstempelabgabe nach sich zu ziehen, um fünf Tage überschritten werden.

Als Wechsel im Sinne dieser Vorschriften sind auch die sogenannten Blankettwechsel anzusehen. Ist in ihnen keine Summe eingesetzt, so werden zunächst 10000 RM. zwecks Versteuerung angenommen. Wird später eine andere Summe eingesetzt, so erfolgt Nachregulierung durch Nacherhebung oder Erstattung der Steuer. Der Erstattungsantrag bei nachträglicher Ausfüllung von Blankowechseln mit einer niedrigeren Summe als 10000 RM. muß innerhalb eines Zeitraums von einem Jahr von der Eintragung des Geldbetrags ab gestellt werden. Fehlt der Ausstellungstag, so tritt dafür der Übergabetag ein. Fehlt die Angabe der Zahlungszeit, so tritt die Verpflichtung zur weiteren Stempelentrichtung nach Ablauf der betreffenden Zeiten von dem Ausstellungs- bzw. Übergabetage ein.

Die weiteren Abgaben können bis zum Verfalltag im voraus entrichtet werden, sie können aber auch innerhalb der ersten drei Tage des Zeitraums erfolgen, für den sie fällig werden. Die Entrichtung liegt dem Inhaber der Wechsel ob.

Die Prolongation ist bezüglich der Verstempelung ebenso wie das Liegenlassen der Wechsel während der Verjährungsfrist ohne Bedeutung — beide bringen nicht die Verpflichtung zur Nachverstempelung mit sich. Das Gesetz unterscheidet ausdrücklich zwischen Verfalltag und Zahlungstag — die Prolongation aber schiebt nur den Zahlungstag hinaus, nicht auch den Verfalltag — vgl. hierüber BlfGW. 1909, S. 649 und die Ministerialentscheide S. 834, 892 daselbst.

Vorschußverlängerung.

Die Vorschußverlängerung geschieht äußerlich in der Weise, daß der Schuldner die Zinsen für den Prolongationszeitraum bezahlt, in der Regel also für ein Vierteljahr. Bei Wechseln pflegen die Zinsen meist im voraus entrichtet zu werden, während sich bei der Verwendung von Schuldscheinen in manchen Gegenden die nachträgliche Zinszahlung eingebürgert hatte. Selbstverständlich muß auch auf Kapitalabzahlung bei der Verlängerung gehalten werden.

Die Darlehen dürfen weder im Wege der Prolongation, noch sonst durch Umgehung der Zahlungsfristen zu festen Kapitalanlagen bei den Schuldnern werden, wie dies früher von einer ganzen Anzahl von Genossenschaften mehr oder weniger geduldet wurde. Mitglieder, die an ein derartiges „Entgegenkommen" gewöhnt sind, weisen sicher das Ansinnen der Zahlung, wenn endlich die Genossenschaft das Geld verlangt, als etwas Unerhörtes, Unberechtigtes zurück, haben sie doch ihre Zinsen usw. richtig bezahlt, Bürgen gestellt — meist die alten, denen sie ihrerseits wiederum zu denselben Geschäften dieselben Dienste leisten — sie sind sicher, wie kann man Zahlung von ihnen fordern. Mit solcher Kreditgewährung kommt Schlaffheit und Unordnung in die Geschäfte, und damit der Rückgang in den wirtschaftlichen Verhältnissen. Die Forderung wird von Jahr zu Jahr schlechter, ihr Eingang immer gefährdeter, je länger sie aussteht, bis die geringste Veranlassung den Zusammenbruch des Mitgliedes herbeiführt und für die Genossenschaft Verlust zur Folge hat.

Schulze-Delitzsch hat den Grundsatz aufgestellt, daß ein Vorschuß in zehn Vierteljahrsraten, d. h. also in 2½ Jahren getilgt werden soll.

Kapital und Zinszahlung werden auf der Rückseite des Wechsels oder Schuldscheins vermerkt. Eine Erneuerung der Schuldscheine findet in der Regel nicht statt; eigne Wechsel werden nur alle drei Jahre umgeschrieben, da sie drei Jahre nach dem Verfalltag gültig bleiben. (Art. 100 WO.) Nach Ablauf dieser Verjährungsfrist verlieren sie ihre Gültigkeit, sind also dann nicht etwa als Schuldscheine zu betrachten.

Bei gezogenen Wechseln ist bei jeder Verlängerung die Ausstellung eines neuen Wechsels nötig, falls nicht die Genossenschaft Aussteller ist, der Wechsel sonst also nur das Akzept des Schuldners trägt. Aber selbst dann ist Umschreibung des Wechsels geboten.

Daß die Ausstellung neuer Urkunden bei jeder Verlängerung das strengste und wirksamste Verfahren darstellt, auch die Bürgen automatisch über die Höhe ihrer Verpflichtungen unterrichtet hält, ist klar. Wer es durchführen kann, sollte an diesem Verfahren unbedingt festhalten.

Die Genossenschaft braucht sich zwar um die Verpflichtung des Bürgen nicht zu kümmern; der Bürge hat seine Rechte selbst wahrzunehmen. Die Genossenschaft hat aber die moralische Pflicht, den Bürgen zu schützen. Dazu gehört auch, daß der Bürge über die Höhe seiner Verpflichtung auf dem laufenden bleibt, sei es durch jeweilige Zustimmung zur Verlängerung, sei es durch alljährliche Benachrichtigung durch die Genossenschaft über den Umfang seiner Verpflichtung.

Man kann sich nicht darauf verlassen, daß der Bürge am Fälligkeitstage selbständig prüft, ob er gegen weitere Prolongation Einspruch erheben und Befreiung von der Bürgschaft fordern soll. Kommt aber ein Bürge in Schaden, dann wird er Bekannte und Freunde vor jeder Bürgschaftsübernahme warnen und das Ansehen der Genossenschaft beeinträchtigen, er wird zu einem Feinde der Genossenschaft und diese wie ihre Mitglieder haben den Nachteil. Wenn zuweilen behauptet wird, die Bürgen verzichten gern auf ihre Zustimmung, wegen der damit verbundenen Weitläufigkeiten, so müßte immer hinzugesetzt werden, die Bürgen sind sich der Bedeutung ihrer Handlungsweise nicht bewußt; solche Bürgen sind auch von geringerem Werte.

In der jedesmaligen Beibringung der Unterschrift des Bürgen zur Verlängerung liegt sicherlich eine Erschwernis der Geschäftsführung. Man wird daher nicht unbedingt verlangen müssen, daß bei jeder Verlängerung ein **neuer** Wechsel oder Schuldschein ausgestellt wird. Das Vorgehen der ländlichen Darlehnskassen und anderer Konkurrenz muß dabei berücksichtigt werden. Zum wenigsten lasse man von vornherein den Bürgen auf unbestimmte Zeit sein **Einverständnis** mit allen Verlängerungen erklären. Vorzuziehen ist natürlich, wenn diese Einwilligung des Bürgen in die Verlängerung — bei eignen Wechseln im Laufe der dreijährigen Verjährungsfrist — bei **jeder** Verlängerung, mindestens aber alljährlich eingeholt wird, was immerhin leichter zu erreichen ist als die Neuausstellung eines **Wechsels**. Die Unterschrift ist entweder vor dem Vorstand oder einem Vertrauensmann der Genossenschaft zu geben (über Vertrauensmänner vgl. S. 272). Unter keinen Umständen darf man es dem Schuldner überlassen, die Unterschrift des Bürgen beizubringen.

Wird eine Genehmigung des Bürgen zur Prolongation gefordert, so darf mit Rücksicht auf BGB. § 777 **keine Fristbestimmung** eingefügt werden. Vielmehr darf die Genehmigung nur lauten:

Mit der Verlängerung der Wechselschuld Nr. . . .
des . . . .
an den Vorschußverein zu . . . . . im Betrage
von RM. . . . . . . erkläre ich mich einverstanden.

Kaum eine Frage hat die Kreditgenossenschaften so oft beschäftigt wie die der **Behandlung der Prolongation**.

Der AllgGenTag zu Berlin (1899) hat mit Bezug auf die Behandlung der Prolongation folgenden Beschluß gefaßt:

„Bei der Handhabung der Prolongation ist der stets den Genossenschaften erteilte Rat, auf regelmäßige Abzahlung Bedacht zu nehmen, im Auge zu behalten; die Genehmigung des Bürgen zu den Prolongationen ist in einer Weise zu ordnen, daß als Mindesterfordernis die Verpflichtung der Genossenschaft betrachtet wird, den Bürgen über den Umfang seiner Verpflichtungen in gewissen Zeiträumen unterrichtet zu halten. Die bücherliche Einrichtung ist so zu treffen, daß die Höhe der Prolongationen zu ersehen ist."

Nicht gering sind die Schwierigkeiten, die die Behandlung der Prolongation für die **Statistik** bereitet, weil die Kreditgenossenschaften leider nicht immer scharf unterscheiden zwischen neuer Kreditgewährung und Verlängerung.

Dringend erwünscht wäre es, daß jede Genossenschaft **eine besondere Statistik** über die Prolongation von Vorschüssen und **über das Alter der Vorschüsse** bearbeitete.

II. Diskontierung von Geschäftswechseln.

Der **Vorschußwechsel** beurkundet einen Kredit, den das Mitglied für seinen Geschäftsbetrieb empfängt, einen Kredit, der das Mitglied befähigen soll, Geschäfte einzugehen; der Erfolg aus der Benutzung des Kredits steht natürlich noch aus; — der **Geschäftswechsel** ist die Folge eines bereits durch das Mitglied ausgeführten Geschäfts; der Schuldner nimmt die Zahlungsfrist in Anspruch und gibt dafür sein Akzept, um den Gläubiger in den Stand zu setzen, sich auf das Akzept Geld zu beschaffen.

Auch ohne wechselmäßig auf seinen Schuldner zu ziehen, könnte der Aussteller, als Darlehnsnehmer, seine Forderung an den Dritten, die Genossenschaft, zur Sicherheit des erhaltenen Darlehns verpfänden (vgl. S. 231); doch verdient die Einholung des Akzepts und Diskontierung des Wechsels den Vorzug.

Das Diskontieren von Wechseln, die auf Grund eines bereits abgeschlossenen Warengeschäftes ausgestellt sind, gehört zu den solidesten Geschäftszweigen eines Bankinstituts, den die Kreditgenossenschaften zu pflegen alle Veranlassung haben. Tatsächlich hat das Diskontgeschäft in der Neuzeit für die Genossenschaften eine gewaltige Bedeutung gewonnen, einmal weil infolge der Kreditnot der Wechselumlauf stark zunahm, zum andern, weil die Genossenschaften sich durch Weiterbegebung der Wechsel Geld beschaffen konnten, im allgemeinen Bankkredit überhaupt fast nur auf diesem Wege zu erschließen war und noch ist (S. 187). Die Fülle des angebotenen Wechselmaterials macht es den Genossenschaften zur besonderen Pflicht, alle Wechsel von der Diskontierung auszuschließen, die nicht reine Warenwechsel sind, die nicht dem kurzfristigen Betriebskredit dienen (z. B. Grundstücks- und Bauwechsel), und deren Einlösung bei Verfall nicht mit Sicherheit angenommen werden kann. Finanzwechsel aller Art, die heute häufiger als früher umlaufen, sind nicht zur Diskontierung geeignet. Von den sogenannten Hilfskrediten, die auch in die Wechselform gekleidet werden, kann hier abgesehen werden, da sie nach besonderen Gesichtspunkten beurteilt werden müssen. Auszuscheiden haben hier auch die „Kreditwechsel", die manche Genossenschaften zwecks Flüssigmachung von Ausständen auf ihre Kontokorrentschuldner ziehen und die eine ernste Bedrohung der Liquidität darstellen, namentlich wenn der Diskonterlös aus diesen Wechseln zu neuer Kreditabgabe benutzt wird. Der Maßstab, den die Genossenschaft an die Güte und Art der hereinzunehmenden Wechsel zu legen hat, muß um so strenger sein, je mehr die Reichsbank und andere Banken den Kreis und die Höhe der diskontierbaren Wechsel beschränken.

Die Zahlungsfähigkeit der Wechselverpflichteten ist sorgfältig zu prüfen. Wechsel, deren Akzeptanten man nicht kennt, oder die außer dem Giro des Einreichers nicht wenigstens eine als gut bekannte weitere Unterschrift tragen, kann man erst dann diskontieren, wenn man gute Auskünfte über die Verpflichteten erhalten und sich überzeugt hat, daß der Wechsel mehrere gute Unterschriften trägt. Dabei ist zu berücksichtigen, daß in so unsichern Zeiten wie den jetzigen alle Auskünfte mit besonderer Vorsicht zu betrachten sind, weil die Auskünfte mit großer Zurückhaltung abgefaßt zu sein pflegen und oft zwischen den Zeilen mehr zu lesen ist als in dem Wortlaut der Auskunft selbst[4]).

Von Wichtigkeit ist, daß den Namen der Wechselverpflichteten deren Beruf beigefügt ist, denn hieraus lassen sich Rückschlüsse auf das zugrundeliegende Geschäft ziehen.

Der Ankauf domizilierter Wechsel ist dem Akzeptanten grundsätzlich anzuzeigen, um etwaige Fälschungen, die bei Domizilwechseln am ersten möglich sind, aufzudecken. Diese Anzeige empfiehlt sich auch für nicht domizilierte Wechsel größeren Betrags.

Das letzte Giro soll kein Blankogiro sein, sondern auf die Genossenschaft lauten.

Ein scharfes Auge müssen die Genossenschaften auf etwaige gegenseitige Wechselziehungen ihrer Kundschaft haben, denen man sofort auf den Grund gehen muß. Zu achten ist auf sonstige unreelle Wechsel. In den Handelsplätzen gibt es Geschäftsleute zweifelhafter Art, die sogenannte Kellerwechsel in Umlauf setzen, mit den schönsten Firmenstempeln versehen, oft sogar bei bekannten, angesehenen Bankhäusern domiziliert, welch letztere, wenn es zur Einlösung kommt, von den Firmen gar keine Kenntnis haben. Maßnahmen zum Schutz gegen derartige Kellerwechsel sind in den Kreisen der Genossenschaften oft Gegenstand der Verhandlung gewesen, zuletzt auf dem AllgGenTag Danzig (1903) Mitteil. S. 165 ff., Breslau (1904) Mitteil. S. 308.

Infolge des dort gefaßten Beschlusses trat dann die „Vermittelungsstelle deutscher Genossenschaftsbanken" von A. Killies in Leipzig im Jahre 1905 ins Leben. Diese Zentralstelle hat sich in der Folgezeit für die Kreditgenossenschaften des Allgemeinen Verbandes als wertvolle Einrichtung erwiesen, die aber immer noch nicht genügend von ihnen benutzt wird.

---

[4]) Umgekehrt werden die Genossenschaften sehr häufig um Auskünfte über ihre Kunden angegangen. Bei der Abfassung ist auf sorgfältige Ausdrucksweise Wert zu legen, damit die Auskunft keinen falschen Eindruck erweckt. Zurückhaltung ist angebracht; in kritischen Fällen ist zu überlegen, ob die Auskunft nicht besser abzulehnen ist. Stets versehe man die Auskünfte mit der Klausel daß die Genossenschaft keine Haftung für die Richtigkeit des Inhalts übernimmt, andernfalls die Auskunft ungelesen zurückzugeben sei (vgl. Rechtsprechung des Reichsgerichts). Die Genossenschaft muß sich aber trotzdem bewußt bleiben daß sie für fahrlässige oder vorsätzlich falsche Auskunft unter Umständen herangezogen werden kann.

Es erscheinen daselbst Listen, die gegen mäßiges Honorar bezogen werden können und die die Kellerwechselfirmen zur Kenntnis der Kreditinstitute bringen.

Diese Stelle gibt auch eine Protestliste für Genossenschaften heraus.

Das Diskontgeschäft ist unter die Kreditgewährung einzureihen, mag man es rechtlich und volkswirtschaftlich auch als Kaufgeschäft betrachten, denn die Genossenschaft gewährt dem Diskontierenden die Wechselsumme, abzüglich der Zinsen, bis zum Verfall. Die Kreditgewährung ist jedenfalls eine tatsächliche Folge des Diskontgeschäfts.

Der AllgGenTag zu Gotha (1894) hat infolgedessen ausgesprochen: „Die Diskontierung von Geschäftswechseln ist ein dem Wechseleinreicher gewährter Kredit. Die Gesuche um Diskontierung von Wechseln unterliegen deshalb wie jedes andere Kreditgesuch den Vorschriften des Statuts über Kreditgewährung."

Die Verbindlichkeiten aus eingereichten Diskontwechseln fallen auch in die gemäß § 49 d. Ges. durch die Generalversammlung zu bestimmende Höchstkreditgrenze der Einzelmitglieder (S. 210), hier also des Wechseleinreichers. Unbestritten dürfte heute sein, daß eine Verteilung des Wechselobligos auf die verschiedenen Wechselverpflichteten nach dem Verfahren der Reichsbank eben wegen jener gesetzlichen Bestimmung für die Genossenschaften unmöglich ist, zumal die Verpflichteten außer dem Einreicher oft gar kein Mitglied sein werden.

Vor der Diskontierung unakzeptierter Tratten muß gewarnt werden, es sei denn, daß der Einreicher anderweite Sicherheit für den Diskontkredit stellt. Die Diskontierung einer unakzeptierten Tratte mit einer Unterschrift würde die Gewährung eines Blankokredits an den Aussteller bedeuten. Mitunter läßt man sich mit der Einreichung solcher Tratten die zugrundeliegende Forderung von Fall zu Fall abtreten (S. 231). Ohne diese Abtretung kann der Aussteller über die Forderung unbehindert verfügen; die Forderung gehört auch im Falle des Konkurses des Ausstellers zur Konkursmasse.

Eine Sicherheitsbestellung durch Bürgschaft, Hypothek oder dergl. empfiehlt sich oft auch für ein Wechselobligo, sobald dieses eine gewisse Höhe überschreitet. Erfahrungsgemäß wird die Gefahr des Wechselobligos der Kunden immer wieder unterschätzt; es ist mindestens so wichtig, die Höhe der Wechselverbindlichkeiten festzustellen wie den Stand der Kontoverpflichtungen eines Mitglieds; einerlei ist dabei, ob die Wechsel im Kontokorrent gutgeschrieben werden, so daß darüber verfügt werden kann, oder ob der Diskonterlös dem Mitglied bar ausgezahlt wird. Die Bedeutung des Wechselobligos tritt sofort zutage, wenn Wechsel unbezahlt zurückkommen. Wenn das Konto des Wechselkunden erschöpft ist, können auf diese Weise schnell üble Kontoüberziehungen entstehen. Es empfiehlt sich, dem Kunden dann nur die Rückrechnung zuzusenden — zwecks Notifikation des Regresses muß dies „eingeschrieben" geschehen — den Protestwechsel selbst aber zurückzuhalten, damit man diesen gegebenenfalls einklagen kann. Zu empfehlen ist ferner, in die Allg. Geschäftsbedingungen eine Bestimmung des Inhalts aufzunehmen, daß die Genossenschaft berechtigt ist, unbezahlte Wechsel auch dann einzuklagen, wenn sie bereits auf Konto zurückbelastet sind.

Wechselverlängerungen sind tunlichst von der Diskontierung auszuschließen; lassen sie sich gar nicht umgehen, so verlange man wenigstens eine Teilzahlung.

Im Konkursfalle sind auch nicht fällige Wechsel anzumelden, und zwar, wenn verschiedene Verpflichtete in Konkurs geraten sind, sämtliche Wechsel in jedem Verfahren.

Nach der Verordnung vom 3. Juli 1925 können im Wechselprozeß Zinsen mit 2% über Reichsbankdiskont berechnet werden.

Eine besondere Art des Diskontgeschäfts ist der Ankauf von Primadiskonten. Hierunter versteht man Akzepte erster Banken und Bankfirmen, die börsenmäßig gehandelt werden. Werden solche Bankakzepte zur Anlage müßiger Gelder angekauft — wie es bis zum Kriege in starkem Umfang üblich war —, so ist hierin kein Kreditgeschäft mit dem Einreicher zu erblicken. Ob man diese Frage in Zeiten größter Kreditnot, die auch dem Bankakzept wenigstens vorübergehend eine andere Stellung gegeben hat wie früher (S. 262), in gleichem Sinne entscheiden kann, hängt davon ab, inwieweit der Ankauf nur aus Rücksicht auf die Liquidität geschieht (vgl. S. 197).

Inwieweit auch Wechsel für Nichtmitglieder diskontiert werden können, ohne gegen die Verbotsbestimmung in § 8 Abs. 2 d. Ges. zu verstoßen, ist S. 66 ff. und 222 behandelt.

Der Wechselverkehr erfordert eine genaue Beachtung der bestehenden Formvorschriften, da formale Verstöße den Wechsel zum Diskont ungeeignet, vielleicht sogar rechtsungültig machen können.

Auf die Einzelheiten kann hier nicht weiter eingegangen werden (vgl. Vortrag Bredenbreuker BlfGW. 1925 S. 381 ff.).

Die Stempelvorschriften sind S. 241 kurz angezogen.

III. Beleihung von Wertpapieren usw. (Lombardierung).

Das „Lombardgeschäft" im weitesten Sinne beschränkt sich nicht allein auf die Beleihung von Wertpapieren. Für die Kreditgenossenschaften aber kommt fast nur die Beleihung von Wertpapieren in Frage; die Lombardierung von Waren ist zwar durch die Inflation mehr in Aufnahme gekommen als früher, kommt aber auch heute noch in den Genossenschaften seltener vor, zumal es zur Rechtsgültigkeit der Verpfändung gehört, daß der Eigentümer ohne Mitwirkung der Genossenschaft oder eines Treuhänders nicht über das Pfand verfügen kann. Die Ware muß also von der Genossenschaft in Besitz genommen oder einem Treuhänder übergeben werden. Das Warenlombardgeschäft erfordert eingehende Sachkenntnis, damit nicht die Genossenschaft durch Preisschwankungen, Verderb von Waren u. a. m. Schaden erleidet.

Die Beleihung von Wertpapieren gehört an und für sich zu den sichersten Geschäften. Für sie gelten die gleichen Grundsätze, wie für die einfache Darlehnsgewährung, wenn für diese die Sicherheit durch Hinterlegung von Wertpapieren bestellt wird. Tatsächlich ist die „Lombardierung" nur eine besondere Art des Vorschußkredits, des durch Wertpapiere gedeckten Vorschußkredits. Unbedenklich ist die Beleihung der bei der Reichsbank beleihbaren Wertpapiere im Rahmen der Beleihungsgrenzen der Reichsbank. Vorsicht ist geboten bei der Beleihung von Sachwertanleihen, die stärkeren Kursschwankungen unterworfen sein können. Ein Blick auf die Kursentwicklung der festverzinslichen Wertpapiere überhaupt aus den letzten Jahren zeigt, wie sehr auch dieser sonst als so sicher betrachtete Geschäftszweig von der allgemeinen Lage berührt worden ist.

Wertpapiere, die nicht an einer deutschen Börse gehandelt werden, und Industrieaktien sind in der Regel nicht als geeignete Kreditunterlage zu betrachten (vgl. Beschluß des AllgGenTages Breslau (1904) Mitteil. S. 212).

Anteile an einer G. m. b. H. sind keine Wertpapiere und können nur durch notarielle Beurkundung verpfändet werden; ihr

Wert ist schwer zu bestimmen, weshalb sie höchstens nur zur Verstärkung einer Sicherheit in Frage kommen sollten.

Daß die Genossenschaft durch die Beleihung von Wertpapieren nicht dem Börsenspiel der Mitglieder Vorschub leisten und die Kreditgewährung für Spekulationsgeschäfte nicht etwa als Mittel zur Heranziehung neuer Kunden benutzen darf, braucht kaum hervorgehoben zu werden. Selbstverständlich sollte sein, daß Spekulationen der Vorstands- und Aufsichtsratsmitglieder mit den Mitteln der Genossenschaft ausgeschlossen sein müssen (S. 222).

Die zu beleihenden Wertpapiere müssen sich in verkäuflichem Zustande befinden. Erneuerungs- und Zinsscheine dürfen niemals fehlen. Die Verpfändung erfolgt in der Regel durch besonderen Pfandschein, auf dem die Papiere nach Serien, Buchstaben und Nummern geordnet werden. Die Verpfändung kann aber auch auf Grund der Allgemeinen Geschäftsbedingungen geschehen, die eine Pfandklausel enthalten. Vgl. Muster im Anhang.

Besondere Aufmerksamkeit ist zu schenken dem Depotgesetz, auf dessen Bestimmungen und Vorschriften im XIV. Kapitel eingegangen werden wird.

Zur Aufbewahrung und Verwaltung von Wertpapieren muß die Genossenschaft die nötigen Einrichtungen haben, wie auch die Kenntnis des Wertpapiergeschäftes für den Vorstand unerläßliche Voraussetzung für die Betreibung dieses Geschäftszweiges ist.

IV. Kredit im Kontokorrent.

Hatte schon in der Vorkriegszeit die Gewährung von Kontokorrentkredit an die Mitglieder der Genossenschaften immer weiteren Eingang gefunden derart, daß das Vorschußgeschäft in manchen Bezirken, z. B. der Pfalz, ganz in den Hintergrund getreten war, so hat die laufende Rechnung in der Neuzeit neben dem Wechseldiskontgeschäft eine noch höhere Bedeutung gewonnen.

In der Tat ist diese Art des Geldverkehrs für den Kreditnehmer die vorteilhafteste und bequemste. Der Kontoinhaber kann

1. jeden Augenblick jede gerade benötigte Summe, wenn auch nur bis zu dem vereinbarten Höchstbetrag, abheben;
2. jeden Augenblick beliebige Einzahlungen auf sein Konto leisten und so von jeder Mark und jedem Tag Zinsen erzielen.

Eine andere Frage ist, wie sich die Genossenschaften hierzu verhalten sollen; hier handelt es sich nicht, wie sonst, um ein Darlehensgesuch von bestimmter Höhe auf bestimmte Frist, dessen Gewährung man je nach den jedesmaligen Kassenverhältnissen in der Gewalt hat, und wo auf Wiedereingang des Geldes am Verfalltage zu rechnen ist; vielmehr muß man innerhalb eines bestimmten, im voraus bewilligten Höchstbetrages zur Zahlung beliebiger Summen jeden Augenblick bereit sein und kann sich weder auf deren Beträge, noch auf die Zeit des Abrufs vorher mit Sicherheit einrichten. Dasselbe ist hinsichtlich der Einzahlungen auf ein solches Konto der Fall, mögen diese als Rückzahlungen auf gewährten Kredit oder als Einlagen zu künftiger Abhebung geleistet werden. Man weiß weder, wann noch in welchen Beträgen diese Zahlungen erfolgen. Man wird zwar den größten Schwankungen dadurch ein Ziel setzen, daß man für die Abhebung größerer Beträge eine vorherige Benachrichtigung fordert, indessen bleiben die Kassendispositionen doch immer erschwert, weil sie sich auf den mutmaßlichen Bewegungen der Konten aufbauen müssen.

Ganz besonders dürfen daher die für die Liquidität der Genossenschaft geltenden Grundsätze (S. 194 ff.) nicht aus dem Auge verloren werden, denn, um dies nochmals hervorzuheben, die Eigenart des Kontokorrent-Verkehrs liegt darin, daß die Genossenschaft jederzeit bereit sein muß, nicht nur Kontoguthaben zurückzuzahlen, sondern auch Auszahlungen auf bewilligte Kredite zu leisten.

Über das Wesen des Kontokorrents und die bei der Kontoführung zu beachtenden Grundsätze vgl. die Ausführungen im X. Kapitel.

Vorsichtige Abfassung der Bedingungen ist für den Kontokorrentverkehr um so nötiger, weil im HGB., mit Ausnahme der Bestimmungen in den §§ 355—357[5]), über die Verzinsung,

---

[5]) Mit Rücksicht auf ihre Wichtigkeit bringen wir die §§ 355—357 HGB. nachstehend zum Abdruck.

§ 355: „Steht jemand mit einem Kaufmanne derart in Geschäftsverbindung, daß die aus der Verbindung entspringenden beiderseitigen Ansprüche und Leistungen nebst Zinsen in Rechnung gestellt und in regelmäßigen Zeitabschnitten durch Verrechnung und Feststellung des für den einen oder anderen Teil sich ergebenden Überschusses ausgeglichen werden (laufende Rechnung, Kontokorrent), so kann derjenige, welchem bei dem Rechnungsabschluß ein Überschuß gebührt, von dem Tage des Abschlusses

Rechnungsperiode und Pfandbestellung nichts enthalten ist. Gerade in dem hier erwähnten „Überschuß", dem Saldo, liegt aber die Eigentümlichkeit der laufenden Konten. Gebhart

---

an Zinsen von dem Überschusse verlangen, auch soweit in der Rechnung Zinsen enthalten sind.

Der Rechnungsabschluß geschieht jährlich einmal, sofern nicht ein anderes bestimmt ist.

Die laufende Rechnung kann im Zweifel auch während der Dauer einer Rechnungsperiode jederzeit mit der Wirkung gekündigt werden, daß derjenige, welchem nach der Rechnung ein Überschuß gebührt, dessen Zahlung beanspruchen kann."

§ 356: „Wird eine Forderung, die durch Pfand, Bürgschaft oder in anderer Weise gesichert ist, in die laufende Rechnung aufgenommen, so wird der Gläubiger durch die Anerkennung des Rechnungsabschlusses nicht gehindert, aus der Sicherheit insoweit Befriedigung zu suchen, als sein Guthaben aus der laufenden Rechnung und die Forderung sich decken.

Haftet ein Dritter für eine in die laufende Rechnung aufgenommene Forderung als Gesamtschuldner, so findet auf die Geltendmachung der Forderung gegen ihn die Vorschrift des Abs. 1 entsprechende Anwendung."

§ 357: „Hat der Gläubiger eines Beteiligten die Pfändung und Überweisung des Anspruchs auf dasjenige erwirkt, was seinem Schuldner als Überschuß aus der laufenden Rechnung zukommt, so können dem Gläubiger gegenüber Schuldposten, die nach der Pfändung durch neue Geschäfte entstehen, nicht in Rechnung gestellt werden. Geschäfte, die auf Grund eines schon vor der Pfändung bestehenden Rechtes oder einer schon vor diesem Zeitpunkte bestehenden Verpflichtung des Drittschuldners vorgenommen werden, gelten nicht als neue Geschäfte im Sinne dieser Vorschrift."

Zu § 356 führt Gebhart folgendes Beispiel an:

„Nehmen Sie an, Sie haben in die erste Kontokorrentperiode ein Darlehn von 5000 M. aufgenommen, wofür Sie eine Hypothek haben. Nun schließt der Saldo mit 3000 M. ab. Da können Sie nun diese Sicherung allerdings noch für den Betrag des Saldos geltend machen, aber nicht höher; und wenn er in der nächsten Periode 7000 M. ist, können Sie nicht sagen, hier steckt noch eine Hypothekenforderung von 5000 M. darin, sondern die Sicherung ist nur für die 3000 M. des ersten Saldos noch bestehend. Also, meine Herren, seien Sie da vorsichtig und nehmen Sie derartig feststehende Forderungen in gesonderten Konten auf, wenn es auch mehr Arbeit macht."

Zur Erläuterung des § 357 bemerkt Gebhart:

„Eine weitere praktische Bestimmung enthält § 357 HGB.; er regelt die Befugnisse eines dritten Gläubigers, welcher den etwaigen Anspruch seines Schuldners auf den Saldo pfänden läßt. Wenn halbjährlicher Abschluß vereinbart ist, so hätte eine am 2. Februar 1900 angelegte Pfändung die Wirkung, daß der pfändende Gläubiger abwarten muß, ob am 1. Juli 1900, dem ersten Abschlußtermin nach der Pfändung, sich ein Saldo zugunsten seines Schuldners ergeben wird. Nun hätten es die Parteien des

in seinem Vortrag über den Kontokorrentverkehr auf dem AllgGenTag zu Hannover (1900) bemerkt hierzu: „Es ist gerade so, wie wenn ein Chemiker aus verschiedenen Säuren und Gasen eine neue chemische Substanz hervorbringt, die alle einzelnen Elemente, aus denen sie zusammengestellt ist, enthält, und doch eine neue von diesen verschiedene Substanz ist; die einzelnen Elemente sind vollständig in ihr aufgegangen. Dieses Verfahren nennt man juristisch: Novation. Der Saldo, die neue Forderung, ist das einzige richtige, gültige Lebewesen geworden; es können im Kontokorrentverkehr die verschiedensten Forderungen enthalten sein, alle sind sie, wenn der Saldo gezogen und anerkannt ist, nicht mehr rechtlich existent." Hieraus ergibt sich als Wirkung, daß durch die Ziehung und Anerkennung des Saldos alle bisher bestandenen Einzelposten wirklich untergehen; es können auch aus den einzelnen Posten keine Einwendungen mehr erhoben werden, es sei denn, daß die Voraussetzungen der ungerechtfertigten Bereicherung (BGB. § 812) vorhanden sind. Des weiteren ergibt sich hieraus, daß die Sicherheit, welche für einzelne Posten gewährt ist, z. B. durch Hypothek, Bürgschaften, durch Ziehung und Anerkennung des Saldos in etwa erloschen ist. HGB. § 356 bestimmt, daß, wenn in dem Kontokorrentverkehr solche Forderungen, für die eine besondere Sicherheit gegeben ist, aufgenommen

---

Kontokorrentverkehrs in der Hand, zu sorgen, daß am 2. Februar 1900 an sich das Verhältnis — durch weitere Kreditgewährungen — so gestaltet würde, daß der pfändende Gläubiger am 1. Juli 1900 keinem Aktivsaldo, sondern einem Passivsaldo seines Schuldners gegenüberstände. Um dies zu verhindern, bestimmt nun § 357, daß von dem Augenblicke der Pfändung an, dem pfändenden Gläubiger gegenüber keine neuen Schuldposten, welche durch neue Geschäfte nach der Pfändung entstehen, in Rechnung gestellt werden dürfen; es ist also für den pfändenden Gläubiger derjenige Saldo gepfändet, der sich im Augenblick der Pfändung ergibt; wenn also im obigen Falle am 2. Februar 1900 der Schuldner des pfändenden Gläubigers mit 7000 M. im Überschusse war, gebührt dieser Saldo dem letzteren.

Dagegen muß sich nach einer weiteren Bestimmung dieses Paragraphen der pfändende Gläubiger gefallen lassen, daß solche Schuldposten, welche zwar erst nach dem 2. Februar 1900 entstanden sind, aber auf Grund von vorher aufgenommenen Verpflichtungen, am Saldo abgezogen werden dürfen.

Nehmen Sie an, daß nach dem 2. Februar 1900 5000 M. Kundenwechsel als unbezahlt zurückgehen, welche dem Schuldner vor dem 2. Februar 1900 bei der Hingabe auf das Haben verbucht wurden, so hat der pfändende Gläubiger nur auf 7000 — 5000 = 2000 M. Anspruch."

werden, diese auch noch bezüglich des Saldos geltend gemacht werden können, aber nur in der Höhe der versicherten Forderung und in Höhe höchstens des Saldos.

Aus der Notwendigkeit des Umsatzes ergibt sich, daß die Genossenschaften das Konto, auf dem ein Umsatz nicht stattfindet, schließen müssen, sie mögen dann mit dem Kontoinhaber einen Darlehensvertrag vereinbaren.

Es haben sich durch allgemeinen Brauch Bedingungen für den Kontokorrentverkehr herausgestellt; vgl. darüber die im Anhang mitgeteilten Geschäftsbedingungen.

Früher war es vielfach üblich, daß der Kontoinhaber der Genossenschaft einen in deren Gewahrsam bleibenden Wechsel über den Maximalbetrag, den er auf das Konto überhaupt entnehmen durfte, ausstellte, um, wenn bei der Abrechnung Reste verblieben, welche er nicht rechtzeitig deckte, wechselmäßig gegen ihn verfahren zu können. Zu solchen Depotwechseln benutzte man regelmäßig eigene (Sola-) Wechsel, die der Kontoinhaber als Aussteller unterzeichnete. Diese wurden auf eine bestimmte Zeit nach Sicht gestellt, deren Präsentation nach Art. 19 und 98 Nr. 3 der WO. nach Maßgabe der darin aufzunehmenden besonderen Bestimmung, und, in deren Ermangelung, innerhalb zweier Jahre nach der Ausstellung erfolgen mußte. — Zur Sicherung des Ausstellers gegen eine Weiterbegebung des deponierten Wechsels seitens der Genossenschaft diente der darin aufzunehmende Vermerk: „nicht an Order". Der Zweck dieser Wechsel, schleuniges Verfahren, läßt sich aber nach Einführung des Urkundenprozesses auch durch eine einfache Urkunde erreichen. Dazu kommt noch, daß die eigentümliche Rechtsnatur des Kontokorrentverkehrs einem schikanösen Schuldner verschiedene Einreden gegen die Klage aus einem solchen Wechsel in die Hand gibt, welche zum mindesten die schleunige Verurteilung aufhalten. Auch selbst wenn man sich einen solchen Depotwechsel ausstellen läßt, darf niemals unterlassen werden, von dem Kontoinhaber eine besondere Krediturkunde über den von der Genossenschaft eingeräumten Kredit und die Bedingungen, unter denen er gewährt wird, unterzeichnen zu lassen. Neuerdings geht man mehr und mehr dazu über, diese besonderen Krediturkunden über einen ganz bestimmten Kredit zu ersetzen durch Allgemeine Geschäftsbedingungen (Muster s. Anhang), die alles Nötige über das Kontokorrentverhältnis, auch die Pfandklausel enthalten, und die man zweckmäßigerweise vom Kontoinhaber unterschreiben läßt, auch wenn mit Rücksicht auf die Pfandklausel diese Bedingungen stempelpflichtig werden (z. B. in Preußen). Unter Kaufleuten wird es zwar genügen, wenn die Genossenschaft beweisen kann, daß der Kontoinhaber ihre Geschäftsbedingungen erhalten und stillschweigend entgegengenommen hat; doch ist die Unterzeichnung der Bedingungen durch den Kontoinhaber der sicherere Weg, zumal die meisten Kunden der Genossenschaften keine Kaufleute sind und die Stempelausgabe, soweit sie in den einzelnen Ländern überhaupt erhoben wird, nur geringfügig ist und auch nur eine einmalige Ausgabe bedeutet.

Wichtig ist die klare Feststellung über den Schluß des Kontos, über das Ende der ganzen Geschäftsverbindung. Allerdings kann ein Kredit fest auf eine gewisse Frist, z. B. drei Monate, vereinbart werden, indessen bildet die der Natur des Verhältnisses entsprechende Eröffnung des Kontos auf unbestimmte Zeit die Regel, da auf eine möglicherweise eintretende Verschlechterung der Kreditverhältnisse des Kontoinhabers Rücksicht genommen werden muß.

Die Banken pflegen seit der Stabilisierung die Kontokorrentkredite auf einen Monat zu gewähren, indem sie die Kredite bei Ablauf entweder stillschweigend durch Zins- und Provisionsaufgabe oder durch besondere Schreiben von Fall zu Fall verlängern, sich aber im übrigen auch während der Laufzeit der Kredite jederzeitige Kündigung vorbehalten. Sie haben außerdem eingeführt, daß alle fest zugesagten Kredite sofort in voller Höhe einem sogenannten Vorschußkonto belastet und anderseits einem Umsatzkonto gutgeschrieben werden, auf welch letzterem allein die Umsätze getätigt werden, während auf dem Vorschußkonto nur die vom Kreditnehmer gewünschten oder von der Bank verlangten Veränderungen des zugesagten Kredites selbst unter entsprechender Verrechnung mit dem Umsatzkonto gebucht werden. Solange der Kontoinhaber den Kredit nicht voll in Anspruch nimmt, muß also das Umsatzkonto ein Guthaben aufweisen, das zu den üblichen Bedingungen verzinst wird; dagegen hat der Kreditnehmer den auf Vorschußkonto belasteten Kredit voll zu verzinsen, derart, daß in der Regel die Kreditprovision monatlich im voraus, die Zinsen monatlich nachträglich belastet und dann auf Umsatzkonto übertragen werden. Kommen Kontoüberziehungen vor, so zeigt das

Umsatzkonto ein Soll; diese Überziehungen müssen eine höhere Provision als die zugesagten Kredite bezahlen. Das Verfahren, dem sich auch hier und da Kreditgenossenschaften angeschlossen haben, bedeutet zwar eine technische Mehrbelastung der Bank und verteuert den Kredit, hat aber den gerade zur Zeit hoher Zinssätze sehr zu schätzenden Vorteil, daß Überziehungen durch Zinsauflauf besser vermieden werden als bei dem sonst üblichen viertel- oder halbjährlichen Kontoabschluß, der im übrigen auch für das Umsatzkonto beibehalten ist.

Beiden Teilen — Genossenschaft wie Kreditnehmer — muß das Recht zustehen, die laufende Rechnung jederzeit ohne Frist aufzukündigen, mit der Maßgabe, daß der Kontoinhaber entweder in kurzer Frist über sein Guthaben zu verfügen oder, wenn er in Schuld ist, die Genossenschaft zu befriedigen hat.

Die Genossenschaft wird von dem Rechte der Kündigung insbesondere Gebrauch zu machen haben, wenn der Kontoinhaber es an dem nötigen Umsatz fehlen läßt, weil der Schuldner durch Unterlassen der Einzahlungen seinerseits die erhaltenen Darlehen, der Natur der laufenden Rechnung zuwider, in feste Kapitalanlagen verwandelt.

Aus dem Rechtsverhältnis ergibt sich die Notwendigkeit der Saldierung des Kontos von Zeit zu Zeit. Dies geschieht durch Festsetzung bestimmter Perioden, an deren Schlusse jedesmal die erwähnte gegenseitige Aufrechnung und Aufstellung des Kredit- oder Debetsaldos erfolgt. Meist wird die Dauer einer solchen Rechnungsperiode auf ein viertel bis halbes Jahr festgesetzt. Über die Rechtswirkung der Ziehung des Saldos vgl. S. 253 ff.

Unter allen Umständen muß die schriftliche Anerkennung des den Saldo ergebenden Rechnungsabschlusses von dem Kontoinhaber gefordert werden, wenn auch nach dem Gesetz mündliche Anerkennung genügen würde; es ist die schriftliche Anerkennung schon notwendig, um dem Aufsichtsrat die Möglichkeit der Kontrolle zu bieten. Über die Rechtswirkung siehe S. 254.

Festzusetzen ist der Höchstbetrag, über welchen der Debetsaldo nicht hinausgehen darf. Auf diesen Höchstbetrag geht auch die Sicherstellung. Folglich muß bei der Kreditgewähr darauf Rücksicht genommen werden, daß auch noch Zinsen und Kosten von der

Sicherstellung gedeckt werden. Die Kreditgewähr muß daher entsprechend hinter dem Höchstbetrag zurückbleiben.

Die bereits erwähnten Umstände, das Erfordernis größerer disponibler Beträge bei dieser Art der Kreditgewährung bedingen schon an und für sich die Ausgleichung durch einen entsprechend höheren Zinssatz nebst Provision, als man ihn etwa beim Diskontieren und dem sonstigen einfachen Wechselverkehr anwendet. Früher betrug die Zinsspanne, d. h. der Unterschied zwischen Soll- und Habenzinsfuß im Kontokorrent, meist 2—3%, doch ist sie unter dem Einfluß der durch die Nachkriegszeit hervorgerufenen Umwälzungen beträchtlich gewachsen (S. 322). Um die Zinssätze des Kontokorrentverkehrs den Schwankungen des Geldmarktes nach Bedarf anpassen zu können, muß der Genossenschaft das Recht vorbehalten bleiben, jederzeit Änderungen des Zinsfußes vorzunehmen.

Im Kontokorrentverkehr war es wenigstens bei den Banken schon immer üblich, außer den Zinsen auch eine Provision zu berechnen, wenn auch manche Genossenschaften von einer solchen Provisionsberechnung absahen. Diese Provision ist aber durchaus berechtigt im Hinblick auf die größeren Anforderungen, die der Kontokorrentverkehr stellt. Sie wurde früher entweder als Kreditprovision oder als Umsatzprovision berechnet. Die Umsatzprovision wurde ganz verschieden bemessen. Die einen legten ihr die größere Umsatzseite zugrunde, andere berechneten sie von der Sollseite, die einen behandelten den alten Saldo provisionsfrei, die anderen zogen ihn mit in die Berechnung; auch wurden vielfach solche Umsätze, auf die schon eine Provision berechnet war, wie Effekten- und Devisengeschäfte, Rückwechsel, provisionsfrei gestellt. Neuerdings ist infolge der veränderten Zinsverhältnisse in der Provisionsberechnung der Banken ein tiefgreifender Wandel eingetreten, derart, daß Kreditprovision und Umsatzprovision nebeneinander berechnet und außer den Sollzinsen (Lombardsatz der Reichsbank) in Ansatz gebracht werden, so daß die Kreditkosten sich aus diesen drei Posten zusammensetzen. Vorübergehend (1924) lag auf der Kreditprovision sogar das Schwergewicht, doch ist ihr Satz mit der rückläufigen Bewegung der Geldsätze jetzt wieder unter die Höhe des Zinssatzes gesunken. Die Umsatzprovision wird in der Regel nach den alten Grundsätzen weiter erhoben und beträgt im allgemeinen 1‰ bis ¼%, meist unter Zugrundelegung eines Mindestumsatzes. Die Genossenschaften gehen zum Teil ähnlich vor, teils verzichten sie auch unter entsprechender Erhöhung des Sollzinsfußes auf die Erhebung einer Kreditprovision. Es läßt sich bei den noch immer außergewöhnlichen Zinsverhältnissen keine Norm für die genossenschaftlichen Zins- und Provisionsberechnungen aufstellen. Die Mitglieder sollen nicht überteuert werden, doch muß die Rentabilität der Genossenschaft gewahrt werden.

Weitere Ausführungen vgl. Kapitel XV.

Zur Eigenart des Kontokorrentkredits gehört die Zinseszinsberechnung; die Zinsen werden am Schluß der Geschäftsperiode dem Kapital zugeschlagen und wieder weiter verzinst. Während also bei dem einfachen Darlehnsverkehr die Zinsen bar gezahlt werden müssen, fällt hier die Barzahlung fort, es gehen die Zinsen wie jede Einzelforderung in dem Kontokorrentsaldo unter. Dabei ist aber zu berücksichtigen, daß nach § 355 HGB. diese Zinseszinsberechnung nur dann platzgreifen darf, wenn der Geschäftsverkehr auch der Rechtsnatur des Kontokorrentverkehrs entspricht. Dazu ist vor allem notwendig, daß auf dem Konto Umsatz stattfindet. Es liegt also kein eigentliches Kontokorrentverhältnis vor, wenn die geschäftliche Verbindung nur in einer Reihe einseitiger selbständiger Leistungen besteht, es müssen auch die einzelnen Posten durch eine fortlaufend geführte Rechnung äußerlich verbunden sein.

Auf die Sicherstellung des Kredits ist Wert zu legen. Sie bezieht sich auf den gesamten Kontokorrentverkehr und den beim Abschluß festgestellten Saldo, nicht etwa auf einzelne Posten der Rechnung. Sie wird außer durch Verpfändung von Wertpapieren meist in Form der Bürgschaft oder einer dinglichen Sicherheit geleistet. (S. 254 ff.)

Eine Bürgschaft kann dadurch übernommen werden, daß der Bürge den von dem Kontoinhaber ausgestellten eigenen Sichtwechsel mit als Aussteller unterzeichnet. Häufig wird sich aber der Bürge zur Eingehung der strengen wechselmäßigen Verpflichtung nicht bereit finden. Dann muß der Bürge einen Bürgschein unterschreiben, der entweder einen Teil der Kreditурkunde bildet und sich dann auf den in dieser Urkunde bezeichneten bestimmten Kredit bezieht, oder als selbständige Urkunde auftritt, derart, daß die Bürgschaft schlechthin für alle Verbindlichkeiten des Kreditnehmers gegenüber der Genossenschaft gilt. Das letztere Verfahren hat für die Genossenschaft den Vorzug, daß die Bürgschaft unverändert weiterbestehen bleibt, auch wenn die Kreditsumme erhöht oder ermäßigt wird, und von anderen Sicherheiten, die der Kreditnehmer bestellt hat, sowie von etwaigen Befristungen des Kredites unabhängig ist. Der Bürgschein muß allerdings hierbei in jedem Fall Einreden des Bürgen gemäß § 776 BGB. (Freigabe von Sicherheiten) ausschließen und außerdem ausdrücklich bestimmen, daß alle Zahlungen des Kreditnehmers auf den die Bürgschaftssumme übersteigenden Teil der Schuld verrechnet werden.

Soll die Bürgschaft erhöht werden, so wird bei gleichen Bürgen zweckmäßig ein neuer Bürgschein über den erhöhten Betrag ausgestellt.

Ist die Bürgschaft in der Krediturkunde selbst enthalten, also für einen ganz bestimmten Kredit gegeben, so ist bei Krediterhöhungen eine Klarstellung der Lage geboten.

Drei Fälle sind zu unterscheiden:

1. Die Genossenschaft hat zwei Bürgen, die solidarisch bis zum Betrage des erhöhten Kredits der Genossenschaft haftbar sind — dann kann die gewöhnliche Bürgschaftsurkunde gebraucht werden.
2. Der zweite Bürge haftet neben dem ersten für den bisherigen Betrag und darüber hinaus bis zum erhöhten Betrage.

   Formular: Wir leisten für die durch Benutzung des nach der vorstehenden Urkunde gewährten Kredits der (Firma der Genossenschaft) erwachsende Forderung an Kapital bis zum Betrage von .... RM. hierdurch Bürgschaft.

   Ferner übernehme ich, der unterzeichnete........noch weitere Bürgschaft bis zu einem den vorstehend angegebenen Betrag um .... RM. übersteigenden Betrag, der sich durch Benutzung des nach obenstehender Urkunde bewilligten Kredits ergibt.
3. Die Bürgschaft schließt sich an die erste an, erstreckt sich nicht auf den durch den ersten Bürgen sichergestellten Betrag.

   Formular: Wir Unterzeichneten leisten für die durch Benutzung des nach der vorstehenden Urkunde gewährten Kredits der (Firma der Genossenschaft) erwachsende Forderung hierdurch Bürgschaft, und zwar übernimmt der unterzeichnete A. die Bürgschaft bis zu einem Betrage von ..... RM., der unterzeichnete B. für einen weiteren Betrag von .... RM.

Eine Befristung der Bürgschaft empfiehlt sich nicht, weil die Genossenschaft dadurch zur Beachtung der Fristen gezwungen wird und durch Fristversäumnis den Anspruch gegen den Bürgen verlieren kann. Die Kündigung einer fristlosen Bürgschaft durch den Bürgen ist an sich nicht möglich mit der Wirkung, daß sich der

Bürge von der Bürgschaft befreien kann, wohl aber wird die Genossenschaft gut tun, dann keine neuen Auszahlungen mehr an den Kreditnehmer zu leisten. Auch wird die Genossenschaft dem Bürgen insoweit entgegenkommen, als sie dem Kreditnehmer zur Stellung einer anderen Sicherheit auffordert, auf Grund deren sie den alten Bürgen freigibt, sofern ihr die neue Kreditunterlage genügt.

Stets ist darauf zu achten, daß der Kredit dem Mitglied eingeräumt wird, das den Kreditvertrag bzw. die Allgemeinen Geschäftsbedingungen unterzeichnet hat, und für das die Sicherheiten bestellt sind. Der Kredit bezieht sich also nicht ohne weiteres auch auf den Rechtsnachfolger. Beim Tode des Kontoinhabers ist grundsätzlich das Konto abzuschließen; will die Witwe das Konto fortsetzen, so sind neue Urkunden auszufertigen. Dies gilt auch für Höchstbetragshypotheken, die nur für den Kreditnehmer haften, der in der Eintragsbewilligung als solcher bezeichnet ist. Daher ist auch darauf zu achten, daß in der Hypothekenbestellung durch Eheleute der Mann als Kreditnehmer bezeichnet ist, wenn, wie es die Regel bilden wird, das Konto auf Namen des Mannes allein geführt wird.

Als dingliche Sicherheit kommt in neuerer Zeit die Grundschuld mehr in Aufnahme. Sie ist zweckmäßig als abstraktes dingliches Recht zu bestellen, also ohne Bezugnahme auf einen Kredit, zu dessen Sicherstellung sie eingetragen werden soll.

V. Akzeptkredit.

Gewähren die Kreditgenossenschaften ihren Kunden Akzeptkredit, so ändert sich ihre ursprüngliche Stellung im Diskontgeschäft dahin:

a) daß sie aus Remittenten zu Akzeptanten, aus Wechselgläubigern zu Wechselschuldnern an erster Stelle werden; wogegen

b) der Kunde nicht direkt von ihnen, sondern von einem Dritten Valuta erhält, an welchen er entweder den Wechsel verkauft, oder dem er mit dem Wechsel eine Schuld abträgt, so daß nun dieser Dritte die Stelle des Wechselgläubigers gegen die Genossenschaft einnimmt.

Schon diese Verschiebung des ganzen Verhältnisses macht die Stellung der Genossenschaft dabei ungünstiger und diese Art der Kreditgewährung deshalb bedenklich. Unter keinen Umständen soll die Genossenschaft einen derartigen Kredit gewähren, wenn sie nicht ganz sicher ist, ausreichende Mittel zur Deckung zu besitzen. Die Ausstellung des Akzeptes setzt keine entsprechenden Mittel voraus — aber die Genossenschaft muß sich bewußt sein, daß, wenn sie bei der Fälligkeit nicht die nötigen Mittel hat, ihr Bestand gefährdet ist. Ausgeschlossen müssen Sichtwechsel sein.

Die Sicherstellung erfolgt am zweckmäßigsten durch Pfänder, Wertpapiere, deren schleuniger Veräußerung nichts im Wege steht.

Der Vorteil des Akzeptkredits für das Mitglied wird in der Regel darin gesehen, daß das Mitglied darauf rechnet, das Akzept so billig zu verkaufen, daß der Kredit ihm dadurch billiger zu stehen kommt als z. B. bei dem Kontokorrentverkehr. Das Mitglied muß aber bedenken, daß eine Rückzahlung des Kredits während der Laufzeit des Akzepts nicht möglich ist, also für die volle Laufzeit Diskont zu zahlen ist.

Den Genossenschaften ist die Gewährung von Akzeptkredit im allgemeinen zu widerraten wegen der mit der Einräumung eines solchen verbundenen weitgehenden Verpflichtungen, die besonders dann schwerwiegend sind, wenn es eben dem Kunden überlassen bleibt, nach Belieben über diesen Kredit zu verfügen. Dazu kommt die Wechselstrenge, die pünktliche Zahlung erfordert, ohne Rücksicht darauf, ob das Mitglied den Kredit abdeckt oder nicht. Auch allein schon der Umstand, daß die Genossenschaft in größerem Maße Akzeptkredit gewährt und daß auf sie viele Wechsel laufen, schädigt ihren Kredit.

Die Summe der umlaufenden Akzepte der Genossenschaft darf keinesfalls mehr als etwa ein Drittel des eigenen Vermögens der Genossenschaft betragen. Ähnliche Grundsätze werden von den Großbanken befolgt, die sich seit der Markstabilisierung nur zögernd zur Hergabe ihres Akzeptes entschlossen haben und nach wie vor Zurückhaltung hierin üben. Um so mehr gilt es für die Genossenschaften, deren Akzept nicht als prima Diskontpapier im engeren Sinne gilt und das nur in Frage kommen darf, wenn der auf die Genossenschaft ziehende Kunde mit diesem Wechsel einen Warenlieferanten bezahlen will. Finanztratten, d. h. Wechsel zur Geldbeschaffung, müssen ausgeschlossen bleiben; abgesehen davon unterliegt die Diskontierung von Bankakzepten durch die Reichsbank einstweilen Beschränkungen (S. 197)[6]. Die Beschaffung von Be-

[6]) Für die Großbanken seit Mai 1916 aufgehoben.

triebsmitteln im Wege des Akzepts neben der Inanspruchnahme von Bankkredit und der Weiterbegebung von Diskontwechseln kann sehr leicht zu einer Häufung von Verpflichtungen führen, denen die Genossenschaften nicht gewachsen sind.

Die auf dem AllgGenTag Hannover (1900) von dem Referenten Direktor Thorwart gemachten Ausführungen sind auch heute noch beherzigenswert. Die Genossenschaften sollen den Akzeptkredit

„beschränken auf die Begleichung von Warenschulden ihrer Mitglieder, sie sollen aber nicht diesen einen Akzeptkredit geben zur Vergrößerung ihres Geschäftskapitals; die Mitglieder sollen also nur Akzeptkredit erhalten, wenn sie vorübergehend Geld gebrauchen. Die Vorschußvereine dürfen aber endlich nur als Akzeptanten ausstellen, wenn sie genügend eigenes Kapital haben und nicht auf den Bankkredit angewiesen sind, und ferner nur dann, wenn sie über genügend flüssige Mittel verfügen, so daß sie in der Lage sind, das Akzept an dem Tage zu zahlen, wo es fällig wird, ohne fremde Hilfe in Anspruch zu nehmen."

Selbstverständlich müssen die Genossenschaften ihr Akzept in dem Augenblick buchen, in dem sie dieses aus der Hand geben, so daß der Kunde sofort belastet — in der Regel Wert 1 Tag vor Verfall — das Akzeptkonto erkannt wird, die laufenden Akzepte also unter den Passiven der Genossenschaft erscheinen.

Für die Akzepte wird eine besondere Akzeptprovision berechnet (1925 banküblich meist ¼ % je Monat).

VI. Kautionskredit.

Die Gewährung von Kautionskredit (Avalbürgschaften) gehört zu den neueren Geschäftszweigen der Kreditgenossenschaften und hat erst seit den letzten Jahren vor dem Weltkrieg weitere Verbreitung gefunden.

Die Kreditgenossenschaften haben sich mit der Frage zum erstenmal auf dem AllgGenTag zu Baden-Baden (1901) beschäftigt. Daselbst wurde „bankmäßig entwickelten Kreditgenossenschaften" empfohlen:

„als neuen Geschäftszweig die Hergabe ihres Akzeptes zum Zwecke der Bestellung von Lieferungskautionen für ihre Mitglieder aufzunehmen. Es ist hierbei jedoch ein angemessener Höchstbetrag einzuhalten und ferner zu fordern:

1. daß für die Verbindlichkeit der Genossenschaft eine gleiche Sicherheit seitens des Genossen gestellt wird, wie sie bei jeder anderen Art von Kreditgewährung notwendig und üblich ist;
2. daß die Akzeptverbindlichkeit nur solchen Personen gegenüber eingegangen wird, die nach ihrer geschäftlichen Grundlage, wie nach ihrer gewerblichen Leistungsfähigkeit vertrauenswürdig erscheinen;

3. daß Vorkehrungen zur Verhütung einer mißbräuchlichen Verwendung des Akzepts getroffen werden;
4. daß eine besondere und regelmäßig zu kontrollierende Liste der zu Kautionszwecken gegebenen Akzepte geführt wird."

Neuerdings wird mehr der Bürgschein verwandt und das Akzept aus den oben S. 262 angegebenen Gründen, die eine Beschränkung des Akzeptumlaufs der Genossenschaft nahelegen, zurückgestellt. Wird die Bürgschaft in Wechselform gegeben, wie es jetzt für Holzkaufgelder üblich ist, so pflegen die Genossenschaften die Wechsel lieber als Aussteller oder als Girant zu unterzeichnen. Einstmals wurden vielfach Sparbücher auf Namen des Mitgliedes ausgestellt und von diesem bei der Behörde hinterlegt, doch ist hiergegen einzuwenden, daß die so gebildeten Spareinlagen nur künstlich erzeugte Einlagen darstellen, was früher bei dem geringen Umfang solcher Einlagen im Verhältnis zur Gesamtsumme der Spareinlagen keine Rolle gespielt hat.

Möglich ist ferner eine Sicherheitsleistung in der Weise, daß die Genossenschaft dem Mitglied Wertpapiere aus eigenen Beständen zur Verfügung stellt, wobei das Mitglied jedoch das Kursrisiko für die Dauer der Hinterlegung übernehmen muß. Meist bestimmen diejenigen Stellen, denen die Mitglieder Sicherheit leisten sollen, die Form der Kaution.

Solche Sicherheitsleistungen kommen oft vor bei Steuer- und Zollstundungen, für Holzkaufgelder, für Übernahme von Leistungen und Lieferungen gegenüber Behörden und Unternehmern, neuerdings auch als Bürgschaft für Kredite bei der deutschen Golddiskontbank. Die früher häufige Bürgschaft für Frachtstundungen ist für die Genossenschaften seit der Gründung der Deutschen Verkehrskreditbank und der Änderung des Frachtstundungsverfahrens weggefallen, es sei denn, daß sie gegenüber dieser Bank, also indirekt, geleistet wird.

Ausfallgarantien für Hypotheken sind grundsätzlich abzulehnen (S. 219).

Wenn auch die Zentralbehörden sich fast ausnahmslos bereit zeigten, kreditwürdigen Genossenschaften die Unterstützung der Gewerbetreibenden durch die Gewährung von Kautionskrediten zu erleichtern, so ergaben sich doch bei den unteren Behörden in der Vergangenheit öfter Schwierigkeiten.

Daher sah sich der AllgGenTag zu Breslau (1904) veranlaßt, an die Behörden das Ersuchen zu richten, die Kreditgenossenschaften in ihrem Bestreben, durch Gewährung von Kautionskredit Handel- und Gewerbetreibenden die Beteiligung an Submissionen und die Bestellung von Kautionen zu erleichtern, zu unterstützen. Der Erfolg war nur ein teilweiser. Der AllgGenTag zu Posen (1913) nahm nochmals Stellung gegen die Erschwernisse, die den Kreditgenossenschaften gerade in Preußen bezüglich der Pflege dieses Geschäftszweiges bereitet wurden, währendin anderen Bundesstaaten dies bei weitem nicht der Fall war.

In den BlfGW. für 1912 S. 546, 565 sind in einem Aufsatz, der sich mit den Preußischen Zentralbehörden und der Kautionskreditgewähr beschäftigt, die verschiedenen im Laufe der Jahre ergangenen Verfügungen bzw. Erlasse höchster Behörden zusammengestellt.

In der Neuzeit macht die Sicherheitsleistung durch Genossenschaften gegenüber Behörden öfters Schwierigkeiten wegen des geringen eigenen Vermögens der Genossenschaft, ein Grund mehr, daß die Genossenschaften sich die Bildung von Geschäftsguthaben und Rücklagen angelegen sein lassen müssen.

Besondere Vorsicht ist geboten bei Bürgschaften in ausländischer Währung. Durch solche Bürgschaften sind in den letzten Jahren eine Reihe von Genossenschaften in ernste Bedrängnis geraten. Eine Valutabürgschaft kann nur übernommen werden, wenn die Genossenschaft die Gewißheit hat, daß sie im Zahlungsfalle die Valuta aufbringen kann, auch muß Zahlung in inländischem Gelde zum ausländischen Kurs vorbehalten werden. Die Sicherstellung der Genossenschaft in zweckentsprechender Weise verdient hierbei besondere Beachtung.

Die geleisteten Bürgschaften, gleich welcher Art, sind dem Mitglied auf Bürgschaftskonto (Sachkonto Bürgschaftsschuldner) zu belasten und dem unter den Passiven zu führenden Sachkonto Bürgschaften gutzuschreiben.

Hier wäre die Frage aufzuwerfen, ob die Genossenschaften die bei ihrer Verbandskasse übernommenen Haftsummen nicht auch als Garantieverpflichtungen buchen und in der Bilanz ausweisen müssen. Bisher ist dies im allgemeinen nicht geschehen, weil man diese Haftpflicht als eine Eventualverpflichtung II. Grades betrachtet hat, ebenso wie man auch die Giroverbindlichkeiten aus weiter begebenen Wechseln nicht in der Bilanz zum Ausdruck bringt. Die Frage wird bei der erhöhten Bedeutung der Verbandskassen und der Höhe der Haftsummen aber zweifelsohne geprüft werden müssen.

Die Avalprovision ist verschieden je nach Art und Dauer der Bürgschaft und wird gewöhnlich im voraus für einen gewissen Zeitraum erhoben.

VII. Beleihung und Einzug von Forderungen.

Oben (S. 234) ist bei der Darstellung der „Sicherheiten" darauf hingewiesen, daß auch sogenannte Buchforderungen für Sicherstellung in Frage kommen könnten.

Die Kreditgenossenschaften stehen der Beleihung von Forderungen keineswegs grundsätzlich entgegen. Jede Kreditgenossenschaft wird z. B. einem Gewerbetreibenden, der sich an einer Submission beteiligt und die Arbeit abgeliefert hat und insbesondere wenn die Arbeit als ordnungsmäßig befunden ist, auf eine Forderung des Gewerbetreibenden an die Behörde, die die Submission vergeben hat, den gewünschten Betrag zur Verfügung stellen. Auf die Beleihung von Forderungen kommt auch heraus die Diskontierung nicht akzeptierter Wechsel. Ganz anders aber ist es, wenn Forderungen zur Diskontierung angemeldet werden, die aus dem Verkehr zwischen Gewerbetreibenden und Konsumenten herrühren. Die Anhänger der Einführung der Diskontierung von Buchforderungen gingen soweit, für diesen Geschäftsbetrieb besondere Kreditgenossenschaften ins Leben zu rufen. Es sind dann auch 10 Kreditgenossenschaften entstanden, von denen 8 durch Konkurs ihr Ende erreicht haben! Im übrigen stellte sich die Beleihung so teuer heraus, daß den Genossenschaften gute Forderungen zur Diskontierung auch gar nicht mehr angeboten wurden. Es darf wohl ausgesprochen werden, daß die Diskontierung von Buchforderungen für Deutschland, wenigstens in der Form eines besonderen Geschäftszweiges, als erledigt zu betrachten ist. Besonders hat man sich davon überzeugt, daß die Diskontierung von Buchforderungen nicht geeignet ist, die Borgwirtschaft zu bekämpfen. Sehr aufklärend hat eine Verfügung der Reichsbank gewirkt, nach der die Reichsbank solchen Firmen, die ihre Buchforderungen diskontieren lassen, keinen Wechselkredit mehr einräumt, sofern nicht eine spezielle Sicherheit geleistet wird (BlfGW. 1913 S. 372). Die Kommission des Deutschen Handelstages betr. Geld, Banken, Börsen hat sich dahin ausgesprochen, daß eine systematische Forderung der Diskontierung von Buchforderungen nicht wünschenswert sei (BlfGW. 1913 S. 623).

Die Deutsche Bank hat wohl, als die Agitation für die Einführung der Diskontierung von Buchforderungen einsetzte, durch eine besondere Geschäftseinrichtung diesen Wünschen entgegenkommen wollen. Es ist aber nichts darüber bekannt geworden, daß hiermit praktische Erfolge verbunden gewesen sind. Man darf daher annehmen, daß nennenswerte Erfolge nicht erzielt sind. Nach der Inflationsperiode ist es von der Diskontierung von Buchforderungen still geworden, besonders nachdem der Wechselumlauf leider auch in Konsumentenkreisen stark gewachsen ist.

Es bleibt natürlich jeder Kreditgenossenschaft unbenommen, ausstehende Handwerkerforderungen zu beleihen, vorausgesetzt, daß die Außenstände gut sind und als ausreichende Sicherheit betrachtet werden können. Vorsicht ist aber auch hier geboten (S. 231).

Weiter ist in Vorschlag gebracht, der Genossenschaft Handwerkerforderungen zum Einzug zu überweisen. Einzelne Genossenschaften haben diesen Geschäftszweig aufgenommen. Andere haben erklärt, daß ihr Ansehen dadurch leiden würde. Man kann sich wohl nicht allgemein dafür oder dagegen aussprechen. In der Regel dürfte es allerdings wohl richtiger sein, besondere Genossenschaften oder Organisationen für diesen Zweck ins Leben zu rufen, was auch an manchen Plätzen, z. B. in Süddeutschland, geschehen ist. Die mit dem Einzug von Handwerkerforderungen verbundene Arbeit ist eine sehr große, soll der gewünschte Erfolg erzielt werden, denn es kann sich natürlich nicht allein darum handeln, daß der Schuldner zur Zahlung aufgefordert wird, sondern es wird weiter in Betracht kommen, daß bei der Gelegenheit vielleicht schwierige finanzielle Verhältnisse geordnet werden.

XIII. Kapitel.

Das Verfahren bei der Kreditgewährung.

Welche Grundsätze sind für die Entscheidung der Genossenschaft über die beantragte Kreditgewährung maßgebend?

Auszugehen ist dabei von dem S. 88 behandelten Grundsatz, daß der Vorstand die Geschäftsführung — der Aufsichtsrat die Kontrolle derselben hat. Die Kreditgewährung ist ein Akt der Geschäftsführung, der der fortdauernden Kontrolle des Aufsichtsrats unterliegt. Diese Kontrolle ist so einzurichten, daß dem Vorstande bei der Kreditgewährung nicht vollständig freie Hand zu lassen ist, sondern Einrichtungen getroffen werden, die die Genossenschaft gegen die Folgen von Irrtum und Leichtsinn des Vorstandes bei der Kreditgewährung möglichst schützen. Daraus ergibt sich, daß eine gewisse Mitwirkung des Aufsichtsrates geboten ist.

Es fragt sich, welche Stellung dabei dem Aufsichtsrate einzuräumen ist.

Die Kreditgewährung darf dem Vorstand nicht entzogen werden, niemals darf ohne oder gar gegen seinen Willen vom Aufsichtsrate die Bewilligung eines Kredits durchgesetzt werden. Vielmehr gelangen die Kredite bei richtiger Praxis an den Aufsichtsrat erst, nachdem sich der Vorstand für die Bewilligung entschieden hat, zur Genehmigung. Demnach soll der Aufsichtsrat in der Lage sein, Geschäfte dieser Art zu verhindern, aber nicht dieselben gegen den Willen des Vorstandes durchzusetzen. Andernfalls würde die Geschäftsführung von dem Vorstand auf den Aufsichtsrat übergehen. Und dies würde zur Folge haben, daß die Verantwortung verschoben, die Kontrolle ausgeschaltet wird. Daraus ergibt sich, daß der Vorstand über Bewilligung von Krediten zunächst allein zu befinden hat und nur zur Einholung der Genehmigung des Aufsichtsrates bei den Krediten verpflichtet werden kann, für deren

Gewährung er sich seinerseits entschieden hat, wogegen Gesuche, auf welche der Vorstand nicht einzugehen für gut findet, dem Aufsichtsrate nur zur Kenntnis zu bringen sind, um ihm ein Bild über die Geschäftsbehandlung des Vorstandes zu bieten.

Bei größeren Genossenschaften würde es auch genügen, wenn der Aufsichtsrat sich in Ausschüsse teilt, die abwechselnd bei der Prüfung der von dem Vorstande dem Aufsichtsrate zur Genehmigung unterbreiteten Kredite mitwirken, obwohl zu einer solchen Teilung nur geschritten werden sollte, wenn die glatte Abwickelung des Geschäftsverkehrs keinen anderen Ausweg gestattet. Auch würde es nicht zu empfehlen sein, etwa als weiteres Organ eine besondere Kreditkommission einzusetzen. Dies wäre unerträglich mit der Stellung des Aufsichtsrats, der für die Mitwirkung bei dem wichtigsten Geschäftszweig beiseite geschoben würde.

Wo diese Genehmigung bei jedem einzelnen Kreditgesuche wegen bedeutenden Geschäftsumfanges nicht eingeholt werden kann, erscheint die Aufstellung einer sogenannten Kreditfähigkeitsliste in gemeinsamer Sitzung beider Organe zweckmäßig, um den Aufsichtsrat bei Beurteilung der Kreditfähigkeit der einzelnen Mitglieder mitwirken zu lassen und dadurch den Vorstand zu binden, nicht über den so festgesetzten Höchstbetrag hinauszugehen. Diese Liste ist selbstverständlich häufigen Revisionen zu unterwerfen, um sie bei den wechselnden Verhältnissen im laufenden zu halten. Die Kreditfähigkeitsliste bedeutet, daß bis zur festgesetzten Höhe der Vorstand nach freiem Ermessen dem eingeschätzten Mitglied Kredit gewähren kann; natürlich ist dem Vorstand damit nicht freie Hand gegeben, ohne weiteres bis zur Höchstsumme zu gehen, ohne Rücksicht auf die Sicherheit des Kreditnehmers. Er darf unter keinen Umständen dem Mitglied einen höheren Kredit gewähren, als er glaubt verantworten zu können. Soll die Kreditfähigkeitsliste überschritten werden, so müßte für diesen Fall die Genehmigung des Aufsichtsrats eingeholt werden. Eigenmächtige Überschreitungen der Liste durch den Vorstand gehen auf persönliche Verantwortung der Vorstandsmitglieder, genau wie die Überschreitung eines bestimmten genehmigten Kredits.

Die Ansichten über den Wert und die Zweckmäßigkeit der Kreditfähigkeitsliste gehen auseinander, wie aus den Verhandlungen der Revisoren in Freudenstadt (1925) hervorgeht, die nicht zu einer Einigung über diesen Gegenstand zu gelangen vermochten.

Vor allem spricht gegen die Liste, daß der Aufsichtsrat über die Art der Sicherstellung der Kredite bei diesem Verfahren ursprünglich nicht mitzusprechen hat, ein Punkt, der gerade nach den letztjährigen Umwälzungen von ausschlaggebender Bedeutung sein müßte. Zudem ist in der heutigen Zeit die richtige Einschätzung der Mitglieder mit besonderen Schwierigkeiten verbunden, wie auch die derzeitige Beschränktheit der genossenschaftlichen Mittel die Aufstellung der Liste schwieriger als in der Vorkriegszeit gestaltet. In Fällen, wo die Mitglieder nicht über Grundstücke und sonstige nach außen hervortretende Werte verfügen, ist heute eine Einschätzung ohne Unterlagen über Vermögen und Schulden des Mitgliedes nicht möglich, zumal bei Geschäftsleuten, die in der Regel immer Warenschulden und Akzeptverbindlichkeiten haben. Diese Unterlagen werden aber kaum von den Mitgliedern zu erlangen sein, solange diese keinen Kredit beanspruchen.

Der Genehmigung der Kredite seitens des Aufsichtsrates von Fall zu Fall ist daher gerade heute unbedingt der Vorzug zu geben. Auch für Genossenschaften mit ausgedehntem Mitgliederkreis bedeutet dies erfahrungsgemäß keine Erschwerung des Geschäftsverkehrs, da hier ohnedies häufige regelmäßige Aufsichtsratssitzungen abgehalten werden und in eiligen Fällen ausnahmsweise eine Abstimmung durch Rundfrage gegeben ist.

Auf die jedesmalige Einholung der Genehmigung des Aufsichtsrats wird man dagegen verzichten müssen bei der Diskontierung von Geschäftswechseln, da hier in der Regel eine sofortige Erledigung des Geschäfts geboten ist.

Für diesen Geschäftszweig empfiehlt es sich daher, die Mitglieder durch Vorstand und Aufsichtsrat auf einen Höchstkredit einzuschätzen, bis zu dem dann der Vorstand bei der Diskontierung ohne Zuziehung des Aufsichtsrates gehen kann, wobei natürlich der Vorstand jeden Wechsel auf seine Güte zu prüfen hat.

Hier ist dieses Verfahren um so mehr angebracht, als es für den Aufsichtsrat wichtiger ist, die Höhe der Gesamtwechselverbindlichkeiten des Mitgliedes zu kennen, als jeden einzelnen diskontierten Wechsel zu erfahren. Die in manchen Genossenschaften bestehende Übung, dem Aufsichtsrat lediglich die seit der letzten Sitzung diskontierten Wechsel bekanntzugeben, ohne das Gesamtobligo zu nennen, hat nur wenig praktischen Nutzen.

Bei einzelnen Genossenschaften erscheint täglich oder mehrmals wöchentlich zur bestimmten Stunde eine Kommission des Aufsichtsrates im Geschäftslokal der Genossenschaft, um über die Diskontierung der inzwischen eingereichten und vom Vorstand für einwandsfrei befundenen Geschäftswechsel von Fall zu Fall ohne Kreditfähigkeitsliste zu beschließen.

In Großstädten muß der Aufsichtsrat möglichst so zusammengesetzt sein, daß die verschiedenen Stadtbezirke im Aufsichtsrat vertreten sind, oder man hat darauf zu achten, daß Vertreter der wichtigsten Berufsgruppen dem Aufsichtsrat angehören. Die Bildung von Bezirksausschüssen hat sich bewährt.

Einer besonderen Besprechung bedarf die Kreditgewährung an ländliche Mitglieder (vgl. S. 217). Die Prüfung der Kreditwürdigkeit auswärts wohnender Mitglieder ist für die in der Stadt wohnenden Vorstands- und Aufsichtsratsmitglieder schwierig, selbst wenn, was nicht dringend genug empfohlen werden kann, mit Rücksicht auf die ländliche Mitgliedschaft in den Aufsichtsrat ländliche Mitglieder gewählt sind. Aber es muß auch weiter für Erleichterung des Verkehrs zwischen Genossenschaft und Mitgliedern gesorgt werden. Man darf nicht übersehen, welch großen Aufwand an Zeit und Kosten es für die Mitglieder erfordert, die entfernt vom Sitz der Genossenschaft wohnen, wenn sie zur Erledigung jeder geschäftlichen Angelegenheit sich an den Sitz der Genossenschaft begeben müssen — und ganz besonders, wenn sie etwa noch den Bürgen mitbringen müssen. Hat dann das Dorf eine Darlehnskasse oder gibt die Sparkasse Kredit auf Wechsel und Schuldschein, so liegt es nahe, daß der Landwirt sich an diese wendet, mag auch der Geschäftsbetrieb weit weniger seinen Bedürfnissen und Wünschen entsprechen. Und die Gelder wird er an die Stelle hinbringen, die ihm am bequemsten liegt. Selbstverständlich dürfen keine Erleichterungen auf Kosten der Sicherheit und der Durchführung bewährter Grundsätze geschaffen werden.

Folgende Organisation hat sich im allgemeinen für den Geschäftsverkehr mit Landwirten bewährt, die allerdings örtlichen Verhältnissen und Bedürfnissen angepaßt werden muß.

1. Der ländliche Bezirk, auf den sich der Geschäftsbetrieb der Genossenschaft erstreckt, wird in Kreise geteilt, für jeden Kreis wird möglichst aus den in demselben angesessenen Mitgliedern von Vorstand und Aufsichtsrat der Genossenschaft ein Vertrauensmann und ein Stellvertreter oder auch ein Vertrauens-

ausschuß (Lokalausschuß) bestellt. Besteht ein Vertrauensausschuß, so hat dieser sich mit Vorsitzendem und Schriftführer zu konstituieren.

2. Mitgliederanmeldungen und Kreditgesuche sowie Anträge auf Prolongationen aus dem Bezirk gehen direkt an den Vertrauensmann (Vertrauensausschuß); dem Vertrauensmann (oder Vorsitzenden des Ausschusses) liegt die Korrespondenz mit der Genossenschaft ob, und er hat die vom Vorstande und Aufsichtsrate vorgeschriebenen Listen (Mitglieder des Bezirks, Belastung der Mitglieder durch Schuld oder Bürgschaft usw.) zu führen.

3. Die Mitgliederanmeldungen, Kreditgesuche usw. hat der Vertrauensmann mit einem Gutachten dem Vorstande zu übermitteln. Die Gutachten bleiben geheim. Wo ein Ausschuß besteht, wird das Gutachten auf Beschluß desselben erstattet.

4. Aufgabe des Vertrauensmannes bzw. Vorsitzenden des Ausschusses ist, die Unterschriften von Ortsangehörigen auf den für die Genossenschaft bestimmten Urkunden zu beglaubigen.

5. Von dem Beschluß der Verwaltung der Genossenschaft werden sowohl das Mitglied wie der Vertrauensmann (Vorsitzender des Ausschusses) in Kenntnis gesetzt.

6. Die Auszahlung der Darlehen wie die Rückzahlung erfolgt in der Regel bei der Genossenschaft; nur wenn das Mitglied die Genehmigung des Vorstandes dazu erlangt hat, kann es an den Vertrauensmann (Vorsitzenden des Ausschusses) Zahlung leisten und erhält dann von diesem eine Interimsquittung. Die ordnungsmäßige Quittung der Genossenschaft geht dem Mitgliede durch den Vorstand zu.

Die Richtlinien, die für die Organisation der Vertrauensmänner-Einrichtung gelten, sind festgelegt in dem Beschluß des AllgGenTages zu Freiburg (1909): „Der Allgemeine Genossentag empfiehlt denjenigen Kreditgenossenschaften, deren Wirkungskreis sich auf mehrere Gemeinden erstreckt, den Geschäftsverkehr der auswärtigen Kunden mit der Genossenschaft tunlichst zu fördern und zu erleichtern und zu diesem Zweck Vertrauensmänner einzusetzen, deren Aufgabe es ist, Kunden und Genossenschaft bei der Abwicklung des Geschäftsverkehrs zu unterstützen. Ferner ist auf die Errichtung von Nebenstellen (Agenturen) Bedacht zu nehmen, sofern nach den örtlichen Verhältnissen ein Bedürfnis dazu vorhanden ist und geeignete Personen für die Verwaltung gefunden werden können."

Als „Geschäftsbestimmungen" für die Nebenstellen[1]) der Kreditgenossenschaften wurden folgende vom AllgGenTag angenommen:

---

[1]) Nicht zu verwechseln mit eigentlichen Zweigniederlassungen. Über diese und deren Unterschied von den Nebenstellen vgl. Kapitel XVII.

1. Die von .... (Firma der Genossenschaft) in .... (Ort der Nebenstelle) errichtete Nebenstelle wird von einem Vertrauensmann verwaltet und hat den Zweck, den Geschäftsverkehr der Einwohner .... (Ort der Nebenstelle) mit der Genossenschaft zu erleichtern und zu fördern.

2. Zu diesem Behufe ist der Verwalter der Nebenstelle berechtigt und verpflichtet, Anträge und Gesuche jeder Art entgegenzunehmen. Er hat das gesamte für die Beurteilung und Erledigung eines Antrages wesentliche Material dem Vorstand zur geschäftsordnungsmäßigen Beschlußfassung zu unterbreiten, insbesondere Anträge auf Kreditgewährung durch gewissenhafte Information über die Verhältnisse des Antragstellers und die von diesem etwa angebotenen Sicherheiten zu ergänzen.

3. Die Entscheidung über Kreditanträge steht nicht dem Verwalter, sondern lediglich den durch das Statut der Genossenschaft hierzu berufenen Organen zu.

Von der Entscheidung ist sowohl der Verwalter wie der Antragsteller durch unmittelbare Benachrichtigung seitens des Vorstandes in Kenntnis zu setzen.

4. Im Falle der Bewilligung des Kredits ist der Verwalter ermächtigt, unter Entgegennahme der erforderlichen ordnungsmäßig vollzogenen Urkunden gemäß Aufgabe des Vorstandes Zahlung an das Mitglied zu leisten.

Sonstige Auszahlungen, wie solche im Sparkassen-, Depositen-, Scheck-, Kontokorrent- oder Diskontverkehr vorkommen, sind gleichfalls nur laut Aufgabe des Vorstandes seitens des Verwalters vorzunehmen.

5. Der Verwalter ist befugt:

a) Spareinlagen-, Depositen- und Scheckeinlagen entgegenzunehmen;

b) jede Art von Zahlungen der Mitglieder, insbesondere Wechseldeckungen, Abzahlungen auf Darlehn, Zinsen, Rückzahlungen im Kontokorrentverkehr anzunehmen,

und darüber Interimsquittungen zu erteilen, die nach Aufgabe an den Vorstand von diesem durch die in den betreffenden Geschäftszweigen üblichen Quittungen der Genossenschaft zu ersetzen sind.

6. Sämtliche Einnahmen und Ausgaben hat der Verwalter nach der Reihenfolge der Erledigung in ein Kassabuch einzutragen und hierbei alles zu vermerken, was für die spätere Verbuchung des Geschäftsvorfalles von Wichtigkeit ist.

Die vereinnahmten Beträge sind von dem Verwalter als Eigentum der Genossenschaft gesondert von seinem eigenen Geldbestande aufzubewahren. Kassenbestände über ... RM. hinaus sind seitens des Verwalters an die Genossenschaft ohne Verzug abzuführen.

7. Mindestens einmal wöchentlich hat der Verwalter einen Auszug aus dem von ihm zu führenden Kassabuche dem Vorstande einzureichen. Dem Auszuge sind alle in der letzten Woche eingegangenen Urkunden beizufügen.

8. Der Vorstand hat den Auszug nebst allen Anlagen zu prüfen und die aufgegebenen Posten ordnungsmäßig zu verbuchen. Nach Richtigbefinden hat er dem Verwalter Bestätigung zu erteilen.

9. Mindestens zweimal jährlich hat sich der Vorstand durch unangemeldete Revisionen der Nebenstelle von der ordnungsmäßigen Führung der Geschäfte, der Übereinstimmung der ihm zugegangenen Auszüge mit dem vom Verwalter zu führenden Kassabuche sowie dem Vorhandensein des buchmäßigen Sollbestandes zu überzeugen. Über etwa hierbei ermittelte Unstimmigkeiten hat der Vorstand dem Aufsichtsrat Bericht zu erstatten und für deren schleunige Aufklärung Sorge zu tragen.

10. Nach dem Schlusse des Geschäftsjahres sind alle Mitgliedsgegenbücher und Sparkassenbücher derjenigen Personen, welche sich zur Erledigung ihrer Angelegenheiten der Vermittlung der Nebenstelle bedienen, dem Vorstand vorzulegen.

Der Vorstand hat

a) sämtliche Bücher mit den bei der Genossenschaft geführten Konten zu vergleichen und die Richtigkeit aller Eintragungen festzustellen;

b) in den Gegenbüchern die Dividende, in den Sparkassenbüchern die Zinsen für das letzte Jahr einzutragen;

c) die Gegenbücher abzuschließen und die bestehenden Guthaben und Schuldsaldi auf das neue Jahr vorzutragen.

Die Buchinhaber sind durch unmittelbare Benachrichtigung seitens des Vorstandes von der Höhe ihrer Verpflichtungen oder ihres Guthabens in Kenntnis zu setzen. Etwaige Differenzen sind ohne Verzug richtigzustellen und dem Buchinhaber direkt mitzuteilen.

11. Für seine Mühewaltung erhält der Verwalter eine jährlich zu berechnende Vergütung, deren Höhe sich nach der Summe der Zinsen richtet, die die Genossenschaft durch Vermittlung der Geschäftsstelle vereinnahmt oder verausgabt hat.

12. Der Verwalter hat bei seiner Geschäftsführung die Sorgfalt eines ordentlichen Geschäftsmannes anzuwenden und haftet sowohl der Genossenschaft als allen übrigen Beteiligten für jeden durch seine Schuld verursachten Schaden. Hinsichtlich der von ihm vermittelten Geschäfte hat er Stillschweigen zu beobachten.

Über Kredite an Vorstands- und Aufsichtsratsmitglieder vgl. S. 222 ff., Sicherheitsleistung S. 226 und Prolongation S. 220.

Zu empfehlen ist den Genossenschaften die Anlage von „Personalakten" über ihre Mitglieder, in denen die eingeholten Auskünfte und sonstigen Informationen gesammelt werden. Der Besitz solcher Akten erleichtert wesentlich die Entscheidung über Kreditgesuche. Die Anlegung der Akten beginnt mit der Selbstschilderung des Kreditsuchenden über seine Verhältnisse. Ebenso dient auch wesentlich der Einziehung zuverlässiger Auskünfte über Kreditsuchende und Bürgen die Bildung von Lokalausschüssen nach den Bezirken, über welche sich die Genossenschaft erstreckt, oder die Bildung von Bezirksausschüssen innerhalb des Aufsichtsrates, oder die Bestellung von Aufsichtsratsmitgliedern als Vertrauenspersonen (vgl. oben), die die Pflicht haben, in jedem Falle die erforderlichen Erkundigungen einzuziehen. In den letzteren Fällen wird dem Vorstande von der Vertrauensperson dann auch nur mündlich über das Bericht erstattet, was in Erfahrung gebracht ist. Alle diese Auskünfte werden, wenn Personalakten angelegt sind, zu denselben genommen, wobei bei mündlicher Mitteilung eine kurze Notiz durch den Vorstand in den Akten genügt.

Vorstands- wie Aufsichtsratsmitglieder sind zur strengsten Verschwiegenheit über die erhaltenen Auskünfte und die die Kreditgesuche betreffenden Verhandlungen verpflichtet. Wird diese Verschwiegenheit nicht beobachtet, macht z. B. eins der Aufsichtsratsmitglieder dem Kreditsucher Mitteilung von einer ungünstigen Auskunft, einem in der Sitzung von einem Mitgliede gefällten ungünstigen Urteile, so hat dies nur zu leicht, wie die Erfahrung lehrt, erbitterte Feindschaft unter den Beteiligten zur Folge. Nur dem Bürgen gegenüber wird in der Regel vollste Offenheit auch nach dieser Richtung hin notwendig sein. Sind die Auskünfte über den Kreditsuchenden schlecht, so ist der Bürge zu warnen, da die Genossenschaft, wie schon gesagt, um ihrer selbst willen und um die Institution der Bürgschaft nicht zu diskreditieren, moralisch verpflichtet ist, auch die Interessen des Bürgen zu wahren.

Von besonderer Bedeutung sind hier einige Einrichtungen, die bei dem Gericht vorgesehen sind. Es ist durch die Reichsgesetzgebung die Führung von Verzeichnissen solcher Personen, welche bereits den Offenbarungseid geleistet haben, ferner solcher, bezüglich deren die Konkurseröffnung wegen Mangels genügender Masse abgelehnt wurde, den Amtsgerichten zur Pflicht gemacht. Die betreffenden Vorschriften lauten:

§ 915 ZPO.: „Das Vollstreckungsgericht hat ein Verzeichnis derjenigen Personen zu führen, welche vor ihm den Offenbarungseid geleistet haben oder gegen welche wegen Verweigerung des Eides die Haft angeordnet ist. Die Vollstreckung einer Haft ist in dem Verzeichnisse zu vermerken, wenn sie sechs Monate gedauert hat. Sind seit dem Schlusse des Jahres, in welchem die Eintragung in das Verzeichnis bewirkt ist, fünf Jahre verstrichen, so ist die Eintragung dadurch zu löschen, daß der Name unkenntlich gemacht oder das Verzeichnis vernichtet wird.

Die Einsicht des Verzeichnisses ist jedem gestattet, auch hat der Gerichtsschreiber auf Antrag über das Bestehen oder Nichtbestehen einer Eintragung Auskunft zu erteilen."

§ 107 Abs. 2 KO.: „Das Gericht hat ein Verzeichnis derjenigen Schuldner zu führen, bezüglich deren der Eröffnungsantrag (wegen Mangels einer den Kosten des Verfahrens entsprechenden Konkursmasse) abgewiesen worden ist. Die Einsicht des Verzeichnisses ist jedem gestattet. Nach dem Ablaufe von fünf Jahren seit der Abweisung des Eröffnungsantrags ist die Eintragung in dem Verzeichnisse dadurch zu löschen, daß der Name unkenntlich gemacht wird."

Auch die Einsicht des Grundbuches kann natürlich für die Krediteinschätzung von hohem Werte sein. Das Grundbuch ist nun allerdings nicht in dem Sinne öffentlich, daß jedem die Einsicht gestattet ist. Nach § 11 der RGBO. ist die Gewährung der Einsicht von der Darlegung eines berechtigten Interesses abhängig gemacht. Die Landesjustizverwaltungen sind nach § 93 GBO. ermächtigt, die Einsicht in weiterem Umfange zu gestatten; es würde also nichts im Wege stehen, daß durch Landesgesetz das Grundbuch jedem zugänglich gemacht wird, ohne daß ein besonderes Interesse darzulegen wäre. Allein Preußen hat von dieser Ermächtigung nur beschränkten Gebrauch gemacht und in § 32 der Allgemeinen Verfügung zur Ausführung der GBO. nur öffentlichen Behörden und deren Vertretern die Einsichtnahme des Grundbuches ohne Darlegung eines besonderen Interesses gestattet. Immerhin wird man annehmen dürfen, daß die Grundbuchämter bei dem Verlangen einer Darlegung des berechtigten Interesses nicht allzu engherzig sein werden. Insbesondere sollte wohl die glaubhafte Versicherung eines Vorstandsmitgliedes oder beauftragten Beamten eines Kreditvereins, es handle sich um Gewährung von Kredit in irgendwelcher Form an einen im Grundbuch Eingetragenen, ausreichen, um das „rechtliche Interesse" an der Einsicht darzulegen. Es kann nur dringend den Vereinen empfohlen werden, von der Einsicht ins Grundbuch, wenn nur irgend möglich, Gebrauch zu machen.

Es ist nicht zu verkennen, daß die ständige Kontrolle der Kredite und vor allem die Kontrolle der hohen Kredite daraufhin, ob die vorgeschriebenen Grenzen eingehalten werden, eine schwierige ist, wenn der Aufsichtsrat darauf angewiesen ist, jedes einzelne Konto nachzuprüfen. Es ist daher stets den Kreditgenossenschaften empfohlen, eine Einrichtung zu schaffen, die diese Nachprüfungen wesentlich vereinfacht. Es ist dies die Belastungsliste, die bei keiner Kreditgenossenschaft fehlen darf, jener Liste, die angibt, welche verschiedenen Kredite dem Mitglied eingeräumt sind, einerlei, ob Barkredite, Wechselkredite, Avalkredite usw., die auch die Verpflichtungen des Mitglieds aus übernommenen Bürgschaften erkennen läßt. Fehlt es an einer solchen Belastungsliste, dann ist der Aufsichtsrat vielleicht überhaupt nicht imstande, aus den Büchern festzustellen, welche Gesamtverpflichtung das Mitglied hat.

Beim Zusammenbruch von Kreditgenossenschaften hat sich in der Regel der Aufsichtsrat als nicht unterrichtet über die Lage der Genossenschaft herausgestellt. Und der Grund dafür lag darin, daß er nicht imstande gewesen war, das Kreditgeschäft zu verfolgen. Ist eine ordnungsgemäß geführte Belastungsliste vorhanden, kann es dem Aufsichtsrat nicht entgehen, wenn einzelne Konten eine gefährliche Steigerung aufweisen — wenn Kreditüberschreitungen vorliegen. Der Einwand, daß ja der Vorstand die Belastungsliste fälschen kann, ist nicht stichhaltig. Wo der Vorstand schon zu solch' gewagten Mitteln greift, da müßte der Aufsichtsrat auch nur bei einiger Aufmerksamkeit bald dahinter kommen, wie die Dinge in Wirklichkeit stehen.

Unbedingt notwendig ist diese Belastungsliste aber auch für den Verbandsrevisor, damit dieser einen richtigen Einblick in die Kreditgewähr der Genossenschaft gewinnt. Ohne Belastungsliste ist der Verbandsrevisor natürlich noch weniger als der Aufsichtsrat imstande, sich ein richtiges Bild über die Höhe der Kredite und etwaiger Kreditbeziehungen unter den Mitgliedern zu machen.

Die AllgGenTage zu Baden-Baden (1901), Cassel (1906) und Freiburg (1909) haben den Kreditgenossenschaften die Führung der Belastungsliste empfohlen. Ein zweckmäßiges Formular wurde vom Badener Genossenschaftstag festgestellt, das wie folgt lautet:

Fol. **Obligo für eigene Rechnung.**

Nr.	Fälligkeitstag der Kredite	Die Kredite stammen aus			Der Wechsel und Urkunden			
		Vorschüssen	laufender Rechnung	Geschäftswechseln (Diskontkredit RM.)	Zahlungsort	Akzeptanten	Giranten und sonstige	Bürgen Sicherheiten

Obligo für fremde Rechnung. Fol.

Nr.	Ablauf der Haftpflicht	Die Haftpflicht bezieht sich auf			Der Wechsel und Urkunden		Stand des Geschäftsguthabens		
		Vorschüsse	laufende Rechnung	Geschäftswechsel	Einreicher	Mithaftende	Datum	RM.	Pf.

Dieses Muster einer Belastungsliste sieht vor, daß die tatsächliche Belastung in ihr eingetragen wird, wobei man eine Ausnahme nur insofern zu machen pflegt, als man beim Kontokorrent nicht den jeweiligen Kontostand, sondern den genehmigten Kredit vermerkt, um das Bild einfacher zu gestalten. Trotzdem hat die Praxis gezeigt, daß die Belastungslisten in dieser Form in größeren Betrieben schnell unübersichtlich werden, zumal die diskontierten Wechsel einzeln in die Liste eingetragen werden. Viele Genossenschaften sind deshalb mehr und mehr zur Führung von Karteien übergegangen. Dabei werden für das Wechselobligo besondere Karten geführt, und zwar sowohl für die durch die Hände der Genossenschaft gegangenen Akzepte des Mitgliedes als auch die von ihm eingereichten, also girierten Wechsel. Die Akzepte des Mitgliedes belasten zwar nicht formell seinen Kredit, da nur die von ihm eingereichten Wechsel auf seinen Kredit angerechnet werden (S. 248). Es ist deshalb aber nicht minder wichtig, die laufenden Akzepte des Mitglieds wie auch anderer Bezogenen in dieser Weise zu überwachen. Man gewinnt so schnell auch einen Überblick über etwaige gegenseitige Wechselziehungen und ist im Bilde über die Gesamtwechselverpflichtungen des Betreffenden gegenüber der Genossenschaft.

Muster einer Wechselobligokarte

....

Datum Monat	Datum Tag	Wechsel Nr.	fällig am Monat	fällig am Tag	Eingang RM.	Eingang Pf.	Ausgang RM.	Ausgang Pf.	Saldo RM.	Saldo Pf.	Bezogener	Aussteller	zahlbar	k…
.....	.....	.....	.....	.....	.....	.	.....	.....	.....	.....	.....	.....	.....	...

In diesem Zusammenhang ist zu sagen, daß jede Genossenschaft auch über die von ihr weiterdiskontierten Wechsel, ihre Giroverbindlichkeiten, eine Liste oder Karte führen muß, wozu obiges Muster ohne weiteres verwandt werden kann!

Ebenso läßt sich über die im Kontokorrent oder als Vorschuß usw. gewährten Kredite eine Karte führen, die einesteils die vom Aufsichtsrat genehmigten Kredite mit ihren Sicherheiten sowie die von dem Mitglied geleisteten Bürgschaften zusammenstellt, also eine Kreditliste ersetzt, andernteils für bestimmte Termine, z. B. 1. 1. und 1. 7., die tatsächlichen Kontostände der verschiedenen Kreditkonten (Habensaldo rot) angibt. Zu dieser Kreditkarte ist in allen Fällen die Wechselobligokarte hinzuzuziehen. Solche Karten gewähren selbst bei starkem Geschäftsverkehr immer einen guten Überblick und haben sich aufs beste bewährt. Nachstehendes Muster ist von einer größeren Kreditgenossenschaft seit Jahren mit Erfolg verwandt.

(Vorderseite)

Geschäftsguth. Nr. .... № ....

RM. ....

Konto	Datum	Protokollbuch Seite	Kredit RM.	Sicherheiten RM.			Hyp. Karte Nr.	Bemerkungen

Depot Nr. ....

(Rückseite)

Bürgschaften					Eigner Kontostand			
Konto	Datum	Betrag RM.	Schuldner	Nebensicherheit	1. Jan.	RM.	RM.	RM.

Weiter hat sich als sehr notwendig herausgestellt, daß der Aufsichtsrat ein selbständiges Urteil über die Bonität der Hypotheken gewinnt. Auch hier handelt es sich im wesentlichen darum, daß eine bücherliche Einrichtung geschaffen wird, die dem Aufsichtsrat das gesamte Material vor Augen führt, dessen Kenntnis er nötig hat, um sich die Frage selbständig beantworten zu können, ob das vorhandene Hypothekenmaterial als ausreichende Sicherheit zu betrachten ist.

Auch hier sei auf die Vorteile des Kartensystems hingewiesen und eine Hypothekenkarte dargestellt, die von der obengenannten

Kreditgenossenschaft als Ergänzung der Kreditkarte benutzt wird. Diese Karte kann, wenn sie durch häufige Veränderungen des Grundbuchs unübersichtlich werden sollte, durch eine neue Karte ersetzt werden. Alle Karten sind grundsätzlich in alphabetischer Reihenfolge aufzuheben.

(Vorderseite)

Grundbuch .... №: ....

Bd. .... Eigentümer: ....

Last Nr.	Belastete Grundstücke Nr.	Betrag RM.	Art	Zinsfuß	Gläubiger	Sicherheit für	Bemerkungen
Abt. III							
....	....	....	....	....	....	....	....

(Rückseite)

Grundstück Nr.	Kartenblatt Nr.	Parzelle Nr.	Kulturart	Lage	Größe		Bruttojahresmiete		Schätzung Brandtaxe			Bemerkungen
					ar	qm	RM.	Jahr		RM.	Jahr	
Abt. I												
....	....	....	....	....	....	....	....	....	....	....	....	....

XIV. Kapitel.

A. Andere Geschäftszweige.

In dem XII. Kapitel sind die bei den Kreditgenossenschaften gebräuchlichen Arten der Kreditgewährung besprochen, im X. Kapitel die mit der Aufnahme fremder Gelder verbundenen Geschäftszweige. Es bleiben nun noch einige weder zu der einen noch der anderen Gattung gehörige Geschäftszweige, wobei zu betonen ist, daß den Kreditgenossenschaften entschieden empfohlen werden muß, den Betrieb auf die Geschäftszweige zu beschränken, die wirtschaftlich und rechtlich in den Rahmen einer Kreditgenossenschaft gehören. Es beeinträchtigt die Entwicklung der Kreditgenossenschaft, wenn z. B. der Vorstand gleichzeitig mit dem Wareneinkauf und Warenverkauf für die Mitglieder und mit sonstigen Unternehmungen befaßt wird.

Es handelt sich bei den noch zu erörternden Gegenständen hauptsächlich um die sogenannten „indifferenten" Geschäfte, die meist mit der Kapitalanlage und Kapitalverwaltung zusammenhängen.

Während die Hergabe von Krediten an Nichtmitglieder lt. § 8 des Ges. verboten ist, dürfen die Genossenschaften an sich Kommissionsgeschäfte auch für Nichtmitglieder erledigen. Sie werden hierdurch nach dem Körperschaftssteuergesetz vom 10. 8. 25 der Körperschaftssteuer unterworfen, die — mit Einschränkungen für kleinere Genossenschaften — mit 20% ihres Gewinns erhoben wird, wobei ihr auf das Sparkassengeschäft entfallender Gewinn steuerfrei gelassen wird. Diese hohe Steuer läßt es geraten erscheinen, auch Kommissionsgeschäfte nur für Mitglieder zu besorgen.

I. Inkasso von Wechseln und Schecks.

Unter dem Inkasso von Wechseln wird der Einzug von Wechseln für fremde Rechnung verstanden. Der Wechsel wird also nicht diskontiert, sondern von der Genossenschaft zum Zwecke der Einziehung und Auszahlung des Gegenwertes oder der Gutschrift nach Eingang angenommen. Das Inkasso von Wechseln verlangt außer einer gewissenhaften Buchführung und der Beobachtung der wechselrechtlichen Vorschriften keine besonderen geschäftlichen Einrichtungen. Für den Einzug der Wechsel, soweit sie nicht am Wohnort der Genossenschaft zahlbar sind und dort durch den Kassenboten vorgezeigt werden, steht den Genossenschaften des Deutschen Genossenschafts-Verbandes neben der Reichsbank und der Post vor allem der „Giroverband" zur Verfügung. Der Giroverband ist im Jahre 1867 von dem Direktor der Deutschen Genossenschaftsbank Soergel, einem der tüchtigsten Mitarbeiter Schulze-Delitzsch's, der sich besonders um den geschäftlichen Ausbau der Kreditgenossenschaften verdient gemacht hat, ins Leben gerufen. Den Ausgangspunkt bildet, wie die Bezeichnung ergibt, der Giroverkehr, d. h. die Vermittlung von Zahlungen durch Zu- und Abschreiben auf Bankkonten, sei es bei ein- und derselben Bank oder von dem Konto bei einer Bank auf Konto bei einer andern Bank. Statt durch bare Zahlung, des Hin- und Hersendens von Geld erfolgt der Ausgleich der gegenseitigen Forderungen durch Verrechnung auf den Bankkonten.

Als die ersten hundert Vorschußvereine veranlaßt wurden, die Deutsche Genossenschaftsbank zu Berlin zu einer Ausgleichstelle für Forderungen und Gegenforderungen zu machen, gab es in Deutschland nur 110 „Bankplätze", d. h. Plätze, auf welche die Preußische Bank Wechsel zur Einziehung annahm, alle übrigen Orte waren „Nebenplätze", auf welche, da sie keine Filialstelle der Preußischen Bank waren, Wechsel von der Preußischen Bank überhaupt nicht, von Privatbankgeschäften mit erheblichem Kostenaufschlage angenommen wurden. Die Genossenschaftsbank suchte nun allen „Nebenplätzen", in denen Vorschußvereine (Girogenossen) ihren Sitz hatten, die Vorteile der Bankplätze zuzuwenden. Jedem dem Giroverbande beigetretenen Vorschußverein wurde bei der Genossenschaftsbank ein Konto eröffnet, auf dem er ursprünglich ein Guthaben von mindestens einhundert Talern halten mußte, das durch Ab- und Zuschreibung der zur Einziehung übersandten Wechsel, der zugunsten eines anderen Girogenossen geforderten Übertragungen und der baren Verfügungen erhöht oder vermindert wurde. „Jede zugehörige Genossenschaft", so hieß es in der ersten Aufforderung, „hat für alle übrigen Girogenossen nur ein einziges Konto zu führen, braucht, wenn sie Inkassos besorgt haben will, nur zweimal monatlich an bestimmten Tagen an die Genossenschaftsbank zu schreiben und wenn sie die von ihr einkassierten Wechsel nicht auf ihr Guthaben in Abrechnung bringen will, nur zweimal monatlich an die Genossenschaftsbank, nicht an die einzelnen Genossenschaften, zu remittieren". Wegen der verschiedenen Währung hatte die Genossenschaftsbank 1872 bei ihrer Filiale in Frankfurt a. M. eine zweite Girostelle errichtet, so daß es seitdem einen Giroverband mit zwei Abteilungen gibt und jede Genossenschaft kann Mitglied einer oder beider Abteilungen sein.

Nach der Fusion der Genossenschaftsbank mit der Dresdner Bank im Jahre 1904 hat diese für den Geschäftsverkehr mit den Genossenschaften in Berlin und in Frankfurt a. M. besondere „Genossenschafts-Abteilungen" errichtet, auf welche auch die Leitung des Giroverbandes übergegangen ist.

Der Zweck des Giroverbandes ist ein doppelter:

a) den Geldverkehr der Mitglieder untereinander zu erleichtern, indem sie Schulden und Forderungen an einem gemeinsamen Mittelpunkte — Berlin oder Frankfurt a. M. — durch Übertragung (Giro) ausgleichen;

b) das Inkasso von Wechseln auf Orte, an denen Mitglieder einer der zwei Abteilungen des Giroverbandes wohnen, zu vereinfachen, zu sichern und die Kosten auf das möglichst kleinste Maß zu vermindern.

Die Mitglieder des Giroverbandes heißen Girogenossen, ihre Plätze sind die Giroplätze. Abgesehen von einigen Ausnahmen sind die Mitglieder des Giroverbandes Genossenschaften oder aus Genossenschaften hervorgegangene Aktiengesellschaften. Der Wechseleinzug des Giroverbandes beschränkt sich aber nicht auf die Plätze, an denen Girogenossen wohnen, vielmehr stellt die Dresdner Bank als Zentralstelle zunächst einmal alle ihre Filialen in den Dienst des Verbandes, dann aber auch ist sie durch ihre nichtgenossenschaftlichen Beziehungen in der Lage, dem Giroverband eine Reihe weiterer Plätze zur Verfügung zu stellen, die weder Reichsbank- noch Notenbankplätze sind und an denen auch keine Genossenschaften des Giroverbandes wohnen. Es sind dies die sogenannten Inkasso- und Nebenplätze, bei welchen keine Verpflichtung für die rechtzeitige Beibringung eines Protestes oder die rechtzeitige Rückgabe unbezahlt gebliebener Wechsel übernommen wird. Ende 1925 gehörten dem Giroverband 928 Genossenschaften an (gegen 917 Ende 1913) und die Giroliste umfaßte einschl. 1183 Bankplätzen und 563 Nebenplätzen 2674 Plätze.

Die Bedingungen des Giroverbandes sind durch die Dresdner Bank Genossenschafts-Abteilung und durch das Bureau des Deutschen Genossenschaftsverbandes (Berlin), ebenso wie eine Schrift über die „Benutzung und Vorteile des Giroverbandes" erhältlich.

Machen wir uns die Bedeutung des Inkassos an einem Fall klar. Der Verein in X, der einen in Y zahlbaren Wechsel hat, muß, wenn er daselbst keine Bankverbindung besitzt und Y auch kein Bankplatz ist, den Wechsel der Post zur Einziehung geben. Die Haftbarkeit der Post dafür ist eine verhältnismäßig geringe, sie geht nicht weiter als „für einen eingeschriebenen Brief". Die Post weist z. B. auch Teilzahlungen auf den Wechselbetrag zurück und nimmt von einer etwaigen Notadresse keine Kenntnis. Überdies ist der Wechseleinzug durch die Post auf Wechsel beschränkt, deren

Betrag 1000 RM. nicht übersteigt. Durch den Giroverband wird jeder Platz, an dem ein Girogenosse seinen Sitz hat, und außerdem noch eine größere Anzahl sogenannter Nebenplätze für die Mitglieder ein Bankplatz.

Die Mitglieder des Giroverbandes haben die Ermächtigung, auf ihren Schecks die Niederlassungen der Dresdner Bank in Berlin, Frankfurt a. M., Hamburg, Hannover, Nürnberg ohne weiteres als Zahlstelle aufzuführen. Bei den übrigen Niederlassungen der Dresdner Bank können Scheckeinlösungsstellen nach vorheriger Verständigung mit den beiden Zentralstellen des Giroverbandes errichtet werden. Diese Einrichtung bietet den Genossenschaften zweifellos einen nicht geringen Vorteil, weil ihre Schecks als Zahlungsmittel dadurch nur gewinnen können (S. 172). Das beweist der Umfang, den der Scheckeinlösungsdienst bei den Genossenschafts-Abteilungen der Dresdner Bank angenommen hat. Es wurden bei ihnen im Jahre 1913 zusammen 132 879 Schecks im Betrage von 58 315 000 M. eingereicht. Durch den mit den wirtschaftlichen Umwälzungen zusammenhängenden allgemeinen Rückgang des Scheckverkehrs waren Zahl und Umfang der eingelösten Schecks im Jahre 1924 zwar bedeutend zurückgegangen (66 820 Schecks über RM. 16 250 000), und es ist auch durch die vermehrte Tätigkeit der Verbandskassen eine Verschiebung eingetreten, aber im Jahre 1925 hat sich der Verkehr wieder bereits auf 112 331 Stück über 27 753 000 RM. gehoben. Der Scheckeinlösungsdienst des Giroverbandes hat nach wie vor große Bedeutung, wie auch seine Vorteile unverändert weiterbestehen. Über die Anlehnung der Scheckvereinigung an den Giroverband vgl. oben (S. 172).

Die Allgemeinen Genossenschaftstage haben wiederholt den Kreditgenossenschaften empfohlen, dem Giroverbande beizutreten. Die Entwickelung des geschäftlichen Lebens läßt es fast für jede Kreditgenossenschaft geboten erscheinen, sich dem Giroverbande anzuschließen, wenn sie auch nur darauf rechnen kann, daß am Ort Wechsel auf andere Plätze vorkommen. Durch den Giroverband bietet die Kreditgenossenschaft allen Gewerbetreibenden die billigste Gelegenheit zum Einzug von Wechseln.

Allerdings werden einzelne Genossenschaften, da sie die ihr von beiden Zentralstellen Berlin und Frankfurt a. M. oder von einzelnen Mitgliedern beider Abteilungen wegen zu kurzer Verfallzeit direkt zugehenden Wechsel provisionsfrei und ohne Abzug von Spesen auf Girokonto zu kreditieren und nach den Vorschriften der allgemeinen deutschen Wechselordnung einzuziehen haben, vielleicht erheblich mit Arbeit belastet, besonders wenn sie ihrerseits selten in der Lage sind, Wechsel zum Inkasso zu übersenden; dafür haben die Genossenschaften aber auch durch das ihnen übertragene Inkasso oft die Gelegenheit, von Verhältnissen der Gewerbetreibenden am Orte Kenntnis zu nehmen, die ihnen sonst unbekannt geblieben wären und die sehr wertvoll sein können. Selbstverständlich muß die Genossenschaft den Gegenwert der eingezogenen Wechsel den Zentralstellen sofort anschaffen, wenn sie daselbst kein entsprechendes Guthaben unterhält. Es muß aufs schärfste verurteilt werden, wenn eine Genossenschaft solche Gelder zurückhält und sich auf diese Weise wenigstens vorübergehend eigenmächtig einen Bankkredit verschafft. Verzögerungen in der Anschaffung des Gegenwertes einkassierter Wechsel oder eingelöster Schecks, die der bezogenen Genossenschaft unmittelbar zugehen, sind geeignet, dem Rufe der Genossenschaften in der Bankwelt zu schaden. Der Zentralverband des Deutschen Bank- und Bankiergewerbes gibt eine schwarze Liste säumiger Scheckbezogener heraus und stellt damit diese Firmen vor allen seinen Mitgliedern an den Pranger. Auch droht solchen Säumigen die Entziehung des Depositenrechts (S. 153).

Gewinn und Lasten lassen sich natürlich nicht für jedes Mitglied einer großen Organisation stets zahlenmäßig gegenüberstellen und vergleichen. Wiederholt hat Schulze den Beitritt zum Giroverbande aufs dringendste empfohlen, denn „wir haben schon manches erreicht und wollen dahin kommen, eine Großmacht im Verkehr zu werden; wer sich vor dieser Vervollkommnung unserer Organisation scheut, steht nicht auf der Höhe des Prinzips."

Nachfolgende Tabelle zeigt die Entwicklung des Giroverbandes, dessen Umsätze sich nach der Fusion der Genossenschaftsbank mit der Dresdner Bank (1904) ganz beträchtlich erhöht haben:

Jahr	Zahl der Giro- und Inkassoplätze	Zahl der ausgetauschten Wechsel	Betrag in Mark der ausgetauschten Wechsel	Gesamtumsatz des Giroverbandes in Mark
1868	93		961728	1446762
1874	270	67256	22372238	34428897
1889	839	312647	82836589	124093581
1895	837	375034	95600183	150590459

Jahr	Zahl der Giro- und Inkassoplätze	Zahl	Betrag in Mark der ausgetauschten Wechsel	Gesamtumsatz des Giroverbandes in Mark
1900	1093	476853	149644156	259667458
1903	1222	516434	156632512	283198347
1913	1717	885177	366062000	918083000
			RM.	RM.
1924	2522	665522	229625000	737539000
1925	2674	1366810	469209000	1070056000

Der Rückgang der genossenschaftlichen Umsätze gegenüber der Vorkriegszeit in dem Übergangsjahr 1924 mußte sich natürlich auch in den Umsätzen des Giroverbandes widerspiegeln. Infolge des starken Wechselverkehrs stieg jedoch bereits 1925 der Gesamtumsatz über die Vorkriegshöhe hinaus[1]).

Eine Statistik über den Inkassoverkehr der Preußenkasse mit den Schulze-Delitzsch'schen Genossenschaften und ihren Verbandskassen ist leider nicht veröffentlicht, so daß hierüber keine Angaben gemacht werden können. Auch die Preußenkasse tritt nach vorheriger Verständigung als Zahlstelle für die Schecks von Genossenschaften auf und pflegt in ausgedehntem Maße den Scheckeinlösungsdienst und das Inkassogeschäft für die angeschlossenen Genossenschaften (S. 312).

II. Zahlungsgeschäft.

Über den Scheck- und Überweisungsverkehr wurde schon gesprochen (S. 169). In neuerer Zeit haben viele Genossenschaften auch die Zahlung auf Grund von Akkreditiven und Kreditbriefen sowie die Ausstellung von Kreditbriefen als Geschäftszweig aufgenommen. Die Pflege dieses Geschäftszweiges kommt dem Bedürfnis vieler Mitglieder entgegen und begegnet keinerlei Bedenken, wenn der Vorstand der Genossenschaft über die nötigen banktechnischen Kenntnisse verfügt.

Man unterscheidet glatte Akkreditive, bei denen dem Mitglied oder im Auftrag eines Mitglieds einer anderen Stelle unter gewissen Bedingungen einfach ein Betrag zur Verfügung gestellt wird, oder Dokumenten-Akkreditive, die eine solche

[1]) Großen Anklang haben die von den Genossenschaftsabteilungen der Dresdner Bank seit einigen Jahren eingeführten wöchentlichen „Vertraulichen Berichte" gefunden, die ein vorzügliches Aufklärungsmaterial über aktuelle wirtschaftliche, genossenschaftliche und banktechnische Fragen bringen.

Zahlung gegen Aufnahme von Dokumenten (Duplikatfrachtbriefe, Schiffskonnossemente usw.) verlangen. Der Zahlung des angewiesenen Betrages muß hier eine sorgfältige Prüfung der vorgelegten Dokumente vorausgehen, wobei die gegebenen besonderen Vorschriften und die handelsüblichen Gepflogenheiten genau beachtet werden müssen.

Man spricht weiter von

a) widerruflichen Akkreditiven, die der Auftraggeber jederzeit widerrufen kann;

b) unwiderruflichen bestätigten Akkreditiven, die der Auftraggeber bis zu einem bestimmten Zeitpunkt ohne Zustimmung des Begünstigten nicht widerrufen kann und die von der Bank dem Begünstigten bestätigt werden

Wenn die Genossenschaft, bei der solche Akkreditive für ihre Mitglieder gestellt werden, das begünstigte Mitglied von dem Akkreditiv in Kenntnis setzt, muß sie ausdrücklich hervorheben, ob es sich um ein widerrufliches oder unwiderrufliches Akkreditiv handelt.

Früher pflegte man unter bestätigten Akkreditiven eine Unterart der unwiderruflichen Akkreditive zu bezeichnen.

Soll die Genossenschaft auf Grund eines Akkreditivs Zahlung leisten, so wird sie dies in der Regel nur dann tun, wenn ihr der auszuzahlende Betrag vorher vom Auftraggeber zur Verfügung gestellt ist; sie muß also bereits im Besitze der Überweisung des Auftraggebers sein, wenn der Auftraggeber kein Konto bei ihr führt.

Akkreditive, die die Genossenschaft auswärts leisten soll, gibt sie an ihre Bankverbindung weiter.

Zu ihrem Schutze muß die Genossenschaft dem Auftraggeber vor der Ausführung des Auftrags zugleich mit der Bestätigung ihre Bedingungen mitteilen, wonach sie für die Echtheit der aufzunehmenden Dokumente keine Gewähr übernimmt. Selbstverständlich ist bei der Prüfung der Dokumente die Sorgfalt des ordentlichen Geschäftsmannes anzuwenden.

Mustervordruck siehe Anhang.

Kreditbriefe werden auf größeren Reisen und in Bädern gerne benutzt. Hat die Genossenschaft keine eigene Bankverbindung an dem vom Mitglied gewünschten Platze oder den verschiedenen Plätzen, so beauftragt sie ihr Zentralkreditinstitut, ihr diesen Kreditbrief auszustellen, wobei außer dem Namen des Akkreditierten und den Plätzen, wo Abhebungen erfolgen sollen, die

Summe und die Gültigkeitsdauer angegeben werden müssen. Ferner ist für jeden Platz mindestens eine Unterschriftsprobe des Akkreditierten beizufügen. Soll die Genossenschaft umgekehrt auf einen ihr vorgelegten Kreditbrief Zahlung leisten, so darf sie dies nur dann tun, wenn der Kreditbrief mit dem Avis des Ausstellers und die Unterschrift des Empfängers auf der zu verlangenden Quittung mit der eingesandten Unterschriftsprobe übereinstimmen. Auch ist nachzuprüfen, ob und welche Beträge schon auf den Kreditbrief erhoben sind, was gewöhnlich auf der Rückseite vermerkt wird, wo auch die Genossenschaft ihre Zahlung einzutragen hat. Die Zahlung wird alsdann dem Auftraggeber unter Einsendung eines Quittungsdoppels angezeigt[2]).

Muster vgl. Anhang.

Nicht selten bedient man sich statt des Kreditbriefes eines sogenannten Scheckakkreditivs, derart, daß der auswärtigen Bank unter Einsendung der Unterschriftsprobe Nummer und Betrag eines auf die Genossenschaft gezogenen Schecks aufgegeben werden, den sie bei Vorzeigung ohne Rückfrage einlösen soll.

III. An- und Verkauf von Wertpapieren.

Die volksbankmäßige Entwicklung der Kreditgenossenschaften verlangt, daß auch der An- und Verkauf von Wertpapieren besorgt wird. Der Betrieb dieses Geschäftszweiges setzt bei dem Vorstande Kenntnis des Börsengeschäfts und des Handels mit Wertpapieren voraus, er muß über den Stand der wichtigsten Wertpapiere unterrichtet sein, denn er muß den Käufern und Verkäufern auch nötigenfalls Rat und Auskunft über die Auswahl der Papiere und über deren Sicherheit erteilen können. Vor allem muß der Vorstand über die börsentechnische Seite des Handels mit Wertpapieren unterrichtet sein.

Nach mancher Richtung hin gelten hier die gleichen Grundsätze, wie die oben S. 250 bei der Lombardierung von Wertpapieren behandelten. Es sei ausdrücklich auf diese verwiesen. Der AllgGenTag zu Danzig (1903) hat den Kreditgenossenschaften die Pflege des Effektenkommissionsgeschäfts unter der Bedingung

---

[2]) Über die Ausgabe von Reisezirkularkreditbriefen, die ähnlich den Post-Reisekreditbriefen zu verwenden wären, schweben sowohl innerhalb des Giroverbandes der Dresdner Bank als auch bei den Verbandskassen Erwägungen.

empfohlen, daß gewisse Grundsätze gewahrt werden. Das Thema sollte auf dem GenTag 1914 in Mainz erneut behandelt werden, nachdem sich im Jahre vorher die Unterverbandstage mit der gleichen Frage beschäftigt hatten. Der Genossenschaftstag Mainz mußte wegen des Krieges ausfallen; die Verhandlungen der Unterverbandstage ergaben im allgemeinen eine Bestätigung der Danziger Grundsätze, die verlangen

1. bankmäßige Organisation der Genossenschaft, insbesondere ausreichende Einrichtung für die Aufbewahrung fremder und eigener Effekten;
2. unbedingten Ausschluß aller Spekulationsgeschäfte für eigene Rechnung;
3. unbedingten Ausschluß aller Spekulationsgeschäfte von Vorstandsmitgliedern;
4. Ausschluß einer Anregung oder Förderung von Spekulationsgeschäften Dritter; besonders Ausschluß aller Ultimo- und Prämiengeschäfte für Rechnung Dritter für alle Genossenschaften, die nicht vollständig bankmäßig entwickelt sind;
5. tunlichste Vorsicht bei der Kreditgewährung, wobei besonders darauf zu achten ist, daß Kreditgewährung für Spekulationsgeschäfte nicht etwa als Mittel zur Heranziehung von Kunden dienen darf.

Kommen Ultimogeschäfte vor — die im Falle der Lieferung der Stücke durchaus nicht Spekulationsgeschäfte sein müssen — so muß die Genossenschaft auch die Vorschriften namentlich der §§ 53 bis 58 des Börsengesetzes beachten, die besonders für Zeitgeschäfte mit Nichtkaufleuten erschwerende Vorschriften aufstellen[3]).

---

[3]) Die §§ 53—57 des Börsengesetzes lauten:

§ 53. „Das Geschäft ist verbindlich, wenn auf beiden Seiten als Vertragschließende Kaufleute, die in das Handelsregister eingetragen sind oder deren Eintragung nach § 36 des Handelsgesetzbuches nicht erforderlich ist, oder eingetragene Genossenschaften beteiligt sind. Personen, deren Gewerbebetrieb über den Umfang des Kleingewerbes nicht hinausgeht, gehören, auch wenn sie in das Handelsregister eingetragen sind, nicht zu den Kaufleuten im Sinne dieser Vorschrift.

Den im Abs. 1 bezeichneten Kaufleuten stehen gleich:

1. Personen, die zur Zeit des Geschäftsabschlusses oder früher berufsmäßig Börsentermingeschäfte oder Bankiergeschäfte betrieben haben oder zum Besuch einer dem Handel mit Waren der bei dem Geschäft in Frage kommenden Art oder einer dem Handel mit Wertpapieren dienenden Börse mit der Befugnis zur Teilnahme am Börsenhandel dauernd zugelassen waren;
2. Personen, die im Inland zur Zeit des Geschäftsabschlusses weder einen Wohnsitz noch eine gewerbliche Niederlassung haben."

§ 54. „Betrifft das Geschäft Wertpapiere und gehört der eine Teil nicht zu den Personen, die nach § 53 Börsentermingeschäfte abschließen können, ist

Ausdrücklich sei hier noch hervorgehoben, daß allgemein als unerläßliche Vorbedingung zu betrachten ist, daß die Aufträge der wirtschaftlichen Leistungsfähigkeit des Auftraggebers entsprechen, und daß dieser seine Geschäfte mit hinreichendem Verständnis und im Rahmen seiner wirtschaftlichen Kräfte führt.

Eine gewisse Gesetzeskenntnis ist für den Handel mit Wertpapieren notwendig. Es sei z. B. verwiesen auf den § 367 HGB. Wird ein Inhaberpapier, das dem Eigentümer gestohlen worden, verloren gegangen oder sonst abhanden gekommen ist, an einen Kaufmann, der Bankier- oder Geldwechslergeschäfte betreibt (und dahin würden in diesem Fall auch Kreditgenossenschaften zu rechnen sein), veräußert oder verpfändet, so gilt dessen guter Glaube

---

aber der andere Teil ein Kaufmann oder eine Genossenschaft der im § 53 Abs. 1 bezeichneten Art und hat sich dieser Teil für die Erfüllung des Geschäfts eine Sicherheit bestellen lassen, so ist er befugt, aus der Sicherheit Befriedigung zu suchen; auch ist das Geschäft für ihn verbindlich.

Die Sicherheitsleistung hat die im Abs. 1 bezeichneten Wirkungen nur, wenn die Sicherheit aus Geld oder aus Wertpapieren, die einen Kurswert haben, besteht und der Besteller dem anderen Teile gegenüber schriftlich und ausdrücklich erklärt, daß die Sicherheit zur Deckung von Verlusten aus Börsentermingeschäften dienen soll.

Das Schriftstück, in dem die Erklärung abgegeben wird, darf andere Erklärungen des Bestellers der Sicherheit nicht enthalten.

Besteht die Sicherheit aus Wertpapieren, so müssen sie in der Erklärung nach Gattung und nach Zahl oder Nennwert bezeichnet sein.

Eine Erklärung, die diesen Vorschriften nicht entspricht, ist nichtig.

Zur Wahrung der schriftlichen Form genügt die telegraphische Übermittlung. Wird diese Form gewählt, so kann nachträglich die Abgabe einer schriftlichen Erklärung verlangt werden.

Eine Erklärung, durch die eine Änderung der bestellten Sicherheit bewirkt wird, ist insoweit nicht stempelpflichtig, als der bisherige Gesamtnennwert der Sicherheit nicht überschritten wird."

§ 55. „Das auf Grund des Geschäfts Geleistete kann nicht deshalb zurückgefordert werden, weil für den Leistenden nach den §§ 52—54 eine Verbindlichkeit nicht bestanden hat."

§ 56. „Gegen Forderungen aus Börsentermingeschäften ist eine Aufrechnung auf Grund anderer Börsentermingeschäfte auch dann zulässig, wenn diese Geschäfte nach den §§ 52—54 für den Aufrechnenden eine Forderung nicht begründen."

§ 57. „Ein nicht verbotenes Börsentermingeschäft gilt als von Anfang an verbindlich, wenn der eine Teil bei oder nach dem Eintritt der Fälligkeit sich dem anderen Teil gegenüber mit der Bewirkung der vereinbarten Leistung einverstanden erklärt und der andere Teil diese Leistung an ihn bewirkt hat."

als ausgeschlossen, wenn zur Zeit der Veräußerung oder Verpfändung der Verlust des Papiers von einer öffentlichen Behörde oder von dem aus der Urkunde Verpflichteten im Deutschen Reichsanzeiger bekanntgemacht und seit dem Ablauf des Jahres, in welchem die Veröffentlichung erfolgt ist, nicht mehr als ein Jahr verstrichen war. Im allgemeinen wird man sagen dürfen, daß ein Bankier seiner Pflicht genügt, wenn er die Bekanntmachungen des Reichsanzeigers berücksichtigt. Natürlich wird Schlechtgläubigkeit dann anzunehmen sein, wenn von seiten der Polizei besondere Mitteilungen ergangen, oder auch entsprechende Bekanntmachungen erlassen sind und diese nicht beachtet wurden. Als geeignetes Nachschlageblatt benutze man die täglich erscheinende „Sammelliste aufgerufener Wertpapiere", herausgegeben von der Bank des Berliner Kassen-Vereins, welche die Nummern derjenigen Wertpapiere enthält, für die ein Aufgebotsverfahren an dem Tage der Ausgabe der Zeitungsnummer noch lief.

Es ist ferner geboten, auch sonst vorsichtig zu sein, z. B. jugendlichen oder völlig unbekannten Personen gegenüber. An kleineren Plätzen wird es im allgemeinen leicht sein, sich über die in Betracht kommenden Personen schnell Gewißheit verschaffen zu können.

Bei Auskünften über Wertpapiere, namentlich Aktien, soll man sich tunlichst auf die Wiedergabe von Tatsachen beschränken, um sich vor Vorwürfen des Kunden zu schützen, wenn er bei einem Erwerb einen Kursverlust erleiden sollte.

Eigene Bestände sollen heute in der Regel nur in festverzinslichen Goldmark- und Sachwertanleihen angelegt werden. Wie schon oben (S. 289) gesagt, muß die Genossenschaft jede Spekulation vermeiden, als welche man heute den Ankauf von Industrieaktien ansehen muß.

Es ist ratsam, daß die Genossenschaft ihre Kunden jeden Auftrag schriftlich erteilen läßt, wozu am Schalter besondere Vordrucke bereit gehalten werden können (Muster S. 292). Manche Genossenschaften verwenden hierfür Auftragshefte, man kann aber auch lose Formulare benutzen und jeden Auftrag vermittels des Durchschreibeverfahrens doppelt ausfertigen, was den Vorzug hat, daß man durch geeignete Aufbewahrung dieser Aufträge das Limitebuch ersetzt. Das Original wird nach den Namen der Auftraggeber alphabethisch geordnet, der Durchschlag nach Effektengattungen verwahrt, so daß bei der Ausführung der Aufträge sofort

(Muster)

Cassel, den 192	№ ....
An die	weiter
Kreditbank Cassel e. G. m. b. H.,	teleph. am ....
Cassel	telegr. am ....
Kaufen Sie für mich	bfl. am ....
	an
Ich ermächtige Sie, mir an Stelle obiger Wertpapiere nach Ankauf gleichartige Wertpapiere zurückzugewähren oder über die Papiere zu Ihrem Nutzen zu verfügen. (§ 2 Depotgesetz.)	Ausgeführt
Abrechnung:	am ....
Stücke in Depot / zur Lieferung	zu ....
	Ausf. Buch S. ....

(Muster)

Cassel, den 192	№ ....
An die	weiter
Kreditbank Cassel e. G. m. b. H.,	teleph. am ....
Cassel	telegr. am ....
Verkaufen Sie für mich	bfl. am ....
	an
Ich ermächtige Sie, mir an Stelle der hinterlegten Wertpapiere gleichartige Wertpapiere zurückzugewähren oder über die Papiere zu Ihrem Nutzen zu verfügen. (§ 2 Depotgesetz.)	Ausgeführt
Abrechnung:	am ....
Stücke aus Depot / werden geliefert	zu ....
	Ausf. Buch S.

festzustellen ist, um welche Aufträge es sich handelt. Wenn alsdann die Auftragszettel über die ausgeführten oder erloschenen Aufträge abgelegt werden, so ist jederzeit ein Überblick über die sämtlichen noch laufenden Aufträge vorhanden und die am Monatsschluß notwendige etwaige Erneuerung der Aufträge für den neuen Monat wesentlich erleichtert.

Telephonisch entgegengenommene Aufträge sind dem Kunden am gleichen Tag von der Genossenschaft schriftlich zu bestätigen.

Unbedingt zu empfehlen ist, jeden Effektenkunden die Allgemeinen Geschäftsbedingungen unterzeichnen zu lassen, auch wenn er keinen Kredit beansprucht. In diesen Geschäftsbedingungen wäre u. a. zu sagen, daß die Gefahr eines Irrtums bei telegraphischer oder telephonischer Übermittlung von Aufträgen den Kunden trifft und die Genossenschaft nicht für Schäden haftet, die durch Störungen des Bankbetriebes infolge Aufruhrs, Streiks, Aussperrung oder Verfügung von hoher Hand veranlaßt sind (vgl. Muster im Anhang).

Wenn die Genossenschaft, wie es die Regel bildet, nicht an einem Börsenplatz ihren Sitz hat und selbst zur Börse zugelassen ist, bedarf sie zur Ausführung ihrer Kundenaufträge der Vermittlung einer Börsenbank. Diese Börsenbank wird in der Regel das Zentralkreditinstitut sein. Kaufaufträge nimmt die Preußenkasse nur auf dem Weg über die Verbandskasse entgegen, während die Dresdner Bank in direktem Verkehr mit der Genossenschaft steht. Je größer der Effektenverkehr einer Genossenschaft ist, um so notwendiger ist eine direkte Bankverbindung am Börsenplatz. Während der Inflationszeit haben viele Genossenschaften infolge der Auftragsabwehr der Großbanken Verbindung mit Privatfirmen angeknüpft. Doch ist der Verkehr mit solchen Firmen mit besonderen Risiken verknüpft, wenn es sich nicht um als erstklassig anerkannte Firmen handelt oder die Genossenschaft die Lage der Firma nicht näher kennt. Die letzten Jahre haben in wiederholten Fällen für Genossenschaften Verluste gebracht dadurch, daß Depots der Genossenschaft in die Masse verkrachter Börsenfirmen gefallen sind. Die gegebene Bankverbindung zur Erledigung der Börsenaufträge sind für die Genossenschaften die Zentralkreditinstitute. Eine besondere Warnung vor den sogenannten **bucket shops** ist wohl kaum notwendig.

Neuerscheinende Wertpapiere können von den Emissionshäusern direkt bezogen werden — z. B. Pfandbriefe von den Hypothekenbanken — wenn die betr. Papiere nicht zu Originalbedingungen der Emissionsstellen, d. h. gegen Vergütung derselben Bonifikation, auch von den Zentralkreditinstituten abgegeben werden.

Die Übermittelung der Aufträge an die Börsenbank muß in der sorgfältigsten Form erfolgen. Der Auftrag muß enthalten[4]);

---

[4]) Die Zentralkreditinstitute geben an die Genossenschaften besondere Vordrucke hierzu ab.

1. Die Angabe, ob Kauf oder Verkauf.
2. Den Nennbetrag mit Angabe der Währung (Mark, Reichsmark, Kronen, Franken, Gulden usw.).
3. Die genaue Bezeichnung des Wertpapiers (Serie, Litera bei Industrieobligationen auch Jahrgang, bei Aktien Angabe, ob Stamm- oder Vorzugsaktien).
4. Den Kurs, der beim Ankauf nicht überschritten werden darf, bzw. unter dem die Papiere nicht veräußert werden sollen. Sollen die Papiere auf alle Fälle gekauft bzw. verkauft werden, so wird dies auf dem Auftragszettel durch das Wort „bestens", im Telegramm einfach durch Weglassung eines Kurses ausgedrückt. Hat der Kunde eine Preisgrenze festgesetzt, so spricht man von **limitiertem** Auftrag im Gegensatz zu jenem unlimitiertem oder Bestensauftrag.
5. Die Zeit, für die der Auftrag gültig ist, ob nur für eine bestimmte Börse oder bis Monatsschluß.
6. Die Angabe, ob die Stücke zu senden oder dem Depot einzuverleiben sind, bzw. ob sie zur Ablieferung eintreffen oder dem Depot entnommen werden sollen.
7. Gegebenenfalls, ob Ausführung zum Einheits- oder beweglichen (variablen) Kurs, ob zum Kassenkurs oder auf Termin gewünscht wird.

Die Großbanken pflegen für die Erteilung von Börsenaufträgen besondere Anweisungen herauszugeben, so daß hier auf weitere Einzelheiten nicht eingegangen zu werden braucht.

Die Abrechnungen der Bank sind entsprechend der allgemeinen Regel einer Nachprüfung in bezug auf den Kurs und die Richtigkeit der Aufgaben zu unterwerfen. Für Genossenschaften mit lebhaftem Effektengeschäft empfiehlt sich zu diesem Zwecke der Bezug eines Kursblattes.

Die Einsendung verkaufter Effekten soll so rasch wie möglich erfolgen, weil die Bank nur dann in der Lage ist, die Ablieferung prompt zu bewirken. Gerade durch eine Verzögerung der Lieferung pflegen sich oft Mißhelligkeiten zu ergeben. Ängstliche Kunden möchten die verkauften Papiere erst dann herausgeben, wenn ihnen der Gegenwert ausgezahlt wird. Dieser Anspruch ist aber unberechtigt, da eine Verfügung über den Gegenwert erst dann gerechtfertigt ist, wenn die Wertpapiere dem neuen Käufer ausgeliefert worden sind. Hier aufklärend zu wirken, ist eine dankbare Aufgabe der Kreditgenossenschaften.

Die Versteuerung der Wertpapiergeschäfte erfolgt jetzt vielfach nicht mehr durch Schlußnoten, sondern im Wege des sogenannten Abrechnungsverfahrens, nach Maßgabe der Vorschriften des Kapitalverkehrsteuergesetzes.

IV. Verwahrung und Verwaltung von Wertpapieren.

Der 1919 gesetzlich eingeführte Depotzwang, wonach mit bestimmten Ausnahmen Zinsscheine nur dann eingelöst werden durften, wenn die Bogen bei Banken hinterlegt waren, ist inzwischen wieder aufgehoben worden.

Nach dem noch bis 31. Dezember 1926 geltenden Gesetz über Depot und Depositengeschäfte vom 26. Juni 1925 darf eine Genossenschaft die Verwahrung und Verwaltung von Wertpapieren, die Vermietung von Schrankfächern und die Verwahrung verschlossener Depots nur betreiben, wenn sie zu den Depositenbanken gehört. Näheres oben (Kap. X S. 153).

Die Errichtung von Depotkonten, die Überlassung von Schrankfächern auf falsche oder erdichtete Namen ist nach § 165 RAbgO. vom 13. Dezember 1919 verboten. Die Genossenschaft hat sich bei Entgegennahme solcher Anträge über die Person des Verfügungsberechtigten zu vergewissern (vgl. Kap. X S. 161).

Genau zu beachten sind die Vorschriften des „Gesetzes betr. die Pflichten der Kaufleute bei Aufbewahrung fremder Wertpapiere" vom 5. Juli 1896 (kurz Depotgesetz genannt) mit den durch die Verordnung vom 21. November 1923 eingeführten Änderungen und Zusätzen. Wir führen nachstehend die wichtigsten Grundsätze an:

1. Gesonderte Verwahrung der Depots. Alle Wertpapiere, mit Ausnahme von Banknoten und Papiergeld, die einem Kaufmann zur Aufbewahrung oder zum Pfand übergeben sind, müssen so aufbewahrt werden, daß der Name des Hinterlegers oder Verpfänders äußerlich sichtbar gemacht wird und das Depot von den Beständen anderer Personen und dem eigenen Effektenbesitz abgesondert wird. Jedes Depot muß also eine besondere Hülle erhalten, als solche genügt eine einfache Schleife mit Aufschrift.

Die Vorschriften gelten auch für solche Wertpapiere, die in Verbindung mit einer Ankaufs- oder Verkaufskommission in den Besitz der Genossenschaft kommen.

2. Führung des Depotbuches. Jedes Depot ist derart in ein Handelsbuch einzutragen, daß die Wertpapiere jedes Hinterlegers oder Verpfänders nach Gattung und Nennwert ersichtlich gemacht werden. Der Eintragung steht die Bezugnahme auf Verzeichnisse gleich, die neben dem Handelsbuch geführt werden.

Stückenummern müssen im Gegensatz zu früher nach den Vorschriften von 1923 jetzt nicht mehr eingetragen werden, es ist also auch keine Bezugnahme auf Nummernverzeichnisse nötig. Nichtsdestoweniger sollte sich eine Genossenschaft von jedem Hinterleger einen Hinterlegungsantrag mit Nummernverzeichnis unterschreiben lassen. Auf jeden Fall müssen die Stücke für jeden Hinterleger gesondert verwahrt bleiben. Gegen eine Loseblattform des Depotbuches wird

Richard Müller, Cassel,

Rombacher Hütten-Actien										5% Deutsche					
Datum Jahr	Monat	Tag	zu ab	Stück	Stückelung	Nennwert R.M.	Mäntel Zinsbogen kompl.	Stücke liegen wo?	Datum Jahr	Monat	Tag	zu ab	Stück	Stückelung
1925	Juli	5.	+	10	300	3000.—	kpl.	Dresdn. Bank Berlin	1925	Juli	5	+	2	1000
													2	2000
													2	500
									„	Sept.	8	·/.	2	500

II. Muster eines
(Muster 6600 L des

Depotprovision ....

Verfügungsberechtigt ....

Kredit M. ....

Karl Holz, Cassel

5% Deutsche Reichsanl. v. 1917, Zinssch. 1. 1., 1. 7.							
Datum	Grundbuch		Zugang	Abgang	Bestand	Datum	Grundbuch
1917 11./12.		Kompl.	5000		5000		
1918 30./12.		„		1000	4000		

Für jeden Hinterleger oder Verpfänder wird hier ein besonderes Konto geführt.

Außerdem empfiehlt sich die Führung eines Stückebuches (zweckmäßig auf alphabetisch nach Gattungen geordneten Karten oder losen Blättern), die die Abtrennung der Zinsscheine, Überwachung der Verlosungen, Ausübung der Bezugsrechte wesentlich erleichtern. (Muster s. S. 298.)

heute nichts mehr einzuwenden sein, sofern die Buchführung im ganzen als eine ordnungsmäßige anzuerkennen ist.

Es genügt für das persönliche Depotbuch etwa folgendes Schema:

Schöne Aussicht 3 II Depot №: 8563

Reichsanleihe — Januar Juli | 3½% Preuß. Central Bodencredit A.-G. Pfandbriefe von 1886 — April Oktober

Nennwert ℳ	Mäntel Zinsbogen kompl.	Stücke liegen wo?	Datum Jahr	Monat	Tag	zu ab	Stück	Stückelung	Nennwert ℳ	Mäntel Zinsbogen kompl.	Stücke liegen wo?
7000.—	kpl.	hier +2.1.24	1925	Aug.	7.	+	6	1000	6000.—	Bg.	hier + 1.10.23
		„ +2.1.24	„	Nov.	15.	+	6	1000	6000.—	Mtl.	„ ./.
1000.—	kpl.	hier							6000.—	kpl.	hier
6000.—	kpl.										

Personaldepotbuches
(D. Gen.-Verlags, Berlin)

Depot-Nr. 4048

Blatt 1

Konto-Nr. 4671

Bemerkungen

Zugang	Abgang	Bestand	Datum	Grundbuch		Zugang	Abgang	Bestand

Außer diesen Depotbüchern, die Auskunft über die zur Verwahrung entgegengenommenen Wertpapiere geben, ist ein sog. „Effektendurchgangsbuch" zu führen, das alle Wertpapierein- und -ausgänge nach der Zeitfolge ausweist, auch die aus Kauf bezogenen oder zum Verkauf, zur Ausübung des Bezugsrechts usw. gelieferten Stücke. Je größer der Betrieb, um so mehr wird man die Bücher nach dem Zweck der Einlieferungen spezialisieren müssen.

Nachstehend Muster eines Stückebuches.

Wertpapier	4½% Landeskreditkasse Cassel Oblgt. Reihe 30	Zinstermine 3. 9.	Depot Nr. 8869, Kt.-Kto. Nr. 12886
Name und Wohnung des Hinterlegers	Becker, Fritz, Cassel, Wilhelmstr. 10		Lfd. Nr. 039346

zu ab	Tag	Jahr	Bestand	Mantel Bogen kompl.	Stückelung	Serie Reihe	Lit.	Nummer	Ausgang Tag	Ausgang Jahr	Verlosung
zu	16. 12.	24	ℳ 1 200.—	kpl.	200.—	30	E	651			
					500.—		C	147	4. 5.	25	
					500.—		C	149			
ab	4. 5.	25	500.—								
			ℳ 700.—								

mit Zinsschein per 1. März 1924 ff.

16. Dez. 1924.

Muster eines Effektendurchgangsbuches.

Eingang

Nr.	Monat 1925	Tag	Nennwert		Depotbuch oder Memorial-Folio
1	Dez.	18.	PM. 2000.—	Otto Kleeblatt, Cassel, Friedr. Pl. 10 4% Große Caff. Straßenb. Anl. von 1912 # 3043, 3044 =2/1000.— + 2.1. 1924 ff.	

Ausgang

Datum	Nennwert	Mitausgelieferter Zinsschein	Empfänger	Depotbuch oder Memorial-Folio	Quittung
18. 12.	PM. 2000.—	wie neben	Direktion der Großen Casseler Straßenbahn, hier		Sdg. Verzeichnis # 826.

3. Nummernaufgabe hat die Genossenschaft ihrem Auftraggeber jetzt nur noch auf **Antrag**, nicht mehr als Regelfall zu erteilen. Anderseits ist ein Verzicht des Kunden gegenüber der Genossenschaft auf Erteilung eines Stückeverzeichnisses heute ausgeschlossen. Ein solcher Nummernverzicht ist weiterhin nur zwischen Genossenschaft und Zentralbank möglich.

Nach § 7a des Depotges. steht dem Auftraggeber bei einem Kommissionsgeschäft über den Einkauf von Wertpapieren im Konkursverfahren über das Vermögen des Kommissionärs ein Recht auf vorzugsweise Befriedigung vor allen anderen Konkursgläubigern aus den in der Masse liegenden Wertpapieren gleicher Gattung zu, wenn der Auftraggeber die ihm aus dem Kommissionsgeschäft obliegenden Pflichten vollständig erfüllt, insbesondere also den Kaufpreis bezahlt hat und die Wertpapiere durch Nummernaufgabe oder sonstige Weise nicht in das Eigentum des Auftraggebers übergegangen sind. Mehrere Auftraggeber haben untereinander gleichen Rang. Es ist dies eine Neuerung der Verordnung vom 30. 11. 23.

Es sei in diesem Zusammenhang darauf hingewiesen, daß die Bank des Berliner Kassen-Vereins in Berlin eine Stelle zum Austausch vertauschter Stückenummern eingerichtet hat.

Ohne den Willen des Hinterlegers steht der Genossenschaft kein Verfügungsrecht zu, auch dann nicht, wenn es sich um Wertpapiere handelt, die von der Genossenschaft beliehen sind, oder um solche Wertpapiere, die der Genossenschaft kraft ihrer allgemeinen Bedingungen, z. B. für den Kontokorrentverkehr, verpfändet sind. Die Erfahrung gelegentlich des Krieges und nachher hat gezeigt, daß es zweckmäßig ist, wenn die Genossenschaften sich von ihren Kunden die entsprechende Erklärung geben lassen. Eine allgemeine Erklärung ist nach dem Gesetz nur dem gewerbsmäßigen Bankier gestattet. § 2 des Ges. bestimmt, daß die Erklärung des Hinterlegers oder Verpfänders, nach der der Verwahrer oder Pfandgläubiger ermächtigt ist, über die Papiere zu seinem Nutzen zu verfügen, „falls der Hinterleger oder Verpfänder nicht gewerbsmäßig Bank- oder Geldwechslergeschäfte betreibt, nur gültig ist, soweit sie für das einzelne Geschäft ausdrücklich und schriftlich abgegeben wird". „Wird der Verwahrer oder Pfandgläubiger ermächtigt, an Stelle hinterlegter oder verpfändeter Wertpapiere die in § 1 des Gesetzes bezeichnete Art gleichwertiger Wertpapiere zurückzugewähren, so finden die Bestimmungen des § 1 keine Anwendung."

Die Frage, ob die Genossenschaft berechtigt ist, die ihr übergebenen Wertpapiere ohne besondere Ermächtigung bei der Bank zu hinterlegen, wird verschieden beantwortet, es ist daher zweckmäßig, daß die Genossenschaften sich zu dieser Hinterlegung ermächtigen lassen.

Nach § 8 des Depotgesetzes hat die Genossenschaft, welche fremde Wertpapiere einem Dritten zum Zwecke der Aufbewahrung, der Veräußerung, des Umtausches oder des Bezuges von anderen Wertpapieren, Zins- oder Gewinnanteilscheinen ausantwortet, dem Dritten mitzuteilen, daß die Papiere fremde seien. Die Angabe „in Kommission" ist hierfür nicht ausreichend. Die Auftragsformulare der Großbanken pflegen den gedruckten Satz zu enthalten, „daß dem Auftraggeber das Verfügungsrecht über die Wertpapiere zusteht". Wenn die Genossenschaft diese Erklärung abgibt, setzt dies voraus, daß sie von ihrem Kunden schriftlich ermächtigt ist, über die Papiere zu verfügen.

Die Großbanken unterscheiden 3 Arten von Depots:

a) Depot A. In dieses Depot kommen alle Wertpapiere der Genossenschaft, die diese der Großbank nicht als fremde bezeichnet. Diese Wertpapiere haften der Großbank für alle Ansprüche an die Genossenschaft.

b) Depot B. Diesem Depot werden diejenigen Wertpapiere einverleibt, die die Genossenschaft der Bank bei Übersendung oder beim Kaufauftrag ausdrücklich als fremde bezeichnet. Diese Stücke sind daher nicht als Kreditunterlage für die Bank geeignet. Bei Übertragung von Wertpapieren aus Depot B in Depot A, sowie bei anderen Verfügungen über in Depot B liegende Stücke, ausgenommen die Auslieferung an den Kunden, bedarf es für jeden Einzelfall der ausdrücklichen Erklärung der Genossenschaft, daß ihr die Befugnis über diese Wertpapiere von ihrem Auftraggeber eingeräumt ist. Drahtlichen Aufträgen dieser Art ist das Wort „autorisiert" beizufügen.

c) Stückekonto. Hier schreibt die Bank solche Wertpapiere gut, deren Kaufpreis nicht bezahlt und hinsichtlich deren die Genossenschaft auf Nummernaufgabe verzichtet hat, was auch jetzt noch zwischen Banken möglich ist. Der Genossenschaft steht in diesem Fall kein Eigentumsrecht an bestimmten Stücken, sondern nur ein persönlicher Anspruch gegenüber der Bank zu, der im Konkursfalle gewöhnliche Konkursforderung ist.

Um die mit der Lieferung der Stücke bei An- und Verkäufen verbundenen Arbeiten und Kosten zu vermindern, ist seit Herbst 1925 eine umfassende Ausgestaltung des Effektengiroverkehrs in Angriff genommen. Hiernach sollen alle Wertpapiere, die in den Effektengiroverkehr aufgenommen sind, bei einer Zentralsammelstelle — in Berlin bei der Bank des Berliner Kassen-Vereins — aufbewahrt bleiben (Sammeldepot) und eine Lieferung gekaufter Stücke nur durch Übertragung mittels Schecks, also stückelos, erfolgen. Diese Einrichtung wird auch auf andere Börsenplätze ausgedehnt. Für die Genossenschaften werden sich hieraus verschiedene Änderungen im Verkehr mit ihrer Kundschaft sowohl, als auch mit ihrer Bank ergeben. Da die Bewegung noch im Fluß ist, kann hier zunächst nur auf die Aufsätze BlfGenW. 1925, S. 273, 501; Bankarchiv 1925 Nr. 16 verwiesen werden.

Wenn die Genossenschaft Wertpapiere als offenes Depot in Verwahrung und Verwaltung nimmt, so muß sie die nötigen Einrichtungen hierfür haben. Von der Aufbewahrung von Wertpapieren in einfachem Kassenschrank ist abzuraten. Hat die Genossenschaft keinen Panzerschrank oder Tresor, so lasse man die Wertpapiere möglichst im Gewahrsam der Großbank, wo besondere Schutzvorrichtungen gegen Diebstahl und Feuer vorhanden sind.

Einerlei ist, ob die Wertpapiere der Genossenschaft zur Aufbewahrung, zum Verkauf oder zu andern Zwecken übergeben werden, stets sind die Vorschriften des Depotgesetzes zu beachten.

Die Verwaltung der Wertpapiere, das Trennen der Zinsscheine, Überwachung der Auslosung, Bezugsrechte, Konversionen sowie all der Bekanntmachungen, die besonders seit der Nachkriegszeit von Wertpapierbesitzern zu beachten sind (z. B. Aufwertungsvorschriften) setzt bei dem Vorstand die nötigen Fachkenntnisse voraus.

Weiteres über Depots vgl. BlfGW. 1922 S. 498, 559; 1924 S. 187.

Für die Aufbewahrung und Verwaltung offener Depots hat die Reichsbank sehr eingehende Bestimmungen aufgestellt, die im Verkehr mit ihr maßgebend sind.

V. Verwaltung verschlossener Depots.

Verschlossene Depots unterliegen nicht den Bestimmungen des Depotgesetzes, wohl aber den Vorschriften des Gesetzes über Depot- und Depositengeschäfte (S. 295). Der Verwahrer haftet ebenso wie bei offenen Depots für jeden Schaden, der durch nicht sorgfältige Verwaltung oder durch Veruntreuungen seitens seiner Angestellten dem Deponenten erwächst. Keine Haftung dagegen wird von den Banken, der Reichsbank inbegriffen, übernommen, wenn das Depot durch einen unabwendbaren, außer ihrem Verschulden gelegenen Zufall (force majeure), z. B. durch ein Naturereignis, vernichtet oder beschädigt werden sollte.

Bei verschlossenen Depots bekümmert sich die Genossenschaft nicht um den Inhalt, prüft nicht, ob er den Angaben entspricht, sie hat nur für die Aufbewahrung des Pakets zu sorgen. In der Regel setzt die Aufbewahrung voraus, daß die Genossenschaft einen Tresor besitzt.

Für die verschlossenen Depots verlangt die Reichsbank Einlieferung durch den Besitzer; Übersendung durch die Post ist unstatthaft; von dem Inhalte des Depots nimmt sie keine Kenntnis. Das Depot wird mit Vor- und Zunamen oder der Firma des Niederlegers bezeichnet und muß dergestalt verschlossen sein, daß ohne Verletzung eines Siegels nichts herausgenommen werden kann; die Reichsbank haftet nur bis 5000 RM., wenn nicht ein höherer Wert angegeben und besonders versichert ist; für höhere Gewalt und inneren Verderb ist die Haftpflicht ausgeschlossen; Lagergeld und Versicherungsgebühr sind stets im voraus zu bezahlen; ist über die Auslieferung nichts Besonderes vereinbart, so erfolgt dieselbe an den Vorzeiger des Depotscheins, ohne die Verpflichtung, dessen Legitimation zu prüfen.

VI. Einlösung von Zinsscheinen.

Die Einlösung von Kupons, gezogenen Wertpapieren, Losen und dergleichen erfolgt stets unter Vorbehalt des richtigen Einganges des Gegenwertes. Zweckmäßig wird eine entsprechende Bekanntmachung im Kassenraum der Genossenschaft angebracht. Die frühere Gepflogenheit, Zinsscheine bereits 14 Tage vor Verfall einzulösen, hat sich nach dem Krieg nicht wieder eingebürgert. Die zur Weitergabe an die Großbank bestimmten Kupons und Dividendenscheine müssen auf der Rückseite den Namen der Genossenschaft tragen, weshalb auch die Genossenschaft darauf zu achten hat, daß ihr Kunde in gleicher Weise verfährt. Als Nachschlagewerk für den Kupondienst ist das Buch „Der Zinsschein" von Schütz zu nennen.

VII. Vermietung von Schrankfächern.

Viele Genossenschaften haben in ihren Geschäftskreis die Verwahrung von Wertsachen ihrer Mitglieder in verschließbaren Schrankfächern (Safes) aufgenommen. Die Verwahrung geschieht in der Weise, daß die Genossenschaft in einem tunlichst diebes- und feuersicheren Raum ihres Geschäftsgebäudes den Mitgliedern Abteilungen eines gleichfalls diebes- und feuersicheren Stahlschrankes zur Verfügung stellt. Die Wertsachen jedes einzelnen Mitgliedes werden in einem besonderen Schrankfach unter dem eigenen Verschluß des Mitgliedes und dem Verschluß der Genossenschaft dergestalt verwahrt, daß nur beide gemeinsam das Fach öffnen und schließen können.

Nach der herrschenden Meinung ist der Schrankfachvertrag nicht als Mietvertrag, sondern als Verwahrungsvertrag anzusehen. Der Allgemeine Genossenschaftstag Frankfurt a. M. (1908) (Mitteil. S. 207) hat sich mit dem Thema eingehend befaßt und ein Musterformular aufgestellt (Muster s. Anhang).

Die Frage, ob und in welchem Umfange den Genossenschaften in Kriegszeiten eine besondere Pflicht zur Sicherung der ihnen anvertrauten Werte obliegt, hat durch die Ereignisse der letzten Zeit aktuelle Bedeutung gewonnen. In den BlfGW. 1914 S. 689 verneint Dr. Harnier eine besondere Sicherungspflicht der Genossenschaften hinsichtlich der in vermieteten Schrankfächern befindlichen Werte. „Mag man den Schrankfachvertrag als Miet- oder als eine besondere Art des Verwahrungsvertrages auffassen, mag im Einzelfalle der Inhaber des Schrankfaches den Alleinverschluß desselben haben, oder mag die Bank einen Mitverschluß ausüben, auf alle Fälle ist im Verhältnis des Kunden und der Bank letztere nicht befugt, das Fach zu öffnen und irgendwie über die darin befindlichen Werte zu verfügen. Droht also der Sicherheit des Schrankfaches eine Gefahr, so ist dies Sache des Fachinhabers, die von ihm für erforderlich gehaltenen Maßregeln zu ergreifen." Ausdrücklich sei hierzu bemerkt, daß diese Sorge des Fachinhabers um den Inhalt des Faches nur bei Krieg und ähnlichen Ereignissen besteht. Am zweckmäßigsten würde vielleicht in einem solchen Fall sein, die Mieter des Schrankfaches zu veranlassen, der Genossenschaft den Inhalt als offenes Depot zu übergeben. Die Genossenschaft muß dann natürlich auf die Verwahrung der Depots die gleiche Sorgfalt anwenden wie auf ihre eigenen Bestände.

Wegen der Bestimmungen des Gesetzes über Depot- und Depositengeschäfte (S. 295) und der etwaigen Steuerpflicht der Schrankfachmieten bei Geschäften mit Nichtmitgliedern (S. 281) vgl. die obigen Ausführungen.

VIII. Handel in Devisen und Sorten.

Das Devisengeschäft, d. h. der Handel in ausländischen Zahlungsmitteln, hat bei den Genossenschaften seit der Inflationsaera an Bedeutung gewonnen. Von den vielen gesetzlichen Beschränkungen des Devisenverkehrs der letzten Jahre ist nach der Verordnung zur Änderung der Devisengesetzgebung vom 8. November 1924 im wesentlichen nur die eine bestehen geblieben, daß Devisen-An- und -Verkäufe nur durch sogenannte Devisenbanken ausgeführt werden dürfen. Devisenbanken sind die Mitglieder einer Reichsbankabrechnungsstelle, die das Depot und Depositengeschäft betreiben dürfen (S. 295) sowie diejenigen Banken, die von der obersten Landesbehörde als solche ausdrücklich zugelassen sind. Soweit eine Genossenschaft nicht einer Reichsbankabrechnungsstelle angehört, oder auf ihren Antrag als Devisenbank zugelassen ist, darf sie nur das Geldwechselgeschäft betreiben (Umtausch von Geldsorten, Banknoten) wofür besondere Vorschriften in der Wechselstubenverordnung vom 8. Mai 1923 gegeben sind. Aufträge zum An- und Verkauf von Wechseln, Schecks, Auszahlungen in ausländischer Währung gegen inländische Zahlungsmittel darf eine solche Genossenschaft nur an eine Devisenbank zur Ausführung weitergeben.

Nach der geltenden genannten Devisenverordnung dürfen Devisen und Sorten nicht über dem amtlichen Briefkurs, d. h. zum Einheitskurs, abgegeben werden, was auch nicht dadurch umgangen werden darf, daß außerdem eine anormal hohe Provision in Anrechnung gebracht wird.

Erhält eine Genossenschaft von einem Kunden den Auftrag, z. B. £ 50 Auszahlung London anzukaufen, so darf sie, wenn sie keine Devisenbank ist, nur den Vermittler zwischen Kunden und einer Devisenbank spielen; gehört sie aber zu den Devisenbanken, so kann sie dem Kunden die angeforderte Devise berechnen, einerlei, ob aus eigenen Beständen oder erst nach Beschaffung durch ihre Bank. Sie kann dem Kunden Abrechnung zum amtlichen Briefkurs + üblicher Provision erteilen, sie kann das Geschäft auch zu einem „Nettokurs" abrechnen, der mit dem Briefkurs übereinstimmt oder zwischen dem amtlichen Geld- und Briefkurs liegt. Mit dieser letzteren Einschränkung ist also jetzt ein Freiverkehr in Devisen zulässig[5]).

Die Reichsbank pflegt die an sie abgelieferten Exportdevisen zum Mittelkurs (= Mitte zwischen Geld- und Briefkurs) abzurechnen, während die Genossenschaft ihrem Kunden über die eingereichte Devise Abrechnung zum Geldkurs abzüglich Provision erteilt.

Der Ankauf von Sorten, d. h. ausländischer Banknoten, Papiergeld, Münzen, wird im Schalterverkehr zu einem unter dem Geldkurs liegenden Kurs erfolgen, weil die Genossenschaft das Kursrisiko auf sich nimmt. Dies ist nach den bestehenden Devisenvorschriften zulässig.

Nicht unter die gesetzlichen Bestimmungen fällt der Usancehandel, d. h. der Umtausch von Devisen eines Landes in eine andere ausländische Währung.

Soweit eine Genossenschaft hiernach den Devisen- und Sortenhandel betreiben darf, wird sie sich genau wie bei den Wertpapieren von allen Spekulationen für eigene Rechnung fernzuhalten haben. Das hindert nicht, daß sie kleine Devisen- und Sortenbestände vorrätig hält, um ihre Kundschaft sogleich befriedigen zu können.

Alle An- und Verkäufe sind unter Angabe des Valutabetrages und des bezahlten Markbetrages einzeln in die Bücher einzutragen.

---

[5]) Inzwischen ist die Einheitskurs-Vorschrift und das Devisenterminhandelsverbot aufgehoben. (Mai 1926).

Zur Ausführung ihrer Devisenaufträge wird sich die Genossenschaft in der Regel ihrer inländischen Bankverbindung bedienen. Geschäftsverbindungen mit ausländischen Banken werden nur für größere Genossenschaften in Frage kommen. Die Auswahl muß hier besonders vorsichtig getroffen werden und nicht ohne vorher Erkundigungen bei dem Zentralkreditinstitut über die Auslandsbanken eingezogen zu haben. Wie die Vergangenheit gelehrt hat, können Auslandskonten für die Konteninhaber durch politische Verwicklungen bedroht werden.

Die Großbanken haben das Risiko einer solchen Sperre durch besondere Erklärungen auf ihre Kundschaft abgewälzt.

Unerläßlich ist, daß die Genossenschaft für alle Währungsumsätze, getrennt nach den verschiedenen Währungen, ein Skontro führt, das Soll und Haben gegenüberstellt. Nur so ist ein Überblick vorhanden, ob Ein- und Ausgang sich decken. Fehler in der Ausführung von Aufträgen können im Falle von Kursschwankungen schnell zu Verlusten führen.

Die Führung von Valutenkonten für die Kundschaft, die in den letzten Jahren weit verbreitet war, setzt voraus, daß die Genossenschaft für jede Schuld gegenüber dem Kunden ein Guthaben in der gleichen Höhe und der gleichen Währung bei ihrer Bankverbindung hat, andernfalls sind Kursverluste möglich.

Devisen- und Sortenumsätze waren bisher nach den Vorschriften des Kapitalverkehrsteuergesetzes zu versteuern, sind aber vom 1. Januar 1926 an steuerfrei.

B. Verkehr der Genossenschaft mit der Bankverbindung.

Bereits oben (S. 293) wurde ausgeführt, daß eine Genossenschaft sowohl zum Geldausgleich als auch zur Ausführung anderer Geschäfte Verbindung mit einer Bank unterhalten muß. Soweit die Genossenschaft nicht mit einer Zentralkasse und auf dem Wege über diese mit der Preußenkasse in Verbindung steht, kommt für die Genossenschaften des Deutschen Genossenschaftsverbandes die Dresdner Bank Genossenschaftsabteilung als gegebene Bankverbindung in Betracht. Vielfach werden auch beide Verbindungen nebeneinander bestehen. In Teil A dieses Kapitels ist bei der Besprechung des Inkasso- und Zahlungsverkehrs, des Wertpapier- und Devisengeschäfts gleichzeitig die Frage behandelt, in welcher

Weise die Genossenschaft diese Geschäfte mit ihrer Bank abwickelt. Die Geschäftsverbindung mit der Bank setzt ein Vertrautsein mit den Formen des Bankverkehrs voraus, damit der Verkehr sich reibungslos abwickelt und die Genossenschaft vor Schaden bewahrt bleibt. Hier ist noch auf verschiedene allgemeine Gesichtspunkte und eine Reihe von Gepflogenheiten des Bankverkehrs hinzuweisen.

Die Bank pflegt über jedes einzelne Geschäft eine briefliche Anzeige bzw. eine Abrechnung zu geben, wenn sie noch nicht dazu übergegangen ist, statt einzelner Buchungsaufgaben einen täglichen Postenauszug über alle vorgenommenen Buchungen zu erteilen. Diese Aufgaben nebst ihrer Wertstellung sind zuallererst sachlich und rechnerisch nachzuprüfen; die Erfahrung hat gezeigt, daß trotz aller Kontrollen, die die Banken ausüben, Irrtümer bei einer Abrechnung vorkommen können, deren Richtigstellung sofort zu veranlassen ist. Eine Verschiebung der Nachprüfung bis zum Abschlusse könnte unter Umständen für alle Teile böse Folgen haben. Die Genossenschaftsabteilungen der Dresdner Bank pflegten früher den Mitgliedern des Giroverbandes (S. 282) in der Regel monatliche Postenauszüge zu erteilen; Berlin ist neuerdings zur Erteilung täglicher Buchauszüge übergegangen, deren Richtigkeit ebenfalls sofort zu prüfen ist. Fehler sind sofort zu melden.

Zahlungsanweisungen an Banken müssen in der Regel auf besonderen Vordrucken gegeben werden; für telegraphische Zahlungsanweisungen bestehen meist Telegrammschlüssel, die streng geheim zu halten und vom Vorstand selbst aufzubewahren sind.

Was von den Tagesaufgaben gilt, gilt auch von der Prüfung des Kontoabschlusses. Hier sind die Berechnungen der Zinsen und Provisionen an Hand der Aufstellung und der Auszüge der Bank nachzurechnen und zu kontrollieren und mit den Bedingungen des Geschäftsverkehrs zu vergleichen. Umgekehrt hat die Genossenschaft bei Aufgaben und Aufträgen, welche sie der Bank erteilt, sich besonderer Sorgfalt zu befleißigen. So ist stets die Kontonummer und da, wo mehrere Konten bei der Bank geführt werden, genau anzugeben, auf welchem Konto die Buchungen erfolgen sollen. Ebenso muß die Korrespondenz möglichst in der Weise getrennt geführt werden, daß es vermieden wird, nicht zusammengehörige Angelegenheiten, wie z. B. in- und ausländische Wechsel, Kuponsendungen und Effektenaufträge, ungeordnet im Text aufzuführen.

Es ist dabei zu berücksichtigen, daß die Behandlung der einzelnen Angelegenheiten bei der Bank in verschiedenen, oft räumlich getrennten Abteilungen erfolgt, und daß daher eine schnelle und sachdienliche Erledigung der Aufträge nur dann ermöglicht oder wenigstens erleichtert wird, wenn die Aufträge getrennt erteilt werden.

Führt die Genossenschaft mehrere Konten, so hat sie ihr Augenmerk darauf zu richten, daß die Verfügung über die Konten jeweils so erfolgt, wie es in ihrem Interesse liegt; sie muß es beispielsweise vermeiden, auf dem einen Konto ein Guthaben zu unterhalten, während sie auf dem anderen Geld schuldig ist. Die Genossenschaft kann nicht erwarten, daß die Bank ihrerseits sie dieser Mühe enthebt und ohne speziellen Auftrag Ausgleichungen durch Überträge vornimmt.

Die Geschäfte, welche zwischen der Genossenschaft und der Bank in Betracht kommen, zerfallen im allgemeinen in solche, bei denen sie den Kredit der Bank in Anspruch nimmt, und in solche, die sich als reine Kommissionsgeschäfte darstellen.

Wegen der letzteren vgl. Teil A dieses Kapitels.

Wie die Genossenschaft ihren Mitgliedern gegenüber für die Besorgung von deren Geschäften in der Regel eine Provision berechnet und auch berechnen soll, so ist auch die Tätigkeit der Bank grundsätzlich eine entgeltliche, d. h. die Bank berechnet für die Führung des Kontos oder für jedes einzelne Geschäft — je nach der Art und nach den Vereinbarungen — eine Provision, die entweder sofort oder jeweils bei Semesterschluß in Ansatz gelangt.

Die Bankbedingungen haben in den letzten Jahren unter dem Einfluß des allgemeinen Umsturzes stark geschwankt und befinden sich auch heute noch in stärkerem Fluß als früher. Im Gegensatz zu der Vorkriegszeit werden heute etwaige Provisionen in der Regel sofort belastet. Nur die Kreditprovision wird beim Abschluß, oder für zugesagte Kredite in der Regel monatlich berechnet. Die Kreditprovision scheidet sich wieder in eine Provision auf die Höchstschuld oder eine solche vom zugesagten Kredit oder in eine sogenannte Überschreitungsprovision, welch letztere dann berechnet werden kann, wenn die Genossenschaft ihr Guthaben oder den vereinbarten Kredit überzieht; sie ist teurer als die übliche Kreditprovision. Solche Überziehungen sollten natürlich vermieden werden. Weil die Provision auf provisionspflichtige Geschäfte heute meist sofort berechnet wird, fällt im Verkehr mit den Genossenschaftsabteilungen der Dresdner Bank einstweilen die alte Trennung von Girokonto und der provisionspflichtigen laufenden Rechnung fort. Ist die Genossenschaft dauernd im Guthaben gewesen, so zahlt sie auf ihrem Konto keine Umsatzprovision. Hat sie Kredit in Anspruch genommen, so wird ihr Kredit- oder Überschreitungsprovision berechnet.

Ob diese Übung weiter beibehalten wird, läßt sich natürlich nicht sagen. Ob Dresdner Bank oder andere Bank, sie müssen ihre Bedingungen auf die gegebenen Verhältnisse abstellen und sich dem Wandel der Zeiten anpassen; sie können nicht umsonst arbeiten. Je nach Art der Inanspruchnahme der Bank wird unter Umständen auch eine Differenzierung der Bedingungen Platz greifen, ein Grundsatz, den die Bankwelt schon immer vertreten hat.

Die für die Benutzung des Bankkredits maßgebenden Grundsätze sind in Kapitel X ausführlich besprochen. Ihr Ergebnis sei einer Betrachtung über die verschiedenen Arten der Kreditinanspruchnahme vorangestellt. Die Genossenschaft soll den Bankkredit nicht in ungesundem Maße und nicht auf die Dauer, außer der Reichsbank möglichst auch nur bei einer Stelle beanspruchen.

Der Bankkredit soll eine Reserve für den Notfall sein. Die Genossenschaften müssen sich nach der Übergangszeit der Stabilisierungsperiode, die eine starke Beanspruchung von Bankkredit brachte, wieder mehr und mehr vom Bankkredit freimachen.

Wir kennen beim Bankkredit hauptsächlich Bar- oder Kontokorrentkredit, Diskont-, Akzept- und Avalkredit. Wie die Genossenschaften gegenüber ihren Kunden, so wird letzten Endes auch die Bank bei Berücksichtigung der vorgebrachten Wünsche gegenüber der Genossenschaft entscheiden, in welcher Form der Kredit gegeben wird, und ob eine Sicherheit zu stellen ist. Welche Kreditart von der Genossenschaft im einzelnen vorzuziehen ist, hängt von den Umständen ab. Der Kontokorrentkredit bietet den Vorteil, daß er zu jeder Zeit zurückgezahlt werden kann, sofern er nicht auf eine feste Dauer vereinbart ist. Danach kann die Genossenschaft die Zeit der Kreditinanspruchnahme auf das geringste Maß beschränken.

Dieser Vorteil fällt bei den anderen Arten weg. Akzepte werden meist nur auf drei Monate ausgestellt, und die Genossenschaft hat daher bei ihrer Begebung die Zinsen für diese ganze Zeit im voraus zu entrichten. In gleicher Weise verliert sie bei der Diskontierung ihrer Geschäftswechsel die Zinsen für die ganze Laufzeit, gleichviel ob sie das Geld für die ganze Zeit gebraucht oder nicht.

Anderseits aber bietet der Diskontkredit den Vorteil, daß er in der Regel billiger ist als der Kredit in laufender Rechnung. Denn da die Bank in den diskontierten Wechseln ein wiederverwertbares Aktivum erhält, so ist sie in der Lage, den Kredit, welchen sie durch den Ankauf dieser Wechsel gewährt, zu billigerem Satz zu geben, als denjenigen, der in der bloßen Hinausgabe baren Geldes besteht.

In Zeiten großer Kreditnot wird der Kontokorrentkredit gegenüber dem Diskontkredit zurücktreten, wie die Beobachtungen aus der jüngsten Zeit zeigen, hat doch der Diskontkredit augenblicklich eine überragende Bedeutung im Bankverkehr erlangt (S. 187).

Was den Akzeptkredit anlangt, so erscheint es notwendig, an dieser Stelle kurz ganz allgemein auf das Wesentliche dieser Kreditart zurückzukommen (vgl. S. 261ff.). Das Charakteristische derselben besteht darin, daß der Kreditgeber einen vom Kreditnehmer auf ihn gezogenen Wechsel akzeptiert, ohne daß für den Kreditgeber eine rechtliche Verpflichtung zur Akzeptierung auf Grund eines materiellen Anspruchs des Ausstellers besteht. Bei einem Kundenwechsel hat der Akzeptant den Gegenwert des Wechsels bereits in Händen, während beim Akzeptkredit der Bezogene akzeptiert ohne ein Guthaben des Ausstellers. Erst durch die Schaffung der Tratte wird ein rechtlicher Anspruch begründet: der Aussteller des Wechsels wird Schuldner des Akzeptanten. Im Gegensatz zum Warenwechsel benutzt daher der Aussteller eines derartigen Akzeptes fremden Kredit; der Bezogene akzeptiert im Auftrage des Ausstellers, während der Aussteller dem Bezogenen die Deckung vor der Zahlung zur Verfügung zu stellen hat.

Im allgemeinen dient der Akzeptkredit zur Bezahlung der im Auslande gekauften Waren (Rembourskredit), und eigentlich sollte der Akzeptkredit auch nur hierfür verwandt werden.

Allerdings hatte sich in der Vorkriegszeit vielfach der Brauch eingebürgert, daß der Akzeptkredit auch für andere Bedürfnisse zur Verfügung gestellt wurde. Die Großbank akzeptierte in diesen Fällen die von den Kreditgenossenschaften ausgestellten Tratten gegen eine Provision. Der Verkauf dieser Tratten erfolgte dann zu dem sogenannten Privatdiskont, der fast immer niedriger war als der offizielle Banksatz. Auf diese Weise war es häufig möglich, sich billigeren Kredit zu beschaffen als durch Inanspruchnahme des Bankkredits. Allerdings mußte hierbei von vornherein feststehen, daß der Kredit mindestens drei Monate lang gebraucht wurde, da die Tratten gewöhnlich auf die Dauer von drei Monaten ausgestellt wurden.

Heute geben die Banken nicht gern Akzepte, weil sie mehr als früher ihren Akzeptumlauf in Grenzen halten müssen (S. 197, 262).

Der Akzeptkredit hat für die Genossenschaft auch nur dann Interesse, wenn sie das Bankakzept sicher weiterdiskontieren kann und sich unter Berücksichtigung aller Kosten (Akzeptprovision, Stempel, Diskont und evtl. Maklergebühr) besser steht als bei Inanspruchnahme von Buchkredit oder bei Diskontierung von Kundenwechseln.

Avalkredite werden in der Weise beansprucht, daß die Bank für die Genossenschaft oder unmittelbar für deren Kunden bei Behörden usw. Bürgschaft leistet.

Die Höhe des Zinsfußes oder der Provision richtet sich nach der jeweiligen Marktlage.

Die Banken haben ihre Bedingungen heute durch das Kartell der Bankenvereinigungen festgelegt, teils für ganz Deutschland, teils für örtliche Bereiche, wobei die Dresdner Bank sich aber das Recht vorbehalten hat, für ihren Geschäftsverkehr mit den Genossenschaften zum Teil günstigere Bedingungen zu stellen.

Für den Diskontkredit sind folgende Richtlinien zu beachten: Die Bank kann nur solche Wechsel ankaufen, die sie selbst wieder an die Reichsbank oder andere Notenbanken oder eine andere Stelle weitergeben kann. Die Diskontwechsel müssen also im allgemeinen den Bedingungen der Reichsbank entsprechend außer der Bank zwei gute Unterschriften tragen und auf einen Bankplatz lauten.

Da eine große Anzahl von Geschäftswechseln der Genossenschaften nicht an Bankplätzen zahlbar sind, so ist es notwendig, diese Wechsel mit einem Domizilvermerk zu versehen und am Sitz der Genossenschaft selbst, oder wenn auch dieser kein Bankplatz ist, bei der diskontierenden Bank zahlbar zu stellen. Hierzu bedarf es natürlich einer besonderen Vereinbarung mit der Bank und des Einverständnisses von Aussteller und Bezogenem. Auch hat die

Genossenschaft in diesem Falle darauf zu achten, daß sich die Deckung für den domizilierten Wechsel rechtzeitig in den Händen der Bank befindet.

Selbstverständlich ist, daß die einzureichenden Wechsel in formaler Hinsicht zu Beanstandungen keinen Anlaß geben dürfen, insbesondere ist eine genaue Prüfung des Wechselstempels erforderlich, um die Genossenschaft vor Schaden zu bewahren; denn wenn die Bank auch ihrerseits eine solche Prüfung vornimmt und die nicht vorschriftsmäßig gestempelten Wechsel zurückgibt, so lehrt doch die Erfahrung, daß auch hier Versehen vorkommen. Sämtliche Unterzeichner des Wechsels werden bei falscher Verstempelung zur Tragung der erheblichen Stempelstrafe, die bekanntlich das 50fache des Wertes der Marke für jeden Beteiligten beträgt, herangezogen.

Schließlich sei noch erwähnt, daß es sich zur Erleichterung des Verkehrs empfiehlt, die einzureichenden Wechsel auf einem besonderen Wechselverzeichnis aufzuführen und dieses nicht etwa in den Brief selbst aufzunehmen. Oft liefern die Banken, ähnlich wie dies bei der Dresdner Bank im Giroverkehr geschieht, besondere Formulare für derartig einzureichende Wechsel.

Was die Qualität der Wechsel anlangt, so pflegt die diskontierende Bank diese an Hand des ihr zur Verfügung stehenden Materials darauf zu prüfen, ob sich keine Wechsel mit unsicheren Akzeptanten und keine Kellerwechsel darunter befinden.

Auch die verschiedenen „S o n d e r k r e d i t e“ (S. 206, 246) werden nur auf Wechsel gegeben, und zwar hat sich das Verfahren eingebürgert, daß die Genossenschaften nicht die einzelnen Wechsel ihrer Mitglieder an die Zentralkreditinstitute weitergeben, sondern sogenannte Sammelwechsel, die sie sich über die gesamte Summe der ihr zur Verfügung gestellten Mittelstandskredite von geeigneten Kunden geben lassen. Die Einzelwechsel dürfen dann natürlich nur als Sicherheitswechsel behandelt werden.

Im Anschluß hieran seien einige Bemerkungen über die Behandlung des Inkassoschecks hier eingefügt. Es ist den Mitgliedern des Giroverbandes ohne weiteres die Ermächtigung erteilt, durch einen Aufdruck die auf sie ausgestellten Schecks an den Kassen der Dresdner Bank in Berlin, Frankfurt a. M., Hamburg und Nürnberg zahlbar zu stellen, während dies hinsichtlich der übrigen Filialplätze der vorherigen Vereinbarung mit der Zentralstelle, an welcher das Girokonto geführt wird, bedarf.

Die Einlösung dieser Schecks erfolgt in der Weise, daß der Einreicher eine Quittung über den zur Einlösung präsentierten Scheck erhält und der Scheck der bezogenen Genossenschaft mittels besonderen Formulars zur Bestätigung seiner Ordnungsmäßigkeit eingesandt wird. Die Genossenschaft hat durch Ausfüllung eines gleichzeitig mit dem Scheck übermittelten Entwurfes diese Bestätigung zu geben. Nach Empfang derselben wird der Scheck dem Einreicher gegen Rückgabe der Quittung von der betreffenden Kasse der Dresdner Bank ausbezahlt, sofern das Konto der Genossenschaft dies zuläßt. Neuerdings wird auch zur Vereinfachung des Geschäftsverkehrs zwischen Einreicherbank und Dresdner Bank der Scheck von dieser sofort in der Scheckaustauschstelle bezahlt, so daß ein von der Genossenschaft mangels Zahlung zurückkommender Scheck dem Einreicher im Abrechnungsverfahren zurückbelastet werden muß. Die von der Genossenschaft zu befolgende Handhabung des Scheckeinlösungsdienstes wird hierdurch aber nicht berührt. Schecks, die an den Kassen einer Niederlassung vorkommen, bei der die bezogene Genossenschaft kein Konto unterhält, gelangen an der Stelle zur Verbuchung, wo das Konto geführt wird. Es geht daher der Scheck zur Bestätigung zunächst an diese Stelle und wird von ihr der bezogenen Genossenschaft zugesandt, während diese das Bestätigungsformular direkt der Einlösungsstelle zu übermitteln hat. Diese Einrichtung hat ehedem in sehr bedeutendem Maße dazu beigetragen, den Scheckverkehr der Genossenschaften zu fördern; denn es ist offenbar, daß der Wert eines Schecks als Zahlungsmittel dadurch erhöht wird, daß er an größeren Bank- und Handelsplätzen eingelöst werden kann. Die Zahl der in dieser Weise an den Kassen der Dresdner Bank zur Einlösung gelangten Schecks hatte sich bis zum Kriege denn auch von Jahr zu Jahr vergrößert.

Wenn auch durch die Inflation dem Scheckverkehr wie dem Bankverkehr an sich ein schwerer Schlag versetzt wurde, so geht es jetzt doch wieder aufwärts (S. 284).

In ähnlicher Weise ist auch der Scheckeinlösungsdienst der Preußenkasse geregelt, die die ihr zur Einlösung eingereichten Genossenschaftsschecks den Genossenschaften mit einem Begleitschreiben und zwei Vordrucken einer Bestätigung einsendet. Die Genossenschaft hat im Falle der Ordnungsmäßigkeit des Schecks beide Vordrucke ausgefüllt und unterschrieben der Verbandskasse zu übermitteln, die ihrerseits einen davon mit Bestätigungsvermerk an die Preußenkasse zurückgelangen läßt.

Für die Banken selbst ist mit dieser Einrichtung eine ganz erhebliche Mühewaltung verbunden, welche sie lediglich im genossenschaftlichen Interesse auf sich nehmen. An dem weiteren Ausbau der Einrichtung sind alle Genossenschaften interessiert, doch läßt sich dieser nur dadurch erreichen, daß die Vorschriften, welche die Zentralkreditinstitute hierfür aufgestellt haben, genau befolgt werden. Daher ist es erforderlich, daß sich die Genossenschaften genau an diese Vorschriften halten und Abweichungen von dem regelmäßigen Geschäftsgang durchaus vermeiden. Es sind insbesondere zu den Bestätigungen dieser Inkassoschecks ausschließlich diejenigen Formulare zu verwenden, welche dem Begleitbrief der Bank bei Übersendung der Schecks anhängen; durchaus unzulässig ist es, die Bestätigung etwa auf gewöhnlichen Postkarten zu erteilen oder gar durch eine beiläufige Mitteilung in der laufenden Korrespondenz vorzunehmen. Schecks im voraus anzuzeigen, muß vermieden werden.

Bei dem Umfang des Großbankbetriebes läßt sich eine gewisse Schematisierung nicht umgehen, wenn bei der weitgehend durchgeführten Arbeitsteilung das Räderwerk bis ins kleinste seinen geregelten Gang gehen soll. Jede Erschwerung des Geschäftsverkehrs, welche die Genossenschaften durch Geltendmachung von Sonderwünschen oder eine von der allgemeinen Regel abweichende Behandlung durchzusetzen versuchen, muß die Funktion dieser Einrichtung gefährden. Die Genossenschaften müssen dem Rechnung tragen und dabei bedenken, daß die pünktliche Einlösung des Schecks hiervon abhängig ist. Im anderen Falle entstehen der Bank Auseinandersetzungen mit dem Einreicher des Schecks, die letzten Endes auch für die Genossenschaft, auf die der Scheck gezogen ist, schädlich sein müssen. Selbstverständlich ist erforderlich, daß die Genossenschaften auf den Stand ihres Kontos achten und dafür Sorge tragen, daß für die Einlösung dieser Inkassoschecks jeweils ein ausreichendes Guthaben auf dem Girokonto bzw. dem Konto bei der Verbandskasse vorhanden ist (S. 285).

Zum Schluß sei auf die Anlagemöglichkeiten hingewiesen, die mit der an anderer Stelle ausführlich behandelten Frage der Liquidität (S. 194 ff.) im engsten Zusammenhang stehen.

Die Bereitstellung größerer Kassenbestände war früher bei den Genossenschaften wegen der Zinsverluste nicht tunlich. Soweit die Genossenschaften nicht Bankguthaben und Wertpapiere hielten und Kundenwechsel ankauften, wurden die flüssigen Mittel zum Ankauf von Primadiskonten benutzt, die eine beliebte Anlage bildeten. Zwar brachte diese Anlage einen geringeren Zinsertrag als andere Wechsel, weil der für sie maßgebende Privatdiskontsatz meist unter dem Reichsbankdiskontsatz stand, doch warf dieses Geschäft gegenüber dem für die Einlagen vergüteten Zinsfuß immer noch einen Nutzen ab. Vor allem lag der Wert dieser Anlage in der leichten Realisierbarkeit sowie in dem Umstand, daß diese Wechsel im Gegensatz zum Wertpapierbestand keinerlei Kursschwankungen unterworfen waren und bei einer guten Mischung von Bankunterschriften die denkbar sicherste Anlage boten. Solche Primadiskonten gaben auch die Genossenschaftsabteilungen der Dresdner Bank an die Genossenschaften ab, wodurch eine weitere Bankunterschrift hinzutrat. Es ist anzunehmen, daß dieser Geschäftszweig mit steigender Liquidität und wachsendem Privatdiskontgeschäft im allgemeinen wieder mehr an Bedeutung gewinnen wird, als es z. Zt. der Fall ist (S. 262).

Letzteres gilt auch für die Anlage von Ultimogeld, das früher die Genossenschaften in großen Beträgen an die Dresdner Bank jeweils gegen Monatsschluß auf einen Monat ausliehen zu einem Zinssatz, der etwas unter dem Börsensatz für Reportgeld lag. Wer jetzt flüssige Gelder auszuleihen hat, legt sie je nach Möglichkeit auf 15 Tage oder einen Monat fest und erzielt damit ebenfalls wesentlich höhere Zinsen als für täglich verfügbare Gelder.

XV. Kapitel.

Zinspolitik. Gewinn und Verlust.

Zu den Erträgnissen, die zu dem Geschäftsgewinn führen, gehören die Einnahmen, die sich aus den verschiedenen Geschäftszweigen der Genossenschaft ergeben. Daher gehören hierher nicht die Eintrittsgelder, die vielmehr der gesetzlichen Rücklage zu überweisen sind. Auch Eingänge auf abgeschriebene Forderungen sollten nicht dem Ertragskonto zugeführt werden, sondern der Hilfsrücklage.

Die wichtigste Einnahme der Kreditgenossenschaft wird durch die Zinsen und Provisionen des Kreditgeschäfts gebildet. Die Höhe dieser Erträge ist für den Bestand der Genossenschaft von entscheidender Bedeutung.

Durch die Zinsen und Provisionen (in folgendem kurz als Zinsen zusammengefaßt) müssen nicht allein alle Geschäftsunkosten gedeckt werden, sondern diese Einnahme muß auch hinreichen, um aus dem Reingewinn eine genügende Rücklagebildung und die Verteilung einer angemessenen Dividende zu ermöglichen. Das heißt nicht, daß die Genossenschaft in der Festsetzung ihrer Zinssätze völlig willkürlich verfahren könnte; schon vom rein kaufmännischen Standpunkt aus ist sie selbstverständlich an wirtschaftliche Grundsätze gebunden und auch von dem Vorgehen der Banken und Sparkassen abhängig. Wenn es auch z. B. in Zeiten größter Kreditnot denkbar ist, daß ein zahlungsfähiger Kreditnehmer der Genossenschaft einen höheren Zinsatz als den sonst üblichen bezahlen wird, oder die Genossenschaft bei größter Geldflüssigkeit auch Gelder zu einem wesentlich unter dem üblichen Marktzinsfuß liegenden Satz hereinholen könnte, so sind dies doch nur Ausnahmen, die für die allgemeine Zinspolitik nicht richtunggebend sein können. In normalen Zeiten muß sich ein zu hoher Debetsatz automatisch so auswirken, daß die Genossenschaft keine guten Schuldner bekommt, während ein zu niedriger Sollsatz zu einer Ausbeutung der Genossenschaft durch schlaue Geschäftsleute führen kann. Dazu kommt, daß ein dauernd zu niedrig gehaltener Sollzinssatz einem wirtschaftlich erzieherischen Einfluß, den die Genossenschaft ausüben soll, entgegenwirkt. Die Genossenschaften können keine Zinspolitik auf eigene Faust betreiben, sie sind mit der Wirtschaft verflochten und können auf die Dauer keine Entscheidungen treffen, die den Wirtschaftsströmungen zuwiderlaufen. Dies gilt vornehmlich für die städtischen Genossenschaften, die mehr von der Marktlage abhängig und mehr der Konkurrenz ausgesetzt sind als rein ländliche Vereine, die schon eher eine mehr stabile Zinspolitik betreiben können. Nichtsdestoweniger werden auch städtische Genossenschaften nicht jeder kleinen Änderung des allgemeinen Zinssatzes sofort folgen müssen. Wenn sie genügend Eigenkapital haben und ihnen die nötigen Spareinlagen zufließen, sie also vom Bankkredit möglichst wenig abhängen, können sie sehr wohl bei aller Beweglichkeit ihrer Geschäftsführung eine gewisse Stetigkeit in ihre Zinspolitik bringen, was besonders für die länger laufenden Einlagen von Wichtigkeit ist, da diese Einleger durch allzu häufige Änderungen des Zinsfußes erfahrungsgemäß leicht beunruhigt werden können. Grundsatz muß aber bleiben, daß notwendige Änderungen des Zinsfußes nicht aufgeschoben werden.

Stets ist bei der Festsetzung von Zinsen und Provisionen die oberste Aufgabe der Genossenschaft zu beachten: das Kreditbedürfnis der Mitglieder möglichst billig zu befriedigen. Die Genossenschaft soll nicht auf möglichst hohe Gewinne hinarbeiten, und die Verteilung hoher Dividenden darf nicht ihr Hauptziel sein, liegt doch gerade hierin ein wesentliches Unterscheidungsmerkmal der Genossenschaft von der Kapitalgesellschaft. Wenn oben gesagt ist, daß die Zinseinnahme die Genossenschaft auch zu einer angemessenen Dividendenausschüttung befähigen soll, so heißt dies also nicht, daß die Genossenschaft einen möglichst hohen Gewinn und eine recht hohe Dividende erstreben soll. Die Dividende soll vielmehr den landesüblichen Zinsfuß nicht wesentlich übersteigen. Die Empfehlung des AllgGenTages Gotha (1894) muß nach wie vor gelten, wenn auch den gegenwärtigen anormalen Verhältnissen, wie an anderer Stelle dieses Kapitels ausgeführt ist, etwas Rechnung getragen werden muß.

Die dauernde Erzielung hoher Dividenden läßt auf ungesunde Zustände in der Genossenschaft schließen, denn eine hohe Dividende kann nur verteilt werden, wenn die Genossenschaft entweder die Geschäftsguthaben im Verhältnis zu dem Betriebskapital zu niedrig hält oder die Zinsen höher festsetzt, als es die Verhältnisse erfordern. Das erstere weist auf einen Fehler im geschäftlichen Aufbau hin, das letztere hat zur Folge, daß Gewerbetreibende in guten Verhältnissen der Genossenschaft fernbleiben.

Allerdings ist eine schnelle Wiederauffüllung der Geschäftsguthaben nach dem durch die Geldentwertung entstandenen Schwund kaum ohne gleichzeitig angemessene Dividende denkbar, da die Mitglieder nur bei dieser Aussicht zu freiwilligen größeren Einzahlungen auf Geschäftsanteil bereit sein werden. Ferner darf nicht vergessen werden, daß die Dividende einer Genossenschaft besonders seit der Inflation nicht mit der Dividende einer Aktiengesellschaft verglichen werden kann; man muß erst einmal feststellen, welchen Teil des Reingewinnes die Dividendensumme beansprucht, um ein richtiges Bild zu gewinnen. Der Dividenden*satz* kann sehr leicht irreführen. So lange die Geschäftsguthaben der Genossenschaften nur einen Bruchteil der Vorkriegshöhe erreichen, wird auch zur Zahlung von Dividende nur ein entsprechend geringerer Betrag notwendig sein.

Die Genossenschaften haben von jeher ihren Stolz darin gesehen, daß sie ihren Sollzinssatz *unter* dem Satz der Banken gehalten haben. Soll dieser Grundsatz auch weiterhin aufrechterhalten bleiben? Nachdem das genossenschaftliche Fundament durch die Inflation so außerordentlich geschwächt ist, muß die Genossenschaft ihre ganze Kraft dareinsetzen, die Lücken wieder auszufüllen und besonders ihre Rücklagen neu zu bilden. Aus diesem Grund erheischt es die genossenschaftliche Selbsterhaltungspflicht, daß die Genossenschaften in den ersten Übergangsjahren nach der Inflation jenen Grundsatz der bevorzugten Behandlung ihrer Mitglieder zwar nicht aufgeben, aber doch etwas zurückstellen, bis ihre Rücklagen wieder auf einem erträglichen Stand angelangt sind. Die Genossenschaft muß wieder zu Kräften kommen. Es ist für die Mitglieder selbst viel wichtiger, daß ihre Genossenschaft leistungsfähig und ihnen eine Stütze im Wirtschaftskampf ist, als daß sie für die von der Genossenschaft gewährten Kredite etwas weniger Zinsen bezahlen. Wenn die Genossenschaft ihren Schuldnern nur eine

Kleinigkeit mehr berechnet, so macht dies für das einzelne Mitglied nicht viel aus, in der Gesamtheit aber wird das Ergebnis für die Genossenschaft sehr in die Wagschale fallen.

Allgemeingültige Richtlinien lassen sich für die Bemessung der Zinssätze heute zwar nicht aufstellen, nur soviel muß gesagt werden, daß die Genossenschaften mit ihren Sollzinsen nicht über die Mindestsätze der Banken hinausgehen sollen. Sie bleiben dann hinter den von den Banken tatsächlich berechneten Zinsen (Überschreitungsprovision! S. 257, 307) immer noch zurück. Damit bleiben sie ihren genossenschaftlichen Grundsätzen nach wie vor treu, und man kann ihnen wegen dieses Verhaltens gewiß nicht den neuerdings hier und da erhobenen Vorwurf machen, daß ihre Geschäftsführung jetzt zu sehr in ein kapitalistisches Fahrwasser geraten sei.

Es fragt sich nun weiter:

a) wem die Festsetzung der Zinssätze zu übertragen ist, der Generalversammlung oder dem Vorstand und Aufsichtsrat oder dem Vorstand allein,

b) ob die Zinssätze von Fall zu Fall besonders vereinbart werden, oder ob allgemein ein vom Vorstand und Aufsichtsrat festgesetzter Zins verlangt bzw. vergütet werden soll.

Es ist ohne weiteres einleuchtend, daß der Generalversammlung die Bestimmung des Zinssatzes nicht überlassen werden kann. Es ist dies eine Angelegenheit der Geschäftsführung, bei der man den Aufsichtsrat nur insoweit mitwirken läßt, als man die Entscheidung zu den Angelegenheiten nimmt, die der gemeinschaftlichen Beschlußfassung von Vorstand und Aufsichtsrat zugewiesen werden. Und dies kann man wieder nur, wenn ein Zinssatz im voraus festgesetzt wird, der so lange gilt, bis Vorstand und Aufsichtsrat ihn ändern. Will man nicht in dieser Weise vorgehen, sondern die Bestimmung des Zinses der jedesmaligen Vereinbarung vorbehalten, oder dieser wenigstens einen gewissen Einfluß lassen, so muß die Festsetzung dem Vorstand überlassen werden. Auch dann aber wird es zweckmäßig sein, wenn Vorstand und Aufsichtsrat die Grundsätze festlegen, die für die Zinsbemessung maßgebend sein sollen.

Es ist bei der Behandlung der einzelnen Kredite darauf hingewiesen, daß sie sehr verschiedene Ansprüche an die Kassendispositionen stellen. Die Genossenschaft kann z. B. die Diskontierung eines Wechsels ablehnen, wenn ihr die Mittel fehlen, oder sie ist in der Lage, durch Weiterbegebung des Wechsels sich Geld zu beschaffen — die Genossenschaft muß dagegen im Kontokorrentverkehr jederzeit auf Abhebungen auf den zugesagten Kredit gefaßt sein, ohne daß sie imstande ist, sich auf den so bewilligten Kredit Geld zu beschaffen, wie es im Wechseldiskontgeschäft möglich ist. Diese Verschiedenheit muß natürlich im Zins zum Ausdruck kommen. Anderseits muß für Einlagen je nach ihrer Kündigungsfrist ein Unterschied im Zinsfuß gemacht werden.

Eine gleichmäßige Behandlung der Kunden je nach den verschiedenen Geschäftszweigen — z. B. also alle Vorschußnehmer, Kontokorrentschuldner, Kontokorrentgläubiger, Einleger — scheint dem Wesen der Genossenschaft zu entsprechen, besonders soweit die kreditbegehrenden Kunden in Frage kommen. Diese sind zugleich Mitglieder, die das Risiko des Unternehmens tragen. Wird dem einen das Geld zu höheren oder niedrigeren Zinsen gegeben als dem anderen, so kann dies Verstimmung hervorrufen. Bei den meisten Kreditgenossenschaften wird daher auch kein Unterschied gemacht.

Nicht überall läßt sich diese Gleichheit auf die Dauer aufrechterhalten. So sind die zum Diskont eingereichten Wechsel zu verschiedenartig, als daß sie gleichmäßig abgerechnet werden könnten. Die einen kann die Genossenschaft unmittelbar an die Reichsbank, also glatt zum Reichsbanksatz weitergeben, die anderen kann sie nur bei ihrem Zentralkreditinstitut anbringen, dem sie einen Aufschlag auf den Diskont bewilligen muß, wieder andere muß sie vielleicht selbst im Portefeuille behalten, weil diese Abschnitte sich aus irgendwelchen Gründen nicht zum Weiterdiskontieren eignen. Bei den Barkrediten sind Fälle denkbar, daß ein besonders guter Kreditnehmer seitens einer Großbank zu Vorzugsbedingungen Kredit erhalten kann. Soll die Genossenschaft auf ein solches Mitglied nur des Prinzips wegen verzichten? Oder soll die Genossenschaft einen Einleger, an dem ihr viel gelegen ist, dessen Einlage ihr nach Betrag und Laufzeit wertvoll erscheint und die ihr nicht ohne weiteres ersetzt werden kann, zur Konkurrenz gehen lassen? Damit würde die Leitung gegen kaufmännische Grundsätze verstoßen und der Genossenschaft einen schlechten Dienst erweisen. Geschäftsgrundsätze dürfen nicht zu einer Schablone werden, die um jeden Preis anzuwenden ist.

Einen Zinsunterschied macht man mitunter auch bei alten und neuen Krediten, insofern, als man unter Schonung der bereits gewährten Kredite die Neuausleihung infolge einer allgemeinen Zinsanspannung härter treffen und eindämmen will.

Entschieden zu verwerfen ist die Praxis, die man zuweilen findet, daß der Zinsfuß für Kredite mit längeren Fristen geringer ist als für kurzbefristete Kredite, denn damit setzt man auf das längere Kreditnehmen gewissermaßen eine Prämie. Die Genossenschaften müssen auch ihren Gläubigern desto höheren Zins geben, je längere Kündigungsfrist sie sich bedingen.

Bei verschiedenen Genossenschaften ist es üblich, dem Schuldner über den Tag der Fälligkeit hinaus das Geld zu höherem Zinsfuße zu belassen.

Es ist natürlich nichts dagegen einzuwenden, wenn die Verzugszinsen zu einem höheren Satz berechnet werden als die laufenden Vorschußzinsen, vorausgesetzt, daß der Verzug damit nicht einen dauernden Charakter annimmt; denn so könnte die Kapitalforderung möglicherweise gefährdet werden. Ein Verzug, der nur auf Nachlässigkeit des Schuldners zurückzuführen ist, darf nicht geduldet werden. Wenn ausdrücklich bestimmt wird, daß der Schuldner im Falle der Säumigkeit einen höheren Zinsfuß zu zahlen hat, so wird leicht bei ihm die Ansicht hervorgerufen, daß er gegen Zahlung des höheren Zinses ein Recht darauf erwirbt, das Darlehen zu behalten — der Vorstand aber wird vielleicht geneigt sein, mit Rücksicht auf die höhere Zinseneinnahme den Zustand zu dulden. Das ist gewiß kein erstrebenswertes Ziel. Es muß daher ausnahmslos als die Pflicht des Vorstandes hingestellt werden, auf pünktlicher Rückzahlung zu bestehen, wenn der Schuldner nicht rechtzeitig Prolongation nachgesucht hat und ihm diese bewilligt ist. Die Pünktlichkeit bei Rückzahlung der Darlehen auf jede Weise zu fördern, liegt sowohl im Interesse der Genossenschaft wie in dem der Mitglieder selbst.

Die Entrichtung der Vorschußzinsen im voraus (etwa vierteljährlich) ist anzuraten und bei der Verwendung von Solawechseln auch im allgemeinen üblich gewesen. Man sollte sie auch im Falle der Verbriefung der Vorschüsse durch Schuldschein einführen. Diese Vorauszahlung hat den Vorteil, daß die Vorschußempfänger, die einen geringen Abzug beim Empfang des Geldes kaum bemerken und sich gern gefallen lassen, später nur die Kapitalsumme zu beschaffen haben. Für jede Genossenschaft liegt aber in dem früheren und sichereren Eingang der Zinsen ein nicht unbedeutender Gewinn. Rückstände an Kapital und Zinsen darf eine Genossenschaft nicht aufkommen lassen. Mit der langsamen Zinszahlung verzögert sich auch die Abzahlung von Kapital. Sehr richtig hat daher Direktor Thorwart auf dem Danziger AllgGenTag (1903) ausgeführt, „daß die Spalte „Zinsenreste" das Zifferblatt für die Geschäftsführung und Wirksamkeit einer Genossenschaft sei".

Wenn auch, wie schon in Kap. XII ausgeführt, das Vorschußgeschäft einstweilen viel von seiner früheren Bedeutung verloren hat, so mag doch im Hinblick auf die mögliche und wünschenswerte Wiederaufnahme dieses Geschäftszweigs der Beschluß des Danziger GenTags über die Zinsreste hier wiedergegeben und zur künftigen Beachtung empfohlen werden:

„Es ist den Kreditgenossenschaften dringend zu empfehlen, daß sie auf regelmäßigen Einzug der fälligen Zinsen aus den von ihnen gewährten Krediten bedacht sind.

Diese Forderung ist begründet sowohl durch die Pflichten, welche sie gegen sich selbst haben, indem eine Unterlassung unvereinbar mit geordneter Geschäftsführung ist, als auch durch die Pflichten gegen ihre Schuldner, denen der ursprünglich aufgenommene Kredit durch den fortgesetzten Zuwachs von Zinsen schließlich unerschwinglich gemacht wird.

Die vorliegenden statistischen Nachweise zeigen, daß die Zinsrückstände in denjenigen Verbänden am größten sind, in denen die Darlehen gegen Schuldscheine hinausgegeben werden, und am kleinsten, wo der Vorschußwechsel in Gebrauch ist. Es ergibt sich hieraus die weitere Forderung, den Kreditgenossenschaften von neuem zu empfehlen, ihre Vorschüsse nur durch Ausstellung von Wechseln verbriefen zu lassen.

Die Kreditgenossenschaften haben am Jahresschluß die Einbringlichkeit der Zinsausstände genau zu prüfen und, soweit diese nicht unbedingt gesichert erscheint, entsprechende Abschreibungen am Gewinn vorzunehmen."

Auch im Kontokorrentverkehr kann nicht dringend genug davor gewarnt werden, den Saldo durch immer neue Zinszuschriften anwachsen zu lassen, womöglich noch unter Überschreitung des festgesetzten Kredits, was bei den derzeitigen hohen Zinssätzen besonders schnell eintreten kann. Solche Konten führen sehr leicht zu Verlusten, und die zugeschriebenen Zinsen stehen oft nur auf dem Papier als Gewinn. Auch ist es zum mindesten zweifelhaft, ob ein mangelnder Umsatz die Zinseszinsberechnung zuläßt.

Die Richtlinien, die für die Festsetzung der Zinssätze bei den einzelnen Geschäftszweigen im übrigen zu gelten haben, sind in den betreffenden früheren Kapiteln erörtert.

Maßgebend für das Gewinnergebnis ist die Zinsspanne, d. h. der Unterschied zwischen Soll- und Habenzinsfuß. Da die verzinslichen Aktiven, wie Kontokorrentforderungen, Bankguthaben, Wechsel usw. nicht zu demselben Zinssatz angelegt sind, anderseits auch die Kreditoren (Kontokorrentgelder, Bankschulden, Einlagen usw.) zu verschiedenen Zinssätzen laufen, so kann von einer einheitlichen Zinsspanne nicht die Rede sein; man kann höchstens eine Durchschnittsspanne berechnen. Es ist daher auch irreführend, wenn in der Öffentlichkeit, wie es gerade in der Neuzeit öfter geschieht, lediglich die Zinssätze für Soll und Haben des Kontokorrentgeschäfts einander gegenübergestellt werden, also diejenigen Sätze, die die beiden Pole darstellen. Wer die Höhe der Zinsspanne kritisch würdigen will, muß sich die Zusammensetzung der Aktiven und Passiven wie auch die für sie angewandten verschiedenen Zinssätze ansehen (vgl. BlfGW 1925 S. 182).

Die früher im Kontokorrentverkehr der Genossenschaften übliche Zinsspanne von etwa 2—3% reicht in der Neuzeit nicht aus. So sehr es der Wirtschaft und auch den Genossenschaften erwünscht ist, daß das Zinsniveau sich ermäßigt und der Vorkriegshöhe nähert, so ist doch soviel sicher, daß die Genossenschaften wie alle Banken noch auf geraume Zeit hinaus ohne höhere Zinsspanne als früher nicht auskommen können. Solange das Betriebskapital erst einen Bruchteil der Vorkriegshöhe erreicht hat und die Unkosten bedeutend höher als früher sind, auch die Risiken des Kreditgeschäfts infolge der allgemeinen unsicheren Lage gewachsen sind, müssen auch die Genossenschaften durch eine höhere Zinsspanne einen Ausgleich suchen. Dies um so mehr, je geringer die Erträge des Kommissionsgeschäftes und der anderen indifferenten Geschäftszweige sind. Die Erträge des Effektengeschäfts wird die Genossenschaft bei ihrer Rentabilitätsberechnung außer Betracht lassen, da diese zu sehr von der Konjunktur abhängig und daher besonders starken Schwankungen unterworfen sind.

Mehr denn je muß eine Genossenschaft heute eine periodische Rentabilitätsberechnung aufmachen. Auf Grund der Monatsbilanzen ist regelmäßig die Entwicklung der Geschäftserträgnisse und Geschäftskosten mit den Zahlen früherer Zeitabschnitte zu vergleichen, und es muß das Verhältnis zwischen Rohgewinn, Bilanzsumme und Umsatz einerseits und Unkosten anderseits nach der Bilanz geprüft werden. Unter Rohgewinn versteht man den Überschuß der Einnahmen an Zinsen, Provisionen und sonstigen Gewinnen über die Ausgaben, aber ohne Unkosten und ohne Abschreibungen. Allgemeine Regeln lassen sich für diese Verhältniszahlen infolge der immer noch zu beobachtenden Verschiebungen in den wirtschaftlichen Verhältnissen nicht angeben. Schöneberger[1]) bezeichnete für die Vorkriegszeit einen Rohgewinn von 2% der Bilanzsumme als notwendig, doch muß dieser Satz jetzt wesentlich höher sein. Ein Vergleich der Ergebnisse ähnlicher Genossenschaften bietet hier immer wertvolle Anhaltspunkte.

Neben dem Vergleich der tatsächlichen Geschäftsergebnisse muß wenigstens eine vierteljährliche Schätzung der zu erwartenden Einnahmen und Ausgaben einhergehen, damit die Genossenschaft die etwaige Notwendigkeit einer Zinsänderung rechtzeitig erkennt.

Die Geschäftsunkosten setzen sich aus persönlichen und sachlichen Unkosten zusammen. Zu den persönlichen Ausgaben gehören außer den Ruhegehältern und Versicherungsbeiträgen die Gehälter, im wirtschaftlichen Sinne auch die Tantiemen und Gratifikationen, auch wenn sie aus dem Reingewinn bezahlt werden. Alle anderen Unkosten einschließlich der Steuern zählen zu den sachlichen Unkosten. Die Unkosten sind infolge der allgemeinen Lage und der auf dem Bankgewerbe lastenden unproduktiven Arbeiten relativ bedeutend gestiegen und spielen daher in der Rentabilitätsberechnung heute eine viel größere Rolle als früher. Während sie früher nahezu eine feststehende Größe waren, unterliegen sie jetzt unter dem Einfluß der Wirtschaftslage immer noch fortgesetzten Schwankungen, wenn diese auch nach der Markstabilisierung nicht mehr in dem Umfang wie in der Inflationszeit auftreten.

Die Unkostenfrage ist zu einem der wichtigsten Probleme der Genossenschaften geworden, weil die Erhöhung der Einnahmen ihre Grenzen hat, die Rentabilität also nicht allein von der Einnahmeseite her, sondern auch durch Ermäßigung der Unkosten gewährleistet werden muß. Es ist die Aufgabe jeder Genossenschaftsleitung, die Unkosten soweit wie möglich herabzudrücken, nicht

[1]) Schöneberger, Die wirtschaftliche Betriebsführung, Heft 1 der Genossenschaftlichen Praxis. (Berlin, D. Gen.-Verlag.)

in dem Sinne, daß das einzelne Gehalt möglichst niedrig gesetzt wird[2]), sondern nach der Richtung hin, daß durch wirtschaftliche Betriebsführung Ersparnisse erzielt und mit dem niedrigsten Kostenaufwand größtmögliche Leistungen erzielt werden. Daher hat die Vervollkommnung der Betriebstechnik (S. 335) eine noch immer wachsende Bedeutung gewonnen. Eine Genossenschaft, die hier nicht mit der Zeit fortschreitet, wird im Konkurrenzkampf unterliegen und zu keiner Rentabilität kommen, besonders wenn die Zinsspanne nach der vorhandenen Entwicklungsströmung sich weiter verkleinern wird, ohne daß das Betriebskapital entsprechend wächst.

Eine Gliederung der Unkosten in persönliche und sachliche Unkosten und innerhalb der sachlichen Unkosten wiederum nach den verschiedenen Zwecken (Porto, Bücher, Schreibmaterial, Steuern usw.) muß für jede Genossenschaft selbstverständlich sein. Sie verfolgt nicht allein statistische Zwecke, sondern ist auch die Vorstufe zu einer Unkostenkalkulation.

Die Unkostenkalkulation im Bankgewerbe steckt bisher im Gegensatz zu Industrie und Handel noch in den Kinderschuhen, ist aber zweifelsohne auf dem Marsch. Während ein Vortrag auf dem AllgGenTag Bad Nauheim (1920), vgl. Mitteil. (S. 168 ff.) über dieses Thema vielen noch als graue Theorie erschien, fängt die Praxis allmählich an, dem Gegenstand Beachtung zu schenken, nachdem sich in den letzten Jahren auch die Wissenschaft in zunehmendem Maße mit diesem Stoff beschäftigt hat. Durch die Kalkulation sollen die Kosten im einzelnen festgestellt werden.

---

[2]) Kreditgenossenschaften, die einschließlich Lehrlingen mindestens 10 Angestellte beschäftigen, sind dem Tarifvertrag für das Bankgewerbe unterworfen, der zwischen dem Reichsverband der Bankleitungen als Arbeitgeberorganisation und den Bankbeamtenvereinen als Vertretern der Arbeitnehmer geschlossen ist. Ihrem Ermessen ist lediglich die Behandlung der Lehrlingsfrage überlassen, während sie den Angestellten das Tarifgehalt als Mindestgehalt bezahlen müssen. Die Vorstandsmitglieder fallen nicht unter den Tarif. Man hat aber vielfach ihre Gehälter unter Bewilligung eines entsprechenden Aufschlags in Verbindung mit dem Tarif gebracht.

Um eine geschlossene Organisation zur Vertretung der Arbeitgeberinteressen der Genossenschaft zu schaffen, hat sich im Jahre 1921 innerhalb des Deutschen Genossenschafts-Verbandes „ein Arbeitgeberverband deutscher Kreditgenossenschaften" gegründet.

Welche Folgerungen aus diesem Ergebnis für die Bemessung der Bankbedingungen gezogen werden, ist eine Frage für sich. Da es sich um Neuland handelt — trotz ausländischer Vorbilder — so kann erst nach und nach ein Fortschritt auf diesem Gebiet erzielt werden. Immerhin hat die Praxis bereits auch bei einzelnen Genossenschaften gezeigt, daß z. B. durch statistische Bearbeitung der Unkosten nach Abteilungen (Wechsel-, Wertpapier-, Korrespondenzabteilung, Buchhalterei usw.) eine Kalkulation in Anlehnung an die Buchführung ohne allzugroßen Aufwand durchführbar ist und wertvolles Material für die Unkostenentwicklung, damit zugleich aber auch für die Verbesserung der Organisation liefert. Am schwierigsten gestaltet sich die Aufteilung der Unkosten solcher Abteilungen, die wie die Buchhaltung keine Ertragsabteilungen sind. Hier muß ein richtiger Aufteilungsschlüssel gefunden werden. Auf Einzelheiten kann hier nicht eingegangen werden. Wer sich für die Frage interessiert, findet wertvolle Belehrung besonders in dem Hasenackschen Buch „Betriebskalkulationen im Bankgewerbe“[3]).

Zu den Verwaltungskosten gehören nicht die Abschreibungen auf Gebäude und Einrichtungsgegenstände, auch nicht die Verluste, die die Genossenschaft im Geschäftsbetrieb erleidet. Selbstverständlich beeinträchtigen sie jedoch die Höhe des Reingewinnes. Nur der nach Deckung der Verluste verbleibende Betrag stellt den Reingewinn dar. Die Verluste müssen grundsätzlich über Gewinn- und Verlustkonto geführt werden. Eine Ausnahme gilt für den Fall, daß ein Delkrederefonds vorhanden ist. Unter Delkrederefonds versteht man den Fonds, der für in Aussicht stehende Verluste gebildet wird. Mit Rücksicht auf diese Eigenschaft kann die Verlustdeckung so gehandhabt werden, daß sie direkt durch Abbuchung vom Delkrederekonto erfolgt. Dagegen muß es für unzulässig erklärt werden, Verluste unmittelbar von der Hilfsrücklage (Spezialreserve) abzubuchen, wenn nicht die Hilfsrücklage bei ihrer Bildung durch die Generalversammlung ausdrücklich zur Verlustdeckung und nur für diese bestimmt ist, was in der Regel nicht der Fall sein wird. Denn die Verfügung über die Rücklagen steht nur der Generalversammlung zu. Eine Ausnahme machen auf Grund des Handelsbrauchs Entnahmen aus stillen Rücklagen, d. h. also Rücklagen, die zahlenmäßig der Generalversammlung nicht be-

---

[3]) Verlag Julius Springer, Berlin 1925.

kannt sein müssen und die dazu dienen, für etwaige Verluste einen Fonds zu schaffen, so daß die Verlustdeckung ohne Schmälerung des Gewinns oder der Bilanzreserven geschehen kann. Mit dem Wortlaut des HGB. steht dieses Vorgehen allerdings in Widerspruch, jedoch ist es mit Rücksicht auf die hierdurch geförderte stärkere Fundierung des Unternehmens von der Praxis schon lange als zulässig anerkannt (S. 130).

Sehr entschieden gewarnt muß davor werden, daß man, um den Gewinnbetrag eines Jahres zu schonen, einen Verlust über mehrere Jahre zur Verteilung bringen will. Es muß dies zunächst schon als gesetzwidrig bezeichnet werden, denn diese Verteilung würde voraussetzen, daß in künftigen Jahren zunächst ein Aktivposten, der nicht vollwertig ist, übernommen wird. Die Folge wäre, daß ein Reingewinn herausgerechnet wird, der in Wirklichkeit nicht besteht. Aber auch abgesehen hiervon, ist zu bedenken, daß jedes Jahr seine eigenen Verluste bringt. Die Genossenschaft kann sich, wenn sie alte Verluste in künftige Jahre mit hinausschleppt, leicht, wenn in diesen Jahren neue Verluste eintreten, vor die Gefährdung ihrer Existenz gestellt sehen. Was an vielen Stellen dieses Buches hervorgehoben, gilt auch hier: klare richtige Bilanz, unter rechtzeitiger Abschreibung aller irgendwie erforderlichen Verluste, ist Grundbedingung für die gesunde Entwicklung der Genossenschaft.

Was nun endlich die Hauptreserve (gesetzliche Rücklage oder Verlustreserve) anlangt, so regelt sich deren Anwendung durch das Gesetz. Das Gesetz (§ 7) nennt diese obligatorische Reserve Verlustreserve. Da nun von einem bilanzmäßigen Verlust erst gesprochen werden kann, wenn der gesamte Jahresgewinn zur Deckung nicht ausreicht, kann die Verlustreserve nur im Falle einer Unterbilanz angegriffen werden. Es wäre daher ein Verstoß gegen das Gesetz, wenn die Genossenschaft unter Heranziehung der Hauptreserve zur Verlustdeckung Dividende verteilen wollte. Vorstand und Aufsichtsrat würden sich dafür regreßpflichtig machen. Daher sind denn auch Spezialreserven allgemein üblich, über die in jedem Falle, auch im Falle einer Unterbilanz, durch die Generalversammlung frei verfügt werden kann.

Die Verlustdeckung erfolgt mithin in erster Reihe aus den Erträgnissen des Jahres — reichen diese nicht aus, so sind die Reserven heranzuziehen.

Und endlich ist auf die Geschäftsguthaben zurückzugreifen, und zwar sind die Geschäftsguthaben (§ 19 d. Ges.) verhältnismäßig für die Verlustdeckung in Anspruch zu nehmen. Der Verteilungsmaßstab richtet sich nach dem Statut; mangels einer statutarischen Bestimmung bildet der Bestand des Geschäftsguthabens am Schlusse des vorhergegangenen Jahres die Grundlage der Verlustdeckung. Dies kann zu eigenartigen Konsequenzen führen, wenn z. B. der Verlust über den betreffenden Betrag der Geschäftsguthaben hinausgeht und aus den Einzahlungen auf Geschäftsanteil des laufenden Jahres Geschäftsguthaben vorhanden sind. Man wird sich dann in der Weise helfen, daß man nun auch diese Geschäftsguthaben für die Verlustdeckung verwendet.

Auf die persönliche Haftpflicht der Mitglieder kann bei Bestehen der Genossenschaft weder zur Verlustdeckung noch zu anderen Zwecken zurückgegriffen werden. Die Ausnahme des § 73 d. Ges. ist in Wirklichkeit keine, denn hier handelt es sich um die Auseinandersetzung mit dem ausgeschiedenen Mitglied. Die Mitglieder der Genossenschaft können aus der persönlichen Haftpflicht nur in Anspruch genommen werden im Konkurse der Genossenschaft. Reicht daher das eigene Vermögen der Genossenschaft zur Verlustdeckung nicht aus, so müßte zur Neubildung von Vereinsvermögen geschritten werden durch Erhöhung des Geschäftsanteils, mit der natürlich gleichen Schritt halten muß die Erhöhung der Einzahlungen auf Geschäftsanteil, da die Erhöhung des Geschäftsanteils allein noch nicht zur Erhöhung des Geschäftsguthabens führt. Die Sanierung der Genossenschaft liegt natürlich außerhalb der Organisation derselben. Es soll auf dieselbe hier nicht näher eingegangen werden. Die vorstehenden Bemerkungen mögen genügen. Im übrigen wird Bezug genommen auf Crüger: „Die Sanierung der Genossenschaft“ in der Leipziger Zeitschrift Jahrgang 1914 S. 985 ff.

Betrachten wir nun den günstigeren Fall: daß das Geschäftsjahr mit Gewinn abgeschlossen hat. Dann soll, wie schon an anderer Stelle hervorgehoben ist, vor allem an ausreichende Reservebildung gedacht werden. Vorweg wird man besonders in guten Jahren einen Teil des Gewinnes den stillen Rücklagen zuführen, wie man namentlich auch die Zinsen etwaiger nicht ganz einwandfreier Sollkonten sofort vor Feststellung des Gewinnes der stillen Rücklage zuschreibt, damit, wenn die Forderung nicht ganz hereingebracht werden kann, später nicht ein Verlust dieser Zinsen ausgewiesen werden muß. Es wird aber nötig sein, daß die Verwaltung wenigstens im Geschäftsbericht auf die inneren Rücklagen hinweist, ohne deren Höhe zu nennen (vgl. Kapitel IX).

Welcher Teil des Reingewinns den offenen Rücklagen zugewiesen werden soll, hängt von dem Einzelfall ab; eine allgemeine Regel läßt sich hierfür nicht aufstellen. Je geringer die Rücklagen einer Genossenschaft sind, ein um so größerer Teil des Reingewinns muß alljährlich den Rücklagen zugeführt werden. Um die Beweglichkeit zu erhöhen, ist besonderes Gewicht auf die Erhöhung der freien Rücklage (Hilfsrücklagen usw. S. 128) zu legen, während man die Zuweisung zu der nur zur Deckung einer Unterbilanz dienenden gesetzlichen Rücklage in Grenzen hält, wobei die statutarische Vorschrift über die Höhe der gesetzlichen Rücklage selbst wie auch der jährlichen Mindestzuweisung zu beachten ist.

Empfehlenswert ist, einen Teil des Reingewinns auf neue Rechnung vorzutragen. Dieser Gewinnvortrag eröffnet die nächstjährige Gewinn- und Verlustrechnung. Aber auch die Mitglieder wollen ihren Anteil haben, sie wünschen für ihr Geschäftsguthaben eine Dividende. Hier ist freilich in erster Reihe daran zu denken, daß die Genossenschaft nicht den Zweck hat, Dividende zu verteilen, sondern das Kreditbedürfnis der Mitglieder billig zu befriedigen. Eine angemessene Dividende aber muß die Genossenschaft geben, will sie, daß ihre Mitglieder sich an der Vermögensbildung der Genossenschaft entsprechend beteiligen. Ohne einen solchen Anreiz würden alle die Mitglieder, die keinen Kredit beanspruchen, nur die niedrigeren Pflichteinzahlungen leisten und sich nicht zu freiwilligen höheren Einzahlungen verstehen. Dadurch würde das Tempo der Vermögensbildung verlangsamt werden, während jede Genossenschaft nach dem Untergang der Geschäftsguthaben durch die Inflation das Gegenteil zu erreichen suchen muß. Selbstverständlich kann von einer Dividendenausschüttung erst die Rede sein, wenn ein tatsächlicher Reingewinn vorhanden ist. Es wäre gesetzwidrig, wenn eine Genossenschaft, nur um Dividende geben zu können, ihren Reingewinn nach oben frisieren, also einen Reingewinn ausweisen wollte, der nur auf dem Papier steht (vgl. die Ausführungen oben und in Kap. IX).

§ 19 d. Ges. schreibt für die Gewinnverteilung vor:

„Der bei Genehmigung der Bilanz für die Genossen sich ergebende Gewinn oder Verlust des Geschäftsjahres ist auf diese zu verteilen. Die Verteilung geschieht für das erste Geschäftsjahr nach dem Verhältnis ihrer auf den Geschäftsanteil geleisteten Einzahlungen, für jedes folgende nach dem Verhältnis ihrer durch die Zuschreibung von Gewinn oder die Abschreibung von Verlust zum Schlusse des vorhergegangenen Geschäftsjahres ermittelten Geschäftsguthaben. Die Zuschreibung des Gewinnes erfolgt so lange, als nicht der Geschäftsanteil erreicht ist.

Das Statut kann einen anderen Maßstab für die Verteilung von Gewinn und Verlust aufstellen, sowie Bestimmung darüber treffen, inwieweit der Gewinn vor Erreichung des Geschäftsanteils an die Genossen auszuzahlen ist. Bis zur Wiederergänzung eines durch Verlust verminderten Guthabens findet eine Auszahlung des Gewinns nicht statt."

Nur sehr selten haben Kreditgenossenschaften von dem Recht, einen anderen Maßstab „für die Gewinnverteilung zugrunde zu legen", Gebrauch gemacht. Dieser andere Maßstab könnte z. B. liegen in den an die Mitglieder gezahlten Zinsen und Provisionen. Es sind auch Versuche gemacht, die aber mißglückt sind. Es sei hier für die Leser, die sich genauer darüber unterrichten wollen, Bezug genommen auf die BlfGW. 1897 S. 437 und 492, 1908 S. 47.

Das Gesetz legt die Geschäftsguthaben des vorhergegangenen Jahres für die Gewinnverteilung zugrunde, um zu verhindern, daß Mitglieder zum Schluß des Jahres größere Einzahlungen leisten, um ihren Dividendenanteil zu erhöhen.

Es ist aber mehr und mehr üblich geworden, daß im Statut eine vierteljährliche Dividendenberechnung vorgesehen wird, derart, daß die Einzahlungen auf Geschäftsanteil vom 1. des nächsten Kalendervierteljahres ab dividendenberechtigt werden. Dieses Verfahren bewirkt, daß die Einzahlungen auf den Geschäftsanteil nicht nur gegen Jahresschluß, sondern auch im Laufe des Geschäftsjahres erfolgen. Formell falsch ist es, wenn einer im Laufe eines Jahres bewirkten Einzahlung auf Geschäftsanteil ein bestimmter Zins als Dividende zugesagt wird; eine Dividende kann erst festgestellt werden, wenn ein Reingewinn vorliegt, also nachdem der Jahresabschluß erfolgt ist. Will man diese Einzahlungen bis zum Eintritt der Dividendenberechtigung verzinsen, so muß man sie zunächst auf Sparkonto oder laufende Rechnung gutschreiben und später auf Geschäftsguthabenkonto übertragen, ein Verfahren, das zwar zu demselben Ergebnis führt und einen Umweg bedeutet, das sich aber mit Rücksicht auf die gesetzlichen und statutarischen Bestimmungen nicht vermeiden läßt.

In neuerer Zeit hat man in manchen Genossenschaften zur Belebung der Einzahlungen auf Geschäftsanteil mit Erfolg den Weg eingeschlagen, Einzahlungen, die bis zu einem bestimmten Zeitpunkt geleistet werden, einige Monate rückwirkend als dividendenberechtigt zu erklären. Streng genommen verstößt dieses Vorgehen gegen das übliche Statut, das eine solche Rückwirkung nicht kennt; die praktische Wirkung dieses Verfahrens ist aber nicht zu leugnen. Man wird hierin eine Übergangserscheinung erblicken müssen.

Üblich ist eine statutarische Bestimmung dahingehend, daß das von einem Erben zur Einzahlung auf seinen Geschäftsanteil übernommene Geschäftsguthaben eines verstorbenen Mitgliedes voll dividendenberechtigt ist, so als ob die Einzahlung schon zu Beginn des Geschäftsjahres geleistet wäre. Dadurch wird eine Unterbrechung in dem Dividendenbezug für dieses Geschäftsguthaben, das tatsächlich unverändert bei der Genossenschaft stehen bleibt, vermieden.

Die Dividende auf die Geschäftsguthaben unterliegt der 10%igen Kapitalertragsteuer, soweit die Dividende je Mitglied und Jahr 10 Reichsmark übersteigt (§ 83 EStG. vom 10. August 1925). Die Steuer hat die Genossenschaft abzuführen.

XVI. Kapitel.

Buchführung. Bilanz und Inventur. Revisionen.

Eine Anleitung zur Buchführung würde über den Rahmen dieses Buches hinausgehen. Hier sollen nur die wichtigsten Grundsätze besprochen werden. Ordnung im Kassenwesen und in der Buchführung ist für jede Geschäftsführung Lebensfrage. Sorge für die Buchführung und Aufstellung der Bilanz gehören zu den Obliegenheiten des Vorstandes (§ 33 d. Ges.); jedes Vorstandsmitglied ist für die Wahrnehmung dieser Pflicht verantwortlich. Der Aufsichtsrat hat diese Obliegenheiten des Vorstandes dauernd zu kontrollieren.

Wie die Arbeiten im einzelnen unter die Vorstandsmitglieder und Beamten verteilt werden, hängt vom Geschäftsumfange der Genossenschaft ab; die wesentlichen Anhaltspunkte sind in dem Musterstatut und den Geschäftsanweisungen für Vorstand und Aufsichtsrat enthalten.

Die Genossenschaft zählt zu den Kaufleuten im Sinne des HGB. Jeder Kaufmann muß Bücher führen, die nach § 38 HGB. so eingerichtet sein müssen, daß aus ihnen die Handelsgeschäfte und die Lage des Vermögens vollständig zu ersehen sind. Aus diesem Grunde ist für jede Kreditgenossenschaft die kaufmännische sog. doppelte Buchführung unerläßlich.

Weiter sind die Genossenschaften als Kaufleute verpflichtet, zehn Jahre lang alle Handelsbücher, alle eingegangenen Handelsbriefe sowie auch Abschriften der abgesandten Handelsbriefe aufzubewahren. Im Zusammenhang mit § 38 Abs. 1 HGB. wird anzunehmen sein, daß unter Handelsbriefen nur Korrespondenzen zu verstehen sind, die sich auf Handelsgeschäfte, d. h. auf deren Abschluß und Ausführung beziehen, also die Grundlage der Buchungen bilden, die auch als Beweismittel in Streitfällen in Betracht kommen. Die bei den Kreditgenossenschaften zumeist eingeführten schriftlichen Anträge auf Kreditgewährung dürften nicht zu den

Handelsbriefen im angedeuteten Sinne gehören. Indessen werden auch sie einige Jahre aufbewahrt werden müssen, wie es überhaupt für einen ordnungsmäßigen Geschäftsbetrieb angebracht ist, auch solche Bücher und Schriften längere Zeit zu verwahren, die nicht zu den notwendigen Handelsbüchern und Handelsbriefen zählen.

Die kaufmännischen technischen Einrichtungen haben in den letzten Jahren tiefgreifende Änderungen erfahren. Während früher alle ausgehenden Briefe in das foliierte gebundene Kopierbuch kopiert wurden, werden heute diese Briefe auf losen Blättern kopiert oder mit der Schreibmaschine durchgeschlagen. Diese Blätter werden dann zusammen mit den eingegangenen Briefen, für jeden Kunden getrennt, aufbewahrt, so daß der ganze Schriftwechsel mit dem Kunden zusammenliegt. Diese Registratur oder Briefablage besteht nach den verschiedensten Systemen, so kann sie alphabethisch nach Namen oder nach Kontonummern oder nach Plätzen und innerhalb dieser Plätze wieder nach Namen geordnet sein. Man verwendet teils Briefordner, in denen die Briefe durch eine Mechanik festgehalten werden, teils sind lose Mappen im Gebrauch, die für jeden Kunden angelegt sind. Bewährt hat sich für größere Betriebe das Vertikalsystem, wobei die Mappen auf dem Rücken senkrecht stehen und an ihrer oberen rechten Ecke Namen und Kundennummer tragen.

Noch einschneidender sind die Änderungen, die sich in den bücherlichen Einrichtungen vollzogen haben. Wir unterscheiden im Hinblick auf ihre gesetzliche Bedeutung Grundbücher und Hilfs- oder Nebenbücher. Grundbücher sind diejenigen, in die die Geschäftsvorfälle zuerst eingetragen werden, also Kassenmemorial, Primanota usw. Dagegen bezeichnet man die Personenkonten, auf die die Posten von Grundbüchern übertragen werden, als Nebenbücher. Die Grundbücher gelten als wesentliche Bücher, weil aus ihnen alle Geschäftsvorfälle zu ersehen und alle Konten zu rekonstruieren sind. In früheren Jahrzehnten kannte man nur gebundene Bücher. Großbetriebe gingen dann dazu über, für ihre Grundbücher lose foliierte Buchungsbogen zu verwenden, die nach Bearbeitung gebunden wurden. Das Dauerkontenbuch kam auf, ein Buch, in dem lose auswechselbare Kontoblätter für Kontokorrent usw. durch eine verschließbare Vorrichtung zusammengehalten sind und in beliebiger Reihenfolge geordnet werden können. Und nun ist das Lose-

Blatt-Konto, die Kontokarte auf dem Marsch. Diese fliegenden Karten werden in Kästen oder ähnlichen Behältern aufbewahrt. Besonders seitdem die Buchungsmaschinen in den Betrieben und auch bei einer Reihe von Genossenschaften Eingang gefunden haben, ist das Lose-Blatt-Konto weit verbreitet und nicht mehr zu entbehren.

Die Buchungsmaschine hat weiter hinsichtlich der Grundbuchungen eine Umwandlung hervorgerufen, derart, daß vielfach als Grundbuchungen lediglich Belege dienen, die chronologisch gesammelt und mit dem auf der Additionsmaschine hergestellten Additionszettel nach Kontengruppen geheftet werden.

Entsprechen alle diese modernen Einrichtungen den handelsrechtlichen Vorschriften? § 43 Abs. 2 HGB. sagt: „Die Bücher sollen gebunden sein." Früher hat man diese Vorschrift eng ausgelegt und die Führung gebundener Bücher verlangt; da es sich aber nur um eine Sollvorschrift handelt, so ist von autoritativer Seite die Führung loser Konten schon längst als zulässig bezeichnet, wie auch die Gerichte dieses Buchführungssystem als zulässig anerkannt haben unter der Voraussetzung, daß die ganze Buchführung mit den sonstigen technischen Einrichtungen in ihrer Gesamtheit einen geordneten Eindruck macht. Diese Bedingung muß natürlich erfüllt sein, wenn anders nicht die ganze Buchführung eines Betriebes ins Wanken geraten soll. Daß das Loseblattsystem weit eher die Möglichkeit zu Unregelmäßigkeiten bietet als ein gebundenes Buch, ist nicht von der Hand zu weisen. Um so mehr müssen Vorkehrungen getroffen werden, die ein Verschwinden oder ein Austauschen von Buchungsblättern verhindern. Wie die Erfahrung auch in Genossenschaftsbetrieben gelehrt hat, ist dies sehr wohl möglich, so durch fortlaufende Numerierung, Foliierung, Abzeichnung der Blätter durch Kontrollbeamte, richtige Arbeitsverteilung und überhaupt durch planvolle Organisation. Auch müssen die erledigten Konten und Buchungsbogen oder Buchungsbelege sorgfältig behandelt und — soweit möglich — geheftet aufbewahrt werden. Die losen Konten sind jedenfalls aus dem modernen Bankbetrieb nicht mehr wegzudenken.

Es empfiehlt sich, alle Personenkonten durchzunummerieren und diese Kundennummern auch auf den Kreditakten, Karteien, der Briefablage zu verwenden, wodurch viele Vereinfachungen für den Geschäftsbetrieb entstehen.

Mehr und mehr kommen in den letzten Jahren auch die Genossenschaften zur Verwendung von Rechenmaschinen, schreibenden Rechenmaschinen, Buchungsmaschinen und sonstigen Maschinen, wie Adressen-, Vervielfältigungs- und Frankierungsmaschinen. Die wertvolleren und wichtigsten dieser Maschinen, die schreibenden Rechen- und Buchungsmaschinen, sind bisher leider ausländischen Ursprungs und recht teuer. Immerhin hat die Erfahrung gezeigt, daß auch die Genossenschaften, selbst solche kleineren Umfangs, diese Maschinen mit Erfolg verwenden können, weil sie eine wesentliche Kostenersparnis bedeuten. Hierauf kommt es aber gerade heute an, nachdem das Unkostenproblem für die Genossenschaften zu einer Lebensfrage geworden ist (S. 323).

Der Hauptvorteil der Buchungsmaschinen liegt, abgesehen von dem automatischen Rechnen, in der Vereinigung verschiedener Arbeitsgänge, die bei handschriftlicher Buchführung getrennt erledigt werden. So werden Kräfte gespart und die Kontrolle vereinfacht.

Ob es sich empfiehlt, unmittelbar nach Belegen auf die Personenkonten zu buchen und die Grundbücher durch Belege zu ersetzen, ist eine Zweckmäßigkeitsfrage. Vorsichtiger ist es jedenfalls, neben den Personenkonten auch noch Grundbücher bzw. lose Buchungsbogen zu führen, was maschinell derart zu handhaben ist, daß Korrespondenz und Grundbuchung in einem Arbeitsgang auf der Maschine erledigt werden, während die Übertragung auf die Personenkonten durch die Maschine besonders erfolgt. Bei Maschinen mit starker Durchschlagskraft wie der Elliot-Fisher-Maschine lassen sich sogar alle Arbeiten in einem Gang durchführen.

Es können hier keine bestimmten Maschinen empfohlen werden, um so mehr, als die Technik immer weitere Neuerungen bringt. Die Rechenmaschinen — unter ihnen die Burroughs — verwenden meistens eine Walze, um die die Buchungsblätter sich drehen. Nur die Elliot-Fisher-Maschine arbeitet auf einer horizontalen Platte. Letztere Maschine ist eine Verbindung von Schreibmaschine und Rechenmaschine und eignet sich für viele Durchschläge, erfordert aber auch durch die Art des Einspannens der Blätter mehr Arbeit als die Walzenmaschinen, die wie die Burroughs außer den Zahlen nur bestimmte Schriftzeichen (Textabkürzungen) kennen, also nicht jeden beliebigen Text schreiben können. Die einzelnen Systeme bringen dann aber auch wieder verschiedene Typen von Maschinen heraus.

Sehr bewährt hat sich die Buchungsmaschine bei der Herstellung der Zinsstaffeln. Ein großer Vorzug der Maschinenbuchführung liegt ferner darin, daß die Umsatz- und Saldoübersicht und die Aufstellung einer Tagesbilanz, die tägliche Abstimmung der Konten, die für jeden größeren Betrieb zu einer Notwendigkeit wird, wesentlich erleichtert wird. Auch ermöglicht die Maschine die automatische Herstellung eines Kontoauszuges in einem Arbeitsgang mit der Kontoführung.

Wer sich näher unterrichten will, wende sich an den Deutschen Genossenschaftsverband e. V. (Berlin W 35, Schöneberger Ufer 21, „Schulze-Delitzsch-Haus") oder den Deutschen Genossenschaftsverlag e. G. m. b. H. (Berlin W 9, Eichhornstraße 5) und tut gut, diese Stellen vor der Bestellung einer Maschine zu befragen, weil die vertreibenden Fabriken und Firmen zahlreich sind und naturgemäß ihre Erzeugnisse als die besten preisen. Nicht jede Maschine eignet sich aber für jeden Betrieb. Eine Maschine erfüllt auch nur dann ihren Zweck, wenn sie vollbeschäftigt ist und an der rechten Stelle eingesetzt wird, da sie nur dann die größte Ersparnis ermöglicht. Daher muß sich die Maschinenverwendung organisch in den Geschäftsbetrieb eingliedern; ohne systematische Umorganisierung des Geschäftsbetriebes werden durchgreifende Erfolge mit der Maschine nicht zu erzielen sein. Es kommt nicht darauf an, Maschinen um jeden Preis zu benutzen, sondern nur die zweckmäßige Benutzung der richtigen Maschine an der richtigen Stelle verbürgt den Erfolg. Es muß auch durchaus nicht immer gerade die teuerste Maschine angeschafft werden. Schon mit einer gewöhnlichen Schreibmaschine lassen sich bei sinnvoller Verwendung des Durchschreibeverfahrens wesentliche Fortschritte erzielen. Wo die Maschine rechnen oder gar rechnen und schreiben soll, muß man natürlich zu den komplizierteren Maschinen greifen. Wegen der Maschinenverwendung vgl. BlfGW. 1925 S. 283, 433.

Die Unkostenkalkulation ist S. 324 oben behandelt.

Die Vervollkommnung der Betriebstechnik gehört heute zu den wichtigsten Aufgaben der Genossenschaftsleitung. Mehr denn je heißt es heute, mit dem geringsten Aufwand an Mitteln die größten Leistungen zu erzielen. Die Steigerung der Einnahmen hat ihre

Grenzen. Ohne Herabminderung der Unkosten ist die dauernde Rentabilität nicht zu sichern. Die Unkostenverminderung ist aber nur auf dem Wege eines wirtschaftlichen Ausbaues der Betriebsorganisation zu erreichen. Wer hier nicht mit der Zeit fortschreitet, wird früher oder später zum Erliegen kommen.

Auch der AllgGenTag in Freudenstadt (1925) hat sich mit dem Gegenstand beschäftigt und folgenden Beschluß gefaßt:

„Der Deutsche Genossenschaftstag nimmt Kenntnis von den Berichten über die Prüfung dieser Frage durch den Sonderausschuß für Kreditgenossenschaften unter Mitwirkung einer Anzahl sachkundiger, in der Praxis genossenschaftlicher Betätigung stehender Herren.

Der Genossenschaftstag erkennt an, daß der Benutzung der Maschine in den Genossenschaften größere Beachtung als bisher beizulegen ist. Es darf als festgestellt gelten, daß insbesondere die Buchhaltungsmaschine nicht nur für große bankmäßig entwickelte Vereine, sondern auch für kleinere und besonders mittlere Unternehmen und in gleichem Maße für Kredit- und Warengenossenschaften in Betracht kommt. Alle Genossenschaften, die sich in erhöhtem Maße der Maschine bedienen, haben in bezug auf die Sicherheit und Gleichmäßigkeit des Betriebes und auf die Verminderung der Geschäftskosten beachtenswerte Erfolge erzielt. Der Genossenschaftstag erklärt, daß bei der Weitereinführung der Maschine auf eine Vereinheitlichung des Karten- und Formularwesens entscheidender Wert zu legen ist. Der Genossenschaftstag beauftragt die Anwaltschaft, Einrichtungen zu treffen, daß durch sachkundige Unterweisung die Einführung der Maschine und die Benutzung geeigneter Formulare den einzelnen Vereinen erleichtert wird."

Die außerordentliche Wichtigkeit der Bilanz und die strengen Anforderungen des Gesetzes an deren sorgsame und gewissenhafte Aufstellung bedürfen keiner besonderen Begründung.

Der Jahresabschluß besteht aus zwei ineinandergreifenden Teilen, einerseits der Bilanz mit Gewinn- und Verlustrechnung, anderseits der Inventur. Die Bilanz ergibt sich auf Grund des Abschlusses der Bücher und zeigt eine Gegenüberstellung der Buchsaldi, der Sollbestände auf der Aktiv- und Passivseite. Die Inventur dagegen stellt die Istbestände fest. Für die Aktiven ist diese Feststellung einfach. Nicht so bei den Passiven, worauf S. 113 hingewiesen ist.

Für die Aufstellung von Bilanz und Inventur gelten im wesentlichen folgende Grundsätze[1]), die sich aus den Vorschriften von Gesetz und Statut ergeben:

[1]) Vgl. Beschluß des Danziger AllgGenTages (1903).

1. Nach § 39 HGB. sind Bilanz und Inventur alljährlich auf den Schluß des Geschäftsjahres aufzustellen. Das Geschäftsjahr darf höchstens 12 Monate umfassen. Bilanz und Inventur nebst Anlagen sind in zusammenhängender Reihenfolge aufzubewahren.
2. Bilanz und Inventur sind beide vom Gesamtvorstand zu unterzeichnen, auch von etwaigen Vorstandsstellvertretern.
3. Die Aufstellung der Bilanz hat in Reichswährung zu erfolgen; nach der Goldmarkeröffnungsbilanz vom 1. Januar 1924 (gegebenenfalls dem späteren Stichtag) hat die Bilanz jetzt auf Reichsmark zu lauten.
4. In der Inventur sind alle Aktiven und Passiven einzeln nachzuweisen, was auch in der Weise geschehen kann, daß die Inventur auf einzelne Anlagen bezugnimmt.
5. § 40 HGB. schreibt vor, daß sämtliche Vermögensgegenstände und Schulden zu dem Werte einzusetzen sind, der ihnen am Bilanzstichtag beizulegen ist. Zweifelhafte Forderungen sind nach ihrem Wahrscheinlichkeitswert anzusetzen, unbeibringliche Forderungen abzuschreiben. Dies gilt vornehmlich für Wechsel und alle ausstehenden Forderungen.
6. Die für Aktiengesellschaften in § 261 Nr. 1—4 HGB. gegebenen Bewertungsvorschriften gelten auch für Genossenschaften. Daher sind Wertpapiere, Devisen und Sorten höchstens zu dem Börsen- oder Marktpreis des Bilanzstichtages zu bewerten; ist jedoch der Anschaffungspreis niedriger, so ist dieser maßgebend.
7. Die dauernd zum Geschäftsbetrieb der Genossenschaft bestimmten Grundstücke und Gebäude dürfen ohne Rücksicht auf einen geringeren Wert zu dem Anschaffungs- oder Herstellungspreis bzw. dem in die Goldmarkeröffnungsbilanz eingestellten Preis angesetzt werden, sofern ein der Abnutzung gleichkommender Betrag abgeschrieben wird. Eine Erhöhung der in die Goldmarkeröffnungsbilanz eingesetzten Werte ist keinesfalls zulässig, es sei denn, daß Zugänge von Grundstücken oder Neubauten und Umbauten zu verzeichnen sind, die eine Werterhöhung der Grundstücke bedeuten. Die alljährlichen Abnutzungsprozente werden gewöhnlich auf 1—2% bemessen. Liegen die Bilanzwerte der Grundstücke über dem Zeitwert, so ist eine größere Abschreibung ratsam, wenn nicht notwendig.

   Die gleichen Grundsätze kommen für die nicht zur Weiterveräußerung bestimmte Geschäftseinrichtung (Mobiliar) zur Anwendung mit dem Unterschied, daß hier infolge der kürzeren Lebensdauer eine Abschreibung von mindestens 10% des Anschaffungspreises üblich ist.
8. Vorerhobene Zinsen auf Wechsel und Vorschüsse sind in die Passiven einzustellen. Im voraus gezahlte Unkosten, die erst in späteren Jahren zu verrechnen sind (z. B. Versicherungsprämien) können unter den Aktiven aufgenommen werden.
9. Am Tage des Abschlusses selbst sind alle täglich der Veränderung unterworfenen Aktiven aufzunehmen, deren Istbestand für diesen Tag nachträglich auch nicht durch Abrechnung dritter Personen zuverlässig festgestellt werden kann, d. i.

der Kassenbestand, die Wertpapiere, Zinsscheine und Sorten, die Wechsel,

während Aktiven, die nur einer allmählichen Wertverminderung zu unterliegen pflegen, oder die durch Anerkenntnisse von Geschäftskunden kontrolliert werden können, auch noch bei der Aufstellung der Jahresrechnung, jedoch nicht später, nach ihrem Wert für den Tag des Abschlusses ermittelt werden können. Dahin gehören

die Grundstücke, Mobilien, Kontokorrentausstände, Bankguthaben.

Aktiven, die wie Wertpapiere, Devisen und Sorten einen Kurswert haben, werden am Abschlußtag mit dem Nennwert aufgenommen, vorbehaltlich der späteren Kursberechnung.

Grundstücke und Geschäftseinrichtung sind auch auf ihre tatsächliche Verfassung zu prüfen. Auch ist festzustellen, ob diese ausreichend versichert sind.

Der Aufsichtsrat ist verpflichtet, Inventur und Bilanz zu prüfen. Er hat daher am Abschlußtag die aufgenommenen Bestände festzustellen und nach Fertigstellung des Jahresabschlusses die gesamte Bilanz zu prüfen (S. 113). Wenn auch bei größeren Genossenschaften dem Aufsichtsrat nicht zugemutet werden kann, jeden einzelnen Saldo der Personenkonten mit der Inventurliste zu vergleichen, so muß doch verlangt werden, daß die vorgenommenen Stichproben systematisch und in genügender Anzahl erfolgen. Der Aufsichtsrat kann sich hierbei auch der Beihilfe von Buchsachverständigen, z. B. des Verbandsrevisors, bedienen, ohne daß seine Verantwortlichkeit hierdurch berührt wird. Auf alle Fälle ist die Bilanz nicht nur rechnerisch, sondern auch materiell zu prüfen. Einerlei ist, ob die Prüfung der Bonität der Aktiven bei der Inventurprüfung, soweit dortselbst schon möglich, oder bei der Bilanzprüfung geschieht.

Weitere Ausführungen hierüber vgl. S. 111 ff.

Gewisse Anhaltspunkte für die Inventur- und Bilanzrevision ergeben sich aus nachstehenden Protokollmustern.

Inventurprotokoll einer Kreditgenossenschaft.

(vgl. auch Beschluß des Danziger GenTages [1903]).

„Am heutigen Tage mittags 4 Uhr begaben sich sämtliche Aufsichtsratsmitglieder nach dem Kassenlokal des Vereins, um hier die Jahresinventur in Gemeinschaft mit dem Vorstande vorzunehmen. Die Arbeiten wurden in der Weise geteilt, daß

I. mit der Feststellung des Kassenbestandes, der Zinsscheine, Devisen und eigenen Effekten des Vereins seitens des Vorstandes der Kassierer und seitens des Aufsichtsrats die Herren A., B. und C.;

II. mit der Feststellung der Vorschußwechsel und der Mobilien seitens des Vorstandes der Kontrolleur und seitens des Aufsichtsrats die Herren D., E., F.;

III. mit der Feststellung der Geschäftswechsel und des Werts des Bankgebäudes seitens des Vorstandes der Direktor und seitens des Aufsichtsrats die Herren G., H., J.

beauftragt wurden.

Das Kontokorrentkonto und das Konto der Dresdner Bank soll bei Revision der Jahresrechnung, wenn die Anerkenntnisse der Kontokorrentkunden und die Abrechnung der Dresdner Bank vorliegen, festgestellt werden.

Zu I ergab sich

1. ein Kassenbestand von . . . . RM. 25410,75

Papiergeld	RM. 23900,—	
Rollen	„ 1200,—	
Münze	„ 260,75	
Portokasse	„ 30,—	
Stempelkasse	„ 20,—	

Der Abschluß der Kassenbogen ergab in

Einnahme	RM. 1146533,98
Ausgabe	„ 1121123,23
Mithin Sollbestand	RM. 25410,75

wie oben.

2. Zinsscheine und Sorten.

Vorgefunden wurden

a) inländische Zinsscheine . . . . RM. 433,50

b) ausländische Noten . . . . $ 10,—

sfs 140,—

Das Zinsscheinskontro zeigte den gleichen Bestand.

3. Devisen.

Es fanden sich vor

2 Schecks über . . . . £ 50,7/6

1 Scheck über . . . . $ 50,—

Der Bestand stimmte mit dem Skontro überein.

4. Wertpapiere.

a) Vorgelegt wurden Wertpapiere im Betrag von nominal RM. 10000

b) Durch Lombardschein der Reichsbank wurden nachgewiesen nominal . . . . „ 20000

zus. nominal RM. 30000

Die Übereinstimmung des Bestandes mit dem Effektenskontro wurde festgestellt.

Die Prüfung des Kurswertes der Bestände zu Z. 2, 3, 4 sowie die Abstimmung der Saldi mit den Büchern bleiben für die Bilanzprüfung vorbehalten.

Zu II. 1. Die Vorschußwechsel wurden sämtlich mit der vom Vorstand aufgestellten Bestandsliste verglichen.

Hiernach waren vorhanden

130 Wechsel über zusammen . . . . RM. 48650,—

Außerdem waren in Klage und als beim Rechtsanwalt
liegend nachgewiesen Nr. 133. . . . . RM. 50,—
„ 189. . . . . „ 200,— RM. 250,—

zusammen RM. 48900,—

Bei beiden Posten ist der Schuldner in Konkurs, dagegen sind die Bürgen als zahlungsfähig anzusehen.

Gegen die Bonität der übrigen Wechsel war nichts einzuwenden. Insbesondere ergab sich, daß die zur Sicherheit für einzelne Wechsel hinterlegten und im Depotbuch S. 10, 22, 43, 145, 160—162, 165 verzeichneten Wertpapiere für die Vorschüsse Nr. 2, 3, 10, 12, 46, 90, 141, 210 tatsächlich vorhanden waren und eine ausreichende Sicherheit für die gegebenen Vorschüsse darstellten.

Das Vorschußkonto zeigte im Soll. . . . . RM. 259800,—
„ „ „ „ Haben . . . . . . „ 210900,—
RM. 48900,—

Der Bestand stimmte also mit dem Buchsaldo überein.

2. Die Mobilien wurden mit dem darüber vorliegenden, bis auf die Gegenwart fortgeführten Verzeichnis verglichen, vollständig und wohlerhalten befunden. Um das Mobilienkonto möglichst bald auf einen Mindestbetrag herunterzubringen, wird von dem Buchwert mit RM. 1597,12
eine Abschreibung von „ 797,12 für empfehlenswert
gehalten, so daß . . . . RM. 800,— in die Aktiva der Bilanz einzustellen sein würden.

Zu III. 1. besichtigten die oben genannten Revisoren vom Keller anfangend bis zum Dach das Bankgebäude in allen seinen Teilen. Abgesehen von einer unerheblichen Beschädigung am Dach, welche eine außerordentliche Abschreibung nicht nötig macht, überzeugten sich die Revisoren, daß der Buchwert des Gebäudes mit . . . . RM. 68300,—
den vollen Wert nicht übersteigt, und halten eine Abschreibung
von 2% mit . . . . „ 1366,—
für völlig ausreichend, so daß in die Bilanz einzustellen sein würden RM. 66934,—

2. Geschäftswechsel. Nach der vom Vorstand vorgelegten Bestandsaufnahme waren vorhanden

543 Stück über zusammen RM. 289433,12

lt. Quittung waren zur Einklagung weggegeben:
Nr. 28101. . . . . RM. 500,—
„ 31224 . . . . „ 150,—
„ 32645 . . . . „ 489,50
RM. 1139,50

von denen die beiden ersten als unbeibringlich anzusehen sind,
so daß nur einzustellen sind . . . . RM. 489,50

Istbestand RM. 289922,62

Unter Berücksichtigung der notwendigen Abschreibung von		
RM. 650 zeigten die Bücher im Soll	RM.	2354610,89
„ Haben	„	2064688,27
Sollbestand	RM.	289922,62
		wie oben

Die in der Liste aufgeführten Wechsel wurden sämtlich richtig vorgefunden.

Zur Prüfung der Bonität hatte der Vorstand die Wechselverbindlichkeitskarten mit einer Aufstellung über die Höhe des Obligos der einzelnen Kunden vorgelegt. An Hand der Wechselaufnahme und der Wechselkopieblätter wurden die Wechsel Nr. 48144—48189 mit den Eintragungen auf den Obligokarten verglichen, wobei sich diese als vollzählig erwiesen. Die Wechselverbindlichkeiten von Carl Müller von RM. 35800,— erschienen zu hoch, doch ist angesichts der Güte der sonstigen Wechselverpflichteten kein Verlust zu befürchten. Ebenso ist das Obligo Ernst Schulze von RM. 23489 reichlich hoch, wenn auch die Genossenschaft durch die bestellte Sicherungshypothek gedeckt ist. Sonstige Bedenken gegen die Bonität der Wechsel waren nicht zu erheben, nachdem der Direktor in einigen Zweifelsfällen gute Auskünfte über die Wechselbezogenen vorgelegt hatte.

Überschritten waren die festgesetzten Wechselkredite bei

Robert Lehmann	Obligo RM.	10500;	Kredit RM.	8000
Adolf Walter	„ „	15048;	„ „	12000

In beiden Fällen handelt es sich um einwandfreie Wechsel.

Nachdem die Ergebnisse der Inventur wie vorstehend zusammengefaßt und die Inventurlisten vom Vorstand und Aufsichtsrat unterschrieben waren, wurde, da die Feststellung der anderen Aktiva für die Revision der Jahresrechnung vorbehalten ist, mit Verlesung und Unterzeichnung dieses Protokolls durch alle Teilnehmer die Inventur geschlossen."

(Unterschriften.)

Protokoll über die Bilanzprüfung.

Am 3.—5. März 1925 nahmen die unterzeichneten Aufsichtsratsmitglieder in Gegenwart des Vorstandes im Geschäftsgebäude der Genossenschaft die Prüfung der Jahresrechnung für 1924 vor. Die Arbeiten wurden in der Weise geteilt, daß

I. mit der Prüfung des Hauptbuches und seiner Übereinstimmung mit der Bilanz nebst Gewinn- und Verlustrechnung die Herren A., B., C.,

II. mit der Prüfung der Aktiven und des Unkostenkontos die Herren D., E., F.,

III. mit der Prüfung der Passiven, des Gewinn- und Verlustkontos, der Giroverbindlichkeiten sowie der Konten, die nicht schon unter II geprüft werden, die Herren G., H., J.

beauftragt wurden. Dabei wurde folgendes festgestellt:

Zu I. Nachdem die Übertragung der Journaladditionen vom Dezember in das Hauptbuch der Sachkonten geprüft und in die Journalbuchungen vom Jahresschluß zahlreiche Stichproben gemacht waren, auch alle Gewinn- und Verlustkonten des Hauptbuches nachaddiert und alle Vorträge geprüft waren, wurden die Vorträge des Hauptbuches mit der Bilanz und die Saldi der Gewinn- und Verlustkonten mit den Zahlen der Gewinn- und Verlustrechnung verglichen. Bilanz sowie Gewinn- und Verlustrechnung wurden nachaddiert. Fehler fanden sich nicht. Zu bemängeln ist, daß S. 73 Journal auf das Konto Richard Schuster RM. 1000,— von der Hilfsrücklage ohne Wissen des Aufsichtsrates abgebucht sind.

Zu II.

1. Die in die Bilanz eingestellten Aktiven stimmen mit den bei der Inventur vorgefundenen Werten überein, abgesehen vom Wechselbestand, wo nachträglich für den am 31. Dezember an die Dresdner Bank ausgegangenen Wechsel Nr. 7433 RM. 150,— abgesetzt sind.

2. Die Wertpapiere, Sorten und Devisen sind zu den Tageskursen vom 31. 12. 24 oder, soweit der Einkaufspreis niederer war, zu diesem berechnet, was in allen Fällen festgestellt wurde.

Auch die Auszüge aus den Skontri wurden mit den Büchern durch Stichproben verglichen. Die Bestände deckten sich mit den Bilanzwerten.

3. Reichsbankgirokonto, Postscheckkonto und Banksaldi ergaben sich an Hand der Bankaufstellungen, deren Saldi einzeln mit den Büchern und den vorhandenen Bankauszügen bzw. dem von der Reichsbank als richtig bestätigten Kontogegenbuch verglichen wurden.

4. Sämtliche Kontokorrentsaldi wurden mit den Personenkonten verglichen, wobei auch in die Abschlußbuchungen zahlreiche Stichproben vorgenommen wurden. Die Saldoliste wurde nachaddiert. Zugleich wurden die Saldoanerkenntnisse nachgeprüft, die bei den Debitoren bis auf die Konten Nr. 341, 536, 768, 769, 790, 796, 800 und 803 zur Stelle waren.

Gegen die Bonität der ausstehenden Forderungen ergaben sich keine Bedenken. Jedoch zeigen viele Konten wenig Umsatz, auch hätte es der Aufsichtsrat für richtig gehalten, wenn in Anbetracht der hohen Zinsbelastungen ein größerer Betrag der Kontokorrentzinsen als stille Rücklage gebucht worden wäre.

Die Prüfung der Kontokorrenturkunden sowie der Depots soll einer besonderen Revision vorbehalten werden.

5. Die Avale ergaben sich richtig aus den Büchern.

6. Die rückständigen Vorschußzinsen wurden von S. 1—5 der Liste nachgerechnet. Die Zinsen der Vorschüsse Nr. 68, 69, 70 wurden, weil zweifelhaft, mit RM. 49,— abgesetzt.

7. Das Unkostenkonto wurde auf Grund der vorhandenen Gliederung durchgesehen und die Belege Nr. 489—550 mit den Büchern verglichen.

Bei der Verteilung der Unkosten nach Abteilungen fällt der hohe Anteil der Buchhalterei auf, weshalb dem Vorstand anheimgegeben wird, auf Ersparnisse nach dieser Richtung hin durch Ausgestaltung der Organisation hinzuarbeiten.

Die Formularlieferungen sind sofort in voller Höhe als Unkosten gebucht, auch da, wo sie, wie bei den Vordrucken für Maschinen, einige Jahre ausreichen dürften. Hiergegen ist nichts einzuwenden.

Bei der Prüfung der Portokasse ist festgestellt, daß eine Kontrolle der von der Hauptkasse entnommenen Beträge in der Einnahme des Portobuches vom Vorstand unterblieben ist, was nachgeholt werden muß.

Zu III.

1. Die Inventurlisten für die Geschäftsguthaben wurden Fol. 1—20, für die Spareinlagen Fol. 5—16, für die Anlehen Fol. 1—6 Posten für Posten, im übrigen stichprobenweise mit den Saldi der Kontenkarten verglichen. Sämtliche Sparbücher, die am 4. März während der Kassenstunden vorgezeigt wurden, wurden von dem Aufsichtsratsmitglied G., ohne daß die Einleger dies beobachten konnten, mit den Kontokarten verglichen, wobei die letzteren in Ordnung gefunden wurden.

Das Mitglied Nr. 360 ist Ende 1923 ausgeschieden, so daß sein Geschäftsguthaben von RM. 35,10 zu den Guthaben der Ausgeschiedenen zu rechnen ist.

Viele Mitglieder sind noch mit ihren Pflichteinzahlungen auf den Geschäftsanteil im Rückstand. Der Vorstand hat bei der nächsten Aufsichtsratssitzung eine Restantenliste hierüber vorzulegen.

2. Kontokorrent, Bankschulden, Bürgschaften sind bereits unter II geprüft.

3. Die Akzepte stimmen mit dem Akzeptkonto und dem Verfallbuch überein. Der Firma K. & R. ist ein Akzept von RM. 20000,— zu Finanzzwecken gegeben, was bei der augenblicklich allgemein angespannten Lage zu verurteilen ist, da die Genossenschaft möglichst wenig akzeptieren soll.

4. Die unerhobenen Dividenden sind in die Inventurliste richtig eingesetzt.

5. Die vorerhobenen Wechsel- und Vorschußzinsen sind in 50 Stichproben nachgerechnet.

6. Das Zinsen- und Provisionskonto wurde an Hand der Abschlußlisten und der Bücher durch zahlreiche Stichproben, auch durch die Berechnung von 40 Posten geprüft, wobei die Anwendung der beschlossenen Zinssätze und die ordnungsmäßige Buchführung festgestellt wurde.

Ebenso wurden bei Effekten, Sorten und Devisen die Gewinne an Hand der Skontroauszüge und der Skontri nachgeprüft.

Der Ertrag des Bankgebäudes ergab sich richtig aus den zu vereinnahmenden Mieten nach Abzug der nachgewiesenen Hausverwaltungskosten.

7. Die Giroverbindlichkeiten betrugen nach den vorgelegten Karten bei der Verbandskasse RM. 290000,—, bei der Reichsbank RM. 80000,—, sind also recht hoch.

Die Bücher und die Kontokarten sind tadellos geführt und die Grundbücher, soweit erledigt, ordnungsmäßig geheftet. Die Belege sind sorgfältig geordnet. Bilanz, Gewinn- und Verlustrechnung stimmen nach der vorgenommenen Prüfung mit den Büchern überein, so daß der Aufsichtsrat bei der Generalversammlung die Entlastung des Vorstandes beantragen wird.

Nachdem die vom Vorstand unterschriebene Bilanz nebst Gewinn- und Verlustrechnung mit dem Prüfungsvermerk des Aufsichtsrates versehen war, wurde die Revisionssitzung geschlossen.

(Unterschriften.)

Hier sei nochmals hervorgehoben, daß Vorstand und Aufsichtsrat nicht nur verantwortlich sind für die kalkulatorische Richtigkeit der Bilanz (vgl. S. 113), sondern auch dafür, daß die Aktiven zum richtigen Wert eingesetzt sind. Vorstands- und Aufsichtsratsmitglieder machen sich nicht nur zivilrechtlich haftbar, sondern auch strafrechtlich verantwortlich, wenn sie in ihren Darstellungen, ihren Übersichten über den Vermögensstand der Genossenschaft, über die Mitgliederhaftsummen oder den in der Generalversammlung gehaltenen Vorträgen den Stand der Verhältnisse wissentlich unwahr darstellen. Sogar in dem bloßen Schweigen kann das Begriffsmerkmal der unwahren Darstellung liegen. Zuweilen suchen sich die Vorstands- und Aufsichtsratsmitglieder mit „Geschäftsunkenntnis" zu entschuldigen. Der Fall muß schon sehr günstig für sie liegen, wenn der Einwand durchgreifen soll. Als Regel gilt der Grundsatz, daß, wer ein Amt übernimmt, auch die Pflicht hat, dasselbe sachverständig wahrzunehmen.

Der Wunsch nach einem einheitlichen Schema und größerer Ausführlichkeit der Bankbilanzen war in der Öffentlichkeit wiederholt zutage getreten, nachdem seitens des Reichskanzlers nach Vereinbarung mit den Großbanken am 30. Juli 1911 neue Bestimmungen für die von den inländischen Kreditbanken zu veröffentlichenden Bilanzübersichten erlassen und mit dem 1. Januar 1912 in Kraft getreten waren. Seit dem Spätjahr 1924 müssen die Kreditbanken nach längerer Unterbrechung der Reichsbank wieder Zweimonatsbilanzen nach bestimmtem Schema einreichen.

Für die Preußischen Sparkassen hat der Minister des Innern im Oktober 1925 ebenfalls die Einreichung von Zweimonatsbilanzen nach bestimmter Gruppierung an die Regierungspräsidenten und von dort weiter an das Ministerium angeordnet.

Der AllgGenTag zu München (1912) trug dem Rechnung und hat den Kreditgenossenschaften zur Aufstellung der Bilanz ein Schema empfohlen, das nach den Vorschlägen der Versammlung der Kreditgenossenschaften auf dem AllgGenTag zu Freudenstadt (1925) etwas geändert werden soll. Vgl. S. 346, 347.

Dieses Schema ist dem für die Aktienbanken von der Reichsbank vorgeschriebenen Muster weitmöglichst angepaßt und trägt auch der genossenschaftlichen Eigenart Rechnung, so daß auf der Aktivseite verschiedene Positionen zusammengefaßt werden konnten.

Natürlich dürfen sich die Kreditgenossenschaften für den Geschäftsbericht nicht auf die Wiedergabe der Bilanzzahlen beschränken.

Notwendig ist die Aufnahme der Mitgliederbewegung und bei Genossenschaften mit beschränkter Haftpflicht die Veröffentlichung der Veränderungen in dem Bestande der Geschäftsguthaben und Haftsummen (§§ 33, 139 d. Ges.).

In dem Text des Geschäftsberichtes sollte über die wichtigsten Vorgänge des Geschäftsjahres Mitteilung gemacht werden. Dem genossenschaftlichen Charakter des Unternehmens müßte dadurch Rechnung getragen werden, daß in dem Geschäftsbericht der Genossenschaft auch über ganz besonders wichtige, das Genossenschaftswesen berührende Vorgänge berichtet wird. Die Verhandlungen der Allgemeinen Genossenschaftstage und der Unterverbandstage könnten sehr wohl in den Kreis der Betrachtungen einbezogen werden. Der Geschäftsbericht soll, soweit es erforderlich ist, nicht nur die Bilanzzahlen erläutern, sondern darüber hinaus aufklärend wirken. Es könnte sehr wohl in den Geschäftsberichten die Bedeutung der Genossenschaft zumal dann behandelt werden, wenn ganz besondere Ereignisse den Wert der genossenschaftlichen Tätigkeit haben erkennen lassen. Durch den Geschäftsbericht könnten die Mitglieder über die wirtschaftliche Bedeutung des einen oder anderen Geschäftszweiges aufgeklärt werden. Wahrscheinlich ist vielen Mitgliedern, auch der volksbankmäßig entwickelten Kreditgenossenschaften, noch gar nicht recht gegenwärtig geworden, in welch' vielfacher Weise das Konto bei der Genossenschaft benutzt werden kann.

Hat die Genossenschaft neue Geschäftszweige eingeführt, so bietet der Geschäftsbericht die beste Gelegenheit, die Mitglieder für diese Geschäftszweige zu interessieren.

Insbesondere sollte der Geschäftsbericht enthalten

eine Umsatzübersicht,

eine Gliederung des Mitgliederbestandes nach Berufsgruppen;

Spezifizierung aller in dem Besitz der Genossenschaft befindlichen Wertpapiere mit Angabe des Buchwertes (Beschluß des AllgVerTages zu Bremen 1874), damit sich die Mitglieder davon überzeugen können, daß die Verwaltung nur solide Papiere kauft;

die Vorschläge für Verwendung des Reingewinnes, die Zuteilung zu den Reserven, die Dividenden, Vorträge, Zuwendungen zu gemeinnützigen Zwecken;

die Zahl der offenen Konten, getrennt nach Schuldnern und Gläubigern;

die Zahl der Depots;

Vermögen **Bilanz=**

1. Kasse, fremde Geldsorten, Zinsscheine		RM.	....
2. Guthaben bei der Reichsbank, bei Notenbanken und auf Postscheckkonto		"	
3. Bankguthaben			
a) bei Banken	RM.		
b) bei Genossenschaften	"	"	
4. Wechsel			
a) Ia Diskonten	RM.		
b) Geschäftswechsel	"		
c) Einzugswechsel	"	"	
5. Wertpapiere			
a) Anleihen des Reiches und der Bundesstaaten	RM.		
b) sonstige bei der Reichsbank beleihbare Wertpapiere	"		
c) sonstige börsengängige Wertpapiere	"		
d) sonstige Wertpapiere	"	"	....
6. Vorschüsse gegen börsengängige Wertpapiere		"	....
7. Schuldner in laufender Rechnung			
a) gedeckt	RM.		
b) ungedeckt	"	"	....
8. Vorschüsse			
a) auf Wechsel	RM.		
b) auf Schuldschein	"	"	....
davon gedeckt			
davon ungedeckt			
9. Festbefristete Hypothekenforderungen und Güterzieler		"	....
10. Schuldner aus geleisteten Avalen und Bürgschaften	RM.	"	—
11. Noch zu empfangende Zinsen		"	....
12. Einrichtung		"	....
13. Grundstücke			
a) Geschäftshaus	RM.	"	....
b) sonstige Grundstücke	"	"	....
14. Beteiligungen			
a) bei anderen Genossenschaften	RM.		
b) bei anderen Unternehmen	"	"	....
		RM.	

Schema (s. S. 344) Schulden

1. Geschäftsguthaben			
a) verbleibender Mitglieder	RM.		
b) ausscheidender Mitglieder	„	RM.	....
2. Rücklagen			
a) gesetzliche Rücklage	RM.		
b) Hilfsrücklage	„		
c) Rücklage für Ausstände	„		
d) Ruhegehaltsrücklage	„	„	
3. Spareinlagen			
a) innerhalb 7 Tagen fällig	RM.		
b) darüber hinaus bis zu 3 Monaten fällig	„		
c) nach 3 Monaten fällig	„	„	
4. Anlehen und Depositen			
a) innerhalb 7 Tagen fällig	RM.		
b) darüber hinaus bis zu 3 Monaten fällig	„		
c) nach 3 Monaten fällig	„	„	
5. Gläubiger in laufender Rechnung		„	
6. Bankschulden			
a) bei Banken	RM.		
b) bei Genossenschaften	„	„	....
7. Akzepte		„	....
8. Schulden aus geleisteten Avalen und Bürgschaften	RM.	„	—
9. Hypothekenschulden		„	
10. Vorerhobene Zinsen		„	
11. Reingewinn		„	
			RM.

die Stückelung und die Art der Deckung der Ausstände;

die Bewegung über die genehmigten Kredite;

die Gliederung der Verwaltungskosten nach persönlichen und sachlichen Ausgaben;

eine Tabelle über die Geschäftsergebnisse für charakteristische Jahre von der Gründung an;

den Geschäftskreis der Genossenschaft möglichst unter Angabe der geltenden Zinssätze.

Zu veröffentlichen ist die Bilanz erst nach der Genehmigung durch die Generalversammlung. Da die Veröffentlichung im Interesse der Gläubiger erfolgt, so ist dieselbe so zu geben, daß sie den Gläubigern ein klares Bild über die Geschäftslage bietet.

Der AllgGenTag zu Neustadt a. H. (1898) hat infolgedessen beschlossen:

In Erwägung, daß

1. die nach § 33 des Genossenschaftsgesetzes zu veröffentlichende Bilanz ein deutliches Bild von dem Vermögensstande der Genossenschaft und von dem geschäftlichen Ergebnisse derselben im abgelaufenen Geschäftsjahre geben,
2. der Vermögensstand der Genossenschaft durch die Gruppierung der Saldi der einzelnen Konten in den Aktiven und Passiven der Bruttobilanz, das geschäftliche Ergebnis durch den in dieser Bilanz enthaltenen Saldo des Gewinn- und Verlustkontos zur Darstellung gebracht werden soll,

wird den Vorständen der Genossenschaften empfohlen, im Sinne des § 33 des Ges. die von der Generalversammlung genehmigte Bilanz vor der Verbuchung der beschlossenen Verteilung des Reingewinnes, bei einem Verlustsaldo oder einer Unterbilanz vor Beseitigung oder Minderung derselben durch die beschlossenen Abschreibungsbuchungen in den durch Statut bestimmten Blättern zu veröffentlichen.

Nicht in allen Fällen aber genügt die Veröffentlichung der Bruttobilanz. Hat z. B. eine Genossenschaft Verluste erlitten und einen Teil der Geschäftsguthaben abschreiben müssen, so kann die in Neustadt empfohlene Veröffentlichung in solchem Fall nicht als genügend erachtet werden. Eine solche Veröffentlichung kann den Gläubiger irreführen. Mit der Frage beschäftigte sich auch die Revisorenkonferenz gelegentlich des AllgGenTages zu Cassel (1906), in der festgestellt wurde, daß die Veröffentlichung einer Nettobilanz neben der von der Generalversammlung genehmigten Bruttobilanz wünschenswert sei, da sich das Resultat der Verlustverteilung aus der Bruttobilanz noch nicht ergibt, wenn es sich um Abschreibungen von Geschäftsguthaben handle, und da die nach § 139 d. Ges. erforderlichen Angaben zu veröffentlichen seien.

Den Genossenschaften ist bisher die Einreichung oder Veröffentlichung von Monatsbilanzen nicht auferlegt worden. Gleichwohl hat manche Genossenschaft schon in der Vorkriegszeit regelmäßig Zwischenbilanzen bekanntgegeben und damit gute Erfahrungen gemacht. Zweifelsohne wird wohl für die Genossenschaften überhaupt die Entwicklung nach dieser Richtung gehen, und es fragt sich, ob nicht die Genossenschaften von Verbands wegen zur Einreichung von Zweimonatsbilanzen an den Revisionsverband angehalten werden sollten, damit der Verband die Entwicklung der Genossenschaft fortdauernd im Auge behalten kann. Auf diese Weise würde zugleich auch einer etwaigen zu großen Kreditinanspruchnahme der Genossenschaften, vielleicht sogar an verschiedenen Stellen, zeitig entgegengewirkt werden können.

Daß jede Genossenschaft für ihren eigenen Gebrauch nicht nur Zweimonatsbilanzen, sondern auch monatliche Rohbilanzen aufstellen muß, ist selbstverständlich. Jeder fortschrittliche Geschäftsbetrieb ist sogar schon längst zur Aufstellung einer Tagesbilanz übergegangen, die besonders mit Hilfe der Maschinen keine große Mühe verursacht, zur Erleichterung des steten Überblickes und der Disposition aber wertvolle Dienste leistet.

Als eifriger und erfolgreicher Förderer aller banktechnischen Fortschritte hat sich für die Genossenschaften der im Jahre 1920 gegründete Deutsche Genossenschaftsverlag e. G. m. b. H., Berlin, erwiesen, dessen Geschäftsanteile sich seit Herbst 1925 ganz in den Händen des Deutschen Genossenschaftsverbandes e. V. und der Anwaltschaft befinden. Der Deutsche Genossenschaftsverlag will die Genossenschaften sowohl in allen banktechnischen Fragen beraten als auch ihnen zweckdienliche Vordrucke, Bücher usw. für alle Geschäftszweige zu günstigen Preisen liefern. Bei den in Betracht kommenden großen Auflagen ergeben sich für die Genossenschaften nennenswerte Vorteile. Für eine solche Zentralstelle der Genossenschaften besteht ein dringendes Bedürfnis. Großen Anklang haben auch die vom Verlag herausgegebenen den BlfGW. jeweils beiliegenden Wirtschaftsberichte gefunden, die, mit dem Aufdruck der Firma der Genossenschaft versehen, bezogen und an geeignete Kunden als vorzügliches Werbematerial versandt werden können.

Der Verlag wird sich zugleich zum Ziel setzen müssen, das genossenschaftliche Formularwesen mehr zu vereinheitlichen, wodurch die Genossenschaften viel Aufwand an Zeit und Kosten ersparen könnten. Im Gegensatz zu andern großen Verbänden herrscht in dieser Beziehung bei den Genossenschaften des Deutschen Genossenschaftsverbandes eine bunte Mannigfaltigkeit, die Kraftverschwendung bedeutet.

XVII. Kapitel.

Zweigniederlassungen (Filialen) der Kreditgenossenschaften.

Im Verkehrsleben wird oft der Ausdruck „Zweigniederlassung", „Filiale" gebraucht, wo es sich nur um die Errichtung einer „Depositenkasse" handelt. Zu dem Wesen der Zweigniederlassung gehört, daß bei der betreffenden Niederlassung Geschäfte abgeschlossen werden, und zwar nicht nur nebensächliche, die den Abschluß oder die Ausführung der wesentlichen Geschäfte unterstützen oder erleichtern, sondern wesentliche, zum eigentlichen Geschäftsgang der Hauptniederlassung gehörende, und zwar nicht lediglich nach den von der Hauptniederlassung gegebenen Anweisungen, sondern mit einer gewissen Freiheit und Selbständigkeit der Entschließung. So die Rechtsprechung, nach der auch weiter verlangt wird, daß der abgezweigte Betrieb an einem vom Sitz der Hauptniederlassung verschiedenen Orte besteht. Beschränkt sich der Geschäftsbetrieb der „Nebenstelle" daher auf Annahme von Spareinlagen und Depositen, auf die Auszahlung der vom Vorstand an der Hauptstelle bewilligten Kredite, auf die Vermittelung von Auskünften, die Beglaubigung von Unterschriften u. dgl. mehr, so hat die Nebenstelle nicht den Charakter einer „Zweigniederlassung" (Filiale), und es kommt § 14 d. Ges. nicht zur Anwendung, d. h. es hat die Eintragung ins Genossenschaftsregister nicht zu erfolgen; infolgedessen haben auch die sonstigen, durch das Gesetz für die Zweigniederlassungen vorgeschriebenen Einrichtungen, Anmeldungen bei dem Gericht nicht zu geschehen. Nicht nur rechtlich, sondern auch wirtschaftlich liegen die Verhältnisse ganz verschieden, je nachdem es sich um eine Nebenstelle oder um eine Zweigniederlassung handelt. So zweckmäßig die Errichtung von Nebenstellen sein kann, um den Verkehr zwischen der Genossenschaft und der Kundschaft zu erleichtern, so bedenklich ist die Errichtung von Zweigniederlassungen. Über Nebenstellen vgl. S. 272 Kap. XIII.

Unter dem Einfluß der gesetzlichen Anerkennung der Genossenschaften durch das Gesetz von 1868 hatte sich eine starke Neigung zur Errichtung von Zweigniederlassungen bemerkbar gemacht, so daß der AllgGenTag zu Breslau (1872) die bei der Bildung von Zweigniederlassungen zu beobachtenden Grundsätze festlegte. Bald aber verlor sich bei den Genossenschaften die Vorliebe für Zweigniederlassungen infolge der mit ihnen gemachten schlechten Erfahrungen.

Nach dem Gesetze ist es nicht zulässig, für die Zweigniederlassung einen besonderen Vorstand und Aufsichtsrat einzusetzen, denn die Genossenschaft kann nur einen Vorstand und einen Aufsichtsrat haben. Entweder muß man also den Vorstand aus so vielen Mitgliedern zusammensetzen, daß einige Mitglieder desselben die Geschäftsführung der Zweigniederlassung übernehmen, wobei aber wohl zu beachten ist, daß alle Vorstandsmitglieder Dritten gegenüber als vollberechtigte Vorstandsmitglieder der Genossenschaft für die gesamte Geschäftsführung gelten, mögen einige derselben nach ihrer Geschäftsanweisung ihre Tätigkeit auch nur auf die Zweigniederlassung zu beschränken haben — oder der Vorstand bestellt für die Zweigniederlassung Bevollmächtigte, die nach Maßgabe der ihnen erteilten Vollmacht die Geschäfte zu führen haben. In jedem Fall übernehmen Vorstandsmitglieder, die an einem Teil der Geschäftsführung nicht unmittelbar beteiligt sind, eine weitgehende Verantwortung auch für diesen Teil. Und das gleiche gilt für die Verantwortung des Aufsichtsrats aus seiner Kontrollpflicht.

Ferner: mag man auch für Haupt- und Zweigniederlassung besondere Geschäftsabschlüsse aufstellen, die nach § 33 d. Ges. zu veröffentlichende Bilanz muß eine einheitliche für die ganze Genossenschaft sein, wie auch die Haftpflicht der Mitglieder nicht nach den verschiedenen Niederlassungen getrennt werden kann. Bei der der Zweigniederlassung notwendig bis zu einem gewissen Maße einzuräumenden Selbständigkeit ist eine Kontrolle ungemein schwer; Überschreitungen der Vollmacht kommen leicht vor, und da die Verwaltung der Hauptniederlassung, solange alles gut geht, geneigt ist, die Überschreitungen zu dulden, so ergibt sich leicht daraus ein Gestatten, und damit beginnt die Verpflichtung für die Genossenschaft, die so eingegangenen Rechtsgeschäfte gegen sich gelten zu lassen. Mit Recht ist man daher von der Errichtung von Zweigniederlassungen abgekommen. Erst in neuester Zeit sind wieder einige Versuche gemacht worden. Ihr Ergebnis ist nicht so, daß man einer allgemeinen Einführung von Zweigniederlassungen nunmehr das Wort reden könnte.

Die Errichtung und Organisation von „Nebenstellen", die im wesentlichen nur die Geschäfte vermitteln und der Erleichterung des Geschäftsverkehrs zwischen Mitgliedern und Gläubigern einerseits und der Genossenschaft anderseits dienen, ist oben S. 272 behandelt. Mit ihnen hat man zweifelsohne größere Erfolge erzielt als mit den Zweigniederlassungen.

XVIII. Kapitel.

Gesetzliche Revision.

In der Begründung des Genossenschaftsgesetzes von 1889 heißt es:

„Es wird die Gesetzgebung den Vorschlägen, welche dem Staat oder den Gemeinden durch Übertragung einer dauernden Aufsichtsführung einen unmittelbaren Einfluß auf den Geschäftsbetrieb der Genossenschaften zuweisen wollen, nicht folgen können. Das Aufsichtsrecht, welches der Registerrichter mit der Befugnis zur Verhängung von Ordnungsstrafen schon nach dem geltenden Recht ausübt, bezieht sich nur auf die Erfüllung bestimmter gesetzlicher Pflichten des Vorstandes... Aber für die dauernde Beaufsichtigung des Geschäftsbetriebes der Genossenschaften durch staatliche oder kommunale Behörden fehlt es ebensosehr an einem Bedürfnis, als an einer genügenden Grundlage. Die Zwecke der Genossenschaften sind rein privatrechtliche, und der Beitritt zu denselben beruht auf dem freien Willen der Genossen. Die Zahl der bestehenden Genossenschaften ist außerdem so beträchtlich und die Gegenstände ihres Geschäftsbetriebes so verschiedenartig, daß eine wirksame Staats- oder Kommunalaufsicht tatsächlich nicht durchführbar sein würde. Zudem müßten, um diese zu einem einigermaßen durchgreifenden Schutzmittel zu machen, der Aufsichtsbehörde weitgehende Befugnisse gegenüber den Vereinsorganen gewährt, unter Umständen auch ein selbständiges Eingreifen in die Geschäftsleitung gestattet werden, und hiermit wäre die persönliche Haftung der Genossen für die Verluste, die trotzdem aus Mißgriffen der Verwaltung entstehen könnten, nicht vereinbar."

Das Gesetz beschränkt sich daher in § 53 auf die Forderung:

„die Einrichtungen der Genossenschaft und die Geschäftsführung derselben in allen Zweigen der Verwaltung (sind) mindestens in jedem zweiten Jahre der Prüfung durch einen der Genossenschaft nicht angehörigen sachverständigen Revisor zu unterwerfen."

Die zweijährige Revisionsfrist wurde im Krieg zunächst um vier Monate verlängert, später durch Verordnung vom 27. Dezember 1923 auf **drei** Jahre erstreckt.

Der Revisor wird entweder durch das Gericht bestellt (§ 61 d. Ges.) oder durch den „Verband", wenn die Genossenschaft einem

Verbande angehört, dem das Recht verliehen ist, den Revisor zu bestellen (§ 54 d. Ges.). —

Frühzeitig hatte sich bei den Kreditgenossenschaften das Bedürfnis nach einer Prüfung der Einrichtungen und der Geschäftsführung durch einen der Genossenschaft nicht angehörigen Sachverständigen herausgestellt; es fehlte den Mitgliedern des Vorstandes und des Aufsichtsrates bei allem guten Willen oft die nötige Kenntnis der Gesetze und einer richtigen genossenschaftlichen und kaufmännischen Geschäftsführung. In den Genossenschaftsverbänden des Allgemeinen deutschen Genossenschaftsverbandes wurden allerdings jährlich Verbandstage abgehalten, auf denen die Genossenschaften zusammenkamen, um ihre Erfahrungen auszutauschen, doch bald trat die Notwendigkeit hervor, daß an Ort und Stelle der Verwaltung der Genossenschaft für die Geschäftseinrichtungen — wozu selbstverständlich auch die Buchführung gehört — Rat erteilt wurde.

Im Allgemeinen Verband war es zuerst der Verband der Erwerbs- und Wirtschaftsgenossenschaften am Mittelrhein, bei dem die Verbandsrevision eine systematische Durchbildung erfuhr; dieser Verband forderte im Jahre 1864 den Verbandsdirektor auf, dafür Sorge zu tragen, daß er zu jeder Zeit in der Lage sei, den Vereinen des Verbandes auf deren Verlangen einen sachverständigen Revisor zur Verfügung zu stellen.

Im Jahre 1878 veranlaßte Schulze-Delitzsch einen Beschluß des Allgemeinen Vereinstages zu Eisenach, den Unterverbandsdirektoren dringend zu empfehlen, sachverständige, im kaufmännischen Rechnungswesen erfahrene und mit der genossenschaftlichen Organisation vertraute Männer zum Behufe von Geschäftsrevisionen und Inventuren auf Anrufen der einbezirkten Vereine bereitzuhalten und die Vornahme solcher Revisionen zu fördern. Man war damals also noch jedenfalls sehr fern von dem Gedanken, diese Revision obligatorisch zu machen. Wenige Jahre später jedoch ging der Allgemeine Verband bereits erheblich weiter, indem der AllgVerTag in Cassel (1881) den Unterverbänden zur Pflicht machte, „für die Einrichtung regelmäßig wiederkehrender Revisionen der einzelnen Vereine Sorge zu tragen.“

Nun wurde in den meisten Verbänden die Revision zur obligatorischen Einrichtung erklärt, es wurden die Genossenschaften verpflichtet, alle zwei Jahre durch einen vom

Unterverband angestellten, mit dem Genossenschaftswesen vertrauten praktischen Genossenschafter (Verbandsrevisor) ihre gesamte geschäftliche Tätigkeit prüfen zu lassen. Der Revisor sollte sein Augenmerk besonders darauf richten, ob die Bestimmungen der Gesetze überall beachtet werden, und ob die Geschäftsführung den Vorschriften des Statuts und den auf den Genossenschafts- und Verbandstagen aufgestellten Grundsätzen entspricht; nach vollendeter Revision hatte der Revisor den Befund in gemeinschaftlicher Sitzung mit Vorstand und Aufsichtsrat zu besprechen und sodann einen schriftlichen Bericht an die Genossenschaft zu erstatten und eine Abschrift desselben dem Verbandsdirektor einzusenden.

Diese Grundsätze sind die maßgebenden für die gesetzliche Regelung geworden.

Die für die Ausgestaltung der Revision wichtigsten Grundlehren sind in dem Beschluß des AllgVerTages Plauen (1887) zusammengefaßt. Dieser Beschluß wurde ergänzt und erweitert durch Beschlüsse der AllgGenTage Gotha (1894), Augsburg (1895), Baden-Baden (1901), Cassel (1906) und Posen (1913).

Revisionsverbände sind im Deutschen Genossenschaftsverband die sogenannten Unterverbände. Als Regel war bisher die zweijährige Revision eingeführt, die der Deutsche Genossenschaftsverband schon immer als Mindestmaß bezeichnet hat. Von der obengenannten gesetzlichen Fristverlängerung wurde daher nur in Ausnahmefällen Gebrauch gemacht. Man war im Gegenteil bestrebt, namentlich kleinere Genossenschaften öfter zu revidieren. Überhaupt wurden da, wo es notwendig erschien, außerordentliche Revisionen eingeschoben, die vorwiegend materiellen Charakter trugen.

Die Revisionen wurden schon zuletzt fast überall durch Berufsrevisoren ausgeführt, die von einem oder mehreren Unterverbänden angestellt sind. Die Einrichtung der nebenamtlichen Revisoren ist immer mehr verschwunden, weil sie eine stetige und systematisch entwickelte Revisionstätigkeit nicht in gleichem Maße verbürgt wie die hauptamtliche Revision, die mit der Ausdehnung des Aufgabenkreises der Genossenschaft sich immer mehr spezialisieren muß.

Von diesem Standpunkt ausgehend und in Erkenntnis der Wichtigkeit der Revision hat der Gesamtausschuß des Deutschen Genossenschaftsverbandes am 26. November 1925 beschlossen, in seinen Unterverbänden die einjährige Revision einführen zu lassen, die weiterhin nur durch Berufsrevisoren ausgeführt werden soll. Es sollen von den Unterverbänden je nach ihrer Größe Revisionsgemeinschaften gebildet werden, die mehrere Revisoren unter Leitung eines erfahrenen Oberrevisors anstellen. Auf einen Revisor sollen nicht mehr als 100 Genossenschaften entfallen, eine Zahl, die immerhin schon als reichlich hoch gegriffen erscheint. Man hofft auch, auf diese Weise in der Praxis einen tüchtigen Nachwuchs an Revisoren, der unbedingt nötig ist, heranbilden zu können. Ferner ist in Aussicht genommen, bei der Anwaltschaft selbst gewissermaßen einen Generalrevisor anzustellen, dem die Organisation und die Überwachung des gesamten Revisionsdienstes übertragen werden und der gleichzeitig die Verbandskassen revidieren soll.

Bei der Durchführung dieser Maßnahmen wird zu beachten sein, daß die historisch und sachlich begründete Aufgabenteilung innerhalb der Verbandsorgane gewahrt bleibt. Die verantwortliche Stelle ist neben dem Revisor nach dem Gesetz der Verbandsvorstand, der die Durchführung der Revision zu überwachen und die Revisoren anzustellen hat.

Der Aufsichtsrat hat der Revision beizuwohnen (S. 117). Im Anschluß an die an Ort und Stelle vorgenommene Revision hat der Revisor in gemeinsamer Sitzung mit Vorstand und Aufsichtsrat über das Revisionsergebnis mündlich zu berichten. Später folgt der schriftliche Revisionsbericht nach, von dem der Verbandsvorstand stets, in schwierigen Fällen auch die Anwaltschaft eine Abschrift erhält. Zu dem schriftlichen Revisionsbericht hat der Aufsichtsrat schriftlich Stellung zu nehmen und sich gemäß § 63 d. Ges. gegenüber der Generalversammlung zu erklären, die alsdann hierüber Beschluß zu fassen hat. Die Erklärung des Aufsichtsrates ist zu dem Protokoll der Generalversammlung zu nehmen.

Zwischen der gesetzlichen Revision und der Revisionstätigkeit des Aufsichtsrates, wie sie in Kapitel VIII und XVI oben besprochen ist, besteht ein großer Unterschied. Der Aufsichtsrat hat die gesamte Geschäftsführung in allen ihren Teilen fortlaufend zu überwachen. Der Revisor prüft die Geschäftsführung im wesentlichen nach ihren Grundsätzen, er untersucht, ob die Organe der Genossenschaft nach Maßgabe des Gesetzes und der von den AllGenTagen aufgestellten Grundlehren richtig arbeiten, ob der Ausbau der Genossenschaft richtig ist, ob die Vermögenslage der Genossenschaft gesund ist.

Die Revision des Verbandsrevisors ist nicht in erster Reihe eine kalkulatorische, es ist nicht seines Amtes, nach Verfehlungen zu forschen — nur wenn Verdachtsmomente vorliegen, hat er diesen bis in alle Einzelheiten nachzugehen. Daher ist diese Revision eine angemeldete, der Revisor erscheint nicht plötzlich bei der Genossenschaft, um den Kassierer zu überraschen — der Termin der Revision wird vorher mit der Genossenschaft vereinbart; es sollen sich die Organe der Genossenschaft auf die Revision sogar vorbereiten können, sie sollen in der Lage sein, sich vorher die Fragen zurechtzulegen, die sie dem Revisor zu stellen haben, und sie sollen sich darauf einrichten können, der Revision beizuwohnen.

Zu den wichtigsten Aufgaben des Revisors einer Kreditgenossenschaft gehört, daß er die Grundsätze der Kreditgewährung einer Prüfung unterzieht. Er soll sich die Gewißheit zu verschaffen suchen, ob diese Grundsätze solide sind. Damit im engsten Zusammenhang steht die Prüfung der Aktiven auf ihren inneren Wert, wobei er sich davon überzeugen muß, ob Vorstand und Aufsichtsrat eine sorgfältige Prüfung der Aktiven vorgenommen haben. Er wird aber auch sich selbst ein sachverständiges Urteil zu bilden bestrebt sein über die materielle Richtigkeit der Bilanz. Es ist eine der schwierigsten Fragen der Revision, wie weit sie nach der materiellen Seite hin sich zu erstrecken hat. Vgl. hierüber die Verhandlungen des AllgGenTag zu Posen (1913 Mitt. S. 145).

Keineswegs dient also die Tätigkeit des Revisors zur Entlastung des Aufsichtsrats — eher könnte man das Gegenteil behaupten, denn der Aufsichtsrat einer Genossenschaft, die dem Revisionsverbande angehört, kann sich in der Regel nicht damit entschuldigen, daß er von seinen Obliegenheiten nicht genügende Kenntnis gehabt hat, er hat bei der Revision Gelegenheit gehabt, sich über seine Obliegenheiten zu unterrichten. Daher verlangt auch das Gesetz, daß der Aufsichtsrat zur Revision zugezogen wird, und wir haben es oben im Kapitel VIII für eine zwingende Pflicht des Aufsichtsrates erklärt, der durch den Verbandsrevisor vorzunehmenden Revision die größte Aufmerksamkeit zuzuwenden.

Auf weitere Einzelheiten kann hier nicht eingegangen werden. Wer sich näher unterrichten will, lese Letschert „Die Durchführung der Verbandsrevision im Deutschen Genossenschaftsverband", Heft 20 der Genossenschaftlichen Zeit- und Streitfragen[1]), wo auch die Beschlüsse der AllgGenTage und sonstigen Verbandsorgane, soweit sie sich auf die Revision beziehen, zusammengestellt sind.

Die Frage, ob eine Genossenschaft einem Revisionsverband beitreten oder sich mit der Revision eines gerichtlich bestellten Revisors begnügen soll, ist heute mehr denn je unbedingt in ersterem Sinne zu beantworten. Es soll nicht etwa behauptet werden, daß die von den Verbänden angestellten Revisoren durchweg an Tüchtigkeit die gerichtlichen Revisoren überragen; es könnte dies schon deswegen nicht behauptet werden, weil die Gerichte dort, wo sie den Revisor zu bestellen haben, wenn sie nur ihre Aufgabe hierbei richtig erfassen, in der Regel auf Personen zurückgreifen werden, die in Revisionsverbänden tätig sind — leider wird nur zuweilen von den Gerichten bei der Auswahl des Revisors nicht scharf genug der Zweck der Revision im Auge behalten. Der große Wert der Zugehörigkeit zu einem Revisionsverband liegt für die Genossenschaft in dem Umstande, daß diese einen dauernden Halt an dem Revisionsverband hat. Gehört die Genossenschaft keinem Revisionsverband an, so ist mit der vollzogenen Revision die Angelegenheit erledigt, der Vorstand hat nur eine Bescheinigung, daß die Revision vorgenommen ist, dem Gericht einzureichen, das Gericht nimmt die Bescheinigung zu den Akten — und damit hat die Sache ihr Ende erreicht; das Gericht hat kein Recht auf Kenntnisnahme des von dem Revisor über die Revision erstatteten Berichts, hat insbesondere auch keine Möglichkeit, die Verwaltung zu beeinflussen, die von dem Revisor gezogenen Erinnerungen zu berücksichtigen — ganz anders im Revisionsverband, wenigstens wenn dieser seine Aufgabe richtig erfüllt. *Es ist Pflicht des Revisionsverbandes, sich weiter mit der Genossenschaft auf Grund des von dem Revisor erstatteten Revisionsberichts zu beschäftigen*, der Verband soll nach Möglichkeit bestrebt sein, die Genossenschaft zu veranlassen, den Erinnerungen des Revisors entsprechende Berücksichtigung zu schenken.

---

[1]) Berlin 1921. Verlag Walter de Gruyter & Co.

Die Zugehörigkeit zu einem Revisionsverband und damit zu einer starken Organisation bietet einer Genossenschaft aber noch weitere Vorteile. Wie unschätzbar der Wert des Zusammenschlusses ist, hat sich gerade in den letzten zehn Jahren gezeigt. Nur in einer geschlossenen Organisation vermochten die Genossenschaften die Stürme, die über unser Vaterland dahingebraust sind, zu überstehen. Dann aber sind nach der neuesten Gesetzgebung die an einen Revisionsverband angeschlossenen Genossenschaften in mancherlei Beziehung mit größeren Rechten ausgestattet als die sogenannten „wilden" Genossenschaften, die außerhalb der Verbände stehen (z. B. Depot- und Depositenrecht [S. 153], Devisenbanken [S. 303], Körperschaftssteuer [S. 153]). Vgl. hierüber auch BlfGW. 1925 S. 627.

Hat die Revision die auf sie gesetzten Erwartungen erfüllt?

Die Beantwortung der Frage hängt davon ab, wie weit die Erwartungen gingen. Wer angenommen hat, daß durch die Revision ein Schutzmittel gegen den Zusammenbruch von Genossenschaften gegeben ist, wird mit dem Ergebnis nicht zufrieden sein, denn Konkurse sind auch seit dem Gesetz von 1889 nicht ausgeblieben. Und verhältnismäßig groß ist die Zahl der Konkurse solcher Genossenschaften, die sich durch den gerichtlich bestellten Revisor revidieren ließen. Daher ist gefordert, daß alle Genossenschaften verpflichtet sein sollen, sich Revisionsverbänden anzuschließen — es sollen Zwangsrevisionsverbände gebildet werden. Da nun kein Revisionsverband gezwungen werden kann, Genossenschaften aufzunehmen oder auf das Recht des Ausschlusses zu verzichten, würde der Zwangsrevisionsverband aus den überall abgelehnten Genossenschaften bestehen. Der Weg ist also nicht gangbar.

Konkurse von Genossenschaften, die Revisionsverbänden angehören, sind auch vorgekommen. Es hat sich dann oft ergeben, daß schon längere Zeit vor dem Zusammenbruch der Genossenschaft dem Revisionsverband bekannt war, daß die Verhältnisse bedrohlich waren. Die Genossenschaft aber hat sich geweigert, die Mißstände zu beseitigen. Die Anhänger einer Reform verlangen infolgedessen, daß dem Revisionsverband Zwangsmaßregeln gegen derartige Genossenschaften gegeben werden. Das heißt: die Verantwortung verschieben, den Revisionsverband mit einer unerträglichen Verantwortung belasten. Und es fehlt nicht an Beispielen in der Praxis, die ergeben, daß auch das Bestehen derartiger Zwangsmaßregeln keineswegs immer den Zusammenbruch von Genossenschaften verhindert hätte. Die Verbandsrevision will nicht die Selbstverwaltung und Selbstverantwortung der Genossenschaft antasten, sondern sie gerade fördern und heben durch sachverständige Beratung und Hilfe.

Das Richtige hat wohl der AllgGenTag zu Cassel (1906) getroffen, als er erklärte: „Die Erfüllung der Aufgabe (der Revision) kann nicht gesichert werden durch Einführung von Zwangsmaßregeln in die Organisation, sondern nur durch Hebung des Verständnisses der Organe der Genossenschaft für die Zwecke der Revision."

Gegenüber den Reformvorschlägen hat der AllgGenTag zu Posen (1913) sich mit aller Bestimmtheit zu dem gleichen Standpunkt bekannt.

Anhang[1]).

(Musterformulare.)

Vordruck 1.

Satzung für eine Kreditgenossenschaft mit beschränkter Haftpflicht.

Die Unterzeichneten errichten eine Genossenschaft nach Maßgabe des Genossenschaftsgesetzes und der nachstehenden Satzung[2]).

I. Firma, Sitz und Gegenstand des Unternehmens.

§ 1. Die Firma der Genossenschaft lautet:

....

eingetragene Genossenschaft mit beschränkter Haftpflicht.

Der Sitz der Genossenschaft ist zu........

Der Gegenstand des Unternehmens ist der Betrieb von Bankgeschäften aller Art zur Förderung des Erwerbes und der Wirtschaft der Mitglieder.

II. Erwerb und Beendigung der Mitgliedschaft.

§ 2. Aufnahmefähig sind Personen, Gesellschaften, Korporationen und verpflichtungsfähige Vereine.

Zum Erwerb der Mitgliedschaft ist erforderlich: Aufnahme durch Vorstand und Aufsichtsrat und Ausstellung einer unbedingten schriftlichen Beitrittserklärung. Über den Aufnahmeantrag entscheiden Vorstand und Aufsichtsrat endgültig.

Die Mitgliedschaft des Beitretenden entsteht durch die Eintragung in die Liste der Genossen.

Jeder beitretende Genosse hat zwei gleichlautende Beitrittserklärungen zu vollziehen.

§ 3. Jeder Genosse kann infolge Aufkündigung aus der Genossenschaft ausscheiden.

---

[1]) Ein Teil der nachstehenden Musterformulare ist aus früheren Auflagen übernommen, die Formulare Nr. 1, 10, 14/17, 21, 23, 24, 27, 30 sind Muster des Deutschen Genossenschaftsverbandes; die übrigen Vordrucke sind neubearbeitet, zum Teil in Anlehnung an Muster der Reichsbank und der Kreditbank Cassel e. G. m. b. H.

[2]) Bei Satzungsänderungen bestehender Genossenschaften sagt man etwa: „Die seit dem Jahre .... bestehende ... (Firma) hat ihre Satzung nach Maßgabe der Beschlüsse der Generalversammlung vom .... wie folgt **abgeändert**":

Die Aufkündigung findet nur zum Schlusse des Geschäftsjahres statt und muß mindestens 6 Monate vorher schriftlich an den Vorstand erfolgen.

Ein Genosse kann aus der Genossenschaft ausgeschlossen werden:

a) wenn er den satzungsmäßigen Verpflichtungen nicht nachkommt, insbesondere, wenn er mehr als sechs Monate mit den laufenden Beiträgen im Rückstande geblieben ist;

b) wenn er es wegen der Rückzahlung empfangener Darlehen zur gerichtlichen Verfolgung hat kommen lassen, oder durch die Nichterfüllung seiner Verpflichtung die Genossenschaft oder einen Bürgen in Schaden gebracht hat, überhaupt, wenn er durch sein Verhalten die Genossenschaft schädigt;

c) wenn über sein Vermögen der Konkurs eröffnet ist;

d) wegen der Mitgliedschaft in einer anderen, die gleichen Zwecke verfolgenden Genossenschaft;

e) wegen Verlegung des Wohnsitzes;

f) wegen Verlust der bürgerlichen Ehrenrechte.

Gesellschaften sind auszuschließen, im Falle sie aufgelöst werden und keine Kündigung erfolgt ist.

Die Ausschließung erfolgt zum Schlusse des Geschäftsjahres durch Beschluß des Vorstandes und des Aufsichtsrats. Der Beschluß der Ausschließung ist dem Genossen durch den Vorstand sofort mittels eingeschriebenen Briefes mitzuteilen.

Von dem Zeitpunkte der Absendung des Schreibens an kann der ausgeschlossene Genosse weder Mitglied des Vorstandes oder des Aufsichtsrats sein noch an Generalversammlungen teilnehmen.

Wenn ein Genosse stirbt, gilt er mit dem Schlusse des Geschäftsjahres, in welchem der Tod erfolgt ist, als ausgeschieden. Bis zu diesem Zeitpunkte wird die Mitgliedschaft des Verstorbenen durch seine Erben fortgesetzt. Für mehrere Erben wird das Stimmrecht durch einen Bevollmächtigten ausgeübt.

Der Erbe des verstorbenen Mitgliedes ist von der Zahlung des Eintrittsgeldes befreit, wenn er innerhalb 3 Monaten nach dem Tode des Genossen die Mitgliedschaft erwirbt.

§ 4. Die Auseinandersetzung der ausgeschiedenen Genossen mit der Genossenschaft erfolgt auf Grund der Bilanz. Das Geschäftsguthaben des Ausgeschiedenen ist binnen 6 Monaten nach dem Ausscheiden auszuzahlen; an den Reservefonds und das sonstige Vermögen der Genossenschaft hat er kein Anrecht.

Reicht das Vermögen einschließlich des Reservefonds und aller Geschäftsguthaben zur Deckung der Schulden nicht aus, so hat der Ausgeschiedene von dem Fehlbetrage den ihn treffenden Anteil, welcher nach Verhältnis der Haftsummen der Mitglieder berechnet wird, an die Genossenschaft zu zahlen.

Die Klage des ausgeschiedenen Mitgliedes auf Auszahlung des Geschäftsguthabens verjährt in 2 Jahren.

Wird die Genossenschaft binnen 6 Monaten nach dem Ausscheiden des Genossen aufgelöst, so gilt der Austritt als nicht erfolgt.

§ 5. Ein Genosse kann zu jeder Zeit, auch im Laufe des Geschäftsjahres, sein Geschäftsguthaben mittels schriftlicher Übereinkunft einem anderen übertragen und hierdurch aus der Genossenschaft ohne Auseinandersetzung mit ihr austreten, sofern der Erwerber an seiner Stelle Genosse wird, oder sofern dieser schon Genosse ist und sein bisheriges Guthaben mit dem ihm zuzuschreibenden Betrag die der höchsten Zahl der Geschäftsanteile entsprechende Gesamtsumme nicht übersteigt.

Die Übertragung ist abhängig von der Zustimmung des Vorstandes und des Aufsichtsrats (s. § 24, Nr. 5).

III. Rechte und Pflichten der Genossen.

§ 6. Jedes Mitglied der Genossenschaft hat das Recht:

1. in der Generalversammlung zu erscheinen, sowie an deren Beratungen, Abstimmungen und Wahlen teilzunehmen (s. § 25);
2. gemäß § 28 der Satzung bei Berufung der Generalversammlung mitzuwirken.
3. die Einrichtungen der Genossenschaft nach Maßgabe der dafür getroffenen Bestimmungen und soweit es die vorhandenen Mittel zulassen, zu benutzen;
4 nach Maßgabe dieser Satzung am Geschäftsgewinn teilzunehmen.

§ 7. Jedes Mitglied der Genossenschaft hat die Pflicht:

1. den Bestimmungen der Satzung und Geschäftsanweisung nachzukommen;
2. sofort bei der Aufnahme ein in den Reservefonds fließendes Eintrittsgeld zu zahlen, dessen Höhe von der Generalversammlung festgesetzt wird;
3. nach den Bestimmungen des § 35 der Satzung einen oder mehrere Geschäftsanteile zu erwerben und die vorgeschriebenen Einzahlungen zu leisten;
4. die Interessen der Genossenschaft zu fördern, sowie Vorstand und Aufsichtsrat in der Erfüllung ihrer Obliegenheiten, besonders auch bei den erforderlichen Kreditерkundigungen zu unterstützen;
5. für die Verbindlichkeiten der Genossenschaft solidarisch nach Maßgabe des Gesetzes zu haften bis zu dem Betrage der statutarisch bestimmten Haftsumme.

IV. Organe der Genossenschaft, deren Rechte und Pflichten.

§ 8. Die Organe der Genossenschaft sind:

A. der Vorstand,
B. der Aufsichtsrat,
C. die Generalversammlung.

A. Der Vorstand.

a) Zusammensetzung und Wahl.

§ 9. Der Vorstand besteht aus wenigstens zwei Mitgliedern und wird vom Aufsichtsrate bestellt und angestellt[3]).

b) Befugnisse und Geschäftsführung des Vorstandes.

§ 10. Der Vorstand vertritt die Genossenschaft gerichtlich und außergerichtlich und zeichnet für die Genossenschaft.

Die Zeichnung geschieht in der Weise, daß die Zeichnenden zu der Firma der Genossenschaft ihre Namensunterschrift hinzufügen.

Zwei Vorstandsmitglieder können rechtsverbindlich für die Genossenschaft zeichnen und Erklärungen abgeben.

§ 11. Der Vorstand führt die Geschäfte selbständig, soweit er nicht durch die Satzung, die Geschäftsanweisungen oder Beschlüsse der Generalversammlung darin beschränkt und an die Genehmigung des Aufsichtsrats oder der Generalversammlung gebunden ist.

§ 12. Der Vorstand hält die Geschäfte in ordnungsmäßigem Gange. Er ist insbesondere verpflichtet, für vollständige und übersichtliche Buchführung, für Aufstellung der Bilanz am Jahresschlusse und für Aufbewahrung und Sicherung der Kassenbestände, Wertpapiere, Schriften und Bücher der Genossenschaft Sorge zu tragen.

§ 13. Der Vorstand faßt seine Beschlüsse nach Stimmenmehrheit. Bei Stimmengleichheit entscheidet der Aufsichtsrat. Mitglieder des Vorstandes, welche bei einem zu beratenden Gegenstande beteiligt sind, dürfen während der Beratung und Beschlußfassung über diesen Gegenstand der Sitzung nicht beiwohnen.

Die Beschlüsse sind in ein mit Seitenzahlen versehenes Buch einzutragen und von den anwesenden Vorstandsmitgliedern zu unterschreiben.

Auszahlung und Annahme von Geldern darf nur in den Geschäftsstunden stattfinden.

§ 14. Die Mitglieder des Vorstandes haben auf Erfordern den Sitzungen des Aufsichtsrats beizuwohnen und alle Aufschlüsse zu er-

---

[3]) Viele Genossenschaften ziehen vor, den Vorstand durch die Generalversammlung auf Vorschlag des Aufsichtsrates wählen zu lassen.

teilen, welche der Aufsichtsrat verlangt. Bei der Beschlußfassung haben die Mitglieder des Vorstandes nicht mitzuwirken.

§ 15. Der Vorstand hat dem Aufsichtsrat regelmäßig einen Auszug aus dem Hauptbuch über die Einnahmen und Ausgaben des letzten Monates sowie eine Rohbilanz mit Umsatzübersicht für das letzte Vierteljahr vorzulegen, der eine Aufstellung sämtlicher Außenstände und Wechselverbindlichkeiten auf den Vierteljahresschluß beizufügen ist.

Der Vorstand ist ferner verpflichtet, am Jahresschlusse die Jahresrechnung aufzustellen, dem Aufsichtsrate vorzulegen und der Generalversammlung über das abgelaufene Geschäftsjahr Bericht zu erstatten.

§ 16. Die besondere Regelung und die Art der Ausführung der Obliegenheiten der Vorstandsmitglieder werden durch eine vom Aufsichtsrate nach Anhörung des Vorstandes aufzustellende Geschäftsanweisung bestimmt. Die Geschäftsanweisung ist von den Mitgliedern des Vorstandes zu unterzeichnen.

§ 17. Für den Fall der dauernden oder längeren Verhinderung oder des Ausscheidens eines Vorstandsmitgliedes hat der Aufsichtsrat wegen der Stellvertretung sofort Fürsorge zu treffen.

c) Enthebung der Vorstandsmitglieder vom Amte.

§ 18. Der Vorstand sowie jedes seiner Mitglieder kann jederzeit durch Beschluß der Generalversammlung von seinen Geschäften enthoben werden, unbeschadet der Entschädigungsansprüche aus bestehenden Verträgen. Auch der Aufsichtsrat ist befugt, nach seinem Ermessen Mitglieder des Vorstandes vorläufig, bis zur Entscheidung der ohne Verzug zu berufenden Generalversammlung von ihren Geschäften zu entheben und wegen einstweiliger Fortführung derselben das Erforderliche zu veranlassen.

B. Der Aufsichtsrat.

a) Zusammensetzung und Wahl.

§ 19. Der Aufsichtsrat besteht aus ... bis ...[4]) Mitgliedern, welche von der Generalversammlung durch absolute Stimmenmehrheit gewählt werden.

Die Wahl der Aufsichtsratsmitglieder geschieht auf drei Jahre; alljährlich scheidet ein Drittel der Aufsichtsratsmitglieder aus. In den beiden ersten Jahren entscheidet das Los, später die Amtsdauer.

Die Ausgeschiedenen sind wieder wählbar.

Die Amtsdauer beginnt mit dem Tage der Generalversammlung, die die Wahl vorgenommen hat.

---

[4]) Man nehme stets eine durch drei teilbare Zahl und nicht weniger als sechs.

Die Aufsichtsratsmitglieder können auch vor Ablauf ihrer Amtsdauer durch Beschluß der Generalversammlung ihres Amtes enthoben werden, doch bedarf dieser Beschluß einer Mehrheit von drei Vierteln der in der Generalversammlung erschienenen Genossen.

Im Falle der Amtsenthebung wie auch des Todes oder des freiwilligen Ausscheidens eines Aufsichtsratsmitgliedes vor Ablauf seiner Amtsdauer hat die nächste Generalversammlung eine Neuwahl für den Rest der Amtsdauer vorzunehmen.

Die Mitglieder des Aufsichtsrats dürfen nicht zugleich Mitglieder oder dauernd Stellvertreter des Vorstandes sein, auch nicht als Beamte die Geschäfte der Genossenschaft führen, soweit es sich nicht um in den Aufsichtsrat delegierte Betriebsratsmitglieder handelt. Nur für einen im voraus begrenzten Zeitraum kann der Aufsichtsrat einzelne seiner Mitglieder zu Stellvertretern von behinderten Mitgliedern des Vorstandes bestellen (§ 17); während dieses Zeitraumes und bis zur erteilten Entlastung des Vertreters darf dieser eine Tätigkeit als Mitglied des Aufsichtsrats nicht ausüben.

Scheiden aus dem Vorstand Mitglieder aus, so dürfen sie nicht vor erteilter Entlastung in den Aufsichtsrat gewählt werden.

b) Geschäftsordnung.

§ 20. Der Aufsichtsrat wählt jedes Jahr nach der ordentlichen Generalversammlung aus seiner Mitte einen Vorsitzenden und einen Schriftführer, sowie für beide Stellvertreter.

Der Aufsichtsrat ist beschlußfähig, wenn mindestens drei seiner Mitglieder, darunter der Vorsitzende oder dessen Stellvertreter anwesend sind. Er faßt seine Beschlüsse durch Stimmenmehrheit der anwesenden Mitglieder. Bei Stimmengleichheit gilt der Antrag als abgelehnt; bei Wahlen entscheidet bei Stimmengleichheit das Los.

Sinkt durch Ausscheiden oder dauernde Behinderung die Mitgliederzahl des Aufsichtsrats unter die zur Beschlußfähigkeit erforderliche Anzahl herab, so muß ohne Verzug eine Generalversammlung zur Vornahme der Ersatzwahlen zusammenberufen werden. Ersatzwahlen erfolgen stets nur für den Rest der Amtsdauer der ausgeschiedenen Mitglieder.

Die Aufsichtsratssitzungen sollen in den durch die Geschäftsanweisung festgesetzten Zeitabständen an vorher bestimmten Orten und zu vorher bestimmten Zeitpunkten stattfinden. Außerdem hat der Vorsitzende den Aufsichtsrat unter Mitteilung der Beratungsgegenstände zu berufen, so oft dies im Interesse der Genossenschaft nötig erscheint, ebenso wenn es der Vorstand oder die Hälfte der Aufsichtsratsmitglieder schriftlich unter Angabe der Beratungsgegenstände verlangen.

Über die Beschlüsse des Aufsichtsrats ist ein mit Seitenzahlen versehenes Buch zu führen. Die Niederschrift ist von allen Anwesenden zu unterzeichnen.

Wenn über die Angelegenheiten eines Aufsichtsratsmitgliedes beraten wird, so darf das betreffende Mitglied an der Beratung und Abstimmung nicht teilnehmen.

c) Obliegenheiten und Befugnisse des Aufsichtsrats.

§ 21. Der Aufsichtsrat hat den Vorstand bei seiner Geschäftsführung in allen Zweigen der Verwaltung zu überwachen und zu dem Zweck sich von dem Gange der Angelegenheiten der Genossenschaft zu unterrichten. Er kann jederzeit darüber Bericht und Aufklärung von dem Vorstand verlangen und selbst oder durch einzelne, von ihm zu bestimmende Mitglieder die Bücher, Schriften und Urkunden der Genossenschaft einsehen sowie den Bestand der Genossenschaftskasse und die Bestände an Effekten und Handelspapieren untersuchen.

Er kann die Vorstandsmitglieder in dringenden Fällen vorbehaltlich der Entscheidung der Generalversammlung vorläufig von ihren Posten entheben und Stellvertreter ernennen sowie wegen Übernahme der Kassenbestände, Dokumente, Warenvorräte usw. der Genossenschaft die erforderlichen Anordnungen treffen.

Er hat die Jahresrechnung, die Bilanzen und die Vorschläge zur Verteilung von Gewinn und Verlust zu prüfen und der ordentlichen Generalversammlung vor Genehmigung der Bilanz Bericht zu erstatten.

Der Aufsichtsrat kann bei seinen Prüfungen, insbesondere bei der Prüfung der Jahresrechnung und Bilanz, die Hilfe von Sachverständigen in Anspruch nehmen.

Der Aufsichtsrat hat eine Generalversammlung zu berufen, wenn dies im Interesse der Genossenschaft erforderlich ist.

Der Aufsichtsrat ist zu den gesetzlichen Revisionen zuzuziehen und hat sich über die Ergebnisse derselben in der nächsten Generalversammlung zu erklären.

§ 22. Alle Obliegenheiten des Aufsichtsrats werden durch die Geschäftsanweisung geregelt. Diese ist vom Aufsichtsrat aufzustellen und von den Aufsichtsratsmitgliedern zu unterzeichnen.

Die Mitglieder des Aufsichtsrats haben die Sorgfalt eines ordentlichen Geschäftsmannes anzuwenden und können ihre Befugnisse nicht anderen Personen übertragen. Mitglieder, welche ihre Obliegenheiten verletzen, haften der Genossenschaft persönlich und solidarisch für den dadurch entstandenen Schaden. Die Mitglieder des Aufsichtsrats dürfen keine nach dem Geschäftsergebnis bemessene Vergütung (Tantieme) beziehen. Dagegen ist die Gewährung einer Vergütung für Zeitversäumnisse (Sitzungsgelder) gestattet.

§ 23. Der Vorstand hat die Genehmigung des Aufsichtsrates einzuholen zu Kreditgewährungen jeder Art, insbesondere zur Gewährung von Darlehn und Krediten in laufender Rechnung; ausgenommen sind Wechselkredite (§ 24 Abs. 1 Nr. 14).

§ 24. Über folgende Angelegenheiten beschließen Vorstand und Aufsichtsrat nach gemeinsamer Beratung und getrennter Abstimmung:

1. über die Grundsätze für Aufnahme fremder Gelder;
2. über die Anlage müßiger Gelder;
3. über die Bestimmung der Höhe der Zinsen und Provisionen für die gewährten Kredite;
4. über Aufnahme von Mitgliedern;
5. über Ausschließung von Mitgliedern und Gestattung des Ausscheidens durch Übertragung des Geschäftsguthabens;
6. über den Erwerb von Immobilien zu dauerndem Besitz für den Geschäftsgebrauch;
7. über vorübergehende Erwerbung von Liegenschaften zum Zwecke der Sicherung einer gefährdeten Forderung sowie Wiederveräußerung und Belastung derselben;
8. über die Anstellung von Beamten und Regelung ihrer Besoldung sowie über Ernennung von Bevollmächtigten für einzelne Geschäfte und Regelung ihrer Vollmacht, ferner über Verfolgung von Rechtsansprüchen gegen Beamte und Bevollmächtigte;
9. über Abschluß von Miet- und anderen Verträgen sowie über Anschaffung und Veräußerung von Mobilien im Wertbetrage von mehr als .... Reichsmark;
10. über die Ausdehnung oder Beschränkung des Geschäftsbetriebes im ganzen oder in einzelnen Geschäftszweigen und über die Feststellung der Geschäftsordnungen und Bedingungen für die einzelnen Geschäftszweige;
11. über den Anschluß an genossenschaftliche Verbände und Vereinigungen, oder den Austritt aus denselben;
12. über die Beschickung der Allgemeinen Genossenschaftstage und der Unterverbandstage, Wahl der Abgeordneten zu denselben und Festsetzung ihrer Reiseentschädigung;
13. über die Festsetzung der Geschäftsstunden;
14. über die Einschätzung der Mitglieder für die Diskontierung ihrer Wechsel.

Ein Antrag gilt als abgelehnt, wenn er nicht die Mehrheit sowohl im Vorstande wie im Aufsichtsrate findet.

Die gemeinschaftliche Sitzung von Vorstand und Aufsichtsrat ist beschlußfähig, wenn die Mehrheit der Mitglieder des Vorstandes und die Mehrheit der Mitglieder des Aufsichtsrats anwesend ist.

Den Vorsitz in den gemeinschaftlichen Sitzungen führt stets der Vorsitzende des Aufsichtsrats oder dessen Stellvertreter.

C. Die Generalversammlung [5]).

a) Das Recht zur Teilnahme.

§ 25. Die Rechte der Genossen in den Angelegenheiten der Genossenschaft werden von ihnen in der Generalversammlung ausgeübt.

Jeder Genosse hat eine Stimme, die nicht übertragbar ist, jedoch können handlungsunfähige Personen, Körperschaften, Handelsgesellschaften, Genossenschaften oder andere Personenvereine, welche Mitglieder sind, sowie Erben verstorbener Mitglieder sich durch je einen Bevollmächtigten vertreten lassen, der mit schriftlicher Vollmacht versehen ist.

Ein Mitglied, das durch die Beschlußfassung entlastet oder von einer Verpflichtung befreit, oder mit dem ein Rechtsgeschäft abgeschlossen oder abgeändert werden soll, hat hierbei kein Stimmrecht.

b) Berufung.

§ 26. Die Generalversammlung wird durch den Aufsichtsrat berufen. Im Falle der Verzögerung ist der Vorstand zur Einberufung verpflichtet, wenn ein gesetzlicher oder statutarischer Grund zur Berufung vorliegt oder wenn dies im Interesse der Genossenschaft erforderlich ist.

Die Berufung einer Generalversammlung erfolgt schriftlich oder durch öffentliche Bekanntmachung unter Einhaltung einer Frist von mindestens einer Woche, die zwischen dem Tag der Veröffentlichung und dem Tage der Generalversammlung liegen muß. Bei der Berufung sollen die Beratungsgegenstände bekanntgemacht werden.

Die Einladung zur Generalversammlung ist, wenn sie vom Aufsichtsrate ausgeht, von seinem Vorsitzenden, wenn sie vom Vorstande ausgeht, von diesem in der nach § 10 vorgeschriebenen Weise, und wenn sie von durch das Gericht dazu ermächtigten Genossen ausgeht, von diesen zu unterzeichnen.

Über Gegenstände, deren Verhandlung nicht so rechtzeitig angekündigt ist, daß mindestens drei Tage zwischen der Ankündigung und dem Tage der Abhaltung der Generalversammlung liegen, können Beschlüsse nicht gefaßt werden; hiervon sind jedoch Beschlüsse über die Leitung der Versammlung, sowie über Anträge auf Berufung einer außerordentlichen Generalversammlurg ausgenommen.

c) Ordentliche Generalversammlung.

§ 27. Die ordentliche Generalversammlung hat innerhalb der ersten fünf Monate nach Ablauf des Geschäftsjahres stattzufinden.

---

[5]) Über die Statutenänderung zur Einführung der Vertr.-Vers. vgl. S. 378.

Der Beratung und Beschlußfassung der ordentlichen Generalversammlung unterliegen insbesondere Jahresrechnung und Bilanz sowie Verteilung von Gewinn und Verlust.

d) Außerordentliche Generalversammlungen.

§ 28. Außerordentliche Generalversammlungen können jederzeit nach Bedürfnis berufen werden.

Der Vorstand ist zur Einberufung verpflichtet, wenn sie wenigstens der zehnte Teil der Genossen in einer von ihnen unterzeichneten Eingabe und unter Angabe der Gründe beantragt.

Wird diesem Verlangen nicht vom Vorstande entsprochen, so können sich die Genossen zunächst an den Aufsichtsrat und im Falle, daß auch er die Berufung ablehnt, an das Gericht wenden, welches die Antragsteller zur Berufung der außerordentlichen Generalversammlung ermächtigen kann.

Die Berufung erfolgt in der in § 26 der Satzung vorgeschriebenen Weise.

Mit der Berufung ist die gerichtliche Ermächtigung bekanntzumachen.

e) Tagesordnung.

§ 29. Die Tagesordnung wird von Vorstand und Aufsichtsrat gemeinsam festgesetzt.

Außerdem sind auch die Genossen unter den Voraussetzungen des § 28 berechtigt, zu verlangen, daß Gegenstände zur Beschlußfassung einer Generalversammlung angekündigt werden, jedoch bedarf dieser Antrag der Unterstützung von einem Zehntel der Genossen.

Wird diesem Verlangen nicht entsprochen, so sind die Genossen, welche das Verlangen gestellt haben, berechtigt, bei dem Gericht die Ermächtigung zur Ankündigung des Gegenstandes zu beantragen. Mit der Ankündigung ist die gerichtliche Ermächtigung bekanntzumachen.

f) Leitung.

§ 30. Den Vorsitz in der Generalversammlung führt der Vorsitzende des Aufsichtsrats; er kann jedoch durch Beschluß der Versammlung jederzeit einem anderen Genossen übertragen werden. Wird die Generalversammlung von durch das Gericht ermächtigten Genossen berufen, so wählt die Versammlung den Vorsitzenden. Der Vorsitzende ernennt einen Schriftführer und die erforderliche Anzahl Stimmzähler.

g) Abstimmung.

§ 31. Die Abstimmung erfolgt bei Wahlen in der Generalversammlung durch Stimmzettel. Die Mehrheit der abgegebenen Stimmen entscheidet. Bei Stimmengleichheit entscheidet das vom Vorsitzenden gezogene Los.

Ergibt die erste Abstimmung keine absolute Mehrheit, so kommt von den Mitgliedern, die die meisten Stimmen erhalten haben, die doppelte Zahl der zu Wählenden in die engere Wahl. Wahl durch allgemeinen Zuruf kann stattfinden, wenn diese Wahlart beantragt und kein Widerspruch dagegen erhoben wird.

In allen anderen Fällen erfolgt die Abstimmung durch Aufstehen, Handaufheben oder in einem anderen von der Generalversammlung genehmigten Verfahren. Bei Stimmengleichheit gilt der Antrag als abgelehnt.

h) Beschlüsse.

§ 32. Die von der Generalversammlung gefaßten Beschlüsse haben für die Genossenschaft bindende Kraft.

Über folgende Angelegenheiten:

1. über die Abänderung und die Ergänzung der Satzung,
2. über die Abänderung des Gegenstandes des Unternehmens,
3. über die Erhöhung des Geschäftsanteils und der Haftsumme,
4. über den Widerruf der Bestellung zum Mitgliede des Aufsichtsrats,
5. über die Verschmelzung und Auflösung der Genossenschaft,

kann nur von einer Mehrheit von drei Vierteln der in der Generalversammlung erschienenen Genossen gültig beschlossen werden.

Zur Gültigkeit der Beschlußfassung

1. über die Abänderung des Gegenstandes des Unternehmens und
2. über die Verschmelzung oder Auflösung der Genossenschaft

wird weiter erfordert, daß mindestens ein Viertel aller Genossen in der Generalversammlung anwesend ist.

Ist das erforderliche Viertel der Genossen in der Generalversammlung nicht anwesend, so wird eine zweite Generalversammlung mit einem Zwischenraum von mindestens 1 Woche und höchstens 4 Wochen zur Erledigung derselben Tagesordnung anberaumt, welche ohne Rücksicht auf die Zahl der anwesenden Genossen gültig beschließen kann.

Bei der Auflösung der Genossenschaft sind außerdem die Vorschriften der §§ 78a und b des Gen.Ges. zu beachten.

§ 33. Die über die Verhandlung der Generalversammlung aufgenommenen Protokolle, welche den Vorgang in seinen wesentlichen Punkten, namentlich die gefaßten Beschlüsse und das Ergebnis der Wahlen, ferner die Zahl der abgegebenen Stimmen und das Stimmenverhältnis enthalten sollen, werden unter dem Datum der Generalversammlung in ein besonderes mit Seitenzahlen versehenes „Buch“ eingetragen, von dem Vorsitzenden und dem Schriftführer unterzeichnet und vom Aufsichtsrate mit den zugehörigen Anlagen, insbesondere den Belegexemplaren der Blätter, welche die Bekanntmachung der Einladung und Tagesordnung enthalten, aufbewahrt.

§ 34. Der Beschlußfassung der Generalversammlung unterliegen, außer den an anderer Stelle ausdrücklich in diesem Statut dahin verwiesenen Gegenständen, die nachstehend aufgeführten Angelegenheiten:

1. die Abänderung und Ergänzung der Satzung;
2. Wahl des in § 42 vorgesehenen Einschätzungsausschusses.
3. die Auflösung der Genossenschaft (§ 48 des Statuts);
4. die Genehmigung der Bilanz, Entlastung des Vorstandes, Verteilung von Gewinn und Deckung des Verlustes;
5. die Wahl der Mitglieder des Aufsichtsrats sowie die Bewilligung von Vergütungen an die Mitglieder des Aufsichtsrats für deren Mühewaltung;
6. die Enthebung der Mitglieder des Aufsichtsrats von ihren Ämtern und die Bestätigung der Enthebung der Mitglieder des Vorstandes von ihrem Amt;
7. die Verfolgung von Rechtsansprüchen gegen Mitglieder des Vorstandes und des Aufsichtsrats sowie die Wahl der Bevollmächtigten zur Führung von Prozessen gegen die Mitglieder des Aufsichtsrats;
8. die Einsetzung des nach § 45 vorgesehenen Prüfungsausschusses und die Wahl seiner Mitglieder;
9. die Bestimmung des Höchstbetrages, welchen
   a) sämtliche die Genossenschaft belastenden Anleihen und Spareinlagen zusammen,
   b) die bei einem einzelnen Mitgliede gleichzeitig ausstehenden Kredite nicht überschreiten dürfen.

V. Betriebsmittel der Genossenschaft.

a) Geschäftsanteile.

§ 35. Der Geschäftsanteil eines jeden Mitgliedes wird auf ...... Reichsmark festgesetzt.

Auf den Geschäftsanteil sind sofort bei Gründung der Genossenschaft oder nach erfolgtem Beitritt ...... Reichsmark einzuzahlen, dann hat jeder Genosse vierteljährlich weitere ...... Reichsmark zu zahlen, bis der Geschäftsanteil erreicht ist. Die Einzahlung des ganzen Geschäftsanteils auf einmal ist statthaft. Bis zur Erreichung des Geschäftsanteils wird der jährliche Gewinnanteil dem betreffenden Mitgliede nicht ausgezahlt, sondern seinem Geschäftsguthaben zugeschrieben[6]).

[6]) Bei hohem Geschäftsanteil empfiehlt es sich, von der Bestimmung des Gesetzes, daß die obligatorischen Einzahlungen auf Geschäftsanteil nur bis zu einem Teilbetrage von mindestens einem Zehntel des Geschäftsanteils festgesetzt werden können, Gebrauch zu machen und § 35 wie folgt zu fassen:

„Der Geschäftsanteil wird auf 2000 RMark festgesetzt und kann jeder-

Jedes Mitglied erhält über seine Einzahlungen auf den Geschäftsanteil und die Zuschreibungen der Gewinnanteile znm Geschäftsguthaben Quittung. Das Geschäftsguthaben kann während der Dauer der Mitgliedschaft weder ganz noch teilweise zurückgezogen noch in irgendeiner Form einem anderen übertragen oder sonst belastet werden. Jede Zession oder Verpfändung ist unzulässig und der Genossenschaft gegenüber unwirksam.

Die Beteiligung eines Genossen mit mehreren Geschäftsanteilen ist zulässig.

Die höchste Zahl der Geschäftsanteile, mit welchen ein Genosse sich beteiligen kann, beträgt ......

Bevor der erste Geschäftsanteil erreicht ist, darf die Beteiligung des Genossen mit einem zweiten Geschäftsanteil seitens der Genossenschaft nicht zugelassen werden. Das gleiche gilt von der Zulassung zu jedem weiteren Geschäftsanteil.

Ein Genosse, welcher mit einem weiteren Geschäftsanteil beteiligt sein will, hat darüber eine von ihm zu unterzeichnende unbedingte schriftliche Erklärung abzugeben.

b) Reservefonds.

§ 36. Zur Deckung eines aus der Bilanz sich ergebenden Verlustes dient der Reservefonds.

Dieser wird gebildet durch:

a) die Eintrittsgelder;

b) eine jährliche Zuweisung von mindestens 10 % des Reingewinnes, solange nicht der Reservefonds die Höhe von 15 % des Betriebskapitals erreicht.

Der Reservefonds verbleibt der Genossenschaft bis zu ihrer Auflösung. Früher ausgeschiedene Mitglieder haben keinen Anspruch an ihn.

---

zeit voll eingezahlt werden oder muß durch Einzahlungen allmählich gebildet werden.

Bis zur Erreichung eines Geschäftsguthabens von 500 RMark ist jedes Mitglied verpflichtet, monatlich mindestens zwei RMark einzuzahlen. Auch wird bis zur Erreichung dieses Betrages die auf das Geschäftsguthaben entfallende Dividende demselben zugeschrieben. Die Bestimmung weiterer Einzahlungen nach Betrag und Zeit unterliegt der Festsetzung der Generalversammlung.

Mitglieder, deren Geschäftsguthaben mindestens 500 RMark beträgt, sind berechtigt, die Dividende abzuheben; ist aber die Dividende nicht binnen sechs Monaten von deren Bereitstellung ab abgehoben, so wird diese dem Geschäftsguthaben zugeschrieben, solange dasselbe nicht den Betrag des Geschäftsanteils erreicht hat."

c) Außerordentlicher Reservefonds.

§ 37. Zu außerordentlichen, der Beschlußfassung der Generalversammlung vorbehaltenen Verwendungen werden außerordentliche Reservefonds angesammelt, denen alljährlich mindestens 10% des Reingewinns zu überweisen sind.

VI. Haftsumme.

§ 38. Die Haftsumme wird auf ...... Reichsmark festgesetzt. Mit dem Erwerb eines jeden weiteren Geschäftsanteils erhöht sich die Haftpflicht des betreffenden Genossen auf das der Zahl der erworbenen Geschäftsanteile entsprechende Vielfache der Haftsumme.

Eine Herabsetzung der Haftsumme kann nur unter Beobachtung der Bestimmungen erfolgen, welche für die Verteilung des Genossenschaftsvermögens im Falle der Auflösung maßgebend sind.

VII. Geschäftskreis der Genossenschaft.

§ 39. Die Genossenschaft betreibt Bankgeschäfte aller Art.

Sie gewährt insbesondere ihren Mitgliedern Darlehen auf bestimmte Zeit, diskontiert ihnen Wechsel und führt ihnen laufende Rechnung mit oder ohne Kreditgewährung. Sie besorgt ihnen kommissionsweise den An- und Verkauf von Wertpapieren sowie alle anderen in das Bankfach einschlagenden Geschäfte.

Die Genossenschaft kann Immobilien nur erwerben, um ein eigenes und ständiges Geschäftslokal zu erlangen oder vorübergehend zur Sicherung einer gefährdeten Forderung.

Jede Art von Spekulationsgeschäften ist ausgeschlossen.

§ 40. Kredit kann nur an Mitglieder der Genossenschaft und nur gegen ausreichende Sicherstellung gewährt werden.

§ 41. Die Mitglieder des Vorstandes sind während ihrer Amtsdauer von jeder Kreditgewährung ausgeschlossen.

§ 42. An Mitglieder des Aufsichtsrats dürfen, solange sie diese Stellung einnehmen, Darlehen **nur** gegen ausreichende Sicherstellung und bis zu einem Höchstbetrage gewährt werden, welcher durch den von der Generalversammlung alljährlich zu wählenden Einschätzungsausschuß von drei Mitgliedern bestimmt wird und von diesem zu jeder Zeit abgeändert werden kann.

VIII. Rechnungswesen.

Gewinnverteilung, Verlustdeckung.

§ 43. Das Geschäftsjahr ist das Kalenderjahr.

Das erste Geschäftsjahr beginnt mit dem Tage der Errichtung der Genossenschaft und endigt mit dem 31. Dezember 19..

Sofort nach Jahresschluß hat

1. der Aufsichtsrat den Bestand an barem Gelde, Schulddokumenten und Wertpapieren zu revidieren und festzustellen;
2. der Vorstand mit dem Abschluß der Bücher zu beginnen.

§ 44. Spätestens drei Monate nach Ablauf des Geschäftsjahres muß der Vorstand dem Aufsichtsrate die vollständige Jahresrechnung vorlegen.

Die Rechnung muß enthalten:

1. sämtliche Einnahmen und Ausgaben;
2. eine Verlust- und Gewinnberechnung;
3. die Bilanz über den Stand des Genossenschaftsvermögens (Aktiva und Passiva am Jahresschluß).

Verzögert oder versäumt der Vorstand die rechtzeitige Vorlage, so ist der Aufsichtsrat berechtigt, die Jahresrechnung auf Kosten des Vorstandes anfertigen zu lassen.

§ 45. Die Bilanz und die Gewinn- und Verlustrechnung werden, nachdem sie vom Aufsichtsrate geprüft sind, mindestens eine Woche vor der Generalversammlung in den Geschäftsräumen der Genossenschaft zur Einsichtnahme für die Mitglieder ausgelegt.

Der Bericht des Aufsichtsrats über die Rechnungsprüfung (§ 21) ist der ordentlichen Generalversammlung zu erstatten, welche hierauf über die Entlastung des Vorstandes beschließt.

Ergeben sich hierbei Bedenken gegen die Richtigkeit der Rechnung und die Prüfung des Aufsichtsrats, so kann die Generalversammlung, ohne daß der Antrag auf die Tagesordnung gebracht war, einen besonderen Ausschuß von drei Mitgliedern wählen und diesen mit der nochmaligen Prüfung der Rechnung beauftragen.

Dieser Ausschuß hat das Recht zur Einsicht der Bücher und Schriften der Genossenschaft und zur Untersuchung des Kassenbestandes sowie der Bestände an Wert- und Handelspapieren. Der Vorstand hat ihm jede verlangte Auskunft über die Angelegenheiten der Genossenschaft zu erteilen.

Dieser Ausschuß kann sich bei seinen Arbeiten mit dem gleichen Recht wie der Aufsichtsrat (§ 21) der Hilfe eines Sachverständigen bedienen.

§ 46. Die Verwendung des Reingewinnes unterliegt der Beschlußfassung der Generalversammlung. Er wird, soweit er nicht nach den Beschlüssen den Reservefonds zugeschlagen oder zu Abschreibungen benutzt oder zu anderen Zwecken verwendet wird, an die Mitglieder nach dem Verhältnis ihrer Geschäftsguthaben verteilt und diesem solange zugeschrieben, bis der Geschäftsanteil erreicht ist, was auch dann geschehen muß, wenn das Geschäftsguthaben durch Verlust vermindert worden war.

Bei der Berechnung des Gewinnanteils wird das Geschäftsguthaben jedes Mitgliedes nur insoweit berücksichtigt, als es volle Reichsmark beträgt. Den im Laufe eines Geschäftsjahres auf Geschäftsanteil geleisteten Zahlungen steht erst vom ersten des nächsten Kalendervierteljahres ab eine anteilige Dividende zu.

Wenn der Erbe eines verstorbenen Genossen Mitglied wird und das Geschäftsguthaben der Genossenschaft ungeschmälert beläßt, so wird diese Einzahlung für den Dividendenbezug als bereits zum Schluß des vorhergegangenen Geschäftsjahres geleistet angesehen.

§ 47. Die Deckung von Verlusten unterliegt der Beschlußfassung der Generalversammlung.

Werden die Geschäftsguthaben zur Deckung von Verlusten herangezogen, so geschieht die Verteilung des von dem einzelnen zu tragenden Verlustanteils nach dem Verhältnis der einzelnen Geschäftsguthaben untereinander, wobei die Generalversammlung den für die Feststellung der Höhe der Geschäftsguthaben maßgebenden Zeitpunkt festzusetzen hat.

Bis zur Wiederergänzung eines durch Verlustdeckung verminderten Geschäftsguthabens findet eine Auszahlung des Reingewinnes nicht statt.

IX. Auflösung und Liquidation der Genossenschaft.

Haftung der Genossen.

§ 48. Die Auflösung der Genossenschaft erfolgt:

1. unter Beachtung der §§ 78a und b des Gen. Ges. durch Beschluß der Generalversammlung;
2. durch Eröffnung des Konkursverfahrens;
3. durch Beschluß des Gerichts, wenn die Zahl der Genossen weniger als sieben beträgt;
4. durch Beschluß der in § 81 des Gen.Ges. bestimmten Behörde und nach den daselbst gegebenen Vorschriften.

Die Liquidation erfolgt nach Maßgabe des Gesetzes. Für die Verteilung des Vereinsvermögens ist das Gesetz mit der Abweichung maßgebend, daß Überschüsse, welche sich über den Gesamtbetrag der Geschäftsguthaben hinaus ergeben, nach Verhältnis der Haftsummen unter die Mitglieder verteilt werden.

Die Heranziehung der Genossen im Konkurse der Genossenschaft während des Vorschuß- und Nachschußverfahrens erfolgt in der Art, daß die Nachschüsse von den Mitgliedern nach Verhältnis der Haftsummen zu leisten sind.

X. Bekanntmachungen der Genossenschaft.

§ 49. Die Bekanntmachungen der Genossenschaft erfolgen unter deren Firma. Sie werden gezeichnet von mindestens zwei Vorstandsmitgliedern oder, wenn sie vom Aufsichtsrate ausgehen, durch dessen Vorsitzenden. Die Bekanntmachungen erfolgen, soweit die Veröffentlichung der Bilanz in Betracht kommt, in der vom Deutschen Genossenschaftsverband in Berlin herausgegebenen Wochenschrift

„Blätter für Genossenschaftswesen".

Andere Bekanntmachungen erfolgen in

. . . .

Geht eins dieser Blätter ein oder wird aus anderen Gründen die Bekanntmachung in diesen unmöglich, so tritt bis zur Bestimmung anderer Blätter an ihre Stelle der „Deutsche Reichsanzeiger".

(Beim ersten Statut sind die Unterschriften sämtlicher Gründer notwendig.)

Vordruck 1a.

Statutenänderungen zur Einführung der Vertreterversammlung.

Bei Genossenschaften, die mehr als 3000 Mitglieder haben und nach der Novelle zum Genossenschaftsgesetz vom 19. Januar 1926 die Vertreterversammlung einführen müssen, wäre vorstehendes Musterstatut wie folgt zu ändern:

Der Abschnitt „C Die Generalversammlung" müßte überschrieben werden: „Die Vertreterversammlung (Generalversammlung)". Statt des § 25 wären folgende Paragraphen neu einzuschieben:

§ 25a. Die Rechte, die den Genossen in den Angelegenheiten der Genossenschaft, insbesondere in bezug auf die Führung der Geschäfte, die Prüfung der Bilanz und die Verteilung des Gewinnes oder des Verlustes zustehen, werden durch Beschlußfassung von den Vertretern der Genossen in der Vertreterversammlung (Generalversammlung) ausgeübt. Jeder Vertreter hat eine Stimme. Die Vertreter müssen Genossen sein. Die Zahl der Vertreter soll mindestens 200, die der Stellvertreter mindestens 50 betragen.

§ 25b. Die Vertreterversammlung (Generalversammlung) besteht aus den gewählten Vertretern sowie den Mitgliedern des Vorstandes und des Aufsichtsrates.

§ 25c. Die Vorbereitung der Wahl, insbesondere die Aufstellung einer Liste der zu wählenden Vertreter und Stellvertreter, erfolgt durch einen Wahlausschuß. Dieser besteht aus Vorstand und Aufsichtsrat sowie aus Genossen, die von der Generalversammlung gewählt werden. Die Zahl dieser in den Ausschuß zu wählenden Genossen muß die Zahl der Mitglieder des Vorstandes und Aufsichtsrates um eins übersteigen.

§ 25d. Jedes Mitglied ist als Vertreter und Stellvertreter wählbar. Es können jedoch diejenigen Mitglieder nicht gewählt werden,

a) die der Genossenschaft noch nicht zwei Jahre als Mitglied angehören und solange bei der Genossenschaft kein Konto führen;

b) die zur Genossenschaft in einem Dienst- oder Arbeitsverhältnis stehen;

c) denen gegenüber die Voraussetzungen des Ausschlusses aus der Genossenschaft vorliegen.

Die Wahl erfolgt auf drei Jahre.

Die Stellvertreter treten in der Reihenfolge, in welcher sie in der Vorschlagsliste aufgeführt sind, an die Stelle eines Vertreters, sobald ein Vertreter aus der Vertreterversammlung ausscheidet.

§ 25e. Die von dem Wahlausschusse aufgestellte Wahlliste ist in den Geschäftsräumen der Genossenschaft für die Dauer von 10 Tagen für alle Mitglieder zur Einsichtnahme auszulegen.

Werden innerhalb einer Woche nach Ablauf der Auslegungsfrist weitere Listen, deren jede von mindestens $^1/_{10}$ der Mitglieder unterzeichnet sein muß, eingereicht, so hat der Vorstand diese Listen auf die Dauer einer Woche auszulegen und die Wahlzeit zu bestimmen. Die Wahllisten sind in der Reihenfolge ihres Eingangs zu nummerieren. Die Wahl findet an drei aufeinander folgenden Tagen während der Geschäftsstunden unter Leitung eines Mitgliedes des Wahlausschusses statt.

Sind weitere Listen nicht eingereicht, so gilt die vom Wahlausschuß aufgestellte Liste als gewählt.

Im Falle des Abs. 2 geht die Wahl in der Weise vor sich, daß jeder Wähler auf dem Wahlzettel die Nummer der Liste, der er seine Stimme geben will, bezeichnet; anders beschriebene Zettel sind ungültig.

Die Wahl erfolgt nach dem Verhältniswahlsystem der Gemeinde (Genossenschaftssitz). Die Gewählten haben sich über die Annahme der Wahl zu erklären.

§ 25f. Jedem Vertreter wird eine Stimmkarte nach vollzogener Wahl ausgehändigt. Diese Karte dient als Ausweis für die Berechtigung zur Teilnahme an der Vertreterversammlung (Generalversammlung) und als Stimmkarte.

§ 25g. Die Wahl findet alle drei Jahre innerhalb 3 Monaten nach der ordentlichen Vertreterversammlung (Generalversammlung) statt, die nach dem Schlusse des Geschäftsjahres abgehalten wird. Die Vertretungsbefugnis erlischt allgemein mit der Feststellung des Ergebnisses der regelmäßigen Neuwahl, im einzelnen, wenn ein Vertreter dauernd aus dem Bereich des Vereins verzogen ist, seine Mitgliedschaft kündigt, oder wenn er ausgeschlossen wird.

Es müßte dann überall mit Ausnahme des § 48 Nr. 1 (Auflösung) an Stelle des Wortes Generalversammlung „Vertreterversammlung" gesetzt werden.

§ 3 Abs. 6 müßte heißen:

Von dem Zeitpunkt der Absendung des Schreibens an kann der ausgeschlossene Genosse nicht mehr als Vertreter (§ 25a) gewählt werden, nicht mehr Mitglied des Vorstandes und Aufsichtsrates oder Vertreter sein und nicht mehr an der Generalversammlung (§ 78a und b des Gen.Ges.) teilnehmen.

In § 6 wäre unter Nr. 1 zu sagen: an den Wahlen zur Vertreterversammlung (§ 25) teilzunehmen.

§ 32 würde wie folgt lauten:

Die von der Vertreterversammlung ordnungsmäßig gefaßten Beschlüsse haben für die Genossenschaft bindende Kraft.

Über folgende Angelegenheiten:

1. über die Abänderung und Ergänzung der Satzungen,
2. über die Abänderung des Gegenstandes des Unternehmens,
3. über die Erhöhung des Geschäftsanteils und der Haftsumme,
4. über den Widerruf der Bestellung zum Mitglied des Aufsichtsrates,
5. über die Verschmelzung der Genossenschaft,

kann nur von einer Mehrheit von $^3/_4$ der in der Vertreterversammlung erschienenen Vertreter gültig beschlossen werden.

Die Auflösung der Genossenschaft kann nur unter Beachtung der Vorschriften der §§ 78a und b des Gen.Ges. beschlossen werden.

Vordruck 2.

Geschäftsanweisung für den Vorstand [1]).

I. Allgemeine Bestimmungen.

§ 1. Der Vorstand hat die Geschäfte der Genossenschaft nach den Bestimmungen des Genossenschaftsgesetzes und den Statuten zu führen und dabei nach den Vorschriften dieser Anweisung zu verfahren.

Die Mitglieder des Vorstandes sind der Genossenschaft für Erfüllung dieser Verpflichtungen nach der Bestimmung des Genossenschaftsgesetzes verantwortlich.

Die Zeichnung für die Genossenschaft geschieht in der Weise, daß die Zeichnenden zu der Firma der Genossenschaft ihre Namensunterschrift hinzufügen. Zwei Vorstandsmitglieder können rechtsverbindlich für die Genossenschaft zeichnen und Erklärungen abgeben.

§ 2. Mindestens zwei Vorstandsmitglieder haben an allen Wochentagen während der bestimmten Geschäftsstunden von ... Uhr vormittags bis .... Uhr nachmittags in dem Geschäftslokal der Genossenschaft anwesend zu sein.

---

[1]) Maßgebend ist in erster Linie das Statut.

Nur während der Geschäftsstunden dürfen Gelder angenommen und ausgezahlt werden.

Die Vorstandsmitglieder müssen, wenn es die Geschäfte erfordern, auch über die Geschäftsstunden hinaus im Geschäftslokale anwesend sein.

§ 3. Die Vorstandsmitglieder haben sich bei Erledigung der Geschäfte gegenseitig nach Bedürfnis zu unterstützen und zu kontrollieren.

Bei vorübergehender Behinderung des Kassierers oder Kontrolleurs hat der Direktor deren Geschäfte zu versehen; im Falle der Verhinderung des Direktors hat der Kontrolleur ihn zu vertreten.

§ 4. Beurlaubungen bis zu drei Tagen ist der Direktor zu erteilen berechtigt. Zu jeder drei Tage überschreitenden Abwesenheit eines Vorstandsmitgliedes aus dem Geschäft hat dasselbe die Genehmigung des Aufsichtsrates einzuholen.

Bei einer erforderlich werdenden Stellvertretung für ein Vorstandsmitglied haben die anderen Mitglieder des Vorstandes dem Aufsichtsrate von dem die Stellvertretung veranlassenden Umstande sofort Anzeige zu machen.

§ 5. Der Vorstand hält in jeder Woche am .... eine ordentliche Sitzung ab. Außerdem kann der Direktor außerordentliche Vorstandssitzungen berufen, sobald er dieses für erforderlich hält; er muß solche berufen, sobald ein Mitglied des Vorstandes es verlangt.

Mit der Einladung zu der außerordentlichen Vorstandssitzung sind die Gegenstände der Beratung bekanntzugeben.

Die Vorstandssitzung leitet der Direktor. Die Beschlüsse werden nach Stimmenmehrheit gefaßt; Beschlußfähigkeit ist vorhanden, wenn zwei Vorstandsmitglieder anwesend sind. Bei Anwesenheit von nur zwei Vorstandsmitgliedern können Beschlüsse nur mit Einstimmigkeit gefaßt werden.

Mitglieder des Vorstandes, welche bei einem zu beratenden Gegenstande beteiligt sind, dürfen während der Beratung und Beschlußfassung über diesen Gegenstand der Sitzung nicht beiwohnen.

Die gefaßten Beschlüsse sind in ein Protokollbuch einzutragen und von den beteiligten Vorstandsmitgliedern zu unterzeichnen.

Wenn ein Mitglied des Vorstandes mit dem gefaßten Beschlusse nicht einverstanden ist, so hat es das Recht, zu verlangen, daß seine abweichende Meinung in dem Protokolle vermerkt wird.

§ 6. Soweit die Beschlüsse des Vorstandes nach dem Statut der Genehmigung des Aufsichtsrates bedürfen, sind die gefaßten Beschlüsse der nächstfolgenden Sitzung des Aufsichtsrates zur Genehmigung vorzulegen.

Die nach den Bestimmungen des Statuts der Beschlußfassung des Vorstandes und Aufsichtsrates in gemeinschaftlicher Sitzung oder der Beschlußfassung der Generalversammlung unterstellten Angelegenheiten sind durch Beschlüsse des Vorstandes zur Beratung und Entscheidung in den gemeinschaftlichen Sitzungen von Vorstand und Aufsichtsrat oder in der Generalversammlung vorzubereiten.

§ 7[2]). Zu den Kreditgewährungen jeder Art ist die Genehmigung des Aufsichtsrates einzuholen. Jedes von dem Vorstand bewilligte Kreditgesuch und jede bewilligte Prolongation ist dem Aufsichtsrate in der nächstfolgenden Sitzung zur Genehmigung vorzulegen.

Über die von dem Vorstande abgelehnten Gesuche um Kreditgewährung und um Prolongation von gewährten Krediten hat der Aufsichtsrat nicht zu befinden; die ablehnenden Beschlüsse des Vorstandes sind aber dem Aufsichtsrat zur Kenntnisnahme mitzuteilen.

§ 8. Der Vorstand hat für die Einrichtung einer vollständigen und übersichtlichen Buchführung zu sorgen und sich dabei der doppelten kaufmännischen Buchführung zu bedienen.

§ 9. Der bare Kassenbestand, die Wertpapiere, Urkunden und Bücher der Genossenschaft sind von dem Kassierer und dem Kontrolleur[3]) unter doppeltem Verschlusse zu halten.

Die Schlüssel sind in der Art zu verteilen, daß nur den beiden Vorstandsmitgliedern gemeinschaftlich der Zugang zu der Kasse und sonstigen Behältern möglich ist, und daß durch den Verlust eines Schlüssels keine Störung im Geschäftsbetriebe eintritt.

Bare Kassenbestände von mehr als ....RM. sind bei der .... Bank auf Giro-Konto einzuzahlen.

§ 10. Die Vorstandsmitglieder müssen auf Erfordern den Sitzungen des Aufsichtsrates beiwohnen und alle Aufschlüsse erteilen, welche der

---

[2]) In den Genossenschaften, in welchen eine vom Vorstand und Aufsichtsrat gemeinsam festgestellte Kreditfähigkeitsliste eingeführt ist, wird § 7 in der obigen Fassung auszulassen und anstatt dessen die folgende Bestimmung aufzunehmen sein:

§ 7.

Der Vorstand hat die Genehmigung des Aufsichtsrates einzuholen zu Kreditgewährungen, die über die Kreditliste hinausgehen.

Die Kreditfähigkeitsliste ist mindestens halbjährlich zu prüfen und nach den veränderten Verhältnissen umzugestalten.

[3]) Je nach den Verhältnissen der einzelnen Genossenschaft und nach den Bestimmungen des Statuts kann dem Kassierer und dem Direktor anstatt dem Kassierer und dem Kontrolleur die Aufbewahrung der Kassenbestände und Wertpapiere usw. übertragen werden oder, wo die Aufbewahrung der Kassenbestände und Wertpapiere von der Aufbewahrung der Urkunden und Bücher getrennt wird, die Aufbewahrung der Urkunden und Bücher dem Direktor und Kassierer, und die Aufbewahrung der Kassenbestände und Wertpapiere dem Kassierer und Kontrolleur übertragen werden.

Aufsichtsrat verlangt. Bei der Beschlußfassung haben die Mitglieder des Vorstandes nicht mitzuwirken.

§ 11. Der Vorstand hat dem Aufsichtsrat regelmäßig eine Monatsrohbilanz und eine Vierteljahresbilanz vorzulegen, der eine Aufstellung aller ausstehenden Forderungen und aller Wechselverbindlichkeiten der Kunden beizufügen ist. Der Vorstand ist ferner verpflichtet, am Jahresschlusse die Rechnung aufzustellen, dem Aufsichtsrate vorzulegen und der Generalversammlung über die Verwaltung des abgelaufenen Geschäftsjahres Bericht zu erstatten.

§ 12. Am Schlusse des Geschäftsjahres hat der Vorstand mit dem Aufsichtsrate behufs Aufstellung der Jahresrechnung und Bilanz eine vollständige Inventur aufzunehmen.

Zu diesem Zwecke sind am letzten Tage des Geschäftsjahres

a) das Kassenbuch abzuschließen und der Sollbestand der Kasse festzustellen, sodann der wirkliche Kassenbestand nach den vorhandenen Geldsorten, Kassenscheinen, Banknoten und Kupons aufzunehmen,
b) die vorhandenen Bestände an Wechseln, Schuldscheinen und Wertpapieren durchzusehen, einzeln zu verzeichnen und mit den geführten Listen und Kontrollen zu vergleichen.

Soweit diese Arbeit an demselben Tage nicht zu beenden ist, ist dieselbe an dem nächstfolgenden Tage fortzusetzen, bis dahin aber alles unter sicheren Verschluß zu nehmen, damit jede Möglichkeit zu Verfügungen, durch welche ein Fehlbetrag verdeckt werden könnte, ausgeschlossen ist.

Bei dieser Inventarisierung ist jeder einzelne Wechsel nach seiner laufenden Nummer, seinem Betrage, Fälligkeitstage und Schuldner zu verzeichnen und nach seinem wirklichen Werte zur Zeit der Inventur zu prüfen.

Ebenso wie die Wechsel sind alle übrigen vorhandenen Schulddokumente und Wertpapiere nach ihrem buchmäßigen und ihrem wirklichen Werte zu untersuchen und einzeln zu verzeichnen.

Alle Wertpapiere sind hierbei höchstens zu dem Börsenpreise des Zeitpunktes, für welchen die Bilanz aufgestellt wird, sofern dieser Preis jedoch den Anschaffungspreis übersteigt, höchstens zu dem letzteren anzusetzen.

§ 13. Über die Passiven ist ein genaues Inventar anzufertigen.

II. Besondere Bestimmungen [4]).

A. Für den Direktor.

§ 14. Dem Direktor steht die Leitung der Geschäfte zu, er hat die Geschäftsführung zu überwachen und von Unregelmäßigkeiten in der

---

[4]) Arbeitsteilung und Aufgaben des Vorstandes sind dem Geschäftsbetrieb anzupassen.

Geschäftsbehandlung, im Kassenwesen und in der Buchführung dem Aufsichtsrate sofort Anzeige zu machen.

Der Direktor ist berechtigt, sämtliche Bücher, Listen, Urkunden und Akten der Genossenschaft stets einzusehen und Kassen- und Geschäftsrevisionen zu jeder Zeit vorzunehmen.

§ 15. Der Direktor ist verpflichtet, in jedem Monat mindestens einmal eine Revision der Kasse und der Geschäftsbücher vorzunehmen. Die Revision darf den anderen Vorstandsmitgliedern nicht vorher angemeldet werden. Über die Revision und deren Ergebnis hat der Direktor in der nächsten Vorstandssitzung zu berichten. Der Bericht ist in das Protokoll der Vorstandssitzung aufzunehmen.

§ 16. Der Direktor hat die Vorstandssitzungen zu berufen und zu leiten.

§ 17. Der Direktor hat die für die Genossenschaft bestimmten Korrespondenzen zu empfangen, zu öffnen und für deren Erledigung und Beantwortung, sowie für geordnete Aufbewahrung der eingegangenen und der Abschriften der ausgehenden Schriftstücke zu sorgen.

§ 18. Der Direktor hat für die vorschriftsmäßige Ausstellung der Beitrittserklärungen eintretender Genossen, die rechtzeitige Einreichung dieser Beitrittserklärungen, der Aufkündigungen austretender Genossen und der übrigen auf den Eintritt und das Ausscheiden von Genossen sich beziehenden Urkunden, für die Erstattung aller durch das Genossenschaftsgesetz vorgeschriebenen Anmeldungen, Anzeigen und Erklärungen zum Genossenschaftsregister, sowie endlich für die nach dem Gesetz und dem Statut erforderlichen Bekanntmachungen Sorge zu tragen.

§ 19. Der Direktor hat das Verzeichnis der Genossen zu führen und dasselbe mit der Liste der Genossen in Übereinstimmung zu halten.

§ 20. Der Direktor hat darüber zu wachen, daß die vorgeschriebenen Einzahlungen auf Geschäftsanteil pünktlich geleistet werden und die Zuschreibungen zu den Geschäftsguthaben richtig erfolgen, ferner daß mit den ausgeschiedenen Mitgliedern abgerechnet und die Auszahlung der Geschäftsguthaben an dieselben ordnungsmäßig geleistet und die Geschäftsguthaben- und Dividendenliste richtig geführt wird.

§ 21. Alle nach den Bestimmungen des Statuts an die Genehmigung des Aufsichtsrates geknüpften, der gemeinsamen Beschlußfassuug von Vorstand und Aufsichtsrat oder der Beschlußfassung der Generalversammlung unterstellten Angelegenheiten hat der Direktor genügend vorzubereiten, zur Beratung und Beschlußfassung vorzulegen, in den Sitzungen des Aufsichtsrates und der Generalversamlung zu begründen sowie die Ausführung der gefaßten Beschlüsse zu bewirken.

§ 22[5]). Insbesondere hat der Direktor die vom Vorstande bewilligten und der Genehmigung des Aufsichtsrates unterstellten Kreditgesuche und Prolongationen der nächstfolgenden Sitzung des Aufsichtsrates zur Genehmigung zu unterbreiten und alle von dem Vorstande abgelehnten Gesuche um Gewährung von Krediten und Prolongationen dem Aufsichtsrate zur Kenntnisnahme vorzulegen.

§ 23. Der Direktor hat in jeder ordentlichen Generalversammlung einen Geschäftsbericht zu erstatten.

Er hat dafür zu sorgen, daß die Jahresrechnung bis spätestens Mitte März dem Aufsichtsrate vorgelegt ist.

Alljährlich nach Schluß des Geschäftsjahres hat der Direktor einen umfassenden Bericht über das abgelaufene Geschäftsjahr, welcher eine vollständige Übersicht der Einnahmen und Ausgaben der Genossenschaft, Gewinn- und Verlustberechnung und Geschäftsbilanz sowie geeignete Erläuterungen und Mitteilungen über das Geschäft im ganzen und in den einzelnen Geschäftszweigen zu enthalten hat, zu verfassen und zum Zwecke der Verteilung an die Genossen vervielfältigen zu lassen, und in der ordentlichen Generalversammlung nach Schluß des Geschäftsjahres den Verwaltungsbericht zu erstatten.

Der Direktor hat ferner dafür zu sorgen, daß die Bilanz sowie die Jahresrechnung mindestens eine Woche vor der Generalversammlung, welche über die Genehmigung der Bilanz und die Gewinnverteilung zu beschließen hat, in dem Geschäftslokale der Genossenschaft zur Einsicht der Genossen ausgelegt wird.

§ 24. Der Direktor hat zu veranlassen, daß gemäß § 53 des Genossenschaftsgesetzes mindestens in jedem zweiten Jahre die Einrichtungen der Genossenschaft und die Geschäftsführung derselben der Prüfung durch den Verbandsrevisor unterworfen werden.

§ 25. Der Direktor hat die folgenden Bücher zu führen:

a) ....

b) ....

Der Direktor hat ferner darüber zu wachen,

daß die Kassenbestände, Wertpapiere, Urkunden, Geschäftsbücher und Schriftstücke in vorgeschriebener Weise verwahrt,

andere Schriftstücke, Akten und Bücher in gehöriger Ordnung aufbewahrt werden, und daß für die Anschaffung und Unterhaltung der zum Geschäftsbetriebe erforderlichen sonstigen Gegenstände in geeigneter Weise Fürsorge getroffen wird.

---

[5]) Die Bestimmung dieses § 22 ist bei Genossenschaften, welche eine vom Vorstand und Aufsichtsrat aufgestellte Kreditfähigkeitsliste führen, nicht aufzunehmen.

B. Für den Kassierer.

§ 26. Der Kassierer ist für das gesamte Kassengeschäft in erster Reihe verantwortlich, ihm liegt die Aufbewahrung und Vertretung der Kassenbestände ob, er hat die Kasseneingänge in Empfang zu nehmen und die Ausgaben zu leisten.

§ 27. Sämtliche Einnahmen und Ausgaben hat der Kassierer sofort in das Kassenbuch einzutragen und die den Eintragungen entsprechenden Belege zu verzeichnen und aufzubewahren.

§ 28. Alle Einzahlungsquittungen sind dem Kontrolleur zur Mitunterschrift vorzulegen, der auch alle andern Belege zur Führung des Kassenkontrollbuchs erhält.

§ 29. Der Kassierer hat folgende Bücher zu führen:

a) ....

b) ....

§ 30. Der Kassierer ist verpflichtet, in Gegenwart des Kontrolleurs täglich den Kassenbestand aufzunehmen, denselben nebst Sortenzettel in ein besonderes Kassenabschlußbuch einzutragen; ebenso ist der festgestellte Sollbestand der Kasse einzutragen und die Übereinstimmung des wirklichen Bestandes mit dem Sollbestande durch den Kassierer und den Kontrolleur zu bescheinigen. Nichtübereinstimmung zwischen dem wirklichen Bestande und dem ermittelten Sollbestande ist sofort dem Direktor anzuzeigen und zu buchen.

§ 31. Der Kassierer hat die nach § 15 des Statuts und § 11 dieser Geschäftsanweisung dem Aufsichtsrat vorzulegenden Rohbilanzen aufzustellen. Er hat ferner unter Mitwirkung des Kontrolleurs die Jahresrechnung (§ 44 des Statuts) aufzustellen und innerhalb zweier Monate nach Jahresschluß dem Direktor vorzulegen.

§ 32. Dem Kassierer liegt ob, die rechtzeitige Präsentation, Einziehung und Protesterhebung fälliger Wechsel zu bewirken und die Beschlußfassung des Vorstandes über die gegen säumige Schuldner zu ergreifenden Maßregeln herbeizuführen.

§ 33. Der Kassierer hat für die richtige Behandlung aller bei der Genossenschaft ein- und ausgehenden Wechsel, insbesondere für deren Eintragung in das Wechselkopierbuch und den Wechselverfallkalender zu sorgen.

§ 34. Der Kassierer hat die am Ende des Geschäftsjahres durch den Vorstand und Aufsichtsrat vorzunehmende Inventur der vorhandenen Kassenvorräte, Schulddokumente und Wertpapiere durch Aufstellung der hierzu erforderlichen Verzeichnisse der vorhandenen Wechsel- und Schuldverschreibungen vorzubereiten, sowie die Wechsel, Schuldscheine und die betreffenden Bücher vorzulegen.

§ 35. Der Kassierer ist verpflichtet, dem Direktor, dem Kontrolleur, dem Aufsichtsrate, und dem vom Aufsichtsrate bestellten Revisor jederzeit die Einsicht der von ihm geführten Bücher und aller in seiner Verwahrung und Verwaltung befindlichen Urkunden und Akten zu gestatten und die Barbestände vorzulegen.

§ 36. Der Kassierer hat in Gemeinschaft mit dem Kontrolleur die ordnungsmäßige Verwahrung aller im Besitze des Vereins befindlichen Barbestände und Wertpapiere, der eigenen sowohl als der dem Vereine für Kreditgewährungen verpfändeten zu sorgen und die hierzu erforderlichen Bücher zu führen; in gleicher Weise liegt dem Kassierer in Gemeinschaft mit dem Kontrolleur die Beobachtung der Verlosungen, Kündigungen und Konvertierungen, die Einziehung verloster und gekündigter, der Umtausch konvertierter Papiere und die Erhebung neuer Zinsbogen ob.

C. Für den Kontrolleur.

§ 37. Der Kontrolleur hat eine genaue Kontrolle der Geschäftsführung des Kassierers auszuüben. Er hat die Ein- und Ausgänge der Kasse auf Grund eigner Wahrnehmung sofort in das Kassenkontrollbuch einzutragen. Er hat am Schlusse jedes Tages seine Kontrolle mit dem Kassenbuche des Kassierers zu vergleichen, mit dem Kassierer den wirklichen Bestand der Kasse festzustellen und den Sollbestand der Kasse zu ermitteln und die Übereinstimmung des Sollbestandes mit dem wirklichen Bestand der Kasse zusammen mit dem Kassierer in dem dazu bestimmten Buche zu bescheinigen; im Falle der Nichtübereinstimmung des Sollbestandes der Kasse mit dem wirklichen Bestande hat er dem Direktor alsbald Anzeige zu erstatten.

§ 38. Der Kontrolleur ist verpflichtet, in Gemeinschaft mit dem Kassierer täglich bei Geschäftsschluß den Kassenbestand durchzuzählen sowie das Kassenbuch aufzurechnen und den Kassenbestand, die Urkunden, Wechsel, Wertpapiere und Bücher in gemeinsame Verwahrung zu nehmen und unter doppeltem Verschluß zu halten.

§ 39. Der Kontrolleur hat alle Quittungen des Vereins mit zu unterzeichnen und ist verpflichtet, bei Aufstellung der Jahresrechnung mitzuwirken.

§ 40. Der Kontrolleur hat über die zum Geschäftsbetriebe verwendeten Gegenstände und die Bibliothek ein genaues Verzeichnis aufzunehmen und zu führen und für die Ordnung, die Aufbewahrung und die Unterhaltung dieser Gegenstände zu sorgen.

§ 41. Der Kontrolleur hat in die Geschäftsguthabenbücher der Genossen am Schlusse des Jahres die erforderlichen Einträge zu machen, die eingezahlten Monatsbeiträge zusammenzurechnen, die Summe derselben vorzutragen und nebst der Dividende den Geschäftsguthaben zuzuschreiben.

§ 42. Der Kontrolleur hat das Protokoll in den Vorstandssitzungen zu führen.

§ 43. Die Einsicht der von dem Kontrolleur geführten Bücher und Listen sowie der in seinen Händen befindlichen Urkunden, Schriftstücke und Akten steht dem Direktor sowie dem Kassierer auf Verlangen jederzeit zu.

§ 44. Der Kontrolleur hat die folgenden Bücher zu führen:

a) ....

b) ....

Vordruck 2a.

Abgekürzte Geschäftsanweisung für den Vorstand.

§ 1. Die Obliegenheiten des Vorstandes im allgemeinen bestimmen sich nach Gesetz, Statut und Beschluß der Genossenschaftsorgane.

§ 2. Die Vorstandsmitglieder sind verpflichtet, die Geschäftsstunden der Genossenschaft einzuhalten; mindestens zwei Vorstandsmitglieder müssen während der Kassenstunden im Geschäftslokal anwesend sein.

§ 3. Alle von der Genossenschaft ausgehenden schriftlichen Erklärungen, Aufgaben und Rechnungsauszüge müssen die Unterschriften von wenigstens zwei Vorstandsmitgliedern tragen. Bei Kassen- und Effektenquittungen, Buchungsaufgaben, laufenden Korrespondenzen, Rechnungsauszügen und Wechselgiros kann ein Vorstandsmitglied mit einem Bevollmächtigten rechtsverbindlich für die Genossenschaft zeichnen. Die Bevollmächtigten sind vom Vorstand und Aufsichtsrat gemeinsam zu bestellen.

§ 4. Der Vorstand hält regelmäßig wöchentlich eine Sitzung ab, in der über die laufenden Geschäfte, insbesondere die Mitgliederbewegung und die eingegangenen Kreditanträge berichtet und beschlossen wird. Mindestens zwei Vorstandsmitglieder müssen bei der Beschlußfassung mitwirken. Stimmenmehrheit entscheidet; bei Stimmengleichheit entscheidet der Aufsichtsrat. Bei besonders wichtigen Geschäften tritt der Vorstand zur sofortigen Beschlußfassung zusammen.

In den vom Statut vorgesehenen Fällen ist die Genehmigung des Aufsichtsrates einzuholen.

Über die gefaßten Beschlüsse ist ein besonderes Protokollbuch zu führen, wenn nicht die Beschlüsse im Aufsichtsratsprotokollbuch niedergelegt und von den Vorstandsmitgliedern unterzeichnet werden.

§ 5. Die Arbeiten unter die drei Vorstandsmitglieder werden in untenstehender Weise verteilt (§ 11) mit der Maßgabe, daß jedes Vorstandsmitglied für seinen Tätigkeitsbereich in erster Linie verantwortlich ist, daß aber im übrigen an der gesetzlichen Verantwortung nichts geändert wird. Demzufolge hat auch jedes Vorstandsmitglied das Recht und die Pflicht, irgendwelche Schäden und Mängel in der Geschäftsführung und der Geschäftseinrichtung, wann und wo sie sich auch zeigen mögen, im Gesamtvorstand zur Sprache zu bringen und, wenn eine baldige Abstellung nicht erfolgt, weitere Maßnahmen zur Beseitigung der Mißstände zu ergreifen, nötigenfalls den Aufsichtsrat in Kenntnis zu setzen.

§ 6. Jedes Vorstandsmitglied kann innerhalb seines Geschäftsbereichs selbständig handeln, soweit dies nach den gesetzlichen Bestimmungen und Geschäftsgepflogenheiten zulässig und üblich ist. Es muß aber spätestens in der nächsten Vorstandssitzung über besondere Vorfälle berichten. Über Kreditbewilligungen, Wechseldiskontierungen, über Ankauf von Wertpapieren für eigene Rechnung, über Anschaffung von Geschäftsinventar sowie über Anstellung von Beamten müssen mindestens zwei Vorstandsmitglieder entscheiden, jedoch ist dem Gesamtvorstand wöchentlich eine Liste aller Wechselverbindlichkeiten und monatlich eine Liste aller Schuldner vorzulegen, wobei die Kreditüberschreitungen besonders festzustellen sind.

§ 7. Der Vorstand hat dafür zu sorgen, daß die Bücher und Korrespondenzen nach den gesetzlichen Vorschriften und in handelsüblicher, übersichtlicher Weise geführt und aufbewahrt werden. Über alle Bestandskonten (Wechsel, Devisen, Wertpapiere, Zinsscheine, Sorten) sind besondere Skontri, über alle Gewinn- und Verlustkonten, insbesondere das Verwaltungskostenkonto, besondere Spezifikationen zu führen.

Die Umsätze sind monatlich auf Grund des Hauptbuches zusammenzustellen, soweit nicht Tagesbilanzen notwendig sind. Für jeden Quartalsschluß ist eine Rohbilanz zu ziehen. Die Inventur am Jahresschluß ist für die Prüfung durch den Aufsichsrat vorzubereiten. Die Jahresrechnung ist innerhalb der ersten drei Monate nach Ablauf des Geschäftsjahres aufzustellen. Alle Monats-, Quartals- und Jahresbilanzen sind in den Vorstandssitzungen zu besprechen, ehe sie dem Aufsichtsrat vorgelegt werden.

Für das Geschäftsergebnis sind im voraus halbjährlich Kalkulationen aufzustellen, die für die Zinspolitik zu beachten sind.

§ 8. Alle Geschäftsvorfälle und Buchungen müssen von einem Vorstandsmitglied oder einem Beamten, der mit der Ausführung des Geschäftsvorfalles selbst nichts zu tun hat, nachgeprüft werden.

§ 9. Alle Wertbestände sind unter doppeltem Verschluß zu bewahren.

§ 10. Die höchste Urlaubszeit der Vorstandsmitglieder setzt der Aufsichtsrat fest. Innerhalb dieser Zeit kann Urlaub bis zu jeweils drei Tagen das erste Vorstandsmitglied erteilen, das auch die Vertretung fehlender Vorstandsmitglieder zu regeln hat, soweit nicht der Aufsichtsrat ein anderes bestimmt.

§ 11. Die Arbeitsteilung ist folgendermaßen vorzunehmen:

I. Vorstandsmitglied.

1. Bearbeitung der Kreditanträge und des Kreditgeschäftes.
2. Wechseldiskontverkehr.
3. Überwachung der Debitorenkonten.
4. Gelddispositionen.
5. Verwaltung der eigenen Wertpapiere.
6. Leitung der Direktionskorrespondenz.
7. Überwachung der Mitgliederliste.
8. Überwachung des Verkehrs mit den Gerichten.
9. Betriebsorganisation.
10. Überwachung der Buchführung und Leitung der Bilanzaufstellungen.
11. Vorbereitung der Sitzungsangelegenheiten und Berichterstattung in Sitzungen und Generalversammlungen.
12. Personalien und Überwachung des Personals und der Personalkonten.

II. Vorstandsmitglied.

1. Führung der Kasse.
2. Kontrolle der Depots- und eigenen Wertpapiere.
3. Überwachung der Kontokorrentkonten A—K.
4. Verwaltung des Wechselportefeuilles.
5. Verwaltung der Sorten und Zinsscheine.

III. Vorstandsmitglied.

1. Öffnen der Post.
2. Überwachung der laufenden Korrespondenz.
3. Verwaltung der fremden Depots.
4. Überwachung der Kassen-, Effekten-, Wechsel-, Devisen- und Zinsscheingeschäfte.
5. Überwachung der Kontokorrentkonten L—Z.
6. Protokollführung in Sitzungen und Generalversammlungen.

Die Tresorschlüssel sind folgendermaßen zu verteilen:

1.	Haupttresor Außentür	II. und III. Vorstandsmitglied.
2.	Kassenfächer	II. Vorstandsmitglied.
3.	Eigene Effektenschränke	I. Vorstandsmitglied.
4.	Depotschränke	III. Vorstandsmitglied.

Vordruck 3.

Geschäftsanweisung für den Aufsichtsrat[1]).

§ 1. Nach den Bestimmungen des Gesetzes und den Vorschriften des Statuts ist die Überwachung der Geschäftsführung der Genossenschaft in allen Teilen der Verwaltung das Recht und die vornehmste Pflicht des Aufsichtsrates.

Um dieser Pflicht zu genügen, muß der Aufsichtsrat sich fortwährend über die Verwaltung der Angelegenheiten der Genossenschaft unterrichten, zu diesem Zwecke hat er Berichte von dem Vorstande zu fordern, von den Büchern und Schriften der Genossenschaft Einsicht zu nehmen, den Bestand der Kasse, und die Bestände an Effekten, Wertpapieren und sonstigen Gegenständen zu untersuchen, die Schuldurkunden, Wechsel und die anderen Vermögensgegenstände auf ihren wahren Wert zu prüfen, die von dem Vorstande erstatteten Berichte, Geschäftsabschlüsse und insbesondere die Jahresrechnung nebst Bilanz und Gewinnberechnung sorgsam zu prüfen und darüber der Generalversammlung Bericht zu erstatten.

Der Aufsichtsrat hat eine Generalversammlung zu berufen, wenn es das Interesse der Genossenschaft fordert.

§ 2. Der Aufsichtsrat überträgt in jedem Jahre nach erfolgter Neuwahl einem seiner Mitglieder den Vorsitz, einem anderen das Schriftführeramt und ernennt für beide Stellvertreter.

Die Beschlüsse des Aufsichtsrates werden durch einfache Stimmenmehrheit der in der Sitzung anwesenden Mitglieder gefaßt.

Bei Stimmengleichheit gilt der Antrag als abgelehnt, nur bei Wahlen entscheidet in diesem Falle das Los.

Der Aufsichtsrat ist beschlußfähig, wenn die Mehrheit der Mitglieder anwesend ist.

§ 3. Der Aufsichtsrat hält zur Erledigung der ihm obliegenden Geschäfte allwöchentlich zu einer ein für allemal bestimmten Zeit in dem Geschäftslokal der Genossenschaft eine Sitzung ab.

§ 4. Zu außerordentlicher Sitzung hat der Vorsitzende des Aufsichtsrates einzuladen, so oft er dieses für erforderlich hält, oder wenn der Vorstand oder der dritte Teil der Aufsichtsratsmitglieder unter schriftlicher Angabe der Beratungsgegenstände die Berufung einer außerordentlichen Sitzung verlangen.

Mit der Einladung zu einer außerordentlichen Sitzung sind die Gegenstände der Verhandlung mitzuteilen.

§ 5. Den Sitzungen des Aufsichtsrates haben die Vorstandsmitglieder auf Erfordern beizuwohnen und alle Aufschlüsse zu erteilen; sie haben die

---

[1]) Maßgebend ist in erster Linie das Statut.

Einsicht aller Bücher, Korrespondenzen und sonstigen Schriftstücke des Vereins, welche verlangt werden, zu gewähren.

Die Vorstandsmitglieder können sich an den Verhandlungen beteiligen, haben aber kein Stimmrecht.

§ 6. In die Protokolle sind die gefaßten Beschlüsse aufzunehmen. Die Protokolle sind von den anwesenden Mitgliedern des Aufsichtsrates und des Vorstandes zu unterzeichnen.

§ 7. Mitglieder des Aufsichtsrates, welche bei Gegenständen der Tagesordnung beteiligt sind, müssen während der Verhandlung über diese Gegenstände das Sitzungslokal verlassen.

§ 8. Der Aufsichtsrat hat zu prüfen:

1. Die vom Vorstand vorzulegenden Monats- und Vierteljahresbilanzen nebst Debitorenauszügen;
2. die am Jahresschlusse vorzulegende Zusammenstellung der Einnahmen und Ausgaben;
3. die Bilanz nebst Gewinn- und Verlustrechnung;
4. den vom Vorstand über die Verwaltung des abgelaufenen Jahres zu erstattenden Bericht.

§ 9. Zum Zwecke der Prüfung der Monatsbilanz hat der Aufsichtsrat regelmäßig am Schlusse jeden Monats eine Kassen- und Geschäftsrevision vorzunehmen und außerdem nach Bedürfnis, mindestens jedoch zweimal im Jahre, außerordentliche und unvermutete Revisionen eintreten zu lassen.

Bei den Revisionen ist stets der Kassenbestand aufzunehmen und der danach sich ergebende Istbestand mit dem nach den Büchern festgestellten Sollbestand zu vergleichen.

§ 10. Bei den vorzunehmenden Revisionen hat der Aufsichtsrat sich zu überzeugen, daß die sämtlichen Geschäftsbücher ordungsmäßig geführt und die Belege, nach den einzelnen Geschäftszweigen getrennt, gehörig geordnet sind. Hierbei ist eine Vergleichung der Bestände an Geld, Wechseln, Schuldurkunden, Wertpapieren mit den Listen und Kontrollen und den betreffenden Konten in den Büchern vorzunehmen und darauf zu achten, daß diejenigen Bücher bis zum Tage der Revision fortgeführt sind und regelmäßig jeden Tag fortgeführt werden, welche täglich über die Lage des Geschäfts, über die Vorfälle in dem Geschäft, über den Stand der Guthaben und der Schulden Aufschluß zu geben bestimmt sind.

Bei jeder Revision ist an Hand der Belastungsliste zu untersuchen, ob bei den Kreditgewährungen die gezogenen Grenzen nicht überschritten sind. Ferner ist festzustellen, ob die Mitglieder des Vorstandes die ihnen durch Statut und Geschäftsanweisung besonders zugewiesenen Obliegenheiten gewissenhaft erfüllen, und ob die Vorschriften des Genossenschaftsgesetzes und die Bestimmungen der Vereinsstatuten überall befolgt werden; es ist insbesondere darüber zu wachen, daß das Verzeichnis der Genossen ordnungsmäßig geführt und mit der Liste der Genossen in Übereinstimmung gehalten wird, daß über den Ein- und Austritt von Mitgliedern die vorgeschriebenen Anzeigen, sowie alle sonstigen durch das Genossenschaftsgesetz erforderten Anmeldungen, Anzeigen und Erklärungen zum Genossenschaftsregister rechtzeitig und ordnungsmäßig gemacht, und daß die durch Statut und Instruktion gegebenen Vorschriften über die Aufbewahrung und den Verschluß der Wertbestände eingehalten werden.

§ 11. Beim Vorschuß- und Wechselkonto ist festzustellen, daß alle Vorschüsse und Wechseldiskontierungen statutenmäßig bewilligt sind, daß die ausgestellten Wechsel vorhanden sind und die bestellten Sicherheiten sich im Besitze des Vereins befinden. Auch sind die Gesamtwechselverbindlichkeiten der Einreicher an Hand der Obligokarten zu prüfen.

Mindestens zweimal im Jahre ist die Inventarisierung des Wechselbestandes und die bei dieser Wechselinventur sich ergebende Gesamtsumme mit dem Abschlusse des Hauptbuches zu vergleichen.

§ 12. Bei dem Kontokorrent-Konto ist besonders zu untersuchen, ob die bewilligten Kreditsummen überall eingehalten sind, ob der von den Kontokorrent-Inhabern eingehaltene Umschlag mit dem in Anspruch genommenen Kredit in dem richtigen Verhältnisse ist, sowie, ob nicht solche Geschäfte getätigt werden, die nach dem Statut verboten sind.

Wenigstens einmal im Jahre ist die Kreditfähigkeit aller Kontokorrent-Inhaber sowie der etwaigen Bürgen genau zu prüfen, und in jedem Semester ist festzustellen, ob die Anerkenntnisse der sämtlichen Kontokorrent-Inhaber über die Richtigkeit der ihnen zugestellten Rechnungsabschlüsse eingegangen sind. Weiter ist festzustellen, ob sich alle Kreditsicherheiten vorfinden und ob dieselben ausreichende Sicherheit für die darauf bewilligten Kredite gewähren.

§ 13. Die Effektenbestände des Vereins sind halbjährlich zu revidieren und zu inventarisieren.

Mindestens zweimal im Jahre sind die Depots zu prüfen.

§ 14. Bei allen vom Aufsichtsrat vorzunehmenden Revisionen darf eine Untersuchung der sogenannten schwebenden Verbindlichkeiten aus Wechselindossamenten (Giroverbindlichkeiten) nicht unterlassen werden.

Ebenso ist durch Prüfung der Korrespondenz mit den Banken und der Auszüge der Bankverbindungen genau Art und Umfang der mit den Banken getätigten Geschäfte festzustellen. Besondere Aufmerksamkeit ist dabei der Kontrolle der Börsenaufträge und der Schlußnoten zu widmen und dabei zu prüfen, ob Börsendifferenzgeschäfte (Spekulationsgeschäfte) vorgenommen werden, für wessen Rechnung sie geschehen und ob die Sicherstellung in den gesetzlich vorgeschriebenen Formen erfolgt ist.

§ 15. Am Schlusse des Geschäftsjahres hat der Aufsichtsrat mit dem

Vorstande behufs Aufstellung der Jahresrechnung und Bilanz eine vollständige Inventur vorzunehmen.

Zu diesem Zwecke sind am letzten Tage des Geschäftsjahres

a) das Kassenbuch abzuschließen und der Sollbestand der Kasse festzustellen, sodann der wirkliche Kassenbestand nebst Zinsscheinen aufzunehmen,

b) die vorhandenen Bestände an Wechseln, Schuldscheinen und Wertpapieren durchzusehen, einzeln zu verzeichnen und mit den geführten Listen und Kontrollen zu vergleichen.

Soweit diese Arbeit an demselben Tage nicht zu beenden ist, ist dieselbe an dem nächstfolgenden Tage fortzusetzen, bis dahin aber alles unter sicheren Verschluß zu nehmen, damit jede Möglichkeit zu Verfügungen, durch welche ein Defekt verdeckt werden könnte, ausgeschlossen ist.

Bei dieser Inventarisierung ist jeder einzelne Wechsel nach seinem wirklichen Werte zu prüfen.

Alle Wertpapiere sind hierbei zu dem Börsenkurse am Tage des Abschlusses, sofern dieser Kurs jedoch den Anschaffungskurs übersteigt, höchstens zu dem letzteren aufzunehmen.

§ 16. Zur genauen Feststellung der bei Jahresschluß auf Schuldscheine oder Sparbücher angeliehenen Gelder (Anleihen, Depositen und Spareinlagen) sind wenigstens an zwei Tagen die vorgelegten Sparbücher, Schuldscheine usw. von einzelnen von dem Aufsichtsrat hierzu bestellten Mitgliedern des Aufsichtsrates zu prüfen und mit den Büchern zu vergleichen.

Etwaige bei Jahresschluß auf den Verein laufende Akzepte, welche als Passiva in der Bilanz erscheinen müssen, sind ebenfalls nach ihrer Einlösung dem Aufsichtsrate zur Vergleichung mit den Büchern vorzulegen.

§ 17. Sobald die Jahresrechnung und Bilanz von dem Vorstande aufgestellt ist, sind die in dieselben eingestellten Abschlußsummen der einzelnen Konten mit den Inventurlisten zu vergleichen, und danach ist die Richtigkeit der Bilanz festzustellen und zu bescheinigen.

§ 18. An der Inventur am Jahresschluß nehmen sämtliche Aufsichtsratsmitglieder teil, indem für die verschiedenen Geschäftszweige Kommissionen von je 2 oder 3 Mitgliedern gebildet werden, die für die sorgfältige Erledigung der ihnen überwiesenen Arbeiten verantwortlich sind.

Für die sonstigen ordentlichen und außerordentlichen Revisionen ernennt der Ausichtsrat aus sich Revisionskommissionen von 2 oder 3 Mitgliedern in der Weise, daß möglichst alle Mitglieder des Aufsichtsrates im Laufe des Jahres zu den Revisionen herangezogen werden.

Auch zur fortlaufenden Überwachung einzelner Geschäftszweige kann der Aufsichtsrat besondere Revisionskommissionen aus sich bilden.

Die Revisionskommission fungiert als Organ des Aufsichtsrates und ist dem Aufsichtsrat gegenüber verantwortlich für die sorgfältige Ausführung der Revision.

Der Aufsichtsrat ist befugt, einen Rechnungsverständigen, welcher nicht Mitglied des Vereins zu sein braucht, zur Besorgung der kalkulatorischen Revisionsarbeiten bei Revision der Jahresrechnung, sowie bei den sonstigen im Laufe des Jahres erfolgenden Revisionen hinzuzuziehen und dessen Honorar festzusetzen.

§ 19. Über alle vorgenommenen Revisionen sind Protokolle aufzunehmen, aus welchen der Umfang der vorgenommenen Revisionshandlungen, die dabei beteiligten Personen und die Arbeiten, welche sie im einzelnen ausgeführt haben, sowie das Ergebnis der Revision genau ersichtlich sind.

Das Protokoll ist in der nächsten Aufsichtsratssitzung vorzulegen und, sobald es Beanstandungen enthält, dem Vorstande zur baldigen Erledigung derselben zu überweisen. Bleiben einzelne Beanstandungen unerledigt, so hat der Aufsichtsrat der Generalversammlung darüber Bericht zu erstatten.

§ 20. Nach dem Genossenschaftsgesetz hat der Aufsichtsrat bei den Revisionen des Verbandsrevisors mitzuwirken und in der nächsten Generalversammlung über das Ergebnis der Revision Bericht zu erstatten.

In jedem Falle einer Revision durch den Verbandsrevisor hat deshalb der Aufsichtsrat darüber zu beschließen, wie viele und welche Mitglieder des Aufsichtsrats bei der Revision mitzuwirken haben.

Der Vorsitzende des Aufsichtsrates oder dessen Stellvertreter muß bei der Revision durch den Verbandsrevisor stets anwesend und beteiligt sein.

§ 21. Die gemeinschaftlichen Sitzungen des Vorstandes und Aufsichtsrates finden in der Regel unmittelbar nach den ordentlichen Sitzungen des Aufsichtsrates statt; der Vorsitzende des Aufsichtsrates kann aber außerdem gemeinschaftliche Sitzungen von Vorstand und Aufsichtsrat berufen, wenn er dieses für erforderlich hält, und er muß solche berufen, wenn der Vorstand oder drei Mitglieder des Aufsichtsrates unter schriftlicher Angabe der Beratungsgegenstände dieses verlangen.

In den gemeinschaftlichen Sitzungen von Vorstand und Aufsichtsrat führt der Vorsitzende des Aufsichtsrates oder dessen Stellvertreter den Vorsitz. Der Vorsitzende ernennt den Schriftführer.

Die Mitglieder des Vorstandes und die Mitglieder des Aufsichtsrates sind stimmberechtigt.

Zur Beschlußfähigkeit ist die Anwesenheit der Mehrheit der Mitglieder des Vorstandes und der Mitglieder des Aufsichtsrates erforderlich.

Die Beschlüsse werden nach Stimmenmehrheit der anwesenden Mitglieder des Vorstandes und der anwesenden Mitglieder des Aufsichtsrates in getrennter Abstimmung beider Organe gefaßt, so daß also ein gültiger Beschluß nur zustande kommen kann, wenn die Mehrheit des Aufsichtsrates und die Mehrheit des Vorstandes zustimmt.

In die Protokolle sind die gefaßten Beschlüsse aufzunehmen, und die Protokolle sind von den anwesenden Mitgliedern des Vorstandes und des Aufsichtsrates zu unterzeichnen.

§ 22. Die Verträge mit den Mitgliedern des Vorstandes hat der Vorsitzende des Aufsichtsrates nach den Beschlüssen des Aufsichtsrates und in dessen Namen abzuschließen.

§ 23. Über die Haftbarkeit der Mitglieder des Aufsichtsrates der Genossenschaft gegenüber wegen entstandenen Schadens bestimmt der § 41 des Genossenschaftsgesetzes folgendes:

„Die Mitglieder des Aufsichtsrates haben die Sorgfalt eines ordentlichen Geschäftsmannes anzuwenden.

Mitglieder, welche ihre Obliegenheiten verletzen, haften der Genossenschaft persönlich und solidarisch für den dadurch entstandenen Schaden.

Insbesondere sind sie in den Fällen des § 34 Absatz 3 zum Ersatze der Zahlung verpflichtet, wenn diese mit ihrem Wissen und ohne ihr Einschreiten erfolgt ist.

Die Ansprüche auf Grund der vorstehenden Bestimmungen verjähren in fünf Jahren."

§ 24. Die Mitglieder des Aufsichtsrates können nach dem Genossenschaftsgesetz die Ausübung ihrer Befugnisse und Obliegenheiten nicht anderen Personen übertragen[2]).

Vordruck 4.

Protokoll
über die Gründung einer Kreditgenossenschaft.

Verhandelt ...., den .... 19..

Die Versammlung wird um 7 Uhr abends durch Herrn ...... eröffnet. Herr .... wird zum Schriftführer ernannt.

Es sind 52 Personen anwesend.

Der Vorsitzende erläutert den Zweck der Versammlung und verteilt unter die Anwesenden einen Statutenentwurf, der von der Kommission beschlossen ist, welche zur Ausarbeitung eines Statutenentwurfs in der am .... zu .... abgehaltenen Versammlung eingesetzt ist.

---

[2]) Ausführlichere Erläuterungen über die Revisionstätigkeit des Aufsichtsrates gibt die Schrift von Kuckuck „Der Aufsichtsrat in Genossenschaften". (Deutscher Genossenschafts-Verlag, Berlin.)

Es schließt sich an die Ausführungen des Vorsitzenden eine längere Debatte, an der sich die Herren .... beteiligen.

Nach Schluß derselben fordert der Vorsitzende diejenigen, welche bereit sind, sich an der Gründung der Kreditgenossenschaft zu beteiligen, auf, zu bleiben und in die Beratung des Statuts einzutreten.

Es wird eine Pause von 10 Minuten gemacht.

Nach Wiedereröffnung der Versammlung sind 45 Personen anwesend. Der Vorsitzende schlägt vor, daß der Entwurf des Statuts zunächst verlesen, dann paragraphenweise durchberaten wird.

Nach Verlesung des dem Protokoll als Anlage beigefügten Statuts stellt Herr ...... den Antrag, dasselbe en bloc anzunehmen.

Der Antrag wird einstimmig angenommen und das anliegende Statut von 45 Personen unterschrieben.

Auf Antrag des Vorsitzenden schreiten die 45 Personen, welche das Statut unterschrieben haben, sofort zur Wahl des Aufsichtsrates.

Nach § ... des Statuts sind sieben Aufsichtsratsmitglieder in einem Wahlakt zu wählen.

Die Abstimmung ergibt folgendes Resultat:

Abgegeben sind 45 Stimmzettel, von denen 43 gültig sind, die absolute Mehrheit beträgt daher 22.

Es haben erhalten:

1. Herr 40
2. „ 38
3. „ 42
4. „ 39
5. „ 37
6. „ 40
7. „ 43
8. „ 17
9. „ .... 10.

Fünf weitere Stimmen haben sich zersplittert.

Gewählt sind demnach die Herren .... (1 bis 7), dieselben erklären sich sämtlich zur Annahme der Wahl bereit.

Der Vorsitzende vertagt die Versammlung auf eine halbe Stunde zur Konstituierung des Aufsichtsrates.

Nach Wiedereröffnung übernimmt Herr .... als Vorsitzender des Aufsichtsrates den Vorsitz. Er teilt mit, daß der Aufsichtsrat zum Direktor Herrn .... vorschlage[1]).

Es wird zur Wahl geschritten.

---

[1]) Hier ist noch Wahl des Vorstandes durch die Generalversammlung auf Vorschlag des Aufsichtsrates angenommen.

Es werden 39 gültige Stimmzettel abgegeben, die alle ein „Ja" enthalten.

Herr .... ist demnach zum Direktor gewählt für die Zeit ...... und erklärt sich bereit, die Wahl anzunehmen.

(In gleicher Weise erfolgt die Wahl der anderen Vorstandsmitglieder.)

Um 12 Uhr schließt der Vorsitzende die Versammlung.

v. g. u.

Unterschriften

(nach Maßgabe der Bestimmungen des angenommenen Statuts über die Unterzeichnung des Protokolls der Generalversammlung).

Vordruck 5.

Protokoll über Statutenänderungen.

Zuweilen stoßen Genossenschaften, welche eine Revision ihrer Statuten vorgenommen und in Anlehnung an die Bestimmungen der Musterstatuten ihre alten Statuten einer vollständigen Umänderung unterzogen haben, auf Schwierigkeiten, wenn sie den Antrag auf Eintragung der Statutenänderung in das Genossenschaftsregister stellen. Es ist vorgekommen, daß der Registerrichter daran Anstoß genommen hat, daß aus dem Protokoll nicht ersichtlich war, daß das mit dem Antrage auf Eintragung überreichte abgeänderte Statut dasjenige war, welches von der Generalversammlung angenommen war. Der Registerrichter hat das Verlangen gestellt, daß die einzelnen abgeänderten Paragraphen in dem Protokoll besonders verzeichnet sein müßten. Dies letztere Verlangen dürfte mit Recht als ungerechtfertigt zu bezeichnen sein. (Crüger, Kommentar zum Genossenschaftsgesetz, 9. Auflage, § 16.)

In folgendem wird ein Entwurf zur Abfassung des Protokolls der Generalversammlung, in der eine Beschlußfassung über die Annahme eines solchen neuen abgeänderten Statuts stattfindet, gegeben.

1.

Protokoll der Generalversammlung
vom ....

..... Punkt betreffend die Annahme des neuen abgeänderten Statuts.

Der Vorsitzende (der Schriftführer) der Versammlung liest den neuen Statutenentwurf, welcher diesem Protokoll als Anlage[1]) beigeheftet ist und einen Bestandteil desselben bildet, der Versammlung wörtlich in seinen einzelnen Paragraphen vor und erläutert die Bestimmungen.

---

[1]) Die Anlage ist ebenso wie das Protokoll zu unterzeichnen.

Alsdann wird zur Abstimmung über die Annahme des neuen Statutenentwurfes geschritten.

Das Resultat der Abstimmung war, daß das Statut einstimmig (mit ...... Stimmen von ...... Stimmen, also mit mehr als drei Viertel Mehrheit) angenommen wurde.

Vordruck 6.

Protokoll einer Generalversammlung des Vorschußvereins zu X...., eingetragene Genossenschaft mit unbeschränkter Haftpflicht.

Verhandelt ......, den ...... 19....

Der Vorsitzende des Aufsichtsrates, Herr W......, eröffnet die Versammlung um 7¼ Uhr abends und ernennt den mitunterzeichneten B...... zum Schriftführer.

Nachdem darauf festgestellt ist, daß die Einladung zur Generalversammlung, dem Statut gemäß, unter Bekanntmachung der Tagesordnung erfolgt und die Belegsnummer mit dem Inserat in dem...... Blatt (Zeitung) beigebracht ist, daß .... Mitglieder erschienen waren, darunter vom Vorstande die Herren ...., vom Aufsichtsrate die Herren ...., wird zur Tagesordnung geschritten.

I. Rechnungsabschluß für das Geschäftsjahr 1924; Genehmigung der Bilanz; Beschlußfassung über die Gewinnverteilung und Entlastung des Vorstandes. Es wird festgestellt, daß der Rechnungsabschluß 8 Tage vor der Versammlung im Geschäftslokal ausgelegen hat. Der Direktor Herr N..... erstattet den Bericht über die Verwaltung des abgelaufenen Geschäftsjahres, darauf erstattet der stellvertretende Vorsitzende des Aufsichtsrates, Herr N......, namens des Aufsichtsrates, der die Rechnung revidiert und richtig befunden hat, Bericht. Nach dem Rechnungsabschluß, der auch gedruckt an die Mitglieder verteilt ist, betrug der Kassenumsatz des Jahres 1924 in Einnahme ...... RMark und Ausgabe ...... RMark, die Bilanz schließt in Aktiven und Passiven ab mit ...... RMark und weist einen Reingewinn nach von ...... RMark, der sich auch aus der Gewinnberechnung ergibt.

Auf Antrag des Aufsichtsrates wird die Bilanz genehmigt. Hierauf erteilt auf Antrag des Aufsichtsrates die Generalversammlung dem Vorstand[1]) Entlastung.

Der Aufsichtsrat beantragt: 10 Prozent des Reingewinns mit ..... RMark dem Reservefonds zu überweisen, ... RMark den Fortbildungsschulen für Tischler, Maler und Schlosser und den Rest mit

---

[1]) Im Gegensatz zum HGB. hat das Genossenschaftsgesetz keine Bestimmung darüber, daß auch dem Aufsichtsrat Entlastung zu erteilen ist.

...... RMark als Dividende zu verteilen, was auf ...... RMark dividendenberechtigtes Geschäftsguthaben der Mitglieder eine Dividende von ...... Prozent ergibt.

Herr H...... stellt dagegen den Antrag, dem Reservefonds nur 5 Prozent des Reingewinns mit ...... RMark zu überweisen und den Rest von ...... RMark als Dividende zu verteilen.

Nach kurzer Debatte wird dieser Antrag abgelehnt, und der Antrag des Aufsichtsrates angenommen.

II. Beschlußfassung über die Revision der Genossenschaft nach Maßgabe des § 63 des Gesetzes.

Der Vorsitzende des Aufsichtsrates erstattet, nachdem sein Stellvertreter den Vorsitz übernommen hat, den Bericht über die am ...... durch den Verbandsrevisor Herrn W...... vorgenommene Revision.

Der Bericht ist als Anlage zu diesem Protokoll genommen.

Von den Mitgliedern A......, B......, C......, D...... geht ein Antrag ein, den Bericht des Verbandsrevisors vorzulesen. Der Antrag wird genügend unterstützt. Herr A...... rechtfertigt den Antrag damit, daß nach dem Revisionsbericht Kreditüberschreitungen bei einem Mitgliede des Aufsichtsrates vorgekommen seien.

Der Vorsitzende des Aufsichtsrates erkärt, daß der Verbandsrevisor nur in einem Falle eine ganz geringfügige Kreditüberschreitung festgestellt habe, die inzwischen geordnet sei, er versichert, daß er den wichtigsten Inhalt des Berichts mitgeteilt habe.

Nach längerer Debatte wird der Antrag abgelehnt, dagegen ein inzwischen von den Mitgliedern F......, M...... und S...... gestellter und genügend unterstützter Antrag mit großer Mehrheit angenommen:

„Die Generalversammlung nimmt Kenntnis von dem durch den Vorsitzenden des Aufsichtsrates, Herrn W......, erstatteten Bericht über die Revision und ersucht Vorstand und Aufsichtsrat unter allen Umständen Kreditüberschreitungen zu vermeiden und besonders darauf bedacht zu sein, daß die Mitglieder des Aufsichtsrates nur gegen vollkommene Sicherheit Kredit erhalten."

III. Wahl dreier Aufsichtsratsmitglieder für die statutenmäßig ausscheidenden Herren E......, F...... und G...... Es werden 264 gültige Stimmzettel abgegeben. Die absolute Mehrheit ist also 133. Es erhalten im ersten Wahlgang Stimmen: Herr E...... 197, Herr F .... 165, Herr O...... 122, Herr M...... 101, Herr S...... 67, Herr H...... 40. Es sind mithin gewählt die Herren E...... und F...... beide erklären, die Wahl anzunehmen.

Dagegen ist für das dritte zu wählende Aufsichtsratsmitglied eine absolute Mehrheit nicht erzielt, und erfolgt daher die engere Wahl zwischen den beiden Mitgliedern, welche die meisten Stimmen erhalten haben, den Herren O...... und M...... Es nehmen an der engeren Wahl durch Abgabe der Stimmzettel teil 199 Mitglieder. Es erhalten Stimmen Herr M...... 107, Herr P...... 87, 5 Stimmen sind auf andere Kandidaten gefallen, demnach ungültig, die absolute Mehrheit bei 194 gültigen Stimmen beträgt 98, Herr M...... ist gewählt und erklärt, daß er die Wahl annimmt.

IV Gegenstand der Tagesordnung ist die Wahl des Direktors[2]).

Der Aufsichtsrat schlägt Herrn Kassierer O...... aus X...... zum Direktor vor. Der Vorsitzende des Aufsichtsrates erteilt über den Kandidaten die nähere Auskunft, daß derselbe für den Fall der Wahl ein Gehalt von 6000 RMark beanspruche, der Aufsichtsrat findet dasselbe gerechtfertigt. Die Anstellung erfolgt auf gegenseitige sechsmonatige Kündigung.

Aus der Versammlung werden verschiedene Anfragen gestellt und von dem Vorsitzenden des Aufsichtsrates beantwortet.

Das Mitglied, Herr K......, schlägt den Rendanten L...... aus Z...... zum Direktor vor. Der Vorsitzende des Aufsichtsrates macht darauf aufmerksam, daß nach § ... des Statuts die Wahl nur auf Vorschlag des Aufsichtsrates stattfindet, daß die Generalversammlung daher nur berechtigt sei, den Vorschlag anzunehmen oder abzulehnen, die Mitglieder seien nicht berechtigt, selbständig Kandidaten aufzustellen.

Es wird zur Wahl geschritten. Abgegeben werden 256 Stimmzettel, davon sind 3 Stimmzettel unbeschrieben, 10 Stimmzettel enthalten einen anderen Namen als den des Kandidaten, es sind mithin 13 Stimmzettel ungültig. Von 243 gültigen Stimmzetteln bilden 122 Stimmen die absolute Mehrheit. 231 Stimmzettel lauten auf „ja", 12 Stimmzettel auf „nein". Herr O...... aus X...... ist somit als Direktor gewählt.

Der Vorsitzende des Aufsichtsrates übernimmt wiederum den Vorsitz.

V. Bestimmung des Höchstbetrages, welchen sämtliche die Genossenschaft belastende Anlehen und Spareinlagen zusammen nicht überschreiten dürfen. Der Kassierer Herr R...... stellt namens des Vorstandes den Antrag: diesen Höchstbetrag auf ...... RMark zu bestimmen, und führt zur Begründung des näheren aus, daß, selbst wenn dieser Höchstbetrag erreicht würde, das Verhältnis des eigenen zum fremden Kapital immer noch sehr günstig sei, nämlich mehr als 50 Prozent, betragen würde, daß aber anderseits eine Steigerung des bisher auf ...... RMark festgesetzten Höchstbetrages vorbehalten bleiben müsse, weil in nächster Zeit ein starker Zufluß von Mitgliedern aus dem benachbarten Marktflecken Freudenburg zu erwarten sei, und der Geschäftsverkehr überhaupt

[2]) Wählt laut Statut der Aufsichtsrat allein den Vorstand, so gehört dieser Punkt nicht vor die Generalversammlung.

durch den Beitritt von wohlhabenden Gewerbetreibenden, besonders kleineren und mittleren Fabrikanten, sich wesentlich gesteigert habe.

Die Versammlung genehmigt den Antrag.

Nach Vorlesung des Protokolls, gegen dessen Richtigkeit von keiner Seite etwas eingewendet wurde, ist die Versammlung abends 10½ Uhr vom Vorsitzenden geschlossen.

(Unterschriften.)
B......, Vorsitzender.
B......, Schriftführer.

Vordruck 7.

Protokoll einer Vorstandssitzung.
(§ 13 des Musterstatuts.)

X., den .... 19...

Es wurden in der heutigen, regelmäßig stattfindenden Vorstandssitzung folgende Beschlüsse gefaßt:

a) Zahlungsaufforderung wird erlassen an folgende rückständigen Schuldner ....

mit Frist von 3 Tagen unter Klageandrohung.

b) Die Wechsel

1. des Herrn ...... über 300 RMk., unter Bürgschaft des ......, fällig den .... d. Mts., Nr. .... der Wechselliste,
2. des ....

sind an den Kassierer behufs der Einkassierung resp. Aushändigung nach Zahlung herauszugeben.

c) Der Wechsel (Nr. .... der Liste) des Herrn ...... über 750 RMk., fällig den ...., ist behufs Präsentation, nach Befinden Erhebung des Protestes und Klageanstellung, ebenfalls an den Kassierer herauszugeben.

d) Klagen sind anzustellen gegen folgende Schuldner:

1. gegen den Tischlermeister X. und Ökonomen N. als Bürgen wegen 400 RMk. und Zinsen aus dem Schuldschein vom ....,
2. gegen den Schuhmachermeister O. als Hauptschuldner und O. als Bürgen wegen 200 RMk. aus dem eigenen (Sola-) Wechsel vom ....,
3. ....

e) Folgende Darlehnsgesuche:

1. des .... vom .... auf 200 RMk.,
   des ....

sind abzuweisen.

f) Da der mitunterzeichnete Kassierer M. von morgen ab auf 3 Tage verreist, so versieht der mitunterzeichnete Kontrolleur für diese Zeit seine Stelle, was durch Aushang im Geschäftslokale vom Direktor bekanntgemacht wird. Die Übergabe der im Gewahrsam des Kassierers befindlichen Kassenbestände erfolgt heute nach Geschäftsschluß, worüber ein besonderes Protokoll aufgenommen wird.

g) In der morgen stattfindenden Sitzung des Aufsichtsrates ist dessen statutenmäßige Genehmigung zu folgenden Maßregeln einzuholen:

1. Gewährung der in der zu überreichenden Liste bezeichneten 8 Darlehnsgesuche;
2. Anschaffung eines eisernen Geldschrankes.

h) Dem Aufsichtsrate sind in dessen Sitzung der Kassenabschluß und die Geschäftsübersicht für den verflossenen Monat vorzulegen.

i) Die Anberaumung der Generalversammlung auf den ...... Abend ..... Uhr im ..... Lokale, sowie die Aufnahme folgender Punkte in die Tagesordnung ist in der Aufsichtsratssitzung zu beantragen:

1. Darlegung des Kassen- und Geschäftsstandes;
2. die Erhöhung des Gesamtbetrages der von der Genossenschaft aufzunehmenden Anleihen und Spareinlagen bis auf einen Höchstbetrag von ...... RMk.;
3. die Abänderung der §§ ..... des Statuts und Ersetzung derselben durch nachstehende Fassung:

   § ....

   § ....
4. Neuwahl von 3 Aufsichtsratsmitgliedern an die Stelle der statutenmäßig ausscheidenden

   X. ....

   N. ....

   K. ....

   auf die nächsten 3 Jahre vom ...... bis ......

(Unterschriften.)

Vordruck 8.

Protokoll einer Aufsichtsratssitzung.

(§ 20 des Musterstatuts.)

N., den ...... 19..

In der heutigen Aufsichtsratssitzung hatten sich die
Herren .... vom Aufsichtsrate
und die Herren .... vom Vorstande
eingefunden, während die Herren ....
unentschuldigt ausgeblieben waren.

Es sind 5 Aufsichtsratsmitglieder anwesend, der Aufsichtsrat ist also nach § 20 des Statuts beschlußfähig.

a) Der Vorstand legt die in dem Protokoll als Anlage beigefügte Liste der Gesuche um Darlehen und Prolongationen vor.

Der Aufsichtsrat beschließt nach dem Antrage des Vorstandes, die Darlehnsgesuche zu 1, 2, 3 .... zu genehmigen; das Darlehnsgesuch zu 7 wird abgelehnt.

b) Nach dem Antrage des Vorstandes wird beschlossen, den Prolongationsanträgen zu 11 und 12 bei ... % Abschlagszahlung stattzugeben; dagegen wird dem Prolongationsantrage zu 16 nicht die Genehmigung erteilt.

c) Dem Antrage des Vorstandes gemäß wird

Generalversammlung auf den ....

anberaumt, und kommen die vom Vorstande angegebenen Punkte

a) ....

b) ....

c) ....

auf die Tagesordnung, und außerdem der von mehr als 50 Genossen unterzeichnete Antrag auf:

„Einführung des Scheckverkehrs".

Die Generalversammlung nebst Tagesordnung wird in dem ...... Blatte ordnungsmäßig bekanntgemacht werden.

d) Ferner werden folgende Anträge des Vorstandes genehmigt:

1. auf Anschaffung eines eisernen Geldschrankes;
2. ....

e) Endlich wurde nach Entfernung des Vorstandes beschlossen:

auf morgen Vormittag 9 Uhr eine außerordentliche Revision der Kassenbestände an Geld, Wertpapieren, Wechseln und sonstigen Schulddokumenten, unter Vergleichung der Bücher, vorzunehmen,

mit welchem Geschäfte man

den Vorsitzenden und die beiden Aufsichtsratsmitglieder

Herrn .... und

Herrn ....

betraute.

Die Vorstandsmitglieder werden erst zu der bezeichneten Stunde davon benachrichtigt.

Vor der Unterschrift protestieren die Herren A...... und D...... gegen Gewährung eines Darlehens von 1200 RMk. an den ...... gegen Verpfändung von Aktien der ......

(Unterschriften der Aufsichtsratsmitglieder
und der anwesenden Vorstandsmitglieder.)

Vordruck 9.

Protokoll einer gemeinschaftlichen Sitzung des Vorstandes und Aufsichtsrates.

(§ 24 des Musterstatuts.)

X....., den... 19...

In der heutigen gemeinschaftlichen Sitzung des Vorstandes und Aufsichtsrates, welche vom Vorsitzenden des letzteren berufen und geleitet wird, hatten sich

a) von den Mitgliedern des Aufsichtsrates die 9 Unterzeichneten eingefunden, indem nur die Herren A. u. B. unentschuldigt und Herr D. wegen Krankheit ausgeblieben waren;

b) die Mitglieder des Vorstandes waren alle zugegen.

Die Beschlußfähigkeit sowohl des Vorstandes wie des Aufsichtsrates stand sonach fest.

Durch Beschluß des Vorstandes und des Aufsichtsrates wurden zunächst folgende Personen

1. der ....
2. der ....

als Mitglieder aufgenommen. Von der Abmeldung des Mitgliedes N..... wurde Kenntnis genommen.

Sodann erhalten folgende Anträge des Vorstandes die Zustimmung der Mehrheit der Aufsichtsratsmitglieder:

1. die Herabsetzung der Zinsen für Darlehen gegen eigene Wechsel vom 1. ...... ab auf 10% auf das Jahr;
2. die Annahme des Rechtsanwalts H...... als Bevollmächtigten der Genossenschaft zur Führung von Prozessen;
3. der Abschluß eines Mietsvertrages mit dem Herrn N...... über ein Geschäftslokal in dessen Hause vom ...... ab gegen einen jährlichen Zins von ...... und halbjährige Kündigung.

Ferner wird die von der dazu ernannten Kommission, bestehend aus den Herren Direktor C. und Mitgliedern des Aufsichtsrats O. und R., entworfene Geschäftsanweisung für den Aufsichtsrat durchberaten; sie findet die Zustimmung der Mehrheit der Mitglieder des Vorstandes und des Aufsichtsrates.

(Unterschriften der Vorstands- und Aufsichtsratsmitglieder).

Vordruck 10.

Anstellungsvertrag mit Vorstandsmitgliedern.

Zwischen de..

(Firmenstempel)

vertreten durch den Aufsichtsrat, und Herrn ...... wird folgender Anstellungsvertrag geschlossen.

§ 1. Herr ...., welcher von .... am ....
zum .... gewählt ist, übernimmt in de..
(Bezeichnung des Vorstandsamtes) (Firmenstempel)
das Amt eines .... auf die Dauer von .... Jahren auf unbestimmte
(Bezeichnung des Vorstandsamtes) (Nicht Zutreffendes ist durchzustreichen.)
Zeit.

§ 2. Herr ...... erkennt die in Gemäßheit des § ... des Statuts für den Vorstand erlassene — zu erlassende — Geschäftsordnung als auch für ihn verbindlich ausdrücklich an.

§ 3. Herr ...... erhält jährlich ein festes Gehalt von ...... RM., in Worten: .... RMark, welches nachträglich in .... Raten gezahlt wird, und außerdem einen Anteil von ...... vom Hundert des nach Vornahme sämtlicher Abschreibungen und Rücklagen verbleibenden jährlichen Reingewinnes der Genossenschaft (§ 237 HGB.), der nach der durch die Generalversammlung erfolgten Genehmigung der Bilanz zur Auszahlung kommt.

Herr erhält eine aus ...... Zimmern nebst Zubehör bestehende Dienstwohnung im Geschäftshause der Genossenschaft. Diese muß er zurückgewähren, sobald seine Bestellung zum Vorstandsmitglied widerrufen wird.

Die Genossenschaft übernimmt die Zahlung der auf Herrn ...... entfallenden gesetzlichen oder satzungsgemäßen Beiträge für die Angestelltenversicherung bzw. die an ihre Stelle tretenden Einrichtungen, insbesondere für die Pensionsversicherung bei der Vorsorge-Versicherungsbank deutscher Genossenschaften V. a. G., Berlin, bis zu einem Prämienbetrag von ... v. H. des Gehalts.

§ 4. Die Genossenschaft sowie Herr .... haben das Recht, diesen Vertrag unter Einhaltung einer .... monatlichen Kündigungsfrist zu kündigen. Die Kündigung für die Genossenschaft erfolgt durch den Aufsichtsrat auf Antrag des Aufsichtsrats durch Beschluß der Generalversammlung.

Das Dienstverhältnis kann von beiden Teilen ohne Einhaltung einer Kündigungsfrist gekündigt werden, wenn ein wichtiger Grund vorliegt. (§§ 626 ff. BGB.)

Das Dienstverhältnis endigt bei Auflösung der Genossenschaft.

§ 5. Die Vertretungskosten in Fällen der Behinderung werden über die aus § 616 BGB. folgende gesetzliche Verpflichtung der Genossenschaft hinaus für die Dauer von .... Monaten von der Genossenschaft bezahlt. Bei längerer Behinderung hat Herr .... die Stellvertretungskosten vom .... ten Monate ab in vollem Betrage zu decken.

Falls Herr .... während der Vertragsperiode stirbt, wird den Erben desselben das Gehalt und die Dienstwohnung für den Sterbemonat und zwei darauffolgende Monate gewährt, jedoch nicht über die Vertragsdauer hinaus.

§ 6. Herr .... hat, soweit die Interessen der Genossenschaft nicht entgegenstehen, Anspruch auf einen Urlaub von .... in jedem Jahre. Die Entscheidung darüber, ob die Interessen der Genossenschaft die Gewährung eines Urlaubs nicht gestatten, steht dem Aufsichtsrat zu. Das Urlaubsgesuch ist dem Aufsichtsrat rechtzeitig vorzulegen.

§ 7. Herr .... hat als Sicherheit für alle aus seiner Geschäftsführung der Genossenschaft erwachsenden Ansprüche eine Kaution in Höhe von ...... RM., in Worten: .... RMark, zu zahlen; diese wird bestellt in .... und folgendermaßen in Verwahrung genommen ....

Die Herausgabe der Kaution erfolgt erst, wenn Herr .... über die ganze Zeit der Geschäftsführung Rechnung gelegt hat und ihm durch die Generalversammlung Entlastung erteilt ist.

........., den .... 192...

....

....

(Bezeichnung des Vorstandamtes)

Der Aufsichtsrat.

....

Vordruck 11.

Beitrittserklärung.

Die Beitrittserklärung zu einer Genossenschaft mit unbeschränkter Haftpflicht hat zu lauten:

Laufende Nummer

....

der Liste der Genossen.

Ich erkläre hierdurch meinen Beitritt zu de....

(Firma der Genossenschaft),

eingetragene Genossenschaft mit unbeschränkter Haftpflicht, zu ....r und verpflichte mich, für die Verbindlichkeiten der Genossenschaft diese sowie unmittelbar den Gläubigern derselben nach Maßgabe des Gesetzes mit meinem ganzen Vermögen zu haften.

(Ort und Datum) (Unterschrift)[1])

---

[1]) Die Beitrittserklärung muß gezeichnet sein mit Familiennamen, Vornamen, Beruf und Wohnort. Bei der Ehefrau muß der Geburtsname hinzukommen.

Die Beitrittserklärung zu einer Genossenschaft mit unbeschränkter Nachschußpflicht:

Laufende Nummer

....

der Liste der Genossen.

Ich erkläre hierdurch meinen Beitritt zu de...

(Firma der Genossenschaft),

eingetragene Genossenschaft mit unbeschränkter Nachschußpflicht, zu ...., und verpflichte mich, mit meinem ganzen Vermögen der Genossenschaft die zur Befriedigung der Gläubiger erforderlichen Nachschüsse nach Maßgabe des Gesetzes zu leisten.

(Ort und Datum) (Unterschrift)[1])

Laufende Nummer

....

der Liste der Genossen.

Die Beitrittserklärung zu einer Genossenschaft mit beschränkter Haftpflicht:

Ich erkläre hierdurch meinen Beitritt zu de...

(Firma der Genossenschaft),

eingetragene Genossenschaft mit beschränkter Haftpflicht, zu ...., und verpflichte mich, für die Verbindlichkeiten der Genossenschaft dieser sowie unmittelbar den Gläubigern derselben nach Maßgabe des Gesetzes mit der im Statut bestimmten Haftsumme zu haften.

(Ort und Datum) (Unterschrift)[1])

Laufende Nummer

....

der Liste der Genossen.

Erklärung über die Beteiligung mit einem weiteren Geschäftsanteil.

Ich erkläre, daß ich mich auf einen zweiten (oder dritten usw.) Geschäftsanteil bei de... (Firma der Genossenschaft), eingetragene Genossenschaft mit beschränkter Haftpflicht, beteiligen will.

.........., den .... (Unterschrift des Mitgliedes)

Vordruck 12.

Kündigung.

Ich kündige hiermit meine Mitgliedschaft bei dem (Firma der Genossenschaft).

Ort, Datum. Unterschrift.

(Vor- und Zuname, Stand unter Angabe des Standes bei Erwerb der Mitgliedschaft, falls Änderung eingetreten ist.)

---

[1]) siehe S. 407.

Vordruck 13.

Formular für die Übertragung des Geschäftsguthabens.

Laufende Nummer

......

der Liste der Genossen.

Der Schneidermeister M. zu X. überträgt hiermit sein Geschäftsguthaben unter Anwendung des § 76 des Genossenschaftsgesetzes bei (Firma der Genossenschaft) im Betrage von .....RMk. an das Mitglied N. zu Y. derselben Genossenschaft, welcher die Übertragung annimmt.

Ort, Datum. Unterschrift beider Mitglieder.

Wenn der Erwerber nicht Mitglied ist, fallen die Worte „an das Mitglied" fort und der Erwerber hat die Beitrittserklärung auszustellen.

Im ersten Falle hat der Vorstand bei Einreichung an das Gericht zur Eintragung noch zu erklären:

Wir versichern, daß das Geschäftsguthaben des Herrn N. in Y. mit dem ihm nach der Übereinkunft mit Herrn M. zu X. zuzuschreibenden Betrag den Geschäftsanteil — oder bei Genossenschaften mit beschränkter Haftpflicht und Zulassung des Erwerbs mehrerer Geschäftsanteile: „die der höchsten Zahl der Geschäftsanteile entsprechende Gesamtsumme" — nicht übersteigt.

Ort, Datum. Firma der Genossenschaft.
Unterschriften.

Vordruck 14.

Bedingungen
für die Annahme, Verzinsung und Rückzahlung von Spareinlagen.

§ 1. Für die Spareinlagen und Zinsen haftet die Bank mit ihrem ganzen Vermögen und ihre Mitglieder nach den Bestimmungen des Genossenschaftsgesetzes.

§ 2. Jede Spareinlage muß mindestens eine Reichsmark betragen. Es werden nur Beträge von einer Reichsmark an verzinst. Die Zinsen werden jährlich berechnet und, soweit sie vom Einleger nicht erhoben werden, dem Kapital zugeschrieben und mit diesem vom Beginn des neuen Geschäftsjahres an verzinst. Der Zinssatz wird jedem Sparer mitgeteilt oder durch Aushang im Geschäftslokal bekanntgemacht.

Änderungen des Zinsfußes und sonstiger Bedingungen sind für jeden Sparer rechtsverbindlich, sobald sie in der geschäftsüblichen Weise bekanntgegeben sind oder schriftlich angezeigt wurden.

§ 3. Die Verzinsung beginnt mit dem auf die Einzahlung folgenden Werktage und endet mit dem der Rückzahlung vorhergehenden Tage.

§ 4. Für die Rückzahlung gilt die mit jedem Sparer betreffs der Kündigungsfrist getroffene Vereinbarung. Diese Frist wird auf dem Titelblatt dieses Buches vermerkt. Die erfolgte Kündigung ist im Sparbuch zu vermerken. Der Vorstand der Bank ist befugt, nach Lage der Verhältnisse Rückzahlungen ohne Kündigung oder mit abgekürzten Kündigungsfristen zu leisten.

§ 5. Mit Ablauf der Kündigungsfrist hört die Verzinsung des gekündigten Kapitals auf.

§ 6. Jedem Sparer wird von der Bank ein mit Nummer und Firmenstempel versehenes Sparbuch ausgestellt, welches die Sparordnung enthält. Der Sparer erkennt durch Annahme des Buches die Sparordnung als für sich rechtsverbindlich an. In dieses Buch werden alle Einlagen, Zinsen und Rückzahlungen eingetragen, desgleichen Kündigungen und eine etwaige Übertragung des Sparguthabens an einen Dritten.

Die Eintragungen in das Sparbuch werden von mindestens zwei Vorstandsmitgliedern oder vom Vorstande dazu ermächtigten Beamten, deren Namen durch Aushang im Geschäftslokal bekanntzumachen sind, bewirkt.

Bei Rückzahlungen ist von dem Empfänger eine Quittung als Beleg für die Kassenführung auszustellen. Einwendungen gegen die Eintragungen sind sofort zu erheben. Mit der widerspruchlosen Entgegennahme des Kontobuches werden die Eintragungen seitens des Kontoinhabers als richtig anerkannt.

§ 7. Die Übertragung der durch das Buch bekundeten Forderung an einen Dritten muß der Bank durch den Sparer schriftlich angezeigt werden.

Nach völliger Rückzahlung von Guthaben bleiben die Sparbücher in Verwahrung der Bank.

§ 8. Auszahlungen von Sparguthaben und Zinsen werden nur gegen Vorlage dieses Buches geleistet; sie können an jeden Vorzeiger des Buches erfolgen, solange nicht vom Sparer, dessen Vertreter oder Rechtsnachfolger bei der Bank schriftlich Einsprache gegen diese Auszahlung erhoben worden ist. Eine derartige Einsprache ist in den Büchern der Bank zu vermerken.

Die Bank hat jedoch in jedem Falle das Recht, die Legitimation des Vorzeigers des Sparbuches zu prüfen und ist zu dieser Prüfung verpflichtet, wenn gegen die Auszahlung Einspruch erhoben ist.

Jeder Sparer hat in seinem eigenen Interesse sein Sparbuch sorgfältig zu verwahren und bei Verlust des Buches der Bank unverzüglich eine entsprechende Anzeige zu machen.

§ 9. Wird der Bank der Verlust oder die gänzliche Vernichtung eines Sparbuches in glaubhafter Weise nachgewiesen, so kann sie ein neues

Buch an Stelle des verlorenen ausstellen. Die Bank ist befugt, auf Kosten des Sparers ein Aufgebot des Buches in geeignet erscheinenden Blättern zu erlassen und von dem Ergebnisse des Aufgebots die Ausstellung eines neuen Sparbuches abhängig zu machen.

§ 10. Werden in 25 Jahren weder Einzahlungen noch Rückzahlungen geleistet, so hört die Verzinsung des Kapitals auf, und das Guthaben wird gekündigt. Erfolgt die Erhebung des Kapitals nicht, so kann nach Ablauf der gesetzlichen Verjährungsfrist das Guthaben für die Zwecke der Bank Verwendung finden.

§ 11. Die bei der Bank geführten Spareinlagekonten werden grundsätzlich in der gesetzlichen Währung „Reichsmark" auf der Grundlage des im Bankgesetz vom 30. 8. 1924 festgesetzten Wertes (1392 Reichsmark für 1 Pfd. Gold fein) geführt.

Vordruck 15.

Bedingungen für steuerfreie Sparkonten.

1. Vor Ausfertigung der Sparkarte ist der gesetzlich vorgeschriebene Sperrantrag zu unterschreiben.

2. Für jede Einzahlung wird eine Bescheinigung ausgestellt, die zu Erlangung der Steuerfreiheit gleichzeitig mit der Steuererklärung dem Finanzamt einzureichen ist.

3. Die Rückzahlung erfolgt entweder beim Tode desjenigen, auf dessen Namen die Sparkarte lautet, oder 20 Jahre nach Eröffnung des Kontos. Zum Nachweis des Todes dient die amtliche Sterbeurkunde.

4. Die Sparkarte ist bei jeder Einzahlung einzureichen. Die Auszahlung erfolgt nur gegen Rückgabe dieser Karte. Es besteht keine Verpflichtung zur Prüfung der Berechtigung des Inhabers.

5. Die Zinsen werden jährlich ausgezahlt oder tragen auf Antrag bei Eröffnung des steuerfreien Sparkontos Zins von Zins wie das Kapital.

6. Im übrigen gelten die Bestimmungen der Sparordnung.

7. Änderungen im Zinsfuß sind wirksam, wenn sie mindestens 3 Monate vor Inkrafttreten in den Schalterräumen der Bank durch Aushang bekanntgemacht werden.

Vordruck 16.

Diese Bescheinigung ist der
Steuererklärung beizufügen.
Sparkonto S. ......

Bescheinigung über Spareinlagen

im Sinne des § 17 Abs. 1 Ziffer 3 des EinkStGes.

Unter Bezugnahme auf obige Gesetzesbestimmung wird hierdurch bescheinigt, daß .... aus ....

für sich bzw. seine Ehefrau .... geb. .... für sich und seine Ehefrau gemeinsam für sein minderjähriges nicht selbständig veranlagtes Kind .... im Jahre 192..

RMk. ....

in Worten .... auf ein gesperrtes Sparkonto eingezahlt hat, deren Rückzahlung vereinbarungsgemäß nur für den Todesfall oder für den Fall des Erlebens nach Ablauf von 20 Jahren, vom Tage der Vereinbarung dem .... 192.. ab erfolgen darf. Weiter ist auf eine Abänderung oder Aufhebung dieser Vereinbarung von dem Einzahler und uns verzichtet worden.

.........., den .... 192..

Vordruck 17.

Scheckbedingungen.

Scheckbücher werden bei Beginn des Scheckverkehrs gegen besondere Empfangsbescheinigung oder Bestellzettel ausgehändigt. Weiterhin erfolgt die Aushändigung gegen Empfangsbescheinigung oder Bestellzettel auf dem in jedem Scheckbuch eingehefteten Vordruck. Der Empfänger eines Scheckbuches hat dieses bei Empfang auf Vollständigkeit zu prüfen.

2. Die Scheckbücher sind mit besonderer Sorgfalt aufzubewahren. Das Abhandenkommen von Scheckvordrucken oder des Vordrucks der Empfangsbescheinigung oder des Bestellzettels ist der kontoführenden Stelle unverzüglich schriftlich mitzuteilen.

Unbrauchbar gewordene Vordrucke sind der kontoführenden Stelle zurückzuliefern oder ihr mit genauer Nummernangabe zu bezeichnen. Nicht benutzte Vordrucke sind der kontoführenden Stelle auf deren Verlangen jederzeit, bei der Beendigung der Geschäftsverbindung auch unaufgefordert, unverzüglich am Kassenschalter zurückzugeben oder eingeschrieben einzusenden.

3. Scheckvordrucke sind deutlich und sorgfältig auszufüllen. Der Scheckbetrag ist in Ziffern und Buchstaben so einzurücken, daß nichts hinzugeschrieben werden kann.

Zur Verhütung von Verfälschungen des Scheckbetrages sind von der Zahlreihe (am rechten Rande der Scheckvordrucke) alle den Scheckbetrag übersteigenden Zahlen durchzustreichen oder abzuschneiden. Die Bank ist befugt, aber nicht verpflichtet, Schecks, deren Zahlenreihe nicht nach der Vorschrift behandelt ist, zurückzuweisen.

4. Die Bank ist befugt aber nicht verpflichtet, die Berechtigung des Einreichers des Schecks oder der Empfangsbescheinigung oder des Bestellzettels zu prüfen.

5. Als Einlösung durch Verrechnung sieht die Bank auch eine Überweisung auf Reichsbankgiro-, Postscheck- oder Bankkonto an.

6. Alle Folgen und Nachteile des Abhandenkommens, der mißbräuchlichen Verwendung, der Fälschung und Verfälschung von Schecks, Scheckvordrucken und des Vordrucks der Empfangsbescheinigung oder des Bestellzettels trägt der Kontoinhaber. Die Bank haftet nur für nachgewiesenes Verschulden und nur in dem Maße, als sie im Verhältnis zu anderen Ursachen an der Entstehung des Schadens mitgewirkt hat.

Vordruck 18.

Unterschriftskarte.

Konto Nr. ......

Ich/Wir ersuche... .... e. G. m. b. H., mir/uns in ihren Büchern unter obiger Bezeichnung eine laufende Rechnung zu führen. In meinem/unserem Geschäftsverkehr mit ...... sind die umstehenden Personen zeichnungsberechtigt, und zwar, wenn nichts anderes bemerkt, jede Person für sich (vgl. besondere Vollmacht). Die Unterschriften bleiben solange in Kraft als ich/wir sie gegenüber ...... nicht schriftlich widerrufe....

.........., den .... 192..

Es zeichnen:

als Kontoinhaber/Gesellschafter Herr/Frau ....

....

als Bevollmächtigte/Prokurist Herr/Frau ....

....

Vordruck 19.

.... RMark in Marken kassiert.

......., den .... 19....

Vollmacht.

Ich/Wir Unterzeichnete ....

....

bevollmächtige... hierdurch

....

für $\frac{\text{mich}}{\text{uns}}$ und $\frac{\text{meine}}{\text{unsere}}$ Erben, und zwar mit der Befugnis zur Bestellung eines Unterbevollmächtigten, $\frac{\text{mich}}{\text{uns}}$ in allen $\frac{\text{meinen}}{\text{unseren}}$ Angelegenheiten dem Vorschußverein X, Eingetragene Genossenschaft mit beschränkter Haftpflicht, gegenüber zu vertreten. Die Vertretungsmacht soll sich ohne jede Ausnahme auf alle Rechtsgeschäfte erstrecken, welche von $\frac{\text{mir}}{\text{uns}}$ und $\frac{\text{mir}}{\text{uns}}$ gegenüber vorgenommen werden können, soweit die Gesetze eine Vertretung zulassen. Insbesondere soll der Bevollmächtigte auch ermächtigt sein, das bei dem Vorschußverein gemietete Schrankfach zu öffnen.

Der Bevollmächtigte ist auch ermächtigt, mit sich in eigenem Namen oder als Vertreter eines Dritten Rechtsgeschäfte vorzunehmen.

Diese Vollmacht behält auch nach meinem Ableben Gültigkeit. Der Widerruf der Vollmacht muß entweder in öffentlich beglaubigter Form oder gegenüber zwei Vorstandsmitgliedern des Vorschußvereins erfolgen.

.........., den .... 192..

Der Bevollmächtigte zeichnet:

Die vorstehenden Namensunterschriften sind in unserer Gegenwart vollzogen — anerkannt.

.........., den .... 192..

Vorschußverein X.

Eingetragene Genossenschaft mit beschränkter Haftpflicht.

Gegenstand:

Vordruck 20.

Einwilligung des Ehemanns.

An die

(Firma der Genossenschaft)

....

Nachdem meine Ehefrau, ..., unter ihrem persönlichen Namen mit Ihnen in Geschäftsverbindung getreten ist, erkläre ich, daß dies mit meinem Einverständnis geschieht. Meine Frau ist berechtigt, selbständig und ohne meine jeweilige Zustimmung alle Rechtshandlungen und Rechtsgeschäfte Ihnen gegenüber vorzunehmen, die sich aus ihrer Geschäftsverbindung mit Ihnen ergeben.

.........., den .... 192..

Vordruck 21.

Allgemeine Geschäftsbedingungen

der ....

nachstehend „Bank" genannt)

über die Führung laufender Rechnung mit und ohne Kredit sowie den allgemeinen Geschäftsverkehr.

Für den Geschäftsverkehr der Bank mit ihren Geschäftsfreunden gelten folgende Bedingungen:

§ 1. Sämtliche Konten eines Geschäftsfreundes, welche Bezeichnung sie auch führen (Scheckkonto, laufende Rechnung usw.) und über welche Währung sie auch lauten mögen, bilden ein einheitliches Kontokorrent im Sinne des Handelsgesetzbuches; die Bank ist jedoch berechtigt, die einzelnen Salden dieser Konten selbständig einzuklagen.

§ 2. Auf das Konto kann der Inhaber jederzeit Zahlungen von der Bank erhalten mit der Beschränkung, daß das Guthaben nicht überschritten wird bzw. die entstehende Schuld zusammen die Summe des bewilligten Kredits nicht überschreitet. Ebenso können Einzahlungen jederzeit geleistet werden.

§ 3. Die Einzahlungen werden zum nächsten Werktage gutgeschrieben, Abhebungen mit dem Auszahlungstage belastet. Die Bank kann verlangen, daß Abhebungen von 1000 RM. einen Tag, und über 3000 RM. drei Tage vorher angemeldet werden. Die Anwendung dieser Einschränkung, von welcher im allgemeinen kein Gebrauch gemacht wird, bleibt der Bank überlassen.

Inhaber einer laufenden Rechnung in fremder Währung müssen alle Maßnahmen und Rechtsfolgen gegen sich gelten lassen, die das entsprechende von der Bank oder ihrer Verbindung im In- oder Auslande unterhaltene Konto betrifft. Über Währungsguthaben kann nur im Rahmen der gesetzlichen Bestimmungen verfügt werden.

§ 4. Für alle von der Bank erhaltenen Zahlungen hat der Kontoinhaber besondere Quittung zu erteilen. Die Zahlungender Bank erfolgen an den Kontoinhaber oder den Überbringer der Quittung. Scheckbücher werden von der Bank abgegeben und nur solche sind zu verwenden. Alle Folgen und Nachteile des Abhandenkommens, der mißbräuchlichen Verwendung, der Fälschung und Verfälschung von Schecks, Scheckvordrucken und des Vordrucks der Empfangsbescheinigung trägt der Kontoinhaber. Die Bank haftet nur für nachgewiesenes Verschulden und nur in dem Maße, als sie im Verhältnis zu anderen Ursachen an der Entstehung des Schadens mitgewirkt hat. Sämtliche von der Bank erhaltenen Formulare sind daher sorgfältig aufzubewahren. Die Legitimation des Überbringers oder die Echtheit der Unterschrift einer Quittung usw. ist die Bank zu prüfen berechtigt, aber nicht verpflichtet.

§ 5. Die Verfügung über das Konto kann erfolgen durch bare Abhebung, Ausgabe von Schecks, Überweisungs- und Zahlungsaufträge. Aufträge zu Zahlungen, Überweisungen usw. führt die Bank nach eigenem besten Ermessen aus; sie übernimmt jedoch keine Haftung wegen infolge Irrtums, Fehlleitung oder Verzögerung entstehender Schäden oder Geldentwertungsfolgen, insbesondere dann nicht, wenn die Aufträge undeutlich, mißverständlich oder mangelhaft erfolgen. — Aufträge für wiederkehrende Zahlungen werden von der Bank nur unter Ausschluß jeglicher Haftung hinsichtlich der rechtzeitigen Ausführung übernommen.

Ferner kann der Kontoinhaber Wechsel bei der Bank zahlbar stellen, er hat jedoch davon spätestens drei Tage vor Fälligkeit der Bank Anzeige zu machen. Endlich kann die Verfügung über das Konto durch alle sonstigen bankgeschäftlichen Aufträge erfolgen, wie Ankäufe von Wertpapieren usw.

Die Bank darf alle ihr zugehenden Aufträge zum An- oder Verkauf von Wechseln, Valuten oder Wertpapieren als Selbstkontrahentin erledigen, ohne daß es der im § 405 HGB. vorgesehenen ausdrücklichen Erklärung bei Ausführung jeden Auftrages bedarf. Die Wahl des Börsenplatzes und die Art der Übermittlung des Börsenauftrags bleibt mangels besonderer Vorschrift der Bank überlassen.

§ 6. Nach Schluß jeden Kalenderhalbjahres erhält jeder Inhaber eines Kontos einen vollständigen Auszug seiner laufenden Rechnung, deren Ergebnis er durch Unterschrift anzuerkennen hat. Das Anerkenntnis ist der Bank binnen 14 Tagen nach Empfang einzusenden. Werden gegen die Richtigkeit der von der Bank erteilten Kontoauszüge oder Depotaufstellungen binnen vier Wochen Einwendungen nicht erhoben, so gelten dieselben als ausdrücklich genehmigt. Erinnerungen gegen sonstige Abrechnungen oder Anzeigen über ausgeführte Geschäfte müssen innerhalb drei Tagen erfolgen, widrigenfalls dieselben als genehmigt gelten.

§ 7. Neben den vereinbarten Zinsen und Provisionen werden die im Interesse des Geschäfts aufgewendeten Porti, Depeschen, Stempel und Auslagen eventuell pauschal berechnet.

§ 8. Auf jeder laufenden Rechnung mit Kredit (also nicht fest auf Zeit gegebenen Darlehen) muß ein angemessener Umsatz durch Ein- und Auszahlungen stattfinden, andernfalls eine Erhöhung der Provision eintreten kann. Der Kontoinhaber ist auch gehalten, das Konto nicht lediglich zur Kreditnahme zu benutzen, sondern seine sonstigen Geschäfte über das Konto gehen zu lassen. Kredite, bei denen das nicht der Fall ist, können gekündigt werden. Die Bank ist berechtigt, den Kontoinhaber auch aus den im sonstigen Verkehr mit ihm entstandenen Forderungen zu belasten.

§ 9. Einer Kündigung zwecks Schließung des Kontos bedarf es nicht, wenn der Kontoinhaber den bewilligten Kredit erhoben und über drei Monate in Händen hat, ohne inzwischen entsprechende Abzahlung darauf zu leisten, oder wenn auf seinem Konto überhaupt kein Umsatz stattfindet. Die sich nach den Büchern der Bank ergebende Forderung gegen den Kontoinhaber ist in solchem Falle sofort fällig, und ist alsdann die Bank berechtigt, ohne weiteres die für das Kreditverhältnis haftenden Bürgen in Anspruch zu nehmen, oder ohne gerichtliche Einmischung die bei ihr verpfändeten oder zu anderen Zwecken hinterlegten Wertpapiere, Schuldscheine, Hypotheken usw. zu verkaufen. Auch aus anderen Gründen kann der Vorstand der Bank den laufenden Kredit ohne vorherige Aufkündigung für erloschen erklären und sofort Klage auf Zahlung des Schuldbetrages erheben.

§ 10. Die Aufhebung des Kontoverhältnisses steht im übrigen beiden Teilen jederzeit nach vorheriger Kündigung frei — vorbehaltlich der in § 9 angegebenen Einschränkung. Wird von dieser Befugnis Gebrauch gemacht, so hat der Kontoinhaber, welcher Guthaben bei der Bank besitzt, über dasselbe vom Tage der Kündigung ab binnen 14 Tagen zu verfügen, andernfalls von da an die Verzinsung aufhört. Der Schuldner der Bank aber hat binnen derselben Frist vollständige Zahlung zu leisten.

§ 11. Der Kontoinhaber unterwirft sich den für Kaufleute in bezug auf den Konto-Korrent-Verkehr geltenden Bestimmungen des Handelsgesetzbuches (§§ 355 ff. HGB.)

§ 12. Alle Wertpapiere und sonstigen Wertstücke, welche von den Geschäftsfreunden der Bank aus irgendeinem Anlasse in den Besitz der Bank gelangen, ebenso etwaige Guthaben auf Schuldurkunden, Spareinlagebuch, Scheckkonto oder sonstigen Rechnungen gelten als Teile des einheitlichen Konto-Korrents im Sinne der §§ 355 bis 357 HGB. bzw. dienen als Faustpfand zur Sicherheit für alle Forderungen gegen die Geschäftsfreunde der Bank. Die Bank ist berechtigt, falls ihre Schuldner im Verzuge sind, ohne gerichtliches Verfahren und ohne daß es der Erwerbung eines vollstreckbaren Titels, der Beobachtung der für die Zwangsvollstreckung geltenden Vorschriften, einer vorgängigen Androhung oder Innehaltung einer Frist bedarf, die Pfandstücke zu einem beliebigen Zeitpunkt und an jedem der Bank geeignet erscheinenden Orte behufs ihrer Befriedigung zu verkaufen. Etwaige Guthaben oder sonstige Forderungen der Schuldner — einerlei wie dieselben verbucht sind — werden im Kompensationswege verrechnet bzw. die Begleichung solcher Forderungen bis zur Befriedigung der Bank verweigert. § 1237 Satz 2 und § 1238 BGB. finden keine Anwendung; auch sind die Kontoinhaber nicht berechtigt, gemäß § 1246 BGB. Abweichungen von der regelmäßigen Art des Pfandverkaufs zu fordern. Im Falle der Verpfändung von Hypotheken, Grundschulden, sowie Forderungen sonstiger Art ist die Bank überdies berechtigt, bei Lösung der Geschäftsverbindung die verpfändeten oder abgetretenen Forderungen ohne Zustimmung oder Mitwirkung des Pfandschuldners und ohne vorgängige Androhung oder Innehaltung einer Frist zu kündigen und einzuziehen, einerlei, ob die Ansprüche der Bank an den Kontoinhaber alsdann bereits fällig sind oder nicht.

Eine Verpflichtung der Bank, sich wegen ihrer Ansprüche in erster Reihe aus den ihr pfandweise haftenden Wertobjekten, insbesondere aus verpfändeten oder sicherungshalber zedierten Forderungen zu befriedigen, liegt ihr nicht ob[1]).

§ 13. Für die in Verbindung mit der laufenden Rechnung empfangenen Wertpapiere übernimmt die Bank mit gesetzlicher Haftung die treue und sichere Aufbewahrung. Eine Haftbarkeit für die Verwaltung der im Besitz der Bank befindlichen Vermögensstücke besteht nicht. Namentlich wird eine solche für etwaige Verzögerungen oder Unterlassung der Ausübung von Bezugsrechten, der Abtrennung von Zinsscheinen, bei Beobachtung von Auslosungen und Kündigungen nicht eingestanden.

§ 14. Bei Wechseln auf Nebenplätze und solchen Wechseln, die nicht bankfähig sind oder eine zu kurze Laufzeit haben, kann die Bank eine Verpflichtung zur rechtzeitigen Vorlegung oder Beibringung eines Protestes nicht eingehen und daher diese Wechsel nur mit diesem, ein für alle Mal ausgesprochenem Vorbehalt übernehmen.

Abgaben (Tratten) sind nur auf Grund von Buchforderungen auszuschreiben. Tratten werden von der Bank nur mit der ausdrücklichen Bestimmung angenommen, daß mit Übergabe derselben auch die Buchforderung mitzediert ist. Bei Eingang vor Verfall an den Kontoinhaber ist der Betrag sofort an die Bank abzuführen.

Den Einzug von Schecks übernimmt die Bank auf die Gefahr des Einreichers. Eine Verbindlichkeit für rechtzeitige Vorzeigung im Sinne § 11 des Scheckgesetzes, sowie jede Verantwortlichkeit für Verspätung oder Unterlassung eines Protestes bzw. eines Vorzeigungsvermerks wird nicht übernommen.

Gutschriften von Beträgen der der Bank ausgehändigten Wechsel und Schecks gelten nur als unter Vorbehalt des Eingangs erfolgt. Die Bank ist daher auch nicht verpflichtet, die diesbezüglich gutgeschriebenen Beträge vor Eingang der betreffenden Wechsel und Schecks bei der Würdigung der vorhandenen Sicherheiten als Kreditposten anzusehen, wiewohl sie diese Beträge in der üblichen Weise sofort nach Empfang gutbringt.

Die Bank ist berechtigt, die ihr girierten, aber später mangels Annahme oder mangels Zahlung protestierten Wechsel nach eigener Wahl

---

[1]) Die in § 12 ausgesprochene Pfandklausel bedingt im Falle der Unterzeichnung der Geschäftsbedingungen durch den Kontoinhaber in Preußen den Sicherstellungsstempel von RM. 1,50.

entweder zu belasten oder unabhängig von dem Konto-Korrent-Verkehr im Wege besonderer Wechselklage geltend zu machen, letzteres auch dann, wenn die Belastung in laufender Rechnung bereits erfolgt ist.

§ 15. Die Bank haftet nicht für Echtheit, Vollgültigkeit, Vollständigkeit von Konossementen, Ladescheinen, Lagerscheinen oder sonstiger Urkunden, gegen die sie Zahlung zu leisten hat, insbesondere nicht für falsche, ge- oder verfälschte Angaben u. dgl.

§ 16. Für das rechtzeitige Eintreffen von Briefen und Depeschen im gegenseitigen Verkehr sowie für etwaige unrichtige Wiedergabe des Wortlauts der Depeschen seitens des Telegraphenamtes trägt die Bank keine Verantwortung. — Drahtliche Mitteilungen der Bank gelten nur vorbehaltlich der brieflichen Bestätigung.

§ 17. Beim Ableben des Konto- oder Depotinhabers ist die Bank berechtigt, dessen nachgelassenes Barguthaben und Effektendepot an die in einem gerichtlich eröffneten und ausgefertigten Testament genannten Erben oder Testamentsvollstrecker auszuliefern.

§ 18. Für Schäden, welche durch Störung des Betriebes der Bank infolge Streiks, Aussperrung, Aufruhr, Verfügung von hoher Hand veranlaßt werden, haftet die Bank nicht; dagegen haftet sie für die im Interesse ihrer Geschäftsfreunde durchgeführten Geschäfte mit der Sorgfalt in eigenen Angelegenheiten. Aus wichtigen Gründen ist die Bank berechtigt, an bestimmten Tagen oder für bestimmte Stunden ihren Geschäftsbetrieb einzuschränken oder ganz zu schließen. Wegen aller Streitigkeiten, welche aus der Geschäftsverbindung mit der Bank entstehen möchten, unterwerfen sich die Geschäftsfreunde den für die Bank zuständigen Gerichten.

§ 19. Zu Abänderungen dieser Geschäftsbedingungen ist die Bank berechtigt. Dieselben werden im Geschäftslokale ausgehängt oder den Kontoinhabern schriftlich durch gedruckte oder vervielfältigte Rundschreiben angezeigt oder in den für die Veröffentlichungen der Bank statutengemäß bestimmten Blättern bekanntgemacht und gelten von dem angegebenen Zeitpunkt ab.

§ 20. Die bei der Bank geführten Konten werden grundsätzlich in der gesetzlichen Währung „Reichsmark" auf der Grundlage des im Reichsgesetz 30. 8. 1924 festgelegten Wertes (1392 Reichsmark für 1 Pfund Gold fein) geführt. Nur auf besonderen Wunsch werden in Ausnahmefällen Währungskonten eingerichtet.

Hierdurch bestätige ich/wir den Erhalt eines Abdrucks obiger Bestimmungen, die ich/wir im Verkehr mit Ihnen anerkenne..

.... Unterschrift.
Ort Tag

———

Vordruck 22.

Bürgschaftsurkunde[1]).

Zur Sicherung aller Ansprüche und Forderungen, welche der Kreditbank, eingetragene Genossenschaft mit beschränkter Haftpflicht, gegen ... . aus Kreditgewährung, aus laufender Rechnung, aus Wechseln, Bürgschaften oder einem sonstigen Rechtsgrund bereits entstanden sind und noch entstehen werden, verbürge ich/wir .... mich/uns der Kreditbank eingetragene Genossenschaft mit beschränkter Haftpflicht gegenüber als Selbstschuldner ...... bis zur Höhe eines Betrages von RM. .... wörtlich .... sowie für sämtliche Zinsen, Provisionen und Kosten, auch soweit solche bei den Rechnungsabschlüssen zum Kapital geschlagen werden und dadurch der verbürgte Betrag überschritten wird.

Ich/Wir verzichte... auf die Einrede der Vorausklage und der Teilung sowie die aufschiebenden Einreden aus § 770 BGB.

Wir/Ich erkenne... ausdrücklich an, daß die Bürgschaft nicht auf bestimmte Zeit im Sinne des § 777 BGB. geleistet sein soll.

Die Bürgschaft bleibt auch bei einem etwaigen Wechsel der Inhaber oder bei einer Änderung der Rechtsform der Firma des/der Hauptschuldner .... bestehen.

Die Kreditbank ist befugt, alle ihre sonstigen Sicherheiten und Vorzugsrechte für die von mir/uns verbürgten Forderungen nach eigenem Ermessen zu verwerten und auch aufzugeben, ohne daß hierdurch der Umfang meiner/unserer Bürgschaftsverpflichtungen geändert wird, sowie den Erlös aus anderen Sicherheiten oder Zahlungen des Hauptschuldners oder Dritter auf den meine/unsere Bürgschaftssumme überschreitenden Teil ihrer Forderungen in Anrechnung zu bringen.

Daraus, daß die Kreditbank die Einziehung der Hauptschuld verzögert, Stundung gewährt, einem Zwangsvergleich zustimmt oder sich

[1]) Unterliegt in Preußen dem Sicherstellungsstempel.

sonst mit dem Hauptschuldner vergleicht, können Einwendungen gegen die Kreditbank von $\frac{\text{mir}}{\text{uns}}$ nicht geltend gemacht werden.

Bis zur vollständigen Befriedigung der Kreditbank für alle ihre Ansprüche gegen den Hauptschuldner gelten die von $\frac{\text{mir}}{\text{uns}}$ wegen der Bürgschaft gemachten Zahlungen als Sicherheitsleistungen; die Kreditbank ist jedoch befugt, sich jederzeit aus den von $\frac{\text{mir}}{\text{uns}}$ gezahlten Beträgen zu befriedigen. Erst nach vollständiger Befriedigung der Kreditbank gehen deren Rechte gegen den Hauptschuldner auf den Bürgen über.

Mitteilungen, die sich auf diese Bürgschaft beziehen, gelten als ordnungsmäßig behändigt, wenn sie an die letzte der Kreditbank bekannte Anschrift des Bürgen abgesandt sind.

Für alle $\frac{\text{meine}}{\text{unsere}}$ Verpflichtungen aus der vorstehenden Bürgschaft ist .... Erfüllungsort und Gerichtsstand.

.........., den .... 19..

Vordruck 23.

Nr. ...... der Kredit- und Bürgschaftsliste.
Blatt .... in dem Kontobuch für laufende Rechnung

Kredit- und Bürgschafts-Urkunde

für den Verkehr in laufender Rechnung mit Kredit.

Ich/Wir Unterzeichnete .... bekenne.... hiermit, daß mir/uns de....
(nachstehend Bank genannt)
einen Kredit in laufender Rechnung bis zum Betrage von Reichsmark .... Kapital wörtlich RMark: .... sowie für die Nebenforderungen der Bank (Zinsen, Provision, Kosten usw.) eröffnet hat.

Ich/Wir unterwerfe... mich/uns hierfür den Geschäftsbedingungen der oben angeführten Bank sowie allen etwa später von der Bank eingeführten Abänderungen[1]).

Stempel und Kosten sind ohne jede Ausnahme von mir/uns zu tragen, also auch Kosten für Auskünfte, Taxen, Reisen und überhaupt alle Auf-

[1]) Wenn die allgemeinen Geschäftsbedingungen gesondert unterzeichnet sind, wie es zu empfehlen ist, kann dieser Absatz wegfallen, zumal die Kreditturkunde sonst in Preußen stempelpflichtig werden würde.

wendungen, die seitens der Bank irgendwie für wünschenswert erachtet worden sind oder noch erachtet werden.

Erfüllungsort und Gerichtsstand für meine/unsere Verpflichtungen .... ist der Sitz der Bank.

.........., den .... 192..

....

(Unterschrift des Kontoinhabers, eventuell auch der Ehefrau, im letzteren Falle mit besonderer ehemännlicher Genehmigung)

....

Unterzeichnete... leiste... für die aus obigem Kontokorrentverhältnis erwachsene und noch erwachsende Schuld Bürgschaft als Selbstschuldner, und zwar für Kapital, Vertrags- und Verzugszinsen, Provisionen und alle Kosten.

Die Einreden der Vorausklage (§ 771 BGB.), desgleichen diejenigen nach den §§ 770 und 777 BGB. sind ausgeschlossen. Die Verpflichtung aus der Bürgschaft ist also insbesondere zu erfüllen, ohne daß gegen den Hauptschuldner die Klage oder Zwangsvollstreckung betrieben zu werden braucht, desgleichen wenn der Hauptschuldner das zugrunde liegende Rechtsgeschäft anfechten, oder wenn sich der Gläubiger durch Aufrechnung befriedigen kann. Die Bürgschaft besteht nicht auf Zeit, sondern bis zur völligen Tilgung der Schuld, auch bei Stundung und Fristverlängerung. Einwendungen aus unterlassener Anmeldung im Nachlaß- und Konkursverfahren sind ausgeschlossen.

Gerichtsstand für Streitigkeiten wegen der Bürgschaft soll der Sitz der Bank sein[2]).

........., den .... 192..

Unterschrift der/des Bürgen: ....

....

---

[2]) Die Bürgschaftsurkunde unterliegt in Preußen dem Sicherstellungsstempel, der innerhalb 14 Tagen vom Tage der Ausstellung der Urkunde gerechnet, entrichtet werden muß.

Vordruck 24.

Nr. ...... der Kredit- und Bürgschaftsliste.
Blatt ...... in dem Kontobuch für laufende Rechnung.

Urkunde[1]).

zur Verpfändung von Wertpapieren als Sicherstellung für alle aus dem Geschäftsverkehr entstehenden Ansprüche.

Ich/Wir Unterzeichnete .... bekenne... hiermit, daß mir/uns d....
(nachstehend „Bank" genannt)

einen Kredit bis zum Betrage von Reichsmark ...., wörtlich ...... Reichsmark .... Kapital sowie für die Nebenforderungen der Bank (Zinsen, Provision, Kosten usw.) eröffnet hat.

Ich/Wir unterwerfe... mich/uns hierfür den Geschäftsbedingungen der oben angeführten Bank sowie allen etwa später von der Bank eingeführten Abänderungen[2]).

Stempel und Kosten sind ohne jede Ausnahme von mir/uns zu tragen, also auch Kosten für Auskünfte, Taxen, Reisen und überhaupt alle Aufwendungen, welche seitens der Bank irgendwie für wünschenswert erachtet worden sind oder noch erachtet werden.

Zur Sicherstellung aller Forderungen, welche der Bank gegen mich/uns zustehen oder zustehen werden, namentlich für Forderungen aus dem Darlehnsgeschäft, aus Wechseln, aus laufender Rechnung, auch befristete und gestundete, einschließlich der Ansprüche auf Erstattung von Vertrags- und Verzugszinsen, Provisionen und Kosten aller Art, insbesondere derjenigen der Kündigung, Einziehung und Rechtsverfolgung übergebe... und verpfände... ich/wir die nachstehend verzeichneten Wertpapiere, über welche mir/uns das Verfügungsrecht zusteht, nebst den laufenden Zins- und Erneuerungsscheinen unter folgenden Bedingungen hiermit als Faustpfand:

....
....

1. Sollte... ich/wir meinen/unseren Verpflichtungen bezüglich des mir/uns gewährten Kredits nicht nachkommen, so ermächtige ich/wir hiermit die Bank, das Unterpfand ganz oder teilweise ohne gerichtliches Verfahren und ohne vorgängige Androhung des Verkaufs sofort an der Berliner oder einer anderen Börse für meine/unsere Gefahr und Rechnung

---

[1]) Für die Verpfändung von Wertpapieren für den laufenden Geschäftsverkehr genügt unter Umständen schon eine Beurkundung in der Weise, daß der Verpfänder die allgemeinen Geschäftsbedingungen mit der Pfandklausel unterzeichnet.

[2]) Vergl. Fußnote 1 zu Formular 23.

verkaufen zu lassen und sich daraus für Kapital, Zinsen, Provision und Kosten vollständig bezahlt zu machen.

2. Dasselbe Recht räume... ich/wir der Bank für den Fall ein, daß der Kurs der verpfändeten Wertpapiere während der Dauer des Pfandverhältnisses um 5 Prozent oder mehr oder um so viel sinkt, daß meine/unsere Schuld mehr als neun Zehntel des Kurswerts beträgt und ich/wir nicht binnen 3 Tagen, auch ohne besondere Aufforderung, die ursprüngliche Sicherheit dadurch wiederherstelle..., daß ich/wir nach der Wahl der Bank entweder eine verhältnismäßige Abschlagszahlung leiste... oder das Unterpfand auf das ursprüngliche Verhältnis erhöhe... Das Eintreten eines jener Fälle hat Fälligkeit der Forderung zur Folge.

3. Die Bank soll nicht verpflichtet sein, wegen ihrer Forderung zunächst Befriedigung aus dem Unterpfand zu suchen, ich/wir verzichte... ausdrücklich auf das Recht, der Zwangsvollstreckung in mein/unser übriges Vermögen gemäß §§ 766, 777 der Zivilprozeßordnung zu widersprechen.

4. Für diejenigen verpfändeten Effekten, die einer Kündigung, Verlosung, Auszahlung oder sonstigen Veränderung unterliegen, habe... ich/wir die zur Sicherung meines/unseres Interesses nötigen Maßregeln selbst zu besorgen oder die Besorgung auf meine/unsere Kosten in Antrag zu bringen, widrigenfalls die nachteiligen Folgen mich/uns allein treffen.

5. Die Zins- und Dividendenscheine werden auf meinen/unseren Antrag an bzw. kurz vor dem Fälligkeitstermine von der Bank abgetrennt und meinem/unserm Konto gutgeschrieben. Die Einholung neuer Zins- und Dividendenscheine besorgt die Bank auf meine/unsere Kosten.

6. Jeder, welcher die Bank vollständig befriedigt und die Ausfertigung dieser Pfandurkunde zurückgibt oder sie zu einem anderen Zwecke präsentiert, soll für den rechtmäßigen Eigentümer derselben und des Unterpfandes angesehen werden. Die Bank übernimmt keine Verpflichtung, die Legitimation des Inhabers oder dessen, der über den Rückempfang des Pfandes quittiert, sowie die Richtigkeit der Quittung zu untersuchen.

7. Auf Grund des § 2 des Gesetzes betreffend die Pflichten der Kaufleute bei Aufbewahrung fremder Wertpapiere vom 5. Juli 1896, lautend:

„Eine Erklärung des Hinterlegers oder Verpfänders, durch welche der Verwahrer oder Pfandgläubiger ermächtigt wird, an Stelle hinterlegter oder verpfändeter Wertpapiere der im § 1 bezeichneten Art gleichartige Wertpapiere zurückzugewähren oder über die Papiere zu seinem Nutzen zu verfügen, ist, falls der Hinterleger oder Verpfänder nicht gewerbsmäßig Bank- oder Geldwechslergeschäfte betreibt, nur gültig, soweit sie für das einzelne Geschäft ausdrücklich und schriftlich abgegeben wird.

Wird der Verwahrer oder Pfandgläubiger ermächtigt, an Stelle hinterlegter oder verpfändeter Wertpapiere der im § 1 bezeichneten Art gleichartige Wertpapiere zurückzugewähren, so finden die Bestimmungen des § 1 keine Anwendung."
erkläre ich/wir mich/uns für obige Wertpapiere hiermit ausdrücklich und schriftlich sowohl damit einverstanden, daß die Bank mir/uns lediglich gleichartige Papiere zurückgewährt, als auch damit, daß sie über die Papiere zu ihrem Nutzen verfügt, insbesondere sie weiterverpfändet.

8. Von dieser Verpfändung habe... ich/wir eine gleichlautende Ausfertigung erhalten.

9. Erfüllungsort und Gerichtsstand für meine/unsere Verpflichtungen ist der Sitz der Bank.

.........., den .... 192..

....

(Unterschrift des Kontoinhabers, eventuell auch der Ehefrau, im letzteren Falle die Unterschrift der Ehefrau zuerst:)

....

Auf dieser Urkunde muß in Preußen innerhalb 14 Tagen vom Tage der Ausstellung der Urkunde gerechnet durch das nächste Haupt-Steueramt, Haupt-Zollamt, Neben-Zollamt oder durch den Stempelverteiler ein Stempel entrichtet werden.

Vordruck 25.

Bedingungen für die Gewährung von Baugeldkrediten.

Der .... (Firma) .... gewährt seinen Mitgliedern Baugelddarlehen zu nachstehenden Bedingungen:

§ 1. Der Antrag auf Gewährung eines Baugelddarlehens ist schriftlich beim Vorstand einzureichen und hat

a) die genaue, grundbuchmäßige Bezeichnung des Grundstücks, auf dem der Neubau errichtet werden soll, und

b) die Höhe des beantragten Darlehens zu enthalten.

Dem Antrag ist der Lageplan, die Bauzeichnung und Baubeschreibung sowie eine Bescheinigung über die baupolizeiliche Genehmigung beizufügen. Der Antragsteller hat ferner den geeigneten Nachweis dafür zu erbringen, daß die hypothekarische Beleihung des Grundstücks nach Vollendung des Baues nicht zweifelhaft ist.

Der Bescheid des Vereins erfolgt schriftlich, nachdem der Antragsteller sich den nachstehenden Bedingungen durch Unterschreiben derselben unterworfen hat.

§ 2. Für das Darlehen nebst Zinsen hat der Darlehensempfänger auf dem zu bebauenden Grundstücke zugunsten des Vereins eine Darlehnshypothek zu errichten. Er hat ferner zu bewilligen und zu beantragen, daß die Hypothek nebst den Bedingungen über Zinszahlung und Fälligkeit in das Grundbuch eingetragen und der zu erteilende Hypothekenbrief dem Verein ausgehändigt werde.

Auf Verlangen des Vereins ist die Hypothek in Form der Sicherungshypothek zu bestellen.

Der Verein ist berechtigt, außer der Hypothek noch weitere Sicherheit zu verlangen.

§ 3. In Ansehung des Darlehns nebst Zinsen und sonstigen Nebenleistungen sowie der hierfür bestellten Hypothek hat sich der Darlehnsempfänger gerichtlich oder notariell der sofortigen Zwangsvollstreckung in das mit der Hypothek belastete Grundstück und sein sonstiges Vermögen dergestalt zu unterwerfen, daß die Zwangsvollstreckung in das Grundstück aus der Urkunde auch gegen den jeweiligen Eigentümer des Grundstücks zulässig ist. Gleichzeitig hat der Darlehnsempfänger darin einzuwilligen, daß dem Verein jederzeit auf seinen Antrag und ohne den urkundlichen Nachweis der die Fälligkeit der Forderung begründenden Tatsache auf Kosten des Darlehnsempfängers eine vollstreckbare Ausfertigung dieser Urkunde erteilt werde. Er hat ferner zu bewilligen und zu beantragen, daß die Unterwerfung unter die sofortige Zwangsvollstreckung in das Grundbuch eingetragen werde.

§ 4. Sobald der Darlehnsempfänger seinen Verpflichtungen aus §§ 2 und 3 genügt hat, erhält er vom Verein ein Abrechnungsbuch, in welchem die Zahlungen des Vereins und die Zahlungen des Darlehnsempfängers durch den Verein zu buchen sind. Nur bei Vorlage des Buches werden Zahlungen vom Verein geleistet bzw. entgegengenommen.

Über alle vom Verein erhaltenen Zahlungen hat der Darlehnsempfänger außerdem besondere Quittung zu erteilen.

§ 5. Die Zahlung des Baugelddarlehns erfolgt in Raten. Die Höhe derselben und die Zahlungszeiten setzt der Verein bei der Bewilligung des Darlehns im voraus fest.

Über die für Hypothekenbanken festgesetzte Höchstbeleihungsgrenze hinaus werden Baugelddarlehen nicht gewährt.

Die Zahlungszeiten werden nicht nach dem Kalender, sondern entsprechend dem Fortschreiten des Baues bestimmt.

Für jede empfangene Rate hat der Darlehnsempfänger einen Sichtwechsel in Höhe dieser Rate auszustellen.

§ 6. Die Genossenschaft ist berechtigt zu verlangen, daß die Anträge auf Zahlung einer Rate oder auf Leistung eines Vorschusses bis zum Betrage von ...... RMk. mindestens einen Tag, in größerer Höhe mindestens drei Tage vorher angemeldet werden.

Die Anwendung dieser Einschränkung, von welcher in der Regel kein Gebrauch gemacht wird, ist dem Ermessen des Vorstandes anheimgegeben.

§ 7. Die einzelnen Raten des Baugelddarlehens sind von der Hingabe ab mit .... vom Hundert, vierteljährlich im voraus zahlbar, zu verzinsen.

Wird in der in § 14 festgesetzten Zeit das Kapital nicht zurückgezahlt, so ist es danach mit .... vom Hundert zu verzinsen. Das Recht des Vereins, von der ihm in § 3 zustehenden Befugnis sofortiger Zwangsvollstreckung Gebrauch zu machen, wird hierdurch nicht berührt.

Der Darlehnsempfänger hat ferner eine Provision in Höhe von .... vom Hundert der Gesamtsumme — fällig mit je ½ bei Abhebung der ersten Rohbaurate und der ersten Ausbaurate — zu zahlen.

§ 8. Abtretung des Rechts auf den Bezug des Darlehns sowie die Erteilung von Anweisungen auf das Darlehn ist verboten.

§ 9. Der Darlehnsempfänger ist verpflichtet, das Grundstück nach Maßgabe der vorgelegten, polizeilich genehmigten Bauzeichnung in guten Materialien, unter Verwendung völlig trockener Bauhölzer zu bebauen und den Bau ohne Unterbrechung zu betreiben.

Zu einer Abänderung des Bauprojektes ist die Genehmigung des Vereins erforderlich.

Der Verein ist bei Genehmigung der Abänderung befugt, das Baugeld und die Raten dem Wertverhältnis des Baues entsprechend zu kürzen.

§ 10. Die zu errichtenden Baulichkeiten sind bei einer dem Verein genehmen Versicherungsgesellschaft gegen Feuersgefahr zu versichern und dauernd versichert zu halten.

Auf Verlangen des Vereins ist diesem der Anspruch auf die Versicherungsgelder zu verpfänden.

§ 11. Den Beauftragten des Vereins ist jederzeit der Zutritt zum Bau zu gestatten.

§ 12. Der Darlehnsempfänger hat, wenn der Bau außerhalb .... belegen ist, für jede vom Verein angeordnete Besichtigung des Baues durch Sachverständige Spesen zu zahlen. Dieselben betragen für Nachbarorte .... RMark; für entfernter liegende Orte sind sie besonders zu vereinbaren.

§ 13. Leistet der Darlehnsempfänger eine Abzahlung auf das ihm gewährte Kapital, so erhält er in Ansehung der Hypothek nach seiner Wahl löschungsfähige Quittung oder Zession in Höhe seiner Abzahlung.

§ 14. Nach vollständiger Fertigstellung und amtlicher Abnahme des Baues, spätestens aber innerhalb .... nach der Hingabe der ersten Darlehnsrate, ist das gesamte Darlehnskapital zurückzuzahlen.

§ 15. In folgenden Fällen ist der Verein berechtigt, vom Vertrage zurückzutreten und sofortige Rückerstattung des gezahlten Betrages und Zahlung der gesamten Provision, soweit sie noch nicht gezahlt ist, zu verlangen:

1. wenn der Darlehnsbetrag zu anderen Zwecken als lediglich zugunsten des Baues verwandt wird;
2. wenn der Anspruch auf das Darlehn ganz oder teilweise abgetreten oder eine Anweisung auf dasselbe erteilt wird;
3. wenn der Anspruch auf das Darlehn gepfändet oder auch nur eine bevorstehende Pfändung angekündigt wird, oder wenn auf dem Grundstück Baumaterialien gepfändet werden;
4. wenn Zinsen und Provision nicht binnen 2 Wochen nach Fälligkeit gezahlt werden;
5. wenn das Grundstück vor vollständiger Fertigstellung des Baues veräußert wird;
6. wenn die Zwangsversteigerung oder Zwangsverwaltung des Grundstücks angeordnet wird;
7. wenn der Darlehnsempfänger in Konkurs gerät oder seine Zahlungen einstellt;
8. wenn die Bauausführung durch Verschulden des Darlehnsempfängers später als 4 Wochen nach erfolgter Bewilligung des Darlehns begonnen oder während des Baues mit Verschulden des Darlehnsempfängers länger als 2 Wochen nicht gefördert wird;
9. wenn die Bauausführung ohne vorher eingeholte Genehmigung des Vereins nicht nach Maßgabe der vorgelegten Bauzeichnung und Baubeschreibung erfolgt;
10. wenn nach dem Gutachten des Sachverständigen des Vereins zum Bau altes, gebrauchtes oder sonstwie ungeeignetes Material verwandt und nicht unverzüglich auf Verlangen des Vereins durch gutes Material ersetzt wird;
11. wenn der Darlehnsempfänger die Versicherung der Baulichkeiten nicht in der vorgeschriebenen Weise rechtzeitig vornimmt, den Fortbestand der Versicherung gefährdet oder auf Verlangen in die Verpfändung des Anspruchs auf die Versicherungsgelder an den Verein nicht einwilligt;
12. wenn die Besichtigung des Baues den Beauftragten des Vereins nicht gestattet wird.

§ 16. Die entstehenden Gerichts-, Notariats- und Stempelkosten hat der Darlehnsempfänger zu tragen.

§ 17. Etwaige Nebenabreden zu diesen Bedingungen bedürfen zu ihrer Gültigkeit schriftlicher Abfassung und müssen vom Vorstand in der für ordnungsmäßige Zeichnung des Vorstandes vorgeschriebenen Form unterschrieben sein.

Vordruck 26.

Bedingungen für die Vorschußgewährung[1]).

§ 1. Vorschüsse auf bestimmte Frist werden an die Mitglieder auf eigene Wechsel gewährt und in der Regel nicht länger als auf .... Monate.

Das Mitglied muß für den Kredit sicher erscheinen und außerdem eine weitere Sicherheit stellen.

§ 2. Der Antrag[2]) ist schriftlich bei dem Vorstande einzureichen, muß die Höhe des gewünschten Vorschusses, die verlangte Zahlungsfrist, sowie die Angabe der zu bestellenden Sicherheit (Name des Bürgen, der zu verpfändenden Wertpapiere usw.) enthalten. Wenn die Sicherstellung in Wertpapieren bestehen soll, so sind dieselben dem Antrage beizufügen; sie dürfen nicht außer Kurs gesetzt sein.

§ 3. Die Anträge auf Kreditgewährung unterliegen zunächst der Beschlußfassung des Vorstandes und werden, wenn der Vorstand denselben stattgeben will, dem Aufsichtsrate zur Genehmigung unterbreitet[3]).

Der Aufsichtsrat tritt in der Regel am .... zu einer Sitzung zusammen; Anträge auf Kreditbewilligung sind daher spätestens am ...... einzureichen, wenn sie in der folgenden Sitzung des Aufsichtsrates zum Vortrage gebracht werden sollen.

§ 4. Bewilligte Kredite gelangen am Tage nach der Genehmigung durch den Aufsichtsrat in dem Geschäftslokale der Genossenschaft während der Kassenstunden zur Auszahlung.

§ 5. Prolongation des Vorschusses kann auf .... Monate vom Vorstande unter Genehmigung des Aufsichtsrates bewilligt werden und muß dann in der Regel eine Abschlagszahlung von .... RMk. geleistet werden.

Ist Sicherstellung durch Bürgen geleistet, so muß der Bürge zur Prolongation seine Genehmigung erteilen.

Die Anträge auf Prolongation sind .... Tage vor der Fälligkeit schriftlich bei dem Vorstande nach Maßgabe des § 3 Abs. 1 zu stellen.

---

[1]) Wir gehen von dem Gebrauch des eigenen Wechsels aus. Wegen der Besonderheiten für Kreditgewährung an Landwirte vgl. Kap. XI.

[2]) S. das nächste Formular.

[3]) Vgl. § 23 des Musterstatuts Formular 1. Diese Geschäftsbedingungen gehen durchweg von der Voraussetzung aus, daß in jedem Falle der Vorstand zur Kreditbewilligung die Genehmigung des Aufsichtsrates einzuholen hat. Bewilligt der Vorstand selbständig auf Grund einer Kreditfähigkeitsliste, oder läßt sich der Aufsichtsrat bei der Entscheidung durch Kommissionen oder einzelne Mitglieder vertreten, wie es oft bei großen Kreditgenossenschaften geschieht, so sind die Bedingungen entsprechend abzuändern.

§ 6. Die Zinsen für den Vorschuß und die Prolongation sind im voraus zu bezahlen.

§ 7. Vorschüsse können jederzeit ganz oder teilweise zurückgezahlt werden. Die Rückzahlung erfolgt im Geschäftslokale der Genossenschaft während der Kassenstunden.

Bei Rückzahlungen, die mindestens einen halben Monat vor der Fälligkeit erfolgen, werden auf den Betrag Zinsen in der Höhe des jedesmaligen Zinsfußes, wie er für Spareinlagen mit ......monatlicher Kündigungsfrist gewährt wird, zurückvergütet.

§ 8. Der Wechsel ist von dem Kreditsucher im Geschäftslokale zu unterschreiben, ist die Sicherstellung durch Bürgschaft geleistet, ebenso vom Bürgen. Bringt der Kreditsucher den vom Bürgen bereits unterschriebenen Wechsel, so muß die Unterschrift des Bürgen beglaubigt sein.

§ 9. Die erforderlichen Stempel trägt der Kreditsucher.

Nr. ......

Vorschußantrag.

Endesunterzeichneter ersucht um ein Darlehen von RMark ...... auf ...... Monat ... und schlägt als Sicherheit vor:

a) die Wechselunterschrift von Stand Wohnort

b) die Verpfändung von Unterschrift des Antragstellers

Stand

(Ort), den ....19.. Wohnung

Prolongationsantrag.

An (Firma der Genossenschaft) stelle ich den Antrag, die Frist zur Rückzahlung meines am .... 19.. fälligen Darlehens im Betrage von RMk. ...... gegen Abschlagszahlung von ...... % um drei Monate, also bis zum .... 19.. zu verlängern.

(Ort), den .... 19..

Genehmigung des Bürgen zur Prolongation.

Mit der Bewilligung der vorstehend beantragten Verlängerung der Frist erkläre ich mich einverstanden.

(Ort), den .... 19..

Quittung.

Von Herrn .... das nach der Schuldurkunde vom .... gewährte Darlehen von RMark...... Pf. nebst Zinsen davon für die Zeit vom .... 19..
bis zum .... 19.. mit .... RMark .... Pf.

zusammen RMark .... Pf.

wörtlich ....
zurückempfangen zu haben, bescheinigt.

(Ort), den .... 19.. Firma der Genossenschaft.
(Unterschriften.)

Vordruck 27.

Darlehnsschuldurkunde.

D.... (nachstehend „Bank" genannt)
hat mir/uns heute .... RM. ...... Pf., in Worten: ....
.... Reichsmark als Darlehen gegeben.

Ich/Wir verpflichte... mich/uns, dieses Darlehen bis zum ....
auf meine/unsere Kosten zurückzuzahlen und bis dahin mit .... vom Hundert jährlich, von heute ab gerechnet, in .... Terminen zu verzinsen.

Ich/Wir unterwerfe ... mich/uns, hierfür den Geschäftsbedingungen der oben angeführten Bank[1]) sowie allen etwa später von der Bank eingeführten Abänderungen.

Die Zahlung der Zinsen und die Rückzahlung des Kapitals haben in dem Geschäftslokal der Bank zu erfolgen.

Die Bank soll berechtigt sein, wegen aller ihr aus der Hingabe dieses Darlehens gegen mich/uns zustehenden und noch erwachsenden Ansprüche nach ihrer Wahl entweder bei dem für sie örtlich zuständigen Amtsgericht oder bei dem für sie örtlich zuständigen Landgericht Klage zu erheben, auch wenn diese Gerichte sachlich unzuständig sein sollten. Die Befugnis der Bank, bei dem sachlich zuständigen Gericht zu klagen, wird durch vorstehende Vereinbarung nicht berührt.

.........., den .... 19..

....

Vordruck 28.

Bedingungen für die Beleihung von Waren[2]).

§ 1. Der Lagerort der Waren, deren Besitz an den Vorschußverein übertragen ist, sowie das Datum und Ergebnis der Abschätzung sind in der Urkunde zu bemerken. Eine Umlagerung des Pfandes ist nur mit Genehmigung des Vorschußvereins zulässig; sie berührt den Pfandbesitz des Vorschußvereins nicht.

§ 2. Lagern die Waren auf Packhöfen, in Lagerhäusern oder Niederlagen unter der Aufsicht öffentlicher Beamten oder in einem mehreren Privatpersonen gemeinschaftlichen Speicher oder sonst außerhalb

---

[1]) Vgl. Fußnote 1 zu Formular 23. Die Darlehensschuldurkunde unterliegt in Preußen dem Schuldverschreibungsstempel.

[2]) Den Bestimmungen der Reichsbank angelehnt.

des Vorschußvereins, so ist die Übergabe des Pfandes an den Vorschußverein in der nach Verschiedenheit jedes dieser Fälle gesetzlich erforderlichen Form zu bewirken.

§ 3. Die Waren müssen, solange sie dem Vorschußverein als Pfand dienen, gegen Feuersgefahr zur vollständigen Deckung des Vorschußvereins versichert sein. Die Entschädigungsansprüche aus den Versicherungsverträgen sind dem Vorschußverein zu verpfänden und die Versicherungsscheine sowie die Erneuerungsscheine ihm auszuhändigen. Der Vorschußverein ist berechtigt, aber nicht verpflichtet, die Versicherung auf Gefahr und Kosten des Verpfänders zu bewirken und zu erneuern. Bei entstandenem Feuerschaden liegt dem Verpfänder allein ob, die Verpflichtungen des Versicherten aus dem Versicherungsscheine zu erfüllen. Der Vorschußverein übernimmt deshalb keine Verantwortung, es möge die Versicherung von ihm selbst oder von dem Verpfänder bewirkt sein. Der Verpfänder ist aber verpflichtet, bei den Verhandlungen, welche über Feststellung eines Brandschadens an den verpfändeten Waren mit den Versicherungsgesellschaften gepflogen werden, den Vorschußverein zuzuziehen und darf ohne dessen Zustimmung keinen Vergleich schließen, bei dem die Lombardschuld nebst Zinsen und Kosten nicht gedeckt ist.

§ 4. Der Vorschußverein haftet für keinerlei Schaden, welcher ohne dessen grobes Versehen während des Lagerns an den Waren entsteht, sei es durch Verderben, Lecke an den Gebinden, Eintrocknen, Wurmfraß oder sonst, es mögen die Waren in den Gebäuden des Vorschußvereins oder anderwärts lagern. Es ist Sache des Verpfänders, öfters nach den Waren zu sehen und zur Erhaltung derselben das Erforderliche vorzunehmen, woran er von dem Vorschußverein nicht gehindert werden wird. Zu einer Fortschaffung des Unterpfandes an einen anderen Ort ist die Genossenschaft in keinem Falle, insbesondere auch nicht im Kriegsfalle verpflichtet.

§ 5. Entstehen dem Vorschußverein durch die Versendung, Abschätzung, Lagerung, Beaufsichtigung, Umpackung oder Sortierung der Waren, oder durch sonstige nützliche Verwendungen Kosten, so trägt diese der Verpfänder. Für die Lagerung der Waren in den Gebäuden des Vorschußvereins sind die von diesem bestimmten Kosten zu entrichten. Für alle Kosten, einschließlich der etwaigen Auslagen für die Versicherung gegen Feuersgefahr (§ 3), dienen dem Vorschußverein die Waren und der Versicherungsschein nebst den etwaigen Erneuerungsscheinen gleichfalls zum Unterpfande.

§ 6. Wenn die verpfändeten Waren um den sechsten Teil oder mehr ihres Schätzungs- oder marktgängigen Wertes im Preise sinken, oder ebensoviel während des Lagerns durch Veränderung ihrer Beschaffenheit und Menge nach einer von dem Vorschußverein allein durch einen seiner Beamten, seinen Schätzer oder einen anderen Sachverständigen zu veranlassenden Abschätzung im Werte verlieren, so ist der Schuldner verbunden, das Unterpfand sogleich verhältnismäßig zu verstärken oder einen entsprechenden Teil des Darlehens zurückzuzahlen. Geschieht binnen drei Tagen keines von beiden, so ist der Vorschußverein, wenn er nicht die Wiederherstellung der Sicherheit im Rechtswege verfolgen will, jederzeit berechtigt, aber nicht verpflichtet, sich aus dem Unterpfande bezahlt zu machen und den etwaigen Ausfall von dem Verpfänder einzuziehen.

§ 7. In Bezug auf die Verwahrung der Unterpfänder hat der Vorschußverein nur für diejenige Sorgfalt einzustehen, welche er in eigenen Angelegenheiten anzuwenden pflegt (§ 277 BGB.). Der Vorschußverein haftet nicht für Schäden, die durch Störung des Bankbetriebes infolge Aufruhrs, Verfügung von hoher Hand, Streiks oder Aussperrung veranlaßt werden.

Vordruck 29.

Kreditbrief. Nr. ......
über die Gesamtsumme von ....

An die umstehend verzeichneten Herren Korrespondenten!

Wir beehren uns hiermit ....

....

bei Ihnen einzuführen und Ihrer freundlichen Aufnahme zu empfehlen. Gleichzeitig stellen wir diese... einen Kredit bis zur Gesamthöhe von in Worten: .... gültig bis .... zur Verfügung, indem wir Sie bitten, unsere... Akkreditierten die von ih.... gewünschten Beträge bis zu der oben genannten Gesamtsumme ohne/unter Abzug Ihrer Kosten gegen doppelten Empfangsschein für unsere Rechnung auszuzahlen und die geleisteten Zahlungen auf der Rückseite dieses Kreditbriefes anzugeben. Eine Ausfertigung des Empfangsscheins wollen Sie uns zusenden.

Wir bestätigen zugleich unser Schreiben vom heutigen Tage mit Anzeige über diesen Kreditbrief.

.........., den .... 19..

Kreditverein zu ....
Eingetragene Genossenschaft mit beschränkter Haftpflicht.

Rückseite.

links: Raum für Firmen der auswärtigen Banken
rechts: Raum für Eintragung der geleisteten Zahlungen.

Vordruck 29a.

Anschreiben für Dokumenten-Akkreditive.

Im Auftrag ....
bitten wir Sie, der Firma ....
RMk. .... in Worten: ....
gegen folgende Dokumente zur Verfügung zu stellen:
....

Wir bitten uns die Dokumente einzusenden und uns für Ihre Zahlung zuzüglich Ihrer Gebühren und Auslagen unter Aufgabe zu belasten — Ihre Gebühren und Auslagen aufzugeben

Dagegen überweisen wir Ihnen
RMk. ....

Der begünstigten Firma belieben Sie von dem Akkreditiv in unverbindlicher Form Kenntnis zu geben und dabei ausdrücklich zu bemerken, daß es sich um ein unbestätigtes Akkreditiv handelt, dessen Widerruf jederzeit erfolgen kann.

Vordruck 29b.

Anschreiben für Dokumenten-Akkreditive

Zufolge Ihres Auftrages vom .... werden wir für Rechnung ....
RMk. .... in Buchstaben: ....
zahlen gegen Auslieferung ....

Sofern Sie nichts Gegenteiliges bestimmt und wir dies in Vorstehendem nicht ausdrücklich bestätigt haben,

merken wir 1. den Auftrag bis auf Widerruf mit der Maßgabe vor, daß die unbefristete Akkreditierung auf Ihre Gefahr hin erfolgt;

gilt 2. das Akkreditiv gegenüber dem Begünstigten für widerruflich; wir pflegen aber diese Akkreditive dem Begünstigten in für uns unverbindlicher Form anzuzeigen, ohne eine Verpflichtung zu dieser Anzeige zu übernehmen;

sind 3. Teilzahlungen nicht zulässig.

Die vorgeschriebenen Dokumente werden wir gemäß der erteilten Vorschriften einer sorgfältigen Prüfung unterziehen, jedoch müssen wir nach jeder Richtung hin die Haftung für falsche oder verfälschte Angaben, für gefälschte oder verfälschte Stempel, Unterschriften usw. in den Dokumenten, wie überhaupt für Echtheit, Vollgültigkeit und Vollständigkeit der Dokumente ablehnen. Ebenso können wir für Art, Menge und Beschaffenheit der darin erwähnten Waren oder für die Erfüllung der Verpflichtungen des Verkäufers keinerlei Gewähr übernehmen.

Wir müssen ferner die Haftung ablehnen für Irrtümer bei Auslegung von Fachausdrücken oder bei Übersetzungen ins Deutsche oder in eine ausländischen Sprache. Bei Aufträgen für das Ausland sind wir befugt, die Bedingungen des Akkreditivs unübersetzt weiterzugeben und haften nicht für deren Auslegung durch unseren Beauftragten.

Nach § 13 unserer allgemeinen Geschäftsbedingungen haften wir nicht für Schäden, welche durch Störung unseres Bankbetriebes infolge Aufruhrs, Streiks, Aussperrung oder Verfügungen von hoher Hand veranlaßt sind. Läuft das Akkreditiv während einer Betriebsstörung ab, so erfolgt nachträglich Leistung an den Begünstigten nur auf ausdrückliche Ermächtigung des Auftraggebers.

Durch stillschweigende Entgegennahme dieses Schreibens gelten die obigen Bedingungen ohne weiteres als von Ihnen anerkannt.

Hochachtungsvoll

Kreditverein zu ....
e. G. m. b. H.

Vordruck 29c.

Anschreiben für Dokumenten-Akkreditive.

Unsere Nummer ....

Auf Grund Ihres Akkreditivs Nr. .... vom .... zahlten wir der Firma ....
zu Lasten Ihres Kontos
gegen Ihre Überweisung
RMk. ....
gegen Auslieferung beifolgende....................................

Für unsere Gebühren und Auslagen bitten wir uns
RMk. ....
gutzuschreiben — anzuschaffen. Von den Dokumenten halten wir uns entlastet.

Eine Haftung für falsche oder verfälschte Angaben, für gefälschte oder verfälschte Stempel, Unterschriften usw. in den Dokumenten, wie überhaupt für Echtheit, Vollgültigkeit und Vollständigkeit der Dokumente müssen wir ablehnen. Ebenso können wir für Art, Menge und Beschaffenheit der in den Dokumenten erwähnten Waren keinerlei Gewähr übernehmen.

Vordruck 29d.

Anschreiben für Dokumenten-Akkreditive.

Wir teilen Ihnen hierdurch unverbindlich mit, daß

....

uns angewiesen hat, Ihnen

RMk. .... in Worten: ....
auszuzahlen, wenn Sie uns dagegen ....
....
ausliefern.

Wir bemerken ausdrücklich, daß es sich hierbei um ein unbestätigtes Akkreditiv handelt, dessen Widerruf jederzeit erfolgen kann.

Vordruck 30.

Depotschein.

Von Herrn/Frau/Fräulein .... in .... sind bei uns nach Maßgabe der umseitig gedruckten Bestimmungen folgende Wertpapiere zur Aufbewahrung und Verwaltung hinterlegt worden:

Nennwert RM.	Nennwert Pf.	Nennwert in Buchstaben sowie genaue Bezeichnung (Zinsfuß, Jahrgang, Ausgabe, Lit. und Nr. und Fälligkeit des ersten Zinsscheines)	Vermerk bei Rückgabe

.........., den .... 192..

Firma der Genossenschaft.

Bestimmungen für offene Depots.

1. Wir übernehmen Wertpapiere jeder Art als offene Depots zur Aufbewahrung und Verwaltung, wobei wir der Überwachung solcher Depots die gleiche Sorgfalt wie unseren eigenen Wertsachen widmen.

2. Für die Sicherheit der Aufbewahrung der uns übergebenen Wertpapiere leisten wir volle Gewähr nach den bestehenden gesetzlichen Bestimmungen.

3. Jeder Hinterleger hat bei Übergabe der Papiere ein mit seiner Unterschrift versehenes Nummernverzeichnis einzureichen, wogegen ihm ein Hinterlegungsschein (Depotschein) ausgestellt wird, auf dem die Papiere nach Nennwert, Gattung und Nummer verzeichnet sind.

4. Durch Zurücknahme usw. etwa notwendige Änderungen auf dem Depotschein erfolgen nur durch uns, der Schein ist uns zu diesem Zweck jedesmal auszuhändigen.

5. Die Verwaltung der offenen Depots umfaßt alle im Sinne einer ordnungsmäßigen Vermögensverwaltung gebotenen Maßnahmen, insbesondere: Einlösung fälliger Zinsscheine, Einholung neuer Zinsscheinbogen, Kontrolle der Verlosungen nach den bankülblichen Verlosungs-

tabellen, Einziehung ausgeloster oder gekündigter Papiere, Umtausch von Zwischenscheinen gegen endgültige Stücke.

6. Die hinterlegten Wertpapiere haften uns als Pfand für sämtliche uns gegen den Hinterleger zustehenden Forderungen.

7. Wir sind berechtigt, den Vorzeiger des von uns ausgefertigten Hinterlegungsscheines als Beauftragten des Eigentümers und als zur Verfügung über die hinterlegten Gegenstände, insbesondere als zu deren gänzlicher oder teilweiser Rücknahme ermächtigt zu betrachten, sofern nicht vom Hinterleger schriftlich Verwahrung hiergegen eingelegt ist.

8. Wir sind berechtigt, die hinterlegten Wertpapiere an unsere auswärtige Bankverbindung zwecks Aufbewahrung und Verwaltung weiterzugeben.

9. Die Zurücknahme der hinterlegten Wertpapiere ist jederzeit gegen Rückgabe der quittierten Hinterlegungsscheine in den üblichen Geschäftsstunden zulässig. Bei Rücknahme eines Teiles der auf einem Depotschein verzeichneten Stücke ist Sonderquittung auszustellen. Bei den an eine auswärtige Bank weitergegebenen Papieren muß die beabsichtigte Rücknahme eine angemessene Zeit vorher angekündigt sein.

10. Die Versendung von Wertpapieren durch die Post geschieht in allen Fällen auf Gefahr und Kosten des Hinterlegers.

11. Die Verwaltungsgebühr berechnen wir aus dem Nennwert der uns hinterlegten Wertpapiere, und zwar mit RM......... auf das...... Jahr für jede angefangenen 1000.— RM. Die Mindestgebühr beträgt RM......

12. Wir erteilen regelmäßig .... jährlich Depotauszüge über die hinterlegten Wertpapiere in doppelter Ausfertigung. Das Duplikat mit der Bescheinigung der Richtigkeit ist innerhalb von 14 Tagen nach Erhalt unterschrieben an uns zurückzugeben. Reklamationen haben im gleichen Zeitraum zu erfolgen, widrigenfalls die Richtigkeit der übersandten Depotverzeichnisse als ausdrücklich anerkannt gilt.

Vordruck 31.

Bedingungen für verschlossene Depots[1]).

1. D... (Firma der Genossenschaft) nimmt von ihren Mitgliedern verschlossene Pakete, Kisten und dgl. in Verwahrung, soweit der vorhandene Raum dazu ausreicht.

Sachen geringeren Umfangs müssen in dauerhaftem Umschlag, Sachen größeren Umfangs in gutverschlossenen Kisten, Koffern usw. verpackt und in beiden Fällen dergestalt versiegelt sein, daß das Öffnen ohne Verletzung der Siegel nicht möglich ist. Außerdem müssen die Depots

[1]) Den Bedingungen der Reichsbank angelehnt.

mit dem Namen des Niederlegers, dem Tag der Niederlegung und der Wertangabe deutlich überschrieben sein.

2. Von dem Inhalt der Depots nimmt die Genossenschaft keine Kenntnis, sie ist für ihn in keiner Weise verantwortlich; sie ist nur verpflichtet, das Depot unverletzt und in äußerlich gutbeschaffenem Zustande zurückzugeben, haftet aber nicht für höhere Gewalt, Elementarereignisse oder inneren Verderb, und kann niemals angehalten werden, mehr als den deklarierten Wert zu erstatten.

Sie hat nur für diejenige Sorgfalt einzustehen, welche sie in eigenen Angelegenheiten anzuwenden pflegt. Die Genossenschaft haftet nicht für Schäden, die durch Störung des Bankbetriebes infolge Aufruhrs, Verfügung von hoher Hand, Streiks oder Aussperrung veranlaßt werden. Zu einer Fortschaffung des Depots an einen anderen Ort ist sie in keinem Fall, insbesondere auch nicht im Kriegsfall, verpflichtet.

Über die Hinterlegung wird eine von der Genossenschaft und dem Niederleger unterzeichnete Urkunde über jedes Paket doppelt ausgefertigt.

Das eine Exemplar erhält der Hinterleger als Hinterlegungsschein.

3. Als Vergütung für die Aufbewahrung wird bei der Niederlegung ein Lagergeld entrichtet, welches .... RMark beträgt.

4. Die Aufbewahrung dauert sechs Monate. Bei Verlängerung derselben wird für jede halbjährige Frist die Hälfte des festgesetzten Lagergeldes vorausbezahlt, wobei allenfalls sich ergebende Bruchteile einer RMark für eine ganze RMark gerechnet werden.

5. Die Einsicht oder Veränderung des Inhalts der deponierten Pakete oder Kisten usw. wird im Vereinslokal nicht gestattet. Der Deponent kann solche nur im ganzen zurücknehmen gegen Zurückgabe des quittierten Hinterlegungsscheins. Erfolgt die Zurücknahme vor Ablauf der halbjährigen Frist, so findet eine Rückvergütung des gezahlten Lagergeldes nicht statt. Wird jedoch ein Depot binnen acht Tagen nach der Zurücknahme wieder eingeliefert, so wird von diesem neuen Depot auch für die ersten sechs Monate nur der Prolongationssatz erhoben.

6. Bei Zurückgabe des Depots ist die Genossenschaft zwar berechtigt, jedoch nicht verpflichtet, die Legitimation des Inhabers des Hinterlegungsscheins, sowie die Echtheit der Rückempfangsbescheinigung zu prüfen.

7. Die Genossenschaft ist berechtigt, Hinterlegungs- und Verlängerungsanträge abzulehnen, sowie die Zurücknahme von Depositen zu verlangen, ohne die Gründe dafür anzugeben.

Vordruck 32.

Bestimmungen über die Vermietung von eisernen Schrankfächern (Safes).

Die Kreditbank hat einen nach Ansicht bewährter Techniker feuer- und diebessicheren Raum (Stahlkammer) herstellen lassen, in welchem schmiedeeiserne Schränke mit verschließbaren Fächern sich befinden. Sie vermietet diese Fächer unter folgenden Bedingungen:

1. Die Kreditbank wird auf die Bewachung und Sicherung sowie auf den Verschluß der Stahlkammer die äußerste Sorgfalt verwenden und haftet für jeden Schaden, der durch Vernachlässigung dieser Sorgfalt entsteht. Sie haftet aber nicht für Schäden, die durch Störung ihres Betriebes infolge Aufruhrs, Streiks, Aussperrung oder Verfügungen von hoher Hand veranlaßt sind.

2. Die Vermietung der Schrankfächer geschieht in der Regel auf ein Jahr. Der Mietsvertrag gilt stillschweigend als auf ein weiteres Jahr verlängert, wenn von keiner Seite vor Ablauf desselben eine dem entgegenstehende Erklärung erfolgt ist. Der Bank steht es frei, das Mietsverhältnis jederzeit ohne Angabe von Gründen aufzuheben. Im Falle der Aufhebung hat sie jedoch die Miete für diejenige Zeit, während der der Mieter die Einrichtung nicht mehr benutzen darf, zurückzuvergüten. Der Mietsvertrag ist nur für die Person gültig, mit der er geschlossen wurde; Aftervermietung ist nicht gestattet.

Der Mietspreis beträgt für die Dauer eines Jahres bei freiem Zutritt für ein Schrankfach von

		Höhe	Breite	Tiefe	
Größe	I	11 cm	30 cm	50 cm	RM.
„	II	15 „	30 „	50 „	„
„	III	22 „	30 „	50 „	„
„	IV	60 „	40 „	50 „	„

er ist alljährlich im voraus zu entrichten. Bei Benutzung zweier Fächer von derselben Größe seitens desselben Mieters ermäßigt sich die Jahresmiete auf das 1½fache der Miete für ein Fach.

3. Die Schrankfächer stehen unter dem eigenen Verschluß des Mieters und dem Mitverschluß der Bank und können nur von beiden zusammen geöffnet werden. Die Schlösser der Fächer sind sämtlich voneinander verschieden. Die Bank hat sich den Mitverschluß gesichert, um eine Kontrolle über die Berechtigung derjenigen Personen, welche Zutritt zu den Schrankfächern verlangen, ausüben zu können.

4. Dem Mieter werden zu seinem Schrankschlosse zwei Schlüssel ausgehändigt. Für sichere Aufbewahrung derselben hat der Mieter zu sorgen und im Verlustfalle auch nur eines Schlüssels — bei eigener Verantwortung für die Folgen der Unterlassung — der Bank sofort Anzeige zu machen. Die Änderung des Schlosses und die Anfertigung neuer Schlüssel wird dann von der Bank auf Kosten des Mieters veranlaßt.

5. Die Stahlkammer ist wochentäglich (außer Sonnabend nachmittag) von 9 bis 1 Uhr vormittags und ½4 bis 5 Uhr nachmittags geöffnet. Der Eintritt ist nur den in der Stahlkammer beschäftigten Beamten und in deren Begleitung den Mietern der Schrankfächer bzw. den zu ihrer Vertretung bevollmächtigten Personen gestattet.

6. Jedem Mieter eines Schrankfaches wird auf Wunsch ein Schlüsselwort (Paßwort) gegeben, ohne dessen Kenntnis niemand zum Tresor zugelassen wird. Die Bank ist berechtigt, die Kenntnis des Schlüsselwortes in Verbindung mit dem Besitz der Schrankfachschlüssel als genügende Legitimation anzusehen. Wer einem anderen das Recht zum Eintritt in den Tresor an seiner Statt verschaffen und ihm die Verfügung über das gemietete Schrankfach übertragen will, hat diesen durch Vollzug eines von der Bank gelieferten Formulars zu ermächtigen. Diese mit der Handzeichnung des Bevollmächtigten zu versehende Vollmacht bedarf der Zustimmung der Bank. Der Vollmachtgeber erhält für den Bevollmächtigten eine Einlaßkarte, die letzterer bei jedesmaligem Besuch vorzuzeigen hat. Jeder Mieter bzw. dessen Bevollmächtigter hat vor Eintritt in den Tresor auf Verlangen zur Prüfung der Identität seine Unterschrift abzugeben. — Die Vollmacht besteht für die Bank solange zu Recht, bis sie schriftlich widerrufen und die für den Bevollmächtigten ausgestellte Einlaßkarte zurückgegeben wird.

Bei nur zeitweiliger persönlicher Verhinderung kann der Mieter durch Ausstellung eines Einlaßscheines, zu dem die Bank das Formular liefert, einen Dritten zu einmaligem Besuche ermächtigen. Dieser Schein ist bei Benutzung abzugeben und bleibt in den Händen der Bank.

7. Stirbt ein Mieter, ohne irgendeine Vollmacht hinterlassen zu haben, so ist die Bank berechtigt, den Eintritt zu dem vom Erblasser innegehabten Schrankfach und die Verfügung über dessen Inhalt nur denjenigen Personen zu gestatten, welche sich als gesetzlich anerkannte Erben durch Vorlegung eines ordnungsmäßigen Testaments oder einer gerichtlichen Erblegitimation ausweisen. Die Bank kann sich auch mit einem andern Erbausweis begnügen.

8. Zur Vornahme der mit den niedergelegten Wertgegenständen etwa erforderlich werdenden Arbeiten (Trennung von Zinsscheinen usw.) stehen den Mietern der Schrankfächer die im Vorraum befindlichen verschließbaren Abteile usw. zur Verfügung.

9. Die Schlüssel des Schrankfaches und der zu ihm gehörige Kasten sind bei Ablauf des Mietvertrags in unbeschädigtem Zustande zurückzuliefern, etwa Fehlendes ist von dem Mieter zu dem Anschaffungswerte zu ersetzen.

10. Durch Rückgabe der Schlüssel erlischt für den Mieter oder dessen Rechtsnachfolger jeder weitere Anspruch an die Bank; die Bank ihrerseits begibt sich durch Annahme der Schlüssel jedes weiteren Anspruchs an den Mieter.

11. Diejenigen Personen, welche die Stahlkammer benutzen, haben sich den im Interesse der Sicherheit getroffenen Anordnungen der Kreditbank oder ihrer Beamten zu fügen.

Vordruck 33.

Einen Gesamtüberblick über das bei den Kreditgenossenschaften übliche Formularsystem gibt das nachstehende Lagerverzeichnis der vom Deutschen Genossenschaftsverband herausgegebenen Musterformulare:

I. Vordrucke für die Gründung und Eintragung.

Lager-Nr. Vollständiger Satz Gründungspapiere, enthaltend je 3 Stück der für die Gründung gebrauchten Vordrucke

1001 für Kreditgenossenschaften

1002 für Einkaufs- und Lieferungsgenossenschaften

1003 für Baugenossenschaften

Musterstatut mit Anhang: Quittung über eingezahlte Geschäftsanteile:

1005 für Einkaufs- und Lieferungsgenossenschaften

1006 für Baugenossenschaften

1008 für Kreditgenossenschaften, neueste Fassung

1011 **Leitfaden** für Neugründung von Genossenschaften

1015 **Protokoll** der Errichtung

1020 **Protokoll** der ersten Aufsichtsratssitzung

1030 **Formular zur Einreichung** der Gründungspapiere

1050 **Beitrittserklärungen zu den Revisionsverbänden**

II. Vordrucke für die Mitgliederbewegung und den Verkehr mit dem Registergericht.

Beitrittserklärungen (Doppel):

für Genossenschaften mit beschränkter Haftpflicht

2005 lose Formulare

2006 geblockt zu je 100

2007 " " " 200

Jedes Blatt enthält zwei Formulare, welche in der Mitte perforiert sind. Das rechtsseitige Formular wird abgetrennt und dem Gericht eingesandt während das linksseitige Formular im Einbande verbleibt; durch diese Einrichtung wird verhütet, daß ein einzelnes Formular verloren geht.

Austrittserklärungen eines Genossen (Doppel)

2010 lose Formulare

2011 geblockt zu je 100

2015 **Beteiligungserklärungen** auf weitere Geschäftsanteile

2016 geblockt zu je 100

2017 " " " 200

Lager-Nr.

2020 **Übereinkunft wegen Übertragung** des Geschäftsguthabens

2025 **Todesanzeige**

2026 **Ausschließungsbeschluß**

Begleitschreiben an das Gericht für Einreichung:

2030 der Beitrittserklärungen, Doppelblatt

2031 der Aufkündigungen, Doppelblatt

2032 der Beteiligungserklärungen auf weitere Geschäftsanteile, Doppelblatt

2033 der Übertragungsurkunden, Doppelblatt

2035 der Todesanzeigen

2036 des Ausschließungsbeschlusses

2040 **Revisionsbescheinigung**

2045 **Anmeldung** wegen Abänderung des Statuts

2050 **Anmeldung** wegen Änderung im Vorstande

2055 **Einreichung** der Bilanzbekanntmachung an das Registergericht

2060 „ der Revisionsbescheinigung

2065 **Liste der Genossen (Mitgliederverzeichnisse)**

lose						
kart.	für	110	Mitglieder	ausreichend	mit	Register
geb.	„	250	„	„	„	„
„	„	500	„	„	„	„
„	„	1000	„	„	„	„
„	„	2000	„	„	„	„
„	„	3000	„	„	„	„

Jede weitere Stärke wird auf Wunsch angefertigt.

2080 **Revisionsnotizen**

III. Vordrucke für Urkunden in Grundstückssachen.

3006 **Schuldurkunde** mit Bestellung einer Briefhypothek, **nebst Vormerkung**

3011 desgl. mit Bestellung einer Buchhypothek, **nebst Vormerkung**

3012 **Krediturkunde** mit Abtretung einer Hypotheken-Forderung

3013 desgl. mit Verpfändung einer Hypotheken-Forderung

3015 **Abtretungsurkunde** einer Briefhypothek — Briefgrundschuld

3035 **Löschungsfähige Quittung und Löschungsantrag** über eine Hypothek — Grundschuld — Rentenschuld ohne Briefbildung

3045 **Verpfändungsurkunde** einer Briefhypothek — Briefgrundschuld

3051 **Schuldurkunde** mit Bestellung einer Sicherheitshypothek mit feststehendem Betrage nebst Antrag auf Eintragung einer Vormerkung

3056 desgl. nebst Antrag auf Eintragung einer Vormerkung

3060 **Antrag** an das Gericht auf Eintragung einer Sicherungshypothek

3070 **Bürgschaft** unter Verpfändung einer Hypothekenforderung des Bürgen

Diese Formulare, auf gutem Normalpapier gedruckt, sollten in allen Grundstücksachen verwandt werden, da sie die hohen Kosten der notariellen Beurkundung ersparen und doch jederzeit eintragungsfähig sind. Es genügt bei ihrer Verwendung die Beglaubigung der Unterschriften, die nur ein Fünftel der Beurkundungskosten erfordert.

Lager-Nr.

IV. Vordrucke für das Kreditgeschäft.

Allgemeine Geschäftsbedingungen

4004 für größere Kreditgenossenschaften
einfaches Blatt

4006 für Kreditgenossenschaften, die Kontogegenbücher ausgeben,
einfaches Blatt

4006a wie oben, die keine Kontogegenbücher ausgeben,
einfaches Blatt

4010 **Kredit- und Bürgschaftsurkunde**

4015 **Krediturkunde** über Krediterteilung in laufender Rechnung

4020 **Darlehnsschuldurkunde**

4025 **Bürgschaftserklärung**

4026 " (neueste Fassung)

4030 **Benachrichtigung des Bürgen** über den Umfang seiner Verpflichtungen

4035 **Urkunde zur Verpfändung** von Sparkassenforderungen

4040 **Urkunde zur Abtretung** von Sparkassenforderungen

4045 **Urkunde zur Verpfändung** von Wertpapieren

4050 **Urkunde zur Abtretung** von Lebensversicherungsansprüchen

4055 **Urkunde zur Abtretung** einer Forderung für alle aus dem Geschäftsverkehr entstehenden Forderungen

4065 **Bedingungen** für den Scheckverkehr

4070 **Sicherungsübereignung** von Einrichtungsgegenständen

4080 **Vollmachtserklärung**

4090 **Auskunftsanfragen** mit Antwort (Doppelblatt)

V. Vordrucke
für den allgemeinen Geschäftsverkehr und den Sparverkehr.

5005/10 **Geschäftsanweisung** für den Vorstand und Aufsichtsrat

5015 **Anstellungsvertrag** für den Vorstand

5031 **Sparkarten** Format Normgröße A5 mit Firmenaufdruck

5033 **Sparmarken** in verschiedenen Farben, Preis auf Anfrage

5035 **Sparbücher** (mit Bedingungen) Normgröße A5 12 Seiten stark

5035a desgleichen, 24 Seiten stark

5036 desgleichen mit künstlerischem Umschlag (grün)

5036a desgleichen mit künstlerischem Umschlag (blau)

5040 **Kontogegenbücher** links Soll, rechts Haben, Hochformat, 32 Seiten

5040a desgleichen, 64 Seiten

5041 **Kontogegenbücher** mit Saldospalte, Hochformat, Normgröße A5, 32 Seiten

5041a desgleichen, 64 Seiten

5042 desgleichen mit künstlerischem Umschlag (blau) 32 Seiten

5042a desgleichen mit künstlerischem Umschlag (blau) 64 Seiten

5050 **Quittungsbuch** für eingezahlte Geschäftsanteile, geheftet, 4 Blatt stark

5060 **Geschäftsanteilscheine**, Preis je nach Ausführung

Lager-
Nr.

VI. Geschäftsbücher.

A. Für die allgemeine Verwaltung

6105 **Protokollbuch** für Vorstand, Aufsichtsrat und Generalversammlung
6110 **Registerkarten** Normgröße A7: 74×105 mm
6115 **Geschäftsguthabenbuch** (Staffelform), (Größe 23×34 cm)
6115h desgleichen für Loseblattbuch, Format 38×32 cm gestanzt
6116 Dasselbe mit Monatsspalten (Beitragsliste), (Größe 42×27 cm), lose
6120 **Hauptbuch** (auch als Inventur-Bilanzbuch), (22,5×35 cm), foliiert
6150 **Unkostenkonto,** spezifiziert mit 18 Spalten, (27×42 cm)

B. Für die Grundbuchungen

6210 **Aufstellungsbogen** mit 6 Kolonnen (29×46 cm), lose
6211 **Einnahme-Journal** (30×42 cm) mit 15 Kontenspalten
6212 **Ausgabe-Journal** wie Nr. 6211
6217 **Spezialjournal** mit 8 Spalten (42×53 cm), lose
6218 **Sammeljournal** mit 20 Doppelspalten (47×75 cm), lose, ohne Pfennigspalten
6220 **Hauptjournal** (42 × 52 cm), 13 Kontenspalten mit Konteneindruck, 50 Buchungszeilen, lose
6220a dasselbe ohne Konteneindruck
6245 **Tägliche Kassenaufnahme** (17×21,5 cm), (je Blatt für 4 Tage)

C. Für die laufende Rechnung und das Vorschußgeschäft

Täglicher Kontoauszug

6300 **Gutschrift- und Belastungsanzeige,** lose
6302 **Scheck-Begleitschreiben,** Doppelblatt, zum Durchschreiben, lose
6303a **Kredit-Antrag** (Karteiform), lose
6304 **Antrag auf Eröffnung eines Kontos** (Karteiform), lose

Kontokorrent-Konto, fest gebunden

6305 **Kontobuch für laufende Rechnung** mit Zinsberechnung vom Saldo ohne Staffelstriche (28×42 cm), lose
6315 **Konto-Korrent-Konto** mit Zinsberechnung auf beiden Seiten (21×35 cm), lose
gebunden in jeder Stärke mit und ohne Register

Dauerbuchblätter

6305L **Kontobuch für laufende Rechnung,** wie Nr. 6305 (38×32 cm), gestanzt
6312L desgleichen wie 6305L, mit zwei Saldospalten (38×32 cm), gestanzt
6315L **Konto-Korrent-Konto** wie Nr. 6315 (32×46 cm)
Dauerbücher dazu in verschiedenen Ausführungen auf Anfrage

Lager-Nr.

Kontokarten

6360b **Kontokarten** für die laufende Rechnung, mit einer Saldospalte (23×32 cm) mit Staffelstrichen

6362a desgl. wie Nr. 6360 mit zwei Saldospalten ohne Staffelstriche

6362b desgleichen, mit Staffelstrichen

D. Für den Spareinlagen-, Scheck- und Depositenverkehr

6405 **Kontobuch für Spareinlagen** ohne Staffelstriche (27×42 cm) Lieferbar wie unter Nr. 6305 angegeben

6405L desgleichen für Loseblattbuch, Format (38×32 cm), gestanzt

6420 **Spareinlagen-Kontenkarten** mit Staffelstrichen

6421 desgl. mit Spalten: Einlage, Rückzahlung und Guthaben nebeneinander (15×32 cm)

Zinstabellen verschiedener Art. Auskunft auf Anfrage

E. Für den Wechsel- und Scheckverkehr

Wechselformulare, Scheckhefte verschiedener Ausführung, ausführliches Angebot auf Anfrage

6505 **Wechsel-Kopierbuch** (23×30 cm)

6507 **Scheck-Kopierbuch** (21×34 cm), je Blatt 40 Schecks, lose

6510 **Wechsel-Obligobuch** (27×35 cm)

6512 **Wechseljournale** mit 8 Kontenspalten (27×42 cm) a) für Eingang b) für Ausgang

6515 **Wechselskontro** (25×36 cm)

6530 **Vorschußwechselliste** (23×33 cm)

6532 **Kreditliste** (Vormerkb.), (25×36 cm)

6550 **Benachrichtigungsschreiben** an Wechselbezogene

7802 **Wechsel**

7807 **Solawechsel** mit Prolongationsvermerk

F. Für das Wertpapier- und Depotgeschäft

In Dauerbuchform

6608L **Depotdauerbuchblatt** für Sach- und Personenkonten geeignet (33×31 cm), gestanzt

6609L desgleichen in organisatorisch zweckmäßigster Form, mit Saldospalte (38×32 cm), gestanzt

6610L **Effektennummernbuch**, Format 38×32 cm, gestanzt

In Buchform

6601 **Depotjournal** (36×44 cm) lose

6605 **Depotbuch** links Eingang, rechts Ausgang, Format 25×36 cm B 3

Lager-
Nr.

6609 **Depotbuch in Saldoform,** für Personen- und Sachkonten 24×38 cm) (wie 6609L)

6628 **Effekten-An- und Verkaufsbuch** (21×30 cm)

6630 **Effekten-Journal** mit Stempelabrechnungsspalten, a) für Käufer (Ausgang), b) für Verkäufer (Eingang) (36×45 cm)

6631 Dasselbe (30×46 cm)

6632 **Steuerbuch** für Wertpapierstempel (22×34 cm)

6636 **Schlußnoten** mit Wertpapierberechnung a) für Kauf, b) für Verkauf

6645 **Verzeichnis** der hinterlegten Wertpapiere mit anhängendem Bestätigungsbrief **(Depotauszug)** mit Depotspesenbelastung, Doppelblatt, perforiert

6650 **Zinsgutschriften,** Benachrichtigung über abgetrennte fällige Zinsscheine

6655 **Depotschein** (mit Bedingungen)

6660a **Kauf-Auftrag** für Wertpapiere

6660b **Verkauf-Auftrag** für Wertpapiere

G. Für Kontoabschluß, Inventur und Bilanz

6805 **Kontoauszug** mit Saldozinsberechnung, zweiseitig (22,5×29 cm)
a) mit Staffelstrichen
b) ohne Staffelstriche

6806 desgleichen, vierseitig

6807 **Kontoauszug** mit Soll und Haben (29×45 cm)

6807a desgl., einseitig liniiert

6707b desgl., Einlegebogen mit abgeschnittenen Kopfstreifen

6808 desgl. (14×45 cm halbe Bogen)

6809 desgl. (29,7×21 cm)

6810 **Begleitschreiben** zum Kontoauszug mit anhängender Bestätigung

6815 **Zinsennoten,** Staffelform (11,5×29 cm)

6816 desgl. (23×29 cm)

6835 **Auszug aus dem Kontobuch für laufende Rechnung** für Schuldner und Gläubiger (23×33 cm), lose

6836 dasselbe nur für Gläubiger

6837 **Monatliche Kontenaufstellung** (22,5×32,5 cm), lose

6845 **Wechselinventur,** lose

6850 **Saldenlisten** Umschlagbogen
Hauptbogen
Einlegebogen

6855 **Monatsbericht** mit Rohbilanz, lose

6860 Formular für **Abschlußbuchungen** und Kontoaufstellungen (wie Nr. 6210)

6865 **Jahresrechnung und Bilanz**

6866 **Münchener Bilanzschema**

6870 **Bilanz** zur Veröffentlichung, lose

VII. Sonderdrucke für Warenverkehr.

(soweit nicht gleichzeitig die Gruppen VI. A. u. B. in Frage kommen)

1005 **Musterstatut** (s. A.)

Lager-Nr.

7005 **Geschäftsanweisung** für Vorstand und Aufsichtsrat einer Warengenossenschaft

7020 **Anstellungsvertrag** mit Lagerhaltern

7110 **Hauptjournal** (42×52 cm) mit Konteneindruck, lose und geb.

7111 **Tagebuch** mit 9 Konten (29×33 cm), lose

7115 **Hauptbuch** für Personenkonten (22×34 cm), Soll und Haben auf einer Seite, ohne Zinsberechnung

7125 **Lagerbuch** (21×34 cm), lose, geb. 100 Blatt

7155 **Jahresrechnung und Bilanz**

7160 **Bilanz zur Veröffentlichung**, lose

Sachregister.

(Die Zahlen verweisen auf die Seiten.)

A.

B.

F.

G.

H.

J.

K.

L.

M.

W.

Z.

Gedruckt bei A. W. Hayn's Erben, Potsdam.

FSC
www.fsc.org
MIX
Papier | Fördert
gute Waldnutzung
FSC® C083411

Kolibri 360 GmbH
Ferdinand-Jühlke-Straße 7
99095 Erfurt, Deutschland
produktsicherheit@kolibri360.de